ÉTUDES SUR LES PENSÉES
DE LA CONTEMPORANÉITÉ
CHEZ M. FOUCAULT

福柯的当代性思想研究

杨大春 著

图书在版编目(CIP)数据

福柯的当代性思想研究/杨大春著. —北京:商务印书馆,2020
ISBN 978-7-100-19262-0

Ⅰ.①福… Ⅱ.①杨… Ⅲ.①福柯(Foucault, Michel 1926-1984)—哲学思想—研究 Ⅳ.①B565.59

中国版本图书馆 CIP 数据核字(2020)第 252929 号

权利保留,侵权必究。

国家社科基金项目成果

福柯的当代性思想研究
杨大春 著

商 务 印 书 馆 出 版
(北京王府井大街36号 邮政编码100710)
商 务 印 书 馆 发 行
北京新华印刷有限公司印刷
ISBN 978-7-100-19262-0

2020年12月第1版　　开本 880×1230 1/32
2020年12月北京第1次印刷　印张 19¾
定价:79.00元

目　　录

前言 ·· 1

第一章　现代与当代 ··· 25
　　第一节　时期的划分 ··· 25
　　第二节　现代性问题 ··· 59
　　第三节　现在本体论 ··· 105

第二章　历时与共时 ··· 148
　　第一节　历史与结构 ··· 148
　　第二节　别一种历史 ··· 194
　　第三节　多样的断裂 ··· 226

第三章　时间与空间 ··· 259
　　第一节　时空的转换 ··· 259
　　第二节　空间性思维 ··· 285
　　第三节　乌邦与异托 ··· 310

第四章　心语与物语 ··· 361
　　第一节　神话与心语 ··· 361
　　第二节　话语的世界 ··· 393
　　第三节　物语与知识 ··· 434

第五章　心性与物性 ·············· 478
第一节　神性与人性 ·············· 478
第二节　心性的命运 ·············· 513
第三节　物性的旅程 ·············· 556

结　语 ························ 583
中西人名对照表 ················· 602
中法术语对照表 ················· 606
参考书目 ······················ 611
后　记 ························ 626

前　　言

　　问题围绕当代性这一概念展开,或者说它是关于当代性的提问法,是针对现在的问题化。现代性之后的各种哲学文化思潮,尤其重要的是各种形式的后现代主义或盛行一时或经久不衰,或备受推崇或屡遭批判,各负其使命,自承其命运。它们至少有消极形态和积极形态的区分,它们与其他思潮纠缠不清,难以分辨,共同营造了西方哲学在多元化时代的基本氛围。它们大多历经半个世纪有余,在诸如历史的终结之类喧嚣中已经有了属于自己的历史沉淀。正因为如此,基于历史与逻辑相一致的原则,重新审视并充分把握它们所代表的时代及其精神的时机已经成熟。我们旨在进行一项看似以点代面,实则点面结合的清理和总结工作:在20世纪60年代以来的法国文化背景中研究福柯哲学。当然,在这一尝试中少不了必要的回溯与前瞻。

　　在我们从事当代哲学研究的时候,无疑需要顾及哲学的当代语境,但尤其应该关注当代的哲学意味。换言之,我们领会的是"时代精神"/"时代"精神/时代"精神"。黑格尔主张时代精神是一个贯穿所有各个文化部门的特定本质或性格。[①] 在福柯

[①] 黑格尔:《哲学史讲演录》,第一卷,商务印书馆,1983,第56页。

看来,时代精神大约相当于人们所说的一个给定的时代的心理或各种思维框架。① 然而,他并不关注属于文化整体性范畴的各个时代的独特精神,②他不满意于在遇到困难时诉诸于时代精神,③并且明确承认他进行的分析不诉诸于一些像一个给定时代的精神或感受性之类的概念。④ 尽管如此,正像黑格尔所说的,每一哲学都是它自己时代的哲学,是最盛开的花朵,是对时代精神的实质的思维,⑤或者像马克思告诉我们的,任何真正的哲学都是自己时代的精神上的精华。⑥

福柯突出时代的基本态度,也就是其气质,⑦尤其是其或消极或积极的哲学气质。⑧ 问题是,他所处时代的主要表征恰恰是没有精神或精神的不在场。如果说现代之前是前现代或现代性之前是前现代性这样的论断不具有实质性的内涵,甚至过于空泛,那么现代之后是后现代或现代性之后是后现代性这样的述说就只有消极、批判和反思的意义,无法体现出与新时代相应的精神之积极、建设和彰显的价值。有鉴于此,我们拟用当代性来指称以精神的失落为表征的这一特定时代的别一种精神,或者说我们启用一个展示性、描述性的概念来替换通行的后现代性这一批判性、反思性的术语。

---

① Foucault, *Les mots et les choses*, Éditions Gallimard, 1997, p. 171.
② Foucault, *L'archéologie du savoir*, Éditions Gallimard, 1996, p. 25.
③ Foucault, *Dits et écrits I*(1954~1975), Éditions Gallimard, 2001, p. 1031.
④ Foucault, *Dits et écrits I*(1954~1975), p. 1088.
⑤ 黑格尔:《哲学史讲演录》,第一卷,第56~57页。
⑥ 马克思和恩格斯:《马克思恩格斯全集》,第1卷(上),人民出版社,2001,第220页。
⑦ Foucault, *Dits et écrits II*(1976~1988), Éditions Gallimard, 2001, p. 1387.
⑧ Foucault, *Dits et écrits II*(1976~1988), pp. 1390~1392.

一般而言,前现代性、现代性和后现代性的区分聚焦于现代文化/知识及其消极方面,我们则启用古代性、现代性和当代性三个范畴来展现当代文化/知识的积极维度。

我们关心的是福柯对当代文化的正面描述。在一些重要的作品中,尤其是在一些重要的演讲或访谈中,为了突出其思想的积极性或建设性,他往往会提到今天、现在、目前、同时性、共时性、现时性、现时的、同时代的之类时间或时间性概念,但与此同时,它们却与当代性对空间或空间性的迷恋联系在一起。积极的当代性描述以消极的现代性反思为基础。现代性有广义和狭义的区分,福柯主要在狭义上使用现代性一词。广义的现代性不仅包含19世纪以来的现代性或后期现代性,而且包括17、18世纪的古典性或早期现代性。在西方文化从早期现代性经由后期现代性再到当代性的演进中,出现的是思维的时间模式向空间模式的逐渐转换。

福柯哲学的独特性或独创性至为明显,它尤其代表了思维方式的转变。它显然属于当代思潮的一部分,因此我们在结构主义和后结构主义取代现象学和实存主义,即概念论现象学取代实存论现象学或概念哲学取代实存哲学的一般背景中,进而在它们的共同作用所导致的一些新趋势中来定位这一哲学。尽管在20世纪法国哲学中存在着3H时代和3M时代的划分,但是,不仅三位以H为姓氏开头的大师黑格尔、胡塞尔和海德格尔,而且三位怀疑大师马克思、尼采和弗洛伊德都是跨时代的,他们对于20世纪法国哲学都产生了深刻、全面而且持久的影响。

诸多20世纪法国哲学家各自以其相对独特的方式综合了上述六位德语传统的现代大师的思想元素。在福柯时代,他们尤其接受了 3M 的影响,但 3H 的渗透力依然十分明显。这表明结构主义以及后结构主义对现象学和实存主义的取代只是哲学组织材料的方式发生了变化而已。正因为如此,福柯思想中天然地包含了在现象学、实存主义、新黑格尔主义、新康德主义、解释学、结构主义、后结构主义、后现代主义等思潮之间的张力,这也是导致他既否定现象学方法,又不承认自己使用了结构分析方法的原因。但无论如何,在当代性的语境中,上述思潮都是无法绕开的,对于福柯哲学如此,对于其他 3M 时代的哲学亦然。就它本身而言,现象学和实存主义并不像通常认为的那样完全过时了,尽管结构主义扮演了更重要的角色,后结构主义的出现尤其为它增加了许多资源。不管愿意与否,这些思想元素始终都无意识地在它那里发挥着这样或那样的作用。

尽管福柯没有系统地描述过当代知识/文化的特征,但他对于文艺复兴时期、古典时期和现代时期的知识型的分析,他对于各种话语构成及其规则的一般描述也应该适用于他自己所处的时代。他接触了众多的学科领域,知识面非常广泛,其博学是显而易见的。这也使得他在表达自己的思想时显得有些变化无常,充分体现出某种不连续性的风格。尤其重要的是,不连续性往往以复数的形式出现。正因为如此,他恳请人们不要问他是谁,不要让他保持同一。[①] 学术思想如此,个人生活亦然。依据其作品,福柯是一个复杂的、反差强烈的人;依据其生活,他始终是越界的,他从来都不会为了单纯的观念世界而牺牲自己的实存;这意味着他反抗他自己,或者说,作为一个 20 世纪的主要思想家,他成功地从来都没有就他自己和他的工作给出一种凝固的看

[①] Foucault, *L'archéologie du savoir*, p. 28.

法。① 当然,这并不意味着福柯思想就是完全不可捉摸的、难以把握的。

有学者这样表示:"福柯思想经历了一系列转换,但始终是可以识别出的相同声音的转换。难题因此在于同时抓住这些变化和这种如此独特的哲学声音。"②萨特主张实存先于本质,因此,一个人只要活着,他就在不断地自我超越,也因此不可能有固定的身份约束。但他承认盖棺定论,因为如果说人有其本质的话,这完全是在他人眼中呈现的,而人一旦死了,他就只能完全受制于他人的目光,从而不再能够改变自己的形象。对于福柯来说,由于处在摆脱了主体的氛围中,"我们"在生前其实就已经死了。当然,这种死亡喧嚣只不过是要让人换一个活法而已。正因为如此,无所谓盖棺定论,一切都有其自主性,活着的形象将在死后以自身的方式延续或分化。福柯在生前已经产生了广泛的影响,在去世之后,其作品在世界范围内仍然是理智生活的中心之一。有学者在上世纪九十年代初表示:我们可以不用冒着犯错误的危险说,它已经主宰了刚刚过去的十年,就像它主宰着前面的十年一样。③

作为一个跨界的高产作家,福柯认为写作的目的是为了改变自己,为了让自己的形象多样化。他一生都在疯狂地工作,他对自己所做的事情在大学里的地位不感兴趣,因为他的问题是

---

① Caillat, *Foucault contre lui-meme*, Presses Universitaires de France, 2014, pp. 7~8.
② Fruchaud et Lorenzini, «Introduction», in Foucault, *Qu'est-ce que la critique? suivi de La culture de soi*, Librairie Philosophique J. Vrin, 2015, p. 9.
③ Eribon, *Michel Foucault et ses contemporains*, Librairie Arthème Fayard, 1994, p. 18.

自己的改变，而通过自己的知识来达到自我改变和美感经验是差不多相近的事情。① 这就好像对于一个画家来说，如果他的创作无益于自身改变的话，那它就应该受到质疑。福柯从事的是关于知识的考古学和谱系学研究。在这样的工作中，难以摆脱权威地位的作家转换自身角色，变成了充当言语功能的说话者或写字者；能够造成自身改变的知识有别于规范的认识或科学；跨学科的多维度研究否定了严格的学科界线，尤其取消了在哲学和其他学科之间设定的等阶；理论的激情和现实的介入移动了理论哲学与实践哲学的界线，推进了阿尔都塞关于理论就是实践的主张，如此等等。

福柯于1984年6月25日下午1点15分告别人世，死因被确定为艾滋病。他最后接受治疗并告别人世的地方是巴黎萨勒贝蒂尔医院，那刚好是他在其国家博士学位论文②中描述过的一个曾经的净化与排斥的机构。③ 在当年的二、三月份，他不顾疲劳和病痛还坚持在法兰西学院授课，同时修改完成了《性史》第二卷《快感的享用》和第三卷《自身的关怀》的校样，在四月份

---

① Foucault, *Dits et écrits II* (1976~1988), p.1355.
② 福柯的国家博士论文第一版名为《疯癫与非理性：古典时期的疯癫史》(1961)，第二版名为《古典时期的疯癫史》(1972)，其间还出版了节缩本《疯癫史》(1964)，依据节缩本翻译出版的英文本名为《疯癫与文明：理性时代的精神病史》(1965)。
③ 福柯这样写道："有一个日期可以作为标志：1656年，颁布了在巴黎建立普通收容所的法令。最初看来，它仅仅（勉强）涉及到一项关于行政重组的改革。已经存在的各种各样的机构被集中到唯一的管理之下：在前国王统治之下为了储藏军火而改建的Salpêtrière，路易十三本来打算赐予圣路易骑士团作为伤残军人休养院的Bicêtre。" Foucault, *Histoire de la folie à l'âge classique*, Éditions Gallimard, 1996, p.60.

则重新投入第四卷《肉体的供认》的撰写中。① 从五例艾滋病于1981年6月被首次报告并于第二年被正式命名到福柯被诊断为死于这一疾病(他生前已经知道自己得了该病),时间只过了短短三年。虽然说20世纪60年代出现的性解放运动让人们不再谈性色变,但在新千年之前,人们对于这一前所未有、闻所未闻的性病还是惊惧万分,唯恐避之不及。即使到了现在,尽管说没有耳闻目睹实际的禁闭,但至少在正常人的心里还是对此免不了存有一道警戒线。

《东方学》的作者萨义德是美国著名的后殖民主义理论家,应该说他关于他者的理论从福柯思想中受益良多。② 当然,他认为这位法国哲人过多地考虑了权力的运作机制,而对抗拒的过程没有足够的关切。③ 他从福柯之死中看出了一种反讽:"福柯正好死在他为了《疯癫与文明》而研究过的那家最初是精神病院、现在是神经障碍医院的医院里,这差不多是一个纯粹的反讽。这很怪诞并且令人沮丧,仿佛福柯的死亡证明了他那些关于正常和病态之间的象征平行的论题。更引人注目的反讽是:福柯有时被称为的'那个论人死了的哲学家'在他自己死亡之际,似乎应该是人类生活实际所是的一种真正显著的、明显古怪的、个人的东西的例子

---

① 这部未完稿经 F. Gros 整理,已经于 2018 年出版(Foucault, *Histoire de la sexualité IV*: *Les aveux de la chair*, Éditions Gallimard, 2018)。

② 萨义德在《东方主义》和《文化与帝国主义》中有多处提到福柯。他在《东方主义》"导论"中明确表示:"我已经发现在这里使用福柯在《知识考古学》和《监视和惩罚》中所描述的话语概念来确定东方主义是有用的。"Said, *Orientalisme*, Vintage Books, 1979, p. 3.

③ 萨义德认为福柯在20世纪60年代是作为激进主义和知识分子反叛代表出现的,但在80年代把注意力从现代社会中的反叛上移开了。Said, *Culture and Imperialism*, Vintage Books, 1994, p. 26.

本身。"①《性史》第二卷和第三卷在福柯去世前两个星期问世(第二卷是5月份出版的,在死前第5天,他在病痛减缓时收到了第三卷的样书),书名《快感的享用》和《自身的关怀》被认为有一种悲剧性的冷嘲,因为他对快感的使用的确是狂放不羁的。

很难说同性恋者福柯的生与死是一种冷嘲或热讽,而净化和排斥机制的当代形式完全有别于其现代形式,况且在早期现代和后期现代形式之间也存在着巨大差异。麻风病医院在古代,尤其在中世纪是一种净化与排斥的机构,早期现代的一般收容所和后期现代的疯人院或精神病院以自己的方式延续了其基本的结构与功能。在福柯时代,虽然说人们还没有真正接受同性恋,但大体上是持宽容态度的,至少不再设立相应的净化与排斥机构。一定程度上的心理阴影是无关紧要的,因为至少在他本人看来,现代性反思和当代性描述的重点就是去观念化、去心理化。他关于生与死的探讨最终与自己关联起来,至少其最后时期的讲课以某种方式涉及他对自己的身体、疾病和死亡的内心态度,他打算在疾病和死亡的视域中阅读哲学史中一定数量的重要文本,尤其是《申辩篇》和《裴多篇》之类奠基性的文本,前一阅读围绕着怕死这个问题,后一阅读则考问了哲学和死亡之间的本质关系。②

2018年在北京召开的世界哲学大会的主题是学以成人(learning to be human)。如果导用类似表述,我们要说,福柯哲学

---

① Said, "Michel Foucault, 1926～1984", in Arac (ed.), *After Foucault: Humanistic knowledge, postmodern challenge*, Rutgers University Press, 1988, pp. 10~11.

② Gros, «Situation du cours», in Foucault, *Le courage de la vérité*, Éditions Gallimard/Seuil, 2009, pp. 318~319.

旨在揭示如何从学以成人（apprennant d'être homme）转向做以成人（faisant d'être homme）。学以成人是康德在"何为启蒙？"中要回答的人类脱离自己所加之于自己的不成熟状态的问题，①是现代人关心自身命运的表达，尽管没有排斥实践理性，但以理论理性或纯粹理性为前提；做以成人是当代人关心自身命运的表达，在揭示现代人诞生的秘密并宣告其死亡的同时，展示了当代人如何在现代人死后留下的空的空间中再生。做以成人旨在表明理论和实践界线的消失。简单地说，在福柯哲学中，人是被建构或塑造出来的：在现代性进程，人是学而成的，即主体或人是依据一些准则被塑造出来的；而在当代性进程中，人却是做而成的，即主体或人是通过自己的行为塑造而成的。

早期现代性强调无条件的普遍法则，后期现代性则把理想的法则与现实的处境结合起来，学以成人也因此要么服从普遍的法则、要么承认特定的规则。无论如何，通过把自我和他人的或正常或反常的经验对象化，认识主体或作为主客统一体的人产生了，这同时意味着通过分化实践和区别对待而形成了权利主体或道德主体。各种人学或各门人文科学实为关涉学以成人的科学。这里的落脚点显然在人而不在科学。福柯在与阿隆对话中明确表示，当自己在《词与物》中谈论到各门人文科学时，他更强调的是"人的"，而不是"科学"。② 现代主体或现代人具有被动性，是主体化的产物。然而，从现代性向当代性的转换表明，人完全可

---

① 康德：《历史理性批判文集》，商务印书馆，1996，第 22 页。
② Aron et Foucault, *Dialogue. Analyse de Jean-François Bert*, Nouvelles Éditions Lignes, 2007, p. 12.

以是做而成的,他并不受制于或普遍的法则或特定的规则。由此引出了福柯所说的自身技术或实存美学问题。

福柯在其晚期思想中集中考虑自身技术问题,强调认识主体让位于审美主体,道德主体让位于伦理主体,自身认识服从自身关怀。当然,他者在做以成人过程中是必不可少的中介,自身技术因此既涉及针对自身的治理,也涉及针对他人的治理。福柯在法兰西学院最后几年的课程,尤其是最后两年的课程集中关心的正是这一围绕自身技术展开的治理问题。从总体上说,福柯哲学旨在探讨经验、话语、知识和权力之间的复杂关系,涉及人如何针对自身和他人实施权术、智术、心术、艺术、手术等技术或者说成人之术,从而把经验的转化、话语的构成、知识的产生、真相的揭示、机构的设立、主体的诞生作为针对同一事件的不同视角纳入到现代性反思和当代性展示中。换种说法,在不同时代,理性针对不同的经验会采用不同的策略,关注的重点也会有所不同,对于病态经验尤其如此。

从福柯的角度分析,针对特定的心理疾病或身体疾病,早期现代性、后期现代性和当代性会采取不同的态度或处置方式,而且它们会优先关注其中的某一种病态经验。大体上说,麻风病主要与古代性有牵连,它同等涉及身心;精神病尤其与现代性相关联,它主要涉及心灵;艾滋病仅仅与当代性相联系,它主要涉及身体。这些疾病意味着这种或那种形式的反常,集中体现了现代性及其转折进程中人们的心态、立场和技术,考验或展示了特定社会的权力运作机制。福柯的一生都笼罩在死亡的阴影之中。他曾经因为"心"病两次自杀未遂,最终则由于"身"病而身心俱失。

这无疑从侧面说明了他为什么会对疯癫史、疾病史甚至监禁史产生浓厚的兴趣。他自己从"心"病到"身"病、从未遂死亡到告别人世的转换,正好顺应甚至呼应了从现代性向当代性的复杂演变。他全方位地描述人的生与死,而他本人的生死无疑表明,哲学家完全可以在自己那里做到理论和实践的充分一致。

我们可以把前笛卡尔哲学概称为古代或前现代西方哲学,把从他所在时代直至20世纪60年代初的西方哲学统称为现代西方哲学(包括前康德的早期现代哲学和后康德的后期现代哲学),60年代以来的西方哲学则可以泛称为当代西方哲学。[①] 这种划分虽然考虑了古代、现代和当代的时间分割,但尤其关注的是从古代性到现代性再到当代性的精神变迁。古代性、现代性和当代性代表了根本不同的态度或气质,但任何时代的生活方式都有可能同时兼备它们,这种包容性意味着从现代乌托邦思维过渡到当代异托邦思维。至少从《性史》第二卷和第三卷(1984)之前的著作看,福柯关于西方文化或西方知识的哲学探讨把重点放在了他所谓的古典时期(前康德的现代性)和现代时期(后康德的现代性),他认为在它们之间并不存在连续与进展。这一探讨显然意味着现代性反思。然而,如果仅仅作如此断言,终归会抹杀其工作的更重要的目标:勾勒当代性的基本图景。

---

① 从拙文"主体形而上学解体的三个维度"(2002)开始,笔者就一直在思考和描述西方哲学或文化从早期现代性到后期现代性再到当代性的演进历程及其特征。当然,使用当代性这一术语有一个渐进的过程。我最初接受的是后现代性这一概念,逐步过渡到后现代性和当代性并用,近年来则开始直接而明确地使用当代性这一术语,认为后现代性是一个可以被包括在当代性中的概念,并且认为唯有用当代性这一概念才可能充分展示"我们的时代"。

福柯的哲学之旅可以被区分为略有分别但紧密关联的早期（前考古学时期）、中期（考古学时期和谱系学时期）和晚期（自身技术问题时期）。① 他在非常年轻的时候就发表了自己的第一部作品《心理疾病与人格》(1954)，但修订出版的国家博士学位论文《疯癫与非理性：古典时期的疯癫史》(1961，以下简称《疯癫史》）才开始奠定他的学术地位。当然，囿于现代性的要么理性要么非理性的二元姿态，他在该时期的研究工作尚未突出地展开全面的现代性反思。显然，假如我们充分考虑其主要著作的旨意，就不难发现，他在书中对古典疯癫世界的精微描述和深入分析引出了凝结经验、话语、知识与权力之间关系的疯人院或精神病院在后期现代西方世界中的诞生，一如他关于疾病经验的作品《诊所的诞生》(1963)描述和分析了现代诊所的诞生，关于犯罪经验的作品《监视与惩罚：监狱的诞生》(1975)描述和分析了监狱在差不多相同的时期内在同样的世界中的诞生。

在福柯生前发表的著作中，《性史》有其独特性，其第一卷《求知意志》(1976)在思路和目标上与《监视与惩罚》大体相同，但第二卷《快感的享用》和第三卷《自身的关怀》(1984)有了新的目

---

① 有学者表示：福柯著作集的年表由两段分别为五年和六年长的沉默而标出其节奏，每一次的结果福柯似乎都要么放弃、要么质疑和修改他先前的方法论，因此，继考古学而来的是谱系学，继谱系学而来的是"自身技术"研究。(Han, *L'Ontologie manquée de Michel Foucault*, Éditions Jérôme Millon, 1998, p. 7)该学者提出了这样的问题：考虑到这些明显的不连续，我们能够在福柯的作品中恢复一个独一无二的计划的融贯性吗？他从福柯本人那里为我们找到了答案，后者表示："我们或许改变了视角，我们已经围绕问题（它始终是相同的，即主体、真理和经验构成之间的关系）转了。" Han, *L'Ontologie manquée de Michel Foucault*, pp. 7~8; Foucault, *Dits et écrits II* (1976~1988), p. 1550.

标。《词与物》(1966)涉及生活、说话和劳动等正常经验,与前述著作围绕反常经验展开似乎有所不同,但毕竟没有逸出经验、话语、知识和权力之间关系的基本框架。这些著作其实都只是序曲,都旨在为当代性描述奠定基础,也可以说这种描述已经在字里行间显露出来了。如果我们想要系统地把握福柯的思想,借助于《疯癫史》、《诊所的诞生》、《词与物》、《知识考古学》、《监视与惩罚》、《性史》前三卷等其生前出版的著作就已经相当充分了。但值得一提的是,在他去世后整理出版的《言与文》(1994)①收录了他几乎所有发表过的学术论文、报刊短文、学术访谈、时政评论、学术讲座和序言(自序或为他人作序),对于更好地理解其思想非常有帮助。此外,我们也将适当参考他在法兰西学院的那些讲课稿。

法兰西学院讲稿《求知意志》(1970~1971)、《刑事理论与刑事制度》(1971~1972)、《惩罚的社会》(1972~1973)、《精神病学的权力》(1973~1974)、《反常的人》(1974~1975)、《必须维护社会》(1975~1976)、《安全、领土和人口》(1977~1978)、《生命政治学的诞生》(1978~1979)、《对活人的治理》(1979~1980)、《主体性与真理/真相》(1980~1981)、《主体解释学》(1981~1982)、《对自身和他人的治理》(1982~1983)和《真理/真相的勇气:对自身和他人的治理 II》(1983~1984)是福柯在相应时期的相关研究专著的先行展示。其中,《主体性与真理/真相》、《主体解释学》、《对自身和他人的治理》、《真理/真相的勇气》属于自身技术范

---

① 由著名的 Gallimard 出版社出版,1994 年版为四卷本,2001 年版为两卷本,篇章内容和结构顺序完全相同,共计 3000 多页。

畴,相应于《性史》第二至四卷;①其余的属于既与话语考古学有别又与自身技术不同的权力谱系学范畴,相应于《监视与惩罚》和《性史》第一卷。

从1971年到1984年,除了1977年休假外,福柯在每一年的一月初至三月底的每个周三晚上讲授一个小时至一个半小时,另有同样多的讨论课。关于自己的讲课,他在1976年1月7日课程中表示:法兰西学院不是一个教学机构,其主要职能是研究,因此他的讲课不是教学活动,而是向公众汇报人们让他差不多愿意做的工作,即让公众了解一些研究线索、一些观念、一些提纲、一些虚线和一些工具。② 依据机构的性质的要求,他要尽可能地不讲授已经完成的工作,而是提出一些新观点,处理一些悬而未决的事情。正如讲稿的编者所说的:教授在法兰西学院每年都必须讲述原创的研究,每次都必须更新讲课内容。③ 更明确地说:"法兰西学院的课程不重复已经出版的那些书,虽然在课程和书之间可以有一些共同的主题,但它们并不是书的雏形。它们有它们自己的地位,它们属于福柯所进行的一系列'哲学行为'中的一种特别

---

① 《性史》没能最终完成,其实际出版的各卷对最初计划也有很大的调整,就连卷名也都改变了。《性史》第一卷于1976年出版,其标题为《求知意志》;福柯同时预告了后面各卷的名称:《肉与身体》、《儿童的圣战》、《女人、母亲与歇斯底里》、《恶人》、《人口与种族》;《性史》第二卷和第三卷分别以《快感的享用》和《自身的关怀》为书名于1984年出版,其内容"则偏离了最初的计划";第四卷是一份未完稿,经人整理于2018年以《肉体的供认》为题得以出版(参 Foucault, *Histoire de la sexualité IV: Les aveux de la chair*, avertissement)。

② Foucault, *«Il faut défendre la société»*, Éditions Gallimard/Seuil, 1997, p. 1.

③ Foucault, *«Il faut défendre la société»*, p. vii.

的话语体制。"①其实,他的讲课内容与研究内容是密切关联的。

为了充分展现福柯对于当代性的积极描述,需要先行勾勒他对于现代性的消极反思。这些深刻的反思受到康德的理性批判或启蒙反思的极大影响。他提交答辩的博士副论文是《康德人类学的发生与结构》,②他为此翻译了康德的《实用人类学》。这些足以表明康德哲学对于他而言的重要地位。在他那里,现代性反思与当代性描述之间的关系,一如理性批判与未来形而上学的建构在康德那里的关系。康德哲学既包括他在《纯粹理性批判》、《实践理性批判》、《判断力批判》三部曲中进行的消极批判尝试,也包括他在《自然科学的形而上学原理》和《道德形而上学原理》(《法的形而上学原理》和《善德的形而上学原理》)中的积极建构工作。人们常常关注康德在三大批判中的工作,他在其他著作中的建设性的努力似乎受到了忽视。福柯和康德面临的是相通的命运。其实,在消极批判和积极建设之间并没有一条断然的界线,因为批判往往奠定了建构的基础。当然,强有力的批判的确会为建构蒙上一层阴影。

当代性问题已经成为国内外文化艺术研究领域关注的一个重要话题。在一次会议中,国内学者对当代和现代这两个概念从时间和空间两个维度进行了一番描述,旨在引出当代性与现代性的根本不同。从时间维度看,所谓古代、近代和现代的阶段划分本身就是现代性叙事的结果,与此不同的是,对于当代而言,则不存在这样的划分,因为当代是一种认知方式,一种理解角度;概而

---

① Foucault, «Il faut défendre la société», p. ix.
② Foucault, Dits et écrits I (1954~1975), p. 28.

言之,与现代有别,当代不再是一种线性的历时性叙事,而是一种共时性话语实践;现代与当代之间存在着巨大的差异,无论全球化还是本土化,无论西方中心主义,还是后殖民主义,实际上都是对一种空间位阶和不平等的事实反思的结果。① 对于当代而言,不存在所谓的中心与边缘、全球与本土之别,它们是同一层面上的差异性存在;因此,这里并无空间上的位阶与不平等,只有平等的差异和不同,它事实上已然消解了中心和边缘、全球和本土的现代二元叙事。②

在会议中,发言者主要考虑的还是传统文化或艺术的当代意义,会议文集编者之一皮道坚先生的论文足以表明这一点。在他看来,进入新世纪,伴随着知识界对于全球化的思考,人们开始考察欧洲和美洲以外国家在现代化过程中的不同的发展轨迹,反思是否有另一些现代性存在;中国文化界和艺术界也在思考如何重新定义现代性,也有学者试图用当代性的概念来刷新我们对现代性的理解。③ 作者认为,学界对当代性这一概念有很多争议,但不管另一些现代性还是当代性,这些思考的背后都包含着一个潜在的动机,即如何使众多有着优秀传统文脉的本土性文化诉求获得新的文化位置;由此,人们逐渐意识到,在不可避免的经济全球化过程中,中国特有的传统艺术题材的当代化过程和当代性呈现,在这个背景下,将具有特别的范型意义。④ 作者主张突破现代性

---

① 皮道坚、鲁明军编:《另一种现代性,还是当代性?》,香港特别行政区政府康乐及文化事务署,2013,序言第2页。
② 同上书,序言第3页。
③ 同上书,第4页。
④ 同上书,第3~5页。

的单一进程,并因此不否定现代性,他认为当代艺术意味着中国传统艺术可以在其中占据重要一席的多种现代性的共存。

非常可惜的是,哲学界对这一问题还没有进行任何直接的、正面的评述,或者说还没有对非哲学领域提出的当代性话题予以积极回应。不管在以现象学为主流的德法哲学中,还是在以分析哲学为主干的英美哲学中,都没有任何一位著名哲学家明确地用当代性这一术语来展示时代哲学的一般特征或基本关怀。其实,文化艺术研究领域的学者恰恰是从福柯、德里达、德勒兹等当代法国哲学家那里获得当代性的灵感的。真正说来,20世纪后半叶的法国哲学家都没有能够绕开哲学与非哲学、主体中心论与主体终结论、主体形而上学与后形而上学之争,而这些问题都属于当代性话题。其实,国内哲学界对当代性这个术语并不陌生。许多马克思主义哲学工作者经常用到该词,尽管与我们的使用同词异义。他们关注马克思哲学的当代性,重心在这一术语的时代方面,突出的是它的现实/现时意义。我们在承认他们的这一关怀的同时,强调时代与时代精神的充分结合。

逐步摆脱神的支配,要么以其纯粹的形式、要么以其非纯粹的形式出现,从笛卡尔到梅洛-庞蒂的现代哲学都是"心学"/"心"学,或者说"意识哲学"/"意识"哲学。尽管心与身或心与物的关系从完全的二分一步步地走向了某种程度的融通,但意识的或公开或隐藏的主导地位是不言自明的。正因为如此,笛卡尔以来的哲学被海德格尔视为主体形而上学。当然,我们应该注意主体概念在唯理论、经验论和德国古典哲学等早期现代哲学那里不具有相同的含义,在早期现代哲学与黑格尔之后直至梅洛-庞蒂的后期现代哲学之间更是存在着根本的区别,且不说在后者内部也是分歧巨大的。但它们毕竟都维护主体的地位,尽管出现了从普遍理性主体到个体实存主体的变迁。我们进而要注意的是,在福柯等人的当代哲学中,出现了主体的终结(或人的死亡)的喧嚣以及主体以另一种方式再生的要求。

当代哲学为我们展示的是经验/体验、话语/语言、知识/认识、真理/真相、权力/权利、主体/人之间的错综复杂的关系,演绎的是从控制技术向自身技术的过渡,出现了人性从人的神性到其心性再到其物性的演变,也就是说,关注的重心从人的神圣性转向人的观念性/理想性,最终转向人的物质性或现实性,而身心统一导致的精神性是从观念性到物质性(或从理想性到现实性)的必要中介。正是语言的扩张和知识的霸权导致了主体的终结。在法国哲学的语言学转向中,最终导致的是从心语到物语的变迁,神话则消失得无影无踪。不管就人就物还是就言而论,当代性都意味着物性(thingness)对无性(nothingness)的取代,或者说从无性到物性的转换。

说福柯是一位哲学家,这在一些推崇康德或黑格尔之类哲学家的学者那里是会被打上问号的。有人这样写道:"通常被视为他所处时代的最卓越的哲学家之一,福柯只是很偶尔地给予自己这一身份,而且他以一般的方式谨慎地考虑哲学学科、它的各种运用和各种主张。对哲学的不信任在1960和1970年代的法国思想中的确是共同之所在。"[①]福柯的确承认自己在居维叶、葆朴和

[①] Dekens, *Michel Foucoult*, Armand Colin, 2011, p.29.

李嘉图那里获知的东西要比在康德或黑格尔那里明显得多。① 他不是一个传统意义上的哲学家,这与给予他极大灵感源泉的尼采有相似之处。就像罗蒂认为大写的哲学已经让位于小写的哲学了一样,大写的哲学家正在被小写的哲学家取代,而福柯正是试图匿名而不能的一位著名的小写的哲学家、研究非哲学的哲学的一位非传统哲学家。的确,在他的创造性工作中,任何与人的命运相关的学科都给予他以灵感。

有人试图从事哲学家福柯、艺术家福柯和政治学家福柯三种研究。② 其实,这三种研究是不够的,福柯扮演的角色还要更多。这一切源自于他接受的多方面的训练。他青年时代的理智教育由三条大的轴线构成:首先是将构建其长期身份的哲学;但在从事哲学之前,他迷恋的是历史;最后,他一开始是作为人文科学方面的、更准确地说心理学方面的专家获得承认的。③ 他在著名的巴黎亨利四世中学打下了坚实的文科基础,通过在巴黎高师和索邦大学的学习,他先后获得哲学文凭、心理学文凭和精神病理学文凭,最终获得的则是文科国家博士学位。在博士论文及随后的各种著述中,这种多方面的知识素养获得了卓越的展现。有必要提到文学在其思想中扮演的重要角色。他受到的影响主要来自于布朗肖和鲁塞尔之类作家的作品,引起其兴趣并引导其思考的是疯癫在文学中的某种在场形式。④ 当然,我们可以把文学艺术

---

① Foucault, *Les mots et les choses*, p. 318.
② Kriegel, *Michel Foucault aujourd'hui*, Les Éditions Plon, 2004, p. 22.
③ Gros, *Michel Foucault*, Presses Universitaires de France, 2007, p. 15.
④ Foucault. *Dits et écrits I* (1954~1975), p. 196.

放在一起来考虑。

在福柯看来,哲学或许是我们可以在其中反思西方是什么的最一般的文化形式,它在 19 世纪与当时才得以可能的人类学关联起来,而后者并不是对我们之外的各种文化进行研究的一门特殊科学,它相反地是一种严格的结构,它使得哲学的各种问题现在全都处于这一我们可以称为人的有限性领域的领域之内,在我们只能就人是一种自然人、甚或就他是一个有限存在而对人进行哲学探讨的范围内,整个哲学实际上成了人类学,并因此成了文化形式。① 他承认,一个世纪以来,哲学的情况出现了重大变化:第一,哲学减轻了构成为各门人文科学的一系列研究负担;第二,哲学丧失了它相对于一般认识,尤其是科学的优势地位,它不再定规则,不再进行评判;第三,哲学不再是针对世界、认识或人的存在的一种自主思辨,它变成为参与到一定数量的领域中的活动形式。② 显然,哲学放弃了普遍科学理想,既不再主宰人文研究,也不再支配科学探索,它作为一种文化形式或行动哲学而出现。

关于历史,且不说福柯的国家博士论文论述的是疯癫史,随后的著作研究疾病史、监狱史、性史等等,他关于方法论的最初总结也是围绕历史展开的。《知识考古学》引言第一段第一句是这样开始的,"迄今几十年来,历史学家都偏好关注长时段……"③而第二段第一句则表示,"然而,几乎在同一个时代,在这些被称为观念史、科学史、哲学史、思想史和文学史(它们的特殊性可暂时

---

① Foucault, *Dits et écrits I* (1954~1975), pp. 466~467.
② Foucault, *Dits et écrits I* (1954~1975), p. 608.
③ Foucault, *L'archéologie du savoir*, p. 9.

不管)的学科中……"①在福柯的描述中,无论一般意义上的历史还是各种专门史都致力于复杂的探索,并以历史终结论为背景。他当然不是通常意义上的历史学家,他对历史的描述包含着当代性视域中必定包含的偶然性和悖谬性。他实际上从来没有停止讲述历史:关于受排斥的疯癫的历史,关于接受死亡的历史,关于各种思想系统的历史,关于监狱和战争的历史,关于供认与主体的历史,关于愉悦、肉身和欲望的历史,等等,但他同时不无反讽地声称自己从来都只是写出了一些虚构。②

福柯以一个非历史学家的身份从事历史研究,涉及疯癫史、疾病史、性欲史、监狱史、观念史、思想史、哲学史、科学史、文学史之类。虚构在这些历史中扮演了重要的角色,就像利科在《时间与叙事》中力图综合亚里士多德在《物理学》中和奥古斯丁在《忏悔录》中的两种时间经验,从而模糊了历史与虚构的界线一样。这相当于说福柯模糊了历史与文学的界线。其实,通常所说的许多界线都被他跨越了,或者说他对学科的界定是不那么清晰的。在他看来,人文科学大体上是由心理学、社会学、文学和神话学分析规定范围的宏大区域,但他同时认为历史学是首要的人学并且似乎是全部人学之母,它或许与人类记忆一样古老,它无论如何在人文科学的构建之前就早已经存在了。③当我们说他关注历史的时候,已经承认他在关心文学和以历史为基础的人文科学。

福柯注意到心理学在人文科学中扮演的重要角色。他最初

---

① Foucault, *L'archéologie du savoir*, p. 10.
② Gros, *Michel Foucault*, p. 15.
③ Foucault, *Les mots et les choses*, p. 378.

的许多著述都直接涉及心理学以及与之相关的精神病理学、精神分析学。这与他曾经追随德莱接受心理学和精神病理学的训练有关。他在1954年出版了第一部专著《心理疾病与人格》,同年还发表了自己为宾斯万格《梦想与实存》撰写的长篇导论,两个文本都归属于心理学研究范畴。在于1962年再版时,《心理疾病与人格》被改名为《心理疾病与心理学》。他于1957年发表的《从1850年到1950年的心理学》和《科学研究与心理学》,更不用说其博士论文《疯癫史》都体现了严格的心理学及与之相关的精神病理学等学科训练。不无悖谬的是,福柯的基本倾向恰恰是去心理化,也因此体现出一种与胡塞尔的反心理主义有别的反心理主义。他认为我们没有必要把心理学看作是一门科学,或许可以把它看作是一种文化形式,当然不像哲学那样是普遍的文化形式。[①]他关心各门涉心学科,但目标是消除其影响。

很难把福柯限定为某一领域的专家。他表示:"我难以在哲学或人文科学内部来归类一种像我的研究这样的研究。我可以把它界定为一种关于各种刻画我们的文化之特征的文化事实的研究。在这种意义上,它涉及的是某种像关于我们所属的文化的一种人种学那样的东西。我实际上寻求把自己定位在我们所属的文化的外面,为了对它进行批评而寻求分析它的各种形式条件,不是在涉及还原它的各种价值,而是在看看它如何能够实际地得以被构成的意义上。"[②]福柯在话语实践这一独特层次上研究

[①] Foucault, *Dits et écrits I* (1954~1975), p. 466.
[②] Foucault, *Dits et écrits I* (1954~1975), p. 633.

各种思想系统,①不是就话语的内容,而是就话语本身,并因此突出的是话语事件,而不是对词和物都予以观念化。他接受作者死了或作者是一种功能的观点并身体力行:"我认为没有哪个人在一个理论工作的内部是不可替代的。我说过的东西,不管是谁都可以在我的位置上说出。"②我们无法准确地把福柯思想定位为或哲学或历史或文学或虚构,我们看到的是其博学。

尽管如此,福柯还是为我们提供了一种非常具有独特性的哲学。这一哲学在 3H 一代和 3M 一代的张力中逐步成长。3H 一代哲学家在绝望中争取自由,并因此介入社会,3M 一代哲学家则在更加怀疑的氛围中回归书斋,抛弃了理想、停止了介入。福柯采取了与其他 3M 一代哲学家很不相同的姿态。有学者表示:"一个思想家以一种新的方式面对的问题常常是那种最引起各种不理解的问题。因此,福柯的作品曾经是、并且仍然是悲观主义和前后不一致两种指责的目标。一方面,福柯画出了关于一个世界的表格,在其中对真实的考察和改革的意愿一开始就注定要失败,或者注定要逆转其首倡者的意图;另一方面,他不停地绕过和逃避他自己的思想家地位和他的各种政治介入意味着的认识论的和伦理学的要求。"③其实,我们很难说福柯是一个悲观主义者,因为他积极参与各种政治活动,力求改变某些人群的边缘处境;他的思想之所以经常出现不一致,是因为他往往针对不同的他者

---

① Foucault, *Résumé des cours*（1970~1982）, Julliard, 1989, p. 9.
② Foucault, *Dits et écrits I*（1954~1975）, p. 680.
③ Potte-Bonneville, *Michel Foucault, l'inquiétude de l'histoire*, Presses Universitaires de France, 2004, p. 7.

采取不同的诊断和辩护策略。

有学者表示:"福柯没有发明一种新哲学,他发明了一种从事哲学的新方式。"①这一哲学"新"在何处呢？它重新构思了诸如考古学、谱系学、问题化之类新概念,而它们又成了同样多的研究道路的方位标;它制造了异托邦、知识型、生命权力、治理性、直言、说真话、主体化等新词,而它们已经为我们勾勒了思想的一些新对象;它留给我们的与其说是一些去重复的论题不如说是一些去依循的灵感。② 在漫长的历史进程中,哲学不停地改变当代的地平线,但当代性却从来没有真正成为一个哲学话题。只是伴随消费社会和信息社会的来临,能够涵括独特的时代精神的当代性才有了可能。无论从内涵还是外延看,当代性都是一个比后现代性更能够准确地把握消费主义时代的精神状况的概念。福柯哲学或许是克罗齐所说的"每一真正的历史都是当代史"③的真正体现。

---

① Gros, «Introduction», in Foucault, *Œuvres I*, Éditions Gallimard, 2015, p. ix.

② Gros, «Introduction», in Foucault, *Œuvres I*, p. ix.

③ Groce, *Theory and History of Historiography*, George G. Harrap and Co. Ltd, 1921, p. 12.

第一章 现代与当代

福柯视萨特为康德之后的现代性的最后守护者,那么我们又如何定位他本人呢?我们可以把他说成是现代性的反思者,认为其研究的直接目标是反思的现代性。他的主要著述都承认古典性(我们所说的早期现代性)和现代性(我们所说的后期现代性)的基本区分。虽然反复强调人是19世纪以来的现代性的一个发明,但他始终在广义的现代性中、在现代性与古典性的对照中来把握人文科学的使命和人的命运。他之所以接受如此区分,是为了突出现代性的复杂性,并从独特的视角利用丰富的资源来更好地进行反思,进而通向当代性描述。由此实现的是从要么过去本体论要么未来本体论向现在本体论的转换,也可以说从要么昨天本体论要么明天本体论向今天本体论的变迁。当代人与世界、与他人共时代,他既不瞻前,也不顾后,他生活在当下。现代性反思与当代性描述分别构成为当代性的消极和积极维度。

第一节 时期的划分

福柯对现代的时限有明确的界定:现代时期开始于1790年至

1810年,直至1950年。① 在其相关探讨中,他承认或想到了在18世纪末和19世纪初之间的绝对断裂。② 这一界定显然大大地缩短了现代的时间跨度。在其最主要的一些著述中,他集中关注的都是西方文化从他所说的古典性到现代性的转换,至于具体时间规定,依特殊情况有所不同。在我们的引申阐述中,我们注意到的则是他所说的古典性与古代性之间的断裂与继承、现代性与古典性在差异中的一致、从现代性到当代性的微妙过渡。换言之,福柯的整个工作都致力于揭示广义的现代性(早期现代性和后期现代性)反思及其向当代性描述的转换。其实,我们甚至应该把文艺复兴和宗教改革运动都视为现代性的组成部分,至少视为现代性的发端。的确,许多人都会把现代性的开端回溯得更远。比如在对黑格尔哲学的解读中,哈贝马斯明显把现代性的发端时间提前了。

哈贝马斯告诉我们,"黑格尔在历史语境中率先使用现代性来指称一个时代:'新的时期'或者'现代时期'",这"与在英国和法国使用的术语是一致的:在1800前后,'modern times'或'les temps modernes'指的都是此前的那三个世纪",因为"1500年前后发生的三个大的事件,即'新大陆'的发现、文艺复兴和宗教改革构成为中世纪和现代时期之间的历史门槛",尽管"只是在整个18世纪的进程中,定位在1500前后的这个历史门槛才被回溯性地视为一种更新"。③ 很显然的是,在这位法兰克福学派大师的眼里,我们应该把现代性的历史起点放在16世纪初,也因此定位在文艺复兴时期,而18世纪已经处于现代性的反思阶段。无论如何,笛卡尔和康德分别在现代性进程中扮演着非常重要的角色。其实,福柯自己的一些论述也扩大

---

① Foucault, *Dits et écrits I* (1954~1975), p. 627.
② Foucault, *Dits et écrits I* (1954~1975), p. 616.
③ Habermas, *Le discours philosophique de la modernité*, Éditions Gallimard, 1985, p. 7.

了现代性的范围,他有时会把古典时期,甚至部分地把宗教改革与文艺复兴时期包含在内。

针对疯癫问题,福柯尝试着分析在17、18世纪的社会中流行的拘禁系统;关于监狱问题,他关注的则是像自16和17世纪以来的我们的社会变成的那样的各种监禁的社会。① 前者关注古典性与现代性的关系,后者则把这种关系提前到了文艺复兴时期。他认为《唐·吉诃德》是那些现代作品中的第一部,②这也表明他有时把古典时期和现代时期都纳入现代范畴中。在谈及压抑假说时,他想要对立于压抑假说的那些怀疑,目标与其说是指出它是错误的,不如说把它重新放回到17世纪以来的现代社会内部的性话语的一般经济学之中,③广义的现代概念在这里也是很明显的。就自身技术而言,现代概念甚至与宗教改革紧密相关:自身问题是有题材好写的某种东西,它既不是诞生自宗教改革运动的一种现代特征,也不是浪漫主义的一个产物,它是西方最古老的传统之一,一种当奥古斯丁开始撰写其《忏悔录》时就已经充分确立的、已经深深地扎根的传统。④

真正说来,福柯关于自身技术的古今对照分析尤其明确地扩大了现代的范围:"在'关心你自己'和'认识你自己'这条古代原则中存在着等级的倒置。在希腊罗马文化中,自身认识作为自身关怀的结论呈现出来。在现代世界中,认识自身构成基础原则。"⑤这里的"现代世界"从哲学意义上讲显然指的是自笛卡尔直至福柯时代之前的世界。这种从古代到现代的无缝过渡显然把他自己所说的古典性

---

① Foucault, *Dits et écrits I* (1954~1975), p. 1071.

② Foucault, *Les mots et les choses*, p. 62.

③ Foucault, *Histoire de la sexualité I: La volonté de savoir*, Éditions Gallimard, 1997, p. 19.

④ Foucault, *Dits et écrits II* (1976~1988), p. 1612.

⑤ Foucault, *Dits et écrits II* (1976~1988), p. 1608.

和现代性都纳入到了现代范畴之中。当然,我们也需要保持适度警觉,因为在论述同一个问题的另一处,他又回到了自己的一般划分中:"一个出现在18世纪末的问题界定了我所说的'自身技术'的一般范围。它成为了现代哲学的极点之一。"[1]无论如何,福柯至少在部分地方或有些时候扩大了现代性的范围,或者说他试图探讨理性针对非理性施加的控制策略的一个更大的跨度。我们的看法是,把现代性的起点调整到17世纪初这一"笛卡尔时刻",[2]应该是一种可取的姿态。

《疯癫史》这部鸿篇巨制以中世纪末期为引子,从文艺复兴时期谈起,19世纪以来的现代时期占据了相当重要的篇幅,但其主旨是描述和分析17、18世纪的疯癫经验及其沉默史。福柯在书中以冻结时间的方式处置古典时期的疯癫经验,并因此开始了运用考古学方法的尝试。为了让古典的疯癫经验在其法理和展开中有价值,他进行的核心尝试是为我们找到一个没有运动的具象,一个基础的具象,即在白昼与黑暗、阴影与光明、梦幻与醒觉、太阳的真实与午夜的力量之间的简单分割。[3] 这无疑是关于理性与非理性关系的一系列隐喻性的说法,带有结构主义语言分析采取的静态二元对立姿态。结构分析采取二项式的思维,它在所研究的各种素材中寻求功能性的对立形式。[4] 尽管不像后来在《词与物》中那样明确地区分并描述三个时代,但福柯在这部著作中显然已经勾勒出了其日后主要作品关于时代划分的基本轮廓。当然,他在最后时期采取了某种新的姿态,把重心放在了古代时期。

---

[1] Foucault, *Dits et écrits II* (1976~1988), p. 1632.
[2] Foucault, *L'herméneutique du sujet*, Éditions Gallimard/Seuil, 2001, p. 16.
[3] Foucault, *Dits et écrits I* (1954~1975), p. 195.
[4] 卡勒:《结构主义诗学》,中国社会科学出版社,1991,第37页。

福柯关于疯癫史的研究打算确定我们从一个给定时代的心理疾病中能够认识到的东西。① 在《疯癫史》一开始,他这样表示:在中世纪末期,麻风病从西方世界消失了;他进而描述说,从 14 至 17 世纪,也就是在文艺复兴时期,麻风病留下的、意味着净化和排斥的空间等候并召唤罪恶的一种新化身:虽然麻风病消失了,麻风病人差不多从记忆中被抹掉了,但排斥和净化的结构依然保持着,因为穷人、流浪汉、轻罪犯者、精神错乱者很快就会恢复代替麻风病患者放弃了的角色。其实,麻风病患者把接力棒最初传送给了性病患者,但在古典世界里承担麻风病在中世纪文化里面之角色的不是性病而是疯癫;在麻风病消失两个世纪之后,疯癫和它一样引起了区分、排斥和净化的反应。福柯承认,疯癫并非一开始就受到排斥,在它于 17 世纪中叶没有被主宰之前、在人们为了它再度复活各种古老的仪式之前,它曾经顽固地与文艺复兴的全部重大体验联系在一起,并因此在当时的世界中还有其存在的空间。

福柯告诉我们,至少按照《疯人船》之类对其最单纯、最具象征性的形象描述,在文艺复兴世界的想象空间中,飘泊不定的疯子依然具有某种边缘性地位,即自古以来在疯癫与理性之间可能的对话渠道还没有被完全切断。然而,在 17 世纪以来的古典世界中,它已经受到了完全的排斥,变成了绝对沉默的他者,即古典时期将以一种奇特的猛烈打击让文艺复兴时代刚刚解放了其声音,但控制了其暴烈的疯癫归于沉默。② 笛卡尔哲学无疑是古典哲学最典型的代表,能够充分地反映该时代的基本精神。虽然它不可避免地保留了古代哲学的残余,比如坚持古老的实体观念、保留了神作为绝对超越者的地位,如

---

① Foucault, *Dits et écrits I* (1954~1975), p. 870.
② Foucault, *Histoire de la folie à l'âge classique*, p. 56.

此等等，但它无论如何试图通过普遍怀疑，即一种方法论的怀疑来确立全新的起点。这种回到内心、追求内在确定性的努力不愿意承认感官知觉，更不可能接受作为非理性之极致的疯癫经验。事实上，福柯关于古典时期的疯癫经验的描述正是从评述笛卡尔的理性姿态开始的。

笛卡尔主张把感官经验完全放在一边，但他明白这会遭致各种驳难。正是在关于感官经验的怀疑中，他连带地引出了疯癫经验："可是，虽然感官有时在不明显和离得很远的东西上骗过我们，但是也许有很多别的东西，虽然我们通过感官认识它们，却没有理由怀疑它们：比如我在这里，坐在炉火旁边，穿着室内长袍，双手拿着这张纸，以及诸如此类的事情。我怎么能否认这两只手和这个身体是属于我的呢，除非也许是把我和那些丧失理智者相比？他们的大脑让胆汁的黑气扰乱和遮蔽得那么厉害，以致他们尽管很穷却经常以为自己是国王；尽管是一丝不挂，却经常以为自己穿红戴金；或者他们想象自己是罐子，或者有一个玻璃身子。但是，怎么啦，那是一些疯子，如果我以他们的事例为榜样的话，那么我的荒诞程度将不亚于他们。"①福柯解读说：在怀疑的进路上，除梦想与全部谬误形式之外，笛卡尔还遇到了各种疯癫，他极力避开它们，但不像绕过梦想和谬误的或然性那样避开疯癫的危险。②

在福柯的独特解读中，笛卡尔哲学明确注意到了疯癫与感官经验在本性上的根本不同。其实，在那种只讲理而不言情的古典氛围中，这是不言而喻的："在怀疑的经济学中，一方面是疯癫，另一方面是梦想和谬误，它们之间有着一种根本的不平衡。相对于真理和追

---

① 笛卡尔：《第一哲学沉思集》，商务印书馆，2016，第 17~18 页（译文略有改动，后面不少中译引用会出现类似情况，不再一一说明）；Descartes, *Méditation métaphysiques*, Garnier-Flammarion, 1979, p.69.

② Foucault, *Histoire de la folie à l'âge classique*, p.56.

求真理的人来说,它们的处境是不同的,梦和幻觉将在真理的结构本身中获得克服,而疯癫却受到进行怀疑的主体的排斥。"①笛卡尔式的理性主体或许会暂时受到感觉和梦幻的纷扰,从而避免不了会犯错误,但它绝对不可能发疯。在理性的绝对主宰中,感性、睡梦和幻觉或许还有某种边缘地位,但疯癫因其极端非理性而被彻底排斥在外,完全被遗忘,变成为绝对的他者、沉默无言的他者。② 在由理性绝对主宰的现实世界中,疯子消失得无影无踪,知识王国也没有为他留下任何位置。也就是说,疯子既然不能思维,他也就因此丧失了存在的资格。他根本就不是人类的一员,不可能也不应该被归属主体之列。

笛卡尔一边沉思一边说道:"现在我觉得思维是属于我的一个属性,只有它不能跟我分开。我存在,我实存,这是确定的;可是,多长时间?取决于我思维多长时间;因为假如我停止思维,也许很可能我就同时停止了存在或实存。"③在把我与思几乎相等同的理智世界

---

① Foucault, *Histoire de la folie à l'âge classique*, p. 56.
② 德里达在针对《疯癫史》所作的著名讲座《我思与疯癫史》(1963)中表示,福柯是"第一个"在笛卡尔《第一哲学沉思集》的第一"沉思"中"把谵狂、疯癫与感性、梦想相分离的人",即他"在它们的哲学意义和方法论功能中分离它们",而这是福柯式阅读的"原创所在"(Derrida, *L'écriture et la différence*, Éditions du Seuil, 2001, p. 74)。但他明确否定福柯的这种阅读,并针锋相对地提出了自己的看法:第一,笛卡尔并没有绕过感官错误和梦幻的或然性,没有在真理的结构中克服它们(Derrida, *L'écriture et la différence*, p. 75);第二,疯癫不过是笛卡尔在这里关注的感官幻觉的一个特殊的且并非最紧要的例子,精神错乱的假设并未得到任何优先对待,也没有被纳入任何一种特别的排斥之中(Derrida, *L'écriture et la différence*, p. 77)。德里达的这一演讲后来收入到《书写与差异》(1967)中,福柯用"我的身体,这张纸,这一炉火"(1972)作为《疯癫史》附录的形式对该文本进行了回应(Foucault, *Dits et écrits I*(1954~1975), pp. 1113~1136),他在同一年度还在另一个文本"回应德里达"中进行了回应(Foucault, *Dits et écrits I*(1954~1975), pp. 1149~1163),始终维护自己的解读。
③ 笛卡尔:《第一哲学沉思集》,第28页;Descartes, *Méditation métaphysiques*, p. 83.

里,梦幻和疯癫在笛卡尔的怀疑的展开中既没有相同的地位也没有相同的作用:梦幻使我们能够怀疑我所在的这一场所、我看到的这张纸、我伸出的这只手,但疯癫绝不是怀疑的一种工具或一个阶段,因为进行思考的我不可能是疯子;因此,要把怀疑论传统相反地用来作为怀疑的一种理由的疯癫排除掉。① 笛卡尔式的逻辑很简单,思考意味着不会发疯,发疯则意味着不能思考。在长篇大论地描述和分析疯癫经验在受笛卡尔主义支配的古典时期受到的彻底排斥后,以18世纪法国哲学家狄德罗塑造的拉摩的侄子形象为开端,福柯引出了现代疯癫史,展示了疯子的另一种形象。

依据福柯的解读,在怀疑涉及他的各种主要危险的时刻,笛卡尔意识到自己不可能是疯子,而拉摩的侄子却完全知道自己是疯子。②拉摩的侄子代表了疯癫的尽管脆弱但初步的自觉:它的存在是显而易见的,但18世纪的理性却对它视而不见。福柯描述说:虽然18世纪不可能准确地理解《拉摩的侄子》透露的意义,即谵狂在疯癫的核心中获得的新的意义,但疯癫在现代世界里的命运,在此奇特地获得了预示,而且差不多已经开始了。③ 这就表明,出现了针对笛卡尔主义的反叛姿态。在福柯笔下,唐·吉诃德、拉摩的侄子、尼采、萨德等或虚构或真实的人物往往预示了某个时代的开端或结束。古典思想以怀疑为起点,追求的却是内在性确定性,主张观念的明证性;现代思想注意到了确定性的危机,放弃了对明证性的追求。疯癫是确定性和明证性的阴影,是不能被容忍和接纳的;放松确定性和明证性的要求,疯癫就有了重新出场的机会。

福柯就疯癫经验为我们描述了从笛卡尔主义向非笛卡尔主义的

---

① Foucault, *Dits et écrits I* (1954~1975), p. 1113.
② Foucault, *Histoire de la folie à l'âge classique*, p. 363.
③ Foucault, *Histoire de la folie à l'âge classique*, p. 373.

转换,旨在表明非理性经验在从古典性向现代性的过渡中扮演的重要角色:"我们清楚地看到,现代思想中的非笛卡尔主义,在其所具有的决定性的东西中,并不是发端于对天赋观念的讨论或对本体论证明的指责,而是发端于《拉摩的侄子》这一文本,发端于它在一种只有在荷尔德林和黑格尔的时代才能被人理解的倒转中所标示的存在。"①古典时期的以普遍科学理想为特征的科学之思,逐步让位于现代时期的体现了人文与科学的张力的诗意之思,而牛顿的科学世界观和人生观开始让位于荷尔德林式的艺术世界观和人生观。现代时期并没有完全放弃理性,但在相当程度上容忍了非理性,并导致了理性的科学与非理性的人文之间的张力。通过对诸多作家的分析,福柯试图表明,虽然在全部后黑格尔思想中,人都将通过精神和理性的运作从确定性走向真理,但拉摩的侄子已经预示了19世纪人类学的别一种维度,也就是非理性的谵狂。②

作为非理性的疯癫或受到抑制或承受理性的狡计,被迫陷入沉默。疯癫作为心理疾病在18世纪末的确立中断了现代人与疯子的交流:一方面存在着理性的人,他为疯癫委派医生,因此只是透过疾病的抽象普遍性才认可关系;另一方面存在着发疯的人,他只能借助一种完全同样抽象的理性(它乃是秩序,身体和道德的约束,匿名的群体压制,服从的强制要求)与他人交流,因为他们之间没有或不再有共同语言,可以用于疯癫与理性之间的交流的不完善的、缺乏稳定句法的、有点结结巴巴的词已经被忘却了。③ 在福柯看来,通常的疯癫史其实是理性及其机制的自说自话,或者说精神病学语言只不过是理性关于疯癫的独白,是建立在疯癫的闭口不言之上的。无论如

---

① Foucault, *Histoire de la folie à l'âge classique*, p. 368.
② Foucault, *Histoire de la folie à l'âge classique*, p. 370.
③ Foucault, *Dits et écrits I* (1954~1975), p. 188.

何,观念、机构、法律和警察制度、科学概念囚禁着疯癫,因此,疯癫本身的原生状态永远无法恢复到它自身。① 显然,应该回归疯癫经验,以便重新把握它开始沉默无言的那个时刻。现代性反思的任务之一就是恢复沉默的经验。

福柯明确告诉我们,在现代世界里,堕入疯癫的作家、画家、音乐家的数目有增无减,尤其应该突出的则是尼采、梵高和阿尔托的疯癫的独特意义:自以为可以借助心理学来测度疯癫、来为疯癫辩护的现代世界必须在疯癫面前为自己辩护。② 当然,疯癫并没有胜利地凯旋,因为现代性只是在一定程度上容纳了疯癫,或者说只是开始承认它是人的整全经验的一部分。无论如何,承认疯癫和无意识表明,我思内在地是破碎的,③即整全的我思已经让位于破碎的我思。④ 这意味着,一个人不再因为发疯而丧失做人的资格,尽管他是一个反常的人。然而,问题并不如此简单。福柯从事反常的考古学,在司法与精神病学或医学的交叉视域中考察19世纪的反常的人,发现他们从谱系上被确认为怪物、不可矫正者和手淫者的后裔。⑤ 与古典时期由理性一统天下不同,19世纪的理性开始直面非理性的挑战,但它还不可能完全承认反常经验。

福柯描述自16世纪末以来的西方社会针对疯子的排斥现象,认为这是一种双面现象:一方面,我们有建制、实践、习俗类别,比如公安、家庭或司法分类,分选疯子并把他们置于阴影中的方式,这乃是一种几乎没有宣告出来的实践,人们很难公正地恢复这些习俗的因

---

① Foucault, *Dits et écrits I* (1954~1975), p. 192.
② Foucault, *Histoire de la folie à l'âge classique*, p. 557.
③ Ricœur, *Philosophie de la volonté* 1, Éditions Points, 2009, p. 32.
④ Ricœur, *Soi-même comme un autre*, Éditions du Seuil, 1990, p. 22.
⑤ Foucault, *les anormaux*, Éditions Gallimard/Seuil, 1999, p. 55.

为不能获得表达而没能留下痕迹的形式和规则,它们是无陈述的;另一方面,有关疯癫的这些建制、这些实践直至在某个点上仍然是通过一种哲学的、宗教的和司法的,尤其是医学的话语而关联起来的、获得支撑的。① 简单地说,正是实践和话语的集合构成了所谓的疯癫经验;但我们无论如何应该尝试清理出这一针对疯子的排斥实践的系统。福柯承认自己总是在话语和实践两极之间摇摆。在《词与物》和《知识考古学》中,他尤其研究了一些话语层面、一些话语集合;现在,他对各种建制和各种实践感兴趣,对这些在某种程度上处于可以用言语表达者下面的东西感兴趣。② 这正是疯癫或疾病问题为他提供的启示,尽管监狱问题将揭示出更为复杂的权力机制。

《词与物》关注的时间段大体上同于《疯癫史》,围绕知识型或《知识考古学》所说的话语构成分别为我们描述了在文艺复兴时期、古典时期和现代时期呈现出的词与物之间的复杂关系。这里涉及的不是传统意义的人文科学史,而是所谓的人文科学考古学。在西方文化的演变中,文艺复兴时期代表的是古代文化(古希腊罗马文化和中世纪文化)向现代文化的过渡,它既是现代文化的粗坯形式,也是古代文化的残余形态。在福柯关于疯癫史以及知识型的批判考察中,文艺复兴时期所占的篇幅都比较少,古典时期虽然是描述和分析的重点,但18世纪末19世纪初以来的现代时期才是重中之重。他这样写道:"这个考古学探索已经表明了在西方文化的知识型中的两次巨大的断裂:开始于古典时期(大致在17世纪中叶)的断裂和在19世纪初标志着我们的现代性之门槛的断裂。"③两次断裂反映的正是西方文化/知识在古代时期、古典时期和现代时期之间的强烈对比。

---

① Foucault, *Dits et écrits I* (1954~1975), p. 1075.
② ibid.
③ Foucault, *Les mots et les choses*, p. 13.

19世纪被福柯视为现代性的真正发端时期。当此之时,"从古典主义到现代性(用词本身并不重要,我们可以说从我们的前历史到仍然与我们同时代的历史)的门槛被确定性地跨越了。"[1]他之所以把现代性的起点确定为19世纪,根本的原因在于,它直接关系到他所说的"我们的现代性",也就是说仍然延续到他自己所在时代的现代性。在他看来,至今仍然对"我们"产生着影响的人的诞生、人文科学的诞生和现代控制机制的出现都发生在19世纪。也就是说,福柯把现代性与人(具有生活、劳动、说话等有限经验的正常主体,具有疾病、疯癫、犯罪等反常经验的病人、疯子、罪犯之类反常主体)的诞生,现代知识(生物学、经济学、语文学、精神病学、心理学、精神分析学、犯罪学、临床医学等)的产生,现代控制机构(疯人院、医院、现代大工厂、监狱等)的建立在话语空间中关联起来。这种分析和描述显然别出心裁。

无论怎么强调《词与物》在福柯整个思想中的地位都不为过。"前言"除外,全书被分为两编。第一编重点探讨古典知识型,文艺复兴知识型则是其比照;第二编集中探讨现代知识型。之所以不是分成三编,显然是为了突出现代性反思这一议题,强调的是古典性和现代性的对比。全书共分十章,编号不受两编区分的限制。前言部分相当于导论,表明了该书与此前的著作以及同一时代相关思潮的关系,阐明了词、物、经验、乌托邦、异托邦、表象、人、主体性、有限性和他性等等概念。第一编第一章为正文的开始,整个内容都在解读名画《宫娥》。这幅画的作者是生于1599年、死于1660年的著名西班牙画家委拉斯开兹。现代哲学第一人笛卡尔生于1596年,死于1650年。两位名家出生和死亡的时间相隔不远。这幅创作于1656年的油画显然可以直观地为我们展示现代哲学以概念的方式阐述的古典

---

[1] Foucault, *Les mots et les choses*, p. 315.

性或者说早期现代性的总图景。

也就是说,借助于《宫娥》,福柯可以为我们演示西方文化从文艺复兴时期到古典时期再到现代时期的变迁。委拉斯开兹描绘的古典绘画精神理应契合笛卡尔构思的古典哲学目标。当然,事情要复杂得多。一般认为,《宫娥》是一幅描绘王室日常生活的、带有风俗特色的宫廷画。福柯用13页篇幅来读解这幅经典/古典作品,避免了不得不从文艺复兴时代谈起,依照时间的推移或历史的演进来线性地谈论古典时期,从而为我们直观地,甚至在平面空间中理解表象的一统天下奠定了基础。他一开始就把我们带入了某种不确定性之中。他写道:"画家稍稍退离画布,他瞥了一眼模特儿,也许他正要增添最后一笔,但也可能第一笔都还没有落下。"①福柯显然想表明,这幅画留下了可以让我们去填补的无穷空间。在德里达式的文本解读中,可以区分出阅读的两个步骤或者双重方式。其实,福柯对《宫娥》进行的也是一种双重阅读。

第一重是重复性阅读,第二重是批评性阅读。关于这幅画的通常解读可以归属于重复性阅读,我们试图读懂它,达到与画家的心心相印。后人在此基础上对这幅进行的再创造或通向不确定性的解读,在很大程度上可以说是一种批评性阅读。福柯当然想要读懂《宫娥》,尤其是要将它作为表象的工具,用以把古典时代表象为一个表象的时代,但他似乎没有明确地区分出两个步骤,而是把两者结合在一起了。他在几乎所有的作品中都在谈论话语或语言,从而关心的是可说与不可说的问题,但《词与物》却反讽性地从谈论视觉或注视开始,从而是以可见与不可见问题为起点。在其解读和描述中,一切表象都获得了表象:画家、调色板、画中之画的背面、墙上的那些画、

---

① Foucault, *Les mots et les choses*, p. 19.

包括我们在内的任何观看者,最重要的是那面镜子,它以微弱的方式表象了画家所要表象的东西:因为出现在镜子中的是国王夫妇,画中之画也因此画的是他们的肖像。

国王夫妇获得了表象,但他们并不在场,他们和我们一样在画外,在观看者的位置上。他们既是画中画家画笔下的模特,又是画中场面的观看者,作为观看者的我们又处于何种位置呢?这才是福柯借助这部作品想要探究的真正主题。正是借助镜子对不在场的国王夫妇的表象,这幅画中有画的作品完成了古典表象的表象,同时预告了将要出场的被观察的注视者或被认识的认识者。这既表明了古典性对古代性的延续与断裂,又预期了现代性的开启。在用委拉斯开兹的画来表达古典表象观念并预示表象在现代思想中的式微的同时,福柯承认自己愿意用克利的画来描述当代文化,因为克利使所有可以构成绘画的姿势、行为、笔画、轮廓、线条、平面都以可见的形式呈现出来,这样他就把绘画行为本身变成了绘画本身的展开的、闪亮的知识。① 尽管克利的绘画并不是当代绘画,但它们展示的是它们的自身存在,而不是或像古典时期那样直接地或像现代时期那样间接地作为表象的工具出现。

在福柯那里,古典知识型既不同于现代的,也不同于文艺复兴的,更有别于他没有描述过的古代的知识型。既然他在最后岁月中的古希腊罗马和中世纪文化之旅并不以揭示古代知识型为目标,我们也就只能从文艺复兴知识型中推知其大体情状。在《词与物》中,福柯重视的是古典时期和现代时期。在古典知识型中,在表象理论、语言理论、自然秩序理论、财富及价值理论之间存在着融贯性;但在自 19 世纪以来的现代知识型中,这些理论之间的关系以另一种形式

---

① Foucault, *Dits et écrits I* (1954~1975), p. 572.

体现出来。从根本上说,《词与物》中表达的知识/文化观与《疯癫史》中的基本描述是大体一致的。事实上,福柯明确承认了《词与物》与《疯癫史》的关联:"我们不难发现,这一研究作为一种回音,稍微回应了撰写一部古典时期的疯癫史的计划;它在时间上有相同的一些节点,把文艺复兴末期作为出发点,它也在19世纪转折点上遇到了我们至今尚未走出的现代性的门槛。"①

《疯癫史》围绕理性对非理性的或专断或狡诈的征服从外部侧面地描述了理性或现代性的进程,《词与物》则着眼于知识的形式结构从内部正面地展现了理性或现代性的历史。福柯承认,前者从总体上说是分化史,尤其是任何社会都不得不确立的某种断裂的历史,而后者探讨的是秩序史;前者是差异的历史,后者是相似、相同和同一的历史。② 真正说来,前者分析和描述的是理性针对反常经验的历史,后者分析和描述的是理性针对正常经验的历史。在《词与物》中,福柯注意到,从古典性到现代性的转换主要意味着知识型的变迁,并因此产生了一种根本的断裂;《疯癫史》没有提到知识型的概念,但也大体上反映了知识形态在两个时代的差异。因此,他关于17、18世纪的分析根本有别于他关于19、20世纪的分析。有人注意到,在阅读《词与物》时,会明显感觉到福柯在立场上的变化,而这种变化导致我们对他的工作采取某种谨慎的姿态,因为我们需要他说出造成这种情况的理由。

针对这个问题,福柯表示,在《词与物》的布局中,有某种东西似乎伴随着19世纪而发生了变化,这与在《疯癫史》中发生的事情是大体相同的:前者就19世纪思想展开论战,后者假定他想攻击现代精

---

① Foucault, *Les mots et les choses*, p. 15.
② Foucault, *Dits et écrits I* (1954~1975), p. 526.

神病学。其实,在两种分析之间存在着差别:他"际上可以在它固有的构形中借助于它一方面与 16 世纪、另一方面与 19 相对立的双重差异来界定古典时期,相反,他只能通过把它一方面对立于 17 世纪,另一方面对立于我们时代来在其独特性中界定现代时期,因此,为了不停地使分化运作起来,应该在我们的每一个句子下面使把我们与它分开的差异涌现出来,最终说来,对于这一开始于 1790 年至 1810 年并且通向 1950 年的现代时期,问题在于摆脱,而对于古典时期,问题只在于描述它。"[1]非常明确的是,描述古典时期是为了更好地把握现代时期,而描述现代时期则是为了摆脱现代性,并因此引出当代时期和当代性。

  福柯关于疾病史的探讨介于《疯癫史》和《词与物》之间。《诊所的诞生》就如同前者一样分析反常史,尽管它们之间的差异也是很明显的。为了写作是书,他阅读了 1780~1820 期间的具有方法上重要性的全部医学著作。[2] 这一作品同样把现代性的开端设定在 18 世纪末 19 世纪初,即现代医学把其出生时期锁定的 18 世纪最后岁月中。[3] 在古典时期,看就是知觉,虽然笛卡尔的解剖实践和马勒伯朗士的显微镜观察都借助于最具体的经验且涉及对可感的身体的知觉,但这一切对于精神的运作而言是透明的,这里涉及的光也是理想性的要素;而在 18 世纪末以来,看就在于让经验保持其身体方面的最大不透明,由此,理性话语与其说取决于关于光的几何学,不如说取决于对象的顽强的、不可超越的厚度,总之,一种在词与物之间促成看与说的新的联合在医学话语中形成了。[4]

---

[1] Foucault, *Dits et écrits I* (1954~1975), pp. 626~627.

[2] Foucault, *Dits et écrits I* (1954~1975), p. 527.

[3] Foucault, *Naissance de la clinique*, Presses Universitaires de France, 2015, p. 8.

[4] Foucault, *Naissance de la clinique*, pp. 9~11.

在古典时期,注视或知觉被归结为理智直观或精神审视,也就是心看,而在 19 世纪则转向了眼看;前者把一切都展示在表象的秩序中,而后者则不得不承认身体经验是不透明的。疯癫代表的是理性的他者,疾病同样代表的是理性的他者。福柯试图通过描述疾病经验来揭示从古典知识型向现代知识型的转化:"疾病既是人体中的、直至生命的核心中的无序和危险的他性,同时又是一种具有它自己的各种规则性、各种相似和各种类型的自然现象,那么我们就能发现一种关于医学注视的考古学会具有什么样的位置。从他者的极限经验到医学知识的各种构造形式,从这些形式到事物的秩序、到对同一的思考,提供给考古学分析的东西乃是整个的古典知识,或者不如说是把我们与古典思想分隔开来并构造我们的现代性的那个门槛。"[1]《诊所的诞生》和《疯癫史》都寻求分析一个科学对象借以能够被构成的诸条件,前者是关于诊所注视的考古学,后者是关于疯癫的考古学。[2]

福柯试图表明,在全部西方文化中,都存在着某些被视为疯子的个体和某些被视为病人的个体,而问题在于说出在毫不犹豫地承认病人和疯子的社会中被直接亲历的含义。[3] 疯癫和疾病要停止拥有一种直接含义并且成为一种理性知识的对象,需要一定数量的联合起来的条件,福柯的工作就是寻求分析这些条件。在意义与对象之间显然存在着中断。他表示,结构主义者致力于意义呈现的条件的探讨,而他的工作相反地致力于意义由于对象的构成而消失的条件:"结构主义提出了意义的呈现的诸形式条件的问题,尤其从语言的优先例证出发:语言本身是一个有待分析的特别复杂而丰富的对象。

---

[1] Foucault, *Les mots et les choses*, pp. 15~16.
[2] Foucault, *Dits et écrits I*(1954~1975), p. 630.
[3] ibid.

但与此同时,它充当了分析其他含义(它们并不完全属于语言秩序的含义)的呈现的式样。然而,从这一视点出发,我们不能够说我在从事结构主义,因为我实际上既不关心意义也不关心意义在其中呈现的各种条件,而是关心意义的改变和中断的条件,意义在其中为了使某种其他的东西呈现而消失的条件。"①

《词与物》是对人的生活、劳动和说话经验的正面描述,疯癫史和疾病史则围绕病理经验或反常经验展开,也可以说在正常经验与反常经验或病理经验之间进行了区分和对比。《知识考古学》是福柯对上述工作的系统总结,旨在探讨各种话语规则或者说话语构成的诸规则,具体来说,涉及对象构成、陈述方式构成、概念构成和策略构成的规则。这些工作是以静态描述和分析的方式出现的,也因此在其整体结构中不会涉及时代划分的问题。当然,在具体阐述某一个问题时,往往也会以古典时期或现代时期的某种话语作为例证。比如在谈论策略形成时,他会谈到 18 世纪的语法学和 19 世纪的语文学涉及的不同的理论策略。② 但这些例子往往已经在此前三部著作提到过。在这一主要带有理论色彩和方法论意味的著作之后,他的思想将进入所谓的谱系学时期。

福柯于 1970 年入选法兰西学院教授,他随后的研究成果总是通过其相关课程先行展示出来。无论从什么角度看,它们都主要与《监视与惩罚》和《性史》所展开的谱系学研究相关,但显然没有忘记考古学阶段的重要工作。福柯本人在 1976 年度的法兰西学院第一次讲课中列举了他自入选学院以来的工作:有关刑罚程序的历史的一些微不足道的谈论;涉及 19 世纪精神病学演变和制度化的一些章

---

① Foucault, *Dits et écrits I* (1954~1975), p. 631.

② Foucault, *L'archéologie du savoir*, p. 85.

节;或对智者派或对古希腊货币或对中世纪宗教裁判所的一些思考;透过17世纪的各种忏悔实践或18~19世纪的儿童性欲控制对性史或无论如何对性知识史的勾勒;对关于反常的理论和知识的发生以及与它相关的一切技术的定位。① 这些讲课和相关著作都旨在表明,每一个社会都确立了在好与坏、允许与禁止、合法与非法、犯罪与非犯罪之间整个一系列的对立系统,而它们在今天的欧洲都被归结为正常与病态的对立。② 换言之,任何文化中都有一系列融贯的分化姿态,乱伦禁忌、疯癫限定、宗教排斥只不过是一些特例。

凡是不能够被容纳的外来的、反常的因素都要受到排斥,疯子、病人和犯人都在受排斥之列,尽管不同时代针对它们中的每一个都会有不同的处置方式。在《监视与惩罚》中,古典和现代的划分依然是非常明晰的。该书以描述1757年3月2日达米安因谋刺国王而被判处公开认罪并接受酷刑的惨烈场面的报道开始,进而列举了80年之后福歇制定的巴黎少年犯监管所规章的第17~28条。福柯把它们归结为一种酷刑和一份时间表,认为虽然分开它们的时间不到一个世纪,虽然它们制裁的不是相同的犯罪,它们惩罚的不是同一类型的犯人,但它们各自代表了一种刑法方式。③ 这里提供的时间节点并不那么严格,但的确都在他自己的时间划分范围之内。在古典惩罚方式和现代惩罚方式之间显然存在着巨大的不同,但尤其应该关注的则是现代惩罚形态。他认定《监视与惩罚》的目标是现代心灵与一种新的审判权的相关史,是现行的科学-司法复合体的一种谱系学。④

福柯看起来打算写一部现代心灵接受审判的历史,但问题并不

---

① Foucault, «Il faut défendre la société», p. 5.
② Foucault, Dits et écrits I (1954~1975), p. 631.
③ Foucault, Surveiller et punir, Éditions Gallimard, 1975, p. 14.
④ Foucault, Surveiller et punir, p. 30.

如此简单。他表示,虽然该书的研究对象停止于 19 世纪 30 年代,虽然该书没有借助与我们更接近的时代的资源,但是,同样在这一例子中,不管是批评家,还是读者都已经觉察到它是对作为监禁社会的现时/现实社会的一种描述,他从来都没有写过这件事,即使关于它的写作确实已经与我们的现代性的某种经验联系在一起。① 这里涉及真相/真理问题,涉及真实与虚构问题,一切都与我们的现代性相关,而我们同时将使之呈现为异质的。② 在福柯的描述中,现代惩罚技术的真正对象依然是身体。古典时期是心身分离的时代,惩罚的技术主要针对身体,为的是拯救心灵;正像作为非理性之极致的疯癫被完全禁闭,以便突出理性的绝对主宰一样。然而,现代时期开始承认身体的地位,身心的统一获得某种程度的强调,惩罚也因此采取了人道的针对身心的策略。但在福柯看来,这仍然是一种主要针对身体的控制技术。

理性把五花八门的现代惩罚方式和训练形式施加给疯子、病人、军人、学生和工人的身体,想要塑造的是服从和有用相结合的现代人,也就是既服从又有用、既有用又服从、越服从越有用、越有用越服从的个体。因此之故,虽然在道德观念和司法结构基础上来清理各种惩戒的历史完全是合法的,福柯还是打算以身体史为基础来进行清理。③ 对于他而言,心灵技术,也就是说由教育学家、心理学家或精神病学家运用的那些技术,既无法掩饰也无法弥补地是针对身体的控制技术。心灵技术不可避免地把身体技术作为其工具,这意味着身体的观念化。福柯既批评古典时期针对身体的完全极端的观念化策略,也批评现代时期针对身体的相对温和的观念化策略。其实,他

---

① Foucault, *Dits et écrits II* (1976~1988), p. 864.
② Foucault, *Dits et écrits II* (1976~1988), p. 865.
③ Foucault, *Surveiller et punir*, p. 33.

尤其要揭示现代性的心理化策略,这是一种相对温和的权力技术。这一切都涉及权力的多样化的、多层次的运作,即现代意识倾向于把限定不正常者、不合群者、不理智者、非法者、犯罪者的权力给予正常与病态这一区分。① 理性针对非理性、正常针对病态的权力策略往往是异常复杂的。

有必要充分地揭示理性的狡计,而不应该局限于以二元对立的方式描述权力关系。通过例证身体技术在两种不同的政治体制中扮演的不同角色,福柯精微地展示了权力技术从古典到现代的转换。在像17世纪那样的一个社会中,国王的身体扮演着一种最重要的角色,它是一种政治实在:它的物理在场是君主制运行所必需的;但在共和体制下,情形就有了根本的完全,因为不存在共和国的身体,相反,正是社会的身体在19世纪的进程中变成了新的原则,应该以一种近似医学的方式来保护这一身体。② 在古典君主政体中,国王的身体是权利的象征,为了确保最高统治者的身体不受任何侵害,应该维持中心权力和绝对权威,对于伤害其身体的任何行为,都应该施加绝对的惩罚,诸如五马分尸、千刀万剐之类。事实上,在绝对君权制度中,任何犯罪都归结为针对君权的侵害,也因此是对国王身体的伤害。国王对犯罪者的惩罚意味着报复,针对的是犯人的身体,应该让君权深入到犯人的每一个细胞中。

在现代共和政体中,社会的身体代替了君主的身体,权力归于社会而不再属于任何个体,尽管某个或某些个体可以扮演权力的功能角色。任何的犯罪都是针对社会的犯罪,任何的惩罚也都由社会来实施,犯罪多样化了,惩罚的方式也应该有所区别。古典犯罪的对象

---

① Foucault, *Dits et écrits I*(1954~1975), p. 652.

② Foucault, *Dits et écrits I*(1954~1975), p. 1622.

是国王的身体,古典惩罚的对象是犯人的身体,但双方的身体都被完全观念化、象征化了,它们丧失了任何的物质性;现代犯罪主要是经济犯罪,现代惩罚也大多有经济上的考虑,惩罚仍然针对身体,但身体在一定程度上恢复了物质性,对社会身体的实质性伤害,需要个体的某种补偿,强制劳动因此成为一种很好的方式。也就是说,现代社会不再使用酷刑,它采取某些所谓的既人道又有效的方式。劳动改造是现代惩罚的一个非常重要的方面,作为一种规训策略,它既带来经济上的好处,又有道德的或观念的效应。规训既按照利用的经济学增加身体的力量,又依据服从的政治学控制这些同样的力量。①

现代权力技术可以达到造就服从与有用相结合的个体的有效目标。这无疑是对政治经济学的最好诠释。无论如何,现代规训制度造就那些个体,它是一种特异的权力技术,它把那些个体既作为操作的对象,又作为操作的手段。② 非常明显的是,古典权力以国王掌握生杀大权为特征,现代权力则是一种生命权力或生命政治权力,我们可以说使人死或让人活的旧权力被一种使人活或拒绝让人死的权力取代了。③ 规训是生命政治权力的一种重要形式,它或以消极的或以积极的方式获得实施。监狱象征着对个体的消极意义上的改造,而学校、军营、车间等等则是针对个体的积极意义上的塑造。真正说来,任何规训针对的都是身体:身体及各种力量、它们的有用、它们的温驯、它们的分布、它们的服从。④ 权力针对现在的生命及其整个过程实施控制,死亡则是其限度。如此一来,主导我们社会的政治权力以管理生命为其首要任务。

---

① Foucault, *Surveiller et punir*, p. 162.
② Foucault, *Surveiller et punir*, p. 200.
③ *Histoire de la sexualité I*: *La volonté de savoir*, p. 181.
④ Foucault, *Surveiller et punir*, p. 33.

为了更好地管理生命,除了作为人体的解剖政治的各种规训之外,还需要作为人口的生命政治的调节控制。① 规训针对个体的作为机器的身体,调节则围绕社会的作为机械的身体,它们分属生命政治权力的两极,但并不完全对立。17世纪就发展起来的规训技术矫正个体的身体、提高其才能、增加其力量、使其效用和温驯平行增长、把其整合到有效而经济的控制系统中;调节控制则在18世纪中叶发展起来,针对种族的身体,有助于支撑各种生命进程:繁衍、出生与死亡、健康水平、寿命、长寿以及让它们产生变化的条件。无论如何,身体的规训和人口的调节构成为针对生命的权力构造得以围绕之而展开的两极,这是一种既解剖学的又生物学的、既个体的又专门化的、既指向身体的性能又留心生命的进程的重大双面技术,它表明,权力的最极端功能从此或许不再是杀戮,而是贯穿地投注生命。②

真正说来,生命政治权力是政治经济学的完美实施,它用服从与有用相结合的身体取代了野性的身体。福柯把圆形监狱(或译全景监狱)视为理性针对非理性的现代权力策略或者现代社会的一般治理策略的象征。他关注权力和抵抗的复杂关系,这主要是从功能性的角度来说的。他表示:"应该根据策略和战略来分析对圆形监狱的一系列抵抗:显明一方的每次攻击都充当另一方的反攻的支点。对各种权力机制的分析并不倾向于证明,权力既是匿名的又总是获胜的。它相反地涉及测度每一方的地位和行动模式,测度双方的抵抗和反攻的可能性。"③福柯讲述的是与通常的看法不同的其他东西:权力运转着,它不是建制,不是结构,也不是力量,它是我们给予一个既有的社会中的某一复杂策略处境的名称,它不是中心的、不是

---

① *Histoire de la sexualité I*: *La volonté de savoir*, p. 183.
② Foucault, *Histoire de la sexualité I*: *La volonté de savoir*, p. 183.
③ Foucault, *Dits et écrits II* (1976~1988), p. 206.

单面的、也不是控制的,它是分布的、矢状的,它通过中转和传播而运作。①

然而,正像鲍德里亚批评性地指出的,除了个别例外,事情从来都不是这样的;对于唯物主义而言,始终应该提出为什么被统治的群众不能立即推翻权力和为什么会出现法西斯主义之类问题。② 他认为对权力的整个分析应当重新进行,应该关心拥有还是不拥有权力,获得了还是丧失了权力,体现了还是否定了权力。③ 这当然是福柯难以认同的。正像其对话者所说的,他就像一个战略家那样说话,而权力关系在他那里意味着战斗、作用和反作用、攻击和反攻之类。这样的说法依然是不够的,还需要在理论和方法上予以细化。他注意到,在某些政治话语中,人们利用了力量关系的词汇表,斗争则是最经常使用的一个术语。然而,对斗争的简单肯定不可能充当用于分析权力关系的最初的和最后的说明,我们需要在涉及每一案例时具体确立谁在进行斗争,为什么而斗争,斗争如何展开,在哪个地方展开,使用什么工具,依据何种合理性。静态的矛盾逻辑于是让位于动态的斗争逻辑。

在《性史》第一卷《求知意志》中,福柯关于时代的区分大致类同于《监视与惩罚》。他从维多利亚时代(1851~1901),即他所说的现代时期谈起的。他表示,在性欲方面,我们长期以来维护、如今仍然服从维多利亚式的制度。④ 他试图表明,从古典时期到现代时期,理性针对性欲的控制具有连续性,而他所处时代依然深受其影响。他告诉我们说,从古典时期起得以展开的那样的性欲配置的历史,可能

---

① Baudrillard, *Oublier Foucault*, Éditions Galilée, 1977, p. 58.
② Baudrillard, *Oublier Foucault*, p. 59.
③ Baudrillard, *Oublier Foucault*, pp. 57~58.
④ Foucault, *Histoire de la sexualité I : La volonté de savoir*, p. 9.

对关于精神分析的考古学具有价值。① 当然,这并不意味着单纯压抑的连续性,而是像理性针对疯癫的策略一样,出现了从单纯的控制到压抑与鼓动相结合的复杂情形。然而,不管弗洛伊德关于性压抑还是其他人关于性解放的断言,都把复杂的事情过于简单化了。福柯明确否定压抑假说,他反复表示,在西方社会最近几个世纪的历史中,从来都没有显现出一种本质上压抑的权力的运作。② 事实上,针对性欲的控制技术同时具有生产性,而性解放则具有反讽的意味。

在福柯所处的时代,人们事实上被针对性欲的各种权力机制所烦扰,而泛性主义者弗洛伊德仍然扮演着古典时期的严厉主义者或导师的角色,他极富成效地重新推动了认识性并将之置于话语中的古老命令。③ 无论如何,福柯在《性史》第一卷中大体上维持着古典时期和现代时期的区分,基本的描述和分析模式与《监视与惩罚》相似。按照他的说法,前面提到的生命政治权力的两种形式的链接不是在一种思辨话语的层次上进行的,而是在构成19世纪的宏大权力技术的一些具体部署的形式中进行的,而性欲的配置乃是这些部署的一种,且是最重要的一种。④ 在上述两本著作中,福柯的基本看法都是,权力并不只是意味着压制或压抑,它具有生产性、建设性。各种权力技术是为了响应生产的需要而被创造出来的。他区分了劳动的三重功能,分别是生产功能、象征功能和矫正或规训功能。

福柯在广义上谈论生产,在战争的例子中,权力甚至可以生产一种毁灭。然而,他关注的恰恰是一些被安置在生产性劳动之外的人,比如疯子、病人、犯人以及儿童。对于他们来说,劳动主要具有的是

---

① Foucault, *Histoire de la sexualité I*: *La volonté de savoir*, p. 172.
② Foucault, *Histoire de la sexualité I*: *La volonté de savoir*, p. 107.
③ Foucault, *Histoire de la sexualité I*: *La volonté de savoir*, p. 210.
④ Foucault, *Histoire de la sexualité I*: *La volonté de savoir*, p. 185.

规训的价值。更一般地说,在他们那里,劳动的生产功能不足挂齿,重要的是象征功能和规训功能,尽管最经常的情形是三重功能的共存。① 在福柯最初的一些分析中,他主要看到的是权力的压制功能,甚至认为求知意志倾向于对其他话语形式实施一种压制,充当控制权。② 对于他来说,在理性和科学名义下张扬的所谓进步伴随着各种各样的排斥系统。作为对抗,他要求把非理性的东西从理性的压制下解放出来,甚至要求确立非理性本身的中心地位。福柯后来放弃了这种二元对立的思维方式,主张对求知意志的客观性提出质疑,多维度地分析它以真理之名实施的排斥异己之实。求知意志表明,真理或客观性与感官愉悦、本能、冲动、欲望、恐惧、占有意志的运作以及其他因素联系在一起。

在福柯关注监狱问题的时候,他尤其认识到了理性与非理性的各种更为复杂的权力关系,认为它们主要以战争形式或军事模式而不是司法形式或司法模式呈现。当然,考虑到在战争与政治之间的差异,或许权力关系的多样性要部分地被解释成战争形式,部分地被解释成政治形式。③ 他用下述命题来描述权力的战争形式:第一,权力不是获得的、夺来的或分配来的某种东西,不是我们捍卫或放弃的某种东西,它是从无数的地方出发,在不平等的、变动的关系的运作中实施的;第二,权力关系相对于其他类型的关系(经济过程、认识关系、性关系)并不处于外在性的地位;第三,权力来自底层;第四,权力关系既是意向的,又是非主观的;第五,哪里有权力,哪里就有反抗,可是,反抗从来都不相对于权力处于外在性的地位。④

---

① Foucault, *Dits et écrits II* (1976~1988), p. 204.
② Foucault, *L'ordre du discours*, Éditions Gallimard, 1971, p. 20.
③ Foucault, *Histoire de la sexualité I: La volonté de savoir*, p. 123.
④ Foucault, *Histoire de la sexualité I: La volonté de savoir*, pp. 123~126.

应该在力量的此消彼长的对比关系中分析权力机制。在《疯癫史》中，司法模式的应用比较明显，在《监视与惩罚》和《性史》中，战争模式尤其获得体现；前者突出了权力与反抗之间正面而直接的、从上到下的、从中心到边缘的、从内到外的关系，后者旨在展示权力与反抗之间的侧面且间接的网络关系，从而展示了它们之间的更为复杂多样的张力。按照福柯的描述，司法模式简单而粗暴："不管人们把权力归于确定权利的君主，归于实施禁止的父亲，归于让人们缄默的审查官还是归于宣布法律的主人，他们总是力图将权力简化为司法形式，将其效果定义为服从。"①这些看似各不相同的机制却呈现出权力的普遍形式：臣民对君主、公民对国家、儿童对父母、学生对老师的绝对服从。这种明显失偏的司法模式却最容易为人们所接受。

人们默认，知识或话语在现代社会中的生产是依据一定的步骤来控制、选择、组织和调整的。这些步骤的作用就在于削弱知识或话语中的异质力量和危险，在于应付偶然性并使之符合理性规范。福柯最初也依据司法模式进行分析，极力揭示理性的绝对地位及其对非理性的绝对压制。理性主要采取了禁令（禁止谈论某些话题，或者禁止某些人谈论它们）、分化与排斥（区分疯子与神智健全者，前者受到拒斥）和求知意志（强调真与假的对立）三种排斥规则。第三种最为重要："在禁令、疯癫的分化和求知意志这三大影响话语的排斥系统中，我就第三个谈论得最多。正是为了通向它，几个世纪以来人们不断地产生出前两者。"②求知意志的排斥性功能尤其值得注意，这是因为，在现代社会中，一切排斥都会借助真理和科学的名义。求真意志并不关心客观的科学或真理，它试图发现知识和真理旗号下面

---

① Foucault, *Histoire de la sexualité I : La volonté de savoir*, p. 112.
② Foucault, *L'ordre du discours*, p. 21.

的权力机制。

法律模式作为一种批判策略无疑是失败的,它仍然受制于现代性的主宰-对抗二元对立,明显中了理性主义关于合法性的圈套。更重要的是,这一模式失于空泛,没有针对具体的权力关系进行具体分析。福柯由此表示:"为了对各种权力关系进行具体的分析,应该放弃统治权的司法模式。"① 他自称探讨的是关于权力的微观物理学,指向的是权力关系,而不是实在的权力或大写的权力,更不是绝对的政治权力。当然,福柯也没有把权力与政治完全脱离开来。对于他来说,他更关心的是权力的微观运作,它以不同的形式呈现在不同的领域,它当然可以在统治阶级与被统治阶级之间出现,但这不是唯一的形式,尤其不是最重要的形式。权力关系的研究可以指向各种具体领域,但不一定要特别地指向某一种形式。换言之,权力散布在各种不确定的领域,不能对它加以普遍的理论思考,而只能采取局部分析的策略。

我们只能探讨一个个具体的问题,例如,对性、儿童、妇女、犯罪、疯癫等具体领域的权力关系进行考古学和谱系学分析。权力无处不在,其表现形式是多样的,针对它的反抗同样是多样的,描述和分析它的方式也应该如此。战争模式显然优越于司法模式。福柯承认自己在任何情况下都需要面对"战争是一种单纯的隐喻模式呢,还是构成为权力的日常的、有规则的运转?"这一问题。② 在他看来,广义的战争在某些时刻简单地以和平和国家形式出现,即和平是一种战争形式,国家则是驾驭战争的一种方式。③ 他承认,这一战争模式引发了一系列值得研究的问题。问题在于,人们很便捷地谈论力量关系或阶级斗争,却没有明确地表明是不是涉及战争形式或者可能会涉

---

① Foucault, *Dits et écrits II* (1976~1988), p. 124.
② Foucault, *Dits et écrits I* (1954~1975), p. 152.
③ ibid.

及什么形式。无论如何,正是战争模式表明了理性与非理性关系的复杂性:"不存在可以表明在各种合理性与实施中的各种统治程序之间的关系是什么的普遍规则。"①

在《性史》第二卷、第三卷和第四卷中,福柯改变了研究的策略。在第二卷导论的第一小节"变更"的一开始,他就告诉我们:"这一系列研究的面世要比我预期的晚得多,而且以完全不同的形式面世。"②之所以迟迟没有推出,之所以呈现为不同的形式,是因为他的思路出现了转换,他的工作出现了断裂。通过转向古希腊罗马时期和中世纪早期,他开始了所谓的自身技术的历史探寻。如此一来,他就跨越了此前围绕三个主要时期展开其研究的基本时间框架。换言之,现代性反思让位于古代性回溯。当然,它们的最终目标都服务于现在或当下,并因此通向当代性。其实,在第一卷第五章中,福柯已经提到,他寻求性欲在当代社会里远不是受到压制而是相反地持久地被激发的各种原因。③很显然,他关于古典时期和现代时期的性欲分析也是为了通向当代性。他在法兰西学院最后几年的讲课以不同的方式预先勾勒了相关的论题。

《性史》第二至四卷是对自古代至基督教最初几个世纪的欲望的谱系学的广泛研究,其中第二卷研究性行为得以被古希腊思想反思的方式,它涉及关于经验的四条轴线:与身体的关系、与配偶的关系、与男童的关系以及与真理的关系;第三卷通过我们纪元的头两个世纪的那些希腊和拉丁文本来分析这一问题化以及它在一种由自身关怀所支配的生活艺术中所接受的改变;第四卷探讨基督教头几个世

---

① Foucault, *Dits et écrits II* (1976~1988), p. 1269.
② Foucault, *Histoire de la sexualité*, *II*: *L'usage des plaisirs*, Éditions Gallimard, 1984, p. 9.
③ Foucault, *Histoire de la sexualité I*: *La volonté de savoir*, p. 195.

纪的肉身经验以及解释学和净化欲望的辨识在其中扮演的角色。①它们全都围绕自身技术展开，尽管还涉及养生之道、家政管理、政治活动等方面，它们始终把性经验看作是探讨这一问题的一个最重要、最方便的领域。最为关键的不再是分析权力，而在于让人学会认识到自己是一个性欲主体。② 在福柯看来，性欲这一术语是在19世纪开端才迟迟出现的，其用法相关于其他现象而得以确立，但其关涉的对象却并不是突然冒出的。

需要注意性科学与性艺术、性压抑与性鼓动之间的反差。性欲涉及多种多样的认识领域的发展，涉及部分传统部分全新的，依赖于各种宗教的、法律的、教育的和医学的制度的规则和规范的建立，涉及个体被导向的赋予自己的行为、职责、快乐、感情和感觉、梦想以意义和价值的方式的变化。我们需要看看一种经验在现代西方社会中是如何被构成的，个体由此不得不认识到自己是一种性欲的主体。③福柯认为性欲不是一种一成不变的东西，应该考虑这一经验的特殊的历史形式，可以围绕三条轴线展开这一问题：参照性欲的各种知识的构成、支配性欲实践的各种权力系统和个体能够也应该通过它们而被塑造成性欲主体的那些形式。④ 他回溯自身技术的历史，把我们引回到古希腊时代，认为当时的自身技术问题涉及养生之道、家政管理和性爱技术三个维度，意味着生活的艺术、行为的艺术和快感享用的艺术的结合。⑤

在这种多维度地考虑的古希腊自身技术中，节制构成为一种时尚，一

---

① Foucault, *Histoire de la sexualité IV : Les aveux de la chair*, pp. ii~iii.
② Foucault, *Dits et écrits II* (1976~1988), p. 1042.
③ Foucault, *Histoire de la sexualité, II : L'usage des plaisirs*, pp. 9~10.
④ Foucault, *Histoire de la sexualité, II : L'usage des plaisirs*, pp. 10~11.
⑤ Foucault, *Histoire de la sexualité, II : L'usage des plaisirs*, p. 321.

种哲学倾向,其目的是使个体达到至高、至善、至美的境地。这里的节制既包括食欲方面,也包括性欲方面,前者的重要性通常更甚于后者。无论如何,作为自身技术的一部分,节制使个体成为一个善于控制自身的主体。①在古罗马时代,人们依然注重节制,性欲方面的节制开始重要于食物方面的节制,但这种节制依然处在有助于自身塑造的范畴之内。当时的人们往往热衷于释读性梦,因为它是能够告知人们的未来的神谕,可以成为人们日常生活中的不倦的、沉默的顾问。②福柯表示,我们应该在罗马时代留下的文本中寻找它们对主体的某种伦理的揭示。③他初步判定,古代文化中的道德反思似乎更主要地倾向于自身实践和苦行问题,而不是行为的准则化及对被允许的事情和被禁止的事情的严格界定。④简单说来,在希腊罗马时代,性欲节制问题并不受制于严格的规范化或道德强制,也不受制于关于欲望和自我分析的解释学。

福柯这样表示:"我们可以概括地说,古代针对快感的道德反思既不倾向于行为的规范化,也不倾向于主体的解释学,而是倾向于姿态的风格化和一种实存美学。"⑤这当然不是说关于性欲的道德准则不重要,而是说准则明显增加的情况很迟才出现在基督教世界中。在《性史》第三卷中,福柯开始于分析一篇相当独特的文本,这是一部实践的、日常生活的著作,而不是一篇道德反思或道德规定的文本。⑥文本中没有一般地涉及关于性行为的直接的、明确的道德判断,但

---

① Foucault, *Histoire de la sexualité*, II: *L'usage des plaisirs*, p. 183.
② Foucault, *Histoire de la sexualité*, III: *Le souci de soi*, Éditions Gallimard, 1984, pp. 12~13.
③ Foucault, *Histoire de la sexualité*, III: *Le souci de soi*, p. 27.
④ Foucault, *Histoire de la sexualité*, II: *L'usage des plaisirs*, p. 43.
⑤ Foucault, *Histoire de la sexualité*, II: *L'usage des plaisirs*, p. 125.
⑥ Foucault, *Histoire de la sexualité*, III: *Le souci de soi*, p. 9.

是,它让我们可以看出一些一般地被接受的评价模式,而它们非常接近于在古典时期组织性欲的道德经验的那些一般原则。① 显然,进入中世纪之后,节制问题越来越严格,而且基本上被归结为性欲的节制,严格的禁欲主义出现了,自身技术开始变形,自身关怀让位于自身认识。进入现代社会后,自身关怀被自身认识取代的一个重要方面则是性技巧让位于与之对立的性科学。②

福柯晚期放弃了最初的计划,从而改弦易辙了:他的"性欲"批判远离现代社会,回溯到西方文明的源头;进而言之,这位"主体"的宿敌竟然研究某些希腊人怎样想象出他们自己创造的人格,研究起源自渴望成为一种特殊人物的道德,而这种研究就是所谓的实存美学。③ 福柯要求回到古代性,而这一希腊罗马之旅有两条路径。第一条路径是由关于一部性史的计划构成的,它旨在进行关于欲望主体和现代性欲部署的谱系学;通过在时间中不仅回溯到原始基督教,而且直至希腊罗马的古代性,以便揭示随后将引导到基督教肉身观念的最初进程,以便突出根本不同于我们的身体和性快感经验;他借以在时间中首先回溯到教父,然后是希腊、希腊化和罗马的古代文化的第二条路径是关于主体性与真理的关系的谱系学,在 1980 年用现代西方主体谱系学来定义它。④

福柯经常在其著作中参考基督教传统,也因此需要系统研究福柯对于基督教,尤其是头几个世纪的基督教文本的参考。⑤ 只有这样才能明白他为什么最终要引出古代和古代性问题。这其实表明,由

---

① Foucault, *Histoire de la sexualité*, *III*: *Le souci de soi*, p. 9.
② Foucault, *Histoire de la sexualité I*: *La volonté de savoir*, p. 94.
③ 谢里登:《求真意志》,上海人民出版社,1997,第 1~2 页。
④ Boehringer et Lorenzini (dir.), *Foucault, la sexualité, l'antiquité*, Éditions Kimé, 2016, p. 13.
⑤ Chevallier, *Michel Foucault et le christianisme*, ENS Éditions, 2011, p. 11.

于基督教环节和笛卡尔环节,古老的生活艺术传统消失了,而现在应该在古今对比中转向当代性问题。生活艺术是福柯晚期思想的核心,这一切可以在古代文化、尤其是古代的异端文化中发掘出来。真正说来,我们不能说福柯在《性史》之前没有涉及古代文化,因为他实际上在许多地方以对比的方式展示了古代人是如何对待非理性的。在《疯癫史》第一版序言中,他就提到了古希腊和中世纪针对疯癫经验的姿态,在正文中也把古代疯癫经验及其命运作为现代疯癫经验及其命运的参照加以描述。当然,这方面的描写和评述往往非常简明,没有把古代经验纳入到他所谓的知识型或话语构成中来进行整体的、静态的、结构性的处置。

福柯这样描述疯癫经验在希腊的命运:"希腊人与他们称为病态的某种东西有关系。这种关系不仅仅是谴责;色勒叙马霍斯的存在或卡里克里斯的存在足以证明这一点,即使他们的话语是包含在苏格拉底的让人觉得宽慰的辩证法中被传达给我们的。但是,希腊人的逻各斯并没有对立面。"①在涉及中世纪针对疯癫经验的姿态及其与后世的关系时,他分析了从中世纪经由古典时期直至现代时期的一致性:"欧洲人自中世纪背景以来就与某种被混乱地称作疯癫、精神错乱、不理智的东西有关系。或许西方理性正是要把其深处的某种东西归于这种模糊的在场,就像与苏格拉底对话的智者将某种东西归于病态的威胁一样。无论如何,对于西方文化而言,理性-非理性关系构成为其原初性的维度之一;这一关系早在博施之前就陪伴着它,在尼采和阿尔托之后仍然还会伴随着它。"②疯癫时时处处都存在,但在不同时代不同地方却受到不同的对待。

---

① Foucault, *Dits et écrits I* (1954~1975), p. 188.
② Foucault, *Dits et écrits I* (1954~1975), pp. 188~189.

对现代性反思来说,问题的关键是从时间和空间的共同作用出发,清理非理性经验的沉默史。福柯在另一个地方探讨的正是中世纪和人文主义的疯癫经验是如何过渡到把疯癫局限于精神疾病的这一属于我们的经验的。按照他的描述,到中世纪直至文艺复兴时期,关于人与精神错乱的争论是一种富于戏剧性的争论,它使人直面世界的各种暗中力量;疯癫经验那时被淹没在一些涉及堕落与满足、愚蠢、变形、知识的全部神奇秘密的形象中,而在我们时代,疯癫经验在某一知识的平静中产生出来。① 在福柯关于疯癫问题的描述中,相对来说涉及古代经验的地方还是比较多的。他尤其注意到了文艺复兴相较于中世纪对于疯子而言具有的解放意义。从总体上看,他关于前现代犯罪、疾病以及其他反常经验的命运的描述一如他对疯癫经验的命运的描述。

在福柯的思路中,现代性反思主要涉及他所说的古典时期和现代时期,只是出于叙述的方便,才把文艺复兴时期及其与中世纪以及更前面的时期的关联牵涉进来,至于对古代和当代的相对系统的描述,则是后期工作的主要方面,配合的是从消极的现代性反思到积极的当代性展示的转换。其中一个重要的主题就是作为生活方式或生活艺术的哲学。我们可将福柯的著作作为哲学地生活的艺术的一种手册以及这种艺术已经采取的少量不同形式的一种谱系学来读,其计划其实就是哲学生活导论;也就是说,尽管我们通常把哲学视为一门学院学科而不是一种生活方式,但福柯与古代哲学的相遇使他能够体验到哲学实践如何是(或可以是)一种成为他自己之所是的方式。② 简言之,我们完全可以把福柯的哲学活动看作是一种改变他自己的练习和实践。

---

① Foucault, *Dits et écrits I* (1954~1975), p. 193.
② McGushin, *Foucault's Askēsis: An introduction to the philosophical life*, Northern University Press, 2007, p. xi.

在当代法国,并非只有福柯关心这一主题。著名学者阿多是致力于探讨作为生活方式的哲学的重要代表。在他的解读中,从苏格拉底到福柯,作为生活方式的哲学构成一个悠久的传统。他致力于从这一角度读解古希腊罗马文化中的柏拉图主义、亚里士多德主义、斯多亚主义、犬儒主义、伊壁鸠鲁主义和怀疑主义;在现代哲学中,克尔凯郭尔、尼采和柏格森被他视为该传统的重要代表人物;在当代哲学中,福柯理所当然地扮演着这一角色。尽管阿多从福柯那里受益良多,但过于强调精神修炼的他并不认同福柯针对古代文献的立场和姿态,他认为斯多亚主义者会拒绝快感伦理观念,他不认为现代人采纳的伦理样式会是一种实存美学,并且担心福柯的这一论题最终只不过是一种新的时髦。①

第二节 现代性问题

福柯全面地展开现代性反思,而类似的尝试在黑格尔以《精神现象学》为代表的早期著作中已经获得了很好的表达。当然,问题并不如此简单。这是因为,在法国哲学家以及许多英美哲学家眼里,康德是西方传统哲学的最后代表,而黑格尔是一个典型的大陆哲学家。②

---

① Hadot, *La philosophie comme maniere de vivre*, Éditions Albin Michel, 2001, p. 216.
② 对于分析哲学传统来说,康德是早期现代哲学的终点,同时也是后期现代哲学的起点,而黑格尔因为专属于大陆哲学,也因此处于后期现代哲学之列;当实存主义现象学把黑格尔、胡塞尔和海德格尔作为其主要源泉,同时主张现象学与马克思主义联姻的时候,它无疑也视黑格尔为后期现代哲学家;当福柯认为萨特作为一个 20 世纪哲学家与 19 世纪的黑格尔以及马克思一样坚持辩证理性时,黑格尔同样被视为一个后期现代哲学家。很显然,这种看法非常不同于通常视黑格尔哲学代表了德国古典哲学以及整个传统哲学的完成和终结的观点。

事实上，20世纪法国现象学运动是依据19世纪以来的法国精神主义这一主流传统来理解黑格尔的《精神现象学》的，从而理所当然地把他和现象学家关联在一起，尤其促成了他与胡塞尔、海德格尔的3H组合。这其实意味着，从黑格尔经由胡塞尔和海德格尔到萨特和梅洛-庞蒂，整个欧洲大陆哲学的时代精神是一以贯之的：他们之间当然有诸多差异，却也无法抹去彼此之间的血脉关联。正因为如此，为了走出3H阴影，福柯在其现代性反思中更多地借助于来自康德而不是黑格尔的资源。当然，后者也是非常重要的，至少对他的相关思考具有消极意义。

一提到现代性，就让我们想到现代主义，就如同一提到后现代性，我们就会想到后现代主义一样。然而，实际情形远为复杂。现代主义这一名称几乎不被哲学界所采纳，它通常被用来界定一些文学艺术倾向；虽然后现代主义出现在了哲学领域，并且产生了十分重大的影响，但后现代主义哲学代表的只不过是哲学的非哲学倾向，尤其是其诗意倾向，因而也具有文学艺术偏好。我们不妨在比较宽泛的意义上使用现代主义这一术语，让它既容纳某些文学艺术思潮，又包含它们的哲学基础，而且还应该扩大其时限。大致说来，始于笛卡尔心灵哲学，止于梅洛-庞蒂身体哲学的欧洲大陆哲学都可以算作是现代主义哲学，后梅洛-庞蒂哲学则可以归属于所谓的后现代主义哲学之列。更严格地进行区分，则存在着或以康德或以黑格尔为界线的早期现代主义和后期现代主义之分别。① 如果以福柯的方式来表述，

---

① 福柯往往提到康德哲学而不是黑格尔哲学扮演的转折点角色，他自认为是基于比哲学史更广泛的思想史来考虑，他同时也承认了黑格尔哲学就哲学史而言扮演的断裂点的角色："至于19世纪的断裂，我们完全可以将之归在黑格尔的名下。但在关于符号的历史中，就它们最大的外延来考虑，印欧语言的发现，普遍语法的消失，有机体概念对特性概念的替代并非不如黑格尔哲学'重要'。不应该混淆哲学史和思想考古学。"Foucault, *Dits et écrits I*（1954~1975），p. 603.

前者是古典主义，后者是现代主义。

现代性是共同于早期和后期现代主义的某种气质，包含了福柯所说的 17、18 世纪的古典性和 19 世纪以来的现代性。福柯虽然是我们所谓的当代哲学家，现代性反思却是其早期和中期思想倾力关注的领域。其实，从众多维度展开的这一反思工作是通向当代性描述的必由之路和实质性的组成部分。福柯在一个没有深度的平面空间中展开其相关工作，但时间对于他来说仍然是不可或缺的。当然，正如我们在后面要表明的，时间的空间化至为明显，并因此体现了现代性及其变迁进程中复杂的时空转换。其实，除在《词与物》中外，福柯在其他地方很少提到现代性概念（比如在长达 3000 多页的《言与文》中，只在 15 页中出现过现代性一词，而后现代性更难得一见，仅在 3 页中出现过）。尤其重要的是，他主要在理性批判或启蒙反思的名义下展示现代性（《词与物》仍然是一个例外，因为现代性这一概念在好几处都具有描述的价值）。

在针对康德著名的"何谓启蒙？"的解读中，福柯发现，"自短短两个世纪以来，欧洲与康德和门德尔松已经在 1784 年考问过的这一启蒙事件维持着一种特别丰富和复杂的关系。这一关系没有停止过改变自己，但从来都没有被抹去。启蒙，用康吉莱姆的一个表达来说，就是我们最现时/现实的过去。"[①]人们通常把现代性作为一个时代，或无论如何作为勾画一个时代的那些特征的集合来谈论；认为它被一个多少有些幼稚的或陈旧的前现代性领先，被一个谜一般的、令人不安的后现代性紧随；人们进而想知道现代性是否构成为启蒙的继续和发展，或者是否应当由此看出相对于 18 世纪的基本原则的断裂或偏

[①] Foucault, *Dits et écrits II* (1976~1988), p. 856.

离。① 福柯认为,启蒙属于古典时期,但启蒙反思开启了现代时期:既作为开启欧洲现代性的独特事件,又作为显示在、兑现在理性史中的持久进程的启蒙在他看来贯穿了自康德直至现在的整个哲学思想。②

福柯认定现代性是一种态度或气质,而不是一个历史时期。现代性当然与特定时代相关联,但它更多涉及的是该时代的文化或精神层面。虽然精神文明与物质文明是无法断然区分的,但它或一个时代的精神气质、态度、文化可以比物质文明更好地界定这个时代。现代性是某些人自愿选择的对于现时性/现实性的一种关系方式;因此,我们与其把现代时期从前或后现代时期区别出来,不如研究现代性的态度自形成以来是怎样同反现代性的态度相竞争的。③ 我们在界定现代性时往往需要瞻"前"顾"后"。这一问题在福柯那里是依据古代性和现代性两极轴线在古典文化中被提出来的。④ 它要么通过接受或拒绝的一个权威(将接受何种权威? 将依循何种模式? 等等)的某些术语而得以表述,要么以一种通过比较而获得升值(但与其相关)的形式得以表述。这涉及古代人是否优越于现代人,我们是否处在一个堕落的时期之类问题。

福柯提出现代性问题的新方式不是出现在与古代的一种纵向关系中,而是出现在可以称之为一种与它自己的现时性/现实性的矢状关系中。⑤ 很显然,现代性反思应该依据我们在后面所说的空间性思维而不是时间性思维来展开。然而,不管纵向关系也好,矢状关系也

---

① Foucault, *Dits et écrits II* (1976~1988), p. 1387.
② Foucault, *Le gouvernement de soi et des autres*, Éditions Gallimard/Seuil, 2008, p. 21; *Dits et écrits II* (1976~1988), p. 1505.
③ Foucault, *Dits et écrits II* (1976~1988), p. 1387.
④ Foucault, *Le gouvernement de soi et des autres*, p. 15; *Dits et écrits II* (1976~1988), p. 1500.
⑤ ibid.

罢,福柯都面临古典性与现代性的关系问题,而古典性与古代性的关系也需要获得适当的清理。问题的复杂之处在于,正如前面已经表明的,他主要的著作都在为我们描述和分析古典文化/文明/知识与现代文化/文明/知识的分野。古典时期与古典文化、现代时期与现代文化是他几乎全部主要著作都在重点探讨的课题,现代时期与现代文化问题尤其成为他关注的重心。当然,要孤立地考虑两者的关系是不可能的。严格说来,在他因为关心自身技术而转向古代时期之前,其工作主要围绕文艺复兴时期、古典时期和现代时期展开。然而,整个的工作最终都应该回归当代时期。

在相当长的时期内,福柯所做的工作都意味着现代性反思,但古典时期和古典性理应包括在反思之内,虽然说现代时期和现代性是它最重要的部分。换言之,现代性反思不应该局限于针对19世纪以来的西方社会,而是应该把时间提前到17世纪,甚至文艺复兴时期。福柯告诉我们,"康德式谜团(它自差不多两百年来造成了西方文化的困惑,使其对自己的现代性视而不见)已经在我们的记忆中激发了两个宏大的形象:仿佛在18世纪末,当现代世界诞生时,对发生的事情的遗忘已经释放出了一种双重思乡,对我们要求它阐明我们与存在的关系的希腊时代的思乡和对我们向它要求质疑我们的知识的形式和限度的18世纪的思乡。"[①]反思的现代性与古代性以及古典性都有着密不可分的关系,而不理解康德的启蒙反思,要清理这种关系是比较困难的。我们不应该在古典性与古代性的连续中,而应该在它们的断裂中来清理现代性与它们的关系。

对古代性和古典性的回溯可以被归入现代性本身的两种形象的复杂关系中:"与从荷尔德林延伸到海德格尔的希腊王朝对立的是从

---

① Foucault, *Dits et écrits I* (1954~1975), pp. 574~575.

马克思走向列维-斯特劳斯的现代启蒙王朝。尼采的'畸形'或许隶属于两者。要么是希腊要么是启蒙,要么在悲剧一边要么在百科全书一边,要么在诗歌语言一边要么在完全既成的语言一边,要么在存在的清晨一边要么在表象的黄昏一边,这乃是仍然支配着我们,但我们感觉到已经在我们脚下摇晃的现代思想从来都还没有能够摆脱的困境。"[1]古典性相对于现代性来说成了过去,古代性则成了过去的过去。然而,它们并没有简单地随风而逝,而是被内化为现代性中的元素,尽管是异质的元素。福柯对文艺复兴时期、甚至古典时期的描述都免不了要诉诸于古希腊罗马文化和中世纪文化,古典性与古代性的复杂关联也因此需要清理。

然而,只是在其后期工作中,福柯才真正着力关注所谓的古代文化:从写作《性史》第二卷开始,他以自身技术的名义专题性地描述古代以及不言明的古代性问题;他在法兰西学院的最后一期讲课《真理/真相的勇气》仍然围绕古代文化展开。但在此之前,福柯不懈地把工作的重心放在现代性反思上面,通过勾勒他所谓的现代文化与古典文化之间的断裂,表明了现代性与古典性的严格区分,更不用说现代性对古代性的完全偏离了。然而,应该从现代和现代性问题通向当代与当代性问题。因为造成现代思想在我们脚下摇晃的并不是过去和未来,而是现在本身,是把过去和未来纳入到现在中的方式。当代性要描述或展示的正是今天,而不是昨天和明天。福柯在哲学或思想文化领域对古典性和现代性进行的区分类似于文学艺术领域中的古典主义和现代主义的分野。当然,这里所说的古典主义和现代主义都不是单义的概念。

---

[1] Foucault, *Dits et écrits I* (1954~1975), p. 575.

关于古典主义,我们不打算考虑它在现代古典主义、当代古典主义、后现代古典主义、20世纪古典主义、新古典主义、希腊古典主义、纯粹古典主义、激进古典主义、自由风格的古典主义、自然古典主义等名称下面可能形成的一些区别,不打算考察古典主义的国别差异,更不打算论述古典主义在文学、诗歌、戏剧、绘画、建筑、音乐等领域中的不同表现。我们更愿意从哲学层面上说,古典主义代表了17、18世纪的时代精神。当然,从哲学角度看,用古典性代替古典主义似乎更好一些。许多哲学家经常会用"古典的"这一形容词。比如梅洛-庞蒂经常分析批判所谓的古典成见、古典心理学、古典逻辑、古典哲学、古典知觉、古典思想、古典理论,等等。

至于现代主义,哲学圈外的人们往往从历史角度用这一名称来确定一个即将结束或已经结束的明显的艺术风格阶段,因此就有了诸如原始现代主义、旧现代主义、新现代主义、后现代主义之类术语的流通。① 我们既没有必要细究这些概念区分,也不打算考虑现代主义的各种派别,比如象征主义、印象主义、意象主义、未来主义、表现主义、立体主义、达达主义、超现实主义,等等,同时也不打算考虑它们在不同国度的差异、在不同学科的分别。但是,我们应该留心比如说尼采和弗洛伊德对上述各派的启示,以及各种形式的现代主义对实存主义、结构主义等哲学思潮的影响之类。现代主义源自浪漫主义对古典主义的反叛,与此同时,它既要突破浪漫主义又要突破现实主义/写实主义。如此一来,问题变得更加复杂了。

或许文学艺术领域的批评家想通过眼花缭乱的区别来展现现代文化的丰富多样性,而哲学史家则更愿意通过高度抽象和概括来揭示人类精神生活的统一性。基于这种差异,哲学领域中很少用到现

---

① 布雷德伯里、麦克法兰编:《现代主义》,上海外语教育出版社,1992,第6~7页。

代主义这一标签。哈贝马斯表示,从许多角度看,现代性的哲学话语都与美学话语相遇或交叉,但他限制自己的主题,不探讨艺术和文学中的现代主义。① 文学和艺术中的现代主义概念既复杂又灵活。在对资本主义文化生产的研究中,詹明信采用了所谓的现实主义阶段、现代主义阶段和后现代主义阶段的文化分期。② 我们可以把现实主义、现代主义和后现代主义视为文化领域或文学艺术领域处置虚假与真实、观念与现实、符号与观念,能指与所指等等关系的不同姿态,它们还没有上升到哲学的严格而抽象的层次。因此,一般不会有现实主义哲学和现代主义哲学的说法,后现代主义哲学则是就消除了哲学与文学的界限而言的。

有学者表示,在17世纪版《法国学术词典》中,"古典的"这一形容词只用在古典作家,即"一个获得了确定的认可、在其处理的材料方面成为了权威的作家"这一短句中,亚里士多德、柏拉图、蒂托-李维等就是古典作家。③ 虽然"古典主义"和"古典的"作为文学-历史术语的发生和发展到现在为止都还没有获得充分的研究,但毫无疑问的是,它们仍然暗示的许多美学规范和批评姿态都是从浪漫主义作家的好胜的现代性引起的争论的必然性中生长出来的;正是在浪漫主义的反叛中,制度化的东西形成了,经典确立了;于是"古典的"和"古典主义"带有如下两种强烈的内涵:它们指的是古老的、值得尊敬的,而不是浪漫的或现代的;它们是适合于在课堂中阅读的。④ 古典实为经典,古典时期实为崇尚经典的时代。这样的时代是由一些

---

① Habermas, *Le discours philosophique de la modernité*, p. 7.

② Jameson, *Postmodernism, or, Cultural Logic of Late Capitalism*, Duke University Press, 1991, p. 36.

③ Brody (ed.), *French Classicism*, Prentice-Hall, INC., 1966, p. v.

④ Brody (ed.), *French Classicism*, p. v.

甚至具有神圣地位的伟人或英雄来衬托的。

然而,现代主义并不等于浪漫主义,因为还有与后者竞争的写实主义。无论如何,"现代主义"和"现代的"走向了另一极。有学者这样表示:"现代主义是被给予粗略地说从 1890 到 1950 年的文学、艺术和哲学时期的名称,它以相信经验的统一、普遍性的主宰和指称性的确定意义为标志。"① 这一定义显然包含有不少问题,其不足之处至少表现在如下三个方面:第一,它包含的时代与时代精神明显不相匹配,即它所说的现代主义似乎还没有走出古典主义,因为经验的统一性、普遍性的主宰地位和意义的确定性也是、尤其是早期现代哲学或文化所追求的;第二,时间似乎过于推后了,如果我们把波德莱尔的工作视为现代主义的典范的话,至少应该把时间向前推进到 19 世纪 50 年代,如果从浪漫主义反叛古典主义算起,就还要提前一些时间;第三,从文学和艺术角度看也许没有问题,说它意味着哲学上的某个时期却不是那么理所当然。

在考察和分析词与物的关系时,福柯本人表示,当那些词不再与各种表象交叉并且为关于事物的知识自发地提供格栅时,从古典主义到现代性的门槛就被确定性地跨越了,也就是说,在 19 世纪初,它们恢复了它们的古老的、谜一般的厚度,当然,这绝不是为了恢复在文艺复兴时期安置它们的那个世界的曲线,也不是为了在符号的某一传播系统中与事物相混合。② 现代性是古典性的突破,但它向前而不是退后,也因此不会回到古代性,不再像古典性那样与古代性维持各种藕断丝连的关系,更不会打出古代性或古代文化的幌子。在 19 世纪以来的现代时期,词在一定程度上恢复了它们自己的厚度或者

---

① Taylor and Winquist (ed.), *Encyclopedia of Postmodernism*, London and New York, Routledge, 2001, p. 250.

② Foucault, *Les mots et les choses*, p. 316.

说自身存在,并因此突破了 19 世纪之前的现代时期的词与物严格二分,同时也与文艺复兴时期词与物不分而且一切皆物有着根本的区别。部分承认词的物性意味着现代性远离了古典性,更不可能回到古代性。

福柯同时也依据有限性分析来看待现代性的起源。当人的存在开始在自己的机体内、在自己的头颅的壳里面、在自己的四肢骨架内以及在他的生理学的整副肋骨内实存时,当他开始在劳动(劳动原则支配着他并且劳动产品疏远了他)的中心中实存时,当他把自己的思想置于某一语言(它比他要古老得多)的褶皱中时,现代性或许在显象的层次上开始了;更为基本的是,当有限性在一种无休止的自身参照中被思考时,我们的文化就跨越了我们以之为起点认识我们的现代性的门槛。[①] 古典性追求普遍秩序,在有限与无限的张力中明显倾向于无限,也因此表明了古典性与古代性在很大程度上的连续性;然而,现代性却把人从其无限的、理想的追求中拉回到了现实和实存中,也因此承认了人的有限性。更明确地说,人文科学意义上的人并不是笛卡尔所说的单纯的、不可分的心灵,而是梅洛-庞蒂所说的复合的身体,即一种身心统一体。

福柯还从伦理差异的角度注意到了现代性是如何来临的,由此重新阐述了理论与实践的关系。按照他的说法,有某种东西深深地与我们的现代性相联系,即除了各种宗教道德以外,西方或许只知道两种伦理形式。第一种是斯多亚主义或伊壁鸠鲁主义代表的古代伦理,它依据世界的秩序获得表述,而且,通过揭示世界的规律,它就能够从中推演出关于城邦的一种智慧或一个概念的原理,甚至 18 世纪

[①] Foucault, *Les mots et les choses*, pp. 328~329.

的政治学思想也仍然属于这个一般形式。① 第二种是现代伦理,在其整个命令都被置于思想以及它的重新抓住非思的运动的范围内,现代伦理没有表述任何道德,因为就其形式和内容而言,它是一种反思,是一种意识觉醒,是对沉默的阐明,是为了沉默者而恢复的言语,是把人引回到他自己的这一阴影部分的重新回到光明之中,是对惰性的重新激活。② 显然,这里所说的现代伦理主要隶属于福柯意义上的 19 世纪以来的现代性。

关于现代主义所及的范围,另有学者表示:"给现代主义下定义比给它举实例要困难得多,这种复杂现象本身说明了现代主义的丰富多样性,它是如此地包罗万象——绘画与雕塑、散文与诗歌、音乐和舞蹈、建筑和设计、戏剧和电影——以至于让人很难想象还有什么不属于它的范畴。"③他没有提到同时代的多姿多彩的各种哲学:在那一时期出现了哲学的分化,大陆哲学肩负着告别理性传统的使命,但英美哲学仍然高扬理性主义的大旗,由此出现了非理性主义与小理性主义或人文与科学之争。无论如何,对现代主义的综合评价往往被评论家、艺术爱好者和贪婪的文化商人搅得迷雾重重;现代主义推崇个性和创新,尽管批评家一直试图维护秩序,但他们仍然对混乱无序而又稳步发展的世界深感恐惧,他们不出意外地经过深思熟虑后给出了所谓的复数的现代主义这一名称。④ 这不外乎说:有多少个现代主义者,就有多少种现代主义。

现代主义意味着风格,它在个体意识基础上探索风格,但一篇作

---

① Foucault, *Les mots et les choses*, p. 338.
② Foucault, *Les mots et les choses*, pp. 338~339.
③ 盖伊:《现代主义:从波德莱尔到贝克特之后》,译林出版社,2017,序言第 5 页。
④ 盖伊:《现代主义:从波德莱尔到贝克特之后》,序言第 5 页。

品的风格并不能保证下一篇作品的风格。① 文学家和艺术家把风格放在非常重要的位置,但他们各自表现出自己的风格,现代主义也因此是复数的,具有多样性。当然,我们也很难否定单数的现代主义,因为在一些书籍、作品、建筑或者戏剧中,的确存在着我们可以理直气壮地、理所当然地归结为现代主义的东西,比如兰波的一首诗歌、卡夫卡的一部小说、萨蒂的一支钢琴曲、贝克特的一出戏、毕加索的一幅画都为定义什么是现代主义提供了可靠的证据,每一经典之作都有自己的资格证书,而这就是所谓的现代主义。② 作家的个性或独特性在现代主义视野中获得了充分而必要的尊重;与此同时,毕竟有某种线索把他们汇集在了现代主义的大家庭中,尽管他们不再追求古典意义上的普遍性。

　　古典性和现代性似乎是两种不同的气质或姿态,前者强调普遍性,后者突出特殊性,两者之间存在着不言明的断裂;然而,它们终究是广义现代性的两个阶段,彼此的共性也是难以否认的。进而,我们完全可以在五彩缤纷的现代主义作品中找出其共性:"所有现代主义者都毋庸置疑地达成了一个共识,那就是,不同寻常、标新立异和实验性强的东西显得比那些耳熟能详、司空见惯和按部就班的东西更加魅力无穷。"③复数现代主义造就了单数的现代主义:这就如同一个富有情趣又分布广泛的大家庭,虽然其成员的表现千差万别,却在根本上关联在一起;这意味着变化中的统一;它就像和弦,而不是随意的一串前卫主张,其整体不是出于个体的叠加;其风格是思想、情感和观点的一种氛围,包含了给我惊喜、异端的诱惑、推陈出新、人性

---

① 布雷德伯里、麦克法兰编:《现代主义》,第6~7页。
② 盖伊:《现代主义:从波德莱尔到贝克特之后》,序言第6页。
③ 同上。

自立、桀骜不驯、前卫、先锋、叛逆等等因素。①

象征主义诗人波德莱尔在现代主义大家庭中的地位尤其值得注意。福柯重点引述他来界定什么是现代性。对于利奥塔来说，现代性或者说理性是我们在其中将通过一种有益的觉醒而获得解放的大叙事，而福柯表示自己不是非常明白人们在法国给予现代性一词以何种意义，他认定它在波德莱尔那里是对的，但其意义随后丧失了一些。② 现代性反思在福柯和利奥塔那里至少有如下共同之处：第一，他们两人都在实存与知识之争中突出知识的地位，前者从事知识考古学，而后者关注最发达社会中的知识状况；③第二，前者的反思开始于康德的"何为启蒙？"，探讨个体在启蒙理性的大叙事中的命运，后者的反思针对启蒙的元叙事，把对元叙事的不信任看作是后现代的；④第三，他们都注意到了知识以及话语对人的挤压及其导致的非人处境。他们的区别则在于，前者没有从现代性反思中明确引出后者以之为目标的后现代主题。

波德莱尔的反思给予福柯以极大的灵感，尽管在他们之间存在着现代与当代的分别。前者的反思构成现代性的一个重要维度，它反映了激情与理智、人文与科学之间的极度张力，但后者的反思却试图摆脱现代性意义上的一切二元对立。有人描述说，没有哪位诗人、画家或者作曲家能有十足的把握自称为现代主义的唯一创始人，但波德莱尔似乎是这个称号的最合适人选。这是因为，他是专业的反传统者，他极力诠释的是现代生活中的英雄主义，他是一位与众不同的现实主义者，他鄙视传统诗歌和绘画中单纯的复制世界；但与此同

---

① 盖伊：《现代主义：从波德莱尔到贝克特之后》，序言第 6~8 页。
② Foucault, *Dits et écrits II*（1976~1988）, p. 1265.
③ Lyotard, *La condition postmoderne*, Les Éditions de Minuit, 2002, p. 7.
④ Lyotard, *La condition postmoderne*, p. 7.

时,就像大多数成熟的浪漫主义艺术家一样,他难以忍受没有根据的主观性,主张纯艺术同时包含客体和主体或艺术家的外在世界和艺术家自身。[1] 这一波德莱尔形象让人实在无法不想到后期现代哲学的典型代表梅洛-庞蒂。然而,福柯要求超越波德莱尔和梅洛-庞蒂。

梅洛-庞蒂关于身心统一、关于处境意识的描述无疑是波德莱尔式的立场的哲学升华。当然,他对这位著名诗人的关注并不多,尽管他对现代主义家族中的画家塞尚推崇备至。在《世界的散文》中,梅洛-庞蒂难得地引用了马尔罗提醒注意的波德莱尔"一部完成了的作品并不必然结束了,而一部结束了的作品并不必然地完成了"[2]这句话,而在《知觉现象学》中也仅有一处涉及,引述的是《波德莱尔的失败》一书关于性梦的描述。[3] 波德莱尔固然没有获得梅洛-庞蒂的特别青睐,但其基本倾向非常切合身体主体这一主题。综合考虑,对这位大诗人的两处提及都符合梅洛-庞蒂关于身体与心灵的统一、主体与客体的统一、传统与创新的统一、自然与文化的统一等核心思想。其实,对于一位具有诗意倾向的现象学家来说,象征派诗人和印象派画家显然是有共性的。

正是受到梅洛-庞蒂的影响,福柯对后笛卡尔主义者的心理学思想产生了浓厚的兴趣。后笛卡尔主义者,其中包括精神主义者比朗、柏格森等人,显然有别于包括笛卡尔、斯宾诺莎和马勒伯朗士等人在内的笛卡尔主义者。笛卡尔主义主导着福柯所说的古典时期,而后笛卡尔主义则支配着所谓的现代时期。问题是,这里谈论的是何种意义上的心理学。正像康德批判性地指出的那样,笛卡尔主义主要维持的是一种理性/哲学心理学,福柯所说的心理学指的则是 19 世

---

[1] 盖伊:《现代主义:从波德莱尔到贝克特之后》,第 3 页。
[2] 梅洛-庞蒂:《眼与心·世界的散文》,商务印书馆,2019,第 168 页。
[3] Merleau-Ponty, *Phénoménologie de la perception*, Éditions Gallimard, 1997, p. 196.

纪后半叶诞生的经验/科学心理学。问题不在于简单地承认从哲学心理学对意识的关注倒向科学心理学对无意识的关注，而在于充分展示理性与非理性、意识与无意识之间的张力，并且分析把两者分割开来的复杂机制。无论如何，福柯批判心理学，他当然不满意于理性心理学的观念化倾向，但重点关注的则是在经验心理学影响下的现代哲学和人文科学的普遍心理化趋势。

从比朗经由柏格森到梅洛-庞蒂的法国现代哲学进程是笛卡尔主义批判的不断深入和拓展的进程，在心理学领域中相应地出现的是科学心理学对于哲学心理学的不断进展的替代，而这一切都意味着从围绕心灵而展开的心身二分到突出身体的身心统一的转变。福柯对梅洛-庞蒂的态度和他对波德莱尔的态度大体上是一致的，意味着赞赏他们对于观念化和心理化的削弱，但不满意于在他们那里还残存着的观念化或心理化因素。早期现代哲学及其理性心理学强调纯粹意识或内在观念，后期现代哲学以及经验心理学突出身体意识或内在情感，而在当代哲学以及与之相呼应的精神分裂分析学中，无意识或物质/身体本身才值得关注。现代艺术无疑汇入到了同样的进程中。波德莱尔的象征主义诗歌和塞尚的印象主义绘画克服了哲学意义上的观念主义，但并没有因此走向或唯物主义或现实主义或实证主义，明显保留了心理化倾向或心理主义姿态。

作为现代主义的主要思潮，象征主义和印象主义都很好地体现了现代哲学的处境意识。人不再针对世界保持一种超然姿态，因为他实存于世，因为他就是他的身体：肉身化的心灵或灵性化的身体。身心二分把人界定为纯粹思维，身心统一则突出了人的情感情绪，人的本能而不是智力成为关注的焦点。印象派画家和象征派诗人以情动人，而不是以理服人，这与德国哲学家舍勒和海德格尔的姿态基本无别，与法国哲学家柏格森、萨特以及梅洛-庞蒂的立场大体无异。

波德莱尔成了福柯所说的现代性态度或现代性气质的一个必要的例子,因为我们在其作品中一般看到的是 19 世纪现代性的各种最敏锐的意识之一。① 这无疑承认了现代性从黑格尔和马克思经由波德莱尔到萨特和梅洛-庞蒂的连续性。波德莱尔诗意地代表的现代性被福柯概括为如下四点:

第一,波德莱尔经常尝试着用对时间的不连续性的意识来刻画传统的断裂、对新奇的感受、对流逝的东西的眩晕等等现代性特征,这是在他用昙花一现、稍纵即逝、偶然事物来定义现代性时似乎要表达的东西;然而,对于他来说,成为现代的并不是承认和接受这一持久的运动,而是针对它采取某种态度:现代性区别于那种只是追随时间之流的风尚,它乃是一种使我们能够抓住现在时刻中具有的英雄的东西的态度,即现代性不是一个关于转瞬即逝的现在之感受性的事实,而是一种"英雄化"现在的意愿,它提醒人们没有权利蔑视现在。② 这种诗意倾向依然追求理想和崇高,但它们在现代时期和古典时期是迥然有别的。波德莱尔为我们描述的是别一种英雄。古典的英雄是高、大、上的,现代英雄却很接地气,只是把某些卑微的东西稍稍拔高了一些而已。

第二,这种英雄化是反讽的:在现代性的态度中,绝不会神圣化流逝的时刻以便尝试维持它并使之永久存在;尤其不会把它作为一种转瞬即逝的、有趣的珍品来收藏,这是一种闲荡的态度,但波德莱尔把现代性的人与闲荡的人对立起来。③ 现代人行走、奔跑、寻找,他寻找使我们可以称之为现代性的某种东西,他从时尚中引出时尚通

---

① Foucault, *Dits et écrits II* (1976~1988), p. 1387.
② Foucault, *Dits et écrits II* (1976~1988), p. 1388.
③ ibid.

过历史的东西而包含的诗意的东西。① 画家居依似乎是一个闲荡者、一个猎奇者,但波德莱尔没有被表面现象所欺骗:这位法国人之所以成为了一名杰出的现代画家,是因为在整个世界进入梦乡之时,他开始工作了,他要通过创作来改变世界。当然,这并不意味着消除实在,而是要在实在的真相/真理与自由的发挥之间进行艰难的游戏。很显然,这种姿态与古典性是有根本区别的,后者以理论的姿态观念化一切,从而让实在符合观念。

第三,在波德莱尔那里,现代性并不简单地是人与现在的关系的形式,它也是人应该与他自身建立的关系的方式。② 现代性态度与一种苦行主义联系在一起:一个人要成为现代的,他并不是接受就像处在逝水年华中那样的他自己,而是把自己视为一种复杂而困难的改造对象,这是时代的时髦,一个苦行主义者把自己的身体、自己的行为、自己的感受和激情、自己的实存改造成一件艺术品。③ 也就是说,现代人关心的不是发现自己、自己的各种秘密和自己隐藏着的真相/真理,他寻求创造他自己,现代性把改造自身的任务强制加给他。④ 现代性突出的不外乎是创造,但真正的创造是自我创造,即自我设计或自我筹划。海德格尔的先行领会概念、萨特关于实存先于本质的说法都充分体现了现代人对自身创造的强调。与古典哲学关心认识不同,现代哲学强调实存,人在活动中实现自身超越与转化,而这意味着自由。

第四,波德莱尔认为对现在的这种反讽性的英雄化、为了改变现实而与之形成的这种自由游戏、对自身的这种苦行僧式的改造,不会

---

① Foucault, *Dits et écrits II* (1976~1988), pp. 1388~1389.
② Foucault, *Dits et écrits II* (1976~1988), p. 1389.
③ Foucault, *Dits et écrits II* (1976~1988), pp. 1389~1390.
④ Foucault, *Dits et écrits II* (1976~1988), p. 1390.

在社会本身或政治机构中发生,一切只可能在被他称作艺术的一个其他地方产生。① 非常明显,现代主义者波德莱尔诗意地表达了一种理想,为我们提供了一种想象的乌托邦,而不像福柯那样认可一种现实的异托邦。很显然,他的诗作包含了浪漫主义和现实主义双重维度。他不会、也不可能完全抛弃现实,他力图实现理想与现实的统一。他具有强烈的创新意识,但他没有抛弃传统,往往要求实现传统和创新的统一。其实,那些号称反传统的现代主义者往往形成了自己的传统,他们至少在一切可以利用的资源的基础上进行创新,而不是像神那样无中生有,也不像古典哲人那样凭空绘制理想蓝图。总之,现代性以诗意的理想性来克服现实的困境,虽然没有忘记处境,却免不了要逃避处境。

从总体上看,现代性意义上的英雄主义其实是一个既与现实密切关联,又大异其趣的主题。波德莱尔通过解读居依的作品来诠释现代生活中的英雄主义,认为这位具有强大创造力的天才之独特处就在于他对所处时代的美的追求,他不像传统艺术家那样总是关注遥远的过去,为了笼统的美而忽略具体的美和周围世界的美;由此表明,波德莱尔青睐的美不是政治和战争的光环,而是时尚生活的精彩场面:诸如别致的四轮马车、精明能干的车夫、身手灵活的侍者、可爱玲珑的女人和漂亮懂事的孩子之类。② 现代性关注我们漫步在都市热闹的大街上最能发现的这些偶然的、具体的、片断的东西。然而,对于古典性而言,必然性和决定论导致的是普遍秩序的追求,不管是斯宾诺莎意义上的因果决定论还是莱布尼茨意义上的目的决定论都意味着应该把偶然性、具体性和片断性抛到一边。

---

① Foucault, *Dits et écrits II* (1976~1988), p. 1390.
② 盖伊:《现代主义:从波德莱尔到贝克特之后》,第6页。

波德莱尔的诗歌围绕日常生活，但它力求克服现实生活的自动化，这是一种与俄国形式主义合拍的姿态。自动化吞没事物、衣服、家具、妻子和对战争的恐惧，恰恰是为了恢复对生活的体验，感觉到事物的存在，为了使石头成其为石头，才存在所谓的艺术，因为艺术把事物陌生化，即通过各种方式把事物从感受的自动化里引脱出来。[①] 对现在的英雄化其实就是让日常生活陌生化。波德莱尔所说的英雄显然不是荷马的悲剧英雄，不是基督教的信仰骑士，也不是古典的理性英雄。这种把偶然的东西或寻常的东西英雄化的努力恰恰意味着现代主义告别传统，不承认古典时期的高、大、上的人间英雄，更不承认古代时期的绝对超越的上界英雄。现代性是通过英雄叙事表达出来的，而作为这一叙事的主人公则必定经历从超然的普遍理性主体到具体的个体实存主体的演变。

现代英雄可以赋予任何相关于他的细微的东西、偶然的东西以意义，从而英雄化一切。现代主义抛弃了前现代意义上的超越与神圣，遗弃了古典意义上的理想和观念，从而能够关注日常生活中的具体的、细微的东西，并提升它们的价值。换句话说，现代主义不再像古典主义那样推崇神圣和崇高，但并不因此甘于平庸和沉沦，它要从平凡中发现美，让一切陌生化。这与现代主义的未来指向相关，要求人们必须紧跟时代的步伐，不断更新对于事物的体验。先锋派诗人以超乎寻常的活力表现了对现代性的需求，他们的诗歌以及他们越来越多使用的散文诗这种中间体裁要求诗歌具有强烈的情感、大胆的主题和新颖的表达，他们把这些元素糅合在一起，形成强烈的心理穿透力，他们的时代责任感要求他们在仔细观察外在世界的同时，更要以一种坦率甚至痛苦的诚实态度对自己的内心世界进行更为深入

[①] 什克洛夫斯基：《散文理论》，百花洲文艺出版社，1994，第 10~11 页。

的研究。①

在现代性视域中，处境意识要求人们走出古典性所强调的内在性，但并不因此抛弃内在性，而是强调内在与外在的统一，意识与自然的统一。换言之，现代性的处境意识让人们回归大地，注重现实，但并不因此就为物所役，为名所累，由此既远离理想主义，又不完全倒向现实主义。古典主义作家力求清楚明白地表象观念，现实主义作家试图生动如实地描绘现实，但现代主义作家词不达意地表达某种介于理想与现实、内在与外在、主观与客观、理智与情感之间的东西。在俄国形式主义代表人物什克洛夫斯基眼里，诗歌意味着扭曲而艰涩的、使诗人变得笨嘴拙舌的诗歌言语，奇怪的、不同寻常的词汇，异乎常规的词语排列②，而现象学家梅洛-庞蒂则表示，哲学在他自己所处的时代要么是结结巴巴的，要么是半沉默的。③

现代主义的一个重要口号是为艺术而艺术，这使得现代主义与形式主义有某种一致之处。形式主义在起初是与当时的艺术先锋派密切相联的，尽管在形式主义理论从艺术先锋派过渡到科学先锋派之后，情况产生了巨大的变化。④ 确实，诞生在 20 世纪上半叶、看似可以与梅洛-庞蒂的现象学和实存主义相呼应的形式主义，却预示并最终迎接了至少与福柯哲学大体合拍的结构主义以及后结构主义：形式主义强调根据文学材料的内在性质建立一种独立的科学，它的唯一目标是从理论和历史上认识属于文学艺术本身的各种现象，于是在它和象征派之间发生了冲突，它要从他们手中夺回诗学，使诗学摆脱他们的美学和哲学的主观主义理论，而使诗学这个词摆脱在象

---

① 盖伊：《现代主义：从波德莱尔到贝克特之后》，第 15 页。
② 什克洛夫斯基：《散文理论》，第 24 页。
③ Merleau-Ponty, *Notes de cours 1959~1961*, Éditions Gallimard, 1996, p. 147.
④ 托多洛夫编选：《俄苏形式主义文论选》，中国社会科学出版社，1989，第 8~12 页。

征派中愈益占有优势的哲学和宗教倾向,成为团结第一批形式主义者的口号。①

由于现代主义阵营中的未来主义掀起了反对象征主义的革命,形式主义最初也就和未来主义形成了同盟。难怪托多洛夫惊奇于形式主义运动在开始时是和艺术的先锋派,也就是未来主义合拍的。② 相较于重新界定什么是结构主义,福柯更感兴趣的是何为形式思维,什么是贯穿20世纪西方文化的形式主义。③ 通过梅洛-庞蒂的《人学与现象学》课程(1949),法国学术界发现了索绪尔,这让福柯喜欢上了他称为形式思维的东西。④ 福柯像形式主义者那样绝对地重视艺术性或文学性。形式主义虽然出现在现代时期,但它的真正时代则是当代。象征主义是现代主义的主要流派,它关注语言的情感性,而形式主义是当代主义的先声,它关注语言的物质性。其实,现代主义离当代主义并不遥远,在它强调名人文化的时候,显然以文化消费主义姿态临近当代主义了。

文学艺术有助于理解和反思现代性,但停留在文学艺术领域是不够的。在我们看来,只有回到现代性的哲学奠基,才能通观现代性的丰富资源,才能兼顾19世纪以来的现代性的科学主义和人文主义双重维度。文学艺术关心的古典主义和现代主义都可以纳入哲学现代性的旗下,它们分别代表了福柯意义上的古典性和现代性。古典性以笛卡尔哲学为起点;现代性则以康德哲学为源头。关于"何为启蒙?"的回答是在启蒙时代趋于结束的1784年发生的。在关于这一问题的各种回答之外,福柯找到了引人注目的问题,因为在18世纪

---

① 托多洛夫编选:《俄苏形式主义文论选》,第21~23页。
② 托多洛夫编选:《俄苏形式主义文论选》,第5页。
③ Foucault, *Dits et écrits II* (1976~1988), p.1250.
④ Foucault, *Dits et écrits I* (1954~1975), p.17.

的这一终结时的各种"启蒙"既不是一种新潮,也不是一种发明,既不是一种革命,也不是一种派系,它是某种熟悉而弥散的东西,它正要自行消逝——正要消逝。① 无论如何,康德的"何为启蒙?"扮演了标志性的角色。

福柯在很大程度上把启蒙运动与理性主义相等同,②这当然抓住了古典性或早期现代性的基本特征。作为现代哲学的奠基人,笛卡尔初步确立的先验观念主义是整个现代性的原点、启蒙理性的开端。古典性意味着大理性主义,其实质和核心是由自由、民主、平等、博爱、解放、知识就是力量等大叙事构成的启蒙理想。19世纪以来的现代性既扩大了启蒙理想,比如开始强调劳动创造财富和精神辩证法等可以归属于历史主义的话题,同时开始质疑启蒙的大叙事,导致了理性与非理性的巨大张力:一方面,出现了依据实证科学模式的小理性主义,它取代了坚持普遍科学理想的大理性主义,这意味着科学理性,特别是技术理性日益占据主导地位;在另一方面,各种非理性主义应运而生,它们接受文学艺术的灵感,试图挑战理性和科学的霸权,以期克服现代性的单向度。

小理性主义是大理性主义的蜕变,它把启蒙理想对科学理性的强调、对知识即力量的关注推进到了极致。非理性主义直接批判的是小理性主义,但最终把矛头还是对准了大理性主义。克尔凯郭尔、叔本华、尼采、柏格森等非理性主义哲学家对启蒙理性进行了全面质疑,揭示了自由、科学、民主之类大叙事的抽象性、虚伪性,并且要求关心人在具体处境中的命运。基于如此背景,福柯不局限于哲学的理路,而是充分利用文学艺术或人文科学的相关成就来拓展现代性

---

① Foucault, *Dits et écrits II* (1976~1988), p. 783.
② Foucault, *Dits et écrits II* (1976~1988), p. 855.

反思:刻画了古典时期和现代时期作为时代的不同,描述了古典主义与现代主义作为时代精神的分别。他对文学艺术的重视是显而易见的,他随着其反思不停地在其作品中召唤文学艺术文本,文学艺术因此在其写作中扮演着一种特殊的角色,比如《疯癫史》中的《拉摩的侄子》、开启《词与物》的著名画作《宫娥》,以及更一般地说阿根廷作家博尔赫斯的那些作品都是如此。

然而,我们应该注意到的是:福柯对艺术和文学创作的兴趣并不局限于简单的工具化,他的《言与文》阐明了一种真正的批评实践,实际上,他分析过一系列作家、画家、建筑师、摄影师或者还有电影艺术家的作品。[①] 通常人们会把非理性主义与小理性主义的对立等同于人文哲学与科学哲学的分野。福柯却没有简单地倒向其中的一方,他主要致力于为我们揭示人道主义和理性主义的谱系,也就是说进行全方位的现代性反思。在这一工作中,他关于古典时期与现代时期的区分只不过是广义现代性的内部分期;古典性与古代性在分化中的相关远不及现代性与古典性在断裂中的一致。人们通常会突出理性主义与非理性主义的极度张力,而忽视大理性主义与小理性主义在断裂中的一致。事实上,当福柯认为19世纪以来的现代哲学一直在回答"何为启蒙?"这个问题的时候,不把所谓的古典性与现代性连同考虑是不可能的。

古典性代表着古典时期的文化及其精神,它虽然与代表古希腊罗马文化及其精神的古代性相联系,却又与之有实质性分别。这正如文艺复兴并非古代文化的简单复兴,而是意味着一种全新的文化一样。古典主义是一种出现在17、18世纪文学、诗歌、绘画、建筑、音乐等领域中的思潮,其实质不在于古代文化本身,因为它代表的只是

[①] Artières (dir.), *Michel Foucault, la littérature et les arts*, Éditions Kimé, 2004, p.9.

一种仿古、拟古甚或伪古倾向:在西方现代性进程的启蒙时代,在文学艺术领域中出现了高度认同古希腊罗马文化的潮流。古代、古代性和古希腊罗马文化其实是一回事,它们共同构成了 l'antiquité 的基本含义。17、18 世纪的一些作家和艺术家无论在创作活动还是理论探寻中都自觉或不自觉地以古代的文学艺术为典范,甚至直接借用一些古代题材,从而把古代性发挥成了古典性。古典主义显然归属于广义的现代性,但它试图用古代的风范、古代的规范来约束和审视现代的文学艺术实践。

这意味着现代人对古希腊罗马文化的完全理想化的理解,为的是远离虽然经历了宗教改革和文艺复兴,但依然有强大势力的基督教信仰主义,从而推进理性进程,实现理性的大一统的主宰地位。事实上,从笛卡尔到沃尔夫的大陆唯理论者都具有受到康德批判的独断论倾向,他们主张一切都应该接受理性的评判。在福柯关于古典文化的描述中,不管疯癫、犯罪、性倒错之类反常经验还是说话、劳动、生活之类正常经验,都被纳入到依据同一与差异原则而展开的大写的观念秩序中,这意味着理性的威权或极度权力。就意识形态而言,这象征着资产阶级价值观的绝对支配地位。当然,在古典性与古代性之间并没有形成绝对的断裂。培根既批判四幻相说又主张双重真理论,笛卡尔在普遍怀疑的基础上理性地设定神,他们的哲学都意味着古典性对古代性的藕断丝连。

作为现代哲学之父,笛卡尔无疑要开辟新路,但他不可能建造空中楼阁,其哲学并没有完全抹掉古代哲学烙下的印记。如果我们丧失了历史意识,必定在其文本的理解和翻译方面陷入困境。真正的难题来自笛卡尔本人的小心谨慎:他虽然不想八面玲珑,却免不了左右为难。他处处都在强调自然之光,也一直以普遍怀疑为起点。然而,人毕竟是不完满的有限理性存在,与完满的无限理性存在不可同日而语。因此，笛卡尔在思想上大胆超前，在行动上却犹豫迟缓，在开辟新路的同时始终寻找某种方式与宗教的教条、常人的意见妥协，没有对传统和过去断然说不。他所说的理性源自于他对希腊意义上的努斯的创造性发挥。作为现代理性主义哲学或主体形而上学的奠基人，他显然不打算简单地复兴或抛弃希腊哲学。他表面上维护教会权威，暗中却削弱神的地位，他极力提升理性的地位，从而提升了人的地位。

被暗中削弱的神性和被不断强化的心性是笛卡尔哲学中一个无法克服的巨大张力。古典时期的理性具有绝对权威和整体目标，以至那个进行形而上学沉思或方法论探讨的我不过是徒有其名。以致福柯会说，在古典时期，人还没有出现。但19世纪以来的理性开始注重差异性，不再设定普遍目标，至少承认个体是可以有所作为的。康德的理性批判提供了从古典性走向现代性的契机，而福柯正是以此为起点进行现代性反思的。他写道："在李嘉图、居维叶和葆朴的时代所发生的事情，与经济学、生物学和语文学一起被确立的这一知识形式，已经由康德的批判规定为哲学的任务的有限性思想，这一切仍然构成为我们的反思的直接空间。我们在这一场所中思考。"[①]现代性的一个显著特征是从普遍性走向了特殊性，从理性独白走向了视域融合。在普遍科学理想让位于实证科学的同时，出现的是各门人文科学及其对解释学方法的依赖。

康德批判哲学的积极意义恰恰通过科学的分化体现出来。在它之后的或18世纪末以来的西方文化中，一种新类型的分化确立起来了：一方面，数理学被重新集中起来，构建了一门命题学和一种存在论，直至福柯时代，正是它支配着各门形式学科；另一方面，历史学以

---

① Foucault, *Les mots et les choses*, p. 396.

及吸纳它的符号学汇合成了各种关于解释的学科,从施莱尔马赫一直到尼采和弗洛伊德,它们都在展示自己的力量。① 然而,康德开启的现代性却处于一种张力关系中,突出了人文与科学、现象学与实证科学、生命哲学与观念哲学之间的此消彼长。在整个19世纪,从康德到狄尔泰再到柏格森,各种批判思想和各种生命哲学就处于一种相互修补和相互争辩的状态中。② 福柯尤其描述了新康德主义与柏格森主义的较为复杂的关系,这种情形并不局限于19世纪,它在20世纪上半叶依然彰显出来。

康德式的批判以瓦解传统形而上学为目标,但它显然有其积极意义,这意味着从抽象走向具体,在导致表象式微的同时,引出了生命哲学、意志哲学和语言哲学等哲学形态,完成了从古典性到现代性的断裂。对表象进行的这种批判考问,不是依据从简单的要素到其所有可能的组合的不定的运动,而是以表象的权利界限为起点。如此一来,它首次承认了与18世纪末同时代的这一欧洲文化事件:知识和思想退回到表象空间之外;也就是说批判突出了18世纪哲学仅仅通过表象分析想要还原的形而上学维度,但它同时开启了打算在表象之外考问作为表象的源头和来源的另一种形而上学的可能性,也就是说使这些关于生命、意志和言语的哲学成为可能。③ 古典哲学在观念的秩序中表象作为整体的存在,而现代哲学关心的或是生命或是意志或是语言之类区域存在。叔本华、尼采、柏格森、罗素、维特根斯坦的出现也就顺理成章了。

不论古典性还是古代性都打着理性的旗号。古典理性根本有别于古代理性。前者是由内而外的,后者则是由外而内的:前者意味着

---

① Foucault, *Les mots et les choses*, pp. 88~89.
② Foucault, *Les mots et les choses*, p. 176.
③ Foucault, *Les mots et les choses*, p. 256.

内在的秩序，它出自人或人的心性，后者代表的则是超越的秩序，是由神或人的神性预先规定的。这里的人或心性是理想化的，没有考虑其处境、没有给予任何的具体限定，甚至还有神性的残余，从而没有断然离开古代理性。笛卡尔说人之为人是心灵，而心灵的本性是思维。如此的话，人就是理性，理性就是人，大写的人消融在普遍理性之中，以致福柯在古典时期只见到理性而没有见到人。在理性的表象秩序中，万物之间没有分别，人类个体没有自己的独特经验。在和谐的古典秩序中，疯癫之类的反常现象完全被隔离了，既无踪迹，也无声音。康德的理性批判和启蒙反思开始限定理性的绝对主宰，从而指引了现代性的新方向，形成了现代性与古典性之间的一条巨大的鸿沟。

古代性意味着由神或天意来确定秩序，这一秩序也因此是普遍的，它维护整体性和同一性。换言之，古代性追求的是同，一种由神来保障的同。古典性同样追求同：它通过比较和分析来把握事物的同与异，但最终认可的却是同而不是异。福柯注意到了现代性在同一与差异关系上与古典时期的根本不同。古典时期只强调秩序，也因此只强调同，或者说把同一与差异关系最终归结为求同。现代时期却不得不面对差异与不同，这源于非理性的异军突起以及理性与非理性的张力关系。当然，现代性最终还是认可同一，至少还主张求同存异。萨德、尼采、阿尔托和巴塔耶已经知道这一点，黑格尔、马克思和弗洛伊德也知道这一点。[①] 尽管承认差异，求同的倾向在现代哲学中仍然是非常明显的。

从消极的角度说，福柯的现代性反思旨在揭示理性与非理性的关系；从积极的角度说，其目标是让沉默的非理性自己说话，而不是

---

① Foucault, *Les mots et les choses*, p. 339.

让理性为之代言。我们不应该抽象地谈论理性,而应该关注合理性的不同形式,因为理性针对疯子、病人、犯人、性倒错者会采取很不相同的策略,虽然它们之间具有家族相似。自笛卡尔至梅洛-庞蒂的哲学都可以被归属于广义的现代哲学,但其间经历了所谓的认识论断裂。福柯特别关注与当代西方人的命运有关的理性主义传统,因此尤其针对19世纪以来的现代性采取了一种反思姿态。其实,这种倾向完全可以与通常关于现代性的反思协调起来。因此,他的工作与两种重要的思想倾向关联在一起:既针对自笛卡尔以来的理性设计,又面对自康德以来的理性反思。前者突出的是现代人的求知意志如何把理性确定为真假的标准,后者体现的是现代人如何展开自己针对理性的批判意识。

现代性是一个不断分化的历史进程,其间既包含着理性的极限扩张,也包含着它的自身约束。古典理性主义的首要任务或主要目标是扩大理性的权限,试图确立理性的合法地位以至绝对主宰地位。从19世纪开始,哲学开始对理性的极度霸权提出疑问,并要求人们对此保持警惕。理性曾经在古希腊时代发出耀眼的光芒,但在漫长的中世纪却被非理性的黑暗包围。自宗教改革和文艺复兴以来,理性开始摆脱作为神学和信仰之仆从的地位。培根开启的经验论传统和笛卡尔开启的唯理论传统都在树立理性的权威,后者尤其树立了理性的绝对权威。理性设计是一种他向批判,要求把一切都纳入观念的秩序,让它们接受理性的裁决。但在理性的长驱直入、高歌猛进和无往不胜的进程中,清醒的理性主义者已经开始反思,要求将理性的他向批判和自我批判结合起来。

康德开启的理性的自我批判标示着我们的现代性的门槛。福柯注意到了康德对现在的关怀,但力求描述他自己的现在与康德的现在的同与异。这无疑表明,我们应该赋予康德式批判以某种新的意义。这其实承认了整个现代性反思对于我们生活其间的当今社会的启示。理性的自我批判认为启蒙就在于让人们达到成熟、成人状态，而福柯表示："我不知道我们是否会变为成人。我们经验中的许多东西让我们确信，'启蒙'这一历史事件未曾让我们成为成人，我们现在仍然不是成人。然而，在我看来，我们可以赋予康德在反思启蒙时对现在、对我们自身所提出的批判考问以某种意义。"[1]康德哲学代表了理性的双重指向。它既延续了启蒙理想，集中体现了现代人的求知意志或求真意识；又通过其限制和划界工作，使理性不再是一种无处不在的力量。

深受福柯影响的英国社会学家吉登斯表示，现代性涉及三个重要方面：一是态度和想法，二是经济制度，三是政治制度。[2]很显然，他关注现代性气质或态度，但尤其强调现代性的复杂的经济制度和政治制度。它们代表的是理性化的三个主要领域，其深层次的理论支撑是一种社会进化论主张。其实，韦伯早就有类似看法。他认为现代西方社会代表的是理性构造及其在多个领域的展开，分别体现为理性化的经济生活、理性化的技术、理性化的科学研究、理性化的军事训练、理性化的法律和行政机关。[3]概括起来，主要涉及经济制度、政治制度和科学技术三大领域。三大社会学思想之父马克思、涂尔干和韦伯都极为看重现代性的积极方面。福柯接受他们的影响，但保持批判的姿态。他要求我们始终关注从知识向科学的转变，既承认科学在揭示真理/真相方面的作用，又警惕科学的权力策略的或消极或积极的后果。

依据福柯的分析，在康德回答"何为启蒙？"这个问题时，德国哲

---

[1] Foucault, *Dits et écrits II* (1976~1988), p. 1396.
[2] 吉登斯、皮尔森：《现代性：吉登斯访谈录》，新华出版社，第69页。
[3] 韦伯：《新教伦理与资本主义精神》，生活·读书·新知三联书店，1987，第15页。

学运动和犹太文化的新发展的会合在 30 年前的德国犹太人哲学家门德尔松和莱辛那里已经非常明确地表现出来了,他们寻找犹太思想与德国哲学所共有的问题,两种启蒙属于同一历史,有共同的使命和共同的发展历程,并因此必须接受共同的命运。问题在于,这种共同性导致的却是人类历史上的重大悲剧。福柯这样表示:"至于启蒙,我在那些从事历史分析的人那里,几乎没有发现有人从中看出为极权主义负责的因素。"①也就是说,法西斯主义的灾难不能简单地被说成是源自于非理性主义,其最重要的一个原因恰恰是极度理性。这种理性就像犹太哲学家列维纳斯所说的那样强调整体性和同一性,绝不容忍任何的异质性或他性:"把一切并入它的普遍性中,理性本身处在孤独之中。"②

康德要解决的是理性的主宰与个体的认知以及担当之间的关系。在笛卡尔那里,理性是人的本质,理性代表了人的意愿/意志。理性就是权威,任何人都有理性,差异只在于理性的具体使用。无论如何,理性与人的自由和解放联系在一起。但在康德式的批判中,理性同时也可能让人处于未成年状态。问题的关键不在于抽象的、普遍的理性,而在于理性的具体的、经验的使用。康德要让我们从未成年状态中摆脱出来,这里所谓的未成年是我们的意志的某种状态,它使我们接受其他某个人的权威,为的是把我们引导到适合于我们使用理性的那些领域。按照他的例证,当一本书充当我们的知性时,当一个精神导师充当我们的良心时,当一个医生代替我们决定我们的食谱时,我们就处于未成年状态。③ 理性不仅是人类的事业,也是个

---

① Foucault, *Dits et écrits II* (1976~1988), p. 855.
② Lévinas, *Le temps et l'autre*, Presses Universitaires de France, 1983, p. 48.
③ Foucault, *Dits et écrits II* (1976~1988), p. 1383; *Le gouvernement de soi et des autres*, p. 29.

体的事情。不管主动还是被动,个体都应当对自己的命运负责。不能很好地利用理性并不仅仅是理性的问题,也是个体自己的问题,而且尤其归因于个体。

依据福柯的解读:"应该认为启蒙既是人们集体地参与其中的一个进程,也是个人实现的一种有勇气的行为。他们既是同一过程的要素,又是其实施者。他们在他们参与这一进程的范围内是其演员,而这一进程是在人们决定成为它的自觉演员的时候发生的。"① 人在启蒙过程中既是客体又是主体,既是工具又是工具的使用者,唯有结合两者,人才可能从未成年走向成年、从不成熟状态走向成熟。问题的关键或难点在于弄清楚康德对人类一词的使用。必须考虑启蒙是否就是地球上所有人的事业:非西方人在这一进程中扮演什么角色,西方人内部又如何分配各自的角色;与此同时,必须考虑时间和历史问题。福柯认为康德的回答是含混的,而这正说明问题的复杂性。在具体的读解中,涉及个体所面临的服从与自由之间的张力。个体在有些情况下需要绝对服从,在另一些情况下则可以自由地运用理性。

康德以一些表面上看似平淡无奇的例子来说明成年人如何应对服从与自由之间的关系:比如,缴纳赋税,但可以如其所愿地就税收政策进行争辩;又如,在作为牧师时,要确保按照教会原则为自己所属教区提供服务,但对一些宗教教义的主旨可以如其所愿地进行争辩。② 这涉及理性的私人使用与公共使用之区别,对康德来说,理性在它的公共使用中应该是自由的,但它在自己的私人使用中应该是服从的。③ 当某人是一部机器中的一个零件时,他就行使了自己的

---

[1] Foucault, *Dits et écrits II* (1976~1988), p. 1384.
[2] Foucault, *Dits et écrits II* (1976~1988), p. 1385.
[3] ibid.

理性的一种私人使用,即当他在社会中有一个要扮演的角色、有一些要发挥的功能时,他被安置在了一个确定的位置上,他在那里应当运用一些准则并且追求一些特殊的目的。① 当他扮演特定角色时,他不可能对理性有一种自由的使用,反之,当他只是为了使用其理性而使用理性时,当他作为具有理性的人而不是作为机器上的齿轮,当他作为理性家族的成员,即作为普遍主体和理性主体②而使用理性时,理性的使用就是自由的和公共的。③

显然,当出现理性的普遍使用、自由使用和公共使用重合的时候,启蒙就出现了。④ 理性的合法使用导致自律,这意味着自由而不逾矩,其实就是自觉服从;理性的非法使用则导致教条主义和他律。尽管康德承认了个体在某种意义上的主动性,但他最终必须服从普遍理性。人类使用自己的理性意味着不再服从任何权威,但理性本身就是一种权威。福柯把康德的"何为启蒙?"与三大《批判》关联起来,把书、良心导师和医生三个例子对应于它们。⑤ 人应该在一定的范围内使用自己的理性,理论理性、实践理性和审美理性都是如此。关于启蒙与批判的关系,福柯描述说:"批判在某种方式上是在启蒙中已经成年的理性的航海日志,而反过来说,启蒙属于批判的时代。"⑥不管在三大批判还是其他涉及历史的文本中,康德的考察最终都聚焦于启蒙的现时性,都关注每个人在这一现时时刻如何以某种方式要对这一整体进程负责。⑦

---

① Foucault, *Dits et écrits II* (1976~1988), p. 1385.
② Foucault, *Le gouvernement de soi et des autres*, p. 35.
③ ibid.
④ Foucault, *Dits et écrits II* (1976~1988), p. 1385.
⑤ Foucault, *Le gouvernement de soi et des autres*, p. 30.
⑥ Foucault, *Dits et écrits II* (1976~1988), p. 1385.
⑦ Foucault, *Dits et écrits II* (1976~1988), pp. 1386~1387.

后期现代哲学在很大程度上起源于康德的问题,也就是"何为启蒙?"的问题。伴随他回应这一问题的简短文本,现代哲学未能回答、却又从未摆脱的一个问题悄无声息地进入了思想史。① 这是因为,现代哲学在从康德到福柯本人的两个世纪中,总是在以这种或那种形式重复这个问题。更明确地说,从黑格尔经由尼采或韦伯到霍克海默或哈贝马斯,几乎所有的哲学都或直接或间接地遇到这一相同的问题:"人们所谓'启蒙'的,至少部分地已经决定了我们今天是什么、我们今天想什么和我们今天做什么的这一事件是什么?"②换言之,这一问题就是:"何为现代哲学?"这一反思性的问题代表了从现代性理性设计到现代性反思的转折。卡西尔《启蒙哲学》(1932)于1966年被译成法文出版,福柯就此表示,对于18世纪的这一反思绝不是次要的、远远不是次要的。③

如果说现代哲学的主要功能之一是考问理性在什么历史时刻以其"成年的"和"不用托管的"形式出现,那么它在19世纪这一阶段的功能则是要问理性在什么时刻进入自律以及理性的历史意味着什么;这当然不是单纯的学理或学术问题,因为它体现在各个领域,代表了人们对复杂而分化的理性进程或现代性进程进行的反思或追问。依据福柯的看法,概括起来就是:"人们通过科学思想、技术装备和政治组织三种宏大形式追问应该如何评价理性对现代世界的统治。"④很显然,福柯认为正是康德开启了现代性话语,严格地说开启了与古典性话语有别的现代性话语。在康德哲学构成为现代性的拱顶和视域的范围内,它已经建立了福柯著作被归入和定位其中的空

---

① Foucault, *Dits et écrits II* (1976~1988), p.1381.
② Foucault, *Dits et écrits II* (1976~1988), pp.1381~1382.
③ Foucault, *Dits et écrits I* (1954~1975), p.574.
④ Foucault, *Dits et écrits II* (1976~1988), p.1257.

间本身。

哈贝马斯在读解福柯时表示,18世纪末是以理性史这出戏的变动、以康德哲学和各门初生的人文科学所代表的这一现代性门槛为标志的。① 不过,他似乎更愿意视黑格尔为现代性话语的开启者:"黑格尔开启了现代性话语。他为这一话语引入了主题:现代性应该借助自我批判的途径在它本身中找到它自己的各种保证;他并且明确地表达了这一主题据以能够成为各种变动之对象的那些规则:启蒙辩证法的那些规则。通过赋予当代历史一种哲学地位,他同时已经使永恒物与暂时物、无时间的东西与现时的东西相遇,并且奇迹般地转换了哲学的特征。一个事实就是:黑格尔的计划确实不是要与哲学传统决裂,然而,如此一种断裂还是发生了,只是随后一代才会意识到这一点。"② 其实,哈贝马斯的这一表述完全可以用在康德头上,只需要把时间表稍稍提前一些。

现代性话语具有明显的辩证特征,完全有别于古典性话语的分析特征。以笛卡尔哲学为起点的古典分析思维承认二元对立,但最终把一切归为统一。简单地说,心灵与身体、无限与有限、同一与差异、理想与现实、观念与物质意味着二元对立,与此同时,分析思维在对立的两极中往往偏向一极,从而确立了最终的一元结构,即上述各个二元对立结构中后者对于前者的完全顺从。但在康德之后由黑格尔开启的现代辩证思维中,上述二元对立不再完成于两极之一,而是实现于两者的综合。康德哲学对先天综合判断的严格强调,黑格尔的辩证否定观,萨特对辩证理性的论述,梅洛-庞蒂关于作为第三维度的身体的描述,都是这一辩证思维的经典表达。福柯和哈贝马斯

---

① Habermas, *Le discours philosophique de la modernité*, p. 287.
② Habermas, *Le discours philosophique de la modernité*, p. 61.

对现代性话语开启者的不同确认,意味着我们应该关注两种理性批判传统的既同又异。在康德哲学中存在着分析思维和辩证思维之间的张力,这意味着它可以同时为英美哲学和大陆哲学所接受,而黑格尔哲学的辩证思维则主要影响了大陆哲学。

追溯现代性话语起源的主要是大陆哲学家,黑格尔被视为现代性话语之源也就很容易理解了。当然,在大陆哲学中毕竟还是为分析思维保留了地盘。值得注意的是,20世纪英美科学哲学的源头之一是法国哲学家孔德的实证主义,而英美分析哲学之父弗雷格也出自于德国传统。我们同时还应该注意到,英美分析哲学和大陆现象学两个派别的创始人具有共同的哲学语境,这两个派别的根源其实是相同的。[1] 福柯接受现象学的影响是很明显的,我们甚至可以说他是一个现象学家,其哲学可以被归属于概念现象学。[2] 然而,福柯毕竟更多地属于源自孔德和彭加勒等实证主义者,以巴什拉、卡瓦耶斯和康吉莱姆等概念哲学家为典型代表的法国科学史和科学哲学传统。正因为如此,在将其哲学界定为概念现象学的同时,要更多地突出其概念的、分析的倾向,进而要强调他在新黑格尔主义和新康德主义之争中对于后者的偏向。在现代性话语的清理或现代性反思中,他虽然不完全否定黑格尔的意义,但尤其承认康德的重要地位。

福柯以揭示理性的现代史或现代性历程的方式来为非理性争取权利。或通过对现代文化的无意识结构的分析,或通过对现代文明的控制策略的清理,他为我们展示的是理性的不断分化以及非理性的不同命运。哈贝马斯则主要看到了理性的积极面,认为其消极面只是分化的结果,而我们完全可以重回启蒙理想。无论如何,理性批

---

[1] 达米特:《分析哲学的起源》,上海译文出版社,2005,"原序"第002~003页。
[2] 参拙著《20世纪法国哲学的现象学之旅》,第五章第二节相关内容。

判的确开启了不管福柯还是哈贝马斯意义上的现代性确证和现代性反思。其实,无论康德本人还是黑格尔本人对此都没有明确的意识,更后来的哲学家才关注这一点,并有意识地利用了他们哲学中的相关资源。19世纪以来的现代哲学不再像17、18世纪的现代哲学那样乐观,所以康德才会在三大批判中进行各种追问,试图发现理性统治下的令人不安的问题,从而在"何为启蒙?"或"人是什么?"的名义下展开理性的自我批判。

福柯视启蒙为定位在欧洲社会发展的某个特定时刻的一个事件或复杂的事件与历史进程的一个集合,这一集合包含了一些社会转型因素、一些政治体制类型、一些知识形式、一些合理化认识和实践的计划、一些技术变动。① 当然,这一事件并不局限于那一特定的时代,它包含的那些现象在他本人所处的时代依然具有相当的重要性。这意味着理性批判或现代性反思不可能一蹴而就。按照福柯的分析,"何为启蒙?"在法国以"何为科学史?"这一独特问题出现,追问的历程从孔德时期一直持续到20世纪60年代;与此不同的是,它在德国以"什么是理性的历史或合理性形式的历史?"这一问题出现,与从韦伯到法兰克福的批判理论联系在一起,并不涉及科学哲学与科学史。② 对于德国哲学来说,理性的延续性是主线,理性的分化或具体表达只是派生的问题;但在法国哲学中,理性的分化或具体表达更为重要。

德国法兰克福学派显然延续了大理性主义对于普遍理性的关怀(德国现象学和解释学传统却不认可这种倾向),而在法国,人们更容易注意到小理性主义与非理性主义之间的对峙或张力(法国实存哲

---

① Foucault, *Dits et écrits II* (1976~1988), p. 1391.
② Foucault, *Dits et écrits II* (1976~1988), p. 1257.

学和概念哲学的看法又是很不相同的)。作为法国概念哲学传统的当代传承者,福柯对科学或科学史的关注并不着眼于求知或求真,他主要关注的是求知或求真背后的意志或意愿。事实上,法国科学哲学与英美分析哲学有很大的区别,它对描述认识论断裂和概念转换的兴趣胜过关心语言命题的逻辑分析。康德限制理性的超越使用,意味着理性与有限范围的知识或真相/真理联系在一起。福柯发现,理性的确不再有超越的目标,但它在有限性范围之内发挥的功能也不是纯粹的。在康德看来,人的有限理性主要是理论理性,实践理性只不过是从应用维度来看的同一种理性;然而,福柯突出强调的却是摆脱了理性的话语实践和非话语实践。

福柯大体上认同其师阿尔都塞的看法:理论本身就是实践的。实践并不局限于道德或伦理范畴,科学实践也是其重要内容。法国科学史和科学哲学传统意义上的科学与英美分析哲学所说的科学具有非常大的不同,原因就在于:英美分析哲学家往往强调科学是价值中立的,他们突出了科学命题的第三人称性甚至非人称性;但对于法国科学史家和科学哲学家来说,人的利益、兴趣、意志和情感在某种程度上扮演着十分重要的角色。当福柯尤其关注科学或知识理论在人文科学领域中的表现形态时,这一切就更为明显了。哈贝马斯这样表示:在福柯那里,在他透过理性的构成的反照而想到疯癫的构成的范围内,科学史被扩大成了合理性的历史。[1] 科学史,泛而言之就是认识史,也就是理性的历史,因为科学知识的形成与理性针对非理性的策略是联系在一起的。

福柯承认萨特和卡瓦耶斯代表了法国哲学界对胡塞尔现象学的

---

[1] Habermas, *Le discours philosophique de la modernité*, p. 283.

两种异质的解释。① 他显然注意到了法国后期现代哲学的错综复杂性。法国科学史和科学哲学传统关注知识、理性、合理性以及合理性历史的可能性，它理应延续理性批判的思路，远离现象学，从而形成分析思维与辩证思维相对立的格局。然而，属于这一传统的一些学者却在现象学视域中对合理性和知识的形式进行历史分析，科学史家科瓦雷尤其如此。在3H时代，康德哲学和新康德主义几乎退出了历史舞台，黑格尔哲学和新黑格尔主义则如日中天。在3M时代，福柯呼吁重新恢复对康德哲学的重视。他认为新康德主义者这一术语超出于一场哲学运动或一个哲学流派，指的是西方思想存在着越过由康德确立的切口的不可能性，他声称我们全都是新康德主义者，并且指出，康德要问的是科学是如何可能的，而新康德主义者卡西尔问的则是我们或许仍然属于的新康德主义是如何可能的。② 福柯哲学显然延续了康德开启的理性批判。

福柯突出了分析思维取代辩证思维的急迫性。他表示："科学史启动了偷偷地被引入到18世纪末的哲学中的各种主题之一；人们第一次向理性思维提出了不仅关于其本性、其奠基、其权力和其权利的问题，而且还有关于其历史和其地理的问题，关于其最近的过去和其现时性的问题，关于其时间和其地点的问题。"③ 门德尔松和康德对"何为启蒙？"的回答都体现了哲学的现实/现时关怀，他们开创了哲学的新闻体裁，而且他们还为哲学开启了整个一个历史批判维度。这种批判包含着两个事实上不能分离的、始终关联在一起的目标：一方面追问西方在什么时刻首次肯定了其自身合理性的自主性和主权

---

① Foucault, *Dits et écrits II* (1976~1988), pp. 430, 1583.
② Foucault, *Dits et écrits I* (1954~1975), pp. 573~574.
③ Foucault, *Dits et écrits II* (1976~1988), p. 431.

性,另一方面要分析"现在时刻",并且既根据这一理性的历史曾经是什么,也根据其现时的总结,去寻求它应该与这种奠基姿态建立什么样的关系。① 路德的宗教改革、哥白尼的革命、笛卡尔的哲学、伽利略对自然的数学化和牛顿物理学都是可选的重要时刻,而恢复、断裂和回归都是可能的姿态。

与福柯强调德法理性批判的差异不同,哈贝马斯关注两者之间的一致性,同时也忽视了法国概念哲学与主体哲学之间的区分。他表示,伴随海德格尔,现代性话语回归到了一种真正的哲学思想的领域,《存在与时间》这一书名也强调了这一点;伴随黑格尔式的马克思主义者,伴随卢卡奇、霍克海默和阿多诺,情况也是如此:他们借助韦伯,把《资本论》重新表述为一种关于物化的理论,并且把经济与哲学之间已经中断的联系重建起来。问题的要点在于,"从这一时代起,进入到晚期胡塞尔、巴什拉、后来还有福柯所走的道路的哲学,恢复了它评判时代的能力。"②很显然,两个传统合流了,而福柯本人恰恰处在交汇处。德国哲学的确不像法国哲学那样特意关注科学史,但"科学批判"无疑在德国式批判与法国式批判之间、在德法现象学批判与法兰克福的马克思主义批判之间确立了关联,甚至不言明地承认了黑格尔影响下的实存论现象学传统与康德影响下的概念论现象学传统之间的关联。

哈贝马斯承认启蒙与主体性联系在一起,福柯却不承认这种关联,原因在于从正面说的主体的理想性和神圣性,或从负面说的自我神圣化和幻想化。换言之,在福柯看来,正是在 19 世纪以来的现代性中,主体性才以处境化的姿态出现了。哈贝马斯强调了从黑格尔

---

① Foucault, *Dits et écrits II* (1976~1988), p. 431.

② Habermas, *Le discours philosophique de la modernité*, p. 63.

以来的理性批判的延续性;在现代性话语中,对启蒙理性的一种指责获得了表述,它从黑格尔、马克思到尼采和海德格尔,从巴塔耶、拉康到福柯和德里达实质上没有产生任何变化,都是针对建立在主体性原则基础上的理性的一种控诉。① 这种批判最终针对的是实证理性,尽管上述反对者在了结理性的实证主义的策略方面分手了。② 福柯理应同意这些批判者选择了不同的批判策略,而且批判的目标也是不同的。对他而言,主体性原则首先是理性批判的产物,然后才是理性批判的对象。福柯的现代性反思不再囿于现代性,并因此走向了当代性。

福柯认为,科瓦雷、巴什拉或者康吉莱姆的作品,确实能够以科学史的一些准确的、局部的、编年上确定的领域为中心参照,在它们从各个不同侧面让对当代哲学具有重要意义的启蒙问题起作用的范围内,它们已经作为哲学阐述的一些重要策源地在运转。③ 他认为德国法兰克福学派正在做一些相同的工作。法国科学史学派和德国法兰克福学派处置启蒙问题的风格和方式是很不同的,但是,他们最终都提出了相同类型的一些问题,尽管在这边受制于笛卡尔的记忆,在那边受制于路德的阴影。④ 福柯觉得遗憾也替法国学界感到遗憾的是,他们完全不了解或只间接了解很少一点韦伯的思想,对法兰克福学派则近乎无知。他承认自己没能在求学时代接触这一学派的思想,所以走了很多不必要的弯路。本来,历史曾经提供过法国学界接受德国批判理论影响的机会,但他们没有能够抓住,也就是说,法兰克福学派和一种法国哲学思想通过科学史以及合理性史问题应该能

---

① Habermas, *Le discours philosophique de la modernité*, p. 67.
② ibid.
③ Foucault, *Dits et écrits II* (1976~1988), pp. 432, 1586.
④ Foucault, *Dits et écrits II* (1976~1988), pp. 432~433, 1586.

够相互理解,但这种理解没有能够形成。①

其实,无论从马克思主义最初与现象学联姻还是现象学后来与结构主义配对看,结构主义的同路人福柯在某种程度上都受到了法兰克福学派的影响。哈贝马斯表示,结构主义是由索绪尔的语言学和皮亚杰的心理学促成的,卢卡奇等人的西方马克思主义则源自黑格尔主义传统;这一传统在20世纪20年代与弗洛伊德主义联姻,而后来的法兰克福学派关注跨学科研究,这一切都有利于把西方马克思主义与结构主义关联起来。哈贝马斯进而表示,西方马克思主义同经过巴什拉的科学批判、列维-斯特劳斯的人类学、拉康的精神分析理论而迅速发展起来的结构主义之间有着诸多的相似之处,然而当马克思主义社会理论在阿多诺的否定辩证法中恢复成一种纯粹哲学时,结构主义才通过本想对它加以克服的福柯和德里达等人刚刚进入哲学思想的领域。② 福柯的确是后来者,他因此无缘直接接受法兰克福学派的影响,但间接启发显然是存在的。

与早期现代性强调理性的大一统不同,后期现代性意味着理性与非理性之间的极度张力,而非理性获得了越来越多的地盘。一幅基本的图景就是:涌现在我们周围的各种非理性力量,理性的终结,理性的自我清算,理性蜕变为非理性,现代性文化向着一种单边的、单向度的、纯粹功利主义的、碎片的、工具的、技术的智力,一种误导的理性主义的根本而危险的偏离。③ 福柯显然不像非理性主义者那样全盘指责理性,也不像法兰克福学派那样否定理性与非理性关系的复杂多样性,由此避免了在理性与非理性、意识与无意识之间的二

---

① Foucault, *Dits et écrits II* (1976~1988), p. 1258.
② 哈贝马斯:《后形而上学思想》,译林出版社,2001,第5页。
③ Hankiss, "European Civilization: Its problems and prospects", in *The Journal of General Evolution*, number 4, vol. 46, 1996, p. 268.

者择一。他把理性的他向批判和自我批判、外在批判和内在批判结合起来,以求全面地审视现代性及其后果,审视主体或人在现代性进程中的命运。这其实是人对自身进行的多维度的批判审视。福柯主张以特殊知识分子而不是以普遍知识分子身份出现,显然也是这种理性批判姿态的体现。

德国式现代性反思承认理性有其历史,有其分化,却不承认理性及其分化的多样性。对于哈贝马斯来说,理性的分化是独一无二的,它在历史上只发生了唯一的一次,也只可能发生一次;理性在分化发生的那一时刻产生了转变,导向了一种技术合理性,一种自我缩减,一种自我限制;这既可以说是一次分岔,也可以说是一种分化。这代表的是一种理性辩证法。福柯的看法则是,理性不仅是分化的,而且是多次分化的,只看到单一分化其实延续了二元思维,即"人们经常敲诈整个理性批判或者针对合理性史的整个批判性考问(您要么接受理性,要么堕入非理性主义),这使得我们好像不可能对合理性进行理性的批判,不可能写出关于所有分枝和分岔转向的理性历史,好像不可能写出一部关于合理性的偶然的历史。"① 福柯的工作是要展现一种更丰富的理性。无论如何,在他眼里,理性并不单调,并不整齐划一,它会运用各种各样的手段来对付非理性。显然,理性不可能一次性地完成分岔或分化。

哈贝马斯始终维护理性和现代性,他从来没有放弃过"现代性:一项未完成的计划"这一有多个面相的争议主题。② 他认为理性的分岔就像是有点偏航,但它完全可以重回其正道。福柯表示,理性本来就有诸多的分枝和岔口、断裂和顿挫,哈贝马斯所说的分岔或分化

---

① Foucault, *Dits et écrits II* (1976~1988), p. 1259.

② Habermas, *Le discours philosophique de la modernité*, p. ix.

是一个产生了引人注目的后果的重要事件和插曲，但它并非独一无二，没有必要予以特别的关注。其实，依据梅洛-庞蒂对莫斯、涂尔干、列维-斯特劳斯等人的理解，无意识或非理性只不过是扩大的理性。在列维-斯特劳斯眼里，社会结构是无意识的，因此是非理性的，无意识与意识、非理性与理性之间没有任何密切的联系；但在梅洛-庞蒂看来，两者之间却具有统一性，认为社会的自主性处于实际经验的概念之内，大于列维-斯特劳斯所提出的无意识概念，[1]他主张扩大我们的理性，以便使它能够理解在我们这里或在他者那里先于和超出理性的东西。[2]

尽管福柯的基本立场更多地靠近列维-斯特劳斯等人，但作为其师的梅洛-庞蒂关于非理性的看法无疑对于他也具有启示意义。问题的关键在于展示出理性与非理性的复杂关系。这既否定了批判理论关于理性只有单一分化的观点，也否定了先验现象学对于理性奠基的关怀。尼采以虚无主义姿态在福柯展开的理性批判中扮演了重要角色，其他德语哲学家也多有贡献，但法国哲学自身的理性批判或现代性反思传统更直接地影响着他的思考。这无疑表明了福柯思想谱系的复杂性：福柯深深地卷入了结构主义革命当中，这使他和德里达一样，对从科耶夫到萨特一直占据主导地位的现象学-人类学思想进行了批判，而且暂时明确了他的方法；他把列维-斯特劳斯针对主体的消极话语理解为对现代性的一种批判；但他不是从海德格尔那里，而是从巴塔耶那里接受尼采式的理性批判主题的；最终说来，他不是作为哲学家，而是作为巴什拉的弟子，真正说来是作为一个科学

---

[1] Merleau-Ponty, *Psychologie et pédagogie de l'enfant: cours de sorbonne 1949~1952*, Éditions Verdier, 2001, p. 300.

[2] 梅洛-庞蒂：《哲学赞词》，商务印书馆，2019，第 107 页。

史家而从这些推动中受益的。[1]

现代性意味着理性在现代社会的各个领域的全方位渗透,这是一种全面的和技术的现代性,其中技术合理性具有支配地位。[2] 福柯表示,他不对理性的这种渗透性作总体描述,而是致力于揭示理性的各种合理性形式及其作为问题的谱系。这是因为,理性并不划一地主宰全部领域,而是针对具体领域采取不同的合理性形式、实施各别的控制技术。反过来说,我们从任何领域都可以看到理性的主宰地位,尽管其实施的方式各不相同。比如政府治理就是合理性渗透的重要方式,而相关探讨也构成为现代性反思的重要内容。福柯这样写道:"或许对于我们的现代性或对于我们的现时性/现实性来说重要的,并不是对社会的国家化,而是我们毋宁可以称为国家的'治理化'的东西。我们生活在已经在 18 世纪发现的治理性的时代。"[3]福柯试图要让非理性真正发出自己的声音,产生自己的影响,而不是构成为理性的权力策略的一部分。

事实上,当代社会提供了从理性向非理性转换的可能。比如,那些完全健康的人自由地、自愿地自行决定吸食致幻药物,在 12 小时期间进入到一种"非理性"状态构成了一种在正常与病态对立之外的疯癫经验。[4] 当然,福柯主要还是从文学艺术中借鉴这种经验,他对鲁塞尔和萨德及其作品的认可就是在正常与病态的框架外承认非理性的一种尝试。他表示,辉煌的理性的生动形象将会枯萎,这是一种非常熟悉的游戏,它在疯癫中让我们从我们的另一端凝视自己,它让我们倾听来自非常遥远的地方却最详尽地向我们讲述我们之所是的

---

[1] Habermas, *Le discours philosophique de la modernité*, p. 282.
[2] Foucault, *Dits et écrits II* (1976~1988), p. 1466.
[3] Foucault, *Dits et écrits II* (1976~1988), p. 656.
[4] Foucault, *Dits et écrits I* (1954~1975), p. 632.

声音,这一游戏连同它的各种规则、它的各种策略、它的各种发明、它的各种狡计、它的各种获得容忍的非法行为,从来都只不过是其各种含义都将化为灰烬的一种复杂仪式。①无论如何,这意味着非理性曾经所是的非存在变成了毁灭的力量,意味着西方世界接受了在暴力中超越其理性、并且在辩证法的各种承诺之外恢复悲剧体验的可能性。②

疯癫经验始终受到排斥,尽管它在不同时代的具体命运有所不同,或者说理性处置它的具体策略并不是完全一样的。福柯研究疯癫经验以及其他非理性经验的沉默史,分析它们在话语中是如何越界的,又是如何受到制止的。他提出:"有一天完全有必要在语言的自主性中研究有关语言的各种禁忌的这一领域。"③有必要撇开人,让语言自己说话,哪怕是疯言痴语。在古典时期,疯子没有了声音,他也不出现在人们的视野中,一切疯癫现象都被视为禁忌,除了道德谴责外,人们也不再谈论疯子和疯癫。在现代时期,随着精神分析学的诞生,情形有所改变,但就实质而言并没有根本的不同。疯癫经验不再与语言过失、公开亵渎、或无法容忍的含义联系在一起,它呈现为一种包裹在自身中的言语,在它说出的东西下面说着别的东西,它与此同时是这种别的东西的唯一的可能编码:如果我们愿意这样说的话,它是深奥的语言,因为它在一种最终只说这一蕴含而不说其他东西的言语的内部掌握着自己的语言。④

疯癫经验既是能指又是所指,它指称自己,但人们试图在非理性或无意识下面寻找逻辑或有意识的含义,最终要让疯子回归理性,从

---

① Foucault, *Dits et écrits I* (1954~1975), p. 441.
② Foucault, *Histoire de la folie à l'âge classique*, p. 554.
③ Foucault, *Dits et écrits I* (1954~1975), p. 444.
④ Foucault, *Dits et écrits I* (1954~1975), p. 445.

反常回归正常。这意味着司法权力和医学知识相结合形成的正常化权力或正常化技术的出现。① 福柯表示,弗洛伊德的作品并没有发现疯癫借助日常语言被纳入到了公共含义的网络中,并因此容许我们在心理学术语的日常平庸中谈论它。② 弗洛伊德知道疯子有自己的声音,但他听不进去疯子的声音。福柯评价说:"有朝一日完全应该把这一公正还给弗洛伊德:他没有让一种疯癫说话,疯癫自几个世纪以来恰恰就是一种语言(被排斥的语言,饶舌的无效,不定地在理性的被反思的沉默之外的日常言语),他相反地让它的不理智的逻各斯干涸;他已经使它枯竭;他已经把它的那些用词回溯到它们的源泉,回溯到这一自我蕴含的空白区域(在这里没有任何东西被说出来)。"③精神病学和精神分析学不能正视自己的禁言史,而福柯的工作恰恰要翻开这一不光彩的历史。

哈贝马斯想要探讨福柯运用一种考古学类型的历史编纂学方法,一种趋向于变成谱系学的方法是否成功地进行对理性的彻底批判,而没有陷入这种自我指涉的事情的各种困境之中。④ 其实,福柯在现代性反思中是不是陷入了这种困境并不重要。问题的关键在于,仅仅停留在消极批判的工作中是不够的。正因为如此,正像康德哲学虽然把主要的精力放在了消极批判方面,但毕竟还是提出了建构的任务一样,福柯哲学同样也有其积极的维度,那就是为我们展示当代文化及其当代性特征。无论如何,现代性反思始终是基础性的工作,是当代性展示的起点,同时也是当代性展示的一个重要的方面。概而言之,福柯致力于全方位的现代性反思,为我们揭示了西方

---

① Foucault, *les anormaux*, p. 24.
② Foucault, *Dits et écrits I* (1954~1975), p. 445.
③ Foucault, *Dits et écrits I* (1954~1975), p. 446.
④ Habermas, *Le discours philosophique de la modernité*, p. 292.

文化从早期现代性向后期现代性的变迁,但他更重要的任务是揭示这一文化从现代性向当代性的转换。

第三节 现在本体论

　　福柯和哈贝马斯的共同之处就在于,他们都关注后期现代性与早期现代性之间的关系,但两者之间存在着重要的区别:后者明确拒绝从现代性向后现代性的过渡,前者虽然不接受后现代性这一概念,却默认了从现代性向后现代性的转折。其实,哈贝马斯的工作是在后现代性背景中展开的,因此不管他愿意与否,他都不得不面对并融入后现代主义思潮。他为我们描绘移动的现代世界,提出了20世纪哲学究竟在何种程度上堪称现代哲学的问题,并且直面现代的老化或后现代的挑战;他从艺术和建筑领域的后现代说起,然后谈到哲学领域,"当代哲学家也在庆贺他们告别了现代(步入后现代),他们中有些人自称后分析哲学家,另一些人则自封为后结构主义者或后马克思主义者,现象学家由于尚未达到他们的'后主义',因而险些不被信任。"[1]这里涉及四种在形式、结构、影响等方面都有着相当大的差别的现代哲学思潮,即分析哲学、现象学、西方马克思主义和结构主义。[2]

　　哈贝马斯简单地分析了上述四种思潮在20世纪的形成和演变,认为它们属于现代性范围内的差异,主要表现为后形而上学思想、语言学转向、理性的定位,以及理论优于实践的关系的颠倒——或者说

---

[1] 哈贝马斯:《后形而上学思想》,第3页。
[2] 同上。

是对逻各斯中心主义的克服。[1] 他认为现象学没有通向后主义,这一说法显然是非常成问题的,因为无论德里达的概念现象学,还是亨利的物质现象学,抑或马里翁的给出现象学,就它们突出非意向性而言,都明显走出了现代性范畴,并因此可以归属于后主义范畴。哈贝马斯的分析注意到了分析哲学从人工语言哲学到日常语言哲学的变化,注意到了现象学从胡塞尔和海德格尔到萨特和梅洛-庞蒂的延续以及后来的四分五裂,注意到了西方马克思主义和结构主义两种思潮在精神科学和社会科学领域的拓展以及它们的诸多相似之处。

哈贝马斯这样提到它们向后主义的演变:"这些哲学思潮告别现代的形式是截然不同的。在西方马克思主义尚未丧失活力的领域里,其理论生产的社会科学特征和专业哲学特征越来越明显;与此同时,后结构主义今天看来似乎已经成为一种被尼采推向极端的理性批判。分析哲学不断自我扬弃,现象学在自我消解,结果就是科学化和世界观。"[2]显然,后现代主义是在非理性主义与小理性主义的张力更加突出的情况下闪亮登场的,但哈贝马斯却不认同急于进入后现代性的立场。前面已经说过,作为一位既接受现象学传统的熏陶,又受到科学史和科学哲学传统影响的哲学家,福柯主要属于概念哲学阵营,但同时又摆脱不了与实存哲学的关联。这一点表明,他的思想与哈贝马斯所说的四种思潮都密切关联。但我们尤其应该从当代性描述的角度来探讨,也因此对其思想与这些思潮的关系做出整合的理解。

明确地说,后现代性对于福柯来说或许过于狭隘,当代性才是更适合的一个概念,尽管这两个概念在其作品中用得都很少。无论如

---

[1] 哈贝马斯:《后形而上学思想》,第6页。
[2] 哈贝马斯:《后形而上学思想》,第5页。

何,哈贝马斯描述的进入后主义的多元路径恰恰是当代性的一个重要表征。福柯表示:"萨特倾其全力把当代文化,即精神分析学、政治经济学、历史、社会学的各种既有收获整合到辩证法中。但特定的情况是,他不可能不把分析理性所揭示的、从深层次上构成为当代文化一部分的一切东西:逻辑、信息理论、语言学、形式主义弃置一边。"①这一批判性的表述表明,现代性的辩证思维正在退隐,而20世纪60年代是新的断裂的开始。人们都在迎接当代性的分析思维的来临,萨特所代表的辩证思维也因此只是在负隅顽抗。辩证思维注意到了差异与对立,但最终寻求的是同一与统一,唯有分析思维才会真正承认多样性和差异性。

1966年,年仅38岁的福柯发表了轰动一时并影响深远的《词与物》,成为萨特之后的一代即3M一代中最年轻的知名哲学家,其思想既彰显了批判的锋芒,也展示出建设性的努力。当然,福柯并没有进行系统性的建构,他的许多其实是片断的、琐细的描述,相应于其局部批判的策略。如果说现代性之前是古代性,那么现代性之后是什么呢?或者说福柯提到的反现代性与现代性是什么关系呢?反现代性既可能是现代性的一部分,也可能在现代性之"前"或之"后",而现代之后更应该是当代。福柯从事的是针对"我们的文化"、"我们的合理性"、"我们的'话语'"的人种学,②他在研究中冻结了时间,使当下成为了考古学的对象,另一方面也使历史成为了当下。这是一种实现时间向空间转化的现在本体论或今天本体论。

借助考古学,福柯寻求重构处在其全体中的、处在其政治的、经济的、性欲的维度中的一个历史领域,即,他试图揭示各种话语事件

---

① Foucault, *Dits et écrits I* (1954~1975), pp. 569~570.

② Foucault, *Dits et écrits I* (1954~1975), p. 634.

之间的关系为什么被建立起来,如何建立起来,为的是知道我们今天是什么。为此需要把研究集中于今天向我们发生的事情,集中在我们是什么、我们的社会是什么;他认为在我们的社会中、在我们之所是中有一个深刻的历史维度,而在这一历史空间内部,许多世纪或许多年来产生出来的那些话语事件是十分重要的,这意味着,我们不可分割地与话语事件联系在一起,在某种意义上说,我们不外乎是几个世纪、几个月、几个礼拜以来被说出的东西。① 一切话语史都是当代史,历史分析始终相关于现时/现实:"以它们的历史构造和历史构成为依据,我尝试着阐明一些今天仍然属于我们的,我们仍然被困在其内部的一些系统。"②

我们的历史就是我们的今天,问题指向何谓现在,③我们在话语空间中与一切东西同时代。哲学的任务是诊断现在,至少自尼采以来,哲学把诊断作为任务而不再寻求谈论对于所有的人、所有的时代都有价值的真理,我们寻求诊断,寻求一种对现在的诊断:谈论我们今天之所是和谈论我们之所说在今天意味着什么,这种在我们脚下的挖掘工作自尼采以来刻画了当代思想的特征。④ 这种诊断现在的活动是对从黑格尔到萨特的追求整体化和连续性的哲学努力的突破。福柯表示,他们及其同时代人都把哲学看作是一种即使不是关于世界、关于知识,也至少是关于人类经验的整体化的事业,他本人则提倡一种自主的哲学活动,这是一种诊断活动,它诊断现在,说出现在是什么,说出我们的现在在哪些地方不同于、完全不同于不是它

---

① Foucault, *Dits et écrits II* (1976~1988), p. 469.
② Foucault, *Dits et écrits I* (1954~1975), p. 1051.
③ Foucault, *Le gouvernement de soi et des autres*, p. 13.
④ Foucault, *Dits et écrits I* (1954~1975), p. 634.

的东西,即我们的过去。①

哲学的本性或任务是诊断,其对象不是过去也不是未来,而是现在,因为我们与我们的现代性的关系被设想成为一种归属,与此同时是一种需要实现的任务。② 福柯在与阿隆的对话中表示:"现在您要问我在哪里,我会完全简单地回答您,今天。或许哲学家的角色、现时的哲学家的角色就是不作为关于整体性的理论家,而作为诊断者,如果您允许我用这个词的话,今天的诊断者。哲学就在于诊断,非常明显的是,所有的划分和所有的历史分期都是围绕我们所在的、就是今天的这一分割和这一开口组织起来的。"③阿隆却谈论过去并且关注朝向未来的开放,他认为福柯的思想暗含的是一种与这种朝向未来的开放相矛盾的不连续性。④ 很显然,福柯所说的今天不仅与昨天、而且与明天形成了断裂,由此否定了萨特和梅洛—庞蒂的实存主义以及阿隆的新康德主义对时间三维围绕未来而展开的整体结构的强调。

"我是现在的诊断者"是福柯喜欢说的一句话,它刻画了其事业的特征,并且把这一事业置于尼采的影子中,因为正是尼采率先把诊断活动规定为哲学的特别活动。⑤ 这涉及哲学家的定位:有必要弄清楚福柯关心的是有深度和距离的真理呢,还是身边的现实。当代性否定深度分析和有距离的审视,它要求真正如其所是地展示一切,而不是对一切超然旁观。福柯就监狱问题表示:"我们长期以来都知道,哲学的角色不是发现被掩盖起来的东西,而是让完全可见的东西

---

① Foucault, *Dits et écrits I* (1954~1975), p. 693.

② Fuggle, Lanci and Tazzioli, *Foucault and the History of Our Present*, Palgrave Macmillan, 2015, p. 2.

③ Aron et Foucault, *Dialogue. Analyse de Jean-François Bert*, p. 22.

④ ibid.

⑤ Gros (coordonné), *Foucault: Le courage de la vérité*, Presses Universitaires de France, 2002, p. 11.

可见,也就是使如此邻近的东西、如此直接的东西、如此密切地与我们联系在一起以至我们没有感知到的东西呈现出来。科学的角色是让我们没有看到的东西获得认识,而哲学的角色是让我们看到的东西被看到。"① 这其实是对胡塞尔式的"面向事物本身!"和海德格尔式的去蔽的某种推进和发挥。

梅洛-庞蒂是后期现代哲学的典型代表,但他已经走在当代哲学的途中。"面向事物本身!"这一口号自他开始越来越包含了彻底化的要求。换言之,在意识哲学向身体哲学进而向物质哲学的演进中,这一口号逐步获得了实现。与这种去主体化、去观念化、去心理化趋势相应的是当前化问题,它刻画了当代文化的特征。这很自然地让我们从要么昨天本体论要么明天本体论过渡到今天本体论,过渡到关于我们自身的历史本体论或关于我们自身的批判的本体论。真正说来,尤其出现了从历史本体论向现在本体论的转换,意味着一切围绕着当代性展开。围绕现在本体论,福柯阐述马克思和尼采为冲破整体化和连续性而做出的努力,同时注意到了他们被重新视为维护整体化和连续性的力量这一悖谬情形。

诊断现在是为了现在并扎根现在,而这恰恰是当代性的体现。哲学关心的是当下:我们今天是什么?什么是我们生活于其中的今天?② 在福柯看来,传统的超然旁观的知识分子已经死了,取而代之的是针对现时/现实的真正工程师,他不会提出针对所有事件的某种话语,而是身体力行地经历它们中的每一个,只有从这一经验中才会涌现出一种真正的诊断。③ 马克思和尼采都是这一诊断的典范。前者的思想往往以隐秘的形式渗透到福柯的作品中,后者的思想则

---

① Foucault, *Dits et écrits II* (1976~1988), pp. 540~541.
② Foucault, *Dits et écrits I* (1954~1975), p. 641.
③ Gros (coordonné), *Foucault: Le courage de la vérité*, p. 34.

更直接地显现出来。尼采在 3H 时代被视为人道主义者，在 3M 时代则是主体死了的最初宣布者。福柯在 20 世纪 70 年代以来更明显地受到尼采的影响，但这种影响在其思想的开端处就已经体现出来。强调断裂和不连续性的福柯思想本身也有其连续性，我们可以通过尼采来更好地理解和说明福柯这样一位吁求人们不要对他提出保持不变的要求的思想家的始终如一，他是尼采当代学徒中的最伟大者。①

福柯的《词与物》尝试考察战后以来在思想领域中已经完全被改变了的东西，例如实存主义和萨特的思想在他看来正在变成博物馆的对象，而他本人由此生活在、我们也不知不觉地生活在一个完全被更新了的理智空间中。② 有鉴于该书部分地揭示了这一更新，却十分晦涩，让人难以把握要点，他被要求简明地回答"您在哪里，我们在哪里？"这一问题，而他就此回答说："人们觉察到，以一种突然的方式，没有什么明显的理由，在大约 15 年里，人们非常非常远离了前一代，萨特、梅洛–庞蒂一代——已经是我们思考的法则、我们实存的样式的《现代》杂志一代。"③ 那么如何定位福柯所在的已经远离《现代》杂志那一代的这一代呢？他们最初接受的哲学教养来自 3H 一代，因此，他们和他们的老师都受到了黑格尔、胡塞尔和海德格尔的强烈影响；但他们在形成自己的哲学思想时，尤其从 3M 尼采、马克思和弗洛伊德那里寻找灵感和资源。

3H 一代是现代性的最后守护者，他们延续了自黑格尔至海德格尔的西方传统，尽管不断实现某些突破，但始终没有能够克服主体形而上学；3M 一代大体上被视为后现代性或我们所说的当代性的揭示

---

① Said, "Michel Foucault, 1926~1984", in Arac (ed.), *After Foucault*, p. 1.
② Foucault. *Dits et écrits I* (1954~1975), p. 541.
③ ibid.

者、辩护者、实践者,他们渲染这种或那种终结,尽管存在着鲍德里亚在展望新千年时针对"历史的消失"而言的所谓的"终结的幻相"。[①]尽管福柯和德里达的思想被视为后现代主义的主要资源,但以 3M 为主要灵感源泉的他们并不承认自己是后现代主义者,与此同时,主要接受 3H 影响的梅洛-庞蒂的后期思想、利科的主要思想和列维纳斯的成熟思想也可以归属于后现代主义。前面提到,哲学上几乎不用现代主义来指称某种或某类哲学形态,但后现代主义这一标签却在哲学范围内获得了承认。当然,在哲学上谈现代性和谈后现代性都是顺理成章的事情。

其实,从时代精神(结合时代与精神)的角度来把握 20 世纪 60 年代以来的西方哲学,或许可以启用当代主义(le contemporainéisme)[②]这一名称,并揭示出时代哲学或文化的当代性特征。围绕福柯哲学来清理从广义的现代主义到当代主义的演进,尤其能够勾勒出当代性与现代性之间的根本差异。后现代主义可以被视为当代主义众多思潮中的一种,正像现代主义本身也包含众多思潮一样。有学者表示:"在后现代性下面,理性和权威被放在一边,伴随的还有进步的信仰、领导力的信念、人格的界定,以及我们在成长中尊崇的其他偶像。"[③]这样的描述是比较消极的。我们试图展示的

[①] Baudrillard, *L'illusion de la fin ou la grève des événement*, Éditions Galilée, 1992, p. 11.

[②] 黄玉顺先生也使用过当代主义这个概念,但我本人的理解无论就外延还是内涵来说都与之有较大的区别。正像黄先生指出的,西文中并没有当代主义一词,他使用的是 contemporarism(参见黄玉顺:从"西学东渐"到"中学西进",《学术月刊》,2012 年,第 12 期),而我在这里则生造了一个不存在的法文词 le contemporainéisme,为的是对应福柯偶尔使用过的 la contemporainéit(当代性,同时代性)。

[③] Hankiss, "European Civilization: Its problems and prospects", in *The Journal of General Evolution*, number 4, 1996, p. 265.

则是,在当代性下面,存在着比上述方面更复杂的表现形态,既包含消极的局部批判,也包含积极的片断建设。福柯在其研究和教学中表现出的基本姿态是当代性的。

在 1976 年的法兰西学院课程中,福柯承认自己要向人们汇报的是一些相互非常邻近的研究,但它们没有组成一个连续的严密整体,它们是碎片的,没有一个达到终点或再继续下去;它们是分散的,而且还有很多重复,它们落入各种同样的常规、同样的主题和同样的概念之中。① 他列举了自己到那时为止作为法兰西学院教授所做的相关工作,认为一切踏步不前,没有取得进展,一切都是在重复,彼此没有联系,它们实际上只是在不断地说着同样的事情,却又或许什么都没有说,它们陷入了几乎难以辨识的混乱之中,没有被组织起来;总之,没有导致任何结果。② 他表示,谱系学是灰色的,它小心细致,耐心地致力于文献编集,它讨论一些凌乱的、残缺的、经过多次重写的羊皮纸文件。③ 这一切都表明,福柯这一时期的相关工作以谱系学的方式展示出了当代性特征。

真正说来,这种似乎无序的情形适用于福柯的整个学术生涯的各个方面。很显然,他试图突破现代性对规范和筹划的要求,更明确地说,突破现代知识型对于研究和教学的强制性的要求。其实,在各种现代规范确立的同时,尼采已经开始了突破它们的努力。正因为如此,就像许多人认为他是后现代的源头一样,我们也可以把他视为福柯认可的当代性的开端。福柯这样评论尼采与现代知识型的关系:在 19 世纪末,尼采通过烧毁它而使它最后一次闪烁;他已经重复了时间的终结,以便使其成为神之死和末人的游荡;他已经重复了人

---

① Foucault, «Il faut défendre la société», p. 5.
② ibid.
③ Foucault, Dits et écrits I (1954~1975), p. 1004.

类学的有限性,但为的是使超人的神奇跳跃显现出来;它已经重复了历史的巨大的连续链条,但为的是在轮回的无限中使它屈从,而这表明,在一束我们还不确切地知道它是拨旺了最后的大火还是显示了曙光的光线中,我们看到可能是当代思想的空间的东西被敞开了;无论如何,正是尼采为我们并且在我们出生之前就已经烧毁了辩证法和人类学的混杂的希望。①

当代性放弃辩证思维,萨特的《辩证理性批判》成为了这一思维的绝唱;然而,尼采哲学早就成了辩证思维的一个开口,它对福柯的影响也就可想而知了。对于福柯来说,对尼采的阅读在现象学的、超历史类型的主体能否阐释理性的历史性这一问题上是一次断裂,因为正是尼采让他认识到主体和理性都有其历史,而我们不能从理性主体的最初创始行为中发现理性的历史之展开。② 他承认自己阅读尼采出于偶然,而且吃惊地发现其师康吉莱姆也对尼采感兴趣,并且认可他尝试做的事情。在第一次阅读尼采的时候,他觉得自己遇到了某种挑战:在已经接受伟大而古老的大学传统,接受笛卡尔、康德、黑格尔和胡塞尔的教养的前提下,他翻开了尼采的《快乐的知识》和《曙光》等等,他无法漫不经心地对待这些显得有些古怪、陌生、放肆的文本,因为他想知道自己可以从它们那里引出的哲学强度的最大值是什么,其现实的哲学后果是什么。③

福柯这样谈论尼采著作在自己写作《疯癫史》这一时期扮演的角色:"我碰巧在1953年已经阅读过尼采,尽管非常奇怪,是从考问知识史、理性史的这一角度来阅读的:我们如何能够从事关于合理性的

---

① Foucault, *Les mots et les choses*, p. 275.
② Foucault, *Dits et écrits II* (1976~1988), p. 1255.
③ Foucault, *Dits et écrits II* (1976~1988), pp. 1264~1265.

历史？这曾经是 19 世纪的问题。"①显然，问题在于现代性反思，而不是推进现代性进程。尼采对法国现代哲学的影响是很明显的，梅洛-庞蒂在《知觉现象学》一开始就承认了这一点。但福柯关注的是，尼采对知识史、理性史的批判反思开启了一条远离现代哲学的道路。当代法国哲学更自觉地接受了尼采。当然，从总体上看，他对这一时代的影响是复杂的。福柯告诉我们，康吉莱姆对尼采有明显的参照，这在其晚期论文中比在早期论文中要更明显一些；他进而指出，由于众所周知的原因，甚至整个 20 世纪法国思想同尼采的关系都显得有点别扭。这无疑表明尼采思想本身的复杂性，人们都想利用他，但面临着整合的难题。

福柯特别谈到了自己及德勒兹与尼采的关系。后者在 60 年代就写了一本关于尼采的书。他们几乎是在同样的情况下遭遇了尼采，后来还共同主持了尼采全集的翻译工作。德勒兹探讨经验论，尤其是休谟哲学，同时也像福柯一样反思根据现象学而来的主体理论及其困境。这从一个侧面表明，在 60 年代法国哲学界发生的一切都源自于对现象学主体理论的不满，这需要人们清算这一理论的现代源头，而尼采哲学似乎可以在这一清算中扮演某种角色，并因此获得了一些法国哲学家的关注。面对主体的主宰地位，哲学家通过各种各样的逃避、各种各样的摆脱、各种各样的突破以便走向语言学，走向精神分析，走向尼采；人们从尼采那里找到一种方法以走出由现象学和马克思主义所支配的哲学视域，但他们寻求超出的不是马克思主义，而是现象学。②

福柯承认，尼采对他本人的实际影响很难准确地描述，需要公正

---

① Foucault, *Dits et écrits II* (1976~1988), p. 1255.
② ibid.

地测度这一影响究竟有多深刻。但他明确表示:"在阅读尼采之前,我在意识形态上仍然是'历史主义的'和黑格尔主义的。"[1]20世纪60年代以来的法国哲学是当代性的集中体现,而把后现代性涵括在内的当代性以尼采的某些重要思想为其源头。当然,海德格尔尤其直接引发了这一议题,尽管还应该考虑其他思想资源。有学者表示:"后现代思想,尽管在60年代由于法国人而流行,可能扎根在现代德国思想,尤其是海德格尔思想中,但不能忘了马尔库塞、布洛赫、阿多诺和霍克海默。"[2]接受尼采、海德格尔以及法兰克福学派的影响,福柯思想不停地产生某种转换,并因此显得有些分散、甚至零乱,但这恰恰真实地反映了他的思想状态。他的多样性的研究实际上是形散而实不散,它们看似是在多维度、多领域中展开的,实则有其融贯性。

真正说来,福柯哲学在不断重复地展示经验-话语-知识-权力关系这一始终不变的主题,这正是他集中运用谱系学方法的见证。当然,要抓住他试图告诉我们的东西之实质绝非易事。当代性意味着放弃对因缘或因果的追溯,福柯以自己的写作风格或讲课方式充分诠释了这种倾向。他告诉听众:"这毕竟是一些要依循的线索,它们通向何处并不重要,甚至不通向任何地方也是同等重要的,无论如何并不处于事先规定好的一个方向上;这是一些虚线。……您们和我都很清楚如何利用这些碎片。"[3]这种碎片思维在不经意中就会让人想到作者死了的观点。如此一来,我们的工作就是要在碎片中拼贴出福柯关于当代性问题的多元图景,这种类似于波普艺术的工作理应归属于空间思维方式,与现代性的具有整合能力的时间思维方

---

[1] Foucault, *Dits et écrits I*(1954~1975), p. 641.

[2] Hankiss, "European Civilization: Its Problems and Prospects", in The Journal of General Evolution, number 4, 1996, p. 264.

[3] Foucault, *«Il faut défendre la société»*, pp. 5~6.

式判然有别。

现代或摩登时代以追新猎奇为特征或标记,发明、创造和创新则是众多现代社会文化思潮的标榜与口号。作为现代精神的精华,同时或相继登台的各派哲学也因此在反思中引领时尚。从某种意义上说,现代哲学的确不断创新,到后来更是追逐日新月异。但它毕竟有其沉淀,会出现固态,也因此不可能不维系一些稳定的、共同的主题。只不过,人们对于相同的问题往往会给出不同的答案:问题虽然是持久的,答案却是常新的。其实,也会出现用一成不变的答案应对或应付新问题的情形。新瓶旧酒或旧瓶新酒在造就现代性高歌猛进的同时,必定会造成脱轨或脱臼:现代性不是发展到其极端,就是走向其反面。各式各样的现代主义导致了多种类型的"后"现代主义或"反"现代主义,也可以说从"主义"走向了可以归属于当代主义的各种"后主义"。

在哈贝马斯看来,柏拉图主义和亚里士多德主义,甚至理性主义和经验主义都已经有若干世纪的历史,而今天的各种思潮日新月异,究其实,它们都接受了一种效果历史,从而掩饰或遮蔽了学院哲学的永恒发展过程。前面提到的分析哲学、现象学、西方马克思主义和结构主义在他看来是西方哲学在 20 世纪形成的四种反映学院哲学效果历史的思潮。他把它们视为一条思想大河中的四种各具特色的思想体系,都非常贴切地体现了黑格尔关于哲学思想是精神形态的说法。然而,这些思潮的独特性及其命名也使它们偏离了原旨,它们也因此注定要走向消亡。就此而言,后主义的出现是顺理成章的事情。他评论说:"'后主义'并非一味地见风使舵,作为时代精神的测量仪,我们倒是应当认真对待这种'后主义'。"[1]福柯虽然不使用时代

---

[1] 哈贝马斯:《后形而上学思想》,第 4 页。

精神之类术语,但显然认可用各种后主义来描述的那些多元的社会文化现象。

应该说20世纪60年代以来的法国哲学尤其日新月异,哈贝马斯所说的四种思潮在其中以不同形式获得了不同程度的体现。前三种向后主义的转向稍显突兀,可能让一些人产生某种失落,但结构主义转向后结构主义就自然多了。尽管在60年代初才引人注目的结构主义没能风光几年,但此后出现的后结构主义毕竟与它血脉相连。后结构主义只不过是结构主义的一些思想偏好的激进化,也因此未必就会在人们心里造成巨大的落差。无论如何,法国哲学的这种新有其当代性特征。有学者在《新法国哲学》中表示:"说'新法国哲学'就是声称思想可能已经决定性地转换或更新了自己。它肯定了一种先前来到的思维和一种后面来到的思维之间的一种不连续或断裂,一种突破。如此声称立刻引起大量本身即是哲学问题的不同问题:那些关系到新颖本身的可能性、因果性和决定论,或者关系到转换和改变的性质的问题。"①

"新"至少是20世纪60年代以来的法国哲学的核心关怀,但这与现代性以液态的方式维护的新有着根本的不同;事实上,用后主义也不足以充分表达新的丰富多样性。这种新在德勒兹的差异哲学中获得了典型体现,进而言之,它在其他于20世纪60年代获得声誉、并且在随后几个十年中主宰法国思想文化舞台的法国哲学主要人物利奥塔、德里达和福柯那里也获得了证明。② 这些哲学家的思想以法国理论或法国批评的名义对世界学术舞台产生了重大的冲击。尤其应该注意的是,与德勒兹和德里达一道,福柯在世人眼里成了仍然构

---

① James, *The New French Philosophy*, Polity Press, 2012, p.1.
② James, *The New French Philosophy*, p.1.

成为未来思想的一种挑战的 1960~1970 年代的这一法国理论、这一法国批评环节的最典型的代表之一。[1] 新法国哲学并不是一个相对的概念,它也不是由一些追新猎奇的哲学家的工作构成的,它反映的是一个独特的时代,它意味着当代哲学及其当代性关怀。

在前述人物中,福柯显然处在核心位置,尽管在一个非中心、非主流,甚至宣布主体已经死亡的时代,任何人都不再应该、也不再可能扮演核心的角色。然而,这并不影响我们围绕某个人物来把其他人物串联起来,或者说在网络空间中把他们并联起来。这当然不是把他们放在传统意义上的学派、传承、影响关系之中,他们彼此之间不再具有亲疏关系,只有相互促动、彼此衬托的外在关系。法国知识分子的世纪被区分为分别由巴雷斯、纪德和萨特所代表的时代。[2] 他们显然属于福柯所说的普遍知识分子。作为后期现代知识分子,他们不再像早期现代知识分子那样具有绝对理想主义的色彩,但他们依然以其个人魅力体现并引导着自己的时代。作为自己时代的领军人物,他们被视为标杆,被选为旗手,被树为导师。福柯恰恰要告别这些普遍知识分子。他和那些出色的当代哲学家一样是所谓的特殊知识分子,或者说专业知识分子。

有必要参照克罗齐在 20 世纪初对当代史和当代所做的著名阐述。当代史习惯上被称为最近过去的一个时间段的历史,不管它是过去五十年、十年、一年、一月、一天或甚至过去一小时或过去一分钟;如果我们严格地思考和述说的话,"当代的"这一术语只适用于那种在行为被完成后就立刻形成的历史之中,非当代的历史、过去的历史相反的是那种发现自己出现在一种已经形成的历史面前的历史,

---

[1] Gros, «Introduction», in Foucault, *Œuvres I*, p. ix.
[2] 参维诺克:《法国知识分子的世纪:巴雷斯的时代》,《法国知识分子的世纪:纪德的时代》,《法国知识分子的世纪:萨特的时代》,江苏教育出版社,2006。

它因此作为那种历史(不管它是上千年还是不到一小时)的一种批评出现;即使如此,如果我们更仔细地瞧一瞧,就会懂得,这一已经形成的历史,这一被称为或我们愿意称为非当代的或过去的历史,如果它真正是历史,即如果它意味着某种东西,而不是一种空的回响的话,也是当代的,并不在任何方式上不同于另一种历史。① 在克罗齐的论述中,任何过去都被当前化了,也因此成为了福柯所说的现在或今天。

事实上,许多旧有的哲学主题都有其当代化的问题。比如法国学者梅亚苏表示,关于第一性质和第二性质的理论似乎属于无法挽回地过时了的一种哲学过去时,然而现在到了为它恢复地位的时候了;他认为这两个术语出自洛克,其差别原则在笛卡尔那里已经存在,而认同笛卡尔或洛克对于一个当代人来说几乎不会产生困难。② 这种当代化意味着,当代性当然涉及时间,但没有固定的时限,更不用说它还超出时间,指向态度、气质或精神。对于克罗齐来说,当代性不是一类历史的特征,而是每一历史的一种固有特征。③ 一个现代新黑格尔主义哲学家眼里的当代显然有别于一个当代哲学家眼里的当代,但可以说前者已经预示了后者所说的当代。从哲学层面上说,古代、现代和当代这样的概念无疑属于时代概念,但如果不与态度、气质或精神联系起来,它们也就什么都不是。

说到底,克罗齐要表达的是历史对于我们而言的意义,无论是希腊艺术还是柏拉图哲学,对于我们而言都是当代的。如此一来,时代精神的意味胜于时代本身,尽管时代也必须被考虑在内。我们所说的当代大体以梅洛-庞蒂告别人世和列维-斯特劳斯明确宣告结构主

---

① Groce, *Theory and History of Historiography*, pp. 11~12.
② Meillassoux, *Après la finitude*, Éditions du Seuil, 2006, pp. 13~15.
③ Groce, *Theory and History of Historiography*, p. 14.

义时代来临为双重标记。属于当代法国哲学范畴的哲学家很多。为了充分展现福柯的当代性思想,不可避免地要涉及其师长、其同侪、其后学,像巴什拉、巴塔耶、杜梅泽尔、拉康、科耶夫、康吉莱姆、萨特、列维纳斯、伊波利特、梅洛-庞蒂、列维-斯特劳斯、利科、巴特、阿尔都塞、亨利、利奥塔、德勒兹、鲍德里亚、布迪厄、德里达、巴迪乌、南希、朗西埃、马里翁、梅亚苏等等,都是应该提到的人物,他们或先行预示、或共同展示、或后继拓展了当代性的地平线。

当然,无论从时间还是空间角度引出福柯的当代性思考的更远渊源也是非常必要的。我们不得不提到来自德语传统的3H 黑格尔、胡塞尔和海德格尔,3M 马克思、尼采和弗洛伊德,以及其他像德国哲学家康德和法兰克福学派的主要成员,而法国哲学家笛卡尔和孔德的重要性也是不言而喻的。需要明确的是,单从哲学的角度看,3H 和3M 以及笛卡尔和康德主要是有力地促进了福柯的现代性反思,甚或就是现代性反思的主要对象,唯有尼采哲学和海德格尔哲学充分预示并极力促成了当代性的来临。福柯的工作既不同于列维-斯特劳斯借助于人类学、民族学、神话学资源和语言学模式对社会文化现象进行的二元结构分析,也没有经由实存现象学回到精神科学(人文科学与历史科学)传统中的解释学探讨。真正说来,这一哲学是超越于结构主义与解释学的。

换句话说,福柯哲学并不依循一种元科学标准或普遍模式来寻找和发现各门科学、尤其是人文科学之统一的深层结构,它试图探讨它们是如何经由权力运作并因此在分化实践的基础上得以产生的。这并不意味着它集中心思于解释,我们没有必要也不可能对它们的历史和现状做出发生学的或符合因果律的说明。这种工作融反思和建构于一体,它与结构分析不无关系,与解释学也有联系,这与福柯接受梅洛-庞蒂、伊波利特、杜梅泽尔、阿尔都塞、巴什拉、康吉莱姆等人的教育和影响有关,但他毕竟进行了充分的消化和转化。有学者表示:"福柯在《词与物》或《监视与惩罚》中受限于的知识考古学、权力谱系学、现代性批判与他对整个解释学立场的拒绝是不可分割的。"[1]这一拒绝其实延续了他对现象学方法的拒绝,但他并没有完全倒向结构主义。

福柯显然不会明确地接受任何标签,他不承认自己是后现代主义者,当然也不会把自己与当代主义联系在一起。然而,他的工作的确为当代性描述开辟了道路。有必要在当代性语境中理解他的思想,有必要理解他对于当代的提问方式做出的独特贡献。有学者在其主编的论文集前言中罕见地提到了福柯哲学的当代性视域,明显考虑到了它与现代性以及后现代性既有关联也有重大区别的特征。他概括该论文集主旨说:"详述其特殊的力量,撰稿者把福柯的工作定位在它与法兰克福学派的批判理论,德里达的哲学解构理论,所谓的后结构主义对于人文科学的更广泛的重新思考,以及呈现为与詹明信、利奥塔和哈贝马斯界定为后现代的视域如此不同的我们的当代性视域的相似与差异之中。"[2]这种用当代性而不是后现代性来界定福柯哲学的尝试是非常有意义的。福柯本人在其法兰西学院最后一期课程的第一课时中曾经表示,他打算结束已经持续多年的希腊-拉丁之旅,回到要处理的大量当代问题上来。[3]

其实,对旧问题的新处理和新问题的旧处理恰恰是当代性的重要特色,福柯的古代性之旅完全可以被归属为当代性描述的一部分。他在另一个地方表示,针对与19世纪有延续关系的辩证思维,不应

---

[1] Hintermeyer (dir.), *Foucault post mortem en Europe*, Presses Universitaires de Strasbourg, 2015, p. 175.

[2] Arac (ed.), *After Foucault*, p. viii.

[3] Foucault, *Le courage de la vérité*, p. 3.

该简单地回到19世纪之前，相反应该努力发现这一非辩证思维的绝对当代的特定形式。① 结构主义和后结构主义运动导致的是非辩证思维或分析思维，但这一思维并不主张回到古典时期，更不主张回到古希腊罗马时期，而是想要牢牢地扎根在当代或现在，尽管也有必要接受前人的某些启迪。福柯认可一种非辩证的文化将紧接人道主义而来的说法，但他认为这一正在形成中的文化由于诸多理由还处在结结巴巴的状态：因为它自发地出现在了一些完全不同的领域，却并不拥有一个优势领地，而且它从一开始也不是作为一种整体的倒转出现的；这种文化始于尼采，也出现在海德格尔、罗素、维特根斯坦等人的论著中，出现在语言学家以及列维-斯特劳斯等社会学家的论著中。②

无论如何，当代法国哲学新潮迭起，新人辈出，目标都是为了解决当代问题，向古代和现代寻找资源也都是很自然的事情。依据其讲稿整理者的说法，福柯在法兰西学院的授课旨在诊断现时/现实："这些课程在现时/现实中也有一种功能。来听这些课程的听者并不只是受到了每个星期建构起来的叙事的吸引，他也不只是受到了阐述的严格性的诱惑，他在这里还可以找到对现时/现实的澄清。福柯的技艺就在于通过历史来诊断现时/现实，他可以讲述尼采或亚里士多德、19世纪的精神病学鉴定或基督教传教士守则，但听者总是能够从中获得关于现在、关于各种与自己同时代的事件的认识。福柯在其课程中固有的力量就于学者的博学、个人的介入和对事件的研究的微妙交织。"③他致力于思想系统史的研究，但他并不以理论为归宿，或者说在当代性视域中，理论与实践的相通、相融和互换已经超

---

① Foucault, *Dits et écrits I* (1954~1975), p. 570.
② ibid.
③ Foucault, «*Il faut défendre la société*», p. ix.

越了理论与实践的二元区分。

福柯的这种不唯理论的学术探讨是值得注意的,这同时也表明理论并非总是灰色的,它和生活之树一样常青。我们或许可以把立足于当代性视域解决当下问题,甚至解决历史问题的各种思潮都称为当代主义。任何完全融入自己所处时代的姿态都是同时代的,都是共时的,也因此是当代的。但在直至20世纪60年代之前的整个现代时期,人们更多地生活在未来,而在文艺复兴之前的古代,人们更多地生活在过去。也就是说,从前的人们的基本的姿态不是共时的或当代的,人们要么瞻"前"要么顾"后"。当代主义意味着,一个人在思考或处理其当前问题时不再有继"往"开"来"的重负,他生活在现在或当下,前与后或往与来不再是其目标或标准。但是,就像在现代主义中一样,尽管当代主义有其单数性,但它却是复数的。

复数的当代主义概念表明,我们可以把一些具有家族相似的学说归属于这一主义。结构主义、后结构主义、后现代主义、新历史主义、后殖民主义或后殖民研究、文化唯物主义、文化研究、女性主义、性别研究、酷儿理论、族裔文学批评、后弗洛伊德主义、新马克思主义、新实在论、新实用主义或许都可以被归属于当代主义之列。当然,正像现代性比现代主义更能代表现代精神一样,当代性比当代主义更能体现当代气质。各种当代思潮之间的关系异常复杂,许多哲学家、思想家或文学批评家都否定把他们放在某一流派中的尝试。当代法国哲学的一个重要的特征就是否定明确命名的可能性。不存在着词与物之间的简单对应,也不存在所谓的"名"正"言"顺。既不存在其功能就在于命名一个物的某个词,也不存在需要用某个词来予以命名的一个物。

当代性既否定后期现代文化中词与物关系的含混性,也否定早期现代文化中词与物关系的明晰性。这种情况非常适合于结构主义和后结构主义,尤其适合与这一思潮有着复杂牵连的福柯、德里达等人。正像我们已经提到的,福柯的主要工作往往都会依序描述和分析文艺复兴、古典和现代三个时期,但他特别关注的是现代时期。这样的安排旨在揭示人在现代文化中是如何诞生的,同时宣告现代人即将面临死亡或终结的命运。现代时期之所以至为重要,是因为在进行关于人学(人文科学)话语的考古学或谱系学探究时,福柯发现当下的"我们"作为人仍然受到现代文化的深刻影响;古典文化无疑非常重要,但它毕竟已是久远的叙事,更不用说可以由文艺复兴时期回溯而至的古代时期了。但是,在关于自身技术问题的探讨中,福柯在回溯到古代性的同时引出了当代性这一论题,试图为人的再生提出解决方案,古代哲学或古代文化被视为当代性问题的必要参照。因此,问题的关键在于从现代到当代的转换。

福柯显然没有事先有意识地规划自己的学术进路,正因为如此,各个阶段的倾向性并不排斥可能的另外进路。当然,他始终强调考古学方法和谱系学方法的密切配合,借此避免了传统的批判思维的二者择一姿态,从而在方法论上呼应了德里达的解构逻辑。解构引出的是一种开放的、包容的、关注异质空间的逻辑,而不是一种封闭的、排斥的、关注同质时间的逻辑。有人表示,解构批评陈述了一种与传统的二值逻辑不一样的新逻辑,它旨在发挥一种既不说"非此即彼"(either...or),也不说"两者……都"(both...and),甚至不说"既非此也非彼"(neither...nor),但与此同时并不抛弃如上形式中的任何一种的话语。[①] 这似乎是一种混乱的逻辑,但当代思维不仅容忍它,而且还把它放在了重要的位置。福柯明确表示,自己的《知识考古学》每时每刻都在暴露可能的混乱,它婉拒它本身的同一,并非没

[①] Ellis, *Against Deconstruction*, Princeton University Press, 1989, p.6.

有预先表示:它既非此也非彼。①

福柯的工作无疑具有独创性,但他本人并不认为它是独一无二的。他根本不确信自己已经发明了一种新方法,认为自己所做的事情与人们在许多其他国家,比如在美国、英国、德国所做的并非有什么不同,他并不奢望原创性;与此同时,他承认自己已经优先处理了一些过去的现象,从16到19世纪的欧洲文明中针对疯子的排斥和监禁的系统,19世纪初的医学科学与实践的构成,18和19世纪的人文科学的构造,等等。但历史服务于当下,即他之所以对这些过去现象感兴趣,而且事实上是深深地感兴趣,是因为他从中看出了仍然属于我们的一些思考和表现的方式。② 归根结底,各门当代历史学科关注的都是关于文献的提问法,以不同的方式就文献提出问题,③有非常明确的现实/现时关怀,因而与围绕传统、强调连续的历史学科具有根本不同的目标和效果。

福柯对由康德三大"批判"所开启的现代性进行反思,认为它并不就是单一的或一致的。康德不是着眼于颂扬启蒙理性及其普遍性,而是予以批判,甚至否定。他以一种几乎完全否定的方式把启蒙界定为一个出口或一种出路;他在论述历史的其他文本中提出了起源问题,或者说界定了某一历史进程内在的目的论;在关于启蒙的文本中,问题涉及纯粹现时性,他并不寻求从某一整体性或某一未来成就出发来理解现在,他寻求一种差异,他要问与昨天相比,今天引出了什么样的差异。④ 无论如何,启蒙问题被转化为关于现在的问题、关于现时性的问题,也就是"今天发生了什么事?""目前发生了什么

---

① Foucault, *L'archéologie du savoir*, p. 27.
② Foucault, *Dits et écrits I* (1954~1975), p. 1051.
③ Foucault, *L'archéologie du savoir*, p. 13.
④ Foucault, *Dits et écrits II* (1976~1988), p. 1385.

事?""我们所有人都处于其内的这一目前是什么?""谁来界定我写作的这一时刻?"等一系列问题。①

康德似乎代表了一种不走向明天,不回归昨天,只关注今天的倾向,这是一种开启现代性的倾向。但是,福柯以之为起点转向当代性。换言之,在受黑格尔的辩证思维强烈影响的法国哲学界,更应该发挥康德式的分析思维,从而引出差异和差异的展开,而不是同一或同一的回归。福柯不是用现在的术语写过去的历史,而是写现在的历史。② 这当然不是一种简单的断言,而是精准地代表了当代人的世界观。这是一种关于现在的提问法、对现在的问题化或者说就现在提出问题。在这一方面,福柯实际上和结构主义人类学家具有相当的一致性,并因此有别于现代性视域中的历史学家或实存主义者。有学者对比分析了历史学家和结构主义者的历史观或时间观,认为前者关注的是过去,后者关注的是现在,福柯显然关注现在而不是过去。

一般认为,历史是汇集成意识的一个单一瞬间的现在(即现在时)和在现在中的过去,它在时间中向后和向前历时地移动或者把自己从现在时带入过去时;很显然,历史就是时间;但对于结构主义者来说,不存在单一的时间,即存在着各种各样的时间,它们全都是共时的,就像存在着各种各样的空间或者各种各样的严格拓扑学的关系或结构的领域一样。③ 历史不仅是过去与现在的关系,它也指向将来或可能,正因为如此,历史学家和人类学家都试图思考可能的东西;但他们对将来的姿态是不一致的,前者知道历史什么时候开始以

---

① Foucault, *Dits et écrits II* (1976~1988) , p.1498.
② Foucault, *Surveiller et punir*, p. 40.
③ Chiari, *Twentieth-Century French Thought*: *From Bergson to Lévi-Strauss*, Gordian Press, 1975, p. 163.

及它展开的方式,他的工作因此向后指向它的进步的发现,而后者总是把自己置于现在中,并且试图通过把事实和假设组合起来研究可能的东西;最终说来,前者体验过去,他的追寻是普鲁斯特式的,是对逝水年华的追寻,而结构主义是在生活的全部显示中对生活的各种基础的、象征的模式或结构的探究。[1]

福柯和列维-斯特劳斯一样立足于现在,抛弃了进步主义历史观。对于启蒙运动的反思集中体现了这一姿态。我们有必要重新审视启蒙理性,对理性以及合理性问题进行更深入的分析。实际的情形是,不管启蒙运动还是康德对启蒙的反思,落脚点显然都不是现在,而是现在与过去的差异,进而涉及现在与未来的差异。福柯说康德不立足于未来成就,这种说法显得有些武断。福柯本人的思考显然立足于现在或今天,他尽管研究各种各样的历史,但他并不肩负历史使命。在康德、韦伯和法兰克福学派的理性批判的基础上,他反思现代性问题,最终指向的是对现在的关怀。当然,正像他本人承认的那样,他并没有一种新科学的计划。他注意到的是,理性只有通过在自我与他者之间划定界限才能显示自己,既然如此,在理性批判或现代性反思的基础上,当代性应该恢复他者的地位并容忍异质因素的杂然共存。

这意味着,当代性不再像现代性那样追求新奇,而是对一切都见怪不怪,它不再有英雄化一切的意愿。针对康德的"何为启蒙?",福柯表示:"在我们的时代,当一家杂志向其读者提出一个问题的时候,它是针对每个人都已经有其看法的某个主题来征求他们的意见,它不会冒险去获得有价值的东西。在18世纪,它会愿意向公众提出一

---

[1] Chiari, *Twentieth-Century French Thought: From Bergson to Lévi-Strauss*, p. 163.

些人们正好还没有答案的问题。"①现代性追求确定性,但以普遍怀疑为起点,也因此是从不确定走向确定,其间的理智冒险是必要的:笛卡尔式的沉思之旅、黑格尔式的精神成长、海德格尔的实存就是本质、萨特的实存先于本质无疑都表明了这一点。但是,当代性的情形完全不同,人们已经生活在由科学理性、进而是技术理性所决定的某个单向维度中,生活在确定性中,我们根本不需要冒险,因为我们不再思考,不再规划/谋划/筹划,我们完全随波逐流。福柯显然对当代人和现代人进行了一种区分:前者始终不会偏离现在,摆脱了过去之羁绊的后者则愿意面对未来。

谱系学关注的是微观领域,它就事论事,既不追寻原始的起源,也不展望最终的目标。词或典故当然有其出处,但这并不意味着我们可以找到其起源:这是因为,出处往往是中性的,起源则与决定论或目的论有关联。尼采在《道德的谱系》中很注意用词,他在有些情况下拒绝研究起源。这就表明,他不像其他人那样在起源中去寻找事物的精确本质,寻找其纯粹可能性,其精心地向自身回归的同一性,其不变的且先于一切外在、偶然和连续的东西的形式。寻求起源,实际上就是力图找到那已经是的东西,找到一个与其自身完全相似的意象的那个本身。这就要把所有本来会发生的曲折、所有的计谋和所有的伪装当作偶然发生的东西;就要着手扯去所有的面具,以便最终揭示一种源初的同一性。然而,福柯就像尼采一样否定同一性和连续性。无论如何,谱系学要求我们辨认各种细微、独特、带有个性的标记。各种现象或经验之间可能有家族相似,但不会有完全的同一性,因此应该关注偶然事件,不放过细枝末节。

我们虽然面对着许多古老的遗产,但它们并非不断积聚起来的

---

① Foucault, *Dits et écrits II* (1976~1988), p.1381.

经验和财富,它们其实是一些断层的、有裂缝的和异质性的东西,一些不稳定的东西的汇集。于是,我们产生了一种新的历史感,这其实是一种历史断裂感,我们面对着历史的不连续性。这就中断了在突发事件与连续的必然性之间确立起来的关系;也打破了远近关系,我们不再关注遥远的起源与归属,我们把目光转向当下的、身边的东西。当代性不像现代性那样继往开来,它正面承认被海德格尔批判的异化处境或沉沦状态。换言之,当代人不再指望回归天堂乐园或者进入大同世界。现在是历史的结果或成果,但历史并不具有连续性,历史并不是线性的、单向度的。我们之为我们,受到了启蒙话语以及启蒙反思的强烈影响。我们或自觉或不自觉地接受了那些有关启蒙的话语,同时又推进了启蒙话语的进一步扩张。我们当然不是历史的起点,我们也不会是历史的终点,我们处在没有单一起源、也没有唯一走向的当下。

很显然,谱系学意味着对现代性话语及其扩张的批判,它解释和说明了真相/真理的来源及其变异,并因此发现了现代性意义上的真相/真理或者某些大叙事的不光彩的历史。我们总以为在理性地说明自己文化的历史和现实,但透过回溯到启蒙运动的开端、甚或更前面的历史,我们就会知道,理性也有其历史,它本身是历史的产物,它曾经是信仰要压制的对象,它反叛权威,最终自己获得了权威地位。然而,在后来的进程中,理性开始自我神化,并且压制非理性,从而有了不光彩的历史。当代性之不同于现代性的地方就在于,它承认当下,也因此承认一切东西在空间中的杂然共存,而不是在时间中彼此替代。它在理性话语的喧嚣中看到了沉默,注意到了话语霸权的存在,也注意到了主导性的话语或沉默无言的话语之间的有张力的共存。然而,既没有必要加以说明,也无须进行解释,需要的只是如其所是的描述和呈现。

在从笛卡尔到康德再到梅洛-庞蒂的现代性进程中,思想家关心的都是未来,他们往往为了未来而放弃现在,他们的姿态显然有别于古代思想家。后者有不同的旨趣:他们关心的是过去而非现在,在他们眼里,转瞬即逝的现在只不过是永恒的过去的简单延续。换句话说,现代性不关心过去,不停留在不让人满意的现在,它把自己的目标指向未来。有人表示:现代性包含着与在传统的灰烬中有其作用的过去搏斗,为的是创造一个生机勃勃的未来。[1] 当然,19世纪以来的现代人或者说处境化的个体与古典时期的人或者说抽象的人类之间毕竟存在着巨大的差异。正因为如此,从笛卡尔到康德的哲学家关注的是人类的未来,而在康德之后直至海德格尔或梅洛-庞蒂的哲学家关注的则是个体的未来。换言之,康德之前的现代人试图依据理性的构思在人间实现人类的理想王国,康德之后的现代人则试图按照自己的筹划来选择个人的美好未来。

当代人沉沦于当下或现在,直接对立于现代人对未来的真诚期待或古代人对过去的天真梦寻。海德格尔用闲谈、好奇和两可来描述人的非本真状态,而福柯似乎正面地承认了这种非本真状态。人的非本真状态并不是其本真状态的堕落,他并没有被神从天国发配到人间。相反,非本真状态恰恰是人的常态,而本真状态反倒是其变异形式。然而,现代人不甘于堕落,在受制于物质性的同时要摆脱物质性,正像海德格尔完全承认非本真状态比本真状态原初,却依然追求或突出本真状态一样。但当代性停留在人的常态中,它维持人的平均状态或平庸状态。事实上,在海德格尔那里,本真状态与非本真状态的区分并不具有伦理意义。福柯采取的则是正面接受一切,并因此立足于这种卑微的常态,完全承认了人的实存的物性维度。福

---

[1] Armstrong, *Modernism*, Polity Press, 2005, p. 7.

柯这样表示,在我与他人的关系中,如果我吃饭,我会谈论他说:他吃饭;如果我睡觉,我会谈论他说:他睡觉,这涉及的不是抽象的人性,物质实存的粗暴对立于全部人性价值。①

有学者在一本比较福柯和梅洛-庞蒂的专著中表示:"在现代时期,如果说有一个全面贯穿我们已经学会去思考的方式的问题,那么它当然是在经验中被给予者的可能性的条件问题,但是,在康德式的考问中,当代反思为它增补了在哲学和人文科学,还要更加独特的是,在哲学和历史编纂学之间建立起来的,借助于各种反响、影响和仿效而获得表述的另一个问题:在一个给定的时刻,是什么使得无论什么样的一个事物、一个概念、一个客体、一种实践、一种经验、一种与自身或与他人的关系的形式能够被纳入某种构形之下? 在一个给定的时刻,我们在这一世界之内思考世界和我们自己的方式的突然出现的历史条件有哪些? 这一问题非常准确地构成为福柯自其最初的那些著作起就试图构造的问题。"②正是这一问题引出了当代性的核心内容,即该书副标题已经表明的"现在主义和历史"问题。当代主义就是现在主义(présentisme)。每个人都有其现在,但现在的地位和角色却因人而异。

现在主义悬置过去和将来,重点关注的是今天,也可以说是瞬间。这明显克服了要么注重过去的永恒主义要么强调将来的未来主义这两种对立倾向。福柯尤其突出了康德和笛卡尔针对现在的不同态度。当笛卡尔既为他自己又为哲学采取整套哲学决定时,虽然他完全以一种明确的方式参照了在他自己的时代的知识和科学秩序中可以被视为历史处境的某些东西,我们却在他那里找不到一个问题

---

① Foucault, *Le courage de la vérité*, pp. 291~292.
② Revel, *Foucault avec Merleau-Ponty : Ontologie politique, présentisme et histoire*, Librairie Philosophique J. Vrin, 2015, p. 7.

属于"那么什么正好是我所属于的这一现在呢?"序列。① 笛卡尔貌似在确定自己的命运,其实是在为人类进行理性的设计。从神、心灵和物质三个实体的构思可以看出,他为我们提供了一幅全面的理想图景,自然和社会都在他的考虑之内,甚至还考虑到了神本身。就启蒙运动而言,更应该关注的是人类社会的理想蓝图。无论如何,现在不应该成为笛卡尔和启蒙思想家进行自由思考和大胆展望的羁绊。

康德和前辈哲学家一样强调应当,现时的处境同样不在其考虑之列,但情况开始有了变化:他毕竟既强调先验的观念性,也力推经验的实在性。当然,只是在康德之后的现代哲学家那里,比如在梅洛-庞蒂那里,现时/现实关怀才真正具有了重要的地位。理想性仍然重要,但介入意识取代了旁观意识,绝对的思想自由让位给处境中的行动自由。显然,个体虽然不愿受制于现实,但并不因此超然物外,他对一切保持适度距离。换言之,他的现时关怀维持现实与理想的统一。福柯围绕启蒙或启蒙运动而展开现代性反思,他关心的既不是在18世纪末作为复杂的历史事件出现的启蒙,也不是现代性态度在最近两个世纪的进程中可以呈现的各种不同形式,而是强调一种哲学考问在启蒙中的扎根。这一考问针对与现在的关系、历史的存在样式和作为自主主体的自我本身的构造提出问题,强调与启蒙联系在一起的不是对于学说的某些原理的忠诚,而是代表了我们对自己的历史存在的持久批判这一哲学气质。②

福柯突出了康德对于哲学气质的引领,并且对这一气质的积极维度和消极维度进行了简明的分析。哲学的消极气质被归结为两点

---

① Foucault, *Dits et écrits II* (1976~1988), pp. 1498~1499.
② Foucault, *Dits et écrits II* (1976~1988), p. 1390.

预防或提醒。首先,这一消极气质意味着应该拒绝对启蒙的敲诈。[1] 也就是说,在福柯看来,支持启蒙或反对启蒙并不意味着简单的二者择一。所谓的敲诈不外是这样一个处境:要么接受启蒙,于是我们就仍然留在理性主义传统中;要么批评启蒙,于是我们就会设法摆脱各种合理性原则;不仅如此,即便我们以辩证的方式来对待这个问题,也无法摆脱敲诈。在福柯看来,从黑格尔和马克思至萨特和梅洛-庞蒂的辩证理性没有能够克服或解决理性批判的困境。问题的关键在于,对我们自身进行的分析表明,我们是由启蒙从某个方面历史地加以规定的存在,我们既要考虑到深刻影响我们的启蒙的合理内核,又必须指出这种必然之物的现时/现实的限度。很显然,福柯以其当代性姿态克服了现代性的二元对立思维,从消极批判进入到积极建设也就不成其为问题了。

其次,这一消极气质意味着,对我们自身的这种持久的批判应当避免在人道主义和启蒙之间总是很容易产生的混淆。[2] 福柯认为启蒙是定位在欧洲社会发展进程的某一特定时刻的一个独特事件,或者说是由复杂的历史事件和进程构成的一个整体,而人道主义完全是另一回事,它属于另一个主题,或毋宁说是历经漫长时间在欧洲社会中反复出现的某些主题构成的一个整体。把启蒙运动与人道主义分别开来,乃是福柯式现代性反思的独特之处。在他看来,我们应该注意启蒙与人道主义之间的张力而不是同一性,完全就像要避免"要么支持要么反对启蒙"这一理智的和政治的敲诈一样,也应当避免那种把人道主义主题和启蒙问题相混淆的历史的和道德的混乱。[3] 正

---

[1] Foucault, *Dits et écrits II* (1976~1988), p. 1390.
[2] Foucault, *Dits et écrits II* (1976~1988), p. 1391.
[3] Foucault, *Dits et écrits II* (1976~1988), p. 1392.

是通过对康德启蒙反思的反思,福柯为我们清理出了一个非人/非人类/非人道的空的空间,从而让我们有了重写历史或者说让启蒙史成为当代史的可能性。

在预防性地描述哲学的如上两种消极气质的基础上,福柯表示要给予哲学气质以某种更积极的内容。首先,他把这一哲学气质刻画为一种关于限度的态度,它涉及的不是一种拒绝的行为,我们应当避免在外部和内部之间的二者择一,我们应当处在边界上面,而批判当然就是对各种限度的分析,就是对它们的反思。① 福柯认定,康德的问题是知道认识应当放弃跨越哪些界限,而今天的批判应当转向更积极的问题:在那种作为普遍的、必然的、不可避免的而被给予我们的东西中,独特的、偶然的、归因于任性限制的方面是什么。② 康德把一切放在界限之内来处理,而福柯关心的恰恰是越界问题;康德的批判旨在防止越界,福柯的批判则是为越界辩护,甚至为其提供可能的出口;康德试图论证普遍价值的形式结构,福柯则就每个经验个体之所为、之所想、之所说进行历史的考察。无论如何,福柯式批判不再是先验的,它不关心形而上学是否可能,更不关心它是如何可能的。

福柯认为自己的批判考察在其目标方面是谱系学的,而在其方法方面则是考古学的。③ 一方面,在它并不寻求为任何可能的认识或道德行动清理普遍结构,而是寻求处理各种话语(它们陈述作为大量的历史事件的我们之所思、之所说、之所为的东西)的意义上,它是考古学的而不是先验的;另一方面,在它不会从我们之所是的形式中推断出对我们来说不可能有所作为或不可能有所认识的东西,而是从

---

① Foucault, *Dits et écrits II* (1976~1988), p. 1393.
② ibid.
③ ibid.

使我们成为我们之所是的偶然性中得出不再是我们之所是、不再做我们之所做或不再思我们之所思的可能性的意义上,它是谱系学的而非先验的。① 福柯式的反思性批判不再像康德那样以未来的科学的形而上学为追求目标,而是旨在克服现代性对自由的抽象规定,并由此追寻一种未定的后自由、一种当代意义上的自由。这让我们想到德里达的《哲学的边缘》。人不是要么在这边,要么在那边,他始终处于某种骑墙状态。

其次,福柯表示,为了不至于简单地肯定自由或空幻地梦想自由,这种历史-批判的态度也应该是一种实验的态度;即,作为一种为我们自身划定界限的工作,它一方面应当开启一个历史调查的领域,另一方面应当经受现实/现时的考验。② 这涉及历史-批判和历史-实践双重考察。它是一种关于我们自身的历史本体论,它应当避开任何企图变得全面而彻底的方案。福柯从经验中知道的是,那种为了给出另一个社会、另一种思维方式、另一种文化、另一种世界观一些总体方案而逃避现时/现实系统的企图,事实上只会导致各种最危险的传统卷土重来。③ 福柯因此把关于我们自身的批判本体论所固有的哲学气质刻画为一种我们能够跨越的各种界限的一种历史-实践的检验,并因此刻画为我们自己针对作为自由存在的我们自身的工作。④ 以历史与现实、历时与共时的结合为目标,我们在具体中而不是在抽象中、在特殊中而不是在整体中考虑自由,并因此拒绝任何乌托邦社会工程。

第三,福柯表示,人们或许可以完全合理地提出如下反对意见:

---

① Foucault, *Dits et écrits II* (1976~1988), p. 1393.
② ibid.
③ Foucault, *Dits et écrits II* (1976~1988), pp. 1393~1394.
④ Foucault, *Dits et écrits II* (1976~1988), p. 1394.

"局限于这种始终是部分的或局部的调查或检验,是否有被我们可能既未意识到也无法控制的更为广泛的结构所左右的危险呢?"[1]他自己的回答是:"我们确实应该放弃有朝一日会获得一个使我们对可能构成我们历史界限的那种东西的完整的和确切的认识的视角的期望,而从这一观点看,我们关于我们的各种限度及其可能跨越的理论的和实践的经验本身始终是受限制的、确定的、并因此是要重新开始的。"[2]他同时指出,这并不意味着任何工作都只能在无序和偶然中进行,这一工作有其一般性、系统性、同质性和重要性。换言之,重复是不可避免的,发达资本主义时代是机械复制的时代,就连艺术也以拼贴的方式出现。尽管如此,摆脱了大叙事,一切又都是琐细和破碎的。

这一工作的重要性通过能力和权力的悖谬获得标示。在18世纪或至少在该世纪的一部分时间内,人们承诺或期望技术能力针对事物的作用与一些个体相对另一些个体的自由是同时地、成比例地增长的。在福柯看来,西方社会被认为是特殊的,而其特殊性恰恰就在于它代表了普遍性。西方社会的历史进程就是人类社会的历史进程,能力在这一进程中的获得和为了自由而进行的斗争已经构成为持久的因素,问题在于,它们之间的关系并不是那么简单,我们透过各种技术,可以看到它们承载的是一些什么样的权力关系形式;如此一来,我们完全应该把能力的增长与权力关系的强化分离开来。[3]

这一工作的同质性把我们导向对于人们所谓的各种实践集合的研究。[4] 被作为参考的同质领域的东西不是人们关于他们自身的表

---

[1] Foucault, *Dits et écrits II* (1976~1988), p.1394.
[2] ibid.
[3] Foucault, *Dits et écrits II* (1976~1988), p.1395.
[4] ibid.

象,不是在人们不知道的情况下规定着他们的各种条件,而是他们所做的事情和做事情的方式,也就是他们组织各种做事方式的那些合理性形式(事关这些实践的技术方面),以及他们借以在这些实践系统里行动、对他人所做的事情做出反应、直至在某种程度上更改游戏规则的自由(事关这些实践的策略方面)。① 福柯在实践哲学转向的背景中进行历史-批判分析,强调这些分析的同质性是由某些实践及其技术方面和策略方面所构成的这一领域来保证的。

这一工作的系统性源于这些实践集合所隶属的三大领域(支配事物的各种关系领域,作用于他人的各种关系领域,针对自身的各种关系领域)之间的密切关联,其中每一领域都依赖于其他领域,而这些关联分别围绕知识轴线、权力轴线和伦理轴线展开。② 换句话说,关于我们自身的历史本体论不得不针对一系列悬而未决的问题做出回答,为此需要进行数目不确定的各种各样的详尽考察。当然,这些考察全都围绕系统化而展开:涉及我们作为我们的知识的主体是如何被构成的、我们作为行使或服从各种权力关系的主体是如何被构成的、我们作为我们的行为的道德主体是如何被构成的三个重要的问题。③

福柯表示,这些历史-批判的考察的确是特殊的,因为它们始终针对的是某一材料、某一时代、某一组确定的实践和话语。但至少在直至"我们"为止的西方社会范围之内,它们在反复发生这一意义上具有所谓的一般性。④ 这里涉及理性与疯癫、疾病与健康、犯罪与法律之间的关系问题,我们赋予性关系何种地位的问题,如此等等。福

---

① Foucault, *Dits et écrits II* (1976~1988), p. 1395.
② ibid.
③ ibid.
④ Foucault, *Dits et écrits II* (1976~1988), p. 1396.

柯之所以提到这种一般性,不是为了透过时间在元历史学的连续中重新勾勒它,更不是要追寻它的各种变化,而是要透过一种界定对象、行动规则、与自身关系的模式的提问法弄明白我们就它知道的东西达到了何种程度。这里的一般性其实类似于所谓的家族相似。

福柯总结性地表示:"我不知道我们自己是否会变成成年,我们经验中的许多东西使我们确信,启蒙的历史事件并没有使我们变为成年,而且我们现在依然不是成年,与此同时,我们可以赋予康德通过反思启蒙针对现在、针对我们自身所表达的批判性考问以某种意义。"①对于他来说,这本身就是19世纪以来的最近两个世纪中并非不具有重要性和功效性的从事哲学的方式。他主张不应该把关于我们自身的批判本体论视为一种理论、一种学说,甚至也不应该视之为不断积累的知识系统,而应该把它设想成一种态度、一种气质、一种哲学生活,如此的话,对我们之所是的批判既是对为我们设定的各种限度所作的历史分析,又是对它们的可能跨越进行的检验。② 这种态度或气质应该在由各种考察构成的工作中表达出来,因此并不是划一的,而是多样化的。

福柯认为,在针对既被看作是合理性的技术类型又被看作是自由的策略游戏的各种实践的考古学和谱系学研究中,这些考察具有方法论上的融贯性;在关于我们与事物、与他人、与我们自己的关系只有通过它们才会作为问题被提出来的各种历史地独特的形式的定义中,这些考察具有其理论的融贯性;在用来对各种具体实践的检验进行的历史-批判的反思中,它们具有实践的融贯性。他进而表示:"我不知道是否应该说批判的工作如今仍然包含着启蒙运动中的信

---

① Foucault, *Dits et écrits II* (1976~1988), p.1396.
② ibid.

念,但我想它总是必然引起关于我们的各种限度的工作,即必然引起一种赋予自由的不耐烦以形式的耐心的劳作。"①对于福柯以及其他当代哲学家来说,康德以及 19 世纪以来的现代人的启蒙反思还是远远不够的,明显没有能够摆脱观念主义和理想主义姿态,还没有真正有其现实/现时的关怀。

与早期现代哲学推崇普遍理想不同,后期现代哲学承认,在人与人之间存在着理想的冲突,或者一般地说存在着理想与现实的冲突。然而,它毕竟注意到了人性的理想性/观念性维度。在批判早期现代哲学的观念论立场的基础上,当代哲学试图消除后期现代哲学中的观念论残余。福柯试图向我们展示一种当代性姿态,由此不可避免地涉及更大范围内的区分。古代哲学或前现代哲学代表了人类精神的外在化(外在性和超越性),现代哲学以不同方式体现了人类精神的内在化(内在性和内向性),当代哲学则展示了人类精神的表面化(平面性和平庸性)。古代哲学对过去的迷恋让我分有②的是神性(永恒性、神圣性、循环性),现代哲学对未来的筹划揭示了我的心性(时间性、观念性、绵延性),当代哲学对现在的偏好则体现了我的物性(空间性、现时性、瞬间性)。

古代哲学给予今天以超越的或神圣的意义,早期现代哲学给予今天以理想的或观念的意义,后期现代哲学给予今天以现实的或处境的意义,今天对于当代哲学来说没有任何特别的意义。当代人不再承认神或人是意义的赋予者,今天对于他来说就像任何其他东西一样,它自身显示,并因此不会相对于神或人而具有意义,它是自足的,它就是意义。真正说来,直至在谢林关于世界时代的哲学思考

---

① Foucault, *Dits et écrits II* (1976~1988), p. 1396~1397.

② 接受列维纳斯哲学的启迪发,我们在本书中多处借用了柏拉图的分有(participation)概念。

中,有关现代的通俗概念都表达了未来已经开始了这一信念:它指称一个依据未来而维持并且向将要来临的新东西开放的时代;与此同时,显示新东西的那个顿挫被移转到过去中了,准确地说被移转到了现代的开端。① 在谢林以及此前的许多现代哲学家那里,现在不具有重要性,关键在于未来,而未来的起点需要找寻到过去。黑格尔的时代精神概念把现在刻画为一个过渡环节,它被耗费在我们对加速的意识中、对一个不同的未来的期盼中。②

无论如何,不管在谢林和黑格尔那里还是在萨特和梅洛-庞蒂那里,现代哲学都不关心现在,因为现在只不过是过去与未来的桥梁;在福柯等人那里,当代哲学强调的恰恰是现在,我们融入今天,沉入瞬间。当代性既意味着度过了现代性,也意味着过度的现代性。前现代性肯定过去(既往)或传统,追求永恒,充分揭示了人类精神的回溯性或者说"我"对外在根据的思乡般的求助;现代性向往未来(将来)或创新,认可时间,完全展现了人类精神的前瞻性或者说"我"对内在标准的自恋式的确信;当代性沉溺于现在(当下)或平庸,失于空间,认可了"我"在物质洪流中的沉沦或消逝。人被认为一半是野兽,一半是天使,这其实意味着神性、心性和物性在他那里有不同程度的体现。前现代性迷恋让"我"向往神性,现代性追求维护"我"的心性(早期现代哲学关注理想化的普遍心性,后期现代哲学回到处境化的特殊心性),当代性偏好则充分展现了"我"的物性。

梅洛-庞蒂告诉我们,任何人、任何文明都延续着过去:今天的父辈在其子女的童年中看到了自己的童年,他们重新采取自己父辈的行为来对待子女,或者,如果他们接受的是专制教育的话,他们出于

---

① Habermas, *Le discours philosophique de la modernité*, p. 6.
② Habermas, *Le discours philosophique de la modernité*, p. 7.

积怨而走向极端对立面,实行自由教育;但是,通过这种转弯抹角,他们往往重新回到他们的传统,因为自由的眩晕把儿童重新带回到安全的体系中,用 20 年时间把他塑造为一个有权威的父亲。我们针对儿童采取的每一行为,不仅在其效果方面而且在其原则方面都可以被儿童感受到。他不仅作为一个儿童服从之,而且作为一个未来的成年人予以接受,他不仅是一个客体,而且已经是一个主体,他甚至与他服从的那些严格要求本身合谋,因为他的父亲是另一个他自己。①显然,在梅洛-庞蒂那里只存在过去与未来之间的转换,现在就等于这一转换本身。简言之,现代性坚持的是一种守成创新的思路,与古代性完全回归过去是根本有别的。

在梅洛-庞蒂看来,画家不会满足于要么通过尊重要么通过反叛来延续与过去的关系,他重新开始这种过去;他不会像一个儿童那样想象他的生命是为了延续其他人的生命而产生出来的;如果说他拿起了画笔,这是因为画在某种意义上还有待于他去创作。②这种独立本身是可疑的:正因为始终有待于他去创作,那些画就会被添加到它们既不能包纳也不能弃之不用,只能重新开始的已经完成的作品之中;也就是说,今天的一幅画,即使只能通过绘画的整个过去才有可能,也会完全断然地否定和遗忘过去,以便能够真正超越它们。③ 这意味着,"它使此前出现的绘画作为一次失败的尝试出现,而随后的绘画作为另一次失败的尝试出现,最终说来,整个绘画把自己表现为说出某种始终需要它去说出的事情的一种流产的努力。"④文化传承意味着在三维时间中突出将来以及过去与将来的转换关系,与福柯

---

① 梅洛-庞蒂:《眼与心·世界的散文》,第 220~221 页。
② 梅洛-庞蒂:《眼与心·世界的散文》,第 222 页。
③ 同上。
④ 梅洛-庞蒂:《眼与心·世界的散文》,第 220 页。

把我们锚定在现在或当下是根本不同的。

借助《大不列颠百科全书》的解释,英国社会学家鲍曼把"流动性"用作现代的现在阶段的主要隐喻。① 流动性是液体和气体的特性,这一特性使它们区别于固体。这里所说的现在阶段,显然指的是鲍曼生活的时代,这与他由之获得重要启示的福柯主要谈 19 世纪以来与我们自己密切相关的现代性的倾向是一致的,但他已经突出了现在,也因此处在了现代与当代转折的临界点上。福柯也关注现在和今天,但他关注的似乎不是这种流动性特征,至少不是从时间隐喻意义上来理解流动性的。他认为我们应该向自己提出"什么是今天?"这一问题,他问自己,正好自康德式的"何为启蒙?"问题以来,我们是不是能够通过说哲学的任务就是说什么是今天、就是说什么是"我们今天"来刻画哲学思维的诸多宏大角色之一的特征。②

现代人和当代人对今天显然具有完全不同的态度。现代人有一种使现在英雄化的意愿,具有日新月异的感受;就当代人而言,今天同其他日子一样,或毋宁说,今天与其他日子从来都不完全一样。③ 当代性意味着平庸性,人们生活在当下,由于碎片化的生存,由于处于物质链条中,不再有把细微的事情关联起来的人或者神,所以我们不再在大叙事或英雄史诗中揭示今天的意义,更不会盼望奇迹或圣显的来临。20 世纪 60 年代以来的当代法国哲学在现象学与分析哲学之间、在实存哲学新形态与概念哲学新形态之间摇摆不定,它以含混的方式展示后工业社会的精神状况:古典哲学主张心身二分的观念主义,现代哲学主张身心统一的精神主义,而当代哲学走向的是完全关注身体的物质主义;古典哲学不管对物质生活还是文化生活都

---

① Bauman, *Liquid Modernity*, Polity, 2000, p. 1.
② Foucault, *Dits et écrits II* (1976~1988), p. 1267.
③ ibid.

坚持一种理想主义姿态,现代哲学坚持一种现实主义态度,当代哲学则坚持一种消费主义立场。

作为一位深受实存哲学影响的概念哲学家,福柯在各种当代思潮中具有举足轻重的作用,可以被视为当代性源头的尼采、海德格尔、库恩、法兰克福学派哲学家对其思想都产生过深刻的影响,正因为如此,围绕他的主要工作来探讨当代法国哲学的当代性提问法既是自然的,又是非常有价值的。需要特别提及的仍然是尼采。尼采哲学虽然处在19世纪以来的现代性的范畴之内,但它关于求知意志或求真意志的理论及其包含的生命主义姿态已经预示了20世纪60年代开始的当代性的某些维度;正像康德哲学虽然主要处在早期现代性范围内,而其理性批判和启蒙反思却已经预示了19世纪以来的现代性一样。福柯对康德"何谓启蒙?"的解读沟通了后期现代性与早期现代性,正像他对尼采谱系学的借鉴沟通了当代性与现代性一样。

尼采表示:"'人类'不是目的,超人才是目的!"[①]他仍然具有那种虽然与古典的集体英雄主义有别,但明显认同现代个体英雄主义的英雄/贵族情结。当然,他并没有明确地描述什么是超人,他只是把超人对立于现代人,特别是现代末人。末人是没有创造的愿望、丧失了创造力的人,末人是谨小慎微和缺乏个性的人;所谓的超人则是这些含义的反面。在超人和末人之间存在着一些高人,但高人只是通向超人的一些过渡样式。超人实际上就是拥有充沛的生命力、因此不断自我超越的人。尼采在许多时候都在批判所谓的末人或者说最后的现代人。这其实意味着,尽管许多人把尼采读解为现代性的代表人物,他其实完全可以被视为当代性的先导。尼采哲学最终完

---

① 尼采:《强力意志:重估一切价值的尝试》,商务印书馆,1991,第137页。

成了人的心性对人的神性的告别仪式，但他理应旋即开辟出从人的心性通向人的物性的道路。

无论如何，古代性在康德之前的现代哲学中的残余被尼采彻底清除了，早期现代性在康德之后的现代哲学中的残余被尼采基本清除了，与此同时，尼采还为从现代性通向当代性指明了方向。古代人服从神圣的权威，现代人不再相信超越的或外在的权威，但他服从理性的权威：或是像他在康德之前那样接受理性的绝对裁决或是像他在康德之后那样受制于理性的温柔狡计。关键不在于他服从还是拒绝权威，而在于他服从或拒绝何种权威，以何种方式服从或拒绝。福柯显然看到了现代性在康德之前与康德之后在断裂中的一致。笛卡尔哲学开启的现代性在斯宾诺莎等人的大陆唯理论传统中，在从洛克以来的英国经验论传统中不断获得限定和明确化。人的神性逐步让位于心性，而心性的知性之维明显优先于感性之维，因为人是心身分离的，而知性始终在纯化感性。

康德开启的反思的现代性从黑格尔哲学延续至梅洛-庞蒂哲学，在这一进程中，人的神性完全让位于人的心性，且其感性的维度优先于知性的维度，因为人是身心统一体，无意识被认为是扩大的理性。自梅洛-庞蒂后期哲学以来，现代性逐步被当代性所取代，人的心性完全让位于人的物性。真正说来，以现代性(启蒙理性)反思为起点，各种当代法国哲学围绕意识形态物质性、话语物质性、文化物质性、自身技术、意识科学、自然主义为我们描述了一幅幅生动的当代性图景。康德之前的现代性维护理想性或观念性，从根本上排除了现实性和物质性；康德之后的现代性或19世纪以来的现代性对理想性和观念性予以限制，主张现实性与理想性、物质性与观念性的统一；但当代性完全放弃了理想性和观念性，主要关注的是现实性和物质性。

哈贝马斯批判由尼采哲学引出来的后现代性概念：现代性是一

项尚未完成的事业,因此不应该急于接受后现代性。福柯承认自己不了解什么是人们所谓的后现代性,同时表示,他越是很好地明白在人们所谓的结构主义后面存在着一个特定的问题——大体上就是主体和主体的改造的问题,他越是不能明白在人们所说的那些后现代主义者或后结构主义者那里,他们共同的问题类型是什么。[1] 他针对现代性进行了各种独特的批判和反思,而这一切使他很难与其他哲学家达成目标共识。其实,后现代、后殖民之类"后学"都属于当代性思维的一部分。哈贝马斯不会接受当代性概念,但他无疑承认福柯思想在诊断现时/现实时的意义。福柯著作从多个维度展开关于现代性的反思,它们都具有超现代性或反现代性的特征。最重要的在于,他的哲学不仅具有强烈的批判和反思特征,而且还充分体现了描述性和解释性的有效结合,从而为我们展示了当代哲学、尤其是当代法国哲学的当代性特征。

利奥塔的后现代性观念视启蒙理性为一种应当摆脱的大叙事;德勒兹的后现代性观念则认可精神分裂症,也就是承认后现代性是理性的一种爆裂;而这一切都表示,理性在历史中只不过是其他叙事中的一种叙事,虽然它确实是一种大叙事,但我们今天可以让其他叙事接替它。[2] 启蒙的大叙事的确不断被后启蒙的各种小叙事所取代。这与大写的哲学逐步让位于各种小写的哲学是一致的。正是在罗蒂所说的那些小写的哲学中,在理性的不断分化中,当代性消解了科学与艺术、理性与非理性之争,因为科学唯物主义与文化唯物主义只不过是物质主义的不同形态而已。科学唯物主义源自于英美哲学,它接受科学前沿影响,普遍接受物理主义主张,不再为二元论、更不会

---

[1] Foucault, *Dits et écrits II* (1976~1988), pp. 1265~1266.
[2] Foucault, *Dits et écrits II* (1976~1988), p. 1265.

为观念主义保留任何地盘。文化唯物主义则源自于大陆哲学,在文学艺术影响下,它赞同形式主义思潮对于语言不及物性的极力渲染。

当代性显然以平面化和直接性为特征。有一位学者是这样说的:"福柯的世界是平的,这里既没有在之内,也没有超越于。"[1]这意味着,19世纪之前的现代哲学的观念性或理想性追求和19世纪以来的现代哲学的精神性或情感性诉求让位于20世纪60年代以来的当代哲学的物质性或平庸性迷恋。当代哲学关于意识形态的物质性、语言的物质性和概念的物质性的相关阐述(阿尔都塞、德里达、福柯和德勒兹),关于知识爆炸与非人/非人类/非人道状况或主体终结的相关论述(利奥塔和福柯),关于生命、身体或生命主义的相关陈述(亨利、福柯和德勒兹),关于消费文化的相关描述(鲍德里亚和巴特),关于理论与实践界限消失的相关表述(阿尔都塞、布迪厄和福柯),关于事件或实践的相关叙述(福柯、巴迪乌和马里翁)表明,一个物质主义的时代已经来临,观念与实在、精神与物质、理想与现实、理论与实践的界限消失了。

---

[1] Oulc'hen, etc., *Usages de Foucault*, Presses Universitaires de France, 2014, p. 218.

第二章　历时与共时

法国结构主义、后结构主义和后现代主义极力渲染历史终结论。正是在结构分析和现代性反思的一般语境中，曾经在马克思主义与现象学联姻氛围中接受教育的福柯针对观念史、思想史、哲学史、科学史等等展开研究，并因此在其思想中充分展示了历史和结构之间的张力。作为结构主义的同路人，福柯的历史研究不仅有别于传统的历史研究，而且尤其要求摆脱黑格尔的历史哲学以及20世纪新黑格尔主义的历史哲学，包括接受它们影响的实存论现象学的历史哲学。他为我们批判分析在话语空间中展示出来的各种各样的专门史，它们归根结底是一些以不连续性为特征的话语史。这一切源自他对结构主义历史观和新史学的创造性解读。历史的终结是当代性的一个突出特征，福柯为我们描述和分析的也因此是别一种历史，各种分化的小写的历史。

第一节　历史与结构

20世纪60、70年代是一些说哲学行话的人在法国享有其荣耀的时刻，福柯在他们中理所当然地是其作品如今仍然享有最持久魅力的人，其影响大大超出于哲学专业的狭窄圈子。这是因为：第一，福柯的各种看法明显没有其同行那么谵狂,与德里达的文字学或德勒兹-伽达里的精神分裂分析不同,它们并没有把自己表达为无根据的概念化,他的大部分写作实际上都在探讨一种意义重大的历史与社会问题;第二,作者在每本书中的论证都依赖于被表达为一种特别有深度且资料翔实的历史分析的东西;第三,通过表明一些被视为显而易见的建制实际上绝不是自然的、而是相当新近才出现的,他被认为彻底搞乱了他着手研究的每一领域;第四,他对各种建制及其部署的社会合法性和理智的合法化的质疑,连同他富于战斗性的活动使他成为当代某些批评话语的一种仪式性的参考。[1] 很显然,上述理由几乎都可以被纳入到历史范畴之内。

与许多结构主义者、后结构主义者或后现代主义者不同,福柯不仅不排斥历史话题,而且明确承认历史在其考察中占有一种优先位置。在与阿隆的对话中,他明确表示,现时地向我们提出各种问题的是历史而不是结构。[2] 当然,在他那里也有过历史的终结这样的表述,这最初出现在他关于早期现代知识型的描述中。他考察自然史(或译为博物学)等尚未上升为规范科学的学科话语,但在强调普遍秩序的早期现代时期,这门以历史命名的学科却意味着历史的终结。[3] 因为该时期的知识强调分类而不是解剖、结构而不是有机体、可见的特性而不是内在的隶属、图表而不是系列。当然,在 19 世纪以来的后期现代时期,知识型的变迁导致了情形的倒转:解剖取代了分类、机体取代了结构、内在的隶属取代了可见的特性、系列取代了图表。总之,大写的历史取代了大写的秩序,历史的声音因此甚嚣尘

---

[1] Mandosio, *Longévité d'une imposture Michel Foucault*, Éditions de L'Encyclopédie des Nuisances, 2010, pp. 7~9.

[2] Aron et Foucault, *Dialogue. Analyse de Jean-François Bert*, p. 22.

[3] Foucault, *Les mots et les choses*, p. 150.

上。然而,当福柯宣布取代现代知识型的新知识型正在形成时,新的历史终结时期又来临了。

福柯思想是非系统的,不仅如此,他的工作也挑战西方哲学传统的那些基本面,其目标是要证明哲学传统上视为绝对和普遍的东西的历史的和偶然的性质。[1] 他之所以关注历史问题,一个基本的理由就是,在我们的文化中,至少自好几个世纪以来,话语是依据历史的模式连接起来的:"我们把各种被说出来的东西接受为来自于一个过去:它们在那里相继而来、相互对立、相互影响、相互替代、相互孕育和累积起来。那些'无历史'的文化显然不是那些在那里既不存在事件,也不存在演化,也不存在革命的文化,而是那些在那里话语不依据历史的模式相加的文化;它们相互并置、相互替代,它们相互遗忘,它们相互转化。相反,在一种像我们这样的文化中,一切话语都在一切事件的消失的背景上呈现。"[2]任何文化都有其历史,区别在于它是否被文字记载下来,被语言表达出来。在福柯那里,历史表现为各种话语史。他试图在哲学家和历史学家之间自由地转换角色,但他作为一个历史学家是有争议的。

在《词与物》中,福柯关注不同时代的知识型的断裂与转换,显然为我们呈现了西方文化在某些时期的冻结了时间的静态结构。人们由此认为他的研究不属于历史范畴,甚至意味着历史的终结,因为他根本就没有解释知识型的发展和演变。由于出现了分开考古学层次的那些似乎难以说明的间隔,人们指责他的著作不能够说明变化并因此是反历史的。[3] 其实,他在书中既关注静态的结构,也关注结构

---

[1] Taylor, *Michel Foucault*: *Key concepts*, Acumen Publishing Limited, 2011, pp. 1~2.
[2] Foucault, *Dits et écrits I* (1954~1975), p. 625.
[3] Major-Poetzl, *Michel Foucault's Archeology of Western Culture*: *Toward a new science of history*, The University of Carolina Press, 1983, p. xi.

之间的转换,并因此突出了结构和历史的统一,或者说,这部著作存在着一种既历史(时间)的又结构(空间)的维度。① 有人认为他应该引述库恩的范式学说。福柯承认这位美国哲学家的工作是让人钦佩的、确定的,但他没有机会进行引述并更新自己:他在1963~1964年冬季期间读到《科学革命的结构》时,刚好写完了《词与物》,因此没有能够引述它,但他引述了塑造和影响了库恩的科学史家康吉莱姆。② 这其实表明,福柯间接地受到了这位历史主义科学哲学家的影响。这也佐证了他对历史的关注。

《词与物》出版后,福柯感到最惊讶的是,职业历史学家认为它是一本历史书,而对历史有一种陈旧的、在当时或许完全过时的观念的众多其他人却大声叫骂它是对历史的谋杀。③ 他被认为是历史终结论的主张者,也就不足为怪了。所有的非历史学家都没有把它看作是一部历史书,但他自己坚持认为它真的是一部历史书。④ 虽然《词与物》的表达并非是不偏不倚的,但它反映了历史知识在战后20年间的非常重要的变动。在他那里,历史概念的内涵和外延都被改变了,这缘于主宰历史学领域的头面人物改换了。福柯提醒我们说,杜梅泽尔、列维-斯特劳斯、拉康的著作可以算在"我们时代"的主要著作之列,与此同时,法国布罗代尔、孚雷等历史学家,英国剑桥学派的研究者,苏联学派的研究者也在当时确保了知识中的一种新冒险。

这种新的冒险改变了我们的历史观。在传统的视野中,历史已经成了一种奇怪的神圣化的对象,就许多知识分子而言,对于历史的

---

① Major-Poetzl, *Michel Foucault's Archeology of Western Culture: Toward a new science of history*, p. xi.
② Foucault, *Dits et écrits I* (1954~1975), pp. 1107~1108.
③ Foucault, *Dits et écrits I* (1954~1975), p. 613.
④ Foucault, *Dits et écrits I* (1954~1975), p. 634.

有距离的、并非熟悉情况的和墨守成规的尊重乃是与他们的政治意识和他们的研究或写作活动保持一致的最简单的方式;在历史的十字架符号下面,任何的话语都会变成向神祷告正义的事业。① 其实,实存论现象学已经把神赶出了神殿,但在福柯式的分析看来,神还隐含在 19 世纪以来的整个现代性中,因为占据从前由神占据位置的人扮演了类似的角色。换言之,历史被辩证思维神化了。结构主义导致了情形的巨大改变。这意味着一种更技术的理性,也就是说,在一些像语言学、人种学、宗教史、社会学之类的领域中,那些在 19 世纪形成的,我们可以说出自辩证秩序的一些概念,很大一部分已经被抛弃了。②

历史哲学或历史主义已经退出历史舞台,但在某些人的眼里,作为学科的历史学构成为辩证秩序的最后庇护所:在它那里,我们可以拯救理性的矛盾之主宰。③ 福柯在这里批判的是从黑格尔延续至萨特的历史哲学,认为它在 20 世纪 60 年代已经不再具有主宰地位,但其影响依然存在,尤其是在各种历史学中。他表示,关于历史终结的宏大梦想乃是因果思维的乌托邦。④ 这其实意味着,通常认为历史领域是遵循因果必然性的;然而,我们应该避免一种关于历史的极度简单的线性概念,应该摆脱一种依据它没有因果性的历史将不再是历史的偏见。⑤ 如此一来,福柯式的历史研究既有别于历史哲学研究,也不同于通常意义上的历史研究。它围绕各种话语展开,并因此展示话语与话语之间、话语与非话语之间的复杂关系,从而表现出其独

---

① Foucault, *Dits et écrits I* (1954~1975), p.613.
② ibid.
③ Foucault, *Dits et écrits I* (1954~1975), p.614.
④ Foucault, *Les mots et les choses*, p.274.
⑤ Foucault, *Dits et écrits I* (1954~1975), p.635.

特性。

　　福柯坚持认为《词与物》从事的是历史研究工作;通过研究涉及语言、经济和有生命的存在的理论话语的集合,他并没有打算建立起这样一些认识的各种先天的可能性或不可能性,他愿意从事一种历史学家的工作,证明这些话语以及那些说明它们的明显变化的转换的同时发生的机能。① 但他同时认为自己的工作根本不同于历史主义或历史哲学:"但历史在这里并不因此就扮演一种关于各种哲学之哲学的角色,就自夸是关于诸种语言之语言,就像一种倾向于认为历史对哲学具有立法和批判的权力的历史主义在19世纪所愿意的那样。如果说历史学拥有一种优势,毋宁是在这一范围之内:它扮演着一种关于我们的文化和我们的合理性的人种学的角色,并因此具体化了整个人种学的可能性本身。"②福柯的历史研究显然接近于结构主义。他追随列维-斯特劳斯把科学方法运用于历史,他同样探寻结构,尽管他将之称为知识型。③

　　在出版《词与物》那段时期,福柯特别想要突出自己以及同辈哲学家与上一辈哲学家的根本不同。他认为萨特一代的确是勇敢而宽厚的一代,他们拥有生活、政治和实存的激情,而新一代已经发现了别的东西,别一种激情,也就是对概念和系统的激情。④ 萨特等人面对一个荒谬的历史世界,但他们却力图证明,到处都存在着意义,而"存在着意义"这一非常含混的表达既是一种证实,又是一种命令,一种规定;真正说来,它要表达的是,我们应该给予一切以意义;这一本身过于含混的意义既是一种释读、阅读的结果,也是

---

① Foucault, *Dits et écrits I* (1954~1975), p. 626.
② ibid.
③ Chiari, *Twentieth-Century French Thought: From Bergson to Lévi-Strauss*, p. 177.
④ Foucault, *Dits et écrits I* (1954~1975), p. 542.

不顾及我们而进入我们的行为中的模糊的纬线;换言之,我们既是意义的读者也是其操作者:我们发现意义,并且我们被意义影响。① 历史与意义关联在一起,但意义是由人赋予的,尽管人也受制于由他赋予的意义。

福柯关注小写的历史,而不是大写的历史。他承认萨特的庞大作品和政治行动标志着一个时代,不接受在他有关历史的微小劳作与萨特式的工作之间进行对比。② 有人表示,在 1968 年之后,他无论如何在政治史的时代中更接近于萨特而不是拉康。③ 从关注结构的角度看,他与巴特、拉康、甚至杜梅泽尔是同时代的,但就历史问题而言,情况就复杂了。我们怎么都无法绕过福柯和萨特在历史观上的分歧。萨特指责他忽视和贬低历史,他的回应是:"没有任何历史学家曾经这样指责过我,有一种对于哲学家而言的历史神话。"④对哲学家而言,存在着历史,它是个人自由与经济规定或社会规定都将纠缠于其中的一种巨大而宽泛的连续性;如果有人触及连续性、人类自由的有效发挥、个体自由与社会规定的关联这些宏大主题的无论哪一个,如果有人触及这三个神话中无论哪一个,他都会被抱怨为对历史的强奸或谋杀。⑤

面对人们的指责,福柯表示,在很久以前,包括布洛赫、费弗尔和英国史学家在内的"一些重要人物已经终止了这种历史神话,他们以一种完全不同的方式进行历史研究,因而,如果我杀死了人们指控我杀死了的关于历史的哲学神话,我会很高兴的,因为我想杀死的正好

---

① Foucault, *Dits et écrits I* (1954~1975), p. 542.
② Foucault, *Dits et écrits I* (1954~1975), p. 698.
③ Eribon, *Michel Foucault et ses contemporains*, p. 13.
④ Foucault, *Dits et écrits I* (1954~1975), p. 694.
⑤ Foucault, *Dits et écrits I* (1954~1975), pp. 694~695.

是这一神话，而根本不是一般的历史。我并不杀死历史，而是杀死对哲学家而言的历史，是的，我完全想杀死它。"①萨特明确指责福柯打算用考古学替代历史，显然不满意于他要消除关于历史的哲学神话。其实，考古学和历史学在福柯那里有时是不加区分的，比如他有他"尝试研究历史或考古学"②这样的说法。当然，严格说来，考古学对于他来说是一个研究领域，而不是一门学科。③ 这是一个指向知识和话语的领域。

考古学这个词最初出现在《疯癫史》序言④中，然后出现在《诊所的诞生》的副标题"一种医学注视考古学"和《词与物》的副标题"一种关于人文科学的考古学"中。在《知识考古学》中，福柯从方法论的层面上对考古学进行了全面的理论分析。考古学之所以获得强调，与福柯时代的某种一般倾向有关。他或许受到梅洛-庞蒂关于现象学是一种考古学的说法的启示，但更直接的启发来自法国科学哲学与科学史传统。这一方法试图在知识层面上瓦解各种传统意义上的主观单位，并因此进行所谓的话语描述。在最初的使用中，它还保留有作为一门历史学科的性质。福柯有过"关于历史知识的考古学"⑤这一说法。康德其实已经在这种意义上使用考古学一词，指称使思想的某种形式不可或缺的东西的历史，出自1793年他回应柏林

---

① Foucault, *Dits et écrits I* (1954~1975), p. 695.
② Foucault, *Dits et écrits II* (1976~1988), p. 1270.
③ Foucault, *Dits et écrits I* (1954~1975), p. 526.
④ 福柯这样写道："疯癫作为心理疾病在18世纪末的确立，为中断了的对话拟订了证明文书，显示分离已经是既定的，把疯癫与理性用来彼此交流的这些不完善的、缺乏稳定句法的、有点结结巴巴的词语强塞进忘却之中。作为理性关于疯癫之独白的精神病学语言只能在如此一种沉默之上建立起来。""我没有想过从事这一语言的历史，而是从事这一沉默的考古学。" Foucault, *Dits et écrits I* (1954~1975), p. 188.
⑤ Foucault, *Dits et écrits I* (1954~1975), p. 617.

科学院提出的"自莱布尼茨和沃尔夫时代以来形而上学在德国的真正进步是些什么?"的一个文本。①

无论如何,福柯所说的考古学与历史学关系密切,却又有别于传统的历史学科意义上的考古学。因为这不是一种实物资料考古学,而是一种知识考古学,尤其是一种话语考古学。在福柯哲学发展的进程中,这种考古学似乎还被谱系学取代了。在其系列讲课稿的编者看来,他在法兰西学院尤其展开的是知识与权力关系的谱系学的提纲,以此为依据,他从1970年初开始反思他的工作——与到此为止他还主要进行话语构成的考古学相对立。② 说谱系学与考古学相对立似乎有点夸张,两者之间的一致应该更为明显。应该说,在考古学时期,知识问题是福柯关注的中心,权力问题隐含在其工作中;在谱系学时期,权力问题成为他的核心关怀,但知识问题仍然直接相随。他始终都认为,知识和权力是不可分离的,两者之间存在着复杂的共生关系。

福柯依据一些使知识得以诞生并且为其提供支撑的司法政治模式来理解某些类型的知识的构成。在他看来,各种权力支撑针对知识并不只是扮演要么促进要么妨碍的角色,它们并不满足于有利于它或者刺激它,扭曲它或者限定它,权力和知识并不只是通过单纯利益或意识形态的作用而一个与另一个关联起来。因此,问题不只是在于确定权力如何使知识服从自己、让知识服务于自己,如何把自己或者一些意识形态内容和限度强加给知识;一方面,没有哪种知识能够离开一种交流、记录、积累和转移的系统而形成,而这一系统本身是一种权力形式,它在其实存和功能方面与各种其他权力形式联系

---

① Foucault, *Dits et écrits I* (*1954~1975*), p. 1089.
② Foucault, *«Il faut défendre la société»*, p. ix.

在一起；另一方面，没有哪种权力能够离开一种知识的提取、占有、分配和保留而实施。① 福柯明确表示，并不存在一方面是认识，另一方面是社会，或者一方面是科学，一方面是国家，而是存在着各种关于权力-知识的基本形式。②

福柯的全部工作就在于探讨疯癫之类经验、精神病学之类知识和精神病机构之类权力之间的关系，就在于揭示经验成为知识的对象与权力施加于对象之间的运作机制。这显然无法单纯依靠结构分析，而是要同时关注结构的生成与转换。这意味着考古学和谱系学两种方法同时扮演重要角色。在其最后岁月有关启蒙理性的反思中，福柯还在强调它们的共同作用。他表示："批判将不再通过寻求一些具有普遍价值的形式结构，而是作为跨越各种事件（它们已经引导我们建构自己，并且把我们作为我们之所为、所思及所言的主体加以认识）的历史考察来进行。在这个意义上，这种批判不是先验的，其目标不是使一种形而上学得以可能：它在其目的方面是谱系学的，在方法上是考古学的。"③ 从一个角度看，福柯在其工作中运用的是考古学方法，其工作的性质则是谱系学的；从另一个角度看，无论考古学还是谱系学都属于方法论的范畴。

像启蒙反思这样一种哲学态度应该体现在由各种各样的考察构成的工作中，而它们在关于同时被设想为合理性的技术类型和自由的策略手段的那些实践的既考古学又谱系学的研究中具有方法论上的融贯性。④ 应该说福柯最初或有意识或无意识地强调考古学方法，后来则突出谱系学方法。然而，这两者之间并没有断然的区分，它们

---

① Foucault, *Résumé des cours*（1970~1982），pp. 19~20.
② Foucault, *Résumé des cours*（1970~1982），p. 20.
③ Foucault, *Dits et écrits II*（1976~1988），p. 1393.
④ Foucault, *Dits et écrits II*（1976~1988），p. 1396.

彼此渗透、相互助益,从前者进到后者是水到渠成的事情。尽管两者的着眼点略有不同,但它们归根结底以人文科学为目标,既涉及人文科学与哲学之间、各门人文科学彼此之间、人文科学与非人文科学之间的关系,又涉及某一具体的人文科学的历史和结构。真正说来,福柯的整个工作都是人文科学考古学。它旨在表明,一切都有其历史,也都出于偶然,有可能出现,有可能不出现。通过启用谱系学,他就人文科学涉及的权力关系进行了更复杂的描述和分析,同时进行了必要的解释。

福柯拒绝在历史学科范围内考虑考古学方法,他把它确定为运用到观念史领域内的一种新的研究方法;谱系学同样主要被运用于观念史领域,与通常意义上的考察出身或血统的家谱学是根本不同的。考古学和谱系学不可避免地要与观念或心理打交道,但最终目标则是在排除观念主义的基础上克服心理主义。在众多的传统哲学资源中,福柯更多地接受的是康德的理性批判或分析理性,对于黑格尔以来的辩证理性则持批判的态度。一般说来,前者更强调结构,后者更关注历史。我们知道,康德探讨认识如何可能(我能知道什么)的问题,归根结底针对的是理性的普遍的、静态的认识结构/形式/能力;但在黑格尔那里,虽然说理性或精神是普遍的,但它并不因此是静态的,因为精神有其自我发展、自我认识和自我回归的辩证成长历程。

在《词与物》中,福柯既相对于文艺复兴时期又相对于后期现代时期来描述早期现代时期,同时相对于早期现代时期和他所处的当下处境来描述后期现代时期,这一工作涵括了整个现代时期,进而引出了当下或今天,也即当代时期。为此,他要挖掘在我们自己脚下累积起来的整个话语堆,进行话语考古;我们可以从一种平和的运动中发现各种潜藏的古老形构;但是,在我们不得不质疑那些仍然在我们耳边回响、与我们试图掌握的那些话语相混杂的话语的时刻,一涉及确定我们仍然依据它而生活的话语系统,考古学家,就像尼采式的哲学家那样不得不进行锤打。① 这种锤打工作本来是考古学的,但它同时也是谱系学的,这突出地体现了尼采对他的重大影响:"我的考古学更多地得益于尼采式的谱系学而不是所谓的结构主义。"②

福柯否定同质的、连续的历史观或历史主义倾向,他完全对立于把一种持久的、同质的巨大演变,一种神话的巨大生命当作式样的历史概念,他也反对一种把变化设定为给定的并且为自己规定了发现其原因这一任务的历史。③ 显然,那种把一切变化都视为既定的,历史学家因此能够为事情寻找到原因或起源的历史观是有问题的。历史学家有一种既可以说更谦虚,也可以说更激进的预备任务,它旨在提出并探讨多样的、发生在不同层次之间的这种变化是由什么构成的。概括地说:"第一任务是区分不同类型的事件。第二任务乃是定义那些实际地产生出来的转换,某些变量据以保持为常量而另一些据以受到改变的系统。对于变化、演变、永动机的宏大神话,应该代之以对事件的各种类型和转换的各种系统的严肃描述,应该建立各种系列和系列的系列。"④小写的历史突出的是事件的层次性、多样性和复杂性。

福柯否定要么认同结构要么认同历史的倾向。在他看来,今天真正的问题只在表面上是由共时与历时或结构与历史的关系构成的,真正说来,严肃的结构主义者不会否定或还原历时的维度,严肃

---

① Foucault, *Dits et écrits I* (1954~1975), p. 627.
② ibid.
③ Foucault, *Dits et écrits I* (1954~1975), pp. 815~816.
④ Foucault, *Dits et écrits I* (1954~1975), p. 816.

的历史学家也不会忽视共时的维度。① 比如说,萨特完全就像索绪尔一样着手分析共时的东西,而索绪尔为历时分析留下了很大的一个空位。② 应该关注结构,但这还不够,应该进而知道一个结构如何被改变和转换成了另一个结构。③ 福柯的哲学显然是在历时和共时两个维度中展开的:比如《疯癫史》在时间中回溯,研究各种变化,《词与物》则研究17~18世纪的自然史的一种虽然不完全静止却相对不动的状态。后者研究的东西并非完全不动,因为它尝试界定各种转换,即证明从何种有规则的系统出发,一些发现、发明、视角变化、理论倒转能够产生。④

静态与结构相关,变化意味着历史,福柯则始终要求将两个维度结合起来。一方面,他尝试着从知识史角度证明,在知识内部存在着对知识本身始终保持不透明的、并不呈现在人的意识中的某些规则和某些必然性,这意味着在科学中似乎有一种无意识存在于并没有建立起直接关联的各种不同的科学领域之间,而我们实际上可以在它们那里找到各种类型的关系,比如类比、同构、补充、蕴含、排斥之类,这些关系是复杂多样的,它们既可能是逻辑类型的,也可能是因果类型的;另一方面,他描述了这些关系在一些我们粗略地称为人文科学的领域中如何是能够被改变的,换言之,他已经描述了一些关系以及它们之间的转换。⑤ 我们既应该关注不同科学领域之间的无意识同构,也要考虑这种同构关系在不同时代的转换。然而,萨特和加罗蒂排他地谈论因果性,也就是说只谈因果关系,不谈逻辑关系,只

---

① Foucault, *Dits et écrits I* (1954~1975), p. 636.
② Foucault, *Dits et écrits I* (1954~1975), p. 637.
③ Foucault, *Dits et écrits I* (1954~1975), p. 684.
④ Foucault, *Dits et écrits I* (1954~1975), p. 806.
⑤ Foucault, *Dits et écrits I* (1954~1975), p. 684.

谈历史,不谈结构。

福柯主张依据多样性和开放性来把握知识的结构及其转换,由此既涉及知识的内部关系,也涉及知识与相关条件的关系,从而在结构分析中引出了历史问题。福柯在不同著作中对此有不同的处置方式。至少在《疯癫史》和《诊所的诞生》两本书中,中心主题正好是可以在一种知识和这一知识在其中得以被构成的各种社会的、经济的、政治的和历史的条件之间实存的各种关系;在《词与物》中,他没有能够考虑纵向维度,而只涉及横向维度,可以说涉及的是处在相同层次的不同科学知识之间的关系。① 在前两本书中,福柯同时考虑了话语的内外关系,但在《词与物》中,则主要考虑了话语的内部关系以及话语与话语之间的关系。但福柯并不因此就放弃了话语的历史维度。他表示:"这涉及一系列相互补充的探索,而我们没有权利把一本书从整个系列中抽取出来。一般地说,我所做的事情乃是一种保持为非常开放的研究。"②应该把三部侧重点有所不同的著作结合在一起考虑,它们在无意识层次上是相关联的。

其实,在《知识考古学》之后,福柯又回到了对非话语领域或历史条件的关注。在二战之后的法国哲学中存在一条重要的分界线,那就是把关于经验、意义、主体的哲学和关于知识、合理性、概念的哲学分开的界线,前者主要包括萨特和梅洛-庞蒂等人的哲学,后者主要指卡瓦耶斯、巴什拉、科瓦雷和康吉莱姆等人的哲学。③ 这意味着实存哲学和概念哲学的分野,前者关心历史主题,后者关注结构问题。福柯哲学恰恰处在两者的分界线上,它涉及一种更一般的主题,即关于各种话语事件在一种文化中的实存模式的主题,它涉及的是在其

---

① Foucault, *Dits et écrits I* (1954~1975), pp. 684~685.
② Foucault, *Dits et écrits I* (1954~1975), p. 685.
③ Foucault, *Dits et écrits II* (1976~1988), p. 1583.

制度化的系统中的话语。① 我们从话语事件中看到的是历史,我们从制度化的系统中看到的是结构。在法兰西学院第一学年课程中,福柯打算一个片断接一个片断地逐步构造一种求知意志的形态,它有时会被投注到一些确定的历史研究中,有时将针对它本身且在它的各种理论蕴含中获得处理。② 这显然没有忽视结构,但将其纳入到了历史范畴中。

有必要正视福柯在话语历史问题上与现象学传统的复杂关系。在其话语研究中,他愿意并且实际上广泛地接受了多种方法论资源,但明确表示自己拒绝现象学方法,也就是给予观察主体一种绝对优先性的、赋予一个行动以一种构成作用、并且把它的观点置于一切历史性之起源的方法,即那种通向一种先验意识的方法。③ 其实,他要拒绝的主要是胡塞尔关于纯粹意识和萨特关于情感意识的现象学方法,并因此否定意识主体及其赋义行为。然而,他至少承认现象学是其曾经的视域,④至少接受了梅洛-庞蒂语言现象学的影响,⑤至少表达过对海德格尔哲学的浓厚兴趣,⑥至少对宾斯万格的实存分析进行

① Foucault, *Dits et écrits I* (1954~1975), p. 736.
② Foucault, *Résumé des cours* (1970~1982), p. 9.
③ Foucault, *Dits et écrits I* (1954~1975), pp. 880~881.
④ Foucault, *Dits et écrits II* (1976~1988), p. 1260.
⑤ 作为学生的福柯深受梅洛-庞蒂的影响,后者当时在巴黎高师作心理学辅导老师,为准备大中学哲学教师资格考试的学生上了关于马勒伯朗士、比朗和柏格森论心身关系的辅导课程,该课程"确定了福柯关于心理学在后笛卡尔主义者那里的诞生的第一个论题计划"(Foucault, *Dits et écrits I* (1954~1975), p. 16)。福柯《词与物》关于文艺复兴时代的描述借用了梅洛-庞蒂的"世界的散文"这一标题(Foucault, *Les mots et les choses*, pp. 32~59),而于1966发表在《第欧根尼》上的同名文章是与这一部分有所不同的一个预印本,后来收录在了《言与文》中(Foucault, *Dits et écrits I* (1954~1975), pp. 507~525)中。
⑥ 福柯在去世前声称,海德格尔对于他来说"始终是最重要的哲学家",自己的"整个哲学发展是由阅读海德格尔所决定的"(Foucault, *Dits et écrits II* (1976~1988), p. 1522)。

过深入评介。① 无论如何，福柯思想得益于来自现象学的大量灵感和资源。就像德里达一样，他甚至可以被视为概念现象学的典型代表。他们的概念现象学最终通向了物质现象学，正像亨利和马里翁从实存现象学通向了物质现象学一样。②

在问及哪些思想家、学者和哲学家影响和确定了自己的知识构成时，福柯把这一影响分成两个时段：他首先属于其反思的视域笼统地说由于胡塞尔、更准确地说由于萨特、还要更准确地说由于梅洛-庞蒂而获得界定的那一代人；然后在1950~1955年前后，出于可能难以理清的同等地属于政治、意识形态和科学方面的原因，这一视域对于他们来说已经被动摇了，突然被抹去了，他们突然处在一种巨大的空的空间面前，他们的步骤变得更加不那么雄心勃勃、更加受到限制和更有局域性，而对雅各布森的语言学、杜梅泽尔的宗教史或神话史的那种仿效成了他们非常宝贵的支撑。③ 显然，他最初接受的是现象学和实存主义的教育，接下来又受到了结构主义的影响。正是后者引导他尝试摆脱曾经作为其视域的现象学，并因此否定理性主体的奠基行为。

福柯最初关心和考问意义问题，这无疑与其接受现象学教育有关。但他后来偏离了这一方向。他告诉我们："断裂点位于列维-斯特劳斯为了各种社会、拉康为了无意识向我们证明，意义可能只不过是一种表面效果，一种闪光，一种泡沫，而深层地渗透我们的东西、先于我们的东西、把我们维持在时间和空间中的东西乃是系统的时

---

① 福柯于1954年为宾斯万格《梦想与实存》法文版撰写的长篇导论[参见 Foucault, *Dits et écrits I* (1954~1975), pp. 93-147]系他最早发表的两个作品之一。
② 参拙著《20世纪法国哲学的现象学之旅》，第五章相关内容。
③ Foucault, *Dits et écrits I* (1954~1975), p. 695.

候。"①福柯把系统和意义对立起来,这就需要我们弄清楚什么是他所说的系统。他表示:"应该把系统理解为撇开它们所联系的那些事物而自我维持、自我转换的诸关系的一个集合。"②系统概念显然可以用来描述结构。透过病人的话语及其神经症的各种症状,拉康证明了,正是各种结构、正是语言的系统本身在说话,而不是主体在说话。也就是说,先于人的整个实存、先于人的整个思想,已经有了我们将重新发现的一种知识、一个系统。知识把人撇到一边,它是没有主体的匿名系统。

在知识系统中,"我"已经爆裂了,这乃是对"有"(il y a)的发现,我们于是重新回到了17世纪的视点;我们不是把人,而是把一种匿名的思想、无主体的知识、没有同一性的理论置于神的位置。③ 人只是系统中的一个功能要素。既然系统排斥主体,它也就排除了萨特意义上的自由:在所有的时代,人们反思、写作、判断、说话的方式,甚至人们体验事物的方式,人们的感受起反应的方式,人们的整个行为都是由一种理论结构,即一个系统所支配的,该系统随着各种年龄和各个社会而变化,但它呈现在所有的年龄和全部的社会中。④ 萨特教导我们什么是人的自由,福柯则把人纳入结构之中,认为人们在作为一个时代和一种语言之思想的一种匿名的和受限制的思想内思考,而思想和语言有自己的转换规则,这一先于思想的思想或先于任何系统的系统是我们的自由思想在某一瞬间在其上涌现和闪烁的基础。⑤

按照福柯的理解,不同的时代有不同的系统或结构。在问及今

---

① Foucault, *Dits et écrits I* (1954~1975), p. 542.
② ibid.
③ Foucault, *Dits et écrits I* (1954~1975), p. 543.
④ ibid.
⑤ ibid.

天的系统会是什么时,他表示自己在《词与物》中已经尝试着部分地阐明它,但我们无论如何摆脱不了它;为了思考,我们已经受到系统背后的一个我们没有认识到的系统的约束,它随着我们发现它、随着它被我们发现而后退。① 福柯愿意用系统而不是结构来表达我们所处的文化或知识领域,但更应该看到的是结构套结构或系统套系统,就如同俄罗斯套娃一样。但他并不像结构主义者那样完全受制于结构的整体性,他尤其强调众多系统的或并置或交叉或重叠的关系。无论如何,他把自己看作为一个多元论者,因此不会使用单数的系统一词。他要在多元系统中解决话语的个体化问题。而为了个体化话语,通常应该运用一些已知的、可靠的或差不多可靠的标准,比如它们所归属的语言系统、表述它们的主体的同一性之类,此外还有其他一些不那么熟悉的、更加谜一般的标准。②

话语的个体化想要考问的是:当我们谈论精神病学、临床医学、语法学、生物学或经济学时,我们究竟在谈些什么呢? 它们是一些什么样的单位呢? 福柯针对这些学科用的是单数定冠词的斜体形式。他分析说,其中一些单位似乎可以回溯到我们的历史之深处,比如医学的历史就不短于数学;其他一些是新近出现的单位,比如经济学和精神病学;还有其他一些或许已经消失了的单位,比如决疑论;有些单位有一些新陈述不定地被记入其中,并且不停地被它们改变,比如自其诞生起就不停地重新开始的社会学或心理学单位;有些单位在大量的错误、遗忘、更新和变形之后仍然顽强地获得维持,但有时承受非常激进的改变以致我们很难将它们视为是与它们本身同一的,比如有必要断定我们为什么觉得从重农学派到凯恩斯的学说属于没

---

① Foucault, *Dits et écrits I* (1954~1975), p. 543.

② Foucault, *Dits et écrits I* (1954~1975), p. 702.

有中断过的相同的经济学。

福柯承认,可能存在着一些每一时刻都能够重新界定其个体性的话语,比如数学在每一时间点上都能够重新解释其历史的整体性。然而,在他引述的经济学、语言学和生物学中,要恢复其历史的整体性却是非常困难的。为此,通常会找到两种传统的求助方式。一是先验历史的求助方式:人们尝试在任何显示的和历史的诞生之外寻找一种原初奠基、某一无法穷尽的视域的开放、一种相对于任何事件而后退的筹划;一是经验的或心理学的求助方式:寻找奠基者,解释他打算说的东西,探测沉默地沉睡在其话语中的那些不言明的含义,依循这些含义的线索或命运,讲述各种传统和影响,确定在人的精神、感受性或兴趣中的那些苏醒、遗忘、觉悟、危机和改变的时刻。[1]第一种方式是同语反复的,第二种是外在的、非本质的,它们都无法确保话语的个体性。

我们可以用构成标准、转换或门槛标准以及相关性标准[2]等三组标准来个体化一个话语单位,从而用差异分析替代理性的进步、世纪精神之类整体化历史的主题。首先,这些标准使我们能够不是把某一时代的认识的总和或研究的一般风格,而是把多种多样的话语之间的间距、距离、对立、差异、关系描述为知识型(它不是一种被隐藏的宏大理论,而是一个散布的空间,是各种关系的一个开放的、或许可以无限地获得描述的领域);第二,它们使我们能够描述的不是包括了全部科学的宏大历史,而是那些刻画了不同话语之特征的历史类型(知识型不是共同于全部科学的一个历史剖面,而是一些特殊的残存物的同时运作);第三,它们使我们能够在它们自己的位置上定

---

[1] Foucault, *Dits et écrits I* (1954~1975), p. 703.
[2] Foucault, *Dits et écrits I* (1954~1975), pp. 703~704.

位不同的门槛,因为没有任何东西能够预先表明它们的编年对于全部话语类型是相同的(知识型不是理性的某个一般阶段,而是一些持续变动之间的复杂关系)。①

福柯研究各种话语集合并刻画它们的特征,他界定各种规则、各种转换、各种门槛和各种残存物的运作,他在它们之间进行组合,他描述各种关系束,他在所有地方都使那些系统扩散了。② 复数的系统概念使我们摆脱了对于一个时代的统一精神、其意识的一般形式或者某种像世界观之类的东西的寻求。一提到系统、一谈到结构,我们就会想到福柯哲学在复杂的学术背景中与结构主义以及后结构主义的关系。这两种思潮或同一思潮的这两个阶段接受了索绪尔的深刻影响(从不同角度看待其结构语言学),直接受益于维护笛卡尔哲学和康德哲学的法国新康德主义,代表了源自孔德实证哲学的法国科学哲学与科学史传统的推进和更新。结构语言学、新康德主义以及法国科学哲学和科学史传统紧密关联,相互促动,共同构筑了法国结构主义以至后结构主义全景图,尽管柏格森主义等思潮也在构图中扮演了重要角色。

我们可以把现象学家梅洛-庞蒂在1961年的去世和法国结构主义奠基人列维-斯特劳斯在1962发表的《野性的思维》视为法国当代哲学诞生的标志性事件。一方面,与列维-斯特劳斯关系密切,在思想上相互影响的梅洛-庞蒂突然停止了为现代性代言,另一方面,现代性的最后大师萨特直接受到了列维-斯特劳斯的这一宣告新时代来临的宣言式著作的毫不留情的批判。把这一断裂稍微提前也是合乎情理的。梅洛-庞蒂在1948年索邦课程中对索绪尔结构语言学的

---

① Foucault, *Dits et écrits I* (1954~1975), pp. 704~705.
② Foucault, *Dits et écrits I* (1954~1975), p. 705.

评介,列维-斯特劳斯在分别发表于 1949、1955、1958 年的《亲属关系的基本结构》、《忧郁的热带》、《结构人类学》等著作中对雅各布逊结构主义思想的拓展是这一断裂的重要表现,尽管他们那时还没有明确宣告一个新时代的来临。其实,这一断裂被定位为大约在 1950~1955 年前后①也并非没有道理。

福柯甚至认为萨特本人恰恰是在这个时期放弃了人们所说的严格意义上的哲学思辨,因为这位现代哲人最终把自己的活动,自己的哲学活动倾注在一种就是政治行为的行为之内。② 这其实想要表明,萨特也不得不接受新时代来临的事实。无论如何,法国学术界接受结构语言学影响主要是通过梅洛-庞蒂和列维-斯特劳斯两条路径实现的。这就表明,现象学实存主义与结构主义一开始就是互动的,而不是后者单向地取代了前者。就像其他许多接受结构语言学模式影响的法国哲学家一样,福柯经由了梅洛-庞蒂这一非常必要但并不一定充分的媒介,因此不可能完全抛弃历史的视域。现象学家瓦尔登菲尔茨表示:"毫无疑问,在法国,梅洛-庞蒂是第一个严肃地对待索绪尔、雅各布逊和其他语言学家的理论的人,他的语言现象学主要源于当代语言学,而且这在结构主义模式获得承认之先。"③

当然,结构主义者和后结构主义不可能像梅洛-庞蒂那样对语言现象学感兴趣,因为它们主要归属于形式主义之列。形式主义有如下含义:第一,它被解释为一丝不苟地尊重各种形式、各种程序,比如在行政管理方面,以及极度依恋礼节的各种外在形式,比如某些重大的社交场面;第二,它指的是注重各种有损于内容的形式价值,在艺

---

① Foucault, *Dits et écrits I* (1954~1975), p. 695.

② Foucault, *Dits et écrits I* (1954~1975), p. 691.

③ *Chiasme international: Publication trilingue autour de la pensée de Merlaeu-Ponty*, Librairie Philosophique J. Vrin; Mimesis; University of Memphis, 1999, p. 58.

术中尤其如此,比如活跃在莫斯科、圣彼得堡和布拉格的,以雅各布逊等人为代表的俄国形式主义这一文学批评学派,其研究目标是定义一件作品固有的文学特征;第三,它是一种逻辑学说,根据该学说,数学乃是摆脱了如此这般的意义的符号的集合;第四,在哲学上,它是坚持科学真理只不过取决于约定符号的使用规则这一论题以及行为的价值并不取决于其内容,而是取决于其形式的道德学说,比如在康德那里。①

福柯所说的形式主义与上述各个领域的特殊定义都有相近之处,但尤其符合第二个定义,因为他要求摆脱主体或意识在知识或文化中扮演的角色,并因此强调知识或文化的自身性。列维-斯特劳斯从雅各布逊那里接受了结构主义语言学之后,就开始把索绪尔的语言学研究看成是一种自我满足的系统,他把索绪尔在结构语言学中的发现当作一种启示,预言它不仅会使语言学发生革命,而且会使人类学和一切社会科学都发生革命。② 这显然走的是形式主义路线,而福柯关注形式主义甚过结构主义,认为它在绘画、音乐、民俗、传说以及建筑等研究领域都有其重要的运用。它从总体上说很可能是20世纪欧洲最强大、最多样化的思潮之一,它同社会状况甚至政治运动经常联系在一起,因此有必要分析形式思维和形式艺术在20世纪所扮演的角色、它们的意识形态价值以及它们同各种不同的政治运动的关系。③

福柯在最后时日的回顾性思考中依然强调形式主义的重要地位,显然强化和推进了结构分析,与此同时,他是联系社会状况和政

---

① *Le petit larousse*, Larousse, 2007, p.432.

② 库兹韦尔:《结构主义时代:从莱维-斯特劳斯到福科》,上海译文出版社,1988,第4~5页。

③ Foucault, *Dits et écrits II* (1976~1988), p.1251.

治运动来考察它的,注意到了形式概念及其实践效应,这无疑意味着始终强调结构与历史的结合。我们完全应该充分注意到这种基本的倾向性。形式主义直接受益于索绪尔的结构语言学,在关注诗歌语言的自主性/自足性的基础上关注文学的文学性或艺术的艺术性,归根结底突出的是文学语言或艺术语言的自身存在或自主自足。这种倾向强烈地冲撞着哲学与文学或与艺术之间的边界,并因此促进了语言哲学的发展。很明显,与他最初承认社会状况或政治运动相对于知识或文化的优势地位不同,福柯对形式主义的接受意味着承认知识、文化、语言的自身存在。他同时强调,在它们与社会状况或政治运动之间存在的是相互作用关系,并不存在它们单向地被外部实在或社会现实支配的问题。

在后期现代哲学中,哲学与文学艺术的关系已经获得了相当程度的重视,这与文学艺术在早期现代哲学和古代哲学中受到抑制是断然不同的。尼采、柏格森、海德格尔、萨特、梅洛-庞蒂都为拉近哲学和文学艺术的距离,拉平它们之间的等阶做出过诸多的努力。在当代性中,哲学与文学艺术之间的关系变得越来越密切,它们之间的界线差不多丧失了、它们之间的层级大体上消失了。在福柯看来,文学与一个时代的思想的所有其他形式属于相同的网络,虽然人们也都知道这一点,但往往用影响、集体心理之类来表达;然而在一个给定时刻的一种给定文化中,语言的运用方式本身是和思想的所有其他形式密切联系在一起的,所以我们完全可以作为唯一的追随者来完美地理解古典主义文学、莱布尼茨哲学、林耐的自然史以及波尔-罗瓦雅尔学派的语法学;在同样的方式上,当前的文学也是刻画哲学的特征的这种相同的非辩证思维的组成部分。[①]

---

① Foucault, *Dits et écrits I* (1954~1975), p.571.

尽管我们不会如同清理家谱一样线性地勾勒法国结构主义的前史,但承认形式主义在整个 20 世纪的重要性,无论如何暗含了结构主义对于福柯而言的重要地位。形式主义强调语言的诗歌功能,即关注语言的创造性,而诗歌功能在纯文学语言结构中有其烙印。① 这一特征同样适合于各种纯艺术。概而言之,它在诗歌、小说、散文、绘画、雕塑、音乐、建筑、戏剧、舞蹈中都以某种方式体现出来。福柯哲学汇入到形式主义大潮中,它面对着一方面是历史,另一方面是形式化的双重问题。历史的维度更多地与人的经验、与知识的内容相联系,形式化则是科学知识的一般要求。问题在于,形式化在自然科学知识领域和人文科学知识领域是以不同的面目呈现的,在 19 世纪以来的文学艺术中,形式化尤其呈现出了根本的变化,导致了文学艺术对于独立的实存或自身维度的极力维护。当然,不管自然科学知识还是人文科学知识也都有自身的历史。

福柯这样表示:"当它不再隶属于话语秩序、当它变成了语言在其厚度中的显示时,文学已经改变了其在 19 世纪的地位,文学今天或许应该获得、正在获得另一种地位,它所显示的在各种柔弱的人道主义和纯粹的语言形式主义之间的犹豫或许只不过是这一对于我们而言基本的,使我们在解释和形式化、人和符号之间摇摆的现象的一种显示。"②如果单纯隶属于话语的秩序,文学就只能表象纯粹思想、表达内在情感和表述外部现实。最典型的情形出现在 17、18 世纪,就像任何其他语言一样,文学语言在该时期也被视为完全透明的工具。但文学因为语言逐步恢复或获得自身维度而成为了关于语言冒险的叙事,它讲述语言的故事,而不是借助语言讲故事。当然,19 世

---

① 托多洛夫编选:《俄苏形式主义文论选》,第 1~2 页。
② Foucault, *Dits et écrits I* (1954~1975), p. 530.

纪的文学只是部分地体现出语言的厚度或自身维度,语言是半透明的,只是在20世纪60年代以来,才有了完全不透明的,也因此只包含自身维度的文学语言。艺术语言也是如此。

形式主义的出现当然有其历史的沉淀,体现了西方文化的自身反思,明显颠覆了古老的形式与质料学说及其在现代哲学中的表现形态。形式主义否定心理学、哲学和社会学的方法,关心作为手法的艺术而不是机械地反映理想观念或现实社会的艺术,它试图用技术术语来叙述作品的制作,从而抛弃一切神秘主义。[1] 这种技术关怀指向文学或艺术的形式维度,以为文学而文学或为艺术而艺术的名义撇开或观念(思想和情感)或现实(包括虚拟现实)的关怀。什克洛夫斯基表示:"在文学理论中我从事的是其内部规律的研究。如以工厂生产来类比的话,则我关心的不是世界棉布市场的形势,不是各托拉斯的政策,而是棉纱的标号及其纺织方法。所以,本书全部都是研究文学形式的变化问题。"[2]我们称为艺术性的事物是我们用特殊的手法制作而成的,目的在于力求使之一定被感受为艺术性的事物。[3]

无论如何,艺术不是观念的再现,不是现实的反映,它有独立的生命、自身的存在。这种形式主义重新确立了语言的自主地位,把它从观念化或心理化中拯救出来。然而,这并不意味着语言在文学艺术中完全丧失了其表象功能。尽管福柯在《词与物》中表示,19世纪以来的现代性意味着表象的式微,他后来还是以艺术为例表示,表象在20世纪依然有一定的地位。他这样说道:"直至20世纪开端,西方绘画都在'表象';透过其形式的安排,一幅画总是与某种客体联系

---

[1] 托多洛夫编选:《俄苏形式主义文论选》,第6~7页。
[2] 什克洛夫斯基:《散文理论》,第3页。
[3] 什克洛夫斯基:《散文理论》,第6页。

起来。"①既然存在着表象功能,也就不可能抛弃现实、撇开历史。真实的情形是,表象不外在于形式,也不漠视形式,而且它通过一种人们能够描述的机能与形式联系起来;大体上,我们今天已经知道其重要性的针对各种形式进行的反思是在自 19 世纪以来的艺术史中得以诞生的,而 40 多年来,它已经涌向语言和语言结构的各个区域。②

形式主义以及后来的结构主义探索诗学的内部规律,但并没有把诗学与文化和社会实践其他领域的关系等复杂问题排除在调查研究计划之外。③ 就福柯而言,他试图全方位地展示现代性向当代性的转换,并因此不可能只考虑形式或结构问题。与其他结构主义者和后结构主义者一样,他走在俄国形式主义开辟的道路上,但他与他们有很不相同的地方。原因在于,结构分析的方法在他那里并不是唯一的,它往往与其他方法相结合,尤其与历史分析相结合。他在否定二元对立的同时强调多元性,并不排斥包括结构主义在内的其他思潮。虽然在他的概念现象学与实存现象学之间存在着巨大的差异,但它们之间依然存在着充分对话的渠道。当然,他毕竟主要属于概念论传统。我们透过列维-斯特劳斯、巴塔耶和巴什拉三个名字辨识出来的三个传统在其第一本有影响的著作《疯癫史》中被组合在一起了。④ 其实,这也是他的其他重要著作的基本倾向。

福柯承认,出现在 60 年代法国和西欧的所谓结构主义运动,其实是对某些东欧国家(特别是捷克斯洛伐克)从教条的马克思主义中解放出来的努力的一种回声;在 60 年代前后,在像捷克斯洛伐克这样的国家里,二战前欧洲原有的形式主义传统正在复活,而几乎在同

---

① Foucault, *Dits et écrits I* (1954~1975), p. 650.
② Foucault, *Dits et écrits I* (1954~1975), p. 651.
③ 托多洛夫编选:《俄苏形式主义文论选》,第 2 页。
④ Habermas, *Le discours philosophique de la modernité*, p. 282.

一时期,在西欧出现了所谓的结构主义运动,也就是说出现了形式主义探索的新形式和新模式。① 他将结构主义置于形式思维的大思潮之中,并且强调自己愿意重新讲述一次形式主义的历史,把法国的结构主义这个小插曲放进 20 世纪形式主义的广阔现象之中,他认为它在自己的类别中同浪漫主义或者同 19 世纪的实证主义一样重要。② 一方面说结构主义是形式主义的新形式和新模式,另一方面又说它是其小插曲,看起来冲淡了结构主义的独立地位或者说重要性。然而,如果转换视角,我们完全可以说这意味着结构主义更一般的意义获得了承认。

在法国之所以会出现从现象学实存主义向结构主义的演变,是因为梅洛-庞蒂遇到了语言问题,人们由此发现现象学不能够像结构分析那样说明可以由语言类型的结构产生出来的那些含义的效果,现象学意义上的主体不能作为含义的赋予者参与到结构中去。③ 作为学生的福柯从梅洛-庞蒂在索邦的课程中受益良多。当然,梅洛-庞蒂无意在其语言现象学中动摇主体的地位,正像他无意通过身体问题和他者问题来达此目的一样。但是,这些努力无论如何构成为意识主体的限定,是对身体主体概念的进一步展开。他的说话主体依然强调主体,不像拉康的说话主体要么突出说话,要么指向沉默。福柯在这方面无疑更认可拉康,虽然说他们之间也存在着非常明显的差异。最终说来,他们都明确承认,语言地位的极度提升导致了主体的终结,而知识考古或话语考古就是要透过理性的喧嚣来展示非理性的沉默。

谱系学方法是考古学方法的拓展,话语的纵深挖掘和平面铺展

---

① Foucault, *Dits et écrits II* (1976~1988), pp. 1250~1251.
② Foucault, *Dits et écrits II* (1976~1988), p. 1251.
③ Foucault, *Dits et écrits II* (1976~1988), p. 1253.

由此得以结合,描述和解释交相辉映,复杂的内部关系与多样的外部关系一并获得展现。当然,谱系学方法能够更好地展示当代性,它尤其突破了考古学方法残存的深度模式追求。其实,它们都属于当代性范畴,在它们那里,话语不是一种工具,而是某种事件,一如通常意义上的其他外部事件一样。任何事件,包括话语事件都具有其独立实存和自身力量,同时也具有交换价值,从而与其他事物产生互动。与梅洛-庞蒂等后期现代哲学家只是部分地看到了语言的自身存在不同,尽管福柯并不全盘否定话语的表象功能,但其自身存在获得了极端的强调。梅洛-庞蒂区分两种形式的散文,通过承认语言的诗意性而在一定程度上开始重视语言的自身性。然而,其哲学的含混倾向导致他不可能极力突出语言的自身维度。而在福柯那里,这一自身维度获得了最充分的展示。

福柯针对理性的言说或非理性的沉默进行考古,主要围绕人文科学知识进行谱系清理,这一工作当然涉及时期或时代之类的时间概念。但是,福柯哲学以及其他当代哲学不像现代哲学那样主要围绕时间性来展开,因为它启用了一种空间思维模式。开裂、断层、分化、跳跃,即非连续构成为当代思想的主要特征。作为一门受到实证科学强烈影响的学科,归属于历史学范围的考古学具有非常强烈的时间意识,它往往针对既往的事物,并因此锁定在时间的过去形态中。通过层层挖掘,它试图发现各种历史遗物,在横向或纵向的比较研究中回到过去本身;就是说,它的唯一目标是让被挖掘出来的东西讲述各种"故"事、那些已经逝去的事情。但在福柯的当代性姿态中,话语考古不必承受历史的重负,可以逸出时间的模子。它从根本上说就是要冻结时间,终结历史,过去、现在和将来被它纳入到平面空间的杂然共存中。

我们既不像古代哲学家那样沉湎于过去的辉煌,也不像现代哲学家那样陶醉于将来的愿景,我们逐浪于现在的充实。时间之所以不是优先考虑的对象,是因为我们既可以针对过去、也可以针对当下进行考古。现代哲学强调时间的流动或涌现,当代性却要凝固或冻结它。我们只关心挖掘出来的东西本身,既不考虑它从哪里来,也不关心它到哪里去,完全就像我们只活在当下,既不关心我们的前生,也不管我们的来世一样。我们可以也应该静态地考察某一时间段内的知识状况,考虑知识要素在话语空间中的分布或散布。知识考古学清理词与物之间的复杂关系,意味着把一切都纳入到话语空间中,纳入到知识系统中。在一个时代的知识型中,一切都意味着言,而且总是言而有物,甚或言就是物。言通常借助词,这里的词既可以呈现为声音,也可能为书写;在《词与物》中,物主要指各种层次的经验,也可以说是对各种处境的直接体验。

不管法国现象学还是法国结构主义都深受笛卡尔哲学和康德哲学的影响,但它们显然接受的是不同的笛卡尔哲学和康德哲学,或者说它们各自对这两种哲学进行了有利于自己的批判改造。法国新康德主义是这两种哲学的新形态,它强调科学理性,放弃了以启蒙理性为核心的普遍理性观念。它主要影响了法国科学史和科学哲学传统,进而影响了法国结构主义,尽管结构主义对科学和理性又有了全新的理解。至于法国现象学,它更多地接受了直接以笛卡尔哲学和康德哲学为批评靶子的柏格森生命哲学,而不是布伦茨威格等人的新康德主义。在现象学被传入的时期,法国哲学界主要流行的是新康德主义和生命哲学,前者几乎垄断了哲学的学院舞台,后者则在文学艺术界产生了巨大影响。胡塞尔式的现象学在一定程度上可以为法国新康德主义所接受,但海德格尔式的现象学与法国新康德主义似乎水火不容,它与法国新黑格尔主义非常合拍。

真正说来,法国现象学只是在后来的发展中才逐步接受了生命哲学的诸多资源和灵感。法国现象学的主流传统是受海德格尔哲学（以及从海德格尔哲学角度读解的胡塞尔哲学）影响的实存论现象学，而接受胡塞尔影响并且把其哲学与新康德主义关联起来的则是概念论现象学。萨特和卡瓦耶斯代表了法国哲学界对胡塞尔现象学的两种异质的解释。① 这导致现象学先是走向实存主义，随后又为结构主义开辟道路。实存主义与结构主义具有不同的关怀，具有反差明显的处境。前者既以黑格尔、克尔凯郭尔、胡塞尔和海德格尔这一哲学传统，也以自1933年以来的与法西斯主义和纳粹主义做斗争这一丰富的政治经验为起点；后者则是在一段政治冷漠时期产生和发展起来的：至少在阿尔及利亚战争之后，戴高乐主义在法国已经难以促发知识分子的兴趣，于是出现了一方面是政治荒漠、另一方面是各种非哲学的理论学科的极度增生这一巨大的反差。

尽管实存主义为战后的许多知识分子提供了一种存在方式，但没有任何知识曾经被说成是实存主义的，而"结构主义的"可以被置为大量的理论或实践研究（语言学、社会学、历史学、经济学，等等）的定语。② 这就出现了实存与知识之间的张力。前者强调历史和实存，后者关注结构和知识；前者维护主体的中心地位，后者宣布主体的终结；前者认同辩证理性，后者认可分析理性。福柯重视分析理性，集中批判后期现代的辩证理性，却不愿回到早期现代的分析理性；他走出实存，却不因此回归被纳入表象秩序中的自然；他诉诸既非经验也非科学的知识。他表示："17世纪分析理性的基本特征是以自然为参照，19世纪的辩证理性的发展主要是以实存为参照，即以个人与社会、意识与历史、实践与生活、意义与非意义、有生命物与无生命物的

---

① Foucault, *Dits et écrits II* (1976~1988), p. 430.
② Foucault, *Dits et écrits I* (1954~1975), p. 610.

关系问题为参照。我认为现在建立的这种非辩证思维不涉及自然或实存问题,而涉及什么是知识。"①

福柯的局部批判策略把矛头直接指向实存,简单地说指向自19世纪以来的现代性,或者说针对的是"不!不再有知识,只有生活","不再有知识,只有现实","没有书本,只有金钱"这样一种整体主题,意味着屈从的知识的造反。② 在他那里,存在着广义的知识(le savoir)、相对规范的认识(la connaissance)和严格规范的科学(la science)之间的区分,但他更关心的是非常接地气的知识。知识接近于经验,我们当然需要分析其结构,但更有必要把握其社会的和历史的条件。当代主义不再受制于形而上学或观念论,更不会接受绝对的超越物或来世,但这并不意味着当代性就会拒绝知识,自甘于蒙昧。也就是说,在针对制度或机构进行批评时,当代性思维不是诉诸于单纯的事实或现实,而是借助于知识。关键是何种知识。这里的知识不是客观的、科学的知识,而是针对现代性及其规则进行造反的所谓的屈从的知识。

福柯从两种意义上理解这些知识。第一,屈从的知识泛指被湮没、被掩盖在一些功能融贯性和一些形式系统化中的某些历史内容。③ 具体说来,它们不是指一种关于精神病院生活的符号学,也不是指一种关于犯罪的社会学,而确切地指称使我们能够对精神病院和监狱进行实际的批评的各种历史内容的呈现。只有这些历史内容让我们能够重新找到被功能调整和系统组织视为掩盖之目标的对抗与斗争的划分。显然,屈从的知识是在一些功能性的、系统性的整体中被表达和被掩盖的历史知识,而批评可以通过博学的手段使它们

---

① Foucault, *Dits et écrits I* (1954~1975), p. 570.
② Foucault, «*Il faut défendre la société*», p. 8.
③ ibid.

重新呈现。第二，屈从的知识应该被理解为另外的东西，在某种意义上说，被理解为完全另外的东西，即一系列同等地不够资格的知识，它们是一些非概念的知识，一些没有获得充分阐述的知识，即一些素朴的知识、低等级的知识、处于所要求的知识层次或科学性之下的知识。[1] 屈从的知识显然直接扎根于社会和历史。

第二类屈从的知识似乎与普通人或常人的知识联系在一起，并因此否定了知识分子对知识的垄断。在理论优先的情况下，知识分子对于知识有垄断权，但在局部批评工作中，知识分子发现，群众不需要他们来获取知识，群众完全清楚地掌握了知识，甚至比他们掌握得更好，而且群众能够很好地表达自己。[2] 福柯一向重视普通人的知识，认为在工人们的记忆中存在着一些产生自那些伟大的斗争的基本经验，正是由于各种各样的遗忘，我们才没有能够从工人阶级的知识和经验中受益。[3] 常人的知识并不就是常识或者良知，它们相反地是特殊的知识、局部的知识、有差别的知识，它们没有能够形成一致和统一，它们的力量取决于直截了当地对立于围绕着它们的那些知识。

福柯既区分两种屈从的知识，又把它们悖谬地耦合在一起。一方面是各种精微的、博学的、精确的、技术的历史知识，另一方面是各种局部的、独特的、被闲置的、丧失资格的历史知识；前者是被湮没或被掩盖的博学知识，后者是被科学或规范知识贬低的知识；而给予话语批评以实质性力量的东西正是它们的耦合。[4] 那么，在这些博学的知识和这些丧失资格的知识中，在这两种或是屈从的或是被湮没的知识中，涉及什么东西呢？福柯认为涉及的是各种关于斗争的历史

---

[1] Foucault, «Il faut défendre la société», pp. 8~9.
[2] Foucault, Dits et écrits I (1954~1975), p. 1176.
[3] Foucault, Dits et écrits I (1954~1975), p. 1266.
[4] Foucault, «Il faut défendre la société», p. 9.

知识。在两种类型的知识中,存在着维持在边界上的战斗记忆。既精确地重新发现了那些斗争,又有战斗的原始记忆,于是出现了人们所说的谱系学或毋宁说出现了多样的谱系学研究。关于两种知识的耦合的谱系学之所以可能,人们之所以还曾经做出如此尝试,是因为一个前提条件:那些包纳性的话语的专横连同它们的等级、连同各种理论先锋的全部优势被取消了。①

福柯坚持认为谱系学是一些博学知识和一些局部记忆的耦合,这种耦合使关于各种斗争的某一历史知识的构造和这一知识在各种现实策略中的利用得以可能。在谱系学工作中,问题绝不在于用事实的具体多样性来对抗理论的抽象统一性,问题绝不在于让思辨家失去资格,以便在无论哪一种科学主义的形式中以完全既定的知识之严格性来对抗他,正因为如此,福柯坚持的并不是一种贯穿谱系学计划的经验主义,也不是一种一般意义上的紧随经验主义的实证主义。② 福柯要做的工作是使一些对抗统一的理论要求的局部的、不连续的、丧失资格的、不合法的知识运作起来,从而摆脱统一的理论试图以一种正确认识的名义、以某门会被某些人掌控的科学的权利之名义来过滤它们,按等级组织它们、整理它们。③ 各种谱系学不是向着一种更专心的或更精确的科学形式的实证主义的回归,它们非常准确地说是一些反科学。

这些谱系学并不为无知和非知要求抒情的权利,它们指向的是知识的造反,不是针对科学的各种内容、各种方法或各种概念,而是针对各种集中化的权力效果的造反。④ 问题不在于科学与非科学、知

---

① Foucault, «Il faut défendre la société», p. 9.
② Foucault, «Il faut défendre la société», p. 10.
③ ibid.
④ ibid.

识与非知识的对立,而在于以科学或知识的名义进行控制,相应地也就有了针对控制的造反,各种屈从的知识的造反。我们往往服从于科学话语的制度及其功能,正像我们服从社会的其他制度和功能一样。科学话语的这种制度化可以在许多领域中形成,对于福柯来说,它究竟在哪里形成是无关紧要的,因为谱系学进行的战斗针对的是被视为科学的某种话语所固有的权力的各种效果。① 应该突破知识在专家与大众之间的分野。我们不能认为语言或词汇的原因把哲学家和学者跟大众、跟他们与之生活在一起的人、跟同时代人区别开来了,相反,知识传播的要求比任何时候都要广泛和有效。

在 14 和 15 世纪,知识乃是秘密,这意味着知识并不传播或者只是在确定数量的个体之间传播,如果知识被公开了,它就不再是知识,或不再是真的知识;但在 17、18 世纪,知识的结构变成为公共的,这意味着所有人都有知识,虽然受教育的程度有别,虽然掌握知识的精度不同,但不能说一方面存在着无知者,另一方面存在着学者;现在的情形则是,在一个知识点上发生的事总是非常快地在另一个知识点上引起反响,在这一范围内,知识永远都不再是专门化的,然而,知识也永远都不再会快速地与它自己相通。② 无论如何,知识与专门化的、规范化的科学是有区别的,这突破了理论的优先性。实存主义强调实践,但依然把理论放在优先位置,只不过要求从理论走向实践;结构主义强调理论,但它并不在理论与实践之间划定界限,相反,理论就是实践。

福柯在这方面显然认同于结构主义者,尤其是阿尔都塞。在进入法兰西学院之后,他不仅关注监狱理论,更关注监狱的现实。一个

---

① Foucault, «Il faut défendre la société», p. 10.
② Foucault, Dits et écrits I (1954~1975), p. 696.

非常重要的表现就是参与组织了监狱信息小组。这显然是理论与实践相结合的一个典型事件。其实,在这一特定阶段,他有时甚至强调实践甚过理论,而不局限于理论就是实践。真正说来,他寻求在他所说的考古学中把理论与实践结合起来。① 监禁制度的演变及其复杂性表明,监禁是一种技术,在现代性进程中已经经历了一种普遍的运用,同等地适用于收容所、军营、学校,等等。福柯之所以关心监狱信息小组,就是因为他更期望一种有效果的工作而不是在大学中喋喋不休或在书本上乱涂乱写。福柯始终关注非理论的维度,越到后来越加关注实践效应。但应该明白的是,福柯在许多时候都是在话语空间中处理理论与实践关系的,对于所有这些实践,因此这些建制,这些理论,我们都在各种痕迹的层次上,也就是说几乎总是从语言痕迹方面把握它们。②

在福柯看来,知识考古学使我们可以摆脱理论相对于实践的任何优先性问题,反之亦然,我们事实上在相同的平面,并且依据它们的同构来处理各种实践、各种建制和各种理论,而且我们寻找使它们得以可能的共同知识,寻找构造的和历史的知识的层级,我们与其说是从被动实践的视点寻求说明这一知识,不如说是寻求表述对我们可以称之为积极理论的东西的分析。③ 他认为在自己那里不存在针对分析对象的选择或优先性问题,应该阅读一切,认识所有的建制和所有的实践。④ 我们与之打交道的是一个忽视传统的各种差异的领域,这使得我们可以以相同的步子探讨唐·吉河德、探讨笛卡尔、探

---

① Major-Poetzl, *Michel Foucault's Archeology of Western Culture*: *Toward a new science of history*, p. 4.
② Foucault, *Dits et écrits I*(1954~1975), p. 527.
③ Foucault, *Dits et écrits I*(1954~1975), pp. 526~527.
④ ibid.

讨贝利埃弗尔关于建立禁闭所的法令,并且觉察到 18 世纪的语法学家与同一时代的著名哲学家具有同等的重要性。[1] 不管真实的还是虚构的、哲学的还是历史的、理论的还是实践的,一切都可以纳入探讨的范围。

早期现代哲学显然具有理论哲学优先的倾向,也因此带有理论突出于实践之上的特征;在后期现代哲学中出现了实践哲学转向,并因此突出了实践相对于理论的优先地位。与此同时,实践的内涵和外延都扩大了,不仅包括道德践履,也把一切人类活动都容纳在内。在当代哲学中,理论与实践的关系出现了更复杂的情,理论本身被视为实践。在福柯那里,实践哲学转向实际上意味着政治和伦理生活中的去蔽,这在其最后时期尤其明显。有研究者认为:"在其最后的课程中,福柯区分了不可还原的三极:真理/真相、政治和伦理,它们的必然而且相互的关系已经支撑了从希腊到我们时代的整个哲学话语的实存。"[2]从其希腊词源上说,真理/真相意味着去蔽,也因此意味着在政治或伦理生活中说真话,意味着直言。福柯从 1966 年至 1969 年通过《词与物》和《知识考古学》描述了真理,在 1970-1979 年间描述了权力与治理的各种关系,最后从 1980 年开始,当最重要的问题变成为主体的形成问题时,描述了伦理。[3] 与理论就是实践相呼应的是,他的思想之影响既是理论的,又是政治的。[4]

在和德勒兹的一次对话中,福柯提到了一个毛主义者对他说的话:"关于萨特,我完全明白他为什么与我们在一起,他为什么从事政治,他在何种意义上从事政治;至于你,严格地说,我有一点点明白,

---

[1] Foucault, *Dits et écrits I* (1954~1975), p. 527.
[2] Terrel, *Politiques de Foucault*, Presses Universitaires de France, 2010, p. 1.
[3] Terrel, *Politiques de Foucault*, p. 1.
[4] Eribon, *Michel Foucault et ses contemporains*, p. 11.

你总是提出监禁问题。但至于德勒兹,说实话,我不明白。"[1]福柯表示自己对这一说法感到很吃惊,因为他认为这一问题是非常清楚的。他的姿态的确有别于萨特,明显走向了德勒兹。虽然萨特式的介入观要求将理论付诸于实践,但它依然强调两者是分离的。福柯既不完全否定理论可以产生实践效力的传统观点,又积极参与各种具体实践,与此同时,还认同理论就是实践的姿态。我们有时设想实践是理论的一种运用、一种结果,有时设想实践是在前面影响理论的东西,似乎是关于一种未来的理论形式的创建者;无论如何,我们在这种或那种整体化进程中设想它们的关系;然而,我们现在正亲历理论-实践关系的新形式。对于福柯、尤其是受其影响的德勒兹来说,政治实践并不一定要走向街头,话语分析和概念创造也是其形式,它们并不作为整体,而是以零散和琐碎的方式出现。

德勒兹非常明确地放弃了大叙事意义上的理论和实践概念,具体而微地表明了理论的多元性、实践的多样性、理论和实践关系的复杂性:"我们全都属于小集团。不再有表象,只存在着行动,在中转或网络关系中的理论行动、实践行动。"[2]在他看来,理论-实践的关系要更加局部和碎片:一方面,理论始终是局部的,是相对于一个小领域的,它或许可以在一个或远或近的其他领域中有其应用,而且应用关系从来都不是相同的;另一方面,理论一旦深入到它自己的领域,就会遇到障碍、壁垒和冲突,它们使它必然被另一种类型的话语所替代;如此一来,实践是一个理论点到另一个理论点的中转站的集合,而理论是一种实践转向另一种实践的中转站。[3] 这一详尽的描述表

---

[1] Foucault, *Dits et écrits I* (1954~1975), pp. 1174~1175.
[2] Foucault, *Dits et écrits I* (1954~1975), p. 1176.
[3] Foucault, *Dits et écrits I* (1954~1975), p. 1175.

明,德勒兹放弃了关于理论与实践的传统看法,但他并不因此就径直地走向了其反面。其实,不管理论还是实践在当代都有了新的含义,它们的关系也就不再是清楚分明的,但无论如何都具有局域性、碎片化的特征。

人们不再为了宏大目标而斗争,人们立足于自己的现时/现实,着手进行某种逐步的社会工程,而不是乌托邦式的整体工程。当代性意义上的理论与实践关系涉及知识分子在知识-权力问题上与普通群众之间的关系问题。权力并不高高在上,它深入而微妙地渗透在整个社会网络中。知识分子本身构成为权力系统的一部分,那种关于知识分子是良心和话语的代言人的观点本身构成为这一系统的一部分。知识分子的角色发生了变化,不需要他去说出大众的沉默的真理,不需要他处在稍微靠前或稍微靠边的位置;也就是说他不再高高在上、不再超然旁观,他毋宁说要或直接或间接地与各种权力形式做斗争。这些权力形式处在"知识、真理、意识、话语"的秩序之中,把他既看作控制的对象又当作实施控制的工具。如此一来,理论并不表达和反映实践,并没有被应用于实践,它本身就是一种实践。当然,理论并不是整体化的,而是区域的、局部的。知识分子同权力作斗争,而理论是这种斗争的局部系统。①

不知道德勒兹是否受到了维特根斯坦语言游戏说的影响,他把理论比作工具箱,认为它同能指无关。在他看来,理论不是为了理论本身而存在,理论应该有用,但是,人们并不局限于某一理论,他们不断地创造理论,不同的人可能会从不同角度来使用这些理论,各有其偏好,因此会产生不同的效果。作为纯粹知识分子的作家普鲁斯特要求我们把他的书当作一副朝向外部的眼镜,如果它不适合于我们,

---

① Foucault, *Dits et écrits I* (1954~1975), p.1176.

我们就换一副，找到对我们自己来说最有效的斗争武器；在他看来，理论并不整体化，它被增多、它增多；正是权力本质上开启了一些整体化，而理论按其本性是抵制权力的。① 理论的有用不是来自于其非理论的基础，而是来自理论本身。但是，不同处境的人有不同的理论，哲学家并不占据优势地位：当犯人说话时，他们自己就有一套关于监狱、刑罚和司法的理论；这种反对权力的话语，犯人或所谓轻罪犯人所持的反话语，才是重要的。②

当代性关注的不是中心，而是边缘，不是主流而是支流，任何人都从他自身的角度进行思考，也因此不再有笛卡尔代表人类进行思考这样的问题，要从每个人自己遵守的准则上升到普遍法则也就面临着困境。正因为如此，福柯否定现代性意义上的权力理论，认为在它那里的"统治、领导、管理、权力集团、国家机器"等等，全都是需要加以分析的概念游戏。③ 而且，我们需要很好地了解权力行使的程度，经由哪些中介或驿站，直到哪些往往非常低微的控制（监视、禁止和约束）机构。我们可以说，凡是有权力的地方，人们都在行使权力。但确切地说来，没有人是权力的拥有者。出现的始终是一方面的一些人和另一方面的另一些人在一定的方向下共同行使权力。人们不知道谁是掌权者，但是知道谁没有权力。按照德勒兹的说法，我们完全明白谁在剥削、谁在获利、谁在治理，但权力依旧是某种最分散的东西。④ 在复杂的权力关系网络中，唯有理论和实践的共同作用才会让权力显示出来。

福柯注意到，在当代氛围中出现了针对一些东西、一些制度、一

---

① Foucault, *Dits et écrits I*（1954~1975）, p.1177.
② Foucault, *Dits et écrits I*（1954~1975）, p.1178.
③ Foucault, *Dits et écrits I*（1954~1975）, p.1181.
④ Foucault, *Dits et écrits I*（1954~1975）, p.1182.

些实践、一些话语的巨大的、迅速增长的可批判性，出现了一些基础的某种普遍易碎性，而这种易碎性和这种不融贯的个别的、局部的批判有其最初没有预料到的令人惊奇的功效，这意味着对各种整体理论或者说各种全覆盖的、一般理论的抑制效果：话语的理论统一似乎被悬置起来了，它无论如何也要被切割，被摆脱，被撕碎，被调转方向和改变位置，被漫画化，被戏弄，被戏剧化，这就是所谓的批判的局部化特征。① 批判不再意味着从整体上颠覆，而是从局部进行瓦解，不再采取直接对抗的方式，而是使用迂回的策略。我们由此想到，在德里达那里，解构并不意味着虚无主义与形而上学之间的对抗，而是在两者之间的某种倾斜的、反复的运动，力求避免各种形式的正面对抗和冲突。

实践指向并不意味着抛开理论或话语问题。福柯承认，他的各种决定不得不仍然取决于一种话语，但是，我们尝试着实际去做的事情并不寓于某种关于善与恶、可做的或不可做的理论中，他对此不感兴趣，他认为有一件事是确定的，那就是现行的刑罚体系，更一般地说压制体系甚或刑法体系不再是由人来支撑的。② 他认为，在法国，最贫穷和最受剥削的阶级对监狱和司法有着实际的不满。问题不是知道什么是理想的刑法体系，理想的控制体系，而是应该尝试着看出在现行的司法体系中对于那些最不利的阶级来说难以接受的东西，使之呈现，将之转换为对所有人来说都清楚的话语。就公正的权利而言，人们正是依据自己所属的阶级，依据财富的可能性，依据社会地位而获得公正的。公正并不是以相同的方式被赋予的，人们在公正面前是不平等的。关键在于，一切都被纳入到了话语构成中，也因

---

① Foucault, «Il faut défendre la société», pp. 7~8.
② Foucault, Dits et écrits I (1954~1975), p. 1076.

此要看到话语权的重要性。

福柯在谱系学时期对《词与物》和《知识考古学》过于关注理论、过于关注科学史有了某种反思，并因此重新回到对于疯癫经验之类的关怀，对监狱经验和性经验的关注无疑是此前工作的延续。他一开始关注的是监狱经验。现代性意味着监视的普遍化，我们生活在有形或无形的监狱中。鲍德里亚在谈及生产时把福柯所说的监禁泛化了："制造业的监禁是福柯描述的17世纪的监禁的难以置信的扩大化。'工业'劳动（非手工的、集体的、被剥夺了生产资料的、受控制的劳动）难道不是在最初那些大的普通收容所中诞生的吗？起初，一个通向合理化的社会禁闭那些游手好闲者、流浪者、异常者，它让他们忙于做事，让他们固定下来，把劳动的理性原则强加给他们。但感染是相互的，社会借以确立其合理性原则的这一切割却倒回整个劳动社会：监禁是一个微型模式，就像工业系统一样，它很快就在劳动的标记下面，在生产主义目标下面普及到已经成为集中营、拘留所、监狱的整个社会。"[①]

结构主义者无论如何给予福柯以重要启示。他们并不把自己关在象牙塔中，他们有其现实的关怀，只不过这种关怀有别于前一个时代。在萨特出版其重要作品的那个时代，法国的政治处境让人们向任何哲学都要求一种对于提出来的那些实践问题的回应。[②] 这些问题事关人们如何与德国人、与那些为了自身利益而使抵抗变质的反动资产阶段政府、与苏联和斯大林主义、与美国人打交道。针对这些最重要的问题，萨特的哲学确实给出了各种既非常好又非常一致的回应。然而，战后的情势完全改变了，理论平面也相应地产生了一些

[①] Baudrillard, *L'échange symbolique et la mort*, Éditions Gallimard, 1976, pp. 49~50.

[②] Foucault, *Dits et écrits I*（1954~1975）, p. 685.

改变:资产阶级生活的平静让知识分子能够在日常生活中从事诸如性欲在一个原始部落中、语言结构在一部 19 世纪的小说中之类边缘的、不那么有用的研究。福柯表示,这一切暂时并不那么有用,但我们不能说结构主义自我封闭,而那些在其多样的学科中工作的人是与任何的政治介入不相干的;相反,结构主义应该能够为任何的政治行动提供一种或许必不可少的分析工具。①

按福柯的表述:"结构主义不是一种新的方法,它是针对现代知识的觉醒的、不安的意识。"②它在当代思想文化舞台上扮演核心角色,但我们也不应该忽视它与现代思潮的密切关系。它既是从现代性转向当代性的重要环节或重要力量,也是这一重大转化的主要见证。问题是,福柯在结构主义运动中是否扮演了某种角色。他被认为是一个结构主义者,进而言之,是一个后结构主义者。比如有学者指出,《词与物》以宣布人的死亡著称,而该书的直接成功把福柯推为结构主义者的排头兵。③ 问题是,他不仅一向否定,而且非常反感人们把他与结构主义关联起来。他明确声称自己不是结构主义者,除了在他感到遗憾的几页中之外,他从来都不使用结构这个词,而当他谈论结构主义时,也是把它作为与他同时代的一种认识论对象来谈的。④ 换言之,结构主义是他要考察的一种文化现象,受制于特定时代的知识型。

福柯承认,在语言学中有一种使他感兴趣的方法,主要是生成和转换语法,他自己尝试引进到观念史、科学史和一般思想史中的方法

---

① Foucault, *Dits et écrits I*(1954~1975), pp. 685~686.
② Foucault, *Les mots et les choses*, p. 221.
③ Gros, *Michel Foucault*, p. 7.
④ Foucault, *Dits et écrits I*(1954~1975), p. 866.

有点像是这种方法。① 他无疑在一定程度上认可了那些突出语言或文化的生成与转换结构的学者。有人把他说成是结构主义的祭司，而他谦虚地表示自己最多只是结构主义唱诗班的儿童，甚至是一个无知的旁观者。② 在另一个地方，他声称："首先，我不是结构主义者，我从来没有说过我是结构主义者，我甚至总是坚持我不是结构主义者，而且我多次反复提醒这一点。没有什么东西，在我已经出版的东西中绝对没有什么东西，不管在我的各种方法还是我的各种概念中没有任何东西使人想到结构主义。我要设想自己是结构主义者，就必须把自己叫作皮亚杰。"③在他看来，只有愚蠢而天真的皮亚杰，只有白痴、头脑简单者、无知者才会把他称作结构主义者。

虽然福柯反复否定自己是结构主义者，但还是有人问他，在他的结构主义理论和他的作品之间有一些什么样的关系。他就此表示："我尝试着做的，乃是把一些结构主义方式的分析引入到它们目前为此尚未渗透的一些领域中，即观念史、认识史、理论史的领域中。在这一范围内，我已经被导向根据结构去分析结构主义本身的诞生。"④他显然承认自己运用了结构分析的方式，只不过其运用的主要对象恰好是结构主义本身。结构主义是当代文化中的主要思潮，对它进行结构分析，无论如何导致了结构问题的复杂化。福柯进而表示，正是在这一范围内，他与结构主义有一种既保持距离又有重叠的关系：保持距离，因为他谈论它而不是直接实践它，有重叠，因为他并不打算谈论它而不说它的语言。⑤ 他其实针对结构主义采取了一

---

① Foucault, *Dits et écrits I* (1954~1975), p. 866.
② Foucault, *Dits et écrits I* (1954~1975), p. 609.
③ Foucault, *Dits et écrits I* (1954~1975), p. 1164.
④ Foucault, *Dits et écrits I* (1954~1975), p. 611.
⑤ ibid.

种内部瓦解策略,放弃二元对立的思维方式,不在要么赞成它要么反对它之间采取二者择一的姿态。

福柯对结构主义的本性显然有清晰、清醒的认识:不存在所谓的结构主义手册,也没有什么结构主义契约,从而也不会有关于结构主义的一般理论。它是一种只存在于一些确定的领域的理论活动,它只不过是一种分析事物的方式。结构主义在某一特殊领域或同时在多个领域中引发了一些已经产生了重要改变的作品:在人种学领域有列维-斯特劳斯的那些致力于在各个原始美洲社会中的亲属关系形式、致力于各种美洲神话分析的作品;在社会学领域有伯克的那些作品;还有比如杜梅泽尔的那些作品(他在著名的《古代罗马宗教》中把罗马宗教置于与全部印欧神话和宗教的关系中);在文学分析领域,则有巴特关于拉辛的那些作品;以此为基础,福柯本人致力于涉及"我们"这样的一种文化中的语言的各种实存形式的方法论工作。①《知识考古学》不仅是对他自己的作品,而且也是对上述作品的方法论总结。

正如我们在一些著述中尝试着表明的那样,不管他本人愿意与否,福柯确实可以被归入结构主义和后结构主义阵营,至少可以被视为这一阵营的同路人。作为一个主张主体死了或作者死了的哲学家,他要保持超然旁观的姿态是非常困难的,拒绝接受他人来为他贴上这样或那样的标签也是枉然的。他曾经表示,结构主义现时地被记入了人文科学知识的一种巨大的转换之内,这一转换不是以结构分析而是以对人类学地位、对主体地位、对人的优势的质疑为顶点,而他本人的方法以结构主义相同的名义被记入这一转换的范围内,

---

① Foucault, *Dits et écrits I* (1954~1975), p.612.

在它边上,而不是在它里面。① 这一说法恰恰委婉地承认了自己与结构主义的千丝万缕的关联。其实,结构主义并非铁板一块,它是一个分化明显的大家庭,而福柯思想与这一包容性的思潮要么有这种或那种交集,要么构成为其多样性中的一个要素。结构主义无论如何是他无法绕过的时代界标。

与实存主义强调个体经验不同,结构主义在一定程度上具有科学的雄心,它试图渗透到一切领域,主张建构一种人文科学叙事学。列维-斯特劳斯的工作涉及各种神话,拉康的工作涉及无意识,巴特的工作涉及文学批评和符号学,阿尔都塞的工作涉及马克思主义,与此同时,他们每一个人都把整个人文科学划入自己的地盘。福柯不同于他们的地方就在于,他更愿意围绕知识而不是科学展开其研究。福柯以非结构主义者的名义表示:"结构主义是一种其应用领域没有先天地被确定的方法。一开始就获得确定的,乃是各种方法规则以及人们为了应用它而所处的层次。但是,人们非常有可能可以在一些暂时绝对没有被预料到的领域中进行一些结构分析。我不认为人们能够先天地限定这些研究的范围。"②这一方面涉及结构主义的合法限度,另一方面则表明,如果有必要,他本人完全可以借用结构分析的方法。

福柯是哲学家,但他的研究涉及疯癫史、疾病史、监狱史、性史、观念史、哲学史、科学史、思想史、思想系统史等等历史领域,而与这些历史领域相关的是各种人文科学、社会科学、甚或一些自然科学:像心理学、精神病学、精神分析学、临床医学、经济学、语言学、生物学等等。这些学科恰恰也是结构分析方法力图渗透的领域。然而,福

---

① Foucault, *Dits et écrits I* (1954~1975), p. 807.
② ibid.

柯甚至给出了一些"客观的"理由或说法,用以表明,不仅他而且其他参与到结构主义运动中的人都不知道结构主义是什么,他们只是被贴上了结构主义者这一标签:"当我们询问被归在结构主义者名下的人们时,当我们询问列维-斯特劳斯、拉康、阿尔都塞或语言学家时,他们会回答时,他们相互之间没有、或很少有任何共同之处。"①似乎只有萨特等圈外人会断言某某是结构主义者,他认为结构主义者构成了一个融贯的小组,即列维-斯特劳斯、阿尔都塞、杜梅泽尔、拉康和福柯构成了一个具有统一性的群体。②

问题在于,这些人之间根本没有萨特所说的这种统一性。福柯非常不满意地表示:"我已经说过、重复说过、说明过很多年我未曾在任何时候使用过那些为结构分析所固有的方法,自己从来没有打算成为结构主义者。"③在问及列维-斯特劳斯、拉康、阿尔都塞、巴特以及他本人之间的共同处时,福柯表示,他们中的每一个会声称自己与其他三个人没有任何共同的东西。④ 被归类到结构主义阵营的许多人都反对自己被贴上结构主义的标签,作为同路人的福柯做出如此声称也就不足为怪了。问题的实质在于,不应该因为关注结构就悬置历史。福柯恰恰在这里与其他结构主义者区别开来,也正是在这里,体现出现象学和实存主义对他依然有重要的影响。实存主义强调历史、主体、意识、实存,结构主义则突出结构、概念、无意识、知识,但在德里达式的解构游戏中,这种对立根本就不存在。

以人的目的/终结(les fins d'homme)为题,在3H和3M的更广泛的背景中进行解构阅读,德里达发现不管实存主义还是结构主义,对

---

① Foucault, *Dits et écrits I* (1954~1975), p. 693.
② ibid.
③ Foucault, *Dits et écrits I* (1954~1975), p. 1077.
④ Foucault, *Dits et écrits I* (1954~1975), p. 681.

社会文化现象都不只是进行了或人类学的或非人类学的解读,两者之间根本就是相通的。正因为如此,人始终处于目的与终结之间的游戏链条中。福柯在话语理论中关于认识主体、权力主体、道德主体之生与死的探讨,在自身技术思想中关于伦理主体或审美主体的再生的相关描述,同样宣告了实存主义与结构主义不是简单对立的。康德的理性批判在综合经验论和唯理论的基础上探讨自然科学之所以可能的条件,把为自然科学奠定哲学基础视为自己的使命;福柯的理性批判则在超越实存主义和结构主义的基础上探讨人文科学之所以可能的条件,把揭示科学名下的权力运作机制作为自己的任务,旨在表明,人文科学是特定历史时代的产物,其中包含着历史与结构之间的异常复杂的相互关系。

第二节 别一种历史

福柯关注的历史不是一般意义上的或通常意义上的历史。各种小写的历史(复数的历史)与大写的历史(单数的历史)之间的巨大鸿沟,以及它们对它的挤压乃是历史终结的重要表现,而福柯关注的恰恰是在诸多领域中获得体现的小写的历史。他表示,新史学提出了各种各样的新问题,而如果愿意的话,我们完全可以赋予这些问题以结构主义这个缩合词。[①] 他对此进行了一些限定,设定了一些前提条件,认为它们远远不能独自覆盖历史的方法论领域,它们只占据了这一领域的一部分,它们主要不是从语言学或人种学那里引进的,而是产生于历史本身的领域;它们绝不允许谈论历史的结构化或者谈论

---

① Foucault, *L'archéologie du savoir*, p. 20.

一种要克服结构和变化之间的冲突或对立的企图;也就是说,结构-变化的对立既不适合于对历史领域的界定,或许也不适合于对结构方法的界定。① 显然,我们不能单纯依赖实存主义的历史意识②或者结构主义的结构观念。

杜梅泽尔是著名的宗教史家,他广泛地运用了结构分析的方法,但他并不因此就否定历史的维度。他的结构观念对福柯关于疯癫史的研究产生了重要的影响。福柯表示:"正像他为了那些神话所做的,我尝试着去发现经验的某些结构化的形式,其图式可能在某些不同的层次上找到,伴随某些变化。"③这其实表明,结构的概念受到了某种限定,因为我们必须考虑其演变的问题。福柯关注的是社会隔离的结构和排斥的结构(比如中世纪文化排斥打击麻风患者、异教徒,而早期现代文化通过普通收容所、监狱、囚犯工厂、麻风病医院的全部派生机构进行排斥),更明确地说,他打算描述一种排斥结构的变化。④ 他关于疯癫的排斥结构的研究充分表明,结构并不排斥历史,而这一研究只是漫长探索的第一步,或许也是最容易的一步,它在尼采的伟大研究工作的光辉照耀之下,想要把各种历史辩证法与悲剧的各种不变结构相对照。⑤

既然杜梅泽尔被视为结构主义者,而福柯又承认自己愿意接受

---

① Foucault, *L'archéologie du savoir*, p. 20.
② 说到"实存主义的历史意识",很可能引起麻烦和误解,因为正像新历史主义者怀特所说的,"欧洲大陆思想家,从瓦莱里、海德格尔、萨特到列维-斯特劳斯和福柯,都严厉地质疑这种特定的'历史'意识的价值,强调历史重构的虚构特征,并且挑战历史学在科学中争取一席之地的做法";就福柯来说,他让我们参考《词与物》和《知识考古学》(怀特:《元史学:十九世纪欧洲的历史想象》,译林出版社,2004,第1页及注释1)。
③ Foucault, *Dits et écrits I* (1954~1975), p. 196.
④ ibid.
⑤ Foucault, *Dits et écrits I* (1954~1975), p. 190.

其结构分析方法,我们就完全可以说福柯的确与结构主义有着无法分开的关联。其实,我们甚至不能排除梅洛-庞蒂所说的行为的结构或知觉的结构对他的影响。福柯和他一样关注心理学、精神病学所涉及的对象,但明确否定心理主义和心理化倾向。梅洛-庞蒂借助反常经验来重构身体经验的整体结构或身体图式或身体意向性,而福柯聚焦于或反常经验或正常经验,并不试图回溯到整体结构。福柯认为自己的《知识考古学》涉及的不是把已经在其他分析领域中多次经受考验的结构主义方法移植到历史的领域,特别是认识史的领域,它涉及的是展示正在历史知识的领域中获得实现的一种本地转换的诸原则和结果;更明确地说,它并不涉及使用关于各种文化整体性的那些范畴,以便把结构分析的各种形式强加给历史,而不管它是否愿意。①

结构分析强调整体性、系统性和转换性,但福柯否定那种把整体性原则施用于文化领域的姿态。按照他的说法,被描述的各个系列、被确定的各种界限、被建立起来的那些比较和相关并不依赖于某些古老的历史哲学,而是以重新质疑各种目的论和各种整体化为目标。他完全承认,从某些方面说,所谓的本地转换提出的那些问题,它使用的那些工具,在它那里获得界定的那些概念,它获得的那些结果,完全有可能并非无关于人们称为结构分析的东西,但并不是这一分析在它那里特别地在起作用。② 他当然不会完全否定结构分析的作用,但他同时想要表明,面对早期现代性、后期现代性和当代性之间的复杂关系,单纯依赖结构分析是不充分的。针对结构主义这一思潮,福柯明确表示自己要从外部来看它,也就是说要相对超脱地分析

① Foucault, *L'archéologie du savoir*, p. 25.
② Foucault, *L'archéologie du savoir*, p. 26.

它，这其实也在暗示自己不属于其包含的范围。他认为可以采取或是消极的或是积极的两个角度。

从消极的角度看，实质性地把结构主义区分出来的是它质疑人类主体、人类意识和人类实存的重要性，也就是说，对人类主体、意识和实存的这种排斥大体上以消极的方式刻画了当代研究的特征；从积极的角度看，则应该说，它尤其探索了无意识。① 比如说，巴特致力于文学批评，他分析作品，但并不参照心理学、个体性或作者的个人传记，他参照分析的是各种自主结构、它们的构造规则；又比如说结构主义语言学家并不探索作为一种文明或一种文化的表达的语言，他们探索语言据以被组织起来的各种内在规则。依据这些分析，在福柯的描述中出现的从来都不是意识而是无意识，不是说话主体而是被说出的东西。② 他的话语描述避免了主观、任意、武断，它去观念化、去心理化，也因此与结构主义的基本姿态有一致的地方。真正说来，福柯的探索工作既全面又精微，现象学和结构主义的双重影响都获得了一定程度的体现。

结构主义开启了所谓的 3M 时代，但马克思、弗洛伊德和尼采三位怀疑大师的作用是无法被话语描述完全覆盖的，尽管这是最核心的一个描述维度。一般认为，马克思和弗洛伊德一开始就在这个时代扮演了非常重要的角色，而尼采则是一位后来者：只是在 1972 年左右，由于人们对融合马克思主义和弗洛伊德主义感到失望，才把尼采作为第三人引入了。福柯认为这种综合的论述并不完全确切和可信，我们不能简单地说先有弗洛伊德主义和马克思主义的结合努力，然后在另一个时期又发现了尼采。应该看到，人们处在一个多样化、

---

① Foucault, *Dits et écrits I* (1954~1975), p. 681.

② Foucault, *Dits et écrits I* (1954~1975), p. 736.

多元化的世界中，各种现象是错位的，彼此之间往往产生一些难以预料的碰撞。自1945年起，马克思主义在法国成为了最为重要的一个思潮，但在福柯看来，直至1955年，在法国新生大学中，人们专注地确立的不是弗洛伊德和马克思，而是胡塞尔与马克思（或现象学与马克思主义）的关系。

福柯并没有深究现象学内部的差异。但就实际情形而言，法国更情愿接受海德格尔化的胡塞尔，同时把黑格尔的精神现象学视为20世纪现象学的重要资源，这其实意味着对德国现象学进行法国式的改造，同时把黑格尔哲学从观念主义改造为精神主义，进而以3H为元素，形成了以萨特和梅洛-庞蒂为代表，但彼此并不完全相同的法国实存论现象学诸形态。在福柯眼里，不管就他们的现象学姿态还是马克思主义姿态而言，萨特和梅洛-庞蒂等人都属于相同的视域。但在后来的进程中，出现了从现象学与马克思主义联姻到结构主义与马克思主义配对的重大变化。福柯把这种转换归结为两个主要的原因：一是因为现象学意义上的主体不能作为意义的赋予者参与到结构中来，或者说现象学遇到了它无法解决的语言问题；二是因为人们无法对受拉康影响的精神分析提出来的无意识问题进行现象学类型的分析。[1]

真正说来，弗洛伊德的思想在萨特和梅洛-庞蒂那里只是偶尔被提及，从来都没有扮演过任何重要的角色，无意识也因此始终进入不了现象学视野。这两位现象学大师一直都在极力贬低对于他们来说属于弗洛伊德学说中的实证主义、机械主义或唯物主义的内容，而他们所依据的则是对主体的自主建构的确信。[2] 现象学既不能解决语

---

[1] Foucault, *Dits et écrits II* (1976~1988), pp. 1253~1254.
[2] Foucault, *Dits et écrits II* (1976~1988), p. 1254.

言问题,也不能解决无意识问题,而两者其实是紧密相关的。拉康说潜意识是像语言一样构成的,就是要表明语言问题和无意识问题对于弗洛伊德和结构主义来说是同一个类型的问题。① 正是基于这种困境,才出现了弗洛伊德主义-结构主义-马克思主义紧密关联的情形,而现象学丧失了与弗洛伊德主义和马克思主义的联姻权。问题是,这种紧密关联也有其内在张力,很难长期维持。事实上,按照福柯的看法,并非3M时代的每位哲学家都愿意加入由结构主义、弗洛伊德主义和马克思主义组成的圆舞曲。

福柯提到了一些对科学史感兴趣、追随由孔德开启的传统的哲学家,其中特别有影响的是康吉莱姆。这位科学史家、科学哲学家曾在法国新生大学执教,他的许多学生不是马克思主义者、不是弗洛伊德主义者,也不是结构主义者。福柯认为自己作为其学生也是如此,即自己从来不是弗洛伊德主义者,亦非马克思主义者,而且也从来不是结构主义者;具体说来,他的《疯癫史》不是弗洛伊德主义的,不是结构主义的,也不是马克思主义的。② 在一次会议中,有学者表示,总体上说,福柯不是马克思主义者,一如他不是自由主义者;另有学者甚至谈到福柯反马克思,因此会议名称与其用"马克思与福柯"还不如用"马克思或福柯"。③ 其实,他以这种或那种方式受到了他们或它们的影响,有些影响是从正面接受的,有些影响则是以批判的方式接受的,但他无论如何对相关思想流派进行了某种形式的组合。就像谱系学试图表明的那样,任何人的思想其实都是来自于多重因素在网络空间中的交叉或重叠。这一切都涉及结构主义与历史的关

---

① Foucault, *Dits et écrits II* (1976~1988), p. 1254.
② Foucault, *Dits et écrits II* (1976~1988), pp. 1254~1255.
③ Laval, Paltrinieri et Taylan (dir.), *Marx & Foucault : Lectures, usages, confrontations*, Éditions La Découverte, 2015, pp. 13, 85.

系,或者说福柯眼里的结构主义与历史的关系。

福柯表示,不仅在法国,而且在欧洲、在美国以及或许在日本都有关于这一关系的大量的、繁多的、往往十分混乱的探讨。他把造成混乱的原因归结为如下三点:第一,人们没有就什么是结构主义达成一致看法;第二,历史一词在法国意指两种东西:历史学家谈论的那种事情和历史学家在他们的实践中所做的事情;第三,大量的政治主题和政治关注已经交织在这一关于历史与结构主义的关系的探讨中。① 要系统地描述结构主义和其对手在历史问题上的争论,需要先行勾勒探讨这一问题的一般策略。福柯注意到的第一件事情就是,结构主义至少在其最初形式中已经是这样一项事业,其意图是为各种历史研究提供一种更精确和更严格的方法。正因为如此,它至少在其开始时没有背离历史:它想要形成一种历史,一种更严格、更系统的历史。② 福柯举了三个例子,用以陈述结构主义针对历史的别一种姿态。

福柯首先以美国语言学家、人种学的结构分析方法奠基者博阿斯的人类学为例。在博阿斯所处的时代,盛行的人种学史研究希望人类社会全都遵循一种相同的演进曲线,从最简单的形式通向最复杂的形式。当然,考虑到转换的速度,这一演变也会在一个社会与另一个社会之间存在着变化。这种研究依据的是生物学模式,为了讲述社会的历史,它参照了达尔文的学说,主要是其进化论。博阿斯要把人种学方法从这一古老的生物学模式中解放出来,并且表明各个或简单或复杂的人类社会如何服从在其特殊性中界定它们的某些内在关系;每一社会的这种内在运作乃是他所谓的一个社会的结构的

---

① Foucault, *Dits et écrits I* (1954~1975), p.1136.
② ibid.

东西,而对结构的分析应该容许他从事一种不再是关于那些人类社会的生物的、而是真正历史的历史学,或者说,他对结构方法的重视并不意味着为了一种反历史的或非历史的视点而压制一种历史的视点。①

福柯进而以特鲁别茨科伊的音位学为例,②它通过暗中的、不太为人所知的网络的方式影响了法国结构主义。这位语言学家通过音位学想要做的,乃是给出使得能够从一个声音的可以说个体的历史过渡到整个一种语言的语音系统的远远更一般的历史的工具。③ 与比较语言学关注个别现象的历史不同,结构语言学关注系统的一般历史。福柯最后以巴特的文学批评为例。人们要么研究作家自其诞生直至其作品完成的个体的、心理的、可能精神分析的历史,要么研究一个时代的、整个一个文化整体的、某一集体意识的一种全面的历史,而巴特的结构分析想要发现人们能够从之出发从事文学作为文学的历史的写作的层次,它有一种特别的特殊性,它超越于那些寓于它的个体,它在全部其他文化产品中间是一种有它自己的条件限制规律和转换规律的完全特殊的要素。④

通过分析上述三个例子,福柯认定结构主义仍然必须捍卫精神,因为人种学、语言学、文学、神话学、科学史之类的结构主义事业在自己的初始计划中,在自己的出发点上,始终是为了给予自己一种精确的历史分析的工具的尝试。问题在于,结构主义者的大部分对手至少对于这一点是如此理解的:结构主义缺失了历史的维度本身,并且

---

① Foucault, *Dits et écrits I* (1954~1975), p. 1137.
② Foucault, *Dits et écrits II* (1976~1988), p. 881.
③ Foucault, *Dits et écrits I* (1954~1975), pp. 1137~1138.
④ Foucault, *Dits et écrits I* (1954~1975), p. 1138.

事实上是反历史的。① 简言之,无论结构主义者还是批评分析结构主义的学者都没有看到结构主义的历史关怀。在福柯看来,它并没有远离历史,并没有抛弃精神,它只是对它们有了不一样的理解。他当然不满意于结构主义者仍然保有的精神追求,但他并不因此否定他们仍然维护历史的维度。然而,结构主义为什么会被认为缺失历史维度,甚至是反历史的呢?按照福柯的看法,针对结构主义提出的批驳或异议要么来自现象学和实存主义,要么来自或粗浅或严肃的马克思主义。

源自现象学或实存主义灵感的针对结构主义的异议或批评可以归结为如下三点。② 首先,持这种姿态的人认为,不管结构主义有一些什么样的善良意愿,它最终都不得不克制它们,因为它实际上赋予同时或共时关系研究对于演变关系研究一种绝对优势地位。比如在音位学研究中,既然人们置时间于不顾,也就不可能从事历史研究。其次,结构分析不仅强调同时针对持续的优先性,而且还突出了逻辑针对因果的优先性。比如,列维-斯特劳斯的神话分析显然局限于在神话的不同要素之间建立一些逻辑关系,时间的和因果的规定性明显服从于逻辑空间,他也因此不可能真正关心历史。最后,结构主义并不考虑自由或个体的首创性。然而,在批评者萨特看来,语言从来都只不过是一种根本的和原初的人类活动的结果、顶点和结晶,因此不可能不考虑说话者及其活动,如果把人类实践放在一边而静态地设想结构,那么就不可能不再度丧失历史。

源自于马克思主义的针对结构主义的那些异议和批评则可以被

---

① Foucault, *Dits et écrits I* (1954~1975), p. 1138.
② Foucault, *Dits et écrits I* (1954~1975), p. 1139.

归结为如下两种情形。① 一方面，一些粗鄙的马克思主义者（他们的理论参照不是马克思主义本身，而恰恰是某些作为当代资产阶级意识形态的马克思主义），从他们自己的角度重复了由现象学家或实存主义者提出的那些异议；另一方面，一些更严肃的马克思主义者，即真正革命的马克思主义者基于如下事实提出了异议：结构主义运动对那些已经产生出来的、那些仍然在学生和知识分子中间产生出来的革命运动差不多没有任何贡献。在福柯看来，阿尔都塞式的马克思主义被认为是唯一的例外，因为它把人们视为结构主义的某些方法运用到了对马克思文本的阅读和分析中，而这种阅读和分析在当时的欧洲马克思主义历史中是非常重要的。阿尔都塞摆脱了对马克思主义的任何人道主义的、黑格尔主义的和现象学的解释，并且使重新阅读马克思有了可能。

阿尔都塞式的阅读不再是一种学院阅读，它完全就是一种政治阅读。然而，即便是这样，这种在其开始时非常重要的阅读和分析，很快就被一场尽管是在学生和知识分子中间展开的、实质上却是一场反理论运动的革命运动超越了，而且当时的那些革命运动更信任群众的自发性而不是理论分析。② 阿尔都塞否定理论与实践的断然区分，认为理论就是实践，并因此在其理论分析和探讨中包含有政治的、历史的关怀。虽然其思想一度产生了重大影响，但终究还是被真正的马克思主义认为是远离历史的。福柯本人对阿尔都塞持何种态度呢？他承认自己从老师那里受益良多，但他们彼此之间还是有一种明显的差异：阿尔都塞就马克思用到了认识论断裂这个词，而他本

---

① Foucault, *Dits et écrits I*（1954~1975），p. 1139.
② Foucault, *Dits et écrits I*（1954~1975），pp. 1139~1140.

人相反地断定马克思没有代表一种认识论断裂。① 福柯承认马克思在自己思想中的重要作用,但表示自己没有明确引用过马克思的原话,虽然在写作时曾参考过他的大量段落。②

问题的实质在于搞清楚历史分析的目标是什么。依据福柯的看法,"直至20世纪,历史分析的目标实质上都是重构资本主义工业社会据以分割和连接的各种伟大的民族整体的过去。资本主义工业社会自17、18世纪以来依据各个伟大民族的方案在欧洲和世界建立起来。在资产阶级内部,历史具有的功能是证明资本主义所需要的这些伟大的民族单位在时间中如何从久远而来,如何透过一些多样的革命而肯定和维持了它们的统一。"③历史分析成了论证资产阶级统治的合法性的工具,历史也因此具有连续和累积的特征。资产阶级通过历史学证明了,它的统治只不过是一种慢慢成熟的结果、产物、果实,这一统治是完全有根据的,因为它是从蒙昧时代而来的,通过一场新的革命来威胁它是不可能的;资产阶级既确立了它占据权力的权利,又避免了一场上升的革命的威胁;而历史的的确确就是米什莱所谓的过去的复兴。④

这样一来,历史意识或者说历史连续性意识可以被视为一种资产阶级意识形态。于是,就出现了要么维护这种意识形态要么否定这种意识形态的选择。在福柯看来,结构主义以及一些新的历史研究旨在摆脱这种历史观,也因此不再维护旧的意识形态:"如果我们想要让历史脱离它在那里诞生和发展的意识形态体系的话,它的这一使命和任务现在应该被修正。它毋宁应该被理解为对各个社会实

---

① Foucault, *Dits et écrits I* (1954~1975), p. 615.
② Foucault, *Dits et écrits II* (1976~1988), p. 1276.
③ Foucault, *Dits et écrits I* (1954~1975), p. 1140.
④ ibid.

际上可能会出现的一些转换的分析。像我们今天形成的那样的两种基本历史观念不再是时间和过去,而是变化和事件。"[1]通常把历史与时间紧密关联起来,突出的则是过去维度,现在的问题是,要突出历史与各种转换及其条件的关联。不管结构主义方法还是严格的历史学方法,如今都实现了历史观的变革。结构主义并不局限于分析内部结构,它也可以为分析变化提供一种严格的形式;而一些新的历史方法可以给予古老的事件概念新的地位和意义。

福柯首先提到的是杜梅泽尔对于贺拉斯的罗马传说进行的分析。杜梅泽尔的分析是对某个印欧传说的第一次结构分析,它在许多国家,尤其是在爱尔兰为这一非常有名的历史找到了一些同构的版本;它区别于在它之前进行的那些比较神话学分析,因为它关心的不是相似,而是差异以及差异的运作,它要建立各种差异连同它们的等级、它们的隶属关系的系统,最终还要分析这些差异的转换所需要的条件;在这一分析中,古老的印欧神话之罗马转换是一种实质性地构成的社会的转换之结果。通过上述分析步骤,福柯力图让我们看出结构分析是如何与罗马世界的实际历史直接相关联的。他试图表明的是,像杜梅泽尔所做的那样一种结构分析可以与一种历史分析关联起来;而以此为起点,他进而想要说的是,当它研究一个可转换的系统和它的各种转换在其中获得实现的诸条件时,一种分析就是结构的。[2]

然后,借助另一个例子,福柯试图告诉我们那些历史学家现在使用的某些方法如何使我们能够给予事件概念一种新的意义。他说道:"我们习惯于说当代历史越来越少地对各种事件感兴趣,越来越

---

[1] Foucault, *Dits et écrits I* (1954~1975), p.1141.
[2] Foucault, *Dits et écrits I* (1954~1975), p.1144.

多地对某些大的、一般的现象(它们以某种方式贯穿时间并且透过它而保持不变)感兴趣。但是,自几十年来,人们开始实践一种所谓的'系列史',在那里各种事件和事件集合构成了中心主题。"[1]他并不泛泛地谈论事件,而是围绕话语而言事件,他谈论话语事件。在他那里,存在着话语事件与非话语事件的区分。他最初尤其关注的是话语事件及其内部关系,尽管也会注意话语事件与非话语事件的关系;在后来的工作中,则越来越关注话语事件与话语事件、话语事件与非话语事件的关系。在他看来,系列史并不把一些一般的、预先构成的对象(比如封建制度或工业发展之类)提供给自己,它从它占有的一组文献出发来界定其对象。

福柯以一个港口的商业档案的研究为例。他告诉我们,学者已经就16世纪进程中的西班牙塞维利亚港口的商业档案研究了十多年,涉及各种船只的进出、它们的数量、它们的货物、它们的商品售价、它们的国籍、它们从哪里来、它们到哪里去,如此等等。这些就是给定的全部东西,而且唯有这些东西构成为他们研究的对象。也就是说,历史学家的研究对象不再是通过按照各个时期、各个时代、各个民族、各个大陆、各种文化形式等预先的分门别类而被给出的。他们不再研究文艺复兴期间的西班牙和美洲,他们研究的唯一对象,涉及的是从这个日期到那个日期的塞维利亚港口生活的全部文献。问题在于整理文献,把它们以某种方式关联起来。福柯就这一研究得出的结论是:"这一历史的作用根本就不在于立刻透过这些文献识别出某种像西班牙经济发展之类的东西;历史研究的对象,乃是从这些文献出发建立一定数量的关系。"[2]

---

[1] Foucault, *Dits et écrits I* (1954~1975), p.1144.
[2] ibid.

在福柯最初有点盲目的使用中,考古学指称某种并不完全是历史(在人们比如讲授发明史或观念史的意义上)的、也不是认识论(即关于一门科学的结构的内在分析)的分析形式,它覆盖了困惑着他却与他的主题并不相同的开端的主题和发掘的主题。① 福柯并不尝试研究在最初起源意义上的开端(考古学的词根 arché 在希腊语中意指开端)和奠基。比如就数学而言,他并不回溯到欧几里得或毕达哥拉斯,他寻找的只是一些相对的开端,它们与其说是基础、奠基,不如说是确立或转换。福柯也不接受发掘的观念,他所寻找的并不是一些秘密的、被掩盖的、比人的意识更沉默或更深层的关系,他相反地尝试界定一些处在各种话语的表层上的关系,他试图使那种只是由于太过于处在事物的表面才不可见的东西成为可见的,或者说,他要让可见的东西可见。

自打有历史学科以来,人们显然就在利用各种各样的文献,考问它们,并依据它们来自我考问。人们不仅考问它们想要说些什么,而且考问它们是不是的确说出了某种真相/真理,它们在何种名义下面可以声称说出了真相/真理,它们是忠实的呢还是虚假的,是了解情况的呢还是茫然无知的,是本真的呢还是已经改变过的。福柯认为这些疑问中的每一个、这些疑问意味着的决定性的巨大不安都指向一个相同的目标:"从这些文献之所说的(有时仅仅暗示的)东西开始重构它们由之发源的、现在已经在它们后面久远地消失了的过去。"② 文献始终被当作此前已经归于沉默的某种声音的语言,是其脆弱的、但碰巧可以辨认出来的痕迹。简单地说,文献是一种工具,它具有表达或表象的功能,它或真或假地记录了它要反映的过去的

---

① Foucault, *Dits et écrits I* (1954~1975), p. 800.
② Foucault, *L'archéologie du savoir*, p. 14.

实在。透过或作为现象或作为假象的文献,人们尝试着恢复过去时代的面貌。

按照福柯的说法:"曾经有一段时间,作为一门关于缄默的遗迹、惰性的痕迹,没有语境的物品和过去留下的东西的学科,考古学以历史为目标,并且只有通过恢复一种历史话语才能具有意义;我们可以稍微玩一下文字游戏说,如今,历史以考古学为目标、以对遗迹的内在描述为目标。"①引文中的历史话语显然是在工具性意义上使用的,而考古学从前也属于历史学门类。通常的考古学让发掘出来的文物成为会说话的文献,福柯却要让文献变成为沉默的文物。在通常的看法中,任何遗物都是文物,而文物被视为文献,人们从它或直接或不言明地说出的东西出发,重构已经逝去的过去。人们要让文物说出真相/真理,且不是它自身的真相/真理。不管一只鼎还是一块砖,其材料、质地、工艺、美丑之类都应该获得关注,都应该体现其自身存在。但在历史学家眼里,这一切并非是就遗物本身而言的,它们作为文献所传达的信息更为重要。

从工具论或表象论出发,任何文献研究都意味着让物质的东西观念化,即让它们脱离其自身的实存,上升为精神性的东西。它们越是丧失其自身存在,就越是能够成为我们与过去的无障碍桥梁,越是能够成为透明的工具,并且成功地唤醒沉睡的集体记忆,让无意识的积淀恢复成觉醒姿态。文物是人类经验的凝结,通过发掘和释读它们,我们可以达成经验的沟通或视域的融合,即实现我的现在经验与过去经验,我的经验与他人的经验的互动。福柯意义上的考古学所探讨的对象不再充当话语工具,因为它成了直接描述的对象。换言之,发掘出来的任何文物都可以说是话语,我们要让它讲故事,但它

---

① Foucault, *L'archéologie du savoir*, p. 15.

只讲关于自己的故事,它具有自己的内在的结构,不依赖于任何其他东西。我们可以把它与外界或历史相隔绝,对它进行静态的内部分析或描述,就如同在话语内部进行的分析一样。它当然可以有其工具价值,但这不是其第一位的存在。

在福柯眼里,通过一种并不定格于他所在的今天,但到那时仍然没有能够完成的变动,历史改变了自己针对文献的姿态:它给予自己的首要任务,并不是解释文献,并不是确定文献是否说了真话或者其表达价值是什么,而是从内部展开针对文献的工作并且予以转化:历史组织文献、划分它、分布它、整理它、在各个层次上分配它、建立各种系列、把恰当的东西从不恰当的东西中区别出来、测定各种要素、界定各个单位、描述各种关系。① 也就是说,对于一个当代历史学者而言,文献不再是他尝试借以重构人们所做或所说的东西的各种惰性材料,不再是那些已经过去了的、只有其痕迹还残存着的事件。他力图在文献组织本身中界定各个单位、各种集合、各个系列、各种关系。很显然,这样一种历史研究意味着文献向文物回归。文献不是服务于其他东西的工具,它就是它自己,它具有自身的实存,它具有不及物性。

我们应该关注文献的自身性或自主性,应该优先描述和分析文献本身。我们应该让历史脱离它长期以来感到满足的、它借以找到其人类学辩护的形象,即一种上千年的集体记忆的形象;它借助于物质文献来让自己的各种记忆恢复清新;它是在一个社会中时时处处以某些残留物的一些要么自发的、要么被组织起来形式呈现的一种文献物质性(各种书籍、各种文本、各种叙事、各种记载、各种行为、各种建筑、各种建制、各种规则、各种技巧、各种物品、各种习惯,等等)

---

① Foucault, *L'archéologie du savoir*, p. 14.

的运转和启动;文献不是在它自己那里就是、有充分理由就是记忆的一种历史的偶然的工具;对于一个社会来说,历史乃是给予自己一堆并不与之分离的文献以地位并予以转化的方式。① 所有的文献都是遗迹或文物,都有自身的价值,我们应该优先考虑它们的自身实存。它们的主要任务不是转述人的故事,而是诉说它们自己的故事,展示它们自身的独特性。

文献不依赖于、不依附于任何主体或意识。但它们并不孤独,并不处于被隔离的真空地带,因为它们与其他文献形成关联、建立联系。福柯写道:"让我们简单地说,在其传统的形式中,历史着手'使'过去的各种遗迹'成为记忆',将它们转变成文献,使就其本身来说往往并非言语的这些痕迹说话,或者默默地说它们所说的东西之外的东西;而今天,历史乃是把各种文献转变成文物的那种东西,它在我们在那里辨识人类留下的各种痕迹的地方,在我们在那里尝试着从空隙中认出它们曾经之所是的地方,展示出了一大堆要孤离出来、要进行组合、要使它们恰当、要置它们于关系中、要把它们构成为各种集合的要素。"②文献代表的是人类的记忆,我们借助于文献就可以恢复过去了的事件的生动在场。然而,当考古学主张冻结时间的时候,我们事实上丧失了记忆,或毋宁说,福柯式的考古学是反记忆的。

我们可以参考新史学家肖努关于塞维利亚的研究。按照他的描述,我们能够按年度的船只进出、按国家的分类、按商品的分布进行一些统计估算;从他能够建立的那些关系出发,我们可以勾画出演变、波动、逐渐增长、停止、逐渐下降的曲线;我们可以描述一些周期,我们最终可以在这一组涉及塞维利亚港的文献与同样类型的涉及南

---

① Foucault, *L'archéologie du savoir*, p. 14.
② Foucault, *L'archéologie du savoir*, pp. 14~15.

美、安的列斯群岛和英格兰诸港口、地中海诸港口的文献之间确立一些关系。问题不在于确立文献与文献之外的现实的关系,而是确立文献内部或文献之间的关系:"历史学家不再解释文献以便在它背后抓住一种被掩盖在其中的或社会的或精神的实在;他的工作就在于操控并处理涉及一个确定的对象和一个确定的时代的一系列同质文献,正是文献的这一汇集的各种内在或外在的关系构成为历史学家工作的结果。正是由于这一方法,历史学家能够让通过其他方法不会出现的一些事件出现。"①

我们通常认为已知的、可见的、可直接或间接参考的东西是事件,而历史学家的工作就是研究它们的原因和意义。事件本身是可见的,但原因或意义被掩盖起来了。然而,系列史却以某种方式让不同层次的事件呈现出来了:其中一些对同时代人来说是可见的,直接可以认识的;然后,在以某种方式形成历史泡沫的这些事件下面,存在着其他一些事件,它们对同时代人来说是不可见的、难以觉察的。② 塞维利亚港船只的或进或出是居住在该地的同时代人非常熟悉的、我们易于重构的一些事件;但在它们所处层次的下面,还存在着稍微有点扩散的其他类型的事件:一些没有精确地以相同的方式被同时代人觉察的、但他们对它们仍然有某种意识的事件,比如将改变他们的经济行为的价格的或降或涨;在这些事件更下面的地方,还会有其他事件,它们是难以被定位的,它们对于同时代人是几乎难以觉察到的,但同样构成了一些决定性的断裂。③

福柯表示,历史学家应该去发现最终决定了、而且是深刻地决定了世界历史的那些扩散的、多头的事件的这一被掩盖了的层次。我

---

① Foucault, *Dits et écrits I* (1954~1975), p. 1145.
② ibid.
③ ibid.

们现在完全知道,一种经济趋势的逆转远比一位国王的死亡重要。在关于人口增长的研究中,我们可以从 19 世纪欧洲人口的进食模式着手进行一种考察:我们已经觉察到在一个特定的时刻,欧洲人吸收的蛋白质的数量已经开始急剧上升。这是对于消费史、健康史、寿命史来说奇迹般重要的事件。一个群体吸收的蛋白质数量的急剧增加在某种方式上比宪法的改变、比从君主政体过渡到共和政体要重要得多。这是一个事件,但这是人们不能够通过传统的方法接触到的一个事件,它相反地是通过对那些常常被忽视的文献的尽可能持续的诸系列的单一分析而接触到的事件。因此,人们在系列史中看到的根本不是事件,因为一种因果分析或连续分析被瓦解了,而是事件的层次的不断增加。

结构主义和新史学共同导致了两个相互联系在一起的巨大后果。第一个是,历史的各种不连续性将会增多,也就是说,历史不是在一种表面的不连续性下面作为一种巨大的连续性出现,而是作为一些重叠的不连续性的交错而出现。① 第二个是,人们由此被导向在历史的内部发现一些不同的绵延类型,即历史不是一种绵延,它乃是彼此交错和相互包含的多种绵延,因此,应该把古老的时间观念替换为多样的绵延观念,而其中的每一个都承载着某种类型的事件,于是应该增加事件的类型,这就出现了目前正在各门历史学科中产生的变动。② 年鉴学派尝试着扩大了历史学家通常实践的那些历史分期,比如布罗代尔界定了一种关于具有特别缓慢的演变的物质文明的观念,并因此突出了各种巨大的连续性的出现;反过来,那些从前依据理性的连续进步、理性主义的渐进出现的观念史家和科学史家现在

---

① Foucault, *Dits et écrits I* (1954~1975), pp. 1146~1147.
② Foucault, *Dits et écrits I* (1954~1975), pp. 1147~1148.

开始强调各种不连续性、各种断层。

历史学家简单地清理一些连续性,而观念史家解放了各种不连续性;但福柯认为它们是一般历史的一种相同的方法论复兴的两种对称而相反的效果。① 由此得出两个结论:第一,在那些关于变化或转换的结构主义分析和那些关于事件与绵延类型的历史分析之间,存在着一定数量的既不能精确地说成同一性、甚至也不能精确地说成会合的重要接触点:历史学家处理文献,不是为了解释它们,不是为了寻找被掩盖的意义,他们在文献的内在关系和外在关系的系统中去处理它们;而结构主义者研究神话或文学,他们并不在它们那里寻找它们传示或表达的一个文明的心理或某个个体的历史,他们竭力使各种关系以及这一文本固有的或这一神话固有的诸关系的系统显现出来。福柯认为,对解释以及对将在文本或文献背后去寻找它们所意指的东西的评注姿态的拒绝,乃是我们同等地在结构主义者和今天的历史学家那里找到的一种要素。②

第二,就像历史学家一样,结构主义者在自己的工作进程中被导向抛弃关于生命和演变的宏大而过时的生物学隐喻。自 19 世纪以来,人们大量地利用演变的观念以及一些相近的概念来重新勾画或分析在人类社会中、在人的实践活动中的各种变化。我们借以思考历史的这种生物学隐喻既表达了一种意识形态优势,也表达了一种认识论优势。借助各种生命种类来隐喻地表达历史,人们担保人类社会将不会有革命。但是,在当代思想中,这一隐喻被抛弃了。福柯表示:"结构主义和历史学让我们能够放弃关于历史和绵延的这一宏大的生物神话学。结构主义通过界定一些转换,历史学通过描述一

---

① Foucault, *Dits et écrits I* (1954~1975), p. 801.
② Foucault, *Dits et écrits I* (1954~1975), p. 1148.

些事件类型和一些不同的绵延类型,使不连续性在历史中的出现和一些有规则的、融贯的转换的出现同时有了可能。"①正是由于结构主义和当代历史学提供的一些理论工具,我们才得以对立于陈旧的连续性观念来思考事件的不连续性和社会的转换。

在历史学家方面由于年鉴学派、剑桥学派和俄罗斯学派的工作,在结构主义方面由于阿尔都塞在《读〈资本论〉》中展开的对历史概念的非常著名的批判和分析,历史研究领域出现了许多的创新。福柯概括出了如下四点:第一,新史学家提出了非常困难的历史分期问题,因为人们觉察到由政治革命所强调的明显分期在方法论上并非始终是可能分割的最好形式;第二,每一历史分期在历史中分割了事件的某一层次,而反过来,事件的每一层次都呼唤它自己的分期;第三,在各门人文科学与历史学之间的古老的传统对立(前者研究共时的、非演变的东西,后者分析不间断的巨大变化的维度)消失了;第四,人们在历史分析中引进了非常大量的关系类型和联系模式,而不只是人们愿意借以界定历史方法的普遍因果关系。② 新史学涉及不连续性的迁移、传统历史假设的质疑、历史领域的方法论变革,等等,但它并没有简单地代替旧史学。

基于上述创新,我们第一次有了把那些以符号、痕迹、建制、实践、作品等等形式沉淀在时间进程中的一组材料作为对象来进行分析的可能。这就表明,结构与历史并不是对立的,它们在话语描述中实现着转换。《词与物》可以被看作是一部历史著作,因为其副标题"一种关于各门人文科学的考古学"为它假定了恰恰就是对西方自16世纪以来的历史知识和历史意识的分析的另一个副标题。③ 换句

---

① Foucault, *Dits et écrits I* (1954~1975), p.1149.
② Foucault, *Dits et écrits I* (1954~1975), p.614.
③ Foucault, *Dits et écrits I* (1954~1975), p.615.

话说，光从结构的、静态角度进行分析是不够的，还必须辅以历史的、演变的分析角度。真正说来，在该书中就像在其他作品中一样，福柯的工作并不以结构分析为目标，相反地，他从多样性的角度来考察变化、断裂和转换问题，并因此比其他学者在观念史中进行的革命走得要远。的确，他关注在历史学、人种学和语言学中出现的从一种状态向另一种状态、一个阶段向另一个阶段的过渡，并且坚持认为这种过渡是断裂的，而不是连续的。

福柯表示，伽利略和牛顿以来的数学语言不是对自然的说明，而是对进程的描述，既然如此，像历史学这样的一些非形式化的学科也可以担负起基本的描述任务。事实上，在当代历史学、人种学和语言学领域中，描述的工作是极为重要的。福柯认为自己的探讨大体上属于历史学科，也因此基本上归属于描述的范畴。他进而提出两点：第一，如果他说的是对的，那么人们应该能够依据相同的图式，通过提供几种补充的转换，来说明和分析他没有谈论过的那些文本；第二，人们完全可以在一种有另一历史分期并且定位在另一层次上的描述中，重新开始他已经谈论的那些文本、他已经探讨过的这一材料本身。[1] 一方面，他的描述工作不可能与所有的文本打交道，其他人完全可以把这一工作推广到其他文本中去；另一方面，对于他在描述中已经运用过的那些文本，人们也可以依据另一种分期、从另一个层面重新加以利用，这无疑宣布作者死了。

福柯就结构语言学模式提出的问题大体上是这样的：以其现代形式出现的语言学在一般思想中，毋宁说在哲学中，更准确地说在社会科学中引入了哪些问题？这一提问事关语言学的科学性。在他看来，《结构人类学》表明，索绪尔及其后继者进行的语言分析在 20 世

---

[1] Foucault, *Dits et écrits I* (1954~1975), p.617.

纪进程中刚刚达到科学性的门槛。具体说来,一是通过语言学现在容易接受的各种形式化技巧,二是通过它与交流理论、与一般信息理论维持的关系,三是通过它最近与生物学、生物化学、遗传学等等的各种联系,最后是通过某一实用的技术领域的实存,这一门槛才被显示出来了。① 福柯认定,语言学的科学地位不仅获得了人文科学,而且获得了自然科学的认可:它应该已经跨越了某个门槛,已经从各门人文科学朝着自然科学、从解释的认识领域朝着形式的认识领域涌现,它因此从真正的科学甚或精确的科学的角度被接受了。②

结构主义借助语言学模式来分析社会文化现象,显然是有某种科学根据的,这与语言学在人文科学中的独特地位有关:语言学从离开其古老的隶属、离开它与各门人文科学的旧有的亲密关系时开始,相对于这些人文科学就处于一种可以遵循和运用的模式的地位,同时,各门人文科学完全自然地寻求在语言学最终会达到的科学性的这一新的形式中与语言学碰头。于是,一种高速追逐将会自我确立起来,语言学在各门精确科学边上经过,而全部人文科学都尝试着和语言学一道重新回到精确科学的规范层次。这就是那尤其谈到了社会学、作为神话分析的神话学和文学批评等等的主题。③ 有人会说,社会科学向语言科学要求作为认识的形式或内容的某种东西并不始于今天,因为自 18 世纪开始,它们已经要求语言分析的支持。但在福柯看来,语言学只是在当代才真正有了作为典范或模式的地位,尽管索绪尔已经预示了这一时代的来临。

同时需要注意的是,语言学模式关涉的是外在于主体的各种要素:"由于语言学,我们会拥有这样一门科学:它完全在外在于人(因

---

① Foucault, *Dits et écrits I* (1954~1975), p. 849.
② ibid.
③ Foucault, *Dits et écrits I* (1954~1975), pp. 849~850.

为这涉及的是纯粹语言)的各种实证性的秩序中被确立起来,而且它穿透人文科学的整个空间重新回到有限性的问题(因为正是透过语言并在它那里,思想才能够进行思考;因而,它在它自己那里就是一种作为根本的东西而具有价值的实证性)。"① 人文科学在把人视为其对象的同时,宣布了人即将退出历史舞台。在它强调共时性的意义上,主体必须退场,但在它保留历时性的范围内,主体依然有其地盘。福柯提醒我们说,语言学并不简单地诉诸于共时性,事实上,结构语言学的视点的确是共时的,但共时的视点并不是非历史的,更不用说,它不是一种反历史的视点。选择共时,并不是选择对立于过去的现在、对立于演变者的不动者。与结构语言学联系在一起的共时视点由于某些理由并不否定历史。②

当代性与同时性或共时性同义。我们与自己的时代、自己的现在、自己的当下、自己的此刻共在,取消了在场与不在场的对照,既不回溯过去,也不筹划未来,时间概念即刻转变成了空间概念。索绪尔不是关注语言的历时性而是关注语言的共时性,这为当代空间思维提供了范例。福柯这样分析共时和历时两者之间的关系:第一,相继只不过是历史的一个维度,两个事件的同时性和相继性同等地是一种历史事实,因此不应该像人们天真地所做的那样把历史与相继视为一回事,应该承认历史同等地是同时和相继;第二,语言学家进行的共时分析根本不是对不动和静态的分析,它实际上是对变化的各种条件的分析。③ 共时的视点并不是一种否定演变的静态割断,它相反地是对一种演变能够在其中形成的诸条件的分析。于是出现了历时分析和共时分析的不同提问法。

---

① Foucault, *Les mots et les choses*, p. 393.
② ibid.
③ Foucault, *Dits et écrits I* (1954~1975), p. 854.

相继分析提出的问题是：假定一种变化是给定的，可能引起它的东西是什么？共时分析提出的问题则是：为了能够达至一种变化，应该能够同等地出现在当代性/共时代性（la contemporainéité）的场中的其他变化是哪些？在福柯看来，这涉及的确实是一种不同的分析变化的方式，而绝不是一种为了不动性而否定这一变化的方式。共时分析在某种程度上把历时分析包含在内了，并因此不再把因果性的确定视为分析的指导性主题。无论如何，他认定共时分析远不是反历史的，它在我们看来远为深刻地是历史的，因为它融合了现在和过去。① 共时和历时的并举是与各门历史学科的更新联系在一起的。福柯注意到，我们习惯于认为历史学科现在是落后的，它们没有达到像语言学这样的学科的认识论层次。然而，在研究变化的全部学科中，一种重要的更新已经产生了，人们已经引入了不连续性和转换的观念。像有关变化的相关条件之分析的观念，就已经完全得到了历史学家和经济学家的承认。

福柯向各门人文科学提出的问题是，如何利用语言学、历史学和经济学的例子，以便在它们内部引入关于变化和转换的最终严格的分析。无论如何，它们不应该离开各种语言学分析，它们不能够被视为与一种历史视角不相容的分析。② 结构语言学模式意味着从抽象结构向具体分析的过渡，因此关心的是人文科学领域中的话语生产，所以显然摆脱不了历史和历史性。按照福柯的看法，语言学最终使我们能够不仅分析语言，而且还能分析话语，也就是说，它使我们得以研究我们用语言所能够做的；因此我们能够分析一些文学作品、一些神话、一些通俗叙事、一些童话故事、一些历史宗教文本，我们能够

---

① Foucault, *Dits et écrits I*（1954~1975）, p. 855.
② ibid.

通过考虑在关于语言的描述本身中已经获得的东西来从事全部这些分析。在他看来,语言学通过一种认识论结构现时地与各门人文社会科学连接起来,而我们因此能够分析各种历史现象的变化的诸条件,能够分析我们所谓的话语生产。①

有必要描述结构主义和马克思主义对于历史问题的复杂姿态。福柯表示:"确实有某些马克思主义者宣称自己是反结构主义者,但与此同时,应该说有大量的马克思主义者,其中最年轻的那些,可以说最充满活力的那些相反地觉得自己非常接近于结构主义的研究。"②这种对立出现在法共内部,至少出现在它的一些知识分子团体内部。按照福柯的说法,一方面是一种懦弱的、乏味的、人道主义的、尝试着把从黑格尔至德日进的传统哲学能够说的一切都堆集在一起的马克思主义,它反对结构主义对资产阶级自由主义的那些陈旧价值的质疑,并因此是反结构主义的马克思主义;另一方面则是一种可以称为一群反修正主义者的马克思主义,它认为马克思主义思想和共产主义运动本身的未来要求我们拒绝任何折中主义,任何内部修正主义,任何在观念平面上的和平共存,而这些马克思主义者毋宁说是结构主义者。③

很显然,在3M时代意味着结构主义与马克思主义配对的大背景下,还存在着更为复杂的情形。被结构主义威胁的并不是马克思主义,而是理解马克思主义的某种方式。福柯表示,有一些正在消失的、其痕迹只在某些僵化的脑子中作为界标被重新找到的习惯:人们习惯于相信历史应当是一种偶尔带有危机的漫长的线性叙事,习惯于相信因果性的发现乃是历史分析的顶点,习惯于相信存在着从最

---

① Foucault, *Dits et écrits I* (1954~1975), p. 856.
② Foucault, *Dits et écrits I* (1954~1975), p. 682.
③ Foucault, *Dits et écrits I* (1954~1975), pp. 682~683.

严格的物质因果性到人类自由的或多或少摇摆不定的闪现的各种决定的等阶。这种习惯在 3M 时代已经被改变了。在福柯看来，结构主义不太会重视这样的马克思主义，幸运的是，马克思主义也不会是这样的。但是，无论如何，在当今时代，作为分析人的实存的全部条件的尝试，作为在其复杂性中理解各种已经构成了我们的历史的关系之集合的尝试，作为确定在何种形势中我们的行动在今天恰好有可能的尝试，马克思主义继续实存着、继续活着。[①]

结构主义是一种分析的方法，是一种阅读文本、建立关系和构建要素的一般网络的活动。正因为如此，在马克思主义和结构主义之间甚至不可能有不相融的阴影，因为它们并不处在相同的层次。按照福柯的说法，一个结构主义者可能是马克思主义者，也可能不是，但在他把诊断我们的实存的各种条件作为己任的范围内，他总是会有那么一点是；一个马克思主义者可能会是一个结构主义者，也可能不是，但是，如果他想在手中掌握一件用来解决他提出的那些问题的严格的工具的话，他至少始终会有那么一点是。[②] 要做到结构主义与马克思主义天衣无缝的结合是不可能的，因为它们处在不同的层次上。但在诊断时代的时候，它们会碰撞出火花。无论如何，结构主义并不处在象牙塔中，它有其现实关怀，正像马克思主义的核心关怀不是解释世界，而是改造世界一样。

结构主义的历史关怀的一个重要表现是在政治和道德领域。它显然有政治卷入，它也必定导向某种方式的介入。说到介入，我们往往想到的是实存主义，尤其是萨特的实存主义。然而，梅洛-庞蒂认为萨特维护的是一种见证意识或旁观意识，他本人坚持的才是介入

[①] Foucault, *Dits et écrits I* (1954~1975), pp. 610~611.
[②] Foucault, *Dits et écrits I* (1954~1975), p. 611.

意识。萨特的理论优先倾向使自己与现实保持着相当远的距离,而梅洛-庞蒂主张与现实保持适度距离。福柯显然不太可能接受萨特的高高在上的介入姿态,但可以在一定程度上接受梅洛-庞蒂的适度距离的介入立场。他相信对经济、政治和意识形态的结构运作方式的分析是政治行动本身的绝对必要的条件之一,政治行动尤其是一种操控,或许改变、颠倒和转换各种结构的方式;换言之,在政治活动塑造和改变各种结构的同时,结构在政治活动中显示出来了,因此,他不认为结构主义是一种排斥性的在书斋中的理论活动,它完全能够而且必定应该与实践关联起来。①

无论如何,结构主义不赞同实存主义把理论与实践相分离的倾向。福柯表示:"让我们仅仅说结构主义应该远离任何可能与那些陈旧的自由主义和人道主义价值联系在一起的政治态度。换言之,结构主义并不接近任何认为政治实践只是与理论的和科学的活动相关的政治态度。"②他承认道德观念本身并不能完全覆盖他自己所处时代的问题。他认为暂时只有政治和性欲这两个领域直接关涉既属于集体又属于个体的人类行动,而只要我们拥有一种关于政治实践的理论和一种关于性生活的理论,我们也就必然拥有了一种道德的各个主要成分;但是,如果我们把道德理解为探讨罪恶、品德、善良和恶意这些问题的集合,那么他相信道德就不再在20世纪的进程中存在了。③ 当然,他并不认可强制性的道德,他倾力探讨的是与自身技术关联的伦理,这意味着生活方式的更新:既涉及个人行为现象,也涉

---

① Foucault, *Dits et écrits I* (1954~1975), p. 683.
② ibid.
③ Foucault, *Dits et écrits I* (1954~1975), pp. 683~684.

及风格问题与伦理和德性的关系。①

福柯区分了结构主义的两种形式。第一种形式的结构主义是一种方法,它使得或是语言学之类的学科的基础,或是宗教史之类学科的更新,或是人种学和社会学之类学科的发展得以可能;第二种形式的结构主义是一种行动,一些非专家的理论家借助于它来尽力界定可能实存于我们文化的这种元素和那种元素、这一科学和那一科学、这种实践领域和那种理论领域等等之间的现时/现实关系。② 前一种形式是一般化的结构主义,它不再局限于一个精确的科学领域,但它显然涉及学科的内部历史;后一种形式则是一种关心我们自己所属的文化,关心我们的现时/现实世界,关心那些界定了我们的现代性的实践关系或理论关系之集合的结构主义,它涉及学科的外部历史。福柯表示,如果我们承认哲学的角色就是诊断的话,那么正是第二种形式能够具有作为一种哲学行动的价值,即它可以把自己界定为使得人们能够诊断今天发生的事情的行动。③

在福柯眼里,结构主义无论如何没有导致历史的终结,但它的的确确是对历史主义的否定:"结构主义者从来都没有攻击那些历史学家,而是攻击某种历史主义,攻击他们的工作遭到的某种历史主义的反应和不信任。在结构分析面前,一定数量的传统思想家感到了惊恐。"④依据这样一种辩护,说结构主义主张历史终结论无异于栽赃陷害。真正说来,传统思想家惊恐的是对主体地位的质疑。他们坚持认为,存在着结构分析永远无法说明的一种变易:这一变易一方面

---

① White, *The Content of the Form: Narrative discourse and historical representation*, Johns Hopkins University Press, 1987, p. 135.
② Foucault, *Dits et écrits I* (1954~1975), p. 609.
③ ibid.
④ Foucault, *Dits et écrits I* (1954~1975), pp. 801~802.

是由一种连续性构成的,而结构依据定义是不连续的,另一方面是由一个主体(人本身,或人性或意识或理性都无关紧要)构成的;对于他们来说,存在着历史的一个绝对主体,他构成了历史,他确保了历史的连续性,他是历史的作者,是这一连续性的担保者;至于各种结构分析,它们只有在关于服从人的统治权的历史的这种连续性的同时分割中才能够获得位置。①

福柯对比普遍语法来探讨现代语言学,我们由此可以看出他是如何从结构分析中寻找到历史元素的。他认为,许多特征都表明了早期现代时期的波尔-罗瓦雅尔语法与后期现代语言学的相似,仿佛超出于从葆朴到梅耶的语文学插曲,一门普遍语言科学的新近计划回到了普遍语法的古老事业。最后时期的普遍唯理哲学语法与索绪尔《普通语言学教程》相距不到一个世纪,在前者和后者那里,有着对一种符号理论(语言研究只不过是其特殊的、而且特别复杂的一个例子)的或明确或不明确的相同参照;有着界定共同于全部语言之运转的诸条件的相同尝试;有着赋予一种语言的现时构造的相同优势和通过一种演变或历史的残存来说明语法事实的相同沉默;有着不是把语法分析为或多或少融贯的一些规则的集合而是一个系统(在系统内部,应该能够找到一种对于全部事实、对于显得最不正常的那些事实本身而言的理性)的相同意愿。②

然而,确立普遍语法与索绪尔理论之间的具体关系并非易事。普遍语法不是以模糊的方式获得理解的一种准语言学,现代语言学不是被给予旧的普遍语法观念的一种更实证的新形式。它们实际上涉及两种不同的认识论构形,其对象不是以相同的方式区分的,其概

---

① Foucault, *Dits et écrits I* (1954~1975), p. 802.
② Foucault, *Dits et écrits I* (1954~1975), p. 760.

念既不完全具有相同的地位也不具有相同的角色。尽管如此,一些相似似乎透过大量的差异显示出来了,变成了不容易觉察到的事实。现在要问,在两个就其构造来说如此不同,还有就它们的诞生时期相距如此遥远的两个学科之间,怎么会形成在今天呈现出来的一组类比呢?使它们呈现的何种共同空间正在开启呢?关于语言的何种一般化分析使我们能够界定原则上彼此不相干的两个形象的部分同构呢?福柯表示:"突然发现的与普遍语法的亲缘性对于语言学来说并不是对其历史的一种好奇,也不是对其古老感到安心的标示,这毋宁说是一段记入一种现时的变动中的插曲。"①

其实,从普遍语法到语言学还需要经过语文学这一中间环节。语法学、语文学和语言学似乎是我们思考语言问题的三个维度,它们分别在早期现代文化、后期现代文化和当代文化中获得了集中体现。17、18 世纪关于语言问题的思考以语法学的形式出现,语言在当时的文化反思中是没有独立地位的,因为它只是表象观念的工具,语言的静态结构是语法学研究的重要对象。19 世纪关于语言问题的思考以语文学的形式出现,关注的是语言的历时性,而不像 20 世纪的语言学那样关心语言的共时性:"人们习惯于说语言学通过采用共时性的视点、通过放弃旧的历时性的视点而离开了语文学。语言学研究一种语言的现在和同时性,而语文学研究从一个阶段到另一个阶段的线性的演变现象。"②正像前面已经提到的,共时和历时也不是完全对立的。但无论如何,只是伴随索绪尔结构语言学的当代效应,人们才将研究的重心转向了语言的共时性。

普遍语法维系的是语言的静态结构,结构主义的语言结构分析

---

① Foucault, *Dits et écrits I* (1954~1975), p.761.
② Foucault, *Dits et écrits I* (1954~1975), p.854.

并不因此就是向普遍语法的回归。事实上，正像福柯想要表达的，语言学更多地关注的不是结构，而是结构的转换，巴特所说的结构分裂则是转换的一种。乔姆斯基的相关工作尤其具有启示意义。在研究笛卡尔式的语言学时，他不是要把早期现代学者的语法学与今天的语言学拉近：他毋宁着手使一种作为它们的将来和它们的共同未来场所的语法呈现出来。在这里，语言不再是作为离散的要素的一个集合，而是作为一种创造活动得到研究；一些深层结构将在语言的各种表面的、可见的形象下面得到勾勒；对一些关系的单纯描述将在一种说明的分析内部被重复；语言的系统与使我们能够获得它们的合理的阐发将不会是可以分开的。笛卡尔式的语法学对于现时的语言学来说不再只是它的各种对象和各种进程的一种奇怪的、遥远的预示；它构成为其特殊的历史的一部分。①

不管结构主义者还是通常的历史学家，都对文献采取了新的姿态。简单地说，这是一种优先关注文献的内在结构或内在关系的姿态。不管针对一般历史还是专门史，我们都可以就文献本身展开研究，但这些研究又是多样的，因为不再有精神性的力量来维持它们的统一性："历史学家现在完全知道历史文献的总和可以根据既没有相同的标记也没有相同的演变类型的一些不同的系列而组合起来。物质文明（各种农业技术、居住条件、各种家庭用具、各种交通手段）的历史不以与各种政治制度的历史或者各种货币流通的历史相同的方式展示。布洛赫、费弗尔和布罗代尔已经为普通历史证明的东西，我相信我们可以为观念史、认识史、一般思想史进行证明。"②比如，我们可以在一个到目前为止受到了相当忽视的层次上着手对 19 世纪

---

① Foucault, *Dits et écrits I* (1954~1975), p. 761.
② Foucault, *Dits et écrits I* (1954~1975), p. 815.

或现代时期的医学话语史进行研究,这涉及的是一些使医学话语的出现、功能和转换得以可能的条件的历史。①

福柯所说的考古学方法旨在总结历史领域出现的三种密切相关的方法论取向:"由强调连续性向强调不连续性过渡,由强调外部研究向强调内部研究过渡,由强调主体和意识向主体离心化过渡。"② 这三个取向只不过是当代历史研究姿态的不同侧面的展开。最明显的表现形式当然是不连续性,但它是以话语描述为前提的,而它本身味则意味着主体的奠基或维系功能的弱化。与此同时,三个过渡本身都是非常复杂的,它们不仅在某些专门史领域,而且在普通历史领域都有其很不相同的体现,或者说它们在不同领域以不同的方式获得实现,甚至出现完全异质和逆向的情形。福柯尤其关注的是当代观念史、科学史、哲学史、思想史、文学史等专门史领域出现的方法论变革。但他要求我们撇开这些学科领域的专门性或专业性,关注它们的研究方法针对普通历史的研究方法的突破,而后者本身也在不断地产生转换或变革。

第三节 多样的断裂

福柯注意到,在他展开考古学探索之前的几十年里,历史学家把自己的注意力优先投向的是长时段,而在这种关注中,变化和中断似乎可以忽略不计。这里涉及布罗代尔在"历史与社会科学:长时段"(1958)一文中的立场和观点。在文章中,作者把历史时期分成短时

---

① Foucault, *Dits et écrits I* (1954~1975), pp. 815~816.
② 拙著《文本的世界:从结构主义到后结构主义》,第117页。

段、中时段和长时段,认为长时段现象构成为历史的深层结构,正因为如此,历史学家似乎只有研究长时段的历史现象才能够把握历史的整体。变化和中断无疑会经常发生,但它们在漫长的时间演进中是无关紧要的。按照福柯的表述:"仿佛在各种政治变动及其插曲的下面,他们着手去发掘的是那些稳定的、难以打破的平衡,那些不可逆的进程,那些持久的调整,那些在上百年的连续性之后达到顶点并产生倒转的有倾向性的现象,那些累积的运动,那些缓慢的饱和,那些由于诸事件的整个一个厚度被各种传统叙事的混杂遮盖了的不动的、缄默的巨大基底。"[1]

在进行各种长时段分析的时候,历史学家采取一些要么新制要么旧有的工具,比如有关经济增长的各种模型、针对交易流通的定量分析之类。为了确保连续与稳定,他们要尽可能地利用一切有用的手段。问题在于,正是这些工具或手段使他们在历史领域中区分出了各种沉积层,而且深层次中的脱钩运作已经替换了到那时为止构成为研究对象的各种线性连续。一方面,从政治的机动到物质文明的迟钝,分析的层次增多了:它们各自有自己的特殊断裂,各自包含了一种只属于自己的分割;随着分析指向最深的那些基底,各种断裂就会越来越大;连续性的确定需要借助五花八门的手段,对手段的依赖却又导致了连续性的瓦解。另一方面,在混乱的治理史、战争史和饥荒史背后,出现的是在我们目光面前几乎不变动的历史或稍有坡度的历史:航道史、小麦史、金矿史、旱灾史、灌溉史、轮作史之类。长时段研究明显导致了两种不同的走向。

基于这种情形,福柯认为我们有必要改变提问的方式。我们不再应该像传统的历史分析那样提出如下旧问题:在各种不一致的事

---

[1] Foucault, *L'archéologie du savoir*, p. 9.

件之间建立何种联系？如何在它们之间建立一个必然的系列？贯穿它们的连续性或它们最终形成的集合的含义是什么？我们可以界定一个整体呢还是必须局限于重构各种连接？而是应该用如下新问题取而代之：为它们中的每一个采用的是哪些历史分期标准？从一个到另一个，我们能够描述何种关系系统（等级、支配、层叠、单值决定、循环因果关系）？我们可以建立哪些系列的系列？在一个大的编年中，我们可以在何种图表中确定那些不同事件系列？[①] 旧问题要求有明确的、单一的答案，而新问题并不要求有明确的、单一的答案。事实上，问题的转换本身尤其值得关注。这一切都表明，不存在单纯的、单一的连续性，而且连续性的追求可能走向其反面，况且其反面也是多种多样的。

福柯进而指出，几乎在相同的时期，观念史、科学史、哲学史、思想史、文学史之类学科已经有悖于历史学家的研究和方法。在它们那里，人们的注意力已经从原来描述成各个时代或世纪的那些庞大单位移向各种断裂现象；在思想的各种巨大的连续性下面，在一种精神或一种集体心理的那些笨拙而且同质的显示下面，在一种从其一开始就竭力实存下去并且获得实现的科学的顽强生成下面，在一种类型、一种形式、一门学科、一项理论活动的持续下面，人们寻求探测那些其地位和本性非常多样的中断的影响。[②] 这种倾向主要在福柯本人融入其中的法国科学史和科学哲学传统中体现出来。事实上，考古学不是反映福柯对待思想史的个人独特方式的独有的方法，相反，它扎根在法国科学史和科学哲学传统中，尤其是巴什拉和康吉莱

[①] Foucault, *L'archéologie du savoir*, p. 10.

[②] Foucault, *L'archéologie du savoir*, pp. 10~11.

姆的背景中。① 的确,他明确承认两位老师以及该传统中其他几位哲学家对于不连续性问题的独特贡献。

首先应该提到的是巴什拉所说的"各种认识行为及其阈限"。福柯认为这些行为及其阈限悬置了各种认识的无限合并,中断了它们的缓慢成熟并且使它们进入一种新的时间中,把它们与它们的经验起源、与它们的原初动机分割开来,使它们净化了它们的那些想象的合谋,它们因此为历史分析规定的不再是对各种沉默的开端的研究、不再是没有止境地对那些最初先兆的回溯,而是对一种新的合理性类型及其复杂的效果的测定。② 这无疑是福柯对巴什拉的独特认识论的考古学描述,其中已经可以看出他自己的谱系学方法的端倪:关注的不是起源和线性的发展,而是来源与效果历史。这意味着,巴什拉式的诗意科学与福柯所欣赏的尼采式的快乐知识是非常合拍的。

然后应该提到康吉莱姆的分析可以作为其范例的"各个概念的各种移置和转换"。福柯认为它们旨在表明,一个概念的历史总的来说并非是它的逐步精致化的、它的连续增长的合理性的、它的抽象梯度的历史,而是它的多种多样的构造与有效性的领域的历史,它的那些成功地使用规则的、它的阐发得以在那里进行和完成的各种各样的理论环境的历史。③ 任何一个概念都有其复杂的历史,其形成、使用、替换等等都遵循着复杂的规则。福柯同时提到了康吉莱姆在科学史的微观和宏观范围之间进行的区分。④ 康吉莱姆关于概念转换和分层描述等问题的思考对福柯的影响是不言而喻的。

---

① Gutting, *M. Foucault's Archaeology of Scientific Reason*, Cambridge University Press, 1989, pp. x~xi.

② Foucault, *L'archéologie du savoir*, p. 11.

③ ibid.

④ ibid.

进而应该提到所谓的"各种反复再分布",它们使许多过去、许多连接形式、许多重要性等阶、许多决定网络、许多神学向唯一一门伴随着其现在而发生变化的学科呈现出来,以致各种历史描述必然依据知识的现时性/现实性来安排,伴随它的各种转换而增多,并且反过来不停地与它们自己决裂。① 塞尔在数学领域给出了关于这一现象的给予福柯以重要启示的理论。然后应该提到盖鲁所分析的"各个系统的那些建筑单位",重要的是它们关于各种内在融贯性、各种公理、各种演绎链、各种相容性的描述。② 福柯回到话语或知识内部的强烈要求显然接受了来自这一倾向的影响。

最后,福柯提到,最极端的那些断续或许是由理论转换的工作在它通过使一门科学脱离关于其过去的意识形态、通过把其过去揭示为意识形态的而建立之时所实现的那些断裂。③ 他在这里引出的是阿尔都塞的姿态。这位结构主义的马克思主义者认为青年马克思有强烈的意识形态色彩,因为他坚持人道主义立场,但在其成熟时期,实现了向科学立场的转变,因为他的全部理论,即由他建立起来的科学(历史唯物主义)和由他开启的哲学(辩证唯物主义)以阶级斗争为中心和核心。④ 关于人道主义或主体性问题的思考是福柯全部哲学的主题,只不过他既不是为之辩护,也不是对之加以批驳,而是从知识与权力关系的角度进行或考古或谱系的分析。

很显然,上述与结构主义有染的思想家并非不关注历史,但他们已经更改了历史的提问法。在历史分析中,他们不再关注连续性可以借助哪些途径被建立起来,一种单一的意图以何种方式能够获得

---

① Foucault, *L'archéologie du savoir*, p. 11.
② Foucault, *L'archéologie du savoir*, pp. 11~12.
③ Foucault, *L'archéologie du savoir*, p. 12.
④ Althusser, *Positions*, Éditions Social, 1976, p. 61.

维持并且对众多不同的、持续的精神来说构成一种独一无二的视域，传播、恢复、遗忘和重复的运作包含了什么样的行动模式和支撑，起源是如何把其统治扩大到远远超出于它自己之外的；也就是，他们关注的重大问题不再涉及传统和痕迹，而是涉及分割和限度，不再是关于永远延续下去的奠基问题，而是关于具有作为基础和基础更新价值的各种转换问题。① 这样一来，在我们面前出现的是新的问题域，需要考问的是：如何详细说明那些不同的使我们能够思考不连续性的概念？通过哪些标准隔离出我们与之打交道的这些单位？如何使我们可以置身于其每一个都包含有自己的断续和自己的分析形式的那些层次多样化？如此等等。②

看起来，思想史、观念史、认识史等等似乎在增加断裂，似乎在寻找充分的不连续性，而严格意义上的历史则似乎在借助于一些不无稳定性的结构来消除各种事件的涌入。③ 然而，这一切都只是表面现象，我们应该注意发现普遍的变动，尽管各有其具体的变动方式。尤其重要的是，我们不能因此就产生幻觉，也就是说，我们不应该依据对表面现象的信念就想象某些历史学科从连续走向了不连续性，而其他一些学科从不连续性的麇集走向了各种不间断的巨大统一性，我们不应该想象在关于政治、各种建制或经济的分析中，人们越来越敏感于各种全面的规定，而在关于观念和知识的分析中，人们越来越加大了对于差异的运作的注意，我们不能相信这两种大的描述形式一度还在没有相互认出的情况下相互交叉。④ 在福柯眼里，处于传统形式中的历史与观念史等专门史提出的那些问题是相同的，它们只

---

① Foucault, *L'archéologie du savoir*, p. 12.
② Foucault, *L'archéologie du savoir*, pp. 12~13.
③ Foucault, *L'archéologie du savoir*, p. 13.
④ ibid.

是在表面上引起了相反的效果。

　　康德在自然领域实现了一种哥白尼式的倒转,代表了一种先验主观性倾向。福柯则要在历史领域实现一种再倒转,因为他要摆脱历史的主观性,要瓦解主体在历史领域的奠基功能。历史话语要求回到主体,考古学探索则关注话语本身。我们不能简单地说康德实现的是从客观到主观的倒转,福柯实现的是从主观到客观的倒转。这种再倒转构成为当代历史方法论领域的核心,导致了诸多后果:第一,断裂在观念史中的增加和长时段在严格意义的历史中的出现;第二,不连续性的概念在各门历史学科中占据了一个主要的位置;第三,关于总体历史的主题和可能性开始消失,而一般历史的完全不同的轮廓则开始被勾勒出来;第四,新史学面临着一定数量的方法论上的难题,其中的一些无疑早在它之前就已经存在,但它们如今被捆绑成束才刻画了其特征。①

　　断裂或不连续性问题是值得关注的哲学问题,首先因为它摆脱了历史哲学及其就变化的合理性和目的论、就历史知识的相对性、就为过去的惰性以及现在的未完成整体性发现和构造一种意义的可能性而提出的那些问题,然后因为它在语言学、人种学、经济学、文学分析、神话学等领域中获得了印证。这种情况之所以发生,是因为不再有主体来维护连续性。考古学方法是一种历史的分析方法,是一种摆脱了人类学主题或者说摆脱了任何人类学主义的分析方法。② 它力图摆脱说话的个体、话语的主体和文本的作者,摆脱全部这些人类学范畴。③ 福柯承认,在他自己所处的时代,在历史领域的这一认识论变动仍然没有能够完成,当然,这一变动也并非始自他所说的昨

---

① Foucault, *L'archéologie du savoir*, pp. 15~19.
② Foucault, *L'archéologie du savoir*, p. 26.
③ Foucault, *L'archéologie du savoir*, p. 43.

天,因为我们或许可以把这一变动的最初时刻回溯到马克思,尽管经历了很长时间才产生其效果。

在福柯看来,关注断裂和突破连续并不是一个新话题,但其进展十分缓慢、非常困难,中间历经曲折。按照他的说法,我们似乎在自己已经习惯于寻找各种起源、无限地回溯那些既往史、重构各种传统、追踪各种演变曲线、投射各种目的论、不断地诉诸于各种生命隐喻的地方,对于思考差异、描写各种偏差和散布、瓦解同一性的令人心安的形式感受到了一种独特的厌恶,我们似乎害怕在自己的思维的时间中思考他者。① 原因就在于,思想史保持为各种不间断的连续性的场所,它对意识的主宰来说是一个优先的庇护所。19 世纪文化的突出特点就是维持历史连续性,并且让主体担负起这一维护的重任:"自 19 世纪以来,这一主题以各种不同的形式扮演了一种持久的角色:对抗所有的离心化而拯救主体的统治权,以及人类学与人道主义的双胞胎形象。"②一些思想家试图有所突破,但最终都被重新拉回到现代性的连续性大潮之中。

首先涉及马克思引起的革命和断裂,即马克思通过关于生产关系、经济决定和阶级斗争的历史分析而引起的离心化。作为对抗,在 19 世纪末叶出现了一种关于总体历史的研究,一个社会的全部差异在这一研究中都可以被归结为一种单一的形式、一种世界观的结构、一种价值系统的建立和文明的一种融贯类型。③ 也就是说,人们通过把马克思的理论引向关于总体历史的研究,而缓解了其革命性,并因此维护了连续性。其次涉及尼采引起的变革和断裂,即谱系学引起的离心化。作为对抗,思想史中出现了一种关于原初奠基的研究,它

---

① Foucault, *L'archéologie du savoir*, p. 21.
② Foucault, *L'archéologie du savoir*, p. 22.
③ ibid.

把合理性变成人类的目的,把整个思想史与捍卫这种合理性、与维持这种目的论、与始终向这一奠基的必然回归联系起来。① 尼采的谱系学研究是对传统的历史观的根本颠覆,但是,由于人们把他的谱系学探讨等同于追根溯源,等同于把合理性视为人类目的,于是就使它在融贯性的回归中丧失了革命性。

最后涉及的是精神分析、语言学和人种学中的最新努力。当它们的研究相应于人的欲望规律、人的语言形式、人的行动规则、人的神话的或传奇的话语运作使主体离心化时,当人被问及自己之所是而不能说明自己的性欲和无意识、自己的语言的各种系统形式或者自己的那些虚构的规律性时,关于一种历史连续性的主题已经被重新激活了。② 只要出现主体离心化的趋势,就会有相应的各种抵制。这些与结构主义相关的学科显然既革命又保守。福柯写道:"为了发挥这一把历史的生动开放与结构的'不动性'、与它们的封闭系统、与它们的必然'共时性'对立起来的主题,显然应该在各种历史分析本身之中否定对不连续性的使用,对各个层次和各种限度的界定,对各个特殊系列的描述,对各种差异的整个运作的揭示。"③这些学科没有完全摆脱连续性。难怪列维-斯特劳斯的人类学被德里达视为在场的形而上学或逻各斯中心论的最后堡垒。

无论如何,上述三种突破的努力都归于失败,叛逆者被收编了:"因此,人们被导向对马克思的人类学化,把他变成一个关于整体性的历史学家,并且在他那里重新找到人道主义的意图;因此,人们被导向用先验哲学的术语来解释尼采,并且在起源研究的平面上抑制他的谱系学;因此,人们最终被导向把新历史今天提出的那些方法论

---

① Foucault, *L'archéologie du savoir*, p. 22.
② ibid.
③ Foucault, *L'archéologie du savoir*, p. 23.

问题的整个这一领域弃置一边,似乎它从来都还没有露出头来。"[1]最重要的是,福柯时代的那些相关学科的研究者依然追求文化整体性,重新整合借自马克思和尼采的思想资源:在关于各种文化整体性的主题(人们已经就此批判过马克思,然后又乔装打扮他)中,在关于一种起源的研究的主题(人们把它对立于尼采,然后又打算在他那里转换它)中,在关于一种活的、连续的、开放的历史的主题中,运转着的乃是相同的保守功能。[2] 总之,一方面是历史终结的喧嚣,另一方面则是对历史连续性的维护。

问题在于,要维护历史连续性变得越来越困难。按福柯的说法,我们曾经把先前的全部宝贝都堆放在历史的古老城堡中,我们相信它是牢固可靠的,我们把它神圣化了、已经把它变成为人类学思想的最后场所,甚至相信能够在那里俘获曾经猛烈攻打过它的人、相信可以把他们变成城堡的警惕的守卫者;然而,真正说来,历史学家已经长期弃置它,已经离开它到别处工作,我们觉察到甚至马克思或者尼采也没有确保我们托付给他们的守护之责,我们不能再指望他们来维系这些优势地位,也不能指望他们再一次肯定它至少是活的、连续的,对于问题中的主体来说是静息、确定性、和解(平静的睡眠)的场所。[3] 当代性姿态的突出特征是否定现代性的二值逻辑,它既不单纯地维护传统,也不暴力地否定传统。它充分发掘现代性中的反现代性因素,但并不因此就让它们完全取代现代性因素,它事实上维护的是各种因素的多元共存、多元共生。

考古学方法在写作《知识考古学》之前从事的一系列工作中已经

---

[1] Foucault, *L'archéologie du savoir*, p. 23.

[2] ibid.

[3] Foucault, *L'archéologie du savoir*, p. 24.

有所体现,但需要明确加以界定。福柯在这些工作中使用了一些一般的术语,但在这一总结性的著作中对它们进行了大量的纠偏和转化。他认为这一方法所依赖的土壤正是它已经发现的土壤,具体来说,针对疯癫和一门心理学的出现,针对疾病和一门临床医学的诞生,针对关于生命、语言和经济的诸科学的考察,在某种程度上已经是一些盲目的尝试;但它们逐步获得了澄清,不仅因为它们逐渐明确了它们的方法,而且因为它们在这场关于人道主义和人类学的争论中发现了它的历史可能性的所在之处。①《知识考古学》没有被记录在关于(与起源、历史、变化对抗的)结构的争论中,而是被记入了关于人的存在、意识、起源和主体的问题在那里显示出来、相互交叉、交互混杂和获得规定的一个领域。② 考古学试图消除人类学和人道主义的影响,但其诞生地恰恰是人学或人文科学。

　　《知识考古学》不是对《疯癫史》、《诊所的诞生》、《词与物》的重复或精准描述。因为它们各有欠缺,未能充分实现考古学目标,所以它针对它们进行了不少修正与内在批评。概括地说,《疯癫史》对在书中被指称为一种经验的东西花费了相当大的、令人困惑的篇幅,由此表明了我们非常接近于承认历史的一个匿名的、一般的主体;在《诊所的诞生》中,多次尝试的对结构分析的求助有回避提出的问题的特殊性和考古学特有的层次的危险;最后,在《词与物》中,方法论路标的缺失可能会让人们相信进行的是一些依据文化整体性的分析。③ 上述缺陷都有待于获得澄清、有必要加以克服。既然该事业始终都与考古学联系在一起,《知识考古学》中也就采取了某种小心谨慎的姿态。它每时每刻都保持距离,从事情的两面来确立自己的各

---

① Foucault, *L'archéologie du savoir*, p. 26.
② ibid.
③ Foucault, *L'archéologie du savoir*, pp. 26~27.

种尺度,摸索着通向自己的各种限度,敲打自己不想说的东西,并为确定自己的道路而深挖沟渠。①

福柯归根结底关注的是话语问题,更确切地说,话语描述问题。在他看来,我们首先应该进行一种消极的工作,这就是要摆脱那些看似多样化,实则始终围绕连续性主题展开的概念运作。那些概念或许不具有一种严格的结构,但它们的功能是明确的。福柯列出的主要概念有传统、影响、发展和演化、心态或精神,等等,认为它们都导向他力主予以突破的连续性。他认为应该质疑这些既有的综合,质疑人们通常在进行任何审查之前就承认的这些归类,应该排除人们习惯上借以在它们之间把各种人类话语关联起来的模糊的形式和力量;更明确地说,我们与其让它们自发地发挥作用,不如承认,出于方法上的关切并且在最初的考虑中,它们只不过涉及的是一众分散的事件。② 也就是说,这些概念并不能将众多的话语事件真正统一起来。

其次,我们应该在我们对之熟悉的一些分割和组合面前感到不安,我们不能够泰然地接受大的话语类型之间的区分,因为我们对于这些区分在属于自己的话语世界中的使用并没有把握,更不用说,当问题在于分析一些它们在获得表述的时代以一种完全不同的方式被分配、分布和刻画的陈述集合时。③ 像文学、政治学之类新出现的形式或种类,我们只有通过回顾性的假设,借助形式类比或语义相似的手段才能够把它们运用到中世纪文化或早期现代文化中。尤其关键的是,无论文学、政治学,还是哲学、科学都没有能够像它们连接 19 世纪的话语领域那样连接 17、18 世纪的话语领域。真正说来,这些

---

① Foucault, *L'archéologie du savoir*, p. 27.
② Foucault, *L'archéologie du savoir*, p. 32.
③ Foucault, *L'archéologie du savoir*, pp. 32~33.

分割或分类本身始终是一些反思的范畴、一些分类的原则、一些规范的规则和一些制度化的类型，它们并不是自明的，就像其他话语事实一样，它们现在也成了有必要被分析的话语事实。①

再者，我们尤其应该把像书和作品这样的以最直接的方式强加给我们的单位悬置起来。② 它们通常被认为是以确定的方式被给予我们的。然而，细究起来，要确认作为单位的书和作品是非常困难的。就书而言，比如一部诗集与一部死后残篇集的物质单位是不一样的，在书与书之间存在着文本间性或者互相引用的问题，在书的原本和译本之间显然存在着差异，如此等等。所以，福柯表示，要让书只是作为我们拿在手上的一种物品出现是徒劳的，要它蜷缩在封闭它的某个小小的平行六面体中也是徒劳的：其单位是可变的和相对的，一旦我们质疑它，它就丧失了自明性，只有从某一复杂的话语领域出发，它才能够揭示自己、构建自己。③ 作品的认定看似简单，实际上引出的难题还要大。事实上，我们可以在不同情况下使用作品一词，我们不能够把它看作是一种直接的单位、一种确定的单位、一种同质的单位。④

最后，为了把未经反思就接受下来的连续性放在一边，我们应该谨慎地放弃两个既相互关联又彼此对立的主题。一个主题是希望永远不可能在话语的秩序里确定一个真正的事件的涌入，希望在任何的明显开端之外，总是存在一个秘密的起源；另一个主题是任何公开的话语都秘密地取决于一种说过的东西，而这个说过的东西并不仅仅是一句说出来的话，一篇写下来的文本，而是一个没有说过的东

---

① Foucault, *L'archéologie du savoir*, p. 33.
② ibid.
③ Foucault, *L'archéologie du savoir*, p. 34.
④ Foucault, *L'archéologie du savoir*, p. 36.

西,一种没有形体的话语,一种如同呼吸一样沉默的声音,一篇只不过是它自身的痕迹之凹陷的书写。① 这两个主题都以连续遏制中断,而福柯本人强调断裂,拒绝溯源,要求在话语实践本身中处置话语。这一谨慎的姿态很自然地引出了他后来在《尼采、谱系学和历史》中就起源和来源进行的区分。在他看来,各种话语实践并不完完全全是话语的构造模式,它们在一些技巧集合中、一些建制中、一些行为图式中、一些传播或散布类型中、一些既强制规定它们又维护它们的教育学形式中获得体现。②

福柯的现代性反思和当代性描述或是采取考古学的方法,或是采取谱系学的方法,或是将两者结合起来。这里当然涉及不同阶段的策略选择,但并不完全受制于这一选择。从知识结构或话语构成的角度探讨知识之所以可能的条件采用的是考古学方法,它突破单纯考虑理性或意识的倾向,重点描述非理性和无意识的沉默史,但理性针对非理性的权力策略是不言而喻的。探讨知识与权力的关系问题利用的是谱系学方法,它摈弃了简单化的权力分析,依据一种微观物理学来描述和解释力量之间的相互作用,但知识结构或话语构成也是其中应有之义。两种方法都旨在揭示各种样式的经验(比如疯癫、疾病、犯罪、性欲、劳动、说话、生命)、各种门类的知识(比如精神病学、医学、犯罪学、性学、心理学、经济学、语言学、生物学)和各种形态的权力(比如精神病院、医院、监狱、学校、军营、工厂等控制个人的机构)之间的复杂关系。

福柯致力于探讨经验成为知识的对象与权力施加于对象之间的复杂机制,涉及话语的形成、知识的产生(真理/真相的揭示)和主体

---

① Foucault, *L'archéologie du savoir*, p. 36.
② Foucault, *Résumé des cours* (1970~1982), p. 10.

的诞生诸多问题。人们习惯于用知识与权力这一简明的表述来概括其思想。于是就会提出这样的问题:知识导致权力还是权力产生知识?在关于权力的微观物理学或谱系学中,并不存在这样的二者择一。权力问题的关键是要确定,就权力的机制、效果和关系而言,在不同社会层次上运作的不同的权力装置是什么、权力分析是否可以从经济学中推演出来。一方面,在关于权力的理论中存在着所谓的经济主义,也就是说,人们明确地把权力与财产或财富相类比;另一方面,正像马克思主义所说的,权力有其经济功能性,也就是说,就权力的角色主要在于既维持生产关系又延续阶级统治而言,生产力的发展及其特定的占有样式使其经济功能性得以可能,如此一来,政治权力将在经济中找到其历史存在的理由。

简单点说,在前一情形中,我们拥有一种政治权力,它将在交换程序中、在财产流通的经济学中找到其形式上的模型;在后一情形中,政治权力将在经济学中获得其历史存在的理由、其具体形式和现实机能的原则。① 福柯不偏向任何一种情形。在他看来,我们不可能把军队或工场中的权力技术历史地归因于某个个体或者某些确定的群体。这当然是有针对性的。因为通常认为,某个个体或某一群体决定利用一种权力技术,使社会机体服务于自己的利益。但事情并非如此简单。在福柯看来,权力策略是从一些局部条件和特殊要求出发被发明和组织起来的,在它们被巩固成一些巨大的融贯整体之前,它们是一点一点地被勾画出来的;这些整体也不构成为一种同质化,而毋宁说构成始终保持为非常特殊的不同的权力机制的相互依赖的复杂游戏。② 比如儿童问题、家庭、医疗、精神病、精神分析、学

---

① Foucault, «Il faut défendre la société», p.14

② Foucault, Dits et écrits II (1976~1988), p.202.

校、司法之间的游戏并没有同质化这些机构。

有必要将前述优先的连续性形式,人们通常不会就其提出问题、并且让其充分发挥的那些综合都悬置起来。当然,这样做不是为了最终抛弃它们,而是要动摇人们接受它们时的心安理得,要指出它们并非是自然而成的,相反,它们始终是遵循某些构造规则构造出来的结果。福柯明显认可索绪尔符号不是自然的,而是约定的这一看法。既然这些形式或综合出于约定,也就在一定范围内遵循共同的规则,遵循维特根斯坦式的语言游戏规则。福柯承认,他固然把精神病理学或医学或政治经济学之类完全给定的单位作为最初的参照,但他不会深入到这些可疑的单位的内部来研究它们的内在形构或者各种秘密的矛盾。他之所以要提到它们,只是为了随后对它们进行质疑,只是为了解开它们并且想知道我们是否能够合法地对它们进行重组,只是为了知道是否应该以一些其他的方式重建它们,只是为了把它们重新置于一个更一般的空间中。

既然精神病理学之类单位是被构造出来的,那它们就是可以被解构和重构的。显然,从福柯进展到德里达或回溯到海德格尔不存在任何障碍。问题就在于,凭什么建构,解构后剩下的是什么,我们又如何重构。在悬置了传统的单位之后,他把我们引向的是看似寻常却别有洞天的话语领域:"有关连续性的这些直接形式一旦被悬置起来了,整个一个领域实际上就被释放出来了。一个巨大的、但我们仍然可以进行界定的领域:它是由处于它们的事件的散布中、处于属于它们各自的法庭中的全部有效的(不管口头的还是书写的)陈述的集合构成的。"[1]在我们确定性地接触一门科学、一部小说、一些政治谈论、一位作者的作品、甚至一本书之前,我们不得不处理的处于其

---

[1] Foucault, *L'archéologie du savoir*, p. 38.

原始的中性中的材料,乃是一般话语空间中的事件总体,这样一来,对各种话语事件进行一种描述的计划就作为在那里形成的各种单位的研究视域出现了。① 建构、解构和重构的是一些陈述,而陈述之间的关系被视为话语空间中的各种事件的关系。

不仅存在着话语事件,甚至有幻象事件,话语事件或许就是幻象事件。鲍德里亚表示:"形成幻象,为的是形成事件。重新使那种明晰的东西成为谜一般的,重新使只不过太过可知的东西成为不可知的,重新使事件成为难以辨识的。"② 显然,正是在关于话语事件的描述中,传统的单位界限消失了,真实与虚拟的界限也消失了。当然,前面提到的那些单位并没有被抛弃,只是被建立在了新的视域基础之上。福柯的工作就是要确立这一视域,并由此看待话语空间中的各种事件的发生和相互作用。他对话语事件进行描述,要处理的其实是陈述的分解和组合。当然,最初的工作还限于静态地描述陈述之间的关系,追溯性的解释随后也成了重要的内容。描述与解释的结合导致了从考古学顺理成章地进展到谱系学。在福柯着手描述陈述之间的各种共存关系时,他关心的不是一位作者的作品、一个时代的一致性和一门科学的演变之类单位,他关注的是话语的各种邻近事件或者说诸多陈述的各自在场,如果他在这些事件之间描述一个关系系统的话,其中一些事件与一个从此以后融贯的集合打交道。③

福柯既要探讨在同一个时期内的不同学科之间的关系,比如早期现代时期的财富分析、博物学和普遍语法三者之间的关系,这似乎是空间中的并置关系,又要考虑比如说早期现代普遍语法、后期现代语文学和当代语言学之间的关系,也就是在时间中的演变或转化关

---

① Foucault, *L'archéologie du savoir*, pp. 38~39.
② Baudrillard, *La pénsee radicale*, Sens & Tonka, 1994, p. 33.
③ Foucault, *Dits et écrits I* (1954~1975), p. 738.

系。这一切都归结为陈述(群)与陈述(群)之间的关系。我们要考问政治经济学、生物学、语言学之类单位是什么,也要考问早期现代普遍语法分析与后期现代语言分析是否属于相同的话语秩序,为什么属于相同的话语秩序。很显然,福柯的工作既涉及横向关系,也涉及纵向关系。正是基于这样的情形,我们说他在其探究中强调了结构与历史的统一。他在《疯癫史》和《诊所的诞生》中主要考虑的是纵向关系,在《词与物》中则主要考虑的是横向关系。为了处置这些关系,他提出并批判分析了四种假设,进而从四个维度引入并描述了话语构成及其遵循的基本规则。

第一个假设涉及话语的对象:无论从时间还是空间的维度看,都散布着众多的陈述,如果它们都指称同一个对象的话,它们就形成了一个集合,即某些陈述,在它们参照唯一一个对象的范围能够形成一个集合。[1] 比如精神病理学话语都涉及疯癫经验。然而,事情似乎并非如此简单。那些属于或相关于精神病理学的陈述,看起来全都参照或应该参照在个体的或社会的疯癫经验中呈现其轮廓的对象,可是,并没有一个统一的疯癫对象能够让我们个体化由这些陈述构成的一个集合,并且在它们之间建立一种既可以描述又能持久不变的关系。这是因为,疯癫经验及其相近经验是多种多样的,个体的疯癫体验是千差万别的。简单地说,根本就不存在唯一的、不变的对象。如此一来,某一话语单位不可能是基于一个对象的持久性和单一性而形成的,它相反地是一个独特的空间,多种多样的对象在其中显示其轮廓并且不断地产生转换。

其实,探讨疯癫经验的陈述并非一定属于精神病理学陈述,因为像法学、文学之类学科也会涉及疯癫,但它们的陈述是根本不同的。

---

[1] Foucault, *Dits et écrits I* (1954~1975), p. 738.

况且，精神病理学认定的疯癫在不同时代是不同的，这种经验在文艺复兴时期、早期现代时期和后期现代时期的差别是非常明显的。无论如何，疯癫经验是多样而复杂的，那些陈述涉及的不可能是唯一的对象。我们能够而且应该从对象的复杂性得出结论说："为了构成一个话语集合而承认'涉及疯癫的话语'是一种有效的单位是不可能的。"①显然，话语描述首先应该指向对象构成的复杂性及其遵循的基本规则。简单地说，我们借助对象构成的规则探讨不同的对象的各种转换、它们历经时间的不同一性、在它们那里形成的断裂、中断了它们的持久性的内在不连续性，就在于描述这些对象的散布，抓住把它们分离开来的所有那些空隙，测度延伸在它们之间的各种距离，换言之，就在于表述它们的分布规律。②

第二个假设涉及说话的方式，目标是界定各种陈述之间的一组关系，即它们的表述形式和类型："我们可以用来构成一些话语集合的第二个标准，是被使用的陈述类型/风格。"③自19世纪以来，人们认为医学科学与其说是借助它的对象或者它的概念，还不如说是通过陈述的某种风格/类型、某种持久特性/形式获得刻画的。由此，医学第一次不再是由传统、观察和异质处方的一个集合，而是由各种认识的一个汇集构成的：它假定了投向各种事物的一种同样的目光、知觉场的一个同样的网格、依据身体的可见空间对病理事实的一种同样的分析、以及对人们在所说的东西中知觉到的东西的一种同样的记录系统。总之，医学是由一系列描述性的陈述组成的。但福柯试图表明，19世纪的医学话语除各种描述性陈述外，还包括由关于生与死的各种假说、各种伦理选择、各种治疗决定、各种制度规则、各种教

---

① Foucault, *Dits et écrits I* (1954~1975), pp. 738~739.
② Foucault, *L'archéologie du savoir*, pp. 46~47.
③ Foucault, *Dits et écrits I* (1954~1975), p. 740.

学样式构成的一个集合。①

在福柯看来,不仅描述性陈述的集合只是医学话语的一部分,而且它们也在不断地产生转换。这一假说涉及医生作为主体在临床医学中扮演的角色,而医生并不只是采取一种姿态,他还可以采取其他的姿态。与此同时,不管医学体制之内还是之外,都还有众多的力量扮演着这样或那样的角色。如此一来,话语描述应该指向陈述方式的构成,并因此指向陈述方式的多样性。福柯写道:"应该加以刻画或个体化的东西,可能正是这些散布的和异质的陈述的并存;是支配着它们的分布的系统,它们相互依靠的支点,它们相互蕴含或相互排斥的方式,它们承受的转换,它们的换位、排列和替代的游戏。"② 无论如何,临床医学是由众多的陈述构成的,涉及它们之间的复杂关系,无法以同一种语气或口吻说话。比如,医生、法官、律师、作家用不同的方式谈一个疯子的疯癫,而医生面对疯子、同事和亲属也会有不同的谈论疯癫的方式。

第三个假设涉及概念的使用,它试图表明的是,我们能不能通过确定刚好在其中运作的那些持久的、一致的概念的系统而建立起陈述群;换言之,我们可以据以建立各个陈述的单位群的,乃是在它们之间的一些持久而融贯的概念运作的实存。③ 比如,我们想知道,在从朗斯洛到18世纪末的那些早期现代作家那里,对语言和一些语法事实的分析是不是建立在确定数量的概念(它们的内容和使用是一劳永逸地确立起来的)的基础之上的。17、18世纪的语法学、19世纪的语文学、受索绪尔影响的语言学使用了一些相同的概念,问题在

---

① Foucault, *L'archéologie du savoir*, p. 47.
② Foucault, *L'archéologie du savoir*, p. 48.
③ Foucault, *Dits et écrits I* (1954~1975), p. 742.

于,这些概念是否具有相同的含义。这里涉及词、主词、谓词、名词、动词、逻辑系词、判断等概念,它们似乎有固定的、不变的含义。也就是说,人们习惯于通过确定陈述所包含的持久而融贯的概念系统来对陈述进行分类,概念似乎一以贯之地保持其含义不变,至少其演变是客观而有规律的。

福柯对概念的不变含义或有规律的演变持怀疑和否定的态度。在他看来,我们几乎不能用这样一些元素来描述包括朗斯洛在内的波尔-罗瓦雅尔的作者所作的那些分析,因为我们很快就被迫发现一些新概念的出现,它们中的一些可能是从以前那些概念中派生出来的,但其他一些则是异质的,有几个甚至与它们是水火不容的。[1] 简单地说,概念在不同时期会有不一样的含义;人们也在不断地淘汰旧概念,启用新概念;新概念出现的形式并不相同:有些是从先前的概念中派生出来的,有些则是完全新造或生造的。德里达对符号、书写、痕迹、补充、延异、药等概念的或创新或生造,应该说是对福柯思想的一种很好的印证。这种复杂的情形要求我们探讨概念构成及其遵循的各种规则。我们不应该围绕固定的概念来形成陈述群或话语系统,而是应该尝试着分析这些概念的出现和它们的散布的运作。[2]

第四个假设涉及策略选择,依据主题的同一性和持续性来确立话语单位。在像经济学或生物学之类容易引起争论,易于受到各种哲学或者伦理学选择的影响,并且在某些情况下随时会被政治利用的科学中,一开始就假定某种主题能够连接并且激活一个话语集合似乎是正当的。[3] 福柯从生物学和经济学中看到的是对这一假设的两个相反但互补的检验。在生物学的情形中,相同的主题在两套概

---

[1] Foucault, *L'archéologie du savoir*, p. 49.
[2] ibid.
[3] Foucault, *L'archéologie du savoir*, p. 50.

念、两类分析、两个完全不同的对象领域中获得表述。以进化论观念为例。根据最一般的表述,这一观念在马耶、伯德或狄德罗和达尔文那里是同样的。但实际上,使该观念在这里和那里得以可能并且保持一致的东西根本不属于相同的秩序。① 虽是单一的主题,却以两类话语为起点。② 简单地说,狄德罗和达尔文都在谈进化,他们的学说似乎应该是一致的,但实际上,它们根本就不是同一码事,因为它们根本就不属于相同的知识型。

经济学中出现的是另一种情形。重农主义者魁奈的选择与功利主义者所坚持的相反意见依赖的是完全相同的概念系统。福柯表示,在那个时代,财富分析包含着相对有限的、能够为大家都承认的概念运作。因此,以单一的概念运作为起点,却存在着两种说明价值形成的方式:人们要么以交换为基础来说明,要么以工作日的报酬为基础进行说明,这样一来,以相同的一些要素为起点,却产生了两种不同的选择。③ 这就要求我们探讨策略构成及其遵循的规则。我们没有必要寻求主题或选择的统一性、连续性、持续性,而是应该标出选择点的散布,应该在任何选择、任何主题的偏好之外界定各种策略的可能性的领域。④ 如果说重农学派的分析和功利主义学派的分析构成为相同话语的一部分,这绝不是因为他们生活在同一个时代、因为他们在一个社会内部相互对抗、因为他们的兴趣混杂在同一种经济学中,而是因为他们这两种看法属于选择点的一种唯一的、相同的分布,属于唯一的、相同的策略领域。⑤

---

① Foucault, *Dits et écrits I* (1954~1975), p. 745.
② Foucault, *L'archéologie du savoir*, p. 51.
③ Foucault, *Dits et écrits I* (1954~1975), p. 746.
④ Foucault, *L'archéologie du savoir*, p. 52.
⑤ ibid.

通过批判分析上述四种假定,福柯从四个维度来勾勒话语构成的标准。它们把我们导向一些绝不是文本、作品、科学之类传统单位的话语单位(话语领域、话语形式)。他对四个假定进行了所谓的验证,也就是说对陈述大家庭究竟如何得以构成进行了一番比较琐细的分析。他认为它们不仅不是不相容的,而且是彼此求助的。我们从中似乎看到了康德的影子,也就是说福柯探讨的不是陈述群是否可能,而是如何可能。当然,他的分析比康德的分析要精微得多,也更具现实批判的效果,因为它要实现历史与结构、实证与批判、理论与实践的结合。他认为传统的姿态固执地维持连续性,从而无法解决陈述的对象、陈述的方式、陈述的概念和陈述的策略在事实上存在着的分化和散布。其实,既然统一难以形成,既然难以把它们纳入一个巨大的不中断的文本中,我们不妨把目标转向这些散布本身,去描述散布的各个系统。①

问题被归结为对话语构成进行描述,也就是寻找话语构成的各种规则:分别探讨对象是如何构成的,陈述方式是如何构成的,概念是如何构成的,策略选择是如何构成的。福柯写道:"我们把这一分布的诸要素——对象、陈述方式、概念、主题选择——所服从的条件称为构成规则,这些构成规则是在一种给定的话语分布中的实存(共存、维持、修正和消失)的诸条件。"②在《知识考古学》中,他用了较多篇幅来具体描述四种构成规则及其复杂性,在相关访谈中也做出了相应的说明。我们对于相关的具体描述并不感兴趣,我们只是想要指出,这种描述其实是一种警示或告诫,提醒我们在进行任何的分析时,都不要忘记了事情的复杂性,不应该自然而然地接受既有的原则

---

① Foucault, *L'archéologie du savoir*, pp. 52~53.
② Foucault, *L'archéologie du savoir*, p. 53.

或规范。与此同时,这些规则毕竟出于约定,不仅有其适用的范围,而且也有其实存的时效。

海德格尔从世界(世界的世界性)、此在(共在与自己存在)、在之中三个环节来描述此在的在世这一整体现象。对于福柯来说,我们应该从四个维度来描述话语构成的整体结构。四个标准在他那里是相互依存的,正像三个环节在海德格尔那里是相互依存的一样。第一个通过其全部对象的构成规则、第二个通过其全部句法类型的构成规则、第三个通过其全部语义要素的构成规则、第四个通过其全部运作的偶然性的构成规则来界定话语单位。① 话语的全部方面由此都被覆盖了。在一组陈述中,当我们能够标明和描述一个参考物,一种关于陈述间的风格,一个理论网络,各种策略可能性的一个场时,我们就可以确信它们属于我们所说的一个话语构成,它集中了整个一群话语事件。② 《疯癫史》是对精神病理学话语的展示,《诊所的诞生》是对临床医学话语的展示,《词与物》则是对语言学、经济学和生物学等话语的展示。

问题不在于话语构成的各种标准、不在于它的各种限度,不在于它的各种内在关系方面与我们通常用来集中话语的那些直接而可见的单位相符合,而在于充分展示作为实证性的话语构成系统。福柯表示:这一有四个层次的,支配着一种话语构成且应该说明不仅它的那些共同要素而且还有它的那些间距、它的那些缝隙、它的那些距离的运作的系统,就是那种他打算称为其实证性的东西。③ 话语的实证性确保话语的完整,这既是在它与其他话语的横向比较中,也是在它自身的历史演进中来说的:话语的实证性刻画了话语的穿越时间的、

---

① Foucault, *Dits et écrits I* (1954~1975), p. 747.
② ibid.
③ ibid.

超越于一些个人作品、一些书籍和一些文本的统一性。① 福柯尝试针对各种实证性本身建立一种没有外在标准的评价,针对它们的限度建立一种不以任何理想视域为基础的测定,他试图不加还原地、不考虑其基础和目的地思考各种历史主题。②《疯癫史》在展现这种实证性时显得有些零乱,《词与物》则不然,比如它横向地通过与经济学、生物学相对比,纵向地通过描述文艺复兴、早期现代和后期现代三个时期,为我们充分展现了语言学话语的实证性。

在福柯看来,这些规则只是初步测定和起点,没有任何东西确保我们将在分析的终点重新发现它们,也没有任何东西证明,我们会发现它们的划界和它们的个体化的原则;虽然我们从陈述中抽离出来了话语构成,但我们没有把握它们将会界定处在其总体单位中的医学,处于它们的历史终点的整体曲线中的经济学和语法史,我们没有把握它们将不会引入一些意料不到的分割。③ 福柯并不打算说明他批判分析的那些以科学合理性的自负出现的东西是否是科学,他的工作根本就不可能被归结为传统的科学史和认识论范畴。与现象学悬置不同的是,考古学不打算重新启用被悬置起来的那些从前的单位,因为我们不得不瓦解作品、忽视影响和传统、明确放弃起源问题、让作者专横的在场自行消失,我们不得不进展到熟悉的景致之外、远离已经习惯的那些保障、处在我们尚未形成网格的大地上、走向一个不易预料的终点。④

福柯的研究从来都不是"单""纯"的,而是"复""杂"的,其对象并不是一个确定的单位。虽说如此,研究总得有一个起点,哪怕是一

---

① Foucault, *L'archéologie du savoir*, p. 166.
② Potte-Bonneville, *Michel Foucault*, *l'inquiétude de l'histoire*, p. 11.
③ Foucault, *L'archéologie du savoir*, p. 53.
④ Foucault, *L'archéologie du savoir*, p. 54.

个任意的起点,由此才可以说他在研究疯癫史、疾病史、犯罪史、性史、自然史之类,而它们分别属于特定的话语单位。作为起点,它们是对某些作为单位的综合形式的仓促承认。但是,福柯努力地给出一个既经验的又批判的回应,由此有了这些在各种话语(它们确立或试图确立一种关于生活的、说话的和劳动的人之科学认识)领域中的考察,这些考察揭示了话语构成的各个陈述的各种集合和一些在实证性的名下应该说明这些集合的一些集合,但总体来说,他并没有简单地从事一种关于人文"科学"的历史研究。① 他当然在研究各门人文科学的历史,但它们各自有其独立性,它们有不同程度的科学性。真正说来,他最终是以反科学,尤其是反人文科学的面目出现的。

依据福柯对知识型或话语构成理论展开的研究,他所选择的那些科学话语相当于确定某些大体上的研究范围,并不与既有的那些学科领域完全重合。在他以精神病理学、政治经济学和语言学为起点的那些研究中,根据分析获得的那些实证性和它们集中的那些话语构成并不覆盖与这些学科相同的空间,并不像它们那样获得表述,不止于此,它们并不与能够被视为科学的东西、被视为所研究时代的话语之自主形式的东西重叠。②《疯癫史》所分析的实证性系统既不排他地、甚至也不优先地说明医生在这个时代就心理疾病所能够说的;它毋宁说是界定了参照物、陈述范围、理论网络、各个选择点,这些东西使医学陈述、制度规章、管理措施、司法文本、文学表达、哲学表述在自己的散布本身中得以可能;通过分析而得以形成、得以描述的话语构成,大大地超出于我们能够作为精神病理学的史前史或作为其概念的发生来讲述的东西。③

---

① Foucault, *Dits et écrits I* (1954~1975), p. 748.
② ibid.
③ Foucault, *Dits et écrits I* (1954~1975), pp. 748~749.

通常所说的精神病理学似乎有明确的范围或界限,但在福柯式的考古学分析中,越界是不可避免的,这涉及精神病理学话语与非精神病理学话语、甚至与非话语的复杂关系,从而大大地拓展了疯癫问题的研究范围。但《诊所的诞生》描述的是另一番情形。福柯在这里关于话语构成的分析超出了严格意义上的医学话语,包含了整个一系列的政治反思、改革计划、立法措施、管理规章、道德考量之类,与此同时,在那个时代能够被认识为关于人的身体、它的功能、它的各种生理解剖关联、它可能是其处所的紊乱的东西并没有被整合。如此一来,临床医学话语的单位并不在任何方式上是一门科学的单位,或者说一组试图给予自己以科学地位的认识的单位,它是一种复杂的单位。① 临床医学在科学性程度上强于精神病理学,但福柯在考察它时,大量地涉及了医学话语之外的其他话语或非话语,而一些看似重要的话语却不在考虑之列。

在关于话语构成的分析中,福柯显然为我们呈现了一幅复杂的知识图景。话语构成可以且应该同时被分析为一种陈述构成(当我们考虑构成其一部分的一些话语事件群时)、一种实证性(当我们考虑支配着处于其散布中的各种对象、各种表述风格、各个概念和各种主张的系统时)和一种知识(当我们就像它们在一门科学、一种技术秘诀、一种制度、一种传奇的叙事、一种司法或政治实践中被赋予那样考虑这些对象、这些表述类型、这些概念和这些主张时)。福柯依据这幅图景表示:"知识不是根据各种认识来分析的,实证性不是依据合理性来分析的,话语构成不是依据科学来分析的。我们不能要求它们的描述是与关于一种认识的历史、与关于一种合理性的发生、

---

① Foucault, *Dits et écrits I*(1954~1975), p.750.

或与关于一门科学的认识论等值的。"①显然,他对知识有其独特理解,并因此将其看作是对科学的限定或否定。当然,这并不意味着我们可以完全置科学的认识论维度于不顾。

福柯想要表明的是,我们不应该只是停留在认识论维度或主要停留在这一维度。按照他的说法,我们仍然可以描述各门科学(连同它们的合理性结构和它们的认识的总和)与各种话语构成(它们的实证性系统和它们的知识场)之间的一定数量的关系,这是因为,很明显的是,只有那些形式标准能够决定一门科学的科学性,即界定那些使它作为科学得以可能的条件,但它们永远不能够阐述它的实际实存,即它的历史呈现,能够标记它的实际命运的一些事件、一些插曲、一些障碍、一些纠纷、一些期待、一些迟缓、一些便利。② 对于福柯来说,我们更应该关注的是知识,由于不受制于规范化和抽象化,我们可以通过它更好地回归经验。真正说来,即便对于知识之外的东西的关注也是在知识场中表现出来的,因此是围绕与话语的关系展开的:"分析这些呈现条件,应该在知识场中进行,应该在各种话语集合和各种实证性的运作的层次进行。"③

福柯认为,我们应该把一门科学的可能性的条件区分为两个异形的系统。第一个系统界定科学之为科学的各种条件:它和科学的对象领域、和它使用的语言的类型、和它拥有的或者寻求确立的概念有关;它界定形式的和语义的规则(它们是一个陈述能够隶属于这一科学所要求的);它要么是由所涉及的科学(在该科学向它自己提出了自己的各种规范的范围内),要么是由另一门科学(在它作为形式

---

① Foucault, *Dits et écrits I* (1954~1975), p. 751.
② ibid.
③ Foucault, *Dits et écrits I* (1954~1975), p. 752.

化的样式被强加给前一门科学的范围内)建立起来的。无论如何,科学性的各种条件是内在于一般科学话语的,并且只能够通过它而获得界定。① 另一个系统涉及一门科学在其历史实存中的可能性;它是外在于该科学的,而不是可与之重叠的;它是由那些与它们引起的各门科学既没有相同的地位,也没有相同的分割、相同的构造、相同的功能的话语集合的场构成的。② 一门科学要得以可能,既有其内部条件,也有其外部条件。

分析各种话语构成、各种实证性以及与它们相符合的知识,并不是确定一些科学性的形式,而是遍览历史规定性的一个场域,这一场域应该在一些话语的呈现、它们的残存、它们的转换中以及需要时在它们的消失中阐明它们;其中一些今天仍然被承认是科学的,另一些已经丧失了这一地位,其中一些从来没有获得该地位,另一些最后也没有企图获得。正因为如此,知识考古学并不是一种总体地、穷尽地覆盖全部知识领域的计划,它从来都只不过是一种研究方式。③ 历史和结构的结合表明,知识考古学并不完全是静态的;谱系学更是让一切运作起来,但它以考古学为起点。在福柯的工作进程中,谱系学探讨无疑越来越重要,这主要基于权力网络的清理。他表示:"我走得越远,越是看出话语构成和知识谱系学不应该从各种意识类型、各种知觉样式或各种意识形态形式出发获得分析,而是应该从各种权力策略或权力战略出发获得分析。"④

考古学要求我们不再诉诸于与意识或心理相关的一切,从而回到话语本身,但这同时意味着将一切都纳入到话语内部;谱系学同样

---

① Foucault, *Dits et écrits I* (1954~1975), p. 752.
② Foucault, *Dits et écrits I* (1954~1975), pp. 752~753.
③ Foucault, *Dits et écrits II* (1976~1988), p. 30.
④ Foucault, *Dits et écrits II* (1976~1988), p. 39.

要求摆脱任何与意识或心理相关的因素,但它同时要求我们关注话语之外的各种因素,从而注意到了话语与话语、话语与非话语的更复杂的关系。福柯表示,相对于把各种知识纳入科学所固有的权力等级中的计划,谱系学可能是一种使各种历史知识摆脱屈从,使它们获得解放,即能够与统一的、正式的和科学的理论话语的强制相对立和斗争的事业。① 在德勒兹看来,各种局域的、微小的知识对于知识的科学等级化及其内在权力效果的反应,就是这些处于无序状态、破碎状态的谱系学,福柯则表示,我们或许可以说,考古学可能是各种局域的话语性分析特有的方法,而谱系学则以这样被描述的各种局域的话语性为起点,让那些从它们那里突出出来的摆脱了屈从的知识运作起来,从而可以恢复全部计划。②

自进入法兰西学院以来,福柯的全部研究,不管片断的还是完整的,全都可以被认为是谱系学的。他自认为谱系学工作延续了不连续性的主题,而且始终都在延续它。当然,还是出现了一些相当重要的改变。这是因为,相对于我们五年、十年、甚至十五年前已经认识到的处境,事情或许已经改变了,战斗或许不会完全有相同的面孔。③ 很显然,在福柯的当代或现时关怀中,考古学和谱系学可以被视为不同的斗争策略。比如在集中关注性欲问题的时候,他依然使用了考古学概念。按照他的说法,我们尝试进行的不是一种关于性幻想的考古学,而是一种关于性欲的话语的考古学,也就是说,实际上是关于我们在性欲方面所做的,我们被强制、被允许、被禁止去做的和我们就我们的性欲行为被允许、被强制和被禁止说的之间的关系的考

---

① Foucault, *Dits et écrits II* (1976~1988), p. 167.
② ibid.
③ ibid.

古学。① 无论如何,只要在话语空间中展开研究,就不可能不依赖于考古学。

关于谱系学与考古学的一致,福柯曾经在法兰西学院课堂上表示:"你们看到我到现在已经顽固地重复了四年或五年的既被交织在一起又被悬置起来的所有这些研究碎片和谈论,可以被视为我未曾远离的我最近15年来唯一进行的这些谱系学的一些元素。问题:我们为什么不借助这个关于不连续性的漂亮(而且确实几乎难以检验)的理论而继续呢?为什么我不继续,为什么我不仍然利用某种属于精神病学、属于性欲理论等等方面的小东西呢?"② 福柯在1976年的这一表态提到的两个时间段:一是四年或五年,显然指的是他进入法兰西学院以来,即在1969年对知识考古学进行系统的总结并在1970年左右在《话语的秩序》和《尼采、谱系学与历史》中明确提出谱系学问题以来;二是15年前,显然指的是《疯癫史》以来,即他实施实践考古学以来。无论如何,从考古学到谱系学,总的方向是一致的,谱系学对于他来说并不是全新的东西。

福柯表示,他可以继续,在某种程度上他确实尝试继续,不存在大的改变,不存在局面的改变。他要保护他已经尝试的那些谱系学碎片,但这样做似乎有可能形成统一的话语,并因此形成一个陷阱:人们希望他继续,希望他积累,从而形成一种关于不连续性的统一话语。简言之,人们关心他通向何处,认同哪一种整体,即碎片有被各种统一的话语重新编码、重新殖民化的危险。③ 福柯认为马克思主义者、精神分析学家和精神病学家并没有用他们自己的术语来证明他

---

① Foucault, *Dits et écrits II* (1976~1988), p. 1349.
② Foucault, *«Il faut défendre la société»*, p. 12.
③ ibid.

的那些谱系学碎片是错误的,正因为如此,他的工作被谨慎的沉默包围着。既然那些追求统一的理论以沉默或慎重来扭曲知识谱系学,那么他也就有了进行碎片化的局部批判的契机和理由。事实上,他在不断地增加与陷阱、问题和挑战一样多的碎片。在针对科学话语的权力效果的战斗中,对手的沉默是一种方法论原则或策略原则,也因此没有必要把分散的谱系学统一起来。

福柯强调,不连续性是一个其重要性如今在历史学家和语言学家那里不会被低估的概念,但他明确否定单数的不连续性,承认自己在这方面是多元论的,他的问题是用对转换的各种不同类型的分析替代人们借以思考持续性的关于变化的抽象的、一般的、单调的形式。[1] 他把这一姿态归结为做两件事情:一是把人们通常借以减弱变化的粗暴事实的温和连续性的全部古老形式(传统、影响、思维习惯、大写的心理形式、人类精神的限定)放在括号中,并且反过来固执地使差异的整个生动性涌现出来;二是把关于变化的全部心理学说明(伟大发明家的天资、意识的危机、一种新的精神形式的出现)放在括号中,并且最细心地界定与其说引起了不如说说构成了变化的那些转换。他要求我们用关于各种处于其特殊性中的转换的分析取代变易的主题(一般形式、抽象元素、第一原因与普遍结果、相同者与新颖的东西的混乱混合)。[2]

借助派生、变动和重新分布等概念,福柯试图在话语构成内部为我们揭示话语转换的多样性;第一,为变化这一千篇一律的、空洞的概念提供一些作为其内容的特殊的改变;第二,不要把这种分析与心理学的诊断混在一起;第三,要证明并非一方面存在着一些惰性的、

---

[1] Foucault, *Dits et écrits I* (1954~1975), p.705.
[2] ibid.

半死不活的话语,另一方面存在着一个操控它们、搅乱它们、更新它们的全能主体,相反,说话主体构成为话语场的一部分:他们在那里有其位置和功能,话语不是纯粹主体性闯入的场所,它是对于主体而言的不同位置和功能的一个空间;第四,在所有这些转换之间界定各种从属关系的运作:话语之内的从属关系,话语之间的从属关系,话语之外的从属关系。① 这一工作绝对不是用不连续性范畴取代同样抽象和一般的连续性范畴,它涉及一些特殊转换的运作,而历史就是关于这些转换的描述分析和理论。② 历史实际上是一种话语史,一种处于不连续性中的当代话语史。

---

① Foucault, *Dits et écrits I* (1954~1975), pp. 707~708.
② Foucault, *Dits et écrits I* (1954~1975), p. 708.

第三章 时间与空间

现代哲学受制于思维的时间模式,时间性成为理解现代性的钥匙;当代哲学开启了思维的空间模式,空间性成为把握当代性的关键。当代人的核心关注不再是时间或时间性,而是空间和空间性。现代性在线性时间中以连续的方式展开,当代性则在网络空间中获得碎片化的展现。现代时间思维意味着同质性或同一性,当代空间思维则以异质性或他性为特征。从哲学的唯我独尊到哲学的非哲学化是他性问题的一部分。其实,后期现代性已经注意到了异质性,但它始终将其转化为同质性。乌托邦和异托邦是异质思维的两种主要形式,前者代表的是最终可以被同化的相对的异,后者展示的则是无法被同化的绝对的异。他者在后期现代性进程有其相对他性地位,在当代性中则有绝对他性地位。空间思维转向意味着从现代性乌托邦转向当代性异托邦。

第一节 时空的转换

从现代法国哲学到当代法国哲学的演进,实现的乃是思维的时间模式向思维的空间模式的转换。从笛卡尔直至萨特,思维的时间模式一直主宰着法国现代哲学;梅洛-庞蒂开始突破思维的时间模式,逐步突出空间思维的重要性;然而,只是由于福柯等人的更进一步的工作,法国当代哲学才真正地实现了空间思维转向。我们不妨从福柯的《诊所的诞生》谈起。相对于《疯癫史》和《词与物》而言,这本小书很不起眼,人们对它的关注当然也不充分。然而,就空间问题而言,该书是非常值得注意的。该书序言第一句话是:"本书事关空间、语言和死亡,事关注视/目光。"①这句话包含了丰富的内容,足以告诉我们,福柯哲学实现了从现代时间思维向当代空间思维的转向。

首先要注意的是福柯在该书中用到的空间概念。他经常涉及空间问题,尤其是话语空间问题。比如他这样表示:"应该一劳永逸地把自己置于或维持在病理学的空间化和言语化的层次上,在那里,医生投向事物的有毒的核心的能说话的目光诞生了、聚拢了。"②又比如他以"空间与分类"为第一章的标题,并且一开始就写道:"对于我们已经使用的眼睛来说,人的身体以其自然权利构成了疾病的起源和分布的空间;其各种线条、各种容积、各种表面、各种路径依据现在熟悉的地理学通过解剖图集获得确定的空间。这一牢固的、可见的身体秩序与此同时只不过是医学空间化疾病的方式之一。既不是第一个,也不是最基本的一个。存在过而且应该存在疾病的一些有别的分布。"③空间转向显然是相对于古老的心身关系或心物关系的一种思维调整,但并不停留在梅洛-庞蒂的身体空间范围内,而是产生了更大的突破。

然后要注意的是语言和死亡两个概念。对于几乎所有的现代哲学家来说,哲学的核心关怀是时间,因为他们都是意识哲学家:早期现代哲学家关注人的纯粹意识(纯粹心灵),后期现代哲学家关注人

---

① Foucault, *Naissance de la clinique*, p. 5.
② Foucault, *Naissance de la clinique*, p. 8.
③ Foucault, *Naissance de la clinique*, p. 19.

的身体意识(肉身化的心灵),但无论如何,意识在他们那里都归根结底是时间意识。语言在早期现代性中完全地是、在后期现代性中部分地是表象观念的工具,并因此服从于时间,声音对于文字的优先性尤其表现了这一点。德里达批判声音中心论和在场的形而上学,归根结底是批判意识哲学。至于人的死亡,它在笛卡尔那里意味着不再思维,对于其他哲学家意味着不再具有意识:死亡是时间的极限和中断。现代人既不追求永恒(不死和不朽),也不把自己与动物或机器相混同,他在先行向死而在中探寻生命的价值或意义,于是就作为有限的存在或有死者与时间关联在一起。无论如何,语言和死亡在现代性范围内都从属于时间概念。

梅洛-庞蒂哲学代表着现代哲学向当代哲学的过渡,因为空间概念在他那里已经变得十分重要了。当然,在其思想根底中,时间依然是基础,空间的时间化和时间的空间化是并举的,就如同身体的灵性化和心灵的肉身化的并行不悖一样。简单地说,尽管空间在梅洛-庞蒂之前的现代哲学中并非全无地位,但现代哲学的主导性思维方式是时间模式。哲学家倡导空间的时间化,否定时间的空间化,这在柏格森那里是至为明显的。这种情况在海德格尔那里略有改变。正是梅洛-庞蒂之后,思维的时间模式开始让位于空间模式,主要原因就在于意识让位于无意识,心灵让位于身体,精神让位于物质,于是,重要的要么是身体空间性要么是环境空间性,时间显然不再是哲学的核心范畴。即使当代哲学提到时间,过去和将来的维度也让位于现在。当前化使得一切都平面化了,并因此丧失了时间的绵延性,并因此不再不停地涌现。

说到注视/目光或看,我们需要在视觉中心主义背景中来理解,并且在眼看和心看之间进行区分。笛卡尔在《沉思集》中主张用心看取代眼看,这意味着批判经验论,并因此延续了柏拉图的理念概念所表达的灵魂转向思想。在梅洛-庞蒂之前的西方主流哲学传统中,哲学家无疑强调的都是理智直观或心灵洞察,注视也因此与时间而不是空间联系在一起。康德哲学有其独特性,它只承认人有感性直观,否定人有理智直观,认为理智直观只属于神。由于神只出现在康德的实践哲学中,其理论哲学中也就没有神的地盘,所以他从根本上否认有任何的理智直观。柏拉图哲学和大陆唯理论哲学在很大程度上承认人有理智直观,而且人只有凭借理智直观才能认识到事物的本质。总之,早期现代哲学受古代哲学的影响,从总体上看强调的是心看而不是眼看。

柏拉图依据其回忆说承认理智直观,笛卡尔依据其天赋观念论承认理智直观,他们实际上承认人具有神性,或者说他们在某种意义上把人的理智或有限理性与神的无限理性相关联,至少希望人具有无限理性。理智直观似乎追求的是永恒并因此不受制于时间。其实,笛卡尔在论证神存在时承认人是有限理性,但在面对自然时,人的理性却膨胀了,人似乎就是无限理性,至少有通向无限理性的天窗。也就是说,他理性地预设神或者说对神进行理性论证,意味着人的理性被无限地拔高了。康德所说的感性直观显然属于理性之列,因为感性、知性和狭义的理性共同构成了他所说的理论理性。其实,他的先验统觉概念是对唯理论意义上的理智直观的某种延续,只是要求克服那种无限理性的倾向而已。笛卡尔的放弃了无限理性的理智直观、康德的感性直观和先验统觉都属于纯粹意识之列,这个意义上的注视/目光也因此以时间的方式实存。

后期现代哲学以情感意识或身体意识取代了纯粹思维或者纯粹意识,这一时期的看既可以说是心看,也可以说是眼看:在心灵的肉身化和身体的灵性化的双重性或双向性背景中,身心统一意义上的注视不再是理性的、理智的,而是情感的。比如在大陆哲学家尼采、叔本华、柏格森、海德格尔、萨特和梅洛-庞蒂那里都是如此。尽管在他们那里也存在着一些重要的区别，但他们大体上都突出了一种艺术的、审美的、情感的直观。他们依然强调时间的中心地位，他们都把时间与自由和创造性联系在一起，认为空间意味着必然和机械性。比如在萨特那里，当他让我们当心他人的目光或他人的注视时，他显然把注视与意识、虚无、为己相等同，而被注视则意味着对象化、在己和存在。这些哲学家在一定程度上突出了感性对于理性、或者说非理性对于理性的优先地位。这种克服纯粹意识哲学的努力不仅没有否定时间，反而突出了时间。

后期现代哲学克服纯粹意识的努力并没有让自己倒向经验主义。其实，经验主义同样强调了时间的优先性。它以感觉经验为认识的起点，而感觉显然不能实存于空间中。休谟依据生动性和活跃性把知觉区分为印象和观念，明确突出了思维的时间维度。在注视问题上，梅洛-庞蒂哲学同样意味着转折和过渡。他要求从心看回到眼看，主张感性地看世界。这里的眼看并不意味着经验主义或者常识意义上的感觉，因为他强调身体与心灵的统一。从他仍然维护意向性这一角度看，他并没有摆脱意识哲学，时间维度在其哲学中依然占据核心地位，但从其突出身体性这一角度看，空间性有取代时间性的趋势。他表示，身体不是一个事物，它并不臣服于时间，相反，我们的身体支配着时间，它使得一种过去和将来为了当下而实存。[①] 身体意向性、身体空间性、身体图式和行为环境等概念表明，其哲学正从思维的时间模式走向思维的空间模式。

透过解读福柯句子中的空间、语言、死亡、注视这几个词，我们想要说的是，梅洛-庞蒂是一个非常重要的转折点，其哲学代表了从思

[①] Merleau-Ponty, *Phénoménologie de la perception*, p. 287.

维的现代时间模式向当代空间模式的过渡:在他之前,法国哲学受制于时间模式,在他之后,则逐步受制于空间模式,以致在像福柯等当代哲学家那里,思维的空间模式占据了绝对支配地位。众所周知,康德、黑格尔、柏格森、胡塞尔、海德格尔、萨特、梅洛-庞蒂等现代哲学家都是相当重视时间问题的,其中一些哲学家还把它视为首要的问题。但从总体上看,时间在他们那里都是与意识或思维联系在一起的。反过来说,在他们那里,思维不可能属于空间,只能属于时间。然而,当代性恰恰要突破这种内在时间意识,这充分响应了去心理化、去观念化、直至主体离心化的要求。当然,空间问题并不是在当代才出现的一个新论题,应该在时空关系及其历史演变中清理空间思维转向的逻辑。

福柯这样表示:"今天出现在我们的关心、我们的理论、我们的系统之视域中的空间概念并不是一种创新;空间本身在西方经验中有一种历史,不承认时间与空间无法避免的交织是不可能的。"[1]真正说来,在整个现代性进程中,如果说时间与意识或意识活动联系在一起的话,空间则与意识活动对象相关。法国马克思主义哲学家列菲弗尔对空间概念在现代性进程中的演变进行了简明的描述。按照他的说法,由于笛卡尔式的理性,空间进入到绝对之中,成为主体面前的客体,或者说成为各种我思活动面前的广延之物;在康德那里,相对的、作为认识工具的、作为各种现象之归类的空间与意识(主体)的优先性联系在一起,与内在而理想的,因此先验的、无法在己地被把握的结构联系在一起,这意味着空间进入抽象中;而在他本人进行的社会空间分析中,指向的却是具体的空间。[2]

---

[1] Foucault, *Dits et écrits II* (1976~1988), pp. 1571~1572.

[2] Lefebvre, *La production de l'espace*, Éditions Anthropos, 1974, pp. 7~8.

既然现代哲学被归结为主体哲学或意识哲学,那么整个现代性进程都接受时间的主宰。然而,实际的情形是,空间逐步开始扮演某种角色。如果我们换一个角度看世界,一切都将在空间中呈现,而不是在时间中涌现,这在后期现代性进程中尤其如此。福柯告诉我们,在18世纪末之前,建筑艺术响应的是展示神性、权力和力量的要求,所以宫殿和教堂都以雄伟的形式呈现出来,而且它们往往都附带有各种强势的广场;然而,到18世纪末,建筑开始与人口、健康和城市规划等问题联系在一起,这表明建筑面临着一些新的问题,涉及为了一些经济-政治目的而利用空间布局。[1] 这其实表明,空间问题的重要性与身体地位的提升联系在一起,在强调心灵或纯粹意识的早期现代时期,时间的绝对主导是不言而喻的,因为时间和时间意识几乎是一回事。但自18世纪末19世纪初以来,身体的造反或心灵的肉身化为空间的出场提供了条件。

泛而言之,在哲学思考的范围内,时间在现代性进程中是主宰性的,但如果把人类活动的一切领域都包纳在内的话,就会展现出一幅空间图景。有鉴于此,福柯表示:"应该写整个一部关于各种空间(从地缘政治的各种宏伟战略到住所、到教室或医院机构这样的建制建筑的各种小策略)的历史,它同时也是一部关于各种权力的历史。"[2] 显然,这里的空间不是地理空间,而是与人及其活动相关的行为空间,大体上属于海德格尔所说的周围世界。问题是,空间长期以来在人们的心目中呈现为同质的,归根结底是地理空间,体现不出差异性和独特性;"空间曾经要么被归属于自然(被归属于给定的东西、各种基本的规定性、自然地理,也就是归属于一种前历史的层次),要么被

---

[1] Foucault, *Dits et écrits II* (1976~1988), p. 192.
[2] ibid.

设想成一个群体、一种文化、一种语言和一个国家的居住和扩张的地方。总之,人们要么将之分析为大地,要么将之分析为天空;重要的乃在于它是基质或者边界。"①

福柯由此惊讶于空间问题经过了如此长的时间之后才作为历史-政治问题呈现出来。他注意到,正是由于布洛赫和布罗代尔,关于乡村空间或海上空间的历史才得以开展起来。他认为这种形式的研究还应该继续下去,我们不能简单地说空间预先决定了一种历史,而历史反过来重构空间并且在空间中积淀下来。无论如何,我们应该探讨多样的具体的空间。福柯分析空间问题长期得不到重视的原因,认为一个与哲学家的话语有关的原因是,在 18 世纪末,当对各种空间的一种政治反思开始发展起来的时候,理论物理和应用物理的成就抢走了哲学谈论世界、宇宙、有限或无限的空间的古老权利,也就是说,政治技术和科学实践对空间问题的双重倾注迫使哲学只能依据时间的提问法,正因为如此,自康德以来,哲学家要思考的乃是时间,主要的现代哲学家黑格尔、柏格森和海德格尔都是如此。②

由于突出时间的首要性,在知性、分析、概念、死亡、固定、还有惰性一边的空间丧失了资格,以至于有一位心理学家指责福柯强调空间完全是反动的,因为时间和筹划才是生命和进步,而福柯的回应是,心理学构成为 19 世纪哲学的真相/真理和耻辱。③ 简单地说,在后期现代哲学中,一切都被心理化了,因此一切都处于时间之流中,与空间相关的一切都丧失了应有的地位。柏格森的生命哲学显然深受现代心理学的影响,它强调意识流、生命冲动,而这一切都意味着绵延的时间。绵延以本能瓦解知性,它拒不接受分析,它摆脱概念框

---

① Foucault, *Dits et écrits II* (1976~1988), pp. 192~193.
② Foucault, *Dits et écrits II* (1976~1988), p. 193.
③ ibid.

架,它以生命克服死亡、以有机克服固化、以活力征服惰性,这一切都意味着时间对于空间的绝对优势地位。后康德哲学家大体上持有一致的立场,尽管他们的具体姿态并不完全相同。与此同时,身体已经开始了针对心灵的造反,它逐步地、缓慢地获得了某种地位,虽然依旧带有心理化、甚至观念化的色彩。身体锚定在大地上,与事物相关联,不可能脱离空间。

性欲问题是身体问题的核心内容。福柯告诉我们,18世纪末以来的空间配置与性观念联系在一起,在军队和学校中出现的监视都与此相关。在这些关于监视,尤其是学校监视的主题中,对性欲的各种控制看起来被铭记在了建筑中;在军事学校的情形中,与同性恋和手淫做斗争是通过由墙壁显示出来的。[1] 无论如何,空间的重要性是伴随身体或性欲的重要性而来的。后期现代性强调观念与实在的统一、理想和现实的统一,这至少让空间逐步走到了前台,而不像在早期现代性的观念王国中,它只具有第二位的意义。与现代哲学虽然注意到了空间问题,但同质化它,并且最终将它时间化不同,当代哲学相反地关注空间的异质性,在很大程度上突出了时间的空间化。简单地说,福柯等人关心空间问题,突出当代空间思维与现代时间思维的断裂。这一切都源自于他们呼应各种主体终结论,要求摆脱意识哲学的最后残余。

把时间与进步、进化关联起来是整个后期现代哲学的突出特征,而把时间与筹划关联起来是后期现代哲学的主导思潮现象实存论的基本倾向。后期现代性的最后时期是时间和空间争夺支配权的关键时期,最终赢得胜利的则是空间。福柯、德里达、利奥塔等当代法国哲学家都充分展现了空间思维对时间思维的取代。深受他们影响的

---

[1] Foucault, *Dits et écrits II* (1976~1988), p.193.

美国后现代思想家詹明信表示："如果说空间化在某种较高的意义上为我们提供了理解后现代主义的一把钥匙的话,那么理解现代主义的一个关键术语就是时间化。"①时间化向空间化的转变应和的是现代性向当代性的转换。他还明确提到了空间转向:"某种空间转向似乎已经经常提供最富有成效的区分后现代主义与严格的现代主义的方式之一:现代主义关于时间性(实存时间,伴随的还有深层记忆)的经验,因此常常被看作是高阶现代的显性因素。"②时间在后现代文化中并非没有其位置,但它被空间化了。

詹明信认为,在德勒兹那里,关于理想的、英雄的精神分裂症患者的后现代性观点,把想象某种像关于在过去历史和未来命运或计划之外的一种空间在场者的纯粹经验这样的东西标记为不可能的努力,因此视理想的精神分裂患者的经验仍然为一种关于时间的经验,但在这里存在着时间的空间化,尽管不是利用时间来服务于空间或使时间服从于空间,我们现在具有的是空间经验。③ 与此同时,还应该明确,我们并非生活在一个均质的空洞空间中,而是生活在一个异质的世界中。当代空间思维具有全然有别于现代时间思维、尤其是时间化的空间思维的特征,多元文化意味着它们自有其存在的空间,或者说它们杂然共存。福柯本人在现代性反思中已经充分注意到了空间概念对于分析知识与权力问题的极度重要性。他关于疾病史的研究,尤其突出了空间扮演的角色,充分注意到了疾病分类学空间、身体空间和社会空间之间的复杂关联。

如果把撰写一部空间史视为福柯在空间问题上的首要目标,那

---

① 詹明信:《晚期资本主义的文化逻辑》,生活·读书·新知三联书店,1997,第293页。
② Jameson, *Postmodernism, or, Cultural Logic of Late Capitalism*, p.154.
③ ibid.

就太忽视空间思维在当代性问题上的极端重要性了,同时也太轻看空间性问题在其哲学中扮演的重要角色了。虽说如此,我们还是应该在空间与时间的复杂关系中、尤其是时空转换关系中来清理空间概念的历史。这意味着我们从历史转换的一种时间视觉过渡到一种由空间原则引导的历史理解。① 福柯哲学要考问的是,在处理历史变动的时候,在空间性和时间性之间存在着何种关系;他反复表示,选择一种空间的研究角度与考虑时间性并不矛盾,这一选择仅仅意味着时间在这里是依据一种不那么通常的角度来考虑的;这样理解的话,空间对于时间的优先性就作为一种方法论原则出现了。② 关键不在于空间问题何时出现,而在于它在某一特定时代的相对于时间的独特地位及其可能的变化。需要清理空间史,但它和时间史是紧密关联、难以分割的。

在以探讨世界本原为目标的古代哲学中,神作为绝对超越者显然不受制于时间和空间。确实,在一个追求灵魂不灭、追求永恒不朽的时代,不论时间还是空间都不会有其重要地位。尽管时间和空间是亚里士多德《范畴篇》中的两个重要范畴,但"实体、数量、性质、关系、何地、何时、所处、所有、动作、承受"③这样的排序就证明,它们在古代哲学中不具有重要地位。早期现代哲学象征性地设定神,心灵和物体则上升为两个最重要的实体。这是一个认识论的时代,关注的是主体与客体的认知关系。笛卡尔把时间和空间分别与两者关联起来,在提升时间和空间地位的同时,强调了时间对于空间的优先性。在从黑格尔到梅洛-庞蒂的后期现代哲学中,时间逐步与人的体验相关联。哈贝马斯这样表示:"存在论意义上的现象学以终极性、

---

① Sardinha, *Ordre et temps dans la philosophie de Foucault*, L'Harmattan, 2010, p. 144.
② Sardinha, *Ordre et temps dans la philosophie de Foucault*, p. 145.
③ 亚里士多德:《亚里士多德全集》第1卷,中国人民大学出版社,1992,第5页。

时间性和历史性的名义剥夺了理性的古典属性。先验意识应当在生活世界的实践中把自己呈现出来,并在历史形态中使自己丰富起来。"①这意味着放弃与先验意识联系在一起的观念的、理想的时间,逐步接受与身体意识相关联的经验的、处境化的时间。

理想的时间观与早期现代哲学的实体主义倾向密切相关。在笛卡尔那里,心物/心身二分是实体性的二分,演变到康德时代,功能性的二分已经取而代之。笛卡尔把心灵和物体视为两种彼此独立、互不依赖的实体,它们各有其主要的属性:心灵的根本属性是思维,物体的根本属性是广延。他明确地、甚至近乎武断地表示:"既然思想和广延可以被认为分别构成了理智实体和物质实体的本性,那么它们必须被认为无非就是思维实体本身和有广延的实体本身,即心灵和物体。"②这种把实体与实体的根本属性完全等同的姿态,既在一定程度上延续了古代哲学的存在论和实体主义,又开辟了早期现代哲学的认识论方向和功能主义维度。尤其值得一提的是,依据心物二分,时间和空间有了完全不同的归属,由此为整个现代哲学、当然也为早期现代哲学确立了思维的时间模式。笛卡尔并非不谈空间,但空间思维只有从属性的地位。

笛卡尔明确地把时间看作是思维的一种属性,并因此代表了一种思维模式:"当时间区别于一般意义上的、被称为运动之尺度的绵延时,它就仅仅是一种思维方式。"③显然,时间不存在于外部事物中,它不是事物的属性或成分。福柯表示:"在古典思维中,不存在、不可能存在对进化论或变化说的猜测,因为时间从来没有被视为各

---

① 哈贝马斯:《后形而上学思想》,第7页。

② Descartes, *The Philosophical Writings of Descartes*, Vol. 1, Cambridge University Press, 1985, p.215.

③ Descartes, *The Philosophical Writings of Descartes*, Vol. 1, p.212.

种有生命的存在在其内部结构中的发展原则,它只是以可能的进化的名义在它们所生活的外部空间中被知觉到。"[1]时间是内在的,它属于人或主体,而不属于事物,但事物是绵延的。与后期现代哲学家柏格森所说的内在生命、尤其是深层自我的绵延不同,笛卡尔所说的绵延是时间在外部事物中的体现。换言之,时间内在于思维,而绵延只不过是外在化的时间,并因此意味着空间。思维是主体最根本的属性,时间是思维最主要的方式,笛卡尔开启的主体形而上学也就与思维的时间模式紧密联系在一起了。

既然心灵及其思维属性不具广延,空间在主体形而上学中就不可能占据一席之地。笛卡尔在《哲学原理》中以论物质事物的原理的名义探讨空间问题,完全不同于在论人类知识原理的名下考虑时间问题。在康德那里,时间既是整理材料的纯粹直观形式,又是连接直观和范畴的先验图式;在柏格森那里,时间被视为抵制空间化倾向的纯粹绵延;在胡塞尔那里,时间是由原印象、滞留和前摄组成的一种内在结构;在海德格尔那里,时间则是由现身情绪、领会和言谈构成的实存结构;这一切都延续了思维的时间模式,也延续了时间针对空间的优先地位。笛卡尔甚至把空间与物体的广延视为一回事:"构成一个空间的长、宽、高的广延完全相同于构成一个物体的广延。"[2]空间是事物的内在场所,它与空间内的物质或物质实体没有实在的不同。空间和广延是关于事物的抽象规定,事物由此在观念化中丧失了丰富多样性。

正因为如此,笛卡尔表示,地和天是由完全相同的物质构成的,不可能有多个世界,他并且借助于与自然倾向有别的自然之光取消

---

[1] Foucault, *Les mots et les choses*, p. 163.
[2] Descartes, *The Philosophical Writings of Descartes*, Vol. I, p. 227.

了地点、空间、运动的哲学难题。① 在理想的空间中,一切差异都被取消了,因为不仅世界,甚至神和人都被数学化了。② 这种情形意味着笛卡尔式的"精神性",也就是说空间与精神的同一性。③ 这里的精神性是从知性或观念性维度来看的心性。这种纯粹观念性的空间概念是关于一个不在乎其内容的几何空间的概念。④ 早期现代哲学优先关注的是空间知觉,它是一种自发的几何学。⑤ 笛卡尔关于铜版画的简短论述足以表达空间知觉的实质:"对于笛卡尔来说,不言而喻,颜色乃是装饰,乃是上色,绘画的全部能力取决于素描的能力,而素描的能力又取决于在素描与在己空间之间存在着的有规律的关系。"⑥知觉的对象是广延,颜色之类性质只具有可以忽略的次要地位。

在笛卡尔那里,绘画实现的是精神的建构能力,而艺术空间只不过是一种观念空间。绘画是一种人为的技巧,它向我们的眼睛呈现一种投影,它使我们在真实客体不在场时,就如同在生活中看真实的客体一样去看,它尤其让我们从并没有真实客体存在于其中的那个空间去看。⑦ 空间代表着理想的统一:当我们想到空间时,我们想到一种精神的统一,当我们看到它时,我们感觉到面对着一些并置的部分,如此乃是笛卡尔的机械论。⑧ 笛卡尔理想化空间,他把这个在其类型上完美的存在者设想成清楚的、易于操作的和同质的,思想没有

---

① Merleau-Ponty, *Notes de cours 1959~1961*, pp. 232~233.
② Merleau-Ponty, *Notes de cours 1959~1961*, p. 75.
③ Merleau-Ponty, *Le visible et l'invisible*, Éditions Gallimard, 1997, p. 59.
④ Merleau-Ponty, *Phénoménologie de la perception*, p. 66.
⑤ Merleau-Ponty, *Parcours deux 1951~1961*, Éditions Verdier, 2001, p. 20.
⑥ 梅洛-庞蒂:《眼与心·世界的散文》,第49页。
⑦ 梅洛-庞蒂:《眼与心·世界的散文》,第50页。
⑧ Merleau-Ponty, *La nature*, Éditions du Seuil, 1995, p. 33.

视点地俯视它。① 空间知觉不过是彼此外在的事物的观念化,因为空间是客体之间的关系的网络,它就像一位重构空间且俯瞰空间的几何学家所看见的那样。② 无论如何,空间成了僵死的对象物。

在笛卡尔式的心身二分中,不管主体还是客体都丧失了丰富性。思维的时间属性因为排斥感觉而成为线性的,物体的空间属性由于与广延一致而脱离了经验的实存。康德否定笛卡尔给予心灵和身体以实体地位的做法。他表示,我们通常在两种意义上把自我看作是实在的,一方面它是内感官的对象,名之为心灵,另一方面它是外感官的对象,名之为身体。③ 因此,我们不能有实在的自我,只能有功能性的自我。通过先验化的努力,他最终把笛卡尔式的我思变成了所谓的先验统觉,把身体和事物纳入了由感性所予与知性概念综合而成的现象界中。笛卡尔所说的实体性的"我"及其功能"思"仅仅剩下了思维功能,实体性的"物"及其属性"广延"都被纳入与在己之物有别的现象之列。然而,时间在早期现代哲学中扮演的角色并不因此被改变:在他们以至黑格尔那里,哲学都始终围绕内在意识展开,并因此始终突出的是思维的时间模式。

在早期现代哲学中,由于时间是一种思维模式,由于空间意味着纯粹广延,所以无论时间还是空间的根本属性都是观念性。然而,这一时期的哲学家并没有因此否认时间和空间的实在性。在笛卡尔那里,空间、广延和事物几乎同义,事物也具有绵延的性质,如此一来,时间和空间可以说是事物的属性,甚至有其独立的理想实在。时空的实在性就是指时空独立于知觉者及其知觉而存在。但是,康德接

---

① 梅洛-庞蒂:《眼与心·世界的散文》,第51~52页。
② 梅洛-庞蒂:《眼与心·世界的散文》,第57~58页。
③ 康德:《纯粹理性批判》,人民出版社,2004,第288页。

受休谟的影响,抑制理性的独断,承认了在己之物与为我之物的区分。时间和空间于是不属于在己之物,它们是主体用来整理表象的直观形式。即便如此,时空在具有先验的观念性的同时,也具有经验的实在性。① 作为直观形式的时空,如果没有需要它们加以整理的内容,就完全是空的。当然,时空最终属于人的认识能力所具有的先天形式。康德显然比笛卡尔更明确地表达了思维的时间模式,空间在他那里则被整合到时间中了。

早期现代哲学强调的是大写的秩序或普遍秩序,而这意味着时间的凝固,时间具有先天的观念性,或者,时间的经验的实在性必须完全符合先天的观念性;但后期现代哲学突破了普遍秩序,迎接的是多样的小写的秩序,而这意味着时间的流逝,并因此表明时间不仅具有先天的观念性,而且还具有与之并不完全相符的经验的实在性。通过分析经济学、生物学、语言学之类可以为人文科学提供模式并且充分反映人的命运的学科,福柯完全确信,人受制于时间并因此的确是有限的理性存在。其实,康德的理性批判已经充分地表明了这一点。黑格尔关于合理性与现实性的辩证关系的论述无疑承认的也是人的有限理性存在。马克思等人以有限理性或者现代时间思维为起点来全面反思现代社会。在马克思看来,社会经济形态的发展是一种自然历史过程。② 这显然依据的是思维的时间模式。事实上,关于劳动时间的分析构成为马克思的巨著《资本论》全书的关键所在。

有学者表示,在马克思那里,现代性的中心观念是"现在是从过去中提取未来"。③ 很显然,现代性强调时间三维的整体结构,而尤其关注的则是未来。进步、进化、革命、变革、改革、创造、创新等现代

---

① 康德:《纯粹理性批判》,人民出版社,第32、38页。
② 马克思、恩格斯:《马克思恩格斯全集》,第23卷,人民出版社,1972,第12页。
③ Armstrong, *Modernism*, p. 6.

性观念都体现了时间图式的将来维度。与此同时,这意味着时间概念与历史连续性的密切关联。按照福柯的看法:"连续的历史,乃是主体的奠基功能的必不可少的相关项:一切已经逃离它的东西都将还回给它的保证;如果不在一种被重新构织的单位中恢复它,时间就不会驱散任何东西的确信;主体终有一天会——以历史意识的形式——把所有那些被差异维护在远处的东西再次占为己有,恢复它对它们的支配,并在它们那里找到我们完全可以称为它的居所的东西的承诺。"[①]连续的历史观是以未来为核心的一种整体主义历史观。

真正说来,在自19世纪中后期至20世纪50年代末的现代哲学中,这种围绕未来而展开的时间图式是一以贯之的,它代表了人的理想性与现实性相结合的意愿。相对说来,早期现代性虽然也在时间结构中突出未来,但基本上立足于人的理想性,从而停留在康德式的应当之中。在福柯的现代性反思中,启蒙是一个历史事件,或者说是事件以及复杂的历史进程的全体,这一全体处于欧洲社会发展的某个时期,随之而来的则是一个反思的时期。在受福柯影响的吉登斯和鲍曼眼里,后期现代性是一种二阶现代性,它意味着理性对自身命运的反思:由自主地冲破一切界限并不断扩张自己的势力范围,到开始反思这一疯狂地、盲目地扩张所造成的极端后果。在他们的反思中,后期现代性集中表达了现代思维的时间模式,因为这是一种流动的现代性。福柯的兴趣有别于他们,他向我们展示的是重叠的空间,而不是流动的时间。

鲍曼认为,现代性意味着许多东西,它的到来以及随后的进展可以通过许多不同的标识获得勾勒,最重要的就是它如同流体那样具

[①] Foucault, *L'archéologie du savoir*, pp. 21~22.

有的流动性:流体不像固体那样能够容易地保持其形状;它们既不能固定空间,也不能约束时间。① 固体有清晰的空间维度,但中性化了时间的影响,并因此贬低了时间的重要性,而流体不仅不可能长久地保持其形状,而且常常很容易就变换其形状。对于固体来说,时间之流动比起它们碰巧占据的空间来说更为重要,它们毕竟只是暂时占据那一空间;在某种意义上说,固体取消了时间,而对于液体来说,相反地,关键的是时间,在描述固体时,我们可以完全忽视时间,在描述流体时,不考虑时间将是一种严重的错误。② 然而,鲍曼尤其关注空间和时间之间的变动关系在现代生活或现代背景中的突显。

鲍曼认定,当时空与生活实践相分离、当时空相互分离,并因此准备好被理论化为不同的、相互独立的战略和行动范畴时,当它们不再像它们在漫长的前现代世界中那样在生活经验中往往是交织着的、并因此几乎不可区分的时,现代性就出现了。③ 在现代性进程中,时间具有历史,因为它具有持久地扩张的承载能力,它意味着空间的延伸之延伸。快速运动摆脱了既不能延伸也不能缩短的非弹性空间,代表着人类的独创性、想象力和足智多谋,这一切都意味着时间。流动性是时间的特征,固体性与空间联系在一起,由此出现了时间对空间的征服。具体说来,在现代的时间与空间之战中,空间是固态和迟钝的、笨拙和惰性的一方,只能进行一种防御的、壕堑的战争,成了时间快速前进的一种障碍,而时间则是战斗中的主动的、有充分活力的一方,始终处于进攻状态的一方,它是侵略的、征服的和殖民的力量。④

---

① Bauman, *Liquid Modernity*, p. 2.
② ibid.
③ Bauman, *Liquid Modernity*, pp. 8~9.
④ Bauman, *Liquid Modernity*, p. 9.

马克思关于现代性以时间性为中心的观念被认为自然地来自黑格尔,后者主张任何人类理解都是历史的:历史辩证地经历了一系列从前一阶段的瓦解中产生出来的阶段,时间由此意味着竞争的冲动,所谓的现代主义也就包含了一种根本的动态的时间性,而历史主义是 19 世纪思想的一个关键词。① 不管马克思、叔本华、尼采、柏格森如何反对黑格尔的观念主义,他们都以自己的方式展开了其历史主义,强调了动态性的时间。这种情形一直延续到 20 世纪 60 年代初。也就是说,康德之后的现代哲学依然接受了思维的时间模式。在这一时期,时间与精神主义传统所说的本己身体行为或在世存在联系在一起。正因为如此,它不再代表普遍理性主体的内在性,它与个体主体的实存经验相关联。由于处境化的身体主体不再是超然旁观的,思维的空间模式开始出场了,尽管许多后期现代哲学家都抵制这一新趋势。

柏格森是抵制空间思维的典型代表。他强调绵延而灵动的时间思维,抵制静态且固化的空间思维。在他看来,物理学和天文学进行时间测量,实际上把时间等于空间了。他认为科学无法处理时间与运动,除非从时间里去掉绵延,从运动中去掉可动性。② 生命意味着绵延和冲动,个体生命和宇宙生命都是如此。然而,科学的抽象却是绵延的空间化,是对生命的否定。鲍曼对流体的描述无疑相似于柏格森的意识流概念。流体能轻易地移动,它们流动、溢出、耗尽、溅出、倾撒、渗漏、涌流、喷射、滴落、渗出、渗流;不像固体,它们不容易被阻止,它们绕过一些障碍、消解其他一些障碍、以挖掘或浸透的方式打通剩下的障碍,它们的非凡流动性是让人们把它们和轻松的观

---

① Armstrong, *Modernism*, p. 6.

② Bergson, *Essai sur les données immediates de la conscience*, Presses Universitaires de France, 2003, p. 86.

念联系在一起的东西;总之,人们把轻和不重与机动性和易变性联系在一起。①

在鲍曼眼里,要把握现代性的最新阶段的特征,流动性或液体性是最合适的隐喻。② 许多人理所当然地认为,现代性从一开始就是一个"液化"进程,"溶解固体"向来就是其主要的消遣和首要的成就,换言之,现代性从其开端起就已经是"流体"。③ 鲍曼不这样看。他认为现代性在其发展过程中经常会出现固化的情形,而这就需要重新去固体化,增加流动性。这也就是柏格森始终强调绵延和生命冲动的原因,而这种倾向深刻地影响了现象学的走向。这主要表现为胡塞尔和海德格尔在时间观上与柏格森保持的一致性。然而,随着身体主体在后期现代哲学中的逐步出场,柏格森和胡塞尔等人对空间化的抵制归于无效,相反,时间的空间化逐步成为不可避免的趋势,空间思维模式也因此逐步成为主导性的思维模式,在当代哲学中尤其如此。

黑格尔和马克思在19世纪围绕时间性展开研究,萨特在20世纪上半叶只不过延续了他们的工作,其《辩证理性批判》被认为是一个19世纪的人为思考20世纪而做出的充满魅力的、哀婉动人的努力。④ 在福柯看来,我们应该把静态的结构与历时的演变结合起来,但萨特仅仅停留在时间的或历时的维度中,没有看到结构的意义。梅洛-庞蒂对行为结构的研究、对索绪尔语言学的评介、与列维-斯特劳斯的互动,这一切都表明,历史与结构的统一是其哲学关注的重要论题之一,而这很自然地导致时间的空间化和空间的时间化双重趋

---

① Bauman, *Liquid Modernity*, p. 2.
② ibid.
③ Bauman, *Liquid Modernity*, p. 3.
④ Foucault, *Dits et écrits I* (1954~1975), p. 570.

势。后期现代哲学中的时间和空间都具有相对性,这与科学的进展密切相关,爱因斯坦的相对论和海森堡的不确定性原理已经表明,空间和时间丧失了绝对的独立。① 这意味着时间和空间的相互转换有了可能。梅洛-庞蒂的哲学在不否认时间的前提下突出空间的地位,显然代表了现代性的最后阶段的基本特征。

梅洛-庞蒂明确承认自己与马克思、甚至黑格尔是同时代的,只不过他是从身心统一的角度来理解马克思及其对黑格尔的批判继承的。依据他对马克思的解读,历史既不会用头走路,也不会用脚思考,我们既没有必要关心其头,也没有必要关心其脚,我们关心其身体。② 很显然,他从含混或综合的角度来解释马克思所强调的辩证法,更关心的是从黑格尔的辩证法到马克思的辩证法的一致性而非它们的彼此对立。这种辩证法归根结底是时间的或历史的辩证法。虽然萨特和梅洛-庞蒂都提倡某种所谓的黑格尔式的马克思主义,但他们根本就不承认自然辩证法。显然,应该突出梅洛-庞蒂时空观具有的开创新方向的意义。他的相关思考明显接受了柏格森、胡塞尔和海德格尔的影响,尽管具体情况似乎有些复杂。虽然他在许多地方都同时关注时间和空间,但其哲学在一定程度上转向了关于空间的提问法。

作为一个重视身体问题的哲学家,梅洛-庞蒂不可能不关注空间问题。柏格森从批判的角度表示,任何否定绵延和运动的尝试都将导向空间思维。事实上,我们必须通过词来表达自己,而且我们最经常地通过空间进行思维。③ 梅洛-庞蒂显然不会像柏格森那样主张

---

① Langer, *Merleau-Ponty's Phenomenology of Perception*, Hampshire: Macmillan Press, 1989, p. 17.

② Merleau-Ponty, *Phénoménologie de la perception*, p. xiv.

③ Bergson, *Essai sur les données immediates de la conscience*, p. vii.

回到时间思维,虽然他也不会因此否定时间思维的重要性。这种时间是现象学时间。胡塞尔要求把现象学时间与客观的时间或者说宇宙的时间区分开来,因为它是体验的时间,是不可测量的。① 这是因为,时间的测量意味着时间的空间化,意味着同质空间。事实上,胡塞尔设定了一个客观而同质的世界,因为对于能够冲破一个星球空间通向另一个星球空间的神奇旅行者来说,并不存在两个大地的可能性,他完全可以有两个居住地,但只有唯一的大地。② 梅洛-庞蒂和胡塞尔一样否定测量意义上的时间,但他同时也否定胡塞尔意义上的同质空间。

海德格尔既不像胡塞尔或早期现代哲学家那样谈意识,也不像其他后期现代哲学家那样论身体,此在在他那里既不是意识也不是身体。应该说,此在至少偏离了纯粹意识,并因此接近于身体意识。此在的在世界之中存在是围绕时间性展开的,《存在与时间》也因此维护的是思维的时间模式。问题在于,在世界之中存在离不开身体,也因此不可能离了空间。因此,尽管他没有明确地探讨身体问题,身体的重要性是不言而喻的,他也因此在一定程度上是重视空间问题的。《存在与时间》专门用十来页篇幅谈论空间问题,其他还有不少零星论述。在第一篇中,海德格尔在"周围世界的周围性和此在的空间性"标题下用三个小节"从世内上到手头的东西的空间性"、"在世界之中存在的空间性"、"此在的空间性"来描述空间与空间性问题;在第二篇中,他又用了"此在式空间性的时间性"这一小节来总结空间性与时间性的关系问题。

此在在世界之中存在有别于事物在世界之内存在,因为人不像

---

① Husserl, *Idées directrices pour une phénoménologie*, Éditions Gallimard, 1985, pp. 272~273.

② Merleau-Ponty, *Parcours deux 1951~1961*, p. 228.

一个物品那样被现成地摆放在作为容器的空间之内。海德格尔写道:"尤其宜于指出周围世界的周围性、在周围世界中来照面的存在者特有的空间性本身是如何通过世界的世界性而被确立起来的,而不是世界反过来现成地在空间中。"①世内存在者的空间性与世界具有存在论联系,世界则是在世界之中存在的一个结构环节,最终引出的是此在本身的空间性的独特性:"此在的空间性既不可能意指某种东西似乎发生在'世界空间'的某个地方,也不意指在某个场所上手存在。"②此在的空间性具有优先性,世内存在者的空间归根结底取决于此在:此在的在世意味着让世内存在者来照面,这其实是给予空间,或者说安排空间,是朝着上手的东西的空间性解放上手的东西。③在现代哲学中,海德格尔成了真正重视空间和空间性的第一人,尽管他对此还有诸多保留。

在海德格尔哲学中,空间性最终依赖于时间性,这是因为,只有以绽出视域的时间性为基础,此在才可能涌入到空间中。④ 事实上,在先行向死而在中,听从良心呼唤的孤独个体从绽出中回归自身,从而从空间性回到了时间性。无论如何,海德格尔对空间问题的重视并没有超出思维的时间模式这一界限。梅洛-庞蒂在没有放弃意识的时间性的同时,强调了身体的空间性,这无疑是对海德格尔时空观的推进,由此为随后的法国哲学,尤其是福柯哲学预备了思维的空间模式。在他看来,本己身体不是一个由彼此外在的部分机械地镶嵌而成的组合体,而是一个有机的整体,它具有空间性而不是被安置在空间之中,或者说身体作为一个结构整体是通过其空间性体现出来

---

① Heidegger, *Être et temps*, Éditions Numerique Hors-Commerce, 2005, p. 97.
② Heidegger, *Être et temps*, p. 99.
③ Heidegger, *Être et temps*, p. 103.
④ Heidegger, *Être et temps*, p. 280.

的。在世存在意味着在人与空间之间形成了一种非客观的、前述谓的关系。

梅洛-庞蒂认为空间是实存性的,同时又说实存是空间性的,[1]这显然有别于胡塞尔完全关注时间性、海德格尔重点强调时间性的姿态。他关于行为或知觉问题、现象身体或本己身体问题、世界之肉或野性存在问题都突出地强调了空间的优先地位。这是一种没有完全放弃思维的时间模式,但尤其关注思维的空间模式的倾向。这种倾向导致了他的时空观与早期现代哲学的整个时空观、进而与后期现代哲学的主要时空观的断裂。这一哲学具有明显的含混特征,一个重要的原因是它试图在批判改造或创造性误读的基础上综合早期现代哲学和后期现代哲学中的一些完全对立的学说,在空间问题上同样如此。它在空间问题上把其他现代哲学远远地抛在了后面,与此同时,它仍然牢牢地抓住时间问题不放手。当然,只有当代哲学才会全盘接受空间思维模式。

梅洛-庞蒂批判吸收经验论与理智论的某些思想,同时关注康德的批判哲学所扮演的综合角色。他还借助格式塔心理学、语言学、文学艺术的某些成果来论证自己的围绕本己身体而展开的整体主义的空间理论。动物或人的实存活动克服了事物之间的外在性,把注意力不是放在事物或内容方面,而是关注它们之间的关系,从而形成了空间结构。这意味着结构优先于内容。[2] 由于空间结构远比时间结构精确,由于它可以说是一种比时间更稳固、更容易操纵的结构,所以就产生了空间的优先性。[3] 这种优先的空间是被亲历的空间,而不是虚拟的空间。经历一次复杂的旅程比向某人说明它要容易得多,

---

[1] Merleau-Ponty, *Phénoménologie de la perception*, p. 339.
[2] 梅洛-庞蒂:《行为的结构》,第 108 页。
[3] 梅洛-庞蒂:《行为的结构》,第 170~172 页。

因为我们对具体空间有一种熟悉感、一种在家感。当然,我们也有学习能力,从而能够尽快适应新环境。我们以某种适应方式对空间做出反应,即使在没有适当的实际刺激或近因刺激时也是如此。在被亲历的空间基础上进行拓展,我们完全可以很好地把握潜在的或虚拟的空间。

后期现代哲学承认的都是整体空间,尽管这种整体性既可以由意识也可以由身体来维系。这种辩证的现代空间观与随后的分析的当代空间观是根本有别的。在现代性进程中,要么由纯粹意识要么由身体意识来维系统一,进入当代性,意识的解体导致的则是异质空间的多元共存。梅洛-庞蒂表示,只要我们不让身体摆脱身体所支撑的行为的空间-时间圈,身体也就不会与心理分开来。[1] 精神并不利用身体,而是透过身体,通过使身体超出于物理空间之外而实现自身。[2] 身体空间显然具有针对物质空间的优先性。不管我们三根指头握笔在纸上、还是整只手拿粉笔在黑板上写字,我们的笔迹都可以被认出,因为我们不是在在己的空间中用一只事物之手、一个事物之身写字,我们在被知觉的空间中写字,我们用来写字的手是一只现象之手。[3]

由此引出了梅洛-庞蒂的身体图式说,这是一种有别于时间图式的空间图式。它在任何时候都能够为我们提供有关我们的身体与事物之关系的,有关我们对这些事物之掌握的一种实际的、不言明的全面观念。[4] 真正说来,我们的身体并不像某个东西一样被摆放在空间之中,它寓居于空间中并纠缠着它。身体图式代表的是本己身体的

---

[1] 梅洛-庞蒂:《行为的结构》,第 268~269 页。
[2] 梅洛-庞蒂:《行为的结构》,第 305 页。
[3] Merleau-Ponty, *Signes*, Éditions Gallimard, 1960, p. 82.
[4] Merleau-Ponty, *Parcours deux 1951~1961*, p. 39.

统一性,确立的是身体在与人与物打交道中的枢纽地位,它似乎是一个原点或中心,而一切都围绕它而展开。本己身体总是向我提供一个模块空间,它是空间条件的标准器。① 换言之,身体空间是全部空间的基质,②是所有其他现存空间的基质。③ 身体图式是动态的,意味着一种处境的空间性,而不是位置的空间性。④ 但是,福柯关注的是各种各样的现存空间,不会承认所谓的作为基质的空间。

最终说来,"身体图式"是表达我的身体在世界之中的一种方式。⑤ 在科学支配着我们的思维的时代,唯有艺术能够为我们提供真正的空间体验,美学知觉打开了一种新的空间性,绘画(作为艺术作品)不再像物理事物和涂了颜色的布那样处于空间中。⑥ 在梅洛-庞蒂的晚期思想中,他尤其突出了空间的重要性,认定空间是我们的肉与世界之肉的关系。⑦ 然而,他始终没有否定时间,他开始突出时间和空间的交织,即他想要说明时间的内在一致、空间的内在一致、空间和时间的内在一致。⑧ 借助世界之肉、身体之肉、历史之肉、语言之肉等等来探讨可见者与不可见者的关系,他发现的是这种就是空间的相同时间,就是时间的相同空间,是时间和空间的同时地原初设定。⑨ 他在晚期也没有否定身体的在这种交织中扮演的角色:"我的身体不仅仅是实现空间中锚地的一种装置,它也是实现时间中锚地

---

① Merleau-Ponty, *Parcours deux 1951~1961*, p. 223.
② Merleau-Ponty, *Notes de cours 1959~1961*, p. 180.
③ 梅洛-庞蒂:《眼与心·世界的散文》,第 55 页。
④ Merleau-Ponty, *Phénoménologie de la perception*, p. 116.
⑤ Merleau-Ponty, *Phénoménologie de la perception*, p. 117.
⑥ Merleau-Ponty, *Phénoménologie de la perception*, p. 340. Note 1.
⑦ Merleau-Ponty, *Notes de cours 1959~1961*, p. 209.
⑧ Merleau-Ponty, *Le visible et l'invisible*, p. 157.
⑨ Merleau-Ponty, *Le visible et l'invisible*, p. 312.

的装置。"①

萨特说人注定是自由的,这种超然意识意味着突出人的存在的时间维度;梅洛-庞蒂说人注定是有意义的,这种处境意识表明人的存在意味着空间维度和时间维度的统一。梅洛-庞蒂的空间概念在一定程度上克服了空间的理想性、抽象性和观念性,从而走向了现实的、具体的、实存的空间。这显然预示了从现代空间概念到当代空间概念的转型。然而,只是由于福柯和列菲弗尔的工作,法国哲学才真正实现了空间思维转向,才真正完成了从现代性向当代性的转换。这种空间思维转向意味着在某种一般结构之内,知识空间和空间知识、科学性和空间性既在理智设计上也在社会设计上密切相关。② 早期现代性的时间思维为我们构想了一种观念空间,后期现代性的时间思维开始揭示一种身体空间,当代性的空间思维则试图展现一种物质空间。当代空间思维转向意味着,时间的过去、现在和将来三维围绕现在而获得了重组。

第二节 空间性思维

在当代文化中,历史并没有终结,但它丧失了其"深"度,因为我们处在一个"平"面的时代。以其考古学姿态,福柯哲学关注话语的基本要素,也就是考察陈述在不同层次的分布或散布,尤其突出的是话语的无意识层次。层次概念足以让人想到深度,或者说依然具有

---

① Merleau-Ponty, *Le monde sensible et le monde de l'expression*: *Cours au collège de France notes 1953*, Métis Presses, 2011, p. 190.

② Lefebvre, *State*, *Space*, *World*, University of Minnesota Press, 2009, p. 169.

深度意识。这里存在着某种误解。关于不连续性和断裂的思想表明，福柯取消了历史与文化的深度，或者说让一切摆脱了对于内在意识的依赖。他让一切在平面空间中展示出来，让它们形成复杂的交叉、交织，甚至形成无序的堆积、任意的缠绕。正因为如此，他的哲学有难以为其他哲学所达到的"广"度。福柯哲学归根到底要在话语空间中展示当代及其精神，但当代性恰恰意味着精神的失落。深度的消失意味着神的超越性和心的内在性的消失。既然神性和心性不再作为深度的标杆，事物就会向自身实存回归，从而有其自己的厚度，也因此恢复自己的深度。

现代性围绕时间性展开，它启动了思维的时间模式；它在过去、现在和将来三维关系中处置事物与事物、观念与观念、事物与观念、主体与客体的关系；它强调未来，一切都围绕主体的前瞻意识而获得意义或得以被建构；但时间的这一未来维度在早期现代性和后期现代性中有不同的体现。从根本上说，现代性意味着强调从过去经由现在到将来的线性时间。当代虽然也是一个时间（绵延）概念，但它尤其具有空间（广延）意味。当代的精神气质或文化氛围意味着时空关系依据空间优先性而得以重组。换言之，当代性并没有抛弃时间，但它改变了时间的基本结构；它改变了时间三维之间的线性关系，或回溯过去或前瞻未来的纵向时间被抛弃了，我们开始接受一种空间化的时间或者说在话语空间中展现的时间。早期现代哲学抑制空间思维，后期现代哲学缓慢地形成空间思维，当代哲学主要认可的就是空间思维。

空间思维是一种不连续性的或断裂性的思维，它把各种异质的东西绑在一起，它不需要追求统一或整合，从而根本区别于以连续性为特征的时间思维。有学者表示，对于爱因斯坦和福柯两者来说，新的组织原则都是场这一概念，这意味着关注空间结构，而关于这一结构的各种描述是不稳定的,它们伴随观察者的时空位置而变化,它们揭示了根本的不连续性。① 在空间思维中,一切都是破碎的,事物如此,主体如此,时间如此,空间更是如此。萨特的意识哲学典型地代表了现代时间思维,梅洛-庞蒂的身体哲学则预示了当代空间思维。身体哲学处在从现代意识哲学向当代物质哲学转换的中途,它试图转向思维的空间模式,但体现的是现代思维的时间模式与当代思维的空间模式之间的张力。空间在梅洛-庞蒂那里毕竟最终被时间化了,因此,身体哲学围绕身体主体而形成的空间图式依然受制于意识哲学围绕意识而形成的时间图式。但是,在结构主义、后结构主义和现象学新趋势所引发的物质哲学中,则完全接受了思维的空间图式。

物质哲学并不意味着当代哲学家为了物而撇开了人,而是说他们关注的是人的物性(物质性)而不是其心性(知性与感性、观念性与精神性),更不是其神性(神圣性)。他们宣布主体死亡,并因此冻结了时间,宣布了历史的终结,强调了完全不可内在化的空间性。应该注意的是,在思维的时间模式让位于空间模式的同时,时间和空间概念本身也出现了非常明显的含义变化。在福柯看来,牛顿的绝对时空概念,康德的作为先天形式的时空概念,柏格森、胡塞尔、海德格尔、梅洛-庞蒂关于体验的时空概念都是同质的,归根结底突出了时间的优先性或者空间的时间化。福柯以及其他当代思想家却改变了时空图式,以一种多元分析的方式而不是多元综合的方式处理时间,突出了空间的异质性对于时间同质性的优势地位,从而以当代的分析思维取代了后期现代的辩证思维,但并没有因此回到早期现代的分析思维。

---

① Major-Poetzl, *Michel Foucault's Archeology of Western Culture: Toward a new science of history*, p. 4.

在《诊所的诞生》中,福柯关于医学注视的研究属于话语描述或话语考古学的一部分,而考古学在他那里意味着封存时间,并因此关注空间。我们从下面这段引文中显然可以看出这一点:"我之所以使用考古学这一我现在不用的词,是为了表明我所作的分析类型不是在时间上,而是就其所处的层次而言是错位的。我的问题不是在它们的演变中研究观念的历史,而毋宁说是在这些观念下面看看就像认识的可能对象的诸如此类对象如何能够呈现出来。比如,为什么疯癫在一个给定的时刻变成了相应于某种类型的认识的一种认识的对象。我通过使用'考古学'一词而不是'历史学',打算标出的正是关于疯癫的各种观念和疯癫作为对象的构成之间的错位。"①这样的错位实现的是从时间向空间的转换,而这种转换其实是时间的空间化。层次上的错位体现的是这种转换或空间化的复杂性和多样性。

按照德勒兹对柏格森的解读,《意识的直接所予》《物质与记忆》《论创造进化》三本著作的核心主题分别是绵延、记忆和生命冲动,三本著作和三个概念标志着柏格森哲学的三个大的阶段。② 尽管在三者之间也出现了不少变化,但它们从根本上说是一致的,因为这三个概念代表的都是时间。对于柏格森来说,意识首先意指记忆,因此任何意识都是记忆——在现在中保存和积累过去。③ 福柯接受了柏格森的生命主义,却不接受他关于记忆的理论。他这样表示:"无论如何,要对历史进行一种摆脱了记忆的既是形而上学的又是人道主义的模式的使用。问题在于要使历史成为一种反记忆——因此在历史中展开时间的一种完全不同的形式。"④显然,反记忆就是反时

---

① Foucault, *Dits et écrits II* (1976~1988), p. 1262.
② Deleuze, *Bergsonisme*, Presses Universitaires de France, 1998, p. 1.
③ Bergson, *L'energie spirituelle*, Presses Universitaires de France, 1996, p. 5.
④ Foucault, *Dits et écrits I* (1954~1975), pp. 1020~1021.

间,或者说别一种时间,就是冻结时间,从而是时间的空间化,至少是强调时间的共时维度而不是其历时维度,共时性具有针对历时性的优势地位。

就这一方面而言,福柯显然从结构主义语言学那里受益良多,因为结构语言学强调静态的内部结构分析,突破了比较语言学或历史语言学对于演变的关注,也因此是反记忆的,当然也就是反时间的,事实上,结构、解构和框架之类概念明显把我们引向空间。况且,结构语言学直接引出了空间问题,而不像比较语言学那样引出时间问题。有人表示,在雅各布逊那里,除了共同的起源的遗传因素之外,语言变化看起来还受到地域邻近因素的影响,邻近性可以取代亲缘性;后者回应说:"我们的语言手段必须根据对话是限于家人、邻里,还是外来人而变化。当然,除了纯粹的空间距离,还必须考虑社会距离和文化距离。换言之,我们在此遇到的是属于地理方言学和社会方言学的一系列问题。"①很显然,这位结构语言学家已经谈到了多重空间,不仅包括地理空间,而且包括社会空间或文化空间。

在早期现代文化中,思想在时间中是相继的,即使它们是一种简单的运作,其陈述也是一种持续的运作。② 然而,福柯并没有依循这一思路来描述这一时期,他要跳出时间模式。也就是说,即使时间模式是非常重要的,我们也可以从静态的角度,从空间思维的角度来予以重写。如此的话,就会有另一番面貌呈现在我们面前。17、18 世纪的人并不借助先前那些时代留给他们的东西并且依照很快就会被发现的东西来思考财富、自然或语言;他们以一个一般的安排为起点来思考它们,这不仅规定了它们的概念和方法,而且更根本地为语言、

---

① 雅各布森:《雅各布森文集》,湖南教育出版社,2001,第 134 页。
② Foucault, *Les mots et les choses*, p. 97.

自然个体、需要和欲望的对象界定了某种存在方式:表象的方式。由此,诸科学的历史作为一种表面效果在那里出现的整个一片共同土壤显露出来了。① 当时的人们不是要么根据过去要么根据未来来考虑财富分析、自然史和语法理论,而是把一切都纳入到表象空间之中,它们的历史就丧失了地位。

当然,福柯立刻就补充说,这并不意味着我们从此以后可以把历史抛到一边,而是说针对一门知识的发展史的反思不再能够局限于透过时间顺序追踪一系列认识,这是因为,这些知识并不属于继承和传统的现象,人们不能够通过陈述先于它们而被认识的东西以及就像人们所说的由它们新带来的东西而说出使它们得以可能的东西,真正说来,只有从与它同时代的东西出发,知识的历史才能够被撰写出来,正是在这一意义上,考古学能够说明一门普遍语法、一门自然史和一门财富分析的实存,并且由此开放各门科学的历史、各种观念和意见的历史能够在那里占据的没有缝隙的一个空间。② 这里所说的"同时代的"也就是"当代的",看似代表时间,实则代表空间,因为一切都被纳入了没有时间的话语空间中:福柯显然把通常认定的时间模式置换成了空间模式,或者说突出了空间针对时间的优先地位。

在研究临床医学史或者疾病史的时候,福柯注意到了边沁在18世纪末发表的《圆形监狱》。既然这一象征形象是在研究疾病史的过程中被发掘出的,它也就会被用来表征包括疾病和犯罪在内的反常经验,并因此把他先前关于疯癫,随后关于性错乱在内的全部反常经验都关联起来了。不仅如此,他还要将它用来表征正常经验,比如学校或者军营是如何训练和矫正学生或士兵的行为的。如果完全针对

---

① Foucault, *Les mots et les choses*, p. 221.
② ibid.

心灵或精神,时间意识或时间策略就非常充分了。但在福柯看来,道德的强化或精神层面的关注并不能掩饰权力针对身体施加的作用、产生的影响和达成的效果。事实上,针对身体的规训是非常明显的。权力针对身体的作用始终伴随着身体的观念化或灵性化,因此很容易把空间时间化。但无论如何,不管针对正常经验还是反常经常,一切都被置于空间秩序之中了。空间是多样而分化的,监狱、医院、学校、军营之类就是这样的空间。

福柯设法对18世纪后半叶的医院建筑进行研究。他想要知道医学注视是怎样被制度化的,它是如何被实际地接纳到社会空间中的,新型医院怎么会既是一种新注视类型的后果又是其支撑。在考察当时的一些不同建筑规划时,福柯注意到,根据一种中心注视,关于一些身体、一些个体和一些事物的整个可见性的问题已经成了最经常的主导原则之一。[1] 与笛卡尔哲学强调心看,并且视清楚分明的可见性为观念化不同,在临床医学那里,眼看较之于心看更具有基础性的地位。医院建筑要确保注视和可见性,但是,相对于其他建筑,医院建筑有其特殊要求:在保持空气通畅和循环的同时,有必要避免各种接触、各种污染、各种接近和各种拥挤,既要把空间分隔开来,又要保持开放;在把要监视的那些个人精心地隔离起来的同时,确保一种既是总体的又是个体的监视。福柯在这里其实又引出了生命权力问题,涉及城镇的安全部署和安全技术,既关系到管辖的领土又关系到管辖的个体和人群。

福柯表示,统治是在某一领土限度内进行的,规训针对的是个体的身体,而安全针对的是人口的全体。[2] 这一切都归属于安全空间的

---

[1] Foucault, *Dits et écrits II* (1976~1988), p. 190.

[2] Foucault, *Sécurité, territoire, population*, Éditions Gallimard/Seuil, 2004, p. 13.

范畴。在研究刑罚问题的时候,他注意到所有那些对监狱进行调整的重大计划都重复着相同的主题,但差不多总是让人想到边沁的一种氛围中,几乎没有一个涉及监狱计划的文本找不到边沁的圆形监狱这一妙法。① 圆形监狱依据其建筑原理而体现出空间的优势地位:在外围是一个环状建筑,在中央则是一座塔楼;塔楼上面开有一些朝向环形内侧的大窗户,外围建筑则被划分成其中每一间都穿越该建筑整个厚度的诸多单人囚室,它们有两扇窗户,一扇朝内开,面对中央塔楼的那些窗户,另一扇朝外开,可以让光线渗进整个房间。这样的空间布局把一个看守安置在塔楼里,在每一个囚室里则关进一个犯人(疯子、病人、工人、学生);由于逆光的效果,看守可以从塔楼里抓住、在光明中发现囚禁在各个外围囚室中的那些小小黑影。② 无论如何,规训暗含了空间分布。③

这种圆形监狱建筑颠覆了此前存在的用于短期拘禁的地牢建筑的基本原理(禁闭、剥夺光线和掩藏),表明充分的光线和监视者的注视比最终起保护作用的黑暗更能骗人,即可见性从根本上说就是一个陷阱。在边沁之前,人们其实就已经惊人地注意到了相同的关心。这种隔离的可见性的最初模式之一早在1751年就在巴黎军事学校针对一些宿舍施行了。每个学生都应该拥有一间带玻璃窗户的单人房,他在那里整晚都能被看到,无法与同伴甚至管理人员有任何的接触。这意味着对身体的一种观念化或道德化处置。尽管在边沁之前就有圆形监狱的想法,但真正的表述和命名来自于他。这个词本身显得非常关键,它指称一种整体原则,它不仅仅想象了一种提供解决监狱、学校或医院之类问题的建筑形象,它宣告了一种所谓"克里斯

---

① Foucault, *Dits et écrits II* (1976~1988), p. 190.
② Foucault, *Surveiller et punir*, p. 233; *Dits et écrits II* (1976~1988), pp. 190~191.
③ Foucault, *Sécurité, territoire, population*, p. 14.

托弗·哥伦布之蛋"的真正发明,它正是医生、刑罚学家、工业家和教育学家所寻求解决监视问题的权力技术。①

福柯只承认这种有意识地利用了光学方法的技术的象征价值,因为现代社会中运作的那些权力程序要大量、多元和丰富得多。他表示,说从18世纪以来,可见性的原则支配着整个权力技术是不正确的。② 鲍曼对福柯关于权力关系的这种圆形监狱模式的思想进行了独到的解释,认为这体现的是时空关系的某种运作。按照这一解释,福柯把边沁的圆形监狱设计用作为现代权力的主要隐喻。在圆形监狱中,犯人被绑定在位置上并且被禁止任何运动,被限定在厚实的、严密守卫的高墙内,被固定在他们的床铺上、单人牢房里或工作台边。他们不能运动,因为他们受到监视;他们不得不在所有时间呆在指定的地方,因为他们不知道,没有办法知道在那一时刻他们的任性地自由运动的监视者在何处。监视者在运动上的灵活方便是他们的支配的保证,犯人被固定在位置上成了他们的服从的既安全又最难以破除或松动的多用途的镣铐。

归结起来,时间控制是管理者的权力的秘密,而通过否认其从属者走动的权利、通过常规化他们必须遵守的时间节奏来让他们在空间中保持不动,乃是其实施权力的主要策略;权力的金字塔是由速度、交通手段的使用以及由此产生的活动自由构筑起来的。③ 权力关系意味着时间和空间之间的张力关系,监视者的流动性和被监视者的固定性的根本对立,则意味着时间对空间的征服和胜利。但在鲍曼看来,这种现代性控制策略代价昂贵,而福柯所说的那种看不见的力量是否起作用也很难说。他认为圆形监狱是权力关系双方之间一

---

① Foucault, *Dits et écrits II* (1976~1988), p. 191.
② Foucault, *Dits et écrits II* (1976~1988), p. 192.
③ Bauman, *Liquid Modernity*, pp. 9~10.

种相互约定和对抗的模式,管理者警惕他们自己的变化无常和常规化他们的从属者的时间之流的策略合并为一,但在这两个任务之间存在着张力,第二个任务限制了第一个任务,实施常规化者并不是在真正地、完全地自由活动;另外,圆形监狱也是一种代价高昂的策略,它耗费多,而且有着冗繁的管理任务。①

在现代性的现在阶段,出现了新的变化,权力关系的重组导致的是后圆形监狱模式的出现。鲍曼写道:"许多评论者谈到了'历史的终结'、后现代性、'二阶现代性'和'超现代性',或者要不然就是阐述了关于在人类共同生活的安排中和在生活政治得以进行的社会状况中的迅猛变化的直觉,促成这种情况的是这一事实:加快运动速度的长期努力目前已经到达了它的'自然极限'。权力可以以电子信号的速度运动,因此运动的最重要的那些因素所需要的时间降低到了一瞬间。对于其全部目标而言,权力真的已经成了'治外法权的',不再由于空间抵抗而受束缚、甚至被减速。"②他用流动的现代性来表达我们所说的当代性。在当代性中,人们显然不是生活在过去,也不是生活在未来,而是生活在变动不居的当下。权力关系与此前有了很大的不同。后圆形监狱模式想要表达的是,不再有权力中心,哪怕是虚拟或假定的中心。

在鲍曼看来,无论现代性历史中的目前阶段还是别的什么,它或许首先也是后圆形监狱的;在圆形监狱中,重要的地方就在于,进行管理的人被假定总是在那儿,在附近,在控制塔里,而后圆形监狱权力关系中重要的地方在于,操纵权力杠杆的人能够在任何时刻逃避到完全不被触及的地方。③ 流动的现代性突破疆域,采取的是一种游

---

① Bauman, *Liquid Modernity*, p. 10.
② Bauman, *Liquid Modernity*, pp. 10~11.
③ Bauman, *Liquid Modernity*, p. 11.

牧策略，这与德勒兹和伽达里在《千高原》中的描述非常相似。鲍曼写道："圆形监狱的终结预示着在监控者和被监控者、资本和劳动、领导和随从、交战双方军队之间的共同约定时代的终结。现在，权力的首要技巧是逃离、是滑移、是缺失、是回避、是有效地拒绝任何疆域限制连同其累赘的必然结果。"①当代性要突破现代性的同质空间。固化的现代性意味着转变为定居生活方式的定居者对游牧人群和游牧生活方式的持续而系统的攻击，但流动的现代性要突破定居，重新引进游牧人群和游牧生活。

正像列维-斯特劳斯认可野性或原始一样，游牧概念的引入一方面否定了关于社会演变的进步主义看法、拒弃了思维的时间模式，另一方面也表明了权力关系的更复杂的情形："那些贬低立法者对疆土的关心，公然蔑视他们划定边界的热情努力的游牧民族，在以进步和文明的名义进行的圣战中被塑造为主要的反面角色。现代的'编年政治学'不只把他们看作是'欠发达的'，需要彻底改革和启蒙的低等的、原始的人，还把他们看作是落后的、'在时间后面的'，遭受文化落后之苦，徘徊在进化之梯的低阶，并且以难以原谅的缓慢或病态不情愿地爬着进化之梯，以跟上'发展的普遍模式'。"②在现代性的固化阶段，游牧习俗始终不受欢迎，也因此受到各种排斥和打击。但在现代性的流动阶段，占有多数地位的定居者被游牧的、域外的精英所统治；真正说来，当代的全球精英是按照旧式的在外地主模式来塑造的。③

游牧其实就是越轨，疯癫在某种意义上就是这样一种游牧或越轨形式。福柯表示："说疯癫今天消失了，这想说的是既把它纳入精

---

① Bauman, *Liquid Modernity*, p. 11.
② Bauman, *Liquid Modernity*, pp. 12~13.
③ Bauman, *Liquid Modernity*, p. 13.

神病学知识中又纳入人类学类型的反思中的这种蕴含瓦解了。但这并不是说越轨(疯癫在几个世纪中的可见面孔)的一般形式同等地消失了。也不是说这一越轨在我们问疯癫是什么这一时刻本身中不是正在产生一种新经验。"① 在德勒兹看来,我们不应该像弗洛伊德那样治愈精神分裂症患者,并让他回归理性,而是承认精神分裂症就是人的一种经验形态。他为我们描述的是一幅当代人的游牧形象,一种越界或越轨的形象,而福柯也始终在思考界限或界线的问题:"在世上没有一种独一无二的文化会允许一切都可以做。我们完全知道,长期以来,人并不是从自由开始的,而是从不可跨越的限度和线开始的。"② 当代社会存在着众多的异质空间,它们的疆域是模糊的,我们始终处在边缘或越界状态。

福柯并没有后圆形监狱的概念,圆形监狱在他那里已经通过空间布局表明了权力关系的复杂性。资产阶级完全懂得,新的立法或新的宪法对于他们来说不足以保障其领导权,因此应该发明一种将确保权力的各种效果在整个社会机体直至其精微颗粒中贯通的新技术,由此才能确保他们永远掌握社会领导权。这需要各种各样的权力技术,而边沁无疑成了权力技术的全部发明者中的一个典范。③ 在福柯看来,圆形监狱意味着一个所有的人都被纳入其中的机器,既包括那些实施权力者,也包括权力对之实施者,权力不再实体性地被等同于一个由于其出身而拥有它或实施它的个体,它变成了一部谁都不是其拥有者的机器,所有的人都处在这个机器之中,但他们占据的不是相同的位置,其中一些位置具有优势并且能够产生一些霸权。④

---

① Foucault, *Dits et écrits I* (1954~1975), p. 443.
② ibid.
③ Foucault, *Dits et écrits II* (1976~1988), pp. 198~199.
④ Foucault, *Dits et écrits II* (1976~1988), p. 199.

统治阶级占据有利位置,在相互作用的斗争和竞争中占据优势。无论如何,权力技术尤其体现为一种空间技术。

究竟是谁在圆形监狱的塔楼上,是神之眼吗?问题在于,边沁几乎没有提到神,所以他也不知道要把权力托付给谁。福柯表示,在没有人能够或者应该是旧制度中的国王之所是,即作为权力和正义的源泉的范围内,边沁无法信任任何人。关于君主制的理论告诉我们应该信任国王:国王是正义、法律和权力的源泉,在他名下的权力只会是好的。当然会出现坏的国王,但这只不过是历史的一次偶然事故,或者说是神的一次惩罚。然而,如果权力是像一部依据一些复杂的机关而运作的机器一样来治理的,那么我们就不能够信任任何人,重要的是每个人的位置而不是其本性。总之,在圆形监狱中,每一个人根据其位置被所有其他人或某些其他人监视;人们与一个总体上的、不断流动的不信任的机制打交道,因为没有一个绝对的点。① 君主制意味着君权神授,因此有一种中心权力、一种至上权威,但圆形监狱恰恰是君主制告别历史舞台的表征。

正是从空间关系或位置关系来考虑,权力关系呈现出复杂性、可变性、丰富性、散布性。福柯这示:"如果我们只依据立法或宪法,只依据国家或国家机器来提出权力问题,那么我们就使权力问题贫乏化了。与一组法律或一部国家机器相比,权力不一样地更加复杂,不一样地更有厚度和扩散性。如果你不同时拥有各种权力机制的话,你就不可能发展资本主义固有的各种生产力,也不可能想象它们的技术发展。"②比如18世纪大工场的劳动分工,如果不存在一种在生产力管理层次上的新的权力分配,任务分工就不可能达成;比如现代

---

① Foucault, *Dits et écrits II* (1976~1988), p. 201.
② ibid.

军队,有另一种类型的装备、另一种征兵形式是不够的,还应该给出这种新的被称为规训的权力分配,连同它的各种等级、各种干部配备、各种审查、各种练习、各种制约条件和修整。现代大工场或现代军队之所以存在,是因为新的权力机制充分利用了特定的角色占据相应的位置这一空间思维。

疯子、病人、犯人、工人、学生、军人都是占据某个位置的某种角色,相应的权力机制也因此绕不开空间分布。有人表示,医生在18世纪末的社会参与是非常多的,他们在某种程度上扮演了空间管理者的角色。福柯就此表示,他们在那个时期部分地是空间方面的专家,他们提出了四个根本的问题:一是位置问题,涉及比如区域气候、土壤的性质、湿润与干燥之类;二是共存问题,涉及人与人之间的共存(稠密与接近问题)、人与物的共存(水、下水道、通风问题)、人与动物的共存(屠宰场和牲口棚问题),还有人与死者的共存(墓地问题);三是住所问题,涉及居住条件、城市规划之类;四是迁移问题,涉及人群移居和疾病繁衍之类。① 无论如何,医生已经成了集体空间的基本管理者。医生首先想到的是居住空间和城镇空间,这与军人是不一样的,后者尤其想到的是原野(通道)空间和要塞的空间。

福柯和列菲弗尔等人促成了当代性空间思维模式的扩张。福柯表示:"现时的时代或许毋宁说是空间的时代。我们处在同时的时代,我们处在并列的时代,处在远近、并肩和分散的时代。我们处在这样一个时刻:我相信这个世界当此之时更多地被证明为不是一个历经时间而发展的伟大生命,而是一个把点连接起来、把线交织起来的网络。"②对于诸多后期现代哲学来说,时间代表的是活力、生机和

---

① Foucault, *Dits et écrits II* (1976~1988), p.194.
② Foucault, *Dits et écrits II* (1976~1988), p.1571.

生命；但在福柯对权力进行的微观物理学分析中，一切都被纳入到网络空间之中，并因此看出的是惰性、僵化和死亡，不再受制于生命模式。在权力的网络空间中，一切都平面化了，不存在从中心到边缘、从上到下、由内到外、由表及里的问题，而只存在远近、并置和交叉之类的问题。权力关系深深地纠缠在各种经济关系中，或者，权力关系实际上总是与各种经济关系构成一个网或一个圈。[1] 权力的空间分布代表了一种政治经济策略。

列菲弗尔是著名的法国马克思主义者。在3H时代，他的哲学大体上属于现象学与马克思主义联姻的一部分。在充分借鉴超现实主义、新黑格尔主义、尼采主义和现象学实存主义等思想资源的基础上，他运用马克思的异化理论来展开日常生活领域的批判。在3M时代，他和结构主义者、后结构主义者以及后现代主义者一样，应对消费社会的各种问题，提出了日常生活分析的新思路，转向了对消费社会和现代性的更广泛的批判，最突出的贡献是关于空间的理论思考，严格地说是空间批判。列菲弗尔对空间思维的描述非常具体，他试图解决的问题是如何从各种数学空间，即从人类的各种心理能力、从逻辑过渡到自然，首先是过渡到实践，然后是也在空间中展开的社会生活理论。[2] 他关注空间生产，认为作为产品的空间具有一种既抽象又具体的独特实存：它是抽象的，但它是一种实在；它是具体的，但又与其他产品类型不完全相同。

无论福柯还是列菲弗尔都没有明确提出当代性概念，前者犹豫于是否接受后现代性的概念，而后者干脆把空间生产与现代性关联在一起。然而，只有从当代性的角度才能真正把握空间问题的极端

---

[1] Foucault, «Il faut défendre la société», p. 15.
[2] Lefebvre, La production de l'espace, p. 9.

重要性。当然,对空间思维模式的启动并不意味着他们把时间完全排斥到一边了。比如就福柯而言,结构主义在文化现象的分析中,往往探讨各种或并置或对立的关系,往往让它们作为一种形构呈现,由此体现为明确的空间思维,但这并不因此就否定了时间:空间思维只不过是处理人们所谓的时间和人们所谓的历史的某种方式。① 现代性体现在历时性中,当代性则体现在共时性或现时性中。当我们反思或质疑现代性时,我们其实是在追问我们自己的现时性,②并因此自然地通向了当代性。现代哲学把空间时间化,以时间为重心实现了时间和空间的统一,当代哲学则把时间空间化,以空间为重心来重新实现空间和时间的统一。

后期现代哲学承认差异性,但和早期现代哲学一样追求统一性,而在当代哲学中,空间思维导致的是难以消除的差异性。这就是德里达所说的延异,即差异在时间和空间中都无限地展开,永远没有静态的对立出现。这种延异尤其是由空间转换造成的分与别。与现代性的单一而同质的空间相区别,当代性空间是分化而多样的,我们可以区分出物理的空间、心理的空间、社会的空间③之类,而每一种空间也有其不同方式的呈现,涉及空间的实践、空间的表象④等等。这显然突破了康德的同质空间。在康德看来,空间本质上是唯一的,也就是说,我们只能表象一个唯一的空间,并且如果我们谈到许多空间,我们也是把它们理解为同一个独一无二的空间的各部分。⑤ 空间可以整合外感杂多,即人们借助空间把外部事物纳入到同一性秩序中,

---

① Foucault, *Dits et écrits II* (1976~1988), p. 1571.
② Foucault, *Le gouvernement de soi et des autres*, p. 15.
③ Lefebvre, *La production de l'espace*, p. 19.
④ Lefebvre, *La production de l'espace*, pp. 42~43.
⑤ 康德:《纯粹理性批判》,人民出版社,第29页。

最终让这些杂多服从内在的观念秩序,原因就在于,外感空间服从内感时间,并接受时间图式。

福柯重点关注文化世界,他当然关心文化的历时性的演变,但他首先关注的是西方文化在某一长时段的同时性构造,即文化的空间部署或物理定位。他显然重点关注社会空间及其在话语秩序中的展示。列菲弗尔认为马克思在《资本论》中关于劳动的学说仅仅涉及时间,没有涉及空间,而他本人要弥补这一缺陷,从而通过完善马克思的学说来展开日常生活批判、消费社会批判,归根到底是展开现代性批判。这一切都涉及社会空间,尤其是城市社会空间。在福柯看来,从前谈论的空间,不管定位空间、广延空间还是场所空间,归根结底都是内部空间,并因此是同质空间或空的空间。[1] 这意味着空间是一个几何概念,一个空的环境,它属于并且仅仅属于数学这一学科。[2] 但是,不管福柯还是列菲弗尔,他们要谈论的都是具体的生活空间而不是抽象的几何空间。

福柯和列菲弗尔分别批评分析了伽利略的数理思想和欧几里得的几何学在这种同质空间的确立中扮演的角色。康德的同质空间思想无疑是上述两位数学家的空间观念在现代哲学中的表达。他其实主张无论时间和空间都是同质的,尽管他主张时间具有针对空间的优先性。不同时间只是唯一时间的部分,时间之间没有质的不同,正像不同空间只是唯一空间的部分,空间之间没有质的不同一样。所谓时间和空间是无限的,也是以它们的同质性为基础的。柏格森不赞同康德的立场,他强调时间的优先性,但他否定时间是同质的。在他看来,只有空间是同质的;如果像康德那样强调知性,就会导致时

---

[1] Foucault, *Dits et écrits II* (1976~1988), pp. 1572~1573.

[2] Lefebvre, *La production de l'espace*, p. 7.

间被空间化和同质化;为了克服同质性,应该实现空间的时间化。福柯和柏格森一样否定康德式的知性,但认为正是时间导致了同质性,因此有必要推动时间的空间化。

列菲弗尔重点探讨社会空间的生产,围绕人与社会的关系而展开。他认定(社会)空间是一种(社会)产品,[1]从而主张在马克思主义关于生产力与生产关系的框架内考察空间生产问题。这一考察不回避意识形态色彩或明确的阶级意识。他毫不掩饰地宣称:"空间是政治的和意识形态的。"[2]福柯在空间问题上要求克服意识形态的干扰,这显然与他否定现象学方法有关,他不承认意识主体的地位。当然,这并不意味着他否认空间的经济-政治意味。他关注空间的锚定,认为它是一种应该仔细加以研究的经济-政治形式。[3]马克思关于经济基础与上层建筑的理论、关于阶级斗争的学说都在很大程度上被他运用于其空间分析中。福柯关心各种边缘人群在现代性进程中的命运,较之于列菲弗尔关心的阶级意识,其分析和描述显得更加注重多元性和差别化。

空间思维在列菲弗尔那里当然具有某种方法论意义,但尤其体现出其现实关怀,他以至于希望空间思维转向能够引发整体的社会变革;福柯的空间思维显然有其现实关怀,但尤其具有方法论意义,它可以推动当代人的思维方式变革。比较起来,列菲弗尔对空间问题的思考包含有较强的乌托邦色彩,而福柯的思考更具有异托邦意味。前者还指望总体变革,后者则承认多元共生。列菲弗尔通过分析空间生产发现了资本主义通过空间规划来延续其统治的秘密,而福柯既看到了诸如监狱或军营之类特殊的空间规划体现的压制性权

---

[1] Lefebvre, *La production de l'espace*, p. 35.
[2] Lefebvre, *State, Space, World*, p. 171.
[3] Foucault, *Dits et écrits II* (1976~1988), p. 193.

力策略，同时又注意到了空间思维有可能为他者的生存提供更好的契机。对于他们两人来说，当代性最重要的方面都是空间政治学。这显然与后期现代以来的实践哲学转向密切相关。列菲弗尔始终关注空间与政治话题的关联，福柯则要相对超脱一些，因为前者直接谈论政治权力，后者主要从微观物理学的角度来理解一切力量。列菲弗尔关注的是狭义的政治，福柯关心的则是广义的政治。

我们发现，不论是对于福柯还是对于列菲弗尔，最重要的都是差异空间而不是同质空间，即，他们都关注所谓的外部空间。梅洛-庞蒂主张借助我们的身体处境来把握外在空间，①他显然承认了作为内在空间的身体空间的优先性，而福柯突出的却是外部空间对于内部空间的优先性。外部空间在克服时间的同质性的同时，克服了空间的同质性。福柯这样表示："我们生活于其中的，我们由之被吸引到我们之外的，我们的生命、时间和历史恰恰在其中受到侵蚀的空间，这一腐蚀和弄皱我们的空间本身也是一个异质空间。"②列菲弗尔则指出，不存在一种社会空间，而是存在多种社会空间，甚至存在不定的多样性，而且在社会的成长和发展中，没有任何空间消失掉，世界空间并不消除区域空间。③ 现代性乌托邦思维依赖于想象的空间，没有能够逃出同质的内感时间，当代性异托邦思维则依托于实在的空间，摆脱了内感时间，并因此启动了异质的空间思维。

尽管列菲弗尔关于空间问题的直接论述多于福柯，但就实现思维方式的变革而言，后者的工作显得更为重要，因为其整个工作都是依据空间思维展开的，而不是局限于把空间当作一个简单的工具。在整个现代性进程中，时间的未来指向及其流动性让人们生活在不

---

① Merleau-Ponty, *Parcours deux 1951~1961*, p. 39.
② Foucault, *Dits et écrits II（1976~1988）*, pp. 1573~1574.
③ Lefebvre, *La production de l'espace*, p. 103.

确定性中,正因为如此,它也促使人们追求内在的确定性,在早期现代性中尤其如此。在当代性进程中,相反,正是空间的分化导致了不确定性,但人们乐意接受不确定性,因为人们不愿接受固化的疆界,情愿拓展生活的边界线,甚至跨界生活、越轨生活。福柯写道:"我相信,从根本上说,今日的不安涉及空间无疑远远甚于时间。"[1]现代性处于时间之流中,让人通过无边的想象而获得自由,因此人只能获得抽象的自由;当代性接受特定空间的限制,但在实际的活动中不断地突破界线,在多重空间之间的复杂关系中开展出各种可能性,从而实现具体的自由。

福柯从写作的角度表明了如何实现从时间思维向空间思维的转换。写作从来都依循时间排列,有其古老的时间迷恋;在西方语言中,写作就是回顾,就是重新回到起源,重新把握最初的时刻,就是再次处于黎明,由此有了文学的神秘功能,有了它与古代的关系,有了它赋予相似、同一、同一性的全部奇迹的优先性,尤其有了一种规定其存在的重复结构。[2] 语言显然被视为内在时间意识或思维的时间性的如实表象。然而,在如今时代出现了新的情形,语言在写作活动中成了,或可能成了空间的东西。在福柯看来,如果说空间在如今的语言中是隐喻最迷恋的东西,这是因为,在空间中,语言一开始就摊开自己,滑向它自己,确定其选择,勾勒其外观和迁移。[3] 在内在时间意识中,包括语言在内的一切东西都被观念化了,丧失了它们的自身维度或自身实存;但在外在空间意识中,语言始终有其自身厚度,可以充分地实现其自身实存。

人们通常把写作与时间联系在一起,这意味着作者通过书写或

---

[1] Foucault, *Dits et écrits II* (1976~1988), p. 1575.
[2] Foucault, *Dits et écrits I* (1954~1975), p. 435.
[3] ibid.

讲故事而避免死亡(比如《一千零一夜》),甚至追求永恒和不朽(比如希腊史诗)。① 然而,这种时间法则或时间思维正在改变,"(真实的或虚假的)叙事并不是这一归属的仅有的形式,也不是最接近实质性的东西的形式;它甚至有可能在看似最好地显示了写作的深度和法则的运动中掩盖了它们。在把写作从叙事、从其线性秩序、从时间协调的大的句法游戏中解放出来的那个点上,我们已经相信自己使写作行为摆脱了其古老的时间顺从。"② 问题是,直到结构主义时代来到之前,不管在真实叙事还是虚拟叙事中,时间都具有绝对主宰地位,即便在结构主义时代,利科等人仍然坚持时间对于叙事的支配性。他否定虚构叙事与历史叙事的断然区分,就此而言,他与福柯没有原则上的分歧,但区别在于,他始终把写作与时间关联在一起,认为它涉及人的真实的或虚拟的体验。

在利科那里,正是时间体验导致了虚构叙事和历史叙事的难以区分,因为虚构叙事不是没有指称,同样,专属于历史的指称并不是与虚构叙事的创造性的指称没有亲缘性,而正是借助于在对过去的间接指称和虚构的创造性指称之间的复杂运作,人类经验在其深刻的时间维度中不停地被反复构形。③ 福柯不认同这种利科式的时间迷恋,但不得不承认,写作的时间神话从荷马到他自己的时代是一以贯之的:"无论是否针对过去,无论服从年代学秩序还是努力地解除与它的关系,写作都被接纳到了一条就是荷马式回归曲线的基本曲线中;但它也是犹太预言之实现的基本曲线。作为我们的诞生地,亚历山大城已经为整个西方语言预先规定了这一循环;写作就是回归,

---

① Foucault, *Dits et écrits I* (1954~1975), p. 821.
② Foucault, *Dits et écrits I* (1954~1975), p. 435.
③ Ricœur, *Du texte à action*, Éditions du Seuil, 1986, p. 18.

就是回到起源,重新抓住最初的环节;它乃是重新处于黎明。"①非常明显,写作或叙事关涉的是人的记忆和回归,尤其突出了时间的过去维度。

但是,福柯从尼采这样的哲学家和乔伊斯之类的文学家那里发现了写作脱离时间并走向空间的趋势。他这样写道:"尼采式回归彻底关闭了柏拉图式回忆的曲线,而乔伊斯关闭了荷马式叙事的曲线。这并没有把我们判决给空间,就像把我们判决给长期以来被忽视了的唯一的其他可能性一样,而是表明语言是(或可能成了)空间事物。"②他在这里似乎只是笼统地提出了文学语言的空间性,旨在表明语言不再被内在化,并因此开始具有自身维度。福柯在评论布朗肖的时候提到了所谓的关于外部的思想,这是一种抑制语言被内在化、并因此维持其自身实存的尝试。他从说谎者悖论开始。当克里特岛人埃庇米尼得斯说"所有的克里特岛人都说谎"时,显然出现了悖论:他说自己是克里特岛人,他没有撒谎,但他也撒谎了,因为克里特岛人都是骗子。福柯对比"我在说谎"和"我在说话",旨在表明:"希腊的真理从前已经在'我在说谎'这一独一无二的断言中颤抖,'我在说话'要让整个现代虚构接受检验。"③

福柯认为这两个断言并不具有相同的力量。如果我们在前述话语内部区分出两个命题,其中一个是另一个的对象,那么埃庇米尼得斯的论据就被控制住了,其实质就在于,说话的那个人和他所说的那个人是同一个人。④ 如同塔尔斯基所做的那样,要区分对象语言和元

---

① Foucault, *Dits et écrits I* (1954~1975), p. 435.
② ibid.
③ Foucault, *La pensée du dehors*, Fata Morgana, 1986, p. 9; *Dits et écrits I* (1954~1975), p. 546.
④ Foucault, *La pensée du dehors*, p. 9; *Dits et écrits I* (1954~1975), p. 546.

语言，只有这样，才能摆脱由人维持的内在性或内在化，完全回到语言及其外在性。事实上，在我简单地宣布"我在说话"时，这种悖论并不存在，即把自己掩藏在这个独一无二的陈述中的两个命题"我在说话"和"我在说我在说话"并不会造成矛盾。福柯分析说：如果语言只不过在"我在说话"的孤独的统治权中有其处所，那么原则上没有任何东西能够限定它，不管是它所针对的那个人，它所说的东西的真理，还是它所利用的那些价值或那些表象系统；简言之，它不再是一种意义的话语和交流，而是语言在其原始存在、被展开的纯粹外在性中的展开；而那个在说话的主体不再这般地是话语的责任人，而是语言的不定的溢出所追赶的空无中的非实存。①

问题不在于文学语言描述还是穿越空间，而在于它在空间中充分地展示自己。走向空间的写作不是以描述空间为己任的写作，而是让语言在空间中表现自身的写作，间隔、距离、居间、散布、断裂和差异并不是今天的文学主题，而是语言现在通过它们而被给予我们并向我们到来的东西：那让语言说话的东西。② 语言在间隔之类不连续的维度中说话，但它不是就某些东西说话，它自说自话。语言不是从事物中提取了这些维度，它们共同于事物、共同于语言本身，是各种事物和各个词在走向其相遇点的时候在那里向我们而来的盲点。福柯说道："如此不同于荷马的回归或允诺的实现的这一悖谬'曲线'，它暂时无疑是文学的难以想象的东西。也就是说，是那种让文学在我们如今能够阅读它的那些文本中得以可能的东西。"③ 总之，与空间联系在一起的间隔之类维度既属于事物，也属于语言，但它们尤其造成了词与物之间的复杂关系。

---

① Foucault, *La pensée du dehors*, pp. 11~12; *Dits et écrits I* (1954~1975), p. 547.
② Foucault, *Dits et écrits I* (1954~1975), p. 435.
③ Foucault, *Dits et écrits I* (1954~1975), p. 436.

这意味着不管词还是物都不再被观念化,它们脱离时间,突显空间,进入到无法整合的异质领域中。按照福柯的解读:"罗歇·拉波特的《警醒》紧靠着这个既苍白又可怕的'区域'。它在这里被指定为一场考验:危险和检验,在建立但保持裂开的开口,接近和疏远。那种强加其迫近却立刻背离的东西绝不是语言,而是一个中性的主体,一个没有面孔、任何语言都借以可能的'它'。"①就像在荷尔德林的《恩培多克勒》中一样,语言借以可能的这个"它"是充满危险的间距,它既没有中间,也没有法则,也没有尺度,而这一切表明,与布朗肖邻近的拉波特的作品,思考文学的非思并通过一种语言的透明性来接近这一非思的存在(语言与其说寻求契合这一存在,不如说寻求迎接它)。② 契合它就是回到它那里,就是与之相符合,语言因此是被动的工具,迎接它却表明了语言的主动性,它有其自身的维度和力量。

按照福柯的解读,在勒克莱齐奥的《诉讼笔录》中,主人公亚当·波洛在一种独特的意义上是一位先知,他不宣告时间,他谈论把他和世界分开的距离。③ 这意味着一切都被纳入到了语言的自主空间中。在福柯看来,奥利耶的全部作品都是对共同于语言和事物的空间进行的考察:第一部小说《场面调度》已经在语言和空间之间揭示了比描述或记录关系更加深刻的一种关系,它表明空间通过一种取消时间的结结巴巴进入到语言之中;而在《秩序的维持》中,空间和语言从注视(它注视到自己被监视)和顽固而沉默的双重注视之间的摇摆中一起诞生了。④ 这些作品都试图表明,语言在空间中并通过空间展示其自身力量,也就是说,由空间织成的它引出了空间,空间通过一个

---

① Foucault, *Dits et écrits I* (1954~1975), p. 436.
② ibid.
③ Foucault, *Dits et écrits I* (1954~1975), p. 437.
④ Foucault, *Dits et écrits I* (1954~1975), pp. 437~438.

原初的开口给出自己,并且抽取空间以便在己地恢复空间。①

当然,语言也把自己奉献给了空间,它甚至完全依赖于空间。无论如何,写作旨在通过一种严格的方法使言语空间与万物搏斗的那些游戏涌现出来。② 通常认为写作就是描写(la description),而在福柯的游戏性的解读中,描写转换成了去-描写(la dé-scription),写作也因此意味着在话语空间中与再现有别的刻写(l'inscription):在撤开描写之后,一切都可以在写作中重新找到一个普遍的刻写空间。③显然,文学不是在时间中呈现的观念化的东西,而是在空间中呈现的独特实存。语言空间与地理空间是有区别的。然而,福柯几乎没有谈到地理空间,由此引出了地理学在福柯的知识考古学中有没有一个位置的问题。福柯就此表示:"地理学的确应该是我所关心的东西的核心。"④如此说来,如果福柯真的写有一部关于地理学的考古学研究,我们也不必大惊小怪。

詹明信强调空间思维在后现代文化中的突出地位,注意到了从时间思维向空间思维转向的技术因素。这可以被视为福柯的相关思考的重要补充。他的如下论述尤其很有见地:"后现代的技术已经完全不同于现代的技术,昔日的电能和内燃机已经被今天的核能和计算机取代,新的技术不仅在表现形式方面提出了新的问题,而且造成了对世界完全不同的看法,造成了客观外部空间和主观心理世界的巨大改变……后现代主义现象的最终的、最一般的特征,那就是,仿佛把一切都彻底空间化了,把思维、存在的经验和文化的产生都空间

---

① Foucault, *Dits et écrits I* (1954~1975), p.439.
② Foucault, *Dits et écrits I* (1954~1975), p.440.
③ ibid.
④ Foucault, *Dits et écrits II* (1976~1988), p.40.

化了。"①福柯没有谈到具体的科学技术问题,他谈及的是大的技术类别,诸如权力技术、自身技术之类,这些技术一般地体现了空间思维转向,它们直接关涉人在当代社会中的命运,因为他们既是这些技术的实施者又是其被实施者,但具体的科学技术在这种转向中只扮演工具性的角色。

无论如何,詹明信和福柯一样强调了当代社会中的空间思维转向。按照他的说法,我们必须强调空间化这一概念的内涵,从而确认一种新的空间形式,这不是旧的空间形式,也不是材料结构和物质性的空间形式,而是排除了深层观念的文字纯表面之间的捉摸不定的关系、对我们的生活和思维方式产生影响的那种关系。② 当詹明信写作其主要著作的时候,互联网和信息技术时代尚未来临,在上世纪80年代初就去世的福柯更不可能想象有这么一个时代。然而,他们的空间思维转向显然预示了一个新的时代,其基本特征就在于淡化或消解历史,就在于拉平内心的深度,让一切停留在由语言或符号链接的外在关系之中。其实,福柯看重的分析哲学哲学家罗素早就指引了空间思维的方向:他否定黑格尔的内在关系说,主张外在关系说,明显意味着从思维的时间模式转向思维的空间模式,或者说由辩证思维转向分析思维。

第三节 乌邦与异托

如果说时间思维特别强调的是同一性的话,空间思维关注的主

---

① 詹明信:《晚期资本主义的文化逻辑》,第292~293页。
② 詹明信:《晚期资本主义的文化逻辑》,第293页。

要就是异质性。在福柯那里,这种异质思维的诞生与时代的一般状况相符,也与自身的独特处境相关。它源自他作为一个同性恋者的独特体验,源自他对当代社会中各种越轨行为的关注。《疯癫史》、《诊所的诞生》、《监视与惩罚》是这种异质空间思维的极好例证,同时也反讽性地为这位"作者死了"的主张者勾勒了一幅生动的越界形象。这种异质空间思维也与他的异国经历有关。他表示,自己先在法国大学中呆了相当长的时间,做该做的事,成为一个人应该成为的,之后动身去了国外,这给自己的"短浅目光"以有距离的运用,使自己能够或许确立一种对待事物的最公正的视角。[①] 他在瑞典、突尼斯、波兰、美国、南美、日本的经历对于他来说都是非常重要的,这对于他关于他者和他性、乌托邦和异托邦的相关思想的形成或深化具有非常明显的促发或推动作用。

福柯的相关思想或思考显然有其独特的地方,但他并不只是梦想"诗和远方",生活对于他来说也不简单地就是在别处。他要做的恰恰是在当下、在周遭感受这种他和异,他看重的不是想象的、虚构的乌托邦,而是实在的、真实的异托邦。有一位学者表示:福柯思想中的一个核心的方面是他对他性的感受,对于他来说,他性既是一种力量又是一种在己的感受,他的著作反映和塑造了他性的仿佛无穷的变形的某种东西;在明显的层面,福柯写的是与社会冲突的偏离和偏离者,然而,更有趣的是他对一切过度的东西,所有那些超出观念、描述、模仿或在它们之上的东西、先前的东西的着迷,这种着迷支持了他的反柏拉图主义以及他不愿意向批评者弯腰。[②] 这一切既归结为我们前面已经说过的现代性反思,也意味着他对当代性或当下处

[①] Foucault, *Dits et écrits I* (1954~1975), p. 612.
[②] Said, "Michel Foucault, 1926~1984", in Arac (ed.), *After Foucault*, p. 5.

境的展示或描述。与现代性在同质时间中整合一切不同,当代性在异质空间中容纳一切。

福柯并不是泛泛地进行理性批判,他关注理性针对非理性的具体压制策略以及非理性针对理性的相应的对抗策略。在这样的工作中,非理性作为理性的他者就不是抽象的,而是具体的、活生生的,它以各种经验形式在空间中呈现出来,而不是在时间中被同化、被消除。依据理论就是实践的原则,他对他性问题进行理论分析,但这种分析直接产生相应的实践效应,对他者的命运产生这样或那样的可见的改变。无论如何,福柯的持久努力就在于表述他性和非正统,而不是驯化它们,或者把它们转化成学说。① 关注他者和他性与关注特殊性而不是普遍性有关,而这恰恰是尼采带给他的启示:"正是尼采的遗产深层次地运作于 20 世纪一个重要的思想家的工作中。一切特殊的和特别的东西都胜过一般的和普遍的东西。"② 这与福柯强调特殊知识分子有关。不同于普遍知识分子,特殊知识分子在社会(空间)中扮演特殊角色并占据相应的位置。

自身与他者的关系是当代性的一个重要的维度。与早期现代性根本否定他者和他性、后期现代性部分承认他者和他性不同,当代性接受和承认他者及其绝对他性。在福柯那里,他者显然不是相对的,比如疯子及其疯癫经验就是具有绝对他性的绝对他者。关键在于如何不再相对于自我而展示他者,而是让他充分地展示他的他性。德里达表示,在写疯癫史的时候,福柯愿意写关于疯癫本身的历史,也就是让它说话,他愿意疯癫成为其书的主题/主体,这涉及主题/主体一词的全部意义:其书的主题和说话主体,其书的作者,在谈论它自

---

① Said, "Michel Foucault, 1926~1984", in Arac (ed.), *After Foucault*, p. 6.
② ibid.

己的疯癫,他写关于疯癫本身的历史,就是从它自己的瞬间、它自己的裁决出发,而不用理性语言、不用关于它的精神病学语言。① 显然,福柯不按常规出牌,他没有任何收编他者的意愿。这或许因为他自己在许多方面就是现代社会的他者,以不同的方式体现出其绝对他性。

在《疯癫史》第一版序言一开始,福柯分别引述了帕斯卡尔"人是必定会发疯的,以至不发疯是以疯癫的一种其他形式发疯"和陀思妥耶夫斯基"一个人并不是通过监禁自己的近邻才证明他自己是神智健全的"②两句名言。他力图表明,他不像弗洛伊德那样始终围绕自我来展开关于他者的论述,他主张应该从事疯癫的这一其他形式的历史,人们借以在监禁他们的近邻的主宰性的理性姿态中透过非疯癫的无情语言进行交流并认出他们自己的这一其他形式,他要求我们在历史中努力地回到疯癫的历史的这一零度,疯癫在这里是未经分化的经验,是尚未被分割的分割本身的经验。③ 疯癫史实为理性史,疯癫没能也不能发出自己的任何声音,理性要么让它完全沉默无声,要么扭曲地为它代言,排斥与沉默构成为基本的模式。应该让疯子真正发出自己的声音。

疯癫是理性的他者,东方则是西方的他者。自身与他者的二元对立无处不在,但一切都受制于逻各斯中心论,受制于普遍理性。其实,针对作为他者的东方,西方并没有一味打压,它有时会将其乌托邦化。福柯说道:"在西方理性的普遍性中,存在着东方所是的这一分割:东方被认为是起源,被梦想成乡愁以及回家之允诺由此衍生的令人眩晕的点;东方被提供给西方的殖民理性,却无期限地难以通

---

① Derrida, *L'écriture et la différence*, pp. 55~56.
② Foucault, *Dits et écrits I* (1954~1975), p. 187.
③ ibid.

达,因为它始终保持为限度;它是西方借以形成的、却已经在那里划出了一条分割线的开端之黑夜;东方对于西方来说是其所不是的一切,虽然西方必定要到它那里去寻找其原初真理之所是。"①他主张沿着西方成长的历程来清理这一巨大分割的历史。其实,不仅在西方文化与非西方文化之间存在着他性关系,在西方内部也存在着亚文化之间的他性关系。显然,既需要清理东西方文化之间的分割,也需要清理西方文化内部的各种分割。

人类的现代性被视为单一的进程,但其前现代性进程却不是单一的。东方为西方提供了某种参照,而东方之为西方的他者,正像萨义德所说的,完全是由西方塑造出来的:"因此东方学的一切都立于东方之外,东方学要有意义,更多地取决西方而不是东方,这一意义直接得益于西方的各种表象技巧(它们使东方可见、明晰、在关于东方的话语那儿)。"②更明确地说,"东方主义是对东方进行控制、重新结构化和施加权威的一种西方方式。"③在现代思维中,东西方之间的以及西方内部的分割线都是心理的界限、时间的界限,而在当代思维中,我们应该关注的是各种真实存在的界线。福柯更关注的还是西方文化内部的各种分割:首先是对梦幻的绝对分割,涉及求真与排斥问题;其次,应该但不只是从人种学方面撰写各种性禁忌的历史,以便把欲望的幸福世界的悲剧性分割揭示为西方世界的限度和它的道德的起源;最后,也是首要的,应该谈论疯癫的经验。④ 显然不能忽视《疯癫史》的奠基性意义。

福柯认为,在进行各种不言明的回溯的时候,精神病理学的任何

---

① Foucault, *Dits et écrits I*（1954~1975）, pp. 189~190.
② Said, *Orientalisme*, p. 22.
③ Said, *Orientalisme*, p. 3.
④ Foucault, *Dits et écrits I*（1954~1975）, p. 190.

一个概念都不应该发挥组织作用。一旦分割形成了,在重新回到的宁静中,构造性的是分割了疯癫的姿势而非科学;原初的东西是确立理性和非理性之间的距离的顿挫,至于理性为了获得其疯癫、过失和疾病的真相/真理而对非理性进行的掌控,乃是在遥远的年代从顿挫中产生出来的。[1] 强调距离和顿挫正是空间思维的体现。福柯谈论理性(神智清醒)与非理性(疯癫)的原始争论,表示自己不假定也无权假定谁赢谁输;他只是谈论历史中出现的各种常见姿势,搁置任何作为完成和宁静在真相/真理中出现的东西;他谈论在理性与非理性之间的这种分割姿势、距离维持和空隙设立,而从不依仗于理性试图所是的东西的充实。[2] 无论理性还是非理性都不是天然的,它们有其出现的历史,它们也并非始终保持不变,问题在于让它们都发出自己的声音。

福柯试图真正进入疯子的世界,而不是超然于他们之外,他不认可精神病学家的善良意愿。他之所以写《雷蒙·鲁塞尔》,归根结底是为了让我们能够从鲁塞尔自己的声音出发谈论他。[3] 他批判针对疯癫经验的心理化和观念化倾向,批判精神病学家针对疯子采取的所谓的人道与科学姿态,他要让鲁塞尔自说自话并因此呈现自身。他承认弗洛伊德等于精神分析,承认法国主要接受的是拉康意义上变革过的精神分析,但他关于疯癫史的工作的主要灵感却来自宗教史家杜梅泽尔;与此同时,他也愿意接受布朗肖、鲁塞尔、尼采、阿尔托之类作家或具有文学色彩的哲学家的影响,关注疯癫在文学中的在场形式。疯癫经验无疑是一种越界经验,但它始终在社会中。疯癫不在远方,它在近处,甚至在我们自己身上。严格说来,它有时受

---

[1] Foucault, *Dits et écrits I* (1954~1975), p. 187.
[2] Foucault, *Dits et écrits I* (1954~1975), pp. 187~188.
[3] Foucault, *Raymond Roussel*, Éditions Gallimard, 2015, p. 210.

到彻底排斥,有时又处在社会的边缘。最终说来,疯癫从来都不可能处于野蛮状态,它在社会中存在,它不会存在于隔离它的那些感受性形式和那些排除或捕获它的排斥形式之外。

在福柯的描述中,先是在中世纪、然后是在文艺复兴时期,疯癫作为一种审美或日常事实出现在社会视域中;在17世纪,它经历了一个沉默的、排斥的时期,它已经丧失了它在莎士比亚和塞万提斯时代的那种显示、启示功能,它成为可笑的、虚假的;在20世纪,人们发现了疯癫,将它还原为一种与世界的真相/真理相关联的自然现象,这是一种实证主义的理解。如此一来,针对疯癫就形成了两种对立的姿态:一方面是任何精神病学都针对疯子显示出的傲慢的慈悲,另一方面是人们在从奈瓦尔到阿尔托的诗歌中找到的充满激情的强烈抗议。① 福柯重点关注的是对疯癫以及其他经验的现代处境的反思,但对它们的当代命运的描述也占有重要的位置。其实,不管消极批判有何等重要性,它依然只是积极描述的铺垫,为的是让这些经验充分地展示自己。

现代性认可同质思维,当代性则开启异质思维。疯子之类他者无疑始终是存在的,但他们在同质思维和异质思维中具有完全不同的命运。换言之,他者在现代性进程有其相对他性地位,在当代性中则有其绝对他性地位。乌托邦思维意味着对现存秩序的某种超越,但它只关注相对他性,始终没有摆脱整体性的束缚;异托邦思维代表的是与现存秩序共存,但它关注的是永远不可能被真正整合的绝对他性。前者借用时间图式,后者启用空间图式。从总体上看,这两种思维分别代表了他性在现代性和当代性中的不同命运,意味着从相对他性到绝对他性的变迁。福柯就异托邦思维与乌托邦思维之区分

---

① Foucault, *Dits et écrits I* (1954~1975), p.197.

所作的相关论述，让我们可以明白西方文化是如何实现从现代性向当代性转换的。如果说梅洛-庞蒂关于身体性空间的论述依然揭示的是他者的相对他性的话，福柯关于外在性空间的探讨典型地展示了他者的绝对他性。

萨义德说福柯的工作将对未来几代人保持其令人不安的反乌托邦影响，①其实，从正面描述的角度说，这种影响主要表现在其异托邦思想方面。以一种革命的姿态，乌托邦思维试图超越现实的或实在的秩序，但它终究是在二元对立的结构中关注相对他性，最终还是受制于同一性和整体性，并因此会回归同质思维的怀抱；与此不同的是，异托邦与现实的或实在的秩序共存，但强调的却是绝对他性，它虽然不提倡革命，却为一切不能被真正整合的东西辩护，并因此抵制向同质思维回归。他者及其他性始终是福柯主要作品的中心课题。理性在现代性进程中始终依据同质思维或专横或狡诈地控制他者，他者的异质性或他性要么受到排斥，要么受到规训。乌托邦思维因其整体性方案而隶属同质思维，但异托邦思维则藉其局部策略性而成了严格的异质思维。

福柯在乌托邦和异托邦概念下对异质思维进行的探讨集中出现在《词与物》出版的前后一段时间，主要文本是该书前言以及一些相关讲座稿，但其全部著述都涉及两种思维方式之间的张力。在《词与物》前言一开始、也因此在全书一开始，他就以某种非常有趣的方式引出了两种既同又异的异质思维：它们同在关注不同，异在它们之间是异中之异、异中有异或异中见异。它们显然分别代表了现代性对相对他性和当代性对绝对他性的关注，尽管现代和当代有时是跨界的，而且乌托邦有其后现代史、异托邦有其前当代史。该书源起于博

---

① Said, "Michel Foucault, 1926~1984", in Arac (ed.), *After Foucault*, p. 10.

尔赫斯的一段文本,诞生自福柯阅读这一文本时发出的笑声。福柯自己表示,这一笑声"动摇了思维(我们的思维:掌握我们的时代和地理的思维)的全部亲密性",它"使我们关于同一与他者的上千年来的实践发生了动摇"。① 显然,他从这一笑声中领会到的是不可还原到同一中的绝对差异。

笑点在于博尔赫斯引用的中国某部百科全书对动物进行的分类:a)属于皇帝的,b)加防腐香料保存的,c)驯养的,d)乳猪,e)美人鱼,f)寓言中的,g)放养的狗,h)包括在目前分类中的,i)兴奋得发狂的,j)数不清数目的,k)用精致的骆驼毛画笔画成的,l)等等,m)刚刚打破水罐的,n)远看像苍蝇一样的。没有必要追问这位大文豪究竟引用的是哪部中国百科全书,因为中国的一切在福柯所说的"我们"那里都是"他们"、"它们",类似的中国式分类或处理事情的方式可以信手拈来。重要的是,透过这一令"我们"惊奇的分类,被揭示为具有异域魅力的东西是"我们的思维"的限度:完全不可能就此进行思考。② 德里达关于边缘的描述或许为我们提供了一个有趣的例证。在他看来,哲学始终就是由思考它的他者这一点构成的。③ 问题在于,边缘一旦成为主题,它也就不再成其为边缘了;同样,他者在思考中就不再成其为他者。

马里翁所说的饱和现象富有启示。饱和现象摆脱了针对一般思维的任何关系,把自己突出地作为他者强加给思维,并且以一种反意向性的方式淹没"我们的注视"。④ 于是,"我们"以及视觉中心论意

---

① Foucault, *Les mots et les choses*, p. 7.
② ibid.
③ Derrida, *Marges de la philosophie*, p. i.
④ Marion, *De surcroît*: *Études sur les phénomènes saturés*, Presses Universitaires de France, 2001, pp. 135~136.

义上的思维(在理智直观基础上进行演绎推理)被动摇了。福柯并没有笑话中国人的怪异分类,而是在讥讽"我们"的过分自恋和"西方"中心论的极度自信;这里的"我们"有其时间(时代:突出现代并回溯千年历史)和空间(地理:从严格的欧洲到宽泛的西方)的限定。针对非西方世界,"我们"既有的对象确定、思维方式、概念运用和理论选择变成有问题的了,针对"我们"自身的历史,也是如此。事实上,正像福柯通过对西方文艺复兴时期、早期现代时期和19世纪以来的后期现代时期的词与物关系进行的描述所表明的,根本就无法找到一个接纳各种迥异事物的实在空间、实在地盘。

不管真实的还是虚构的,前述动物都被并置在语言的非场所中,开启的是一个不可思议的空间;真正说来,这是各种事物的同一性与差异性由之获得规定的一张表格,而在这张表格中,语言从时间的深处与空间交织在一起。[①] 也就是说,异质的东西在话语空间中被纳入了同一性,但时间是维系这种统一的力量。问题的实质在于,话语究竟是"无"还是"物"。显然,作为表格空间,词只能是无,具有的是无性;如果要成其为物并且具有其物性,就需要摆脱其求同的、一向扮演的从属性工具的角色。同质思维注重亲密性,往往以求同的方式应对任何疏远的他者及其他性。然而,事情远远不是那么简单。东方式的求同存异与西方的完全求同是根本有别的。我们应该区分乌托邦和异托邦这两种不同的异质思维方式,应该考虑它们在思维的时空转换中扮演的不同角色。

按照福柯的描述,在面对差异巨大的事物时,正是各种乌托邦提供了安慰,这是因为,尽管没有实在的地盘,乌托邦仍然在一个神奇而平静的空间中成长起来,它们开发了拥有宽阔大道的城市、种满植

[①] Foucault, *Les mots et les choses*, pp. 8~9.

物的花园和方便的故乡,虽然它们的通道是虚幻的;①然而,各种异托邦却让人不安,原因在于,它们秘密地损害了语言,因为它们阻碍命名这和那,因为它们破坏或混淆了普通名词,因为它们事先摧毁了"句法",不仅有那些构建句子的句法,而且还有促使词与物"结成一体"的不那么明显的句法。② 比较起来,乌托邦思维承认寓言和话语,因为它处在语言的笔直方向、处在寓言的正面维度中,异托邦却使言语枯竭,使词停滞在自身中,并且从根基里否定语法的可能性。③ 乌托邦指向想象中的他者,异托邦则代表了实在的他者。前者仍然能够获得语言的表象,后者则是难以用言语来描述的。

失语症代表了亲密性的丧失。我们在桌面上向某些失语症患者呈示几撮五颜六色的羊毛,看起来他们没有能够融贯地分类它们,这个单色的长方形似乎不能充当同质的和中立的空间,以便让各种事物能够在其中同时展现它们的同一性或差异性的连续秩序以及它们的名称的语义场。④ 这里的"桌"(la table)既可能是手术"台"或办公"桌",也可能是"表"/表格(le tableau),比如林耐的植物分类"表"。失语症患者之所以无法在桌面或表格中安排事物的融贯秩序,显然是因为丧失了正常情况下具有的在话语空间中把词与物对应起来的能力。既然在语言能力方面有缺陷,他们在处置事物的时候就面临着困难。在他们那里,物是杂然存在的,词同样如此。理不顺词,也就难以抓牢物。对于现代思维来说,必须在意识流或时间流中实现整合,当代性却认可了这种在空间中的既杂乱又分裂的状态。

弗洛伊德要让疯子恢复理性、回归常规,因此他要用正常语言再

---

① Foucault, *Les mots et les choses*, p. 7.
② ibid.
③ ibid.
④ Foucault, *Les mots et les choses*, p. 10.

现疯言痴语的同一结构；福柯恰恰要让疯子通过这种言语展示自身，并不打算超出于非理性或疯癫之外。在他眼里，失语症患者不会满意于无序，他们不会安于这种状态，而是试图改变它，从而不断尝试进行重新分组，并且为不能达到目标而处在焦虑的边缘；当我们读博尔赫斯时，让我们发笑的那种局促不安，与失语症患者面临的情形大体相同，因为我们和他们一样已经丧失了场所和名称的共同之处，这其实表明了失所症(l'atopie)和失语症(l'aphasie)的一致。① 福柯显然借用了两个词在词源上的关联。也就是说，如果做一个词源分析，失所症意味着空间意义上的失邦，而失语症则是时间意义上的失相或失期。真正说来，不管从空间还是时间角度看，当代性都代表了一种时空转换的要求，归根到底意味着空间性转向。

在福柯那里，《疯癫史》考问一种文化能够以一种实质的、一般的方式确定构成其限度的差异的方式，因此涉及的是差异史，而《词与物》从总体上说涉及的是一种相似史；更明确地说，疯癫史是关于他者的历史，是关于对一种文化来说既是内在的又是外来的、并因此需要通过监禁(为了减少它的他性)来予以排斥(以便消除内在的危险)的东西的历史；而关于事物的秩序的历史乃是关于同一的历史，是关于对一种文化来说既分散又被联系在一起，并因此借助一些标记来进行区分、在一些同一性中来汇集的东西的历史。② 前者以反常经验为起点描述了从经验到知识进而到科学的机制，后者则以人的正常经验为起点描述了同样的机制。前者的着眼点在差异、在理性针对非理性的支配，后者聚焦于共同的无意识结构，而两者最终都意味着秩序的确立。其实，即便在正常经验中，依然暗含了经验受到排

---

① Foucault, *Les mots et les choses*, p. 10.
② Foucault, *Les mots et les choses*, p. 15.

斥或抑制的问题。

在关于疯癫问题和医学经验之后,福柯在《词与物》中着手对西方知识进行一种新的考古学发掘,这使得他应该可以证明为什么某些话语实践通过进入个体的记忆和常规中得以延续和完成,为什么在同一个时代之内另一些被拒绝、被遗忘、沉默地消失了。① 显然,正常经验中也存在着区别对待的问题,从而存在着异的问题。异归根到底存在于空间中而不是时间中,虽然有想象的乌托邦空间和实在的异托邦空间之别。早期现代哲学强调"知",在康德那里,知依赖于思维的时间图式,而时间具有整合或同化的力量;后期现代哲学强调"行",在海德格尔那里,行(此在的操心)服从于时间的整体结构。不管重知还是行,时间思维在整个现代性进程中都意味着追求同一性或同质性。但在福柯眼里,思维的时间图式已经过时,有必要启用一种空间图式来处理当下的一切,同时也处理他者和他性的历史。

乌托邦思维本来是一种空间思维,但它最终被现代性的时间思维或内在思维所同化,因为在它那里出现的空间思维会立刻被转化,也就是说空间会被时间化;异托邦思维则始终保持为空间思维,它在现代性时间思维中已经有其萌芽,但它主要属于当代性的空间思维或外在思维,它不否认时间的存在,但往往将它空间化。乌托邦思维有其古老的传统,它同时也渗透到了西方文化的众多层面。在波普看来,甚至在像纯粹认识论这样的学问中,其观念也受到政治希望和乌托邦梦想的鼓动和无意的激励。② 虽然这种思维方式源头久远,我们还是更多地把它与现代性联系在一起。乌托邦其实可以被视为理想的另一个名称,它们都意味着对现实的超越,尽管后者更为积极。

---

① Aron et Foucault, *Dialogue. Analyse de Jean-François Bert*, p. 27.
② 波普:《猜想与反驳》,上海译文出版社,1987,第8页。

正是针对圈地运动中羊吃人的现实,人文主义者莫尔才虚构或想象出了一个乌托邦。

乌托邦无疑意味着一种空想社会主义,但它尤其预示了一个受理性主义或观念主义/理想主义支配的时代。确实,乌托邦式的理想秩序与早期现代时期的观念秩序是大体一致的。在一个符合大写秩序的社会里,不存在任何真正的异质性和他性。通过转述水手拉斐尔关于一个国家理想盛世的谈话来描述乌托邦人的生活方式和风俗,①莫尔确实以其独特的方式预示了西方文化的早期现代时期,即由17、18世纪构成的大理性主义时期,启蒙的大叙事在那个封闭的岛国中部分地得到了实现。当然,福柯更关注的是19世纪以来的后期现代性。由于纯粹观念性/理想性已经让位于观念性与物质性、理想性与现实性的结合,所以他的相关批判把矛头指向的是观念性/理想性的残余。作为一个正迈进现代性门槛的思想家,莫尔为我们描述的是生活得秩序井然的人民,是比"我们"熟知的这个世界中的人民生活得更秩序井然的人民。②这种乌托邦倾向很自然地构成为福柯式批判的内容。

莫尔所描述的秩序显然是人为的。虽然乌托邦处在一个封闭的岛上,但它最初却与大陆相联,只是借助于人为的努力,它才成为四面环海的。在这个国度里,一切都出于设计,并因此是大同小异的:"我们只要熟悉其中一个城市,也就熟悉全部城市了,因为在地形所许可的范围内,这些城市一模一样。"③我们甚至注意到乌托邦人在道德哲学方面与形成中的英国经验论、进而与后来的早期现代哲学的一般精神的一致性。莫尔写道:"在哲学上论及道德的部分,他们

---

① 莫尔:《乌托邦》,商务印书馆,1996,第14页。
② 莫尔:《乌托邦》,第45页。
③ 莫尔:《乌托邦》,第52页。

所进行的争论和我们相同。"①乌托邦人追求快乐,但显然强调的是精神快乐,他们特别不肯放过精神的快乐,以其为一切快乐中的第一位的、最重要的,而主要的精神之乐来自德行的实践以及高尚生活的自我意识。② 这一切很自然地通向早期现代性。早期现代性强调心性,尤其指向心灵的观念性/理想性维度,精神生活和精神快乐的核心地位是不言而喻的。

乌托邦思维对普遍性和同质性的追求牺牲了多元化或多样性。罗素表示:"必须承认,莫尔的乌托邦里的生活也好像大部分其他乌托邦里的生活,会单调枯燥得受不了。参差多样,对幸福来讲是命脉,在乌托邦中几乎丝毫见不到。"③虽然乌托邦在别处,但它始终是"我们的":因为我们完全可以移民到那里并同化它。不仅人类生活的地球,甚至人类可能殖民的其他星球都是我们的家园。在走向太空的时代,人们曾经产生焦虑,因为地球被免除了"形而上学中心"的优势;实际地而不再是理论地变成为诸多天体中的一个;这种焦虑其实是多余的,因为进入其他星球并没有相对化地球,没有把它构成为像其他星球一样的一个物体,相反把前客观的土壤的功能延伸到了其他星球,也就是说,其他星球变成为地球的附属物或者说地球扩大了。④ 既然他乡就是故乡,也就无所谓他者、也不用谈他性了。

其实,整个现代性进程本身就是一种单向度的、同质化、追求进步的乌托邦。这种乌托邦甚至体现在以改造犯人为目标的圆形监狱构想中。按照福柯的解读,圆形监狱曾经是一种乌托邦规划,尽管在边沁的时代,关于一种能进行空间化的、能进行注视的、能进行固定

---

① 莫尔:《乌托邦》,第73页。
② 莫尔:《乌托邦》,第80页。
③ 罗素:《西方哲学史》,下卷,商务印书馆,1981,第40页。
④ Merleau-Ponty, *Notes de cours 1959~1961*, p. 45.

的,换言之规训的权力的主题事实上已经被其他一些远为精致的机制超越了。① 监狱旨在改造犯人,让他们重新回归社会。问题在于,监狱往往制造犯罪,在犯人与犯人之间、犯人与警察之间、犯人与非犯人之间会形成非常复杂的权力关系。其实,其他机制已经使人口现象的调节、人口现象的浮动控制和人口现象的不规则补救有了可能。福柯由此认为边沁的圆形监狱构想既代表了一种权力自信,也意味着一种权力幻觉。不管自信也好,幻觉也罢,圆形监狱归根结底带有理想化的或观念化的乌托邦色彩,也因此没有注意到它之所以存在的重要的物质条件。

换言之,与早期现代时期完全强调观念性不同,圆形监狱时代开始把观念性与物质性在一定程度上结合起来了。然而,边沁却仍然迷恋观念性,把一切理想化了,只注意到了权力的压制性,而没有注意到其生产性。无论如何,他在关于一个普遍系统的乌托邦中描述了一些实际地实存着的特殊机制。② 然而,随着物质性的力量越来越起支配性的作用,有必要克服权力机制的乌托邦特征。基于此,福柯认为监狱是一个社会的真实乌托邦的优先场所,它的目标不仅是惩罚,而且也是强制地施加某种行为式样以及一些偏好:社会的各种价值和偏好。③ 所谓真实的乌托邦,意味着改造犯人的理想有其现实的根基,而不是基于想象。监狱就像任何针对人的或训练或矫正的机构一样,都是既在社会中,又似乎被排斥在外。其实,监狱和精神病院之类机构或许更应该被称为所谓的异托邦,在当代社会中尤其如此。

无论如何,福柯借乌托邦概念表明,现代性以理想的名义追求同一性。这种乌托邦批判是针对柏拉图主义或观念主义的一种反思。

---

① Foucault, *Dits et écrits II*(1976~1988), p. 202.
② Foucault, *Dits et écrits II*(1976~1988), p. 207.
③ Foucault, *Dits et écrits I*(1954~1975), p. 1072.

莫尔之所以会提出乌托邦构想,也确实受到了柏拉图的深刻影响。他表示:"只有哲学家做国王或是国王从事研究哲学,国家最后才能康乐。"①通过诉诸一个虚构的或想象的乌托邦,他们两个人都期待理性和观念能够支配一切。乌托邦思维显然与西方主流传统共谋,没有偏离理性主义轨道。然而,它毕竟引出了他与异,从而对现存秩序造成了威胁。曼海姆表示:"一种思想状况如果与它所处的现实状况不一致,则这种思想状态就是乌托邦。"②其实,乌托邦不仅在思想状态上,而且在经验方面和实践领域都指向与现实格格不入的某种目标。换言之,如果我们将每一种实际存在和不断发展着的社会秩序称为"托邦",那么,那些具有革命功能的意愿就是"乌托邦"。③

福柯几乎为一切受到抑制或压制的现象作辩护,他甚至认为抵制毒品的斗争乃是强化社会压制的一个借口。④他想和受到监视的一些高中学生、大学学生、受过教育的人,所有那些在他们的学习、他们与自己的家庭的关系、性欲或毒品的选择中受到心理学或精神病学压制的个体一起工作。⑤在这种争取自由的工作中,他要求我们放弃现代性的乌托邦。他认为想象另一种制度,在目前仍然构成制度的一部分,我们因此不应该受制于乌托邦主义,而是要关心现实。⑥针对其他人所说的"乌托邦不是受到质疑,而是缺失了"、"乌托邦或许要扮演一种驱动作用"、"现实运动需要一种乌托邦和一种理论反思"等说法,福柯相反地要问,我们应该放弃理论和一般话语吗?他的问答是,这种对理论的需要仍然构成为我们不再想要的体系的一

---

① 莫尔:《乌托邦》,第33页。
② 曼海姆:《意识形态与乌托邦》,商务印书馆,2000,第196页。
③ 曼海姆:《意识形态与乌托邦》,第197页。
④ Foucault, *Dits et écrits I* (1954~1975), p. 1098.
⑤ Foucault, *Dits et écrits I* (1954~1975), p. 1100.
⑥ Foucault, *Dits et écrits I* (1954~1975), p. 1102.

部分，这样一来，他相反地把经验与乌托邦对立起来。

在福柯看来，未来社会或许透过一些像毒品、性、集体生活、另一种意识、另一类个体性之类经验而出现，他并且表示，如果说科学社会主义摆脱了 19 世纪的各种乌托邦，那么真正的社会化或许在 20 世纪摆脱了各种经验。① 福柯否定乌托邦，但并不因此认可科学社会主义，他要求回归经验，并因此抵制所谓的真正的社会化。在评论 1968 年的五月风暴时，他表示，属于乌托邦性质的东西正是社会整体这一观念本身。在他看来，即便不是需要摧毁的目标，社会整体也是不应该受到重视的东西，我们的确应该期望不再有任何与社会整体相似的东西。② 也就是说，我们不应该把五月风暴看作是有一种总体目标的运动，它其实是一种分化的、散布的运动，并不涉及乌托邦式的整体变革。五月风暴是一种革命事业，这一事业恰恰不是导向反对现在，而是反对直至现在的法规。③ 与萨特保持超然旁观、梅洛-庞蒂保持适度距离的姿态不同，福柯的姿态显然是非常接地气的。

当代性并不指向总体目标，并不寻求普遍解放，它立足于现实，实施波普所说的局部的渐进工程而不是整体主义的乌托邦工程。④ 詹明信认为现代主义有一个与时间问题相关的特点，那就是人们普遍感觉到了现代主义中的主观观念。现代性对人的心理有了新的发现，或者说它对主观有了全新的认识。他写道："我们现在来以稍微不同的方式仔细考察现代主义的心理学，就会发现，现代主义作家的心理探索不是一种经验和认识论上的发现，也不是对新的心理事实

---

① Foucault, *Dits et écrits I* (1954~1975), p. 1102.
② Foucault, *Dits et écrits I* (1954~1975), p. 1103.
③ Foucault, *Dits et écrits I* (1954~1975), p. 1104.
④ 波普：《历史决定论的贫困》，华夏出版社，1987，第 50 页及之后。

和经验的枚举,而是对一种主观变化,对一种心理转变的最强烈的召唤,我把这种转变称为乌托邦式的转变。"①于是,现代性包含了世界本身的转变和即将来临的乌托邦的感觉。②詹明信借别人的话说,"立体主义绘画是提出一种真正的社会乌托邦,即一种由人造成的全新的物质世界的最后的现代主义,相反,超现实主义则完全撤退到心理的、无意识的领域中去了。"③

乌托邦无论如何意味着革命,但它首先并主要是观念中的或心理上的革命,并因此意味着革命意识。心灵的本性是思维,思维无异于批判或否定。"乌"即"无","托邦"即"乡";"乌托邦"因此是"乌有之邦"或"乌有之乡"(no place),但它同时又是所谓的"好邦"或"佳乡"(good place)。乌托邦具有无性,而无性与观念性/理想性是可以画等号的。这是因为,否定和观念都出自于意识,而至少在萨特那里,意识是虚无而非存在。观念中的东西只有与物性相对的无性,但虚无纠缠着存在④并使之无化。正是虚无的否定或无化功能成就了意义与价值,从而有了好或理想。就意识哲学的基本倾向来说,革命或否定显然针对的是现实,从而导致了一切事物的观念化。

的确存在着不可能在任何地图上或任何星空中显示其踪迹的一些没有场所的国度,一些没有编年的历史,一些城邦,一些行星,一些大陆,一些宇宙,因为它们不属于任何空间;它们其实诞生在人们的大脑里,真正说来,诞生在他们的言词的缝隙中、他们的叙事的厚度中、他们的梦幻的没有场所的场所中,简言之,诞生在各种乌托邦的

---

① 詹明信:《晚期资本主义的文化逻辑》,第 294 页。
② 詹明信:《晚期资本主义的文化逻辑》,第 295 页。
③ 同上。
④ Sartre, *L'être et le néant*, Éditions Gallimard, 1996, p. 46.

美妙之中。① 这种美妙唤醒了心灵对身体的革命。在现代性进程中，身体往往部分地或完全地被观念化了。现代性由此可以在身体的乌托邦中体现出来。早期现代人不关心身体，他把身体从现实的空间中移植到了想象的空间中，把具有自身性的身体变成了从属于心灵的身体。笛卡尔的突出心灵的优势地位的心身二分充分表明了这种倾向。在19世纪以来的后期现代文化中，尽管身体开始了缓慢的自身回归，但仍然带着观念化、至少是心理化的烙印。

福柯表示，现代人正是为了消除身体、为了放逐身体才形成了全部这些乌托邦；那么乌托邦的魅力、乌托邦的美丽和乌托邦的奇迹究竟归因于什么呢？乌托邦是一个在全部地方之外的地方，但它是我们将拥有的一个无身体的身体；在人们心目中最无法根除的乌托邦恰恰是一个无身体之身体的乌托邦。② 还有一种消除了身体的乌托邦，那就是死亡的国度，这在埃及文明、迈锡尼文明和中世纪文明中以不同的形式表现出来。比如埃及文明就为我们确立了被否定和被变形的身体的乌托邦，因为木乃伊乃是历经时间而不朽的乌托邦身体；换言之，在死亡的乌托邦城里，身体就像一个神灵一样永恒。③ 身体当然是会腐朽的，但观念化，尤其是神圣化却试图让它永垂不朽。很显然，身体已经不再维系它自身，不再是它自身，它成了被观念化、甚至被神圣化的对象，成了灵魂不朽的象征。

福柯由此引出了西方文化中关于心灵/灵魂的宏大神话："心灵在我的身体中以一种神奇的方式起作用"；尽管它"寓于我的身体中"，但它"完全懂得逃离它"，以便"透过我的眼睛之窗户看到万

---

① Foucault, Le corps utopique, suivi de Les hétérotopies, Nouvelles Éditions Lignes, 2009, p. 23.
② Foucault, Le corps utopique, suivi de Les hétérotopies, p. 10.
③ Foucault, Le corps utopique, suivi de Les hétérotopies, p. 11.

物",以便"在我睡觉时做梦,在我死亡后继续活着";它是"美丽的"、"纯洁的"、"洁白的";它"长久绵延,比我老朽的身体将要腐烂时的长久还要长久";在"心灵万岁!"的呼喊中,展示的是"我的清澈的、净化的、有道德的、敏锐的、活动的、温和的、清新的身体";总之,通过"全部这些乌托邦,我的身体已经消失了"。① 无论如何,乌托邦正是借助于魔法或魔术,正是通过身体的死亡或心灵的不朽确立起来的。身体的乌托邦意味着它在别处、在不同于它的地方,即在观念或想象中。早期现代性的确让身体离开了它自己,后期现代性提出的本己身体概念意味着身体在一定程度上的回归,但对于福柯而言,这显然是不够的。

我们完全可以借助面具、纹身和化妆之类来实现身体的乌托邦,它们把身体安置到别的空间中,它们使它进入一个不直接发生在世界上的地方,它们使这一身体成为一个将与神性的宇宙或他人的宇宙相交流的想象的空间片断,通过它们的作用,身体被夺去了它固有的空间,被投入到别的空间中。② 所有的身体都被投入到想象的空间中,身体乌托邦因此归属于绝对超越的无限理性或者纯粹先验的普遍理性,他和异于是被消除了。20 世纪的一些英美哲学家也注意到了乌托邦思维对整体性的关怀。诺奇克表示,在某种严格的意义上,乌托邦必须是对我们所有的人最好的世界,是对我们每个人的可想象的最好的世界。③ 波普则批判乌托邦工程说:"它的目的在于按照一个确定的计划或蓝图来改造'整个社会'……它的目的还在于从关键地位上控制那些影响着社会未来发展的历史力量。"④

---

① Foucault, *Le corps utopique*, suivi de *Les hétérotopies*, p. 12.
② Foucault, *Le corps utopique*, suivi de *Les hétérotopies*, pp. 15~16.
③ 诺奇克:《无政府、国家与乌托邦》,中国社会科学出版社,1991,第 297 页。
④ 波普:《历史决定论的贫困》,第 53 页。

这种与渐进工程有别的整体主义的乌托邦社会工程把一切都理想化了,甚至把它们神秘化了。前面提到的失语症和失所症让人们不安,甚至达到了焦虑的边缘。在博尔赫斯的思路中,可以用乌托邦克服失语和失所带来的这种不安和焦虑。也就是在异的不安面前,乌托邦带来的乃是同的慰藉。前述中国式动物分类想要表象的正是西方人想象中的一个神秘王国:单单它的名称就为西方人构建了一个巨大的乌托邦储藏地,这是因为,在我们的梦境中,中国恰恰是这一优先的空间地盘,在我们的想象系统中,中国文化是"最谨慎的"、"最区别等阶的"、"最无视时间事件的"、"最迷恋广延之纯粹展开的"。① 借用萨义德的说法,西方人显然为自己虚构了一个理想的、因此观念化的、摆脱了时间的中国,一个梦幻中的国度,完全无视那个实在的、多样的、真正异域的、根本他性的中国。

在这一乌托邦图景中,"我们"把中国梦想成永恒的蓝天之下的一种充满堤坝的文明,"我们"看到它散布和凝固在一块由城墙圈起来的大陆的整个表面上,它的文字甚至不是在水平线上再现声音的飞逝,它一列列地树立起各种事物本身的静态的、仍然可以辨认的形象。无论如何,中国式动物分类法导向一种没有空间的思想,导向一些没有光芒和场所的词与范畴,但它们实际上依赖于一种完全超载了各种复合的形象、各种复杂的道路、各种陌生的场址、各种秘密的通道和各种出乎意料的交流的庄重空间,这样,在"我们"居住的地球的另一端出现的是一种完全致力于广延的布局的文化,但它并不在我们能够在那里命名、谈论和思考的任何空间中分布各种存在物的扩散。② 笛卡尔所说的广延是理想的三维空间,它忽视事物的颜色、

---

① Foucault, *Les mots et les choses*, p. 10.
② Foucault, *Les mots et les choses*, pp. 10~11.

味道之类可感性质。中国文化在这种广延布局中显然丧失了它的自身性。

无论如何,乌托邦不过是一些没有实在地盘的场所,它们是与社会的实在空间维持或正向或反向的一般类比关系的场所,它们是完美的社会本身或者是社会的反面,但从根本上说它们是一些本质上非实在的空间。① 所谓正向关系意味着推动社会日益进步、趋于美好,反向关系当然意味着颠覆丑陋和落后的现实。乌托邦的这种非实在空间或想象空间完全是内在的、观念化的,因此受制于时间,最终会回归同质思维。"乌"意味着非空间,属于纯粹思想或理想。想象、虚构、观念化因此被归于乌托邦这一概念之下。看似涉及异质思维的乌托邦不过是同质思维的某种迂回,它根本就没有走出内在性或同一性,甚至连《1984》之类文学作品所描述的非人性的、政府集权的、环境恶化的反托邦或不好之乡也不可能摆脱同质思维。

反托邦显然犯了失所症,它试图以最极端的方式来维护同一性,从而始终受制于同质思维。福柯拒绝乌托邦,不接受反托邦,但他也不满足于通常意义上的托邦,他为我们展示的是代表真正异质思维的异托邦。身体的乌托邦导向纯粹观念,身体的异托邦则回归身体经验,包括说话、劳动和生活之类正常经验,以及与疯癫、疾病、犯罪、性错乱联系在一起的各种反常经验。身体抵制乌托邦,回归自身并以多样的形式展示自身,完全接受自己的或正常或反常的一切形态。尽管出现了各种各样的观念化形式,但它们不可能瓦解或取消身体,因为它们始终以某个将要被观念化的身体为起点,它们始终是对某些具体经验的观念化:没有身体、没有身体经验,就不可能有乌托邦;当然,有身体或身体经验并不必然有乌托邦。在包括舞者的身体等

---

① Foucault, *Dits et écrits II* (1976~1988), p. 1574.

情形中,身体的确也会出现在别处,但它最终会回归自身,乌托邦也因此不断地自行瓦解。

其实,也没有必要完全抵制乌托邦,我们可以在一定程度上接受它的某些形式。福柯这样表示:相信身体从来都不在别处、它是一个不可救药的"此"而且它反对任何的乌托邦是愚蠢的;事实上,"我"的身体总在别处,它和世界的一切别处相连,它与其说在世界中,不如说在别处;这是因为,事物正是围绕它才得以组织起来,正是相对于它(相对于它就如同相对于一个君主)才有了上、下、左、右、前、后、远、近,身体于是成了世界的零点,它成了乌有之处;它处在世界的中心,成为一个小小的乌托邦核心,"我"以之为起点梦想、说话、前行、想象、感知各居其位的事物,"我"也用自己所想象的各种乌托邦的无限权力来否定它们;"我"的身体就像太阳城,它没有地方,但一切可能的地方,不管真实的还是乌托邦的地方都出自那里并辐射开来。[1]

福柯要的不是那种理想的身体,而是现实的身体,从而要求从理想回归现实、从想象回归真实。他似乎注意到了梅洛-庞蒂等人所描述的后期现代意义上的身体。他说道:"为了我能够既是不透明的又是透明的、既是可见的又是不可见的、既是生命又是事物,既不需要魔法也不需要梦境,既不需要心灵也不需要死亡;为了我是乌托邦,我是一个身体就足够了。我借以逃避我的身体的全部这些乌托邦全都在我的身体本身中有它们的模子和最初的应用处,有它们的起源地。我前面说乌托邦反对身体并注定消除它是错的,它们从身体本身中诞生,接下来才能够反对它。"[2]生活不是在别处,而是在此处,而身体正是此处的圆点,没有身体,一切都无从说起。换言之,我们

---

[1] Foucault, *Le corps utopique*, suivi de *Les hétérotopies*, pp. 17~18.

[2] Foucault, *Le corps utopique*, suivi de *Les hétérotopies*, p. 14.

完全可以在身体中实现心灵与身体、物质与精神、现实与理想、真实与想象的统一。无论如何,并非心灵而是身体扮演了全部乌托邦的主要角色,回归身体也就顺理成章了。

梅洛-庞蒂等后期现代哲学家强调的是本己身体,即身心统一体,从而在身体之中看到了观念性与物质性、理想性与现实性的统一。他们不再追随前辈哲人对身体进行意识革命或观念革命,相反,他们要求恢复身体的自主性,认为身体有其自身物质性,问题的是,他们还给观念性/理想性留有位置。但在福柯等当代哲学家那里,这种意识革命或观念革命完全被放弃了,因为观念性和理想性在身体中几乎不再占据任何位置,从而完全被物质性和现实性取代了。身体有其密度或厚度,它以其物质性抵制乌托邦,抗拒任何虚无化的努力。无论如何,回归身体本身是一种完全有别于现代性姿态的当代性姿态。在当代性视域中,由于每一个体都有其独特的身体经验,这个世界就不可能是同质的,它只能意味着各种异质因素、异质力量的杂然共存。于是就会出现诸多实在的异托邦而不是单一的想象的乌托邦。

福柯从空间维度而不是时间维度来读解普鲁斯特的意识流小说,由此发现的不是心灵而是身体、不是情感而是欲望的中心地位。欲望从前被观念化,因为从柏拉图直至拉康,欲望在西方文化中都被视为需求,从而与匮乏联系在一起,也因此引发了身体的乌托邦。但在当代文化中,受尼采生命主义的启示,像福柯和德勒兹这样的哲学家的看法是,欲望代表的是生命力的充盈,意味着异质力量之间的充满张力的共存,从而导致了身体的异托邦。福柯认为,这种异托邦在做爱中可以获得最好的表达:做爱就是感受自己的身体封闭于自身之中,因为这最终是要在任何乌托邦之外,带着自己的全部密度在他者的双手之间实存,我们很喜欢做爱,这是因为,在爱当中,身体就在这里。① 通常会突出两个人在做爱中的交融,而福柯关注的是两个异质的身体、因此各有其自身性的身体在这一消"魂"活动中的共存。

每一身体都有自己的绝对性,正因为如此,多样性或异质性才得以形成。福柯这样描述身体空间的绝对性:"一旦我睁开眼睛,我就不再能够逃离普鲁斯特每次醒来就会缓慢而焦虑地重新占据的这个场所。不是因为我被它固定在原地了(毕竟我不仅能够移动和摇动,而且我还能够'移动'它,摇动它,改变其位置),而只是因为这一点:没有它,我就不能移动;我不能把它留在我自己从别处向它走去的地方。我完全可以走到世界的尽头,我完全可以在早上蜷缩在我的被子里让自己尽可能地变小,我完全可以在沙滩上让自己融化在太阳下面,但它将始终在我所在的地方。它无法挽回地在这里,从来都不在别处。我的身体乃是一个乌托邦的反面,它从来不在另一片天空之下,它是绝对的场所,是我在严格意义上与之连成一体的空间小碎片。"②绝对场所(绝对空间)或绝对身体没有为虚无或无性留下任何缝隙。

心灵奢望"别处",身体却诚实地维持自己的"此"。显然,心灵把自己维持在时间中,身体却把自己维持在空间中。体质柔弱、生性敏感、富于想象的普鲁斯特深受柏格森的影响,明显接受了后者有关绝对绵延的时间学说。在他们两个人那里,所谓的意识流与笛卡尔式的或康德式的纯粹思维活动有别,因为他们突出的都是情感意识。按照梅洛-庞蒂的解读,柏格森通过强调本能对于智力的优先性已经走在通向身体主体的途中,并因此弱化了身体的观念性,在很大程度上恢复了身体的物质性。但在福柯对普鲁斯特的上述借用中,完全回归身体的物质性才是至为重要的。事实上,福柯晚期思想中的生

---

① Foucault, *Le corps utopique*, suivi de *Les hétérotopies*, pp. 19~20.
② Foucault, *Le corps utopique*, suivi de *Les hétérotopies*, p. 9.

命主义，一如德勒兹的生命主义，极端化了梅洛-庞蒂对柏格森的解读，并因此展现了完全物质性的身体。这样一来，不管普鲁斯特还是柏格森的时间意识都被转换了，因为福柯不再给他们的身体概念保留任何情感的因素。

　　福柯说："我的身体，无情的乌托邦。"①如果说后期现代哲学家为情所困的话，早期现代哲学家和当代哲学家都是无情的。在后期现代哲学中，情（情感、情绪）代表的是身心统一，意味着物质性和观念性的统一；当代哲学因为完全认同物质性的身体而无情，早期现代哲学家则因为主张观念性的身体而无情。问题在于，在早期现代哲学家对思的重视和后期现代哲学家对情的关注之间还是有共同性的，他们都突出了心对于身的优势地位。这是因为，情感之思毕竟还是一种思，而思之所思是观念。早期现代哲学以其纯粹之思完全关注观念性，后期现代哲学以其情感之思弱化了观念性，而在当代哲学中，对我思和情感的抑制几乎完全排斥了观念性。正因为如此，福柯从无情通向物（我的身体，物性或物质性）而不是无（乌托邦，无性或观念性）。

　　我们在思想、梦幻和想象中可以摆脱身体，但思想、梦幻和想象都必须立足于现实，依赖于身体。正因为如此，福柯把身体说成是乌托邦的反面，典型的异托邦。按照他的描述，或许在所有的文化中、在所有的文明中，同样也存在着某些实在的地盘，某些实际的地盘，某些出现在社会建制本身中的、属于反-场所类型的地盘，它们是某些已经实际地获得实现的乌托邦类型，在它们那里，实在的场所、我们能够在文化内部找到的全部其他实在的场所同时被表象、被否定和被颠倒了，尽管它们可以实际地获得定位，但它们是在地盘之外的地盘，因为它们与它们所反映的、它们所谈论的所有场所是绝对他异

---

① Foucault, *Le corps utopique*, suivi de *Les hétérotopies*, p. 9.

的,所以我们把它们与乌托邦相对立,称其为异托邦。① 异托邦是一些实存于某个社会中的,与之格格不入却获得了容忍的地盘。这意味着我们在自己的日常生活中就可以切身地体验到绝对的他者及其他性。

按照福柯的看法,在任何社会中都存在着一些有一个精确而实在的场所、人们可以在地图上定位的一个场所的乌托邦,有一些有一个确定的时间、人们可以依据全部日历来确定和衡量的一个时间的乌托邦;这些从想象回归现实的乌托邦是所谓的异托邦,因为它们涉及的是各种反空间,是定位的乌托邦,是在全部场所之外的实在场所,比如花园、墓地、收容所、医院、禁闭所、监狱、地中海俱乐部乡村之类,它们是一些绝对他异的空间。② 在对疯癫、疾病、犯罪、性错乱等反常经验的描述中,福柯为我们充分展示了它们实存于斯的机构,比如精神病院、医院、监狱之类,它们都是一些实在的乌托邦,都有其独特的运作方式,也因此是各有其特征的异托邦,它们并不像构想的那么理想,而是完全现实的。

既然异托邦不过是一些定位的乌托邦,在它们与乌托邦之间就必定存在着交叉或交织。福柯把这种情形与一面镜子的混合的、中间的经验相类比。镜子既是一个乌托邦,又是一个异托邦。当我们照镜子时,镜子既与实在的空间相关联,又与非实在的空间相关联,也因此反映了两者之间的关联。不过,福柯更关注的是两者之间的区别。乌托邦和异托邦都意味着他者以及他性,但前者代表的是相对的异,后者则显示绝对的异。我们不是生活在我们可以在其内部定位某些个体和某些事物的真空之中,我们生活在各种关系构成的网络之中。正是这些关系确定了某些彼此不能还原的、绝对不会重

---

① Foucault, *Dits et écrits II* (1976~1988), pp. 1574~1575.
② Foucault, *Le corps utopique*, suivi de *Les hétérotopies*, pp. 23~24.

叠的场所。福柯把这些不同的空间、别样的地盘描述为一种与我们生活其间的空间既神秘地又实在地对抗的空间,而这一描述工作隶属于他所谓的异托邦学。①

异托邦学遵循六条原则:第一,世界上可能没有一种文化不是由某些异托邦构成的,但它们在不同时代以不同形式出现;第二,在其历史进程中,一个社会可能以一种非常不同的方式使存在的和从未停止存在的异托邦发挥作用,实际上,每个异托邦在社会内部都有精确的、确定的作用,依据异托邦所处文化的同时性,同一个异托邦可以具有这种或那种作用;第三,异托邦有能力把几个本身不能并存的空间和场所并置为一个唯一的实在地盘;第四,异托邦往往与时间的分割联系在一起,也就是说它们向人们所说的异时性开放;第五,这些异托邦总是预设了一个打开和关闭的系统,这个系统既孤立它们又使它们是可以渗透的;最后,它们对于其余空间有一种功能。② 这些原则表明:任何社会都有许多异质因素,关键在于是否容忍它们,并因此发挥其独特作用;我们应该从空间维度来谈论异质性,但不能因此排斥时间和历史的因素。

异托邦承认绝对他者,意味着让这些异质的东西完全回归自身,充分享有自身实存。对于福柯来说,首要的问题是摆脱观念性和普遍性,回到一个一个的有密度的物性身体,回到一个一个的有密度的社会存在。曼海姆关注乌托邦的革命性,认为没有了乌托邦的世界可能会出现物化的危机,即乌托邦成分从人类的思想和行动中的完全消失可能意味着人类的本性和人类的发展会呈现出全新的特性,

---

① Foucault, *Le corps utopique*, suivi de *Les hétérotopies*, p. 25; *Dits et écrits II (1976~1988)*, p. 1575.

② Foucault, *Dits et écrits II (1976~1988)*, pp. 1575~1580; *Le corps utopique*, suivi de *Les hétérotopies*, pp. 25~33.

会带来事物的静态。① 在这一状态中，人本身变成了不过是物，于是人类将面临我们可以想象的最自相矛盾的状态，即达到了理性支配存在的最高程度的人已没有任何理想，变成了不过是有冲动的生物而已。② 然而，福柯想要抵制的恰恰是这种观念化、理想化的乌托邦冲动，对于他来说，恰恰应该回到完全物化的身体和现实，回到各种物质性力量相互作用的场所，或者说各种异托邦共存的状态。

曼海姆的思想具有明显的理想主义色彩，他是在20世纪20、30年代为了维护现代性而警告物化危险或危机的。福柯当然不同意这种姿态，因为异托邦思维恰恰默认了当代的物化趋势。其实，在福柯所处的时代，即便是一些所谓的后现代思想家也还是在乌托邦范围内考虑当代处境中的绝对他性问题的。比如，虽然詹明信意识到了空间问题的重要性，但他依然停留在乌托邦思维中。他表示："乌托邦是一个空间问题，它可以被认为是要知道在像后现代这样一种如此空间化的文化中的偶然的潜在变化；但是，如果后现代就像我有时声称的那样是已经去除历史的和正在去除历史的，那么可能导向乌托邦的表达冲动的突触链条就变得更加难以定位。乌托邦表象在1960年代有了一种极端的复兴，如果后现代主义是60年代的替代、是它们的政治失败的补偿，那么乌托邦问题似乎将成为我们的想象变化的能力究竟还剩下什么的关键检验。"③

詹明信依然关注想象中的改变，但关键问题在于现实中的改变；问题不在于是否改变，而在于如何改变；不在于全面的改变，而在于具体的改变、细微的改变。他联系空间和空间化概念谈论所谓的乌

---

① 曼海姆：《意识形态与乌托邦》，第268页。
② 同上。
③ Jameson, *Postmodernism, or, Cultural Logic of Late Capitalism*, p. xvi.

托邦终结之后的乌托邦主义,探讨政治意识形态和政治乌托邦终结之后,60年代以来在文学艺术上出现的各种乌托邦倾向或乌托邦主义,其相关描述对于我们理解福柯的看法具有重要的参照价值。按照詹明信的看法,在这一时期,马尔库塞在无形中成了乌托邦思维和想象的整个爆炸性复兴、古老的叙事形式的再生的名字。当然,各种乌托邦冲动并没有在他开辟出来的方向上联合起来,而是引起了各种重要的微观政治运动,涉及邻里、民族、人种、性别、生态等等方面,它们以自己的方式响应了意识形态的终结或乌托邦的终结。当然,他也承认,这些乌托邦冲动究竟在多大程度上延伸到了70年代末和80年代,这是不清楚的。

问题的复杂性就在于,伴随各种乌托邦还出现了所谓的反托邦。正因为如此,回到空间化现象,我们貌似有理由在20世纪60年代涌现出来的这些多样化的乌托邦版本中看到整个范围内的各种严格的空间乌托邦的发展;我们也会看到,社会关系和政治制度的转换在这些乌托邦尝试那里被投射到了关于地点和景观,包括人体的视看中;如此一来,通过剥夺思考时间和历史的能力,空间化为乌托邦类型的、甚至原政治类型的力比多倾注的整个一个新领域开启了大门。① 詹明信所说的乌托邦与莫尔所说的乌托邦已经有了明显的不同,因为观念性和理想性的维度在他那里被淡化了,物质性和现实性的维度则获得了充分的承认。多样的乌托邦类型与微观政治联系在一起,也因此印证了福柯强调理论就是实践、强调权力的微观物理学的基本思路。微观政治运动的展开事实上承认了现实的乌托邦,也因此在很大程度上属于福柯所说的异托邦。

乌托邦和异托邦分别代表了现代观念主义和当代物质主义两种

---

① Jameson, *Postmodernism, or, Cultural Logic of Late Capitalism*, p. 160.

迥异的时代精神。福柯就它们两者的关系展开的论述，为我们揭示了西方文化是如何实现从现代性向当代性转型的，而从相对他性到绝对他性、从观念性到物质性、从理想性向现实性的过渡是这一转型在不同侧面的表现。当代性的一个重要方面是跨文化现象的出现。跨文化研究表明，我们不能简单地把西方精神等同于人类精神，不能简单地从西方人过渡到人类。应该承认，现代性进程首先出现在西方世界，非西方世界借鉴或引进现代性方案相对滞后。如果说西方世界主动选择和推进了现代性方案，那么非西方世界似乎被动地卷入到了历史的滚滚洪流中。然而，世界上毕竟还有未被开垦的处女地。那些不开化、不文明的地方既可能是现代性意义上的乌托邦，也可能是当代性意义上的异托邦。

一切取决于"我们"是以现代性的进步主义姿态承认相对他性，还是以当代性的包容主义姿态承认绝对他性。现代性旨在以各种方式处置内部的或外部的他者，要么完全予以排斥，要么使其最终归顺。但在福柯的当代性视野中，他者在这个世界中自有其位置，也因此存在着各种各样的彼此外在的异托邦。不管就西方文化内部还是西方文化与非西方文化的关系而言，同一性和内在性都让位于他性和外在性。在法国，突出地强调绝对他性和外在性的还有列维纳斯的哲学。这一哲学处在从现代哲学向当代哲学的转折进程之中，它始终围绕人性展开，但由于他性、尤其是绝对他性对于人性的冲击，它彰显了现代性的乌托邦与当代性的异托邦之间的张力。为了否定存在论，列维纳斯不得不求助于神学，但他最终认可的是伦理学。人性无疑是一切的起点，向绝对他性的超越则支撑着人性的乌托邦。但这一乌托邦离异托邦相距不远。

在早期现代哲学中，以心性形式出现的人性具有理想性和观念性，物质的绝对匮乏强化了乌托邦的魅力。后期现代哲学仍然关注心性形式的人性，但这种心性不再是超然的，现实性和精神性越来越获得重视表明，乌托邦式的理想或观念可以通过某种方式获得实现。当代哲学放弃了人性或人性的心性维度，它不仅撇开理想性或观念性，甚至要消除精神性和现实性概念中包含的观念化或理想化的残余，以便突出地强调物性或物质性。正是在物质财富极度丰富的物质主义或消费主义的时代，列维纳斯从他性的角度为我们提供了一种关于人性的乌托邦。他使用的是乌托邦一词，其实质却是异托邦。在谈到基督教与犹太教的关系时，他认为基督教既高估又低估了它想要改善的现实的分量，而他恰恰要求基于现实来反思在我们看来是一种乌托邦的东西。[1] 他明确拒绝观念主义的乌托邦，认为它让我们习惯于定位在空间之外的思想。[2]

列维纳斯强调心身统一，关注代表身心统一的身体空间。他坚持的是一种在人的终结时代仍然强调主体性的乌托邦。在他看来，响应无限和他性的呼唤、在一个抛弃了人性观念的世界中谈论人性的意义意味着专注于先知的灵感并持久地保持对存在论的反叛。存在不允许思考人性，或者说在存在意味着人的无法超越的地平线的范围内，人性不会出现，我们因此应该放弃存在之家，毫不犹豫地向人将在那里显示出来的一种乌托邦的光明前进。[3] 这种无动机的向他者的超越意味着支配着我们的全部人性的乌托邦社会性。[4] 乌托邦最终会消除他性，但他人的面孔中断了那可能共同于我们的世界。[5] 如此说来，列维纳斯为我们描述的是一种现实的乌托邦，也因

---

[1] Lévinas, *Difficile liberté*, Albin Michel, 2003, p. 154.
[2] Lévinas, *De l'existence à l'existant*, Librairie Philosophique J. Vrin, 1993, p. 117.
[3] Chalier, *Lévinas：L'utopie de l'humain*, Albin Michel, 1993, pp. 10~11.
[4] Lévinas, *Totalité et infini*, Kluwer Academic, 2006, p. iii.
[5] Lévinas, *Totalité et infini*, p. 211.

此是福柯所说的异托邦。唯有异托邦才会维护绝对他性而不是消除它,这也是列维纳斯强调他律的原因。

鲍曼以流动的现代性来解读当代社会,类似于德勒兹关于千高原和去疆域化的描述:"社会解体既是新权力技术的条件,也同等地是其结果:新权力技术把不介入和逃避的艺术作为其主要的工具。"① 简单地说,当代社会不是同质社会,而是由众多的异质部分构成的多元社会,这些异质部分之间存在着多样而复杂的关系。鲍曼尤其谈到了当代社会中与陌生人相遇这一话题,这涉及空间而不是时间问题,从绝对他者和绝对他性的角度引出了福柯所说的异托邦问题。他表示:"遇到陌生人是一件没有过去的事情,而且多半也是一件没有将来的事情。"② 这种既不瞻前也不顾后,只停留在当下的姿态,正是当代性的写照。在当今都市生活中,存在着大量被视为公共空间的场所,但它们与一般的市民空间不一样。真正说来,任何公共的空间都是集体的空间,但鲍曼要为我们描述当代社会的一些别样的公共空间。

这些公共空间有很多的种类和形态,但都可以划归两个宽泛的类别,而每一类别都在两个相对的地方,但在相互补充的方向上背离了市民空间的理想类型。③ 它们是公共的非市民空间。公共的市民空间强调同一和同质,私人的市民空间不具有与陌生人相遇的契机。只是在公共的非市民空间中才存在与陌生人相遇的问题。这显然是对福柯的异托邦思想的更积极的发挥,克服了只能就反常经验谈论异托邦的局限性。巴黎拉德芳斯广场表现出了第一类公共的非市民空间的所有特点。它不是市民的都市空间,它留给外来游客的第一

---

① Bauman, *Liquid Modernity*, p. 14.
② Bauman, *Liquid Modernity*, p. 148.
③ Bauman, *Liquid Modernity*, p. 150.

印象是这个地方表现出来的不友好姿态:视线内的所有东西都让人产生敬畏和灰心,环绕空荡的大型广场的建筑物,都是为了让人观看而不是为了让人进入。① 简单地说,这是一个如此异质的空间,以致人们无法融入其中。

第二类公共的非市民空间是一些大众消费场所,诸如音乐厅、展览馆、旅游场地、运动场馆、商业大街和自选商店之类有形的消费空间。② 它们让城市居民变成纯粹的消费者,但他们彼此之间在这些场所中没有任何实质性的联系与互动。虽然这些集体消费场合拥挤不堪,却不会让人们体现为集体存在。置身于购物区,我们感觉到自己好像置身于别处一样,正因为如此,购物之旅首先是空间旅行,时间旅行只是其次。③ 购物天堂存在于城市中,是一些真实的场所,但人们只能暂入逗留其中。无论拉德芳斯广场还是各个购物天堂都不是人与人沟通的场所,人们在这里面对的是他人的绝对他性。但它们都是真实的场所,是迥异于其他公共场所的场所,它们在城市中,而不是在遥远的地方,它们因此是福柯所说的异托邦,而不是通常所说的乌托邦。

按照鲍曼对列维-斯特劳斯的解读,在应对他者的他性时,人们往往运用两种策略:一种是针对人的禁绝策略(l'anthropoemic),另一种是针对人的吞噬策略(l'anthropophagic);前者是对格格不入者的清除(监禁、流放、屠杀),即通过空间上的隔离将他者加以放逐和消灭;后者是对外来者的容纳、吸收、吞没,以便通过代谢作用消除差异,这意味着同化,即终结或消灭他们的他性。④ 它们完全对应于两种公共却非市民的空间:拉德芳斯广场是禁绝策略在建筑艺术上的

---

① Bauman, *Liquid Modernity*, p. 150.
② Bauman, *Liquid Modernity*, p. 154.
③ ibid.
④ Bauman, *Liquid Modernity*, pp. 157~158.

再现,而消费空间体现的是吞噬策略;两者都以自己的方式应对与陌生人相遇。① 鲍曼的如上论述显然是对福柯的相关思想的总结和延伸。福柯表示,在19世纪和20世纪,人们依据处理死人的方式把社会分成火葬型和埋葬型两种,他本人打算依据社会为其想要摆脱的活人安排的命运来进行划分。

福柯引用的正是列维-斯特劳斯在《忧郁的热带》中的分类。依据作者的看法,为了摆脱一个带有可怕敌对力量的危险个体,社会最终找到两种解决办法:一种在于通过中性化这一能量中可能具有的一切危险、敌对的东西来同化个体本身,这是人的吞噬方式的解决,吸收在这里既能够同化又能够中性化这一力量;另一种方式在于通过中性化在它那里具有的能量而尝试着战胜这种力量的敌对,因此是一种相反的解决,要确保战胜和控制它,要隔离敌对的人、让他们丧失与人类的联系,把他们驱逐出社会之外,列维-斯特劳斯把这种社会实践称为人的禁绝方式,它对我们社会中的各种危险力量的控制,不是将其同化,而是将其排除。② 福柯既不满意于排斥或同化的简单区分,也不认可排斥和同化各自内部的简单化。正因为如此,像疯人院、教堂、墓地、监狱都成了福柯所说的异托邦,代表的社会中的异质领地。

不管研究疯人院还是监狱,都涉及排斥和越轨问题。通常人们简单化地看待这两个概念,而在福柯看来,依据它们进行的那些分析所指示的各个方向应该在新的维度中进行,问题将不再关系到法律、规则和表象,关系到的与其说是法律不如说是权力、与其说是表象不如说是知识。③ 他注意到了从古代到现代直到当代,不同时代有不同的惩罚方式,与此同时,这些方式在任何时代也都自有其复杂性。他

---

① Bauman, *Liquid Modernity*, pp. 158~159.
② Foucault, *La société punitive*, Éditions Gallimard/Seuil, 2013, pp. 3~4.
③ Foucault, *La société punitive*, p. 7.

因此要分析惩罚的各种精细策略,把它区分成排斥、赎罪、标记和监禁等四大抽象类型。① 他在另一个地方则认为历史上有放逐、酷刑和监禁三种惩罚形式:希腊人更倾向于放逐而不是任何其他惩罚;也存在着各种谋杀的、折磨的或净化的社会,它们让受惩罚者接受一种惩罚或净化仪式;最后,存在着就像自 16 和 17 世纪以来的我们的社会成为的那样的监禁的社会。②

在福柯看来,不存在着排斥者对被排斥者的绝对支配地位,一切都纳入战争的秩序中,这就是前面已经提到的权力的战争模式对于法律模式的优先性问题。他表示,为了分析刑事体系,首先要知道的就是在一个社会中围绕权力展开的斗争的性质,内战的概念要被置于关于刑罚分析的中心地位。内战是永久的状态,由此必须理解一系列斗争策略,而刑罚可以充为其优先的例子;内战是一切权力斗争的模式,是一切权力策略的模式,也是一切赞成权力和反对权力的模式,是有助于我们理解刑罚的特殊策略之实施和运作,也就是监禁的实施和运作的一个普遍模式。③ 在理解内战或战争时,存在着从时间思维向空间思维转换的问题。如果从时间角度来考虑,理性与非理性的关系问题最终消失在同一性中。然而,从空间角度来考虑,两者之间的关系就是散布的。这事关西方文化或其中的某些亚文化的命运,涉及理性的限度(尺度与过度)问题。

福柯提示说,"我们"将走向的或许是这样一个区域或领域,在这儿涉及的与其说是某一文化的同一性问题,还不如说是它的各种限度的问题,正因为此,他说"我们"可以撰写一部关于各种限度的历史,涉及各种模糊的、一旦获得实现就必然被忘却的姿势,而借助这

---

① Foucault, *La société punitive*, pp. 9~10.
② Foucault, *Dits et écrits I* (1954~1975), p. 1071.
③ Foucault, *La société punitive*, pp. 14~15.

些姿势,一种文化排斥某种对于它来说将是外部的东西。① 如果从时间的角度而且采取所谓的进步主义姿态,欧洲中心论或西方中心论就是不可避免的。福柯显然不是从进化或进步的角度探讨问题的,他依据谱系学来突出寻找起源的不可能性以及分化的多样性,并因此不是局限于仅仅看到相对他性,而是要走向绝对他性。这显然不是在勾勒乌托邦式的梦里田园,而是以一种异托邦姿态认可了非理性或无意识的更根本的地位,也因此承认了非西方文化以及西方文化内部的各种各样的亚文化的自主地位,它们自有其生存的空间。

哲学在西方文化中一向具有主导地位。正如德里达批评性地指出的,"欧洲哲学"乃是一种同语反复。② 对于西方中心论者来说,这意味着欧洲就是哲学或者哲学就是欧洲。正因为如此,哲学与非哲学的关系问题也是他性或异质性问题的重要内容。然而,在西方文化中,哲学不断在改变其地位和形态。在古代文化中,普遍科学理想导致哲学与神学难以分割。在早期现代文化中,普遍科学理想把一切都纳入到哲学范畴之内,同时也形成了哲学针对其他部门学科的绝对优势地位;但在后期现代文化中,普遍科学理想的瓦解导致哲学的分化,它要么与实证科学、要么与文学艺术结盟。就大陆哲学而言,后期现代哲学尤其强调的是哲学的非哲学走向,主要是诗化哲学倾向。作为后期现代哲学的最重要代表人物,梅洛-庞蒂突出地展示了现代哲学的非哲学状态,而作为当代人,福柯及其同辈哲学家则大都认可了哲学的终结。

真正说来,在当代文化中,走向终结的是关于哲学的大叙事,但与各种具体的理论或具体的实践相关联的哲学形态却开始异常地兴

---

① Foucault, *Dits et écrits I* (1954~1975), p. 189.
② Derrida, *L'écriture et la différence*, p. 120(Footnote 2).

盛起来。福柯写道:"在我看来,哲学今天不再实存,不是在它应该已经消失这一点上,而在于它已经播撒在巨大数量的多种多样的活动中;因此,公理论者、语言学家、人种学家、历史学家、革命家、政治人物的活动都可以是哲学活动。在19世纪,考问对象之所以可能的条件的反思是哲学的,如今,使一个新的对象向认识或实践呈现出来的任何一种活动都是哲学,不论这一活动归属于数学、语言学、人种学还是历史学。"①他在这里显然引出了罗蒂所说的小写的哲学,同时也表明哲学体现在各个理论领域中,但任何理论也都是实践。哲学不再局限于理论思辨,它在很大程度上成了文化形式,并因此与一切文化活动密切关联。无论如何,哲学不再是名词,它以动词的形式出现。

诸如什么是哲学、什么是哲学家、什么是哲学的功能、什么是哲学家的角色之类在福柯那里都会成为问题。这与他自己不是一个典型的哲学家有关。他向一个对话者表示:"我向您谈到的是一些哲学的消失,而非哲学家的消失。我相信在一些确定的领域存在着属于某种类型的一些'哲学'活动,它们一般地说就在于对一种文化的现在进行诊断;这乃是我们称为哲学家的那些个体今天能够具有的真正功能。"②按照他的说法,我们今天正处于知识的时代,并不存在人们所说的哲学思想的贫困,只要我们不受那些过时的看法的影响,就会注意到,在当今时代,在从前并不构成哲学反思一部分的各个领域中,存在着一种非常丰富的哲学反思。人种学家、语言学家、社会学家、心理学家都在从事哲学活动,知识已经增多了,而当代哲学的问题就在于划定知识本身的极限、就在于界定它自己的周界线。③

尼采哲学具有重要的参照价值,因为他增多了哲学的姿态,他对

---

① Foucault, *Dits et écrits I* (1954~1975), p. 625.
② Foucault, *Dits et écrits I* (1954~1975), p. 648.
③ Foucault, *Dits et écrits I* (1954~1975), p. 580.

一切,对文学、历史、哲学等感兴趣,他到处寻找哲学,他虽然在某些方面仍然是一个19世纪的人,但在这一点上却天才地进展到了我们的时代。① 当代性是哲学终结论喧嚣的写照。但这一切并不意味着理论或哲学真的退出了历史舞台,它仅仅表明它们是复数的。福柯分析说:"对于萨特和梅洛-庞蒂来说,一个哲学文本或理论文本最终应该向我们说出什么是生、死、性欲,神实存还是不实存,什么是自由,在政治生活中应该做什么,如何与他人相处之类问题;我们的印象是,这种哲学现在不再流行了。"② 按照他的说法,哲学即便不是汽化掉了,也是分散了,因为理论工作在某种程度上变成了复数,正是在多元性中,没有能够找到统一话语的哲学获得了实现。③ 黑格尔的体系化努力灰飞烟灭了。

梅洛-庞蒂在晚期课程、访谈和著述中都在谈论哲学与非哲学的关系,只要再跨出一步,就通向福柯所说的复数哲学了。在《词与物》中,福柯没有把非话语实践放在重要的位置,但在其他著作中都关注话语实践与非话语实践的关系。既然一切实践领域都属于哲学活动的范畴,哲学家也就有了社会定位。从前的哲学家没有社会角色,其思想不能够相对于现实运动而定位,苏格拉底是一个卓越的典型:雅典社会只承认他是一个颠覆的角色,他的反复质疑没有获得现存秩序的承认。实际上,正是很迟以后,人们才意识到了一个哲学家的位置,他总体来说是人们赋予给他的一个回顾性角色。④ 然而,只要想到悬在半空中的苏格拉底的命运,我们就会想到梅洛-庞蒂的担心:我们的时代也在排斥生活在这个时代的哲学家,哲学只得再一次高

---

① Foucault, *Dits et écrits I* (1954~1975), p. 580.
② Foucault, *Dits et écrits I* (1954~1975), p. 690.
③ Foucault, *Dits et écrits I* (1954~1975), pp. 690~691.
④ Foucault, *Dits et écrits I* (1954~1975), p. 580.

处云端。[1]

苏格拉底的问题在于远离尘嚣,而梅洛-庞蒂认可哲学家与世界保持适度距离。前者生活在乌托邦式的梦幻中,后者开始破除这种幻想,但只是在福柯那里,才会出现某种异托邦姿态。福柯显然有别于他们两者的姿态:"直至19世纪,哲学家都没有被承认。笛卡尔是数学家,康德教的不是哲学而是人类学和地理学,人们学修辞学而不是哲学,因此不存在哲学融入的问题。正是在19世纪人们最终找到了哲学教席;黑格尔是哲学教授。但在这一时代,人们意见一致地认为哲学触及到了它的终点。"[2]尽管与黑格尔有别,但作为哲学教授的梅洛-庞蒂还是落伍了。福柯依据尼采的看法表示,哲学家是诊断思想状态的人,他们可以被分为两类,一是像海德格尔那样为思想开启新道路的人,一是在某种意义上扮演考古学家角色的人。[3] 梅洛-庞蒂像海德格尔一样摆脱了纯哲学倾向,但走得不够远,福柯因此要做第二类哲学家。

福柯既不像苏格拉底那样高处云端,也不像梅洛-庞蒂保持适度距离,但他的现实关怀是以理论就是实践的方式实现的。他告诉我们,他关注的是在像语法分析或语文学分析这样有限的、细微的话语中,我们如何能够观察到一些现象,它们指称着我们能够在政治经济学、自然史、生物学中,以及在现代哲学中找到的整个一种认识论结构。[4] 如今的哲学是一种可以在一些不同的领域中进行的活动形式,比如说,当索绪尔区别语言与言语、因此使一个对象向语言学家呈现时,他实现了一种哲学类型的操作;又比如说,当罗素阐明了把实存

---

[1] 梅洛-庞蒂:《哲学赞词》,第31~32页。
[2] Foucault, *Dits et écrits I* (1954~1975), p.581.
[3] ibid.
[4] Foucault, *Dits et écrits I* (1954~1975), p.639.

视为一个属性或者把实存命题视为一种主词-谓词类型的命题的困难或不可能性时,他的确在进行逻辑学的工作,但使他能够实现这种逻辑类型的发现的活动乃是一种哲学活动;对于萨特来说,哲学实质上被还原为一种政治活动形式,在今天从事哲学就是一种政治行为。

尼采哲学尤其体现了从事哲学就是从事某种活动的姿态:对于他来说,从事哲学是由一系列的属于多个领域的活动和运作构成的,写希腊时代的悲剧是从事哲学,致力于语文学或历史研究是从事哲学。① 在他那里,哲学的特殊活动就在于一种针对今天的诊断工作,它包含了一种在他自己脚下的挖掘工作,为的是确立在他之前整个这一就是他的世界的思想、话语、文化的世界是如何被构成的,他尝试着通过谱系学赋予哲学一种新的对象。② 正是在诊断活动的意义上,福柯把考古学和谱系学统一了尼采的工作中。但他不满足于此,还打算把哲学对非哲学的复杂关系回溯得更远,并因此让这一关系伴随着现代性及其转折的整个历程:"伴随黑格尔,自笛卡尔以来就与非哲学处于一种无法消除的关系中的哲学变成了不仅意识到了这一关系,而且变成了这一关系的实际话语;严肃地让哲学与非哲学的关系运作起来。"③

西方文化视哲学为科学的科学或普遍科学,但 19 世纪的学科分化导致了哲学与科学关系的重新定位,出现了科学与反科学之间的张力关系,这一切也属于关于他性的提问法。福柯特别关注马克思在哲学、科学、知识区分中的姿态。他这样表示:"看不出为什么要在一种使马克思能够脱离自己的时代并且建立一种本身元历史的历史科学的不合时宜中神圣化他。如果必须谈论马克思的天才(而且我

---

① Foucault, *Dits et écrits I* (1954~1975), p. 640.
② Foucault, *Dits et écrits I* (1954~1975), p. 641.
③ Foucault, *Dits et écrits I* (1954~1975), p. 812.

相信这个词不应当在科学史中运用),这种天才恰恰就在于在 19 世纪里面表现出如鱼得水;就像它实际地被建立的那样、就像它多年来实存着的那样操控政治经济学,马克思最终提出了一种可能仍然有其有效性的关于各种资本主义社会的历史分析,并且奠基了一场今天仍然最活跃的革命运动。"① 马克思在政治经济学方面有突出贡献,但我们不应该像阿尔都塞那样只突出其思想的科学性,也不应该像萨特那样只关注其人道性。

福柯表示自己看起来是反动的,因为他要问为什么称马克思主义实践是科学的,而在今天的法国,有一些人声称"马克思主义是一门科学"和"精神分析是一门科学"这两个模糊地关联起来的命题是不容置疑的。② 他承认这两个命题让他深思,主要是因为他没有能够从科学中看出一种崇高的观念来。也就是说,他很怀疑给马克思主义和精神分析贴上科学的标签就意味着提升了它们的地位。一个重要的原因就在于,科学事实上正在走下神坛。科学是一套话语系统,在整个社会中扮演着重要角色,但当今社会还需要其他话语系统,科学话语并不具有相对于它们而言的优势地位。也就是说,科学并不是一种渗透整个历史的,首先由于数学、随后由于生物学、然后由于马克思主义和精神分析而连续地被具体化的理想。在福柯的分析中,焦点不是科学而是知识,不是知识而是求知意志,不是真理而是求真意志。

在福柯看来,只有依据一定数量的方案、式样、评价和规则,科学才会具有规范性并且作为科学在一个给定的时代实际地起作用;科学只不过是那些不停地重复的朴实的、完全枯燥乏味的、日常的话语

---

① Foucault, *Dits et écrits I* (1954~1975), pp. 1034~1035.
② Foucault, *Dits et écrits I* (1954~1975), p. 1036.

和话语实践的一个集合,这些话语服从关于这些话语的规则,这些实践服从关于这些实践的规范。这一切都很寻常,毫无出奇之处,因此没有理由对它们感到自豪,科学家不会从知道他们从事的乃是科学中产生任何特殊的骄傲。他们知道自己在从事科学,仅此而已。与科学话语和科学实践共存的还有其他类型的话语和实践,其重要性对于我们的社会和历史来说并不取决于它们将要获得的科学地位。[①]在《词与物》中,福柯给予那些非科学的实践中的某几个一种特殊的地位:反科学的地位,更严格地说,一种反人文科学的地位。[②] 无论如何,从事科学研究,就是进入科学共同体并遵循相应的规则来从事实践活动,这并没有任何特别之处。

福柯不像阿尔都塞那样关注马克思主义的科学维度,而是关注其反科学维度,或者说,根本就不应该依据科学性或非科学性来看待马克思主义。马克思主义是一种理论,更是一种实践,而理论就是实践,停留于此就够了。当然,这主要是就马克思主义针对人文科学的姿态而言的。马克思主义反人文科学,但它并不反数学或物理学。福柯表示,他发现马克思主义、精神分析和人种学有一种相对于习惯上称为人文科学的东西的批判功能,而在这种意义上,它们是一些反科学,更严格地说,它们是一些反人文科学;但是,如果我们把科学理解为数学或物理学的话,在马克思主义和精神分析中没有任何东西使我们能够称它们是反科学;无论如何,他表示自己看不出人们为什么称马克思主义和精神分析是科学,为了维护它们或者出于对它们好,他宁愿不称它们是科学。[③] 很显然,科学与非科学的二元对立就被破除了。

[①] Foucault, *Dits et écrits I* (1954~1975), pp. 1036~1037.
[②] Foucault, *Dits et écrits I* (1954~1975), p. 1037.
[③] ibid.

福柯注意到这样一个悖谬性的事实:那些为精神分析和马克思主义要求科学地位的人,高声喧哗地显示他们对于像化学、病理解剖学或理论物理学之类学科的蔑视;他们只是对于数学才稍微掩饰了一些蔑视。也就是说,这些人眼里的科学与各门具体科学,尤其是经验科学是格格不入的。一方面,他们的态度表明他们对于科学有学生般的尊重和敬重,如果马克思主义是一门科学,他们就有了对其有效性的确信;但在另一方面,科学似乎只是一个幌子,他们只需要拉起科学这面旗帜。那么福柯指责的究竟是什么呢?他指责那些人对科学有一种比它配得上的更高的观念,而且对于精神分析和马克思主义有一种秘密的蔑视。也就是说,他们拔高科学的地位,而科学并没有如此高的地位。由于他们没有安全感,他们就拼命地拔高科学的地位,同时认为马克思主义和精神分析具有这种拔高了的科学的地位。

法国左派曾经依据一种神圣的无知神话而生活,后来却接受了一种政治思想只有在科学上是严格的,才在政治上是正确的这一观念。[1] 阿尔都塞把人道主义视为资产阶级意识形态,倡导所谓的科学的马克思主义。在这种背景下,为了重估马克思的那些概念,最终为了在根源上重新恢复它们,为了分析它们,为了界定人们能够和应该就它们行使的用法,在一个共产主义知识分子团体内现实地做出努力,整个这一努力既是政治的,又是科学的。福柯表示,说"就像我们现在所做的那样献身于一些严格的理论和思辨活动是偏离政治的"是完全错误的,我们关心一些非常狭隘和细致的理论问题,不是因为偏离政治,而是因为我们现在懂得了,任何政治活动形式都只能以非常紧密的方式与一种严格的理论反思关联起来。[2]

---

[1] Foucault, *Dits et écrits I* (1954~1975), p. 695.
[2] Foucault, *Dits et écrits I* (1954~1975), pp. 695~696.

实存主义强调介入,它以某种方式鼓动人们介入社会或从事政治活动。问题是,它优先强调的是理论,在主张理论与实践相分离的同时,要求理论被应用于实践。结构主义突出理论的地位,但同时认为理论就是实践,从而否定了理论与实践之间的距离,也就不存在介入的问题,或者说哲学家的理论活动本来就是接地气的。福柯关于监狱史的研究就是最好的说明。他表示:"差异并不在于我们现在把政治与理论分离开了,相反,正是在我们使理论与政治的关系最接近的范围内,我们才拒绝这些关于博学的无知的政治,它们是关于人们所谓的介入的政治。"①不无悖谬的是,实存主义基于处境意识维护了理论与实践之间的距离,而在结构主义那里,意识的解体却导致了根本无法把理论和实践真正区分开来。

在一段时间内,许多人都问过马克思主义是不是一门科学,他们针对精神分析学和文学文本符号学也不停地提出同样的问题。福柯就此表示,对于它们"是抑或不是一门科学?"这一问题,各种谱系学或各个谱系学家会回答说,"好啦,我们责备你们的恰恰是宣布马克思主义或精神分析或这种那种其他东西是一门科学,而我们之所以要对马克思主义提出异议,是因为它实际上可能是一门科学。"②简单地说,福柯主张的是尼采意义上的快乐的知识,而不是那种制度化的科学。对于马克思主义来说,作为局部批判策略是可以的,但被纳入制度化的系统中,让它扮演一种裁决者的角色是有问题的。按照他的描述,马克思主义作为诸科学的科学,能够形成关于科学的理论,并且对科学和意识形态进行分割,这显然是在扮演仲裁的角色;然而,这种仲裁、评判、普遍见证的地位却是他自己绝对拒绝扮演的

---

① Foucault, *Dits et écrits I* (1954~1975), p. 696.
② Foucault, «*Il faut défendre la société*», p. 11.

一个角色。①

福柯表示,如果说他就诸多问题进行了他进行的那些分析,这不是因为存在着一个他想要仲裁的争论,而是因为他已经与某些战斗——医学、精神病学和刑法——联系在一起,他从来没有打算从事关于各门人文科学的某种一般历史研究,也不对各门科学的可能性进行某种一般的批评。② 他的分析是理论的,同时也是实践的,因为他不是超然的评判者。就此而言,他显然不同意马克思主义是人道主义的,但并不因此就赞成马克思主义是科学主义的。他表示:"相对于把一些知识记载在科学特有的权力等级中的计划,谱系学将是一种解除对各种历史知识的奴役、并使它们获得自由,即能够对统一的、正式的和科学的话语的强制进行对抗和斗争的事业。重新激活局部的(德勒兹或许会说'少数人的')知识对于知识的科学等级化及其各种内在的权利效果的对抗,乃是这些无序的、碎块的谱系学的计划。"③

福柯的工作涉及诸多领域,其目标不是建构普遍的理论或进行一般的解释,而是为了让各种形式的被奴役的历史知识获得解放。他表示,在这些工作中,考古学是关于各种局部话语性的分析所固有的方法,而谱系学乃是从这样被描述的这些局部话语性出发使由此产生的屈从的知识运作起来的策略。④ 很显然,所有这些话语实践都属于哲学活动范畴,属于各种各样的小写的哲学,其中包含着哲学与非哲学、科学与非科学之间的张力。它们间接地解构了整个哲学史,因为它们实际上改写或重写了哲学概念。德勒兹的哲学史解读则是

---

① Foucault, *Dits et écrits II* (1976~1988), p. 29.
② ibid.
③ Foucault, «*Il faut défendre la société*», p. 11.
④ Foucault, «*Il faut défendre la société*», p. 12.

对哲学概念的更直接的改写。在评论《差异与重复》时，福柯表示自己有必要讲述德勒兹的这本书，它差不多就是他尝试着虚构的传奇，它对他产生了如此强烈的冲击，以致他认为整个西方思想史都要重写，因为它完全与关于形而上学的开始和终结的无数叙述是另一回事。①

福柯谈论《差异与重复》说:"它是一种新哲学的剧场、舞台和重复:在每一页的裸露的高原上，阿丽亚娜被勒死，忒修斯在跳舞，牛头人身怪在吼叫，复合神的随从爆发出笑声。已经有过哲学-小说(黑格尔、萨特)，已经有过哲学-沉思(笛卡尔、海德格尔)。在查拉图斯特拉之后，现在是哲学剧场的回归，绝不是对剧场的反思，绝不是充满各种含义的剧场。而是变成了舞台、各种人物、各种符号、一个独一无二且永远不会重新发生的事件之重复的哲学。"②德勒兹把哲学等同于剧场，而在舞台上发生的不过是事件，也即各种因素的运作或游戏。如果我们像福柯希望的那样翻开德勒兹的书，那么就像在成排照明灯的灯火亮起来后，在幕布拉开后，我们推开了剧场的一道道的门。我们会发现被引述的那些作者和数不清的注释，他们是在剧中表演的人物。

这些人物朗诵他们的文本，即他们在别处、在其他书中就其他场景宣读的，但在这里通过谨慎的拼贴和狡诈的技巧不一样地发挥作用的文本;他们有自己的角色，他们通常匹配喜剧演员、悲剧演员、戏剧演员三种角色:贝玑、克尔凯戈尔、尼采。③亚里士多德、柏拉图、司各脱、黑格尔、荷尔德林等人也出现在舞台上。哲学家或诗人及其文本，在德勒兹那里扮演某种角色，他们实际上是被拼贴在一起的。他

---

① Foucault, *Dits et écrits I* (1954~1975), pp. 795~796.
② Foucault, *Dits et écrits I* (1954~1975), p. 796.
③ ibid.

们出现,从来都不在相同的位置上,从来都不带着相同的同一性:有时喜剧地远离了他们承载着的阴郁背景却不知道这一点,有时戏剧性地接近(这就是柏拉图,哲人,有点趾高气扬,他驱逐那些粗漏的模仿,驱散那些坏的形象,排斥闪烁的外表,援引独特的样式:这种关于善的观念本身是好的,但这里有另一个柏拉图,几乎惊慌失措的,他在阴影中不再能够区分苏格拉底和冷笑的智者)。[1] 他们无疑代表的是各种异托邦。

很显然,福柯解读的、尝试着虚构的这一德勒兹文本,与德里达的那些文本是非常相似的,都是由被绑在一起的异质因素构成的。它们都展开了对理性中心论的批判,都试图消除哲学与非哲学、实存与虚构之间的严格界限。福柯把一切活动都视为哲学活动,德里达在哲学与文学之间进行解构操作,德勒兹认为哲学就在于创造新的概念,而这一切都表明,他们都是在哲学终结论的背景中从事哲学探究的。他们都打算抛弃僵死的、同一的哲学,但哲学必定浴火重生,尽管出现的是罗蒂所说的小写的哲学:"思想不再是朝向一些清楚的、很好地在它们的同一性中被确定的形式的一种目光,它是姿态、跳跃、舞蹈、极端的间距、绷紧的晦暗,这乃是哲学的终结(表象的终结)。哲学的开场白(差异的开场白)。"[2]解构让福柯、德里达、德勒兹成了无家可归并因此四海为家的流浪汉,而不像胡塞尔和海德格尔那样还想梦回希腊故乡。

福柯对德勒兹的解读的确呼应了德里达。他表示:"于是犯错/流浪的环节来了。不是像奥狄浦斯那样,没有君权的可怜国王,内在地有幻象的盲人;而是在加冕的无政府的昏暗庆典中流浪。我们从

---

[1] Foucault, *Dits et écrits I* (1954~1975), p. 796.
[2] Foucault, *Dits et écrits I* (1954~1975), p. 797.

此以后可以思考差异与重复。即不是表象它们,而是做成它们和玩耍它们。处于其强度的最高层的思想,本身将是差异与重复;它将使表象寻求集中的东西有差别;它玩弄顽固的形而上学寻找其起源的不定的重复。"①德勒兹在差异与重复的舞台上展开游戏,既有的各种哲学和各位哲学家则成了游戏场中的角色。这一游戏一下子就抛弃了各种同一性哲学和各种矛盾哲学,各种形而上学和各种辩证法,亚里士多德连同黑格尔;远不止于此,它还意味着突然拒绝各种关于明见性和意识的哲学,胡塞尔和笛卡尔都一样;最终说来,这乃是拒绝关于同一的巨大形象,这种同一从柏拉图到海德格尔从未停止在其循环中禁闭西方形而上学。②

福柯在尼采(哲学家)、萨德(作家)、荷尔德林(诗人)等人那里都看出了当代性的苗头,但始终把尼采视为当代性的缘起;而他之所以器重德勒兹,无疑因为后者的尼采式的生命主义。尼采和德勒兹都是哲学家,但显然是新哲学家,他们带给我们的是异质因素杂陈其间的别一种哲学。那么推进了尼采所预示的当代性的德勒兹究竟带来的是什么呢?福柯认为是一些使"我们"自由以便思考和喜爱在"我们的文化"中自尼采以来就在嘟哝的东西,也就是一些不服从的差异和一些没有起源的重复,它们摇动了我们的已经熄灭的古老火山,它们自马拉美以来使文学爆裂了,它们分裂并多元化了绘画空间,它们自韦伯恩以来中断了音乐的牢固线索,它们宣布了我们的世界的全部断裂。③ 总之,这种后自由表现在哲学、文学、绘画、音乐等诸如此类的领域。

在当代的所有文化领域中,都出现了摆脱同一性、走向多元性的

---

① Foucault, *Dits et écrits I* (1954~1975), p. 797.
② Foucault, *Dits et écrits I* (1954~1975), p. 798.
③ ibid.

情形,因此不再有想象中的统一的乌托邦,而是存在着在现实中的多样的异托邦。福柯和德勒兹都让我们关注今天,但今天或现在不再属于时间之流,而是差异的展开或差异之差异的展开在其中游戏的场所。总之,我们思考今日的各种差异、把今天思考为诸差异之差异的可能性。① 这正是时间的空间化的写照。福柯总结说:"德勒兹的书,乃是这些我们所是的差异、这些我们所做的差异、这些我们在其间流浪的差异总是新颖地在那里上演的神奇剧场。在很久以来就写成的全部著作中,最独特的、最不同的书,最好地重复了各种渗透我们和驱散我们的差异的书。现在的剧场。"②真正重要的不是差异,而是差异在舞台上的表演,这类似于德里达所开的"柏拉图的药店",而柏拉图的书(甚至全部的书)也就成了良药和毒药都在其中展示其不定的转换的游戏场。

---

① Foucault, *Dits et écrits I* (1954~1975), p. 798.
② Foucault, *Dits et écrits I* (1954~1975), p. 799.

第四章 心语与物语

当代性意味着空间思维转向，而当代思想家为我们展示的尤其是话语空间。在巴特那里，当代性意味着符号的分裂；在德里达那里，当代性意味着语言的通胀；从福柯的角度看，当代性则意味着话语的扩张。巴特对符号的分解、德里达对书写的展示和福柯对话语的描述都意味着话语霸权时代的真正来临。正是语言的这种分裂、通胀或扩张导致了包括主体的终结在内的一系列终结。然而，问题不在于空谈终结或死亡，而在于、并且首先在于清理终结或死亡之后留下的巨大的话语空间。福柯的时代是真实世界与虚拟世界杂然共存、难以区分的时代，而他的整个努力都是在话语空间中清理西方文化演变的逻辑。这是一种物质/物性的而非观念/心性的逻辑，或者说，他始终致力于在空间思维转向的引导下来描述话语世界及其物性特征。

第一节 神话与心语

福柯对话语，尤其是人文科学话语进行描述，目标是充分展示话语的物性(物质性)，但是，话语也有其心性(观念性和精神性)，甚至有其神性(神圣性)，因此需要在历史演进中来清理话语的当代命运是如何形成的。确实,一旦涉及当代性问题,就应该考虑当代性提问法的源头何在。针对当代性或后现代性溯源,我们一般都会想起从尼采的"神死了"中读出"人死了"的海德格尔。关于这一点,我们在后面一章将更多地提到。我们在这里从另一个角度提到海德格尔在当代性问题中扮演的角色,突出的地方就在于他对语言问题与神学及存在论关系的清理。在这位存在哲学家看来,哲学史实为存在的遗忘史,而根源就在于传统哲学忽视了存在与存在者之间的存在论差异。传统哲学致力于探寻存在,实际上关心的却是存在者,而最高的或最后的存在者是神。这就确立了存在论与神学的直接关联。

在海德格尔通过对话黑格尔而展开的哲学史读解中,存在-论/存在-逻辑学(l'onto-logie)和神-学/神-逻辑学(la theo-logie)由于某种统一性而共属一体,即形而上学归根到底是存在-神-逻辑学(l'onto-theo-logie)。通常认为,存在学(l'ontosophie)、存在论以及神学之学(la logie)与任何具体科学之学无别,海德格尔却认为它在整个科学体系中扮演着决定性的基础角色:"'学'始终是论证关系的整体,在其中,诸科学的对象在它们的根据方面被表象和理解。可是,存在论和神学之所以是'学',乃是就它们探究存在者之为存在者和论证存在者整体而言。它们对作为存在者之根据的存在做出论证。它们面对逻各斯做出答辩,并且在一种本质意义上是遵循逻各斯的,也即是逻各斯的逻辑学。因此,更准确地说,它们被叫作存在-逻辑学和神-逻辑学。更合乎实情、更明确地来思,形而上学是存在-神-逻辑学。"①

任何的学都从属于逻辑学(la logique),而逻辑学源自逻各斯

---

① 海德格尔:《海德格尔选集》,上海三联书店,1996,第832页。

(le logos)。逻各斯最初的、最根本的含义是言和谈,随后才演变出理性、命题、逻辑、判断以及其他相关的含义。在哲学的历程中,存在着从神的无限理性到人的有限理性进而到人的非理性的过渡。在古代哲学中,作为普遍科学的神学占据支配地位,在现代哲学中,存在着从作为普遍科学的理性心理学到作为具体科学的实验心理学的演变,而在当代哲学中,作为自然科学的物理学与作为精神科学的人学形成了合流。三大哲学阶段分别涉及古代性(无限理性)、现代性(早期现代的大理性/普遍理性与后期现代的小理性/科学理性)和当代性(非理性)问题。福柯关于文艺复兴时期知识型的论述在很大程度上包含了他没有能够专题论述的古代知识型,正像他关于后期现代知识型的论述预示了他没有正式表述的当代知识型一样。

笛卡尔的现代哲学既对古代哲学有某种流连,又预示了当代哲学的个别形态。以它论证的神、心和物三个实体为基础,我们可以描述话语在西方文化中的演进,即展现从"神话"/"神"话/神"话"到"心语"/"心"语/心"语"再到"物语"/"物"语/物"语"的变迁。简单地表述,这一切涉及从神话到心语进而到物语的转换。严格说来,唯有古代哲学才把神奉为最高的、最后的存在者;尽管早期现代哲学以这种或那种方式预设了神,它关注的存在者却是人,大写的人,尽管福柯并不承认这种追求无限理性的人;后期现代哲学不再把神作为最后的根据,它宣布了神的死亡,并且关注小写的人,也就是福柯所说的满足于有限理性的人;而在当代哲学中,不仅神死了,人也死了,它真正关注的存在者因此是物,也就是福柯认同的利奥塔意义上的非人。

神话意味着神在说话(或人在神那里说话)和关于神的话语(或关于人的神性的话语),它主要在古代哲学中存在,但早期现代哲学依然有其残存的形态。心语意味着心在说话和关于心的话语,它主要归属于现代哲学,但现代哲学应该区分为早期现代和后期现代两种形态:即现代哲学围绕主体/人展开,但存在着早期现代意义上的普遍理性主体和后期现代意义上的个体实存主体的区分;前者强调心身二分,后者主张身心统一;前者主张人就是一个心灵,身体被撇在一边,后者认定人是人的身体或我是我的身体,即人是一个肉身化的心灵/灵性化的身体;前者强调绝对内在性,后者主张内在性有其外在显现;前者主张观念性/理想性,后者突出理想的现实化或观念的处境化。物语意味着物在说话和关于物的话语:当代哲学主张主体死了或者说人死了,这意味着心不见了,并因此突出了物的地位,其中尤其包括了人的物性维度。

最能体现早期现代哲学特征的是笛卡尔式的心灵概念,它维护纯思,但它在一定程度上延续了古代哲学的灵魂概念,因为他把神作为纯思的保证或界限;它也包含了后期现代哲学的精神概念,引出了反思前的我思,暗含了我能对于我思的优先性问题;它甚至包含了当代哲学的心智概念,这很容易把心理功能还原为物理现象。就像任何话语一样,哲学话语包含了谁说、说什么和如何说三个方面,经历了从神的角度谈人、从心的角度谈人以及从物的角度谈人三大阶段;真正说来,作为人学的哲学在其历史进程中分别以不同的方式关注人性,分别关注的是人的神性、人的心性和人的物性。人的心性有观念性/理想性和处境性/现实性的区分,前者意味着人有向神性/神圣性提升的空间,后者则表明人有向物性/平庸性坠落的危险。通过对话语演变的描述,我们可以揭示出人性从神圣性到观念性、进而到精神性、最终到物质性的变迁。

在古代哲学中,是神在说话,或者说古代哲学是由关于神的话语构成的,神常常通过神谕/奥秘以隐晦的方式说话,古代的哲学话语因此是神话①/圣言。真正说来,是人在神那里说话,他借助对神谕/奥秘的解读隐喻地表达人的神性维度。苏格拉底接受德尔斐神谕"知道你自己"却始终强调"自知其无知",无疑最好地表达了人在古代哲学的神话秩序中的命运。古希腊罗马哲学和中世纪哲学主要表现为存在论,其实质尤其体现为存在-神-逻辑学。这是因为,它们关注世界的本原或始基,意味着为人的存在寻找超越的根据。一些哲学家关注人的身体维度,另一些关注人的灵魂维度,从而分别强调了世界的物质本原和精神本原,但这两种本原只有相对超越性,它们最终依赖于神的绝对超越性。实际上,古代哲学的全部形态都突出超自然的目的,都有其神学指向。

西方哲学具有强烈的普遍科学理想,这在古代哲学中是以神学形式出现的。海德格尔指出:"如果科学必须以神为开端,那么,它就是关于神的科学,即神学。"②这意味着一种理性神学,希腊意义上的科学、哲学和神学在这里是三合一的。亚里士多德表示:"为知识自身而求取知识的人,以其最大的努力求取最高的科学,这种科学就是最可通晓的科学。最初原因是最可通晓的。"③他对原初的东西或本原进行思辨,这纯粹出于好奇,完全是为了知而求知。这既是对智慧的追求,也是对奥秘的喜好。这种最高科学其实不是人力能够达到

---

① 叶秀山先生告诉我们,mythos 和 logos 有一些相同的地方,如它们都指谓着"说"和"话",但却有着不同的"说话"方式,其基本的区别或许在于:前者为"讲""故事",后者为"讲""道理"。很显然,我们在本文中所说的"神话"与他所讲的 mythos 有非常大的不同。但就它们都涉及"说"和"话"的意义上、在它们说的是"不朽的神的故事"的意义上、在区分"神话"和"人话"、区分"神""说话"和"人""说话"的意义上,它们之间还是有诸多相通之处的。参叶秀山:《永恒的活火:古希腊哲学新论》,广东人民出版社,第86~89页。

② 海德格尔:《海德格尔选集》,第828页。

③ 亚里士多德:《形而上学》,982b,参《亚里士多德全集》,第7卷,中国人民大学出版社,1992,第30页。

的,唯神才有这样的特权,人没有资格去求取就自身而言的科学。①这样一来,哲学是最神圣的、最高尚的,而神圣只有两层含意:或者它为神所有,或者某种对神圣东西的知识;只有哲学才符合以上两个条件,神是宇宙万物各种原因的始点,唯有神才最大限度地具有这种知识。② 无论如何,在古希腊罗马文化以及中世纪文化中,哲学实为神学。

　　古代哲学当然讲道理,但它也经常讲故事(讲神话故事)。神话既充斥于《荷马史诗》和奥菲斯教派的著作,也占据了《理想国》和《形而上学》诸多篇幅。如果没有"神话"/"神"话/神"话","人话"/"人"话/人"话"就缺少了根据,没有了价值。由此说来,古代哲学强调神在说话。整个古代哲学关注的都是灵魂,尽管有植物灵魂、动物灵魂和理性灵魂的区分。这种区分也表明,物质和精神并不是断然二分的,因为灵魂把人以及万物都导向神性。尽管人只有有限理性,但他追求无限理性,从有限到无限似乎存在着某种神秘的通道。当然,在希腊哲学中,理性并不是每一个人都具有的,只有个别高贵的人才能够真正分有无限理性和神性。人的尊严显然来自绝对超越性,理性出自"神"授或"天"赋,有理性者实为神的选民。总之,古代哲学主要言说人的神性,它从神性的角度探讨人与世界或者说小宇宙与大宇宙的关系。

　　如果说中世纪哲学只承认唯一的神,希腊哲学则面临着一与多的关系问题。也就是说,古希腊哲学属于多神信仰的时代,专于一神是后来的事情,而且直接受益于希伯来文化。尽管如此,柏格森把柏

---

① 亚里士多德:《形而上学》,982b~983a,参《亚里士多德全集》,第7卷,第31-32页。

② 亚里士多德:《形而上学》,983a,参《亚里士多德全集》,第32页。

拉图的理念的理念或亚里士多德的形式的形式说成神①依然是有道理的,因为他们预示了后来的理性神学。古代哲学虽然强调逻辑,却往往借助神话或隐喻。在柏拉图哲学中,日喻成了奠定西方理性主义基础的最大神话或最大隐喻。依据柏格森的解读,亚里士多德为我们证明了在宇宙的运动中万物对神圣完美的向往,并因此向着神上升;然而他另外又把宇宙运动描述为神与万物接触的后果,并因此是神向万物的下降。② 亚里士多德意义上的有理性的人向往无限理性或神性,而他事实上也取决于无限理性或神;换言之,古代哲学中的理性只不过是极少数享受神恩的人对于无限理性的分有。

无论如何,或以物质为起点、或以灵魂为开端,古代哲学最终都指向作为绝对超越者的神。它以神的口吻隐秘地讲述人是如何追求其神圣、崇高、超越、无限、永恒和不朽的。人是一个神秘的小宇宙,他与大宇宙的关系是与自己的终极根据的关系,意味着他对整个宇宙秩序或神性的分有。我们从福柯关于文艺复兴时期的知识型的论述中可以推知,就包括人在内的小宇宙彼此之间、它们与整个大宇宙之间的关系而言,神在古代文化中究竟扮演了何种角色:"微观和宏观的关系对于中断相似和符号的无限波动是必不可少的,同样,应当以相同的方式在金属与商品之间设定某种关系,它能够最大限度地确定贵金属的总体商品价值,并因此以肯定的、确实的方式校正所有食品的价格。这种关系,乃是当神在地里深埋金银矿时,当神使它们如同地上的植物的生长和动物的繁殖一样缓慢增长时,被确立起来的关系。"③

---

① Bergson, *L'évolution créatrice*, in *Œuvre*, p. 790.
② Bergson, *L'évolution créatrice*, in *Œuvre*, p. 768.
③ Foucault, *Les mots et les choses*, pp. 183~184.

这需要考虑物品之间、物品与金子之间具有的数学规则和比例，这种计算还需要推广到更大的范围，而这一切只能由神来掌控："这个卓越而穷尽的计算，只有神才能作出来：它符合另一个把小宇宙的每个要素与大宇宙的每个要素关联起来的计算。"①文艺复兴代表了一种新文化，但它深深地依赖于古代文化，神性思维还扮演着重要角色。在这一文化中，整个世界都被视为神的造物，所以物与物相互标记，而不存在只起标记作用的词。尽管如此，世界的面孔毕竟还是被一些纹章、一些特征、一些密码、一些模糊的词，即一些象形文字所覆盖，因此标记系统颠倒了从可见者到不可见者的关系，进而提出了识别和解释的要求：由各种直接相似构成的空间似乎变成了一本翻开的大书，我们在整个书页中看到的都是一些彼此交织、有时相互重复的奇怪形状，剩下的只是去译解它们。②

在描述这一时期的词与物关系或者说知识型时，福柯用了接受梅洛-庞蒂的灵感的"世界的散文"这一表达，而后者又受到了来自黑格尔的启发。他们三个人对散文有不同的理解，他们的"世界"观显然是不同的。黑格尔和梅洛-庞蒂分别在早期现代和后期现代语境中使用散文一词，福柯的使用则具有当代的意味。勒福尔在为梅洛-庞蒂《世界的散文》写的"致读者"中表示："黑格尔说罗马政体是世界的散文。"③黑格尔其实没有直接这么说。他认为罗马世界的精神的特点是抽象概念和死板法律的统治，是美和爽朗的道德生活的破灭，但这种政治道德的原则是和真正的艺术不相容的，所以我们在罗马看不见美的、自由的、伟大的艺术，罗马人特有的艺术方式基本

---

① Foucault, *Les mots et les choses*, p. 184.
② Foucault, *Les mots et les choses*, p. 41.
③ 梅洛-庞蒂：《眼与心·世界的散文》，第96页。

上是散文的方式。① 艺术的散文性意味着精神和自由的丧失,这自然是黑格尔不能接受的。

散文性意味着语言的表象功能,表明语言具有观念性。然而,在梅洛-庞蒂看来,任何语言都有其诗意的维度,因此是散文性和诗意性的结合,从而应该区分平庸的散文和伟大的散文。无论如何,他试图从散文概念中发掘出语言的物质性维度。当福柯用"世界的散文"来表达文艺复兴时代的词与物关系时,他想要表达的是,两者的关系处于某种混杂的情形中。这是因为,在那一时期,词本身就是物,还没有从物的链条中独立出来,它当然可以代表其他事物,但它具有自身的维度。福柯分"四种相似性"、"各种各样的标记"、"世界的边界"、"对万物的书写"、"语言的存在"五节来描述文艺复兴时代的知识型,表明了词与物关系的独特性。物与物之间的关系是由相似来表达的,用来标记这种相似的记号本身也是相似的,即在物与物、词与物、词与词之间都以相似为原则、为纽带。作为相似的记号而运作的相似就是所谓的标记。

福柯认为世界系统和标记系统在文艺复兴时期有着同样的结构,即标记及其标记的东西具有同样的性质,尽管它们具有不同的分布规律。无论如何,通过引入标记,文艺复兴的世界闭合了,在我们面前展现的是词与物不分的、既神秘又公开的一个世界。标记、标记者和被标记者都属于相似,相似由此具有普遍性,尽管存在着可见性与不可见性的不同与转换。标记成为由物构成的世界的一部分,这就突出了处于自然秩序中的词或符号的物性。这种既神秘又公开、既不可见又可见的词与物关系造成了符号学和解释学的重叠。福柯写道:"我们无妨称那些让符号说话并揭示其意义得以可能的认识和

---

① 黑格尔:《美学》,第二卷,商务印书馆,1996,第267~268页。

技巧之集合为解释学,称那些让我们分辨各种符号之所在、界定把它们构成为符号的东西之所是、认识它们的各种联系以及它们的链条的诸规律得以可能的认识和技巧之集合为符号学:16世纪把解释学和符号学重叠在相似的形式中。"①

寻找意义,就是去阐明那些相似的事物;寻找符号的规律,就是去发现那些相似的事物;掌握把事物关联起来的语法,就是对它们进行注释;它们所讲的语言要告诉我们的不外乎是把它们结合起来的句法。事物的本性,它们的共存,把它们联系在一起的、它们借以交流的链条与它们的相似性并没有什么不同。这个相似只出现在从这个世界的一头贯穿到另一头的符号网络中。很显然,文艺复兴的世界是物性的世界,而神性是物性的保障或象征。事物还没有被人纳入观念的秩序中,还没有进入人化的自然中,而神在很大程度上代表了或维持着事物的自身维度。语言显然具有神秘性,这不是就其口头形式而是其书面形式而言的。16世纪承认各种语言在历史上是相继出现的,并且一种能够产生另一种。那些最古老的语言就是母语,而这种作为母语的最古老的语言是神的语言,因为当神向人类说话时,它是神的语言。②

书写在文艺复兴时期至为重要,福柯甚至用了"对万物的书写"这一表达,这显然涉及语言的神性。他告诉我们,语言和物在一个对于它们而言共同的空间中的如此交织,假定了书写的一种绝对优势地位,这一优势支配了整个文艺复兴时期,而且或许是西方文化的重大事件之一;事实上,印刷术、各种东方手稿到达欧洲、一种文学的出现、宗教文本的解释都表明,语言从此以被书写为其首要性质。③ 神

---

① Foucault, *Les mots et les choses*, p. 41.
② Foucault, *Les mots et les choses*, p. 104.
③ Foucault, *Les mots et les choses*, p. 53.

以书面形式把语言引入世界,声音只不过是书写的转瞬即逝的、不稳定的翻译。福柯写道:"以其最初的形式,当它通过神本身被给予人类时,语言是万物的一种绝对确定而透明的符号,因为它和它们相似。那些名词被置于它们指称的东西之上,就如力量被写在狮子的身体中,王权被写在老鹰的目光中,行星的影响通过相似的形式被标记在人们的前额上。"①

作为现代哲学的开启者之一,培根认为古代哲学意味着迷信、意味着神学杂糅其中,而毕达哥拉斯和柏拉图及其学派是或公开或隐微的两个例子,进而言之,其他哲学家的情形也大体相同,比如,人们引进了抽象的形式,引进了目的性原因和第一性原因,而在最多数情节上删除了中间性原因。② 培根显然同时批判了亚里士多德。事实上,从方法论的角度,尤其应该批判亚里士多德,这也是培根用自己的新逻辑工具取代亚氏的旧逻辑工具的原因。然而,培根还坚持双重真理说,在其哲学中依然为神和神性预留了位置。笛卡尔试图撇开柏拉图哲学、亚里士多德哲学以及经院哲学,直接读解自然这本大书。和培根一样,他无疑要求从人的神性转向人的心性,尽管还不得不预设作为第一实体的神及其神性。他这样表示:"要知道我们清楚分明地构思的一切东西都按照我们构思它们的那样是真的。"③

在笛卡尔开启的早期现代哲学中,是人在说话,或者说早期现代哲学是由关于人的话语构成的,哲学话语也因此是人话/人言。由于人在这一时期是没有身体的心灵,人话实为心语。心语当然是心里话;人可以清楚分明地说出心中的思想或观念。真正说来,人不再依赖于神,他在自己的内心中或内在意识中自说自话,他借助对象构造

---

① Foucault, *Les mots et les choses*, p. 51.
② 培根:《新工具》,商务印书馆,1984,第 39 页。
③ 笛卡尔:《第一哲学沉思集》,第 12 页;Descartes, *Méditation métaphysiques*, p. 62.

来表达自己的理想性/观念性。希腊哲学意义上的人既分有自然的物性、又分有神的神性，这种情形显然是由多神论造成的；基督教哲学意义上的人完全分有神性，物性被抛在了一边。无论如何，古代哲学中的人被神化了，而早期现代意义上的人从天上回到人间，从绝对超越性走向了绝对内在性。然而，人虽然逐步摆脱了神性，却没有因此获得物性。早期现代性在哲学与神学、理性与信仰的关系中维护前者的地位，虽然有时也会假借后者的权威，甚至还被笼罩在圣宠的阴影之中。

尽管存在着大陆唯理论和英国经验论之争，早期现代哲学的主导形态是观念主义，包括主观观念主义、客观观念主义和先验观念主义。大陆哲学尤其表现为先验观念主义，在心灵与身体/物体、观念与物质、知性与情感、理想与现实的关系中，前者具有针对后者的绝对优势地位。这是一个坚持普遍科学理想和大理性主义的时代，它以理性主体为中心，维护由自由、解放、平等、博爱、知识就是力量等启蒙观念构成的大叙事。然而，这些大叙事既不是对奥秘的解读，也毋须繁琐论证，特别强调的是理智直观或心灵洞见。笛卡尔把知识比作一棵树：形而上学是树根，自然哲学是树干，各种具体科学则是树枝和果实。笛卡尔通过树喻或知识树为我们勾勒了一幅关于普遍科学理想的图景，一切都可以在普遍数理秩序中被量化，因此一切都是可说的，是可以说清楚的，这意味着祛魅或去神秘化。

笛卡尔在其哲学中保留了神的地位，尽管存在所谓的循环论证问题。神的存在可以从我思中推断出来，他因此成为理性的一种可有可无的摆设；自然的神秘逐步消逝，成为没有任何有机联系的机械客体；人则成了失去独特性的理性主体。在清楚分明的观念秩序中，认识中断了与预言的古老的亲缘关系。在福柯看来，预言总是设定了一些先于自己的符号，以致认识总是整个地寓于一个或被揭示的或被证明的或被秘密地传递的符号的张开状态中,其任务就在于揭示一种由神预先分布在世上的语言,正是在这一意义上,它借助一种本质上的隐含来预言,它预言神圣的东西;但从现在起,符号将在认识内部开始意指,它正是要从认识那里借用其确定性或其或然性,虽然说神仍然利用一些符号透过自然向我们说话,但他利用了我们的认识以及一些在印象之间确立起来的联系,为的是在我们的精神中建立起一种含义关系。①

在早期现代时期,第一哲学是认识论,它解决认识如何可能的问题,追本溯源的存在论并不重要,解释学也没有任何助益。我们毋须解释神圣的奥秘,不用揭示自然的神秘,更不用说明人与人之间的复杂关系。然而,情感或感觉似乎会对理性的绝对主宰构成困扰,神的预设由此有了必要。福柯描述了马勒伯朗士的情感概念和贝克莱的感觉概念与这一设定的关系:在自然判断中,在情感中,在各种视觉印象中,在关于第三维的知觉中,我们其他人(因为我们不是纯粹精神)不再有空闲或不再被允许自己去而且仅仅借助我们的精神之力量去获得的正是一些仓促的、混乱的、却又迫切的、不可避免的和强制的认识(它们充当了各种话语认识的符号),在他们那里,由神安排的符号是两种认识的巧妙的、预备圣宠的重叠。② 理性与感觉或情感处于对立的两极,正是神预先安排了它们之间的和谐。

神在早期现代时期的作用无论如何明显被降低了,因为不再有任何预言,不再有被合并在符号的谜一般的、开放的和神圣的空间中的认识。③ 尽管如此,在福柯看来,这一时期或许仍然是神在说话,或者说话语的对象仍然是神,这与他所说的人在当时还没有

---

① Foucault, *Les mots et les choses*, p. 73.
② Foucault, *Les mots et les choses*, pp. 73~74.
③ Foucault, *Les mots et les choses*, p. 74.

出场是一致的。一切都被纳入表象空间之中,它们丧失了独立的存在,只能在由神维持的无边秩序中找到其位置。语言在这一时期具有充分的表象功能,而根据表象和真理来谈论语言意味着使语言神圣化。① 依据福柯的分析,或许神与其说是知识的一个彼岸,不如说是属于我们的句子这边的某个东西;如果说西方人与神是不可分割的,这并不是由于某种跨越经验的各种边界的顽强倾向,而是由于他的语言不停地在自己的各种法则的阴影中策动神;福柯进而借助于尼采的话告诉我们,他很担心我们永远摆脱不了神,因为我们仍然相信语法。②

在 16 世纪,解释扮演着重要角色,它甚至具有本体论的地位,它从世界(既是物,又是文本)通向在这个世界中被辨识出来的圣言,神因此引导着人的解释;在 19 世纪,解释再度扮演重要角色,但作为一种人文科学领域的认识功能出现,人致力于对文化现象进行解释,完全摆脱了神的支配。既与 16 世纪不同,又与 19 世纪有别,17、18 世纪没有解释的地位,语言成为观念的透明的工具,但观念出自天赋理性,语言同样出自天赋理性,因此一切都处于神圣的秩序之中。这是福柯的独特看法,其他哲学家则会告诉我们,神只是一个假定,人及其心性才扮演着首要的角色。笛卡尔哲学是一种意识哲学,它强调内在性,突出的特点就是以普遍理性否定个体和他人,把可能的差异或他性重新纳入同一中。在我是心灵,而心灵的唯一功能是思维且思维实为逻辑之思的意义上,早期现代哲学中的说话者是大我,人的神性由此让位人的心性。

人有其良知,而良知是唯一使我们成为人、使我们异于禽兽的东

---

① Foucault, Les mots et les choses, p. 95.
② Foucault, Les mots et les choses, p. 311.

西,它在每个人身上都是不折不扣的,个体之间的偶性无损于他们的本性和精神的完善。① 笛卡尔的我思是人类的一个宏大事业,而从我思到我说是顺理成章的事情,于是心语在这一时期就成了关于人类思维活动的大叙事。无论如何,我思非常自然地转换成了我们思,而从我们思到我们说更没有任何障碍。我们究竟要说什么呢?究竟该如何说呢?笛卡尔要求我们清楚分明地说清楚分明的东西。神、心和物三个实体的明确区分,它们各自属性的明确规定,都是清楚分明的体现。17、18 世纪属于分析的时代,而任何的分析最终都归结为表象分析,也可以说是观念分析。无论如何,表象在早期现代时期扮演着核心角色,尽管经验论突出的是直观表象,唯理论强调的是概念表象。

在表象分析中,符号不再与事物混杂,由此出现的是词与物的分离,而精神有必要扮演某种角色。这里所说的精神与直至后期现代时期才出现的人或主体不是一回事。福柯写道:"由于精神在进行分析,所以符号才出现了;由于精神掌握着一些符号,所以分析不停地进行下去。人们能够理解为什么从孔狄亚克到特拉西再到热朗多,普通符号学说和对思想分析的力量的界定会在独一无二的认识理论中非常精确地重叠在一起。"②符号在文艺复兴时期的三元结构现在被二元结构取代了。然而,符号结构要达到纯粹二元性,需要一个条件:"在它要么联合要么替代的或观念或形象或知觉的简单存在中,能指因素并不是一个符号。只有当它还另外显示了把它与它意指的东西联系起来的关系时,它才能成为一个符号。"③总之,二元结构以

---

① Descartes, *Discours de la méthode. Les passions de l'âme*, Bookking International, 1995, p. 16.

② Foucault, *Les mots et les choses*, p. 75.

③ Foucault, *Les mots et les choses*, p. 78.

表象为前提。

当我们只是认为一物在表象另一物时,我们关于它的观念就是关于符号的观念,这第一物就被称作符号;能指的观念一分为二,因为在取代另一个观念的那个观念上面重叠了它的表象能力的观念;人们于是就拥有了三个项:所指的观念、能指的观念,以及在后者内部,它的表象作用的观念。① 这并不意味着偷偷地回到了三元系统,因为所谓的第三项完全在能指内部:"事实上,能指只把它所表象的东西作为整个内容、整个功能、整个规定性,它对于这种东西来说是完全有序的、透明的;但这一内容只能在一种如此表现出来的表象中被指明,而所指既无保留也没有不透明地寓于符号的表象之内。"②早期现代时期特别关注表象,一个观念能够成为另一个观念的符号,这不仅仅因为在它们之间可以确立起一种表象关系,而且还因为这一表象总是能够在那个进行表象的观念之内获得表象。③ 表象本身是可表象的,符号就是表象的表象性。

这种表象主义产生了相当重要的一些后果。首先是符号在早期现代思想中的重要性,因为表象分析和符号理论完全是相互渗透的,而由于对符号的强调,语言没有了自身价值:"一旦语言的实存被省略掉了,唯一继续存在的只有它在表象中的功能:它的话语本性和功效。"④简单地说,语言被定位在表象中,而词承担的任务是充当事物的透明的、无歧义的符号。⑤ 其次,符号在表象领域的普遍扩张排除了含义理论的可能性。全部表象相互之间都作为符号而联系在一

---

① Foucault, *Les mots et les choses*, p. 78.
② ibid.
③ Foucault, *Les mots et les choses*, p. 79.
④ Foucault, *Les mots et les choses*, p. 96.
⑤ White, *The Content of the Form: Narrative discourse and historical representation*, p. 123.

起，它们似乎构成了一个巨大的网络，没有哪种特殊的意识活动能够构成一个含义，所以早期现代的表象思想排除了含义分析。最后，或许一直延伸到当今时代的最新后果是，符号的二元理论依据一种基础的关系与普通表象理论联系在一起。能指与所指之间的纯粹而简单的关联只能在一般的表象要素内确立起来。因此，早期现代符号理论必然把一种观念学作为基础和哲学辩护提供出来。这意味着一切都被观念化了，观念的秩序优先于事物的秩序。

众所周知，笛卡尔从普遍怀疑谈起，但最终追求的是确定性。他强调指出："我可以把我们十分清楚、十分分明地构思的全部东西都是真实的确立为总则。"① 在关于心、物和神的论证中，笛卡尔都以清楚分明为原则。第一位的要求是在认识心灵不朽之前给心灵做一个清楚明白的、并且与我们就物体拥有的全部概念完全分明的概念，进而要求对物体的本性有一个分明的概念。② 这种所谓的清楚分明是为了确保心灵和物体彼此不相混杂。两个实体之间最突出的分别在于，前者是不可分的，后者是可分的。为此，在两个实体内部也要删繁就简，确保其单纯性："既然思想和广延可以被认为分别构成了理智实体和物质实体的本性，那么它们必须被认为无非就是思维实体本身和有广延的实体本身，即心灵和物体。这样一来，我们将对它们有一种清楚分明的理解。"③

在严格区分两个实体，并通过分别仅仅强调思维属性和广延属性来确保它们各自的单纯性的同时，笛卡尔认为神是一个至上完满的观念，我们对神具有的观念是在我们的精神的所有观念中最真实、

---

① 笛卡尔：《第一哲学沉思集》，第38页；Descartes, *Méditation métaphysiques*, p. 99.
② 笛卡尔：《第一哲学沉思集》，第11~12页；Descartes, *Méditation métaphysiques*, pp. 61~62.
③ Descartes, *The Philosophical Writings of Descartes*, Vol. I, p. 215.

最清楚、最分明的。① 如此一来，形而上学的全部工作就是清楚分明地确定观念之间的自然秩序。观念是天赋的，这表明人留有神性的残余，但我们最终通过理智直观或者心灵洞察来把握观念之间的关系。笛卡尔关于蜡块的例子表明，我们不是通过眼睛看世界，而是通过精神审视世界。而窗外行人的例子则表明，我们不是通过眼睛看他人，而是通过精神判断他人。显然，清楚分明最终取决于自然之光。自然之光与神性有剪不断的关联，但严格地局限于人的理想性或观念性，并超然于人的现实性或物质性。早期现代哲学专注于观念分析，而语言可以清楚分明地表象各种观念，这完全是因为观念性具有针对物质性的优势地位。

语言在早期现代哲学中并不占有重要的地位，因为它只是用来表象某些观念的符号。我们通常依据语法使用语言来表象我们的清楚分明的思想/观念。语言是区分人与动物的一个重要因素，因为唯有语言能够表象思想/观念。延续古代哲学传统，笛卡尔依然通过讲故事来讲道理。他表示，他的计划不是教授每个人为了正确行使自己的理性都应当遵循的方法，而是使人们明白他是以何种方式尽力行使自己的理性的，它提供的只是一个故事，甚至是一个传奇。② 在这一故事或传奇中，主人公是我，是人，实际上是我们，甚至可以干脆地说是理性，而机器或动物绝不能像我们一样使用言语或其他符号向其他人表示我们的思想。③ 鹦鹉可以学舌，但它并不拥有语言，因为它没有需要表达和传达的观念/思想。在早期现代哲学中，意识、

---

① 笛卡尔:《第一哲学沉思集》，第50页；Descartes, *Méditation métaphysiques*, p. 119.
② Descartes, *Discours de la méthode. Les passions de l'âme*, p. 17.
③ Descartes, *Discours de la méthode. Les passions de l'âme*, p. 73.

语言和表象是三合一的,语言问题在其中只是一个完全技术的问题。①

早期现代哲学认可人同此心,心同此理。心灵是自然之镜,语言是观念之镜;自然是透明的,心灵也是透明的,语言同样是透明的。我们生活在一个完全祛魅的世界之中,我们其实就是这个完全透明的世界,小宇宙和大宇宙仍然一致,但不再像文艺复兴及此前那样神秘地保持一致,而是在透明中保持一致。包括笛卡尔哲学在内的大陆早期现代哲学都是反思哲学,语言和事物都被纳入表象的秩序中,因此被内在化和观念化了,一切都围绕观念的秩序展开,而普遍语法正是关于这一秩序的体现:"真正说来,语言是从表象到反思的具体纽带。与其说语言是人们相互之间交往的工具,还不如说它是表象必然借以与反思沟通的途径。这就是为什么对哲学来说,普遍语法在18世纪期间获得了如此多的重要性。"②早期现代时期很少有关于语言的专题哲学研究,因为普遍语法已经足以完成哲学层次上的语言分析的任务。

早期现代时期设定了神,但神一步一步地从思想或文化的舞台上趋于消失。福柯显然不认同这一看法。在他看来,大写的秩序或者说普遍的表象秩序表明,是神而不是人主宰着这个时代。尽管如此,由于科学不断地提升自己的地位,于是不可避免地出现了神学与科学之间的冲突或张力。当然,此时的科学还是普遍科学,它与理想性/观念性密切相关,因此在一定程度上能够容忍神学,只是在从早期现代性向后期现代性的转换进程中,科学才真正取代了神学,而这

---

① Merleau-Ponty, *Psychologie et pédagogie de l'enfant: cours de sorbonne 1949~1952*, p. 9.

② Foucault, *Les mots et les choses*, p. 98.

里的科学指的是实证科学:"历史学家相信自己发现了神学(它按照每种形式并且在所有运动中都安置了神的天意及其简单性、神秘性和操心)和科学(它已经寻求界定自然的自主)之间的一种主要冲突的痕迹;他们还发现了一门过分专注于天文学、力学和光学的优先权的科学与另一门早就推测各个生命领域中或许有不可还原的、特殊的东西的科学之间的矛盾。"①

与此同时,神学与人学之间的张力真正出现了,历史学家看到似乎在自己的眼皮底下出现了那些相信自己的不变性的人和那些已经感受到了生命的巨大创造力、它的难以竭尽的改造力,它的可塑性和这种偏离(生命借助它在一种没有什么是其主人的时间中包含了自己的全部产物,我们自己也在内)的人之间的对立。② 前一种被假定为具有神性、具有无限理性的人,而后一种是承认自己为有限理性的人。福柯在另一个地方表示,存在着神学的或理性主义的整个一种历史传统,它倾向于把独特的事件溶解到理想的连续性(目的论运动或自然链条)之中,而他本人的看法是,在历史中起作用的那些力量既不遵从目的,也不遵从机制,而是完全遵从斗争的偶然性。③ 他在这里似乎把早期现代理性主义与神学相提并论了,而他本人否定人性就是大写的理性和抽象的心性,他承认人就是有限理性,进而关注人的非理性维度。

在笛卡尔那里,神、心和物三个实体都是自然,心物统一或心身统一也是自然,非常重要的是,一切都可以被数学化;在斯宾诺莎那里,神是唯一的实体,神就是自然,但他区分了原生自然(natura naturans;le naturant)和顺生自然(natura naturata;le naturé);莱布尼茨

---

① Foucault, *Les mots et les choses*, p. 138.
② Foucault, *Les mots et les choses*, pp. 138~139.
③ Foucault, *Dits et écrits I* (1954~1975), p. 1016.

视单子间关系为预定和谐,并且坚持目的论立场,与此同时还强调充足理由律的地位;这一切都表明了神学与科学、生命与机械、直观与理智之间的冲突,而这种情形在19世纪将会发生根本的改变:"相互依赖的或不停地相互争执的机械论和神学,都把古典时期维持在最靠近于其起源——笛卡尔和马勒伯朗士方面,相反,轮番处于冲突或协调中的非宗教和整个混乱的生命直觉,则把生命引向其最临近的未来,引向这一19世纪(人们假定19世纪在生命科学中给予18世纪那些仍然模糊的、处于枷锁中的尝试以其确定的和合理的实现)。"①

无论如何,康德之后的现代性根本有别于康德之前的现代性。梅洛-庞蒂在讲课中表示:"但在目前,无论如何,哲学处于危机中。可能会成形的东西要么是结结巴巴的,要么是半沉默的,甚至明确地把自己表达为非哲学。"②在后期现代哲学中,仍然是人在说话,哲学话语因此仍然是人话或人言,而由于人是身和心的统一体,人话依然可以说是心语。然而,由于身体开始扮演重要角色,人不再能够清楚分明地说出自己心中的观念,相反,他只能结结巴巴地说心外的实存。人在处境意识中说话,他借助切身的体验来显现自己的现实性或精神性。早期现代性逐步淡化人的神性,完全否定其物性,但无论如何回归的是心性,并且让一切都被人化了(人为自然立法或知性为自然立法);后期现代性让人彻底告别神性(尼采以疯言痴语宣布了神的死亡,这是某些早期现代哲学家或许心有所思,却不敢言明的事情),并逐步获得了自己的物性。

在后期现代哲学中存在着理性与非理性的冲突,存在着科学与

---

① Foucault, *Les mots et les choses*, p. 139.
② Merleau-Ponty, *Notes de cours 1959~1961*, p. 147.

人文之间的张力，这一切都源于普遍科学的理想让位于实证科学的现实。分析哲学或科学哲学领域的哲学家主张可说的说清楚，不可说的保持沉默；现象学或人文哲学领域的哲学家则越来越关注不可说的东西，尽管有许多东西说不清道不明，但他们还是要结结巴巴地强说。梅洛-庞蒂是最典型的后期现代哲学家，但他同时代表了现代哲学向当代哲学的过渡。他在一些地方让哲学说科学的语言，但在另一些地方却让它讲艺术的语言。他的著述不再像笛卡尔的那样清楚分明地宣布真理，而是广泛地接受科学或艺术方面的资源，含混把众多思想或学说汇聚起来。如果说笛卡尔等早期现代哲学家直接关注自然这本大书，并因此直接讲述自然、心灵和观念的话，那么梅洛-庞蒂等后期现代哲学家通过对他人著作的解读来阅读世界这本大书，并因此间接地言说自然、心灵和观念，从而让伽达默尔或利科的解释学扮演了重要的角色。

后期现代哲学面对的是文化世界而不是自然世界，我与世界的关系不再是构造关系而是解释关系。科学只不过是文化的一种形态，因此不再有纯粹的自然，不再有纯粹的心灵，不再有纯粹的物质，不再有纯粹的观念，一切都是含混的。事实上，任何话语、任何表达也都是含混的，因此需要解释。在早期现代哲学中，理性主体以其普遍性直接保证了认识的客观性，而在后期现代哲学家比如胡塞尔那里，由于认识主体是一种精神性的单子，没有他人的见证，难以确保客观性。胡塞尔引入的他人概念显然造成了主体概念的危机，同时为已经出现在叔本华、克尔凯郭尔、尼采那里的个体概念做出了某种论证。后期现代哲学至少得承认他人具有相对他性。如此一来，说话者不再是理性主体，而是融身心于一体的实存主体，我与我们之间的直接转换不再可能。于是，观念论意义上的普遍理性的我思就让位于精神论意义上的个体实存的我能了。

我能归根结底是我对自己有所能,是自我筹划,是先行领会。情感、意志和身体在我能中是不可分割的。解释学在后期现代哲学中变得非常重要。在谈到道德现象的解释时,尼采认为最关键的是谁在说话。在后期现代哲学语境中,显然是"我"在说话,而我说与我们说完全不是一回事。关于纯粹理想、观念和理性的陈述只需要说明,但关于实存体验或个体感受的描述却需要解释。早期现代哲学分析和说明可以直接地、无障碍地传达的观念,后期现代哲学则要理解和解释说不清、道不明的情感。笛卡尔和康德预设人的理智/知性是一致的,梅洛-庞蒂却表明人们在感受上是千差万别的。后期现代哲学所说的主体不再是清楚分明的心灵,而是含混不清的身体。在马塞尔和梅洛-庞蒂等人的身体主体学说中,本己身体是一种含混的第三维度,也就是说它既不是单纯的心灵,也不是单纯的身体,而是心身统一体。

身体的功能不是认识,而是行动或实践。身体本身,它所针对的或作用的对象(文化客体和自然客体)都不是清楚分明的。这涉及梅洛-庞蒂所说的身体图式、人与人的共在、人与自然的共生、万物之间的交织、自然的返魅等等概念或主题。在这种围绕身体而展开的行动中,语言既不是一种制度,也不是一种工具,它是身体行为及其延伸。笛卡尔式的心语立刻变成了手语/手势/身姿,正所谓言语是一种身势,而言语的含义是一个世界。[①] 人与人的关系也因此不是意识与意识的关系,而是身体与身体的关系,主体性实为身体性,而主体间性则成了身体间性。既然主体性与主体间性是不可分割的,那么身体主体就比意识主体复杂得多。这表明后期现代哲学依然在讲故事,它讲述的是如何在我的现在经验中再现过去经验、在我的经验中

[①] Merleau-Ponty, *Phénoménologie de la perception*, p. 214.

再现他人的经验。①

早期现代哲学用普遍科学语言说话,在后期现代哲学中却出现了语言的分化:分析哲学传统借助实证科学语言,现象学传统偏好文学艺术语言。其实,在现象学内部,也存在着类似区分,比如萨特区分散文语言和诗歌语言,认为前者是介入的、表达思想/观念的语言,后者则是脱离社会生活的、体现其自身物质性的语言;前者类似于科学语言,后者有点像艺术语言;他维护散文语言的观念性,认为诗歌语言的物质性意味着词患了癌症。梅洛-庞蒂的哲学更能代表后期现代性的基本倾向,它认为任何语言都具有散文性或观念性,也都具有诗意性或物质性,最终实现的则是两者的统一。语言的混合性与身心统一相关联:"就像一个人的身体和'心灵'只不过是他在世方式的两个方面一样,词和词指称的思想不应该被视为外在的两极,词承载其含义,就如同身体是行为的肉身化一样。"②词和身体一样实现了观念性与物质性的统一。

词与词之间的关系在早期现代时期属于语法学考虑的问题,很少被纳入哲学范畴。在后期现代时期,情况逐渐发生了变化。按照福柯的描述,语言在19世纪之前的现代哲学中仅仅是表象的工具,而在随后的现代哲学中,表象的式微导致了语言地位的巨大变化:语言沿着或是形式化或是解释或是自主性三个方向产生了分化。这里既涉及三个维度的同时出现,也涉及主导方向的相继更替。尽管语言并没有完全丧失其表象功能,甚至在某些情况下出现了充分、完全表象的要求(这一要求在英美人工语言哲学中达到顶峰),但其文化阐释和批判的维度越来越重要(在从方法论或认识论解释学向存在

---

① Merleau-Ponty, *Phénoménologie de la perception*, p. xv.
② Merleau-Ponty, *Sens et non-sens*, Éditions Gallimard, 1995, p. 68.

论解释学以及文本解释学的过渡中,泛而言之,在整个现象学解释学或解释学现象学倾向中,这一维度获得了最好的展示),而最重要的当然是因文学本身或者说纯粹写作的出现而导致的词的完全自主自足,或者说词从根本上说是不及物的(这在结构主义和后结构主义以及一些相近的思潮中获得了充分的描述)。

与早期现代时期的语法学集中关注表象功能、完全忽视语言的自身存在不同,后期现代时期的语文学开始关注语言自身的存在,尽管还不是重点考虑这一方面。自19世纪以来,人们把语言孤立出来了,把它当作一种自主的组织来处理,中断了它与判断、系词和断言的各种联系,动词"是"在说与思之间确保的存在论过渡被中断了,因此,语言获得了一种本己的存在。[1] 这说明,从前受观念秩序或表象秩序支配的语言将逐步封闭在它自身之中,它在知识领域中将丧失它的透明性以及它的充分的工具价值。简单地说,在17、18世纪,语言曾经是各种表象的直接的、自发的展开,或者说表象从语言那里获得其最初的符号。语言代表一种认识,而认识毫无疑问地是话语,只有经由作为话语的语言,我们才能够认识世界上的各种事物。正因为如此,古典认识被认为完全是唯名论的。[2] 然而,从19世纪开始,事情了出现根本的变化。

在后期现代时期,语言不是相对于它要表象的观念而存在,它退回自身,获得了它自己的厚度,展开了只属于自己的一种历史、各种法则和一种客观性,它变成了大量的其他认识对象中的一种认识对象:在各种有生命的存在边上,在财富和价值的边上,在事件和人的历史的边上。[3] 在19世纪之前的现代时期,语言只是认识的工具,而

---

[1] Foucault, *Les mots et les choses*, p. 308.
[2] Foucault, *Les mots et les choses*, p. 309.
[3] ibid.

不是被认识的对象,而从此以后,语言本身成了认识的一个对象,也因此成了一个对象领域,我们也就有必要把有关一般认识的各种方法运用到语言领域。把语言归为客体,视为对象,意味着拉平了语言和事物,但这并不意味着像文艺复兴时期那样词与物不分。就算注意到了词的物性,也不是简单地把词归属于物。更明确地说,通过把词与物拉平,语言获得了三种方式的补偿,或者说语言的地位可以有三种情形。

首先通过语言是任何想要作为话语显示出来的科学认识的一种必要的媒介这一事实获得补偿。① 语言虽然成为了认识的对象,但是,一旦涉及向认识主体宣布他所认识的东西,它就总是作为认识的工具重新出现在主体一边。这一补偿包含了两个持久的关切。第一个关切就是要使科学语言中性化,使它可以变成一种认识的精确反映、细致复本和没有水气的镜子。② 这种语言是一种图表语言,它希望科学成为自然的复本或忠实肖像。第二个关切既与第一个相关却又完全不同,它寻找一种摆脱了语法、词汇表、综合形式和词的逻辑,能够阐明和利用思维的各种普遍蕴涵的逻辑。③ 在语言变成为语言学对象的时代,一种符号逻辑由于布尔应运而生。这是一种新的语言,它在认识和思维的过程中是完全透明的。这两个关切都旨在维护语言的透明性,或者说充分的表象功能,由此导致的是语言的形式化技巧。

对语言的拉平的第二个补偿就是人们已经给予语言研究的批判价值。④ 由于变成为有厚度的、坚实的历史实在,语言构成为传统、无

---

① Foucault, Les mots et les choses, p. 309.
② ibid.
③ Foucault, Les mots et les choses, p. 310.
④ ibid.

言的思维习惯和模糊的民众精神的场所,它是无意识的记忆的累积。我们用自己不是其主人的一些词来表达我们的思想,把这些思想安顿在一些其历史维度逃离了我们的语言形式中,我们自认为自己的说话服从自己,然而,我们知道的只不过是我们服从于自己的说话的要求。有必要从各种意见、各种哲学甚或各门科学一直回溯到使它们得以可能的那些词,而且在此之外,一直回溯到一种其活力尚未陷于语法网络中的思想。正是由于这一点,我们才能够明白为什么全部注释技巧在19世纪获得了显然的复兴。无论如何,《资本论》第一卷是对价值的一种注释,整个尼采是对几个希腊词的注释,弗洛伊德则是对同时维持和形成我们的表层话语、我们的幻觉、我们的梦想、我们的身体的全部沉默的句子的注释。

福柯认为,在19世纪以来的现代思想中,解释和形式化变成了时代分析的两种宏大形式。然而,在两者之间显然存在着巨大的张力,甚至可以说解释的方法直接与形式化的技巧相对抗。各种解释的方法企图让语言在它本身下面、紧贴着在它那里却不需要它就可以被说出来的东西而说话;而各种形式化技巧则企图控制任何可能的语言,并且借助它可以说出的东西的法则而突出于它之上。前者导致的是语言自说自话,也因此需要解释的技术,而后者意味着语言完全受制于观念。解释和形式化之间的分割显然既困扰着人们,又支配着人们。弗洛伊德的无意识理论和罗素的人工语言哲学分别体现了语言拉平的这两种补偿形式。在一次访谈中,福柯围绕弗洛伊德、索绪尔和胡塞尔谈到了语言问题上出现的新情形,这显然属于19世纪以来的情形。他表示,只是在这个时候,关于意义、关于意义与符号之间关系的问题才出现在欧洲文化中。

具体说来,语言有了两个新的维度:一个是解释学的/解释的维度,意味着我们应该理解隐藏起来的意义,另一个是形式化的维度,我们应该找到系统、结构不变量和同时性的网络。福柯着手进行的恰恰是对那种使这一含混性得以可能的东西进行考古学研究,他愿意重新找到承载分叉的枝条。① 形式化应该导向语言的充分表象功能,使其成为完全透明的,罗素所代表的分析哲学就致力于如此目标;解释则导致语言深埋于无意识内容之中,因为语言代表的是文化的无意识沉淀,因此会导致语言走向不透明,弗洛伊德的相关理论无疑充分表明了这一点。然而,后续的演进导致了事情的改变,使得分化或分割变得不那么严格,两者各有其方向,却形成了交织,这使得具有不同倾向性的结构主义和现象学最终在这里找到了规定它们的公共场所的一般空间。②

更明确地说,在 20 世纪大陆哲学,尤其是法国哲学的后来发展中,现象学对身体经验的关注和结构主义对形式的关注瓦解了解释技巧与形式化技巧之间的简单对抗,导致了对于它们而言的某种共同土壤的出现或两种对立倾向的交织。这种从对立到交织的走向让人有点费解,这就需要引入分析哲学中的人工语言哲学作为参照。一般来说,人工语言哲学视语言为表象观念的纯粹形式,语言的透明性完全否定了语言的自身性或者说物质性;结构主义视语言为无内容的纯粹形式,或者说语言是不及物的,如此一来,它就不仅不是透明的,而且是完全不透明的。人工语言哲学和结构主义显然在形式化技巧上走向了对立的两极。当然,这种两极对立在时间上并不是完全对应的,而现象学家对无意识的逐步关注(从纯粹意识到身体意识再到无意识)扮演了两者之间的中间环节,他们对语言和文化现象的具体解释也越来越取代对语法规则的强调。

---

① Foucault, *Dits et écrits I* (1954~1975), p. 528.
② Foucault, *Les mots et les choses*, p. 312.

按照梅洛-庞蒂的说法,在一开始,完全就像17、18世纪的语法学家一样,胡塞尔为现象学提出了通过理解语言的本质而构造一种普遍语法这一任务。① 的确,胡塞尔在《逻辑研究》阶段的语言观与普遍唯理语法有不少共同性,它们追求的都是语言的透明性。但在海德格尔和梅洛-庞蒂等人那里,解释、意义和符号问题越来越重要,身体意识或无意识扮演着重要的角色,而语言也因此成为半透明的。当然,只是在结构主义那里,伴随着驱逐意识并充分拥抱无意识,语言才有了真正的不透明性,文学艺术领域的形式主义尤其代表了这一走向。福柯表示自己所做的既不是一种形式化也不是一种注释,而是一种考古学:即正像其名称以一种非常明显的方式指出的,对档案的描述。② 考古学的根本方向其实与形式主义是相一致的,最终突出的是话语的物质性,并因此抛开了早期现代观念性及其在后期现代中的残余。

语言的拉平获得的最后一项、最重要的并且也是最没有预料到的补偿,就是文学的出现。③ 这里的文学指的是文学本身,即自但丁以来、甚至自荷马以来,在西方世界中就存在着我们可以称为文学的一种语言形式。文学语言是一种特殊语言,即便在19世纪初,在语言深埋于其对象的厚度中并让自己整个地被知识所贯穿的时代,它也在别处以独立的、难以接近的、返回其起源之谜的、完全参照纯粹写作行为的形式重新构建自己,文学既是语言学的孪生形象,又是对语言学的抗议,它把语言从语法带回赤裸裸的言谈力量,并且它正是在那里遇到了词的野性的、蛮横的存在。④ 在语文学那里,语言是半

---

① Merleau-Ponty, *Parcours deux 1951~1961*, p. 103.
② Foucault, *Dits et écrits I* (1954~1975), p. 709.
③ Foucault, *Les mots et les choses*, pp. 312~313.
④ Foucault, *Les mots et les choses*, p. 313.

透明的,对于文学本身而言,语言是完全不透明的,从语文学向语言学的发展,顺应的正是不透明的文学语言的出现。无论如何,文学是对语言的观念化的现代形式的反抗,它要求回归语言本身。

显然,福柯是从话语功能转换的角度看待从早期现代性到后期现代性的转换的。在早期现代时期,作为表象之工具的语言与观念合一,在后期现代时期,语言开始了曲折的回家努力。按照他的说法:"伴随着文学,伴随着注释的回归和对形式化的关切,伴随语言学的构成,总之,伴随着语言以其丰富多样性重新出现,古典思想的秩序从此可以被抹去了。在这个时候,对于任何后来的目光来说,它都进入了一个阴影的区域。"[1]表象的式微导致语言的三个维度相继或同时出场,它们彼此竞争,各有其势力和地盘,同时又交织和混杂,由此导致了后期现代性以各种小写的秩序对早期现代性的大写秩序的取代。也就是说,在早期现代时期,话语确保了表象在表格中的最初的、自发的、素朴的展开,但是,从话语不再实存,不再在表象之内起最初的赋予秩序作用那天起,古典思想就同时不再是我们可以直接通达的了。[2]

无论如何,从19世纪起,语言不再仅仅维系其表象功能,它直至福柯所处的时代都以分散的方式实存:对语言学家来说,那些词就如同由历史构建和安置的众多客体;对于想要把它形式化的人来说,语言必须脱去其具体内容,只让话语的各种普遍有效的形式呈现;如果我们想要进行解释的话,那些词就变成了有待打开的文本,以便我们能够看到它们隐藏的其他意义完全清楚地展现出来;最后,语言有时会在一种只指称自己而不是其他东西的写作行为中为了它自己而涌

---

[1] Foucault, *Les mots et les choses*, p. 314.
[2] Foucault, *Les mots et les choses*, p. 315.

现出来。① 这种分散性表明,语言有其丰富的存在形式,而不是仅仅充作表象的工具,它有其独一无二的命运,正像劳动或生命也有其独一无二的命运一样。这种情况表明,后期现代哲学仍然是人心在说话,但心既非完全有意识地说,也非完全无意识地说,它结结巴巴地说,并因此体现了意识与无意识之间的张力,或者说语言的运转在这一时期正从心语向物语过渡。

的确,在像梅洛-庞蒂哲学这样的后期现代哲学那里,人在结结巴巴地说话,他说的既是心声,也是物语。就像海德格尔后期哲学一样,它不得不面对非哲学的挑战,甚至不得不与非哲学合谋,这意味着当代哲学话语的复杂性。梅洛-庞蒂这样概括当代哲学状况:一是明确的、正式的哲学的衰落,二是文学、艺术等等的哲学特征。② 处于现代性即将终结时期的哲学的确正走在非哲学的途中。他表示,哲学的这种衰落是非本质的,因为这涉及的只是从事哲学的方式的改变,也就是说,根据实体、主-客体、因果性等概念来从事哲学的方式已经衰落了;与此同时,哲学将在诗歌、艺术等等中重新诞生并因此重新解释它自己的形而上学过去。③ 但是,梅洛-庞蒂最终承认,哲学无论如何处于危机之中,甚至正在走向非哲学。

梅洛-庞蒂在文学上主要借助马拉美和兰波的诗歌、在艺术上重点借助塞尚的绘画来描述时代哲学的非哲学特征。他其实在挽救现代哲学,勉为其难地把人留在哲学舞台上,尽管人不再夸夸其谈,而是欲言又止。根据他对海德格尔的读解,哲学曾经寻求直接表达存在,但存在是不可能被直接表达的,因此应该尝试间接表达。如此说

---

① Foucault, *Les mots et les choses*, p. 315.
② Merleau-Ponty, *Notes de cours 1959~1961*, p. 39.
③ ibid.

来,哲学作为《关于人道主义的信》中谈到的适当的沉默或许是可能的。[1] 与早期现代哲学用概念和定义来把握观念不同,非哲学的介入把逻辑放在了一边:"人们寻求性质、事物、世界、存在的定义,它的是什么。但是,恰恰为了理解它们,没有必要定义它们,而是看它们。"[2]现象学强调回到事物本身,其实就是突出事物向我们如其所是地显现,这显然不是定义或说明所能把握的。说到底,哲学关注意义,但无法直接说出意义,因为真正应该关注的是沉默的意义。[3]

以往的哲学太过于关注理论,把一切理想化,现在转向的是沉默的经验,它应该不预设任何由语言所预设的东西地说话。[4] 或者从文学的角度看,作家所说的世界是我们全都向之开放的可见的、可感的、沉默的世界。[5] 无论如何,后期现代哲学意味着肉身化的心灵沉默地/结结巴巴地述说人的在世存在或实存。实存不可能离开身体,也不可能离开心灵,人是身心统一体,它们的结合恰恰意味着精神性。显然,心依然重要,尽管从心"思"转向了心"情",毕竟涉及的还是心性。与早期现代哲学相比,意识从此不再是超然物外的,它被处境化了。正因为如此,身体哲学只是意识哲学的某种限定和变形,并没有出现完全的颠覆。从早期现代哲学到后期现代哲学的转变,并没有导致心语的否定,而只能说心不再滔滔不绝地说,它借助于身势结结巴巴地说、含混地说,而说出的也不是清楚分明的东西,而是含混的东西。

法国哲学的当代性转向并不是一蹴而就的,它在现象学运动中

---

[1] Merleau-Ponty, *Notes de cours 1959~1961*, p. 148.
[2] Merleau-Ponty, *Notes de cours 1959~1961*, p. 173.
[3] Merleau-Ponty, *Notes de cours 1959~1961*, p. 175.
[4] Merleau-Ponty, *Notes de cours 1959~1961*, p. 84.
[5] Merleau-Ponty, *Notes de cours 1959~1961*, p. 203.

已经有了端倪。最值得注意的就是,由于接受海德格尔的影响,法国现象学家已经开始动摇法国哲学许多重要的基础。有人表示:"法国思想包含着一些真正的'常量'。我们可以从回溯到笛卡尔并延伸至 20 世纪开端的这 4B——柏格森、布特鲁、布伦茨威格和布龙代尔——的透彻、'清楚'和'分明'出发。在柏格森之后,海德格尔对于下半个世纪思想家的风格和语言的影响或许有点过多地被感受到了:萨特、梅洛-庞蒂、德勒兹、福柯、拉康、德里达有点与德语语言的词义之争调起情来了。"①在 20 世纪语言学转向的大背景中,当然要突出海德格尔对法国哲学风格和语言的影响,尽管我们不应该局限于此,因为法国哲学本身就是别具一格的。从总体上看,我们应该清理从语法学到语文学再到语言学的演进,从而更好地把握法国哲学中的语言学转向问题。

第二节 话语的世界

福柯的思想尽管原初地建立在一种语言理论基础上,但他并没有系统地考察或阐明这一理论。② 他主要围绕话语史来清理语言在不同知识型中扮演的不同角色。通过清理语言在文艺复兴时期、早期现代时期和后期现代时期的不同地位,福柯为我们充分地展示了话语的特征及其角色转换。在文艺复兴时期,出现的是词与物不分,但词最终被还原为物;在早期现代时期,词与物严格二分,但它们都

---

① Huisman, *Histoire de la philosophie française*, Éditions Perrin, 2002, p. 18.
② White, *The Content of the Form: Narrative discourse and historical representation*, p. 134.

被观念化了;在后期现代时期,词与物混杂,但它们各自在自身之内包含着物质性与观念性之间的张力,而物质性越来越占据重要地位;当代时期引出了词与物之间的新关系,在话语世界中,词展示出了自己的充分的物质性,并且与这一世界之外的东西处在一种类似于物物交换的关系中。从总体上看,话语属于文化世界,与人的精神关联在一起,尽管当代是精神失落的时代:从早期现代哲学到后期现代哲学,精神概念越来越丧失其观念性,越来越从意识通向无意识,而我们处于其中的当代世界也因此逐步从意识世界变成了无意识世界,我们也因此面对的是"没有精神的精神世界"。[1]

在康德和胡塞尔那里,精神大体上说与纯粹思维或纯粹意识是一回事,但在海德格尔和梅洛-庞蒂那里,精神显然丧失了其纯粹性,它与在世存在或身体力行联系在一起,海德格尔不谈精神,梅洛-庞蒂视精神为身心统一的产物。进入福柯时代,精神概念已经是有名无实了,无论从哪个角度讲,当代都是物质主义的时代,都告别了不管理想化的纯粹精神还是处境化的含混精神。福柯很明确地表示,他从事的不是一种精神史,而是一种话语史。[2] 简言之,话语不再是对观念的表象,它开始关涉语言自身的冒险。他在话语描述中指向的既不是话语的语言系统,也不能笼统地说是话语构造的各种形式规则,而是各种陈述的实存的法则,是使这些陈述以及在它们的位置上的任何东西得以可能的东西,是它们的独特涌现的条件,是它们与那些先前的、同时的或话语或非话语的其他事件的相关关系。鲍德里亚借助索绪尔关于语言学的思考来揭示象征交换的不可能性,其工作有助于我们理解福柯的话语理论。

---

[1] "没有精神的世界精神"是福柯与人谈论伊朗革命时用的一个标题(Foucault, *Dits et écrits II* (1976~1988), p.743)。

[2] Foucault, *Dits et écrits I* (1954~1975), p.709.

鲍德里亚这样写道:"通过把语言的术语比作货币,索绪尔给出了它们的交换的两个维度:一枚硬币应当能够交换具有某种价值的真实财物,另一方面它应当能够被置于与货币系统的所有其他术语的关系之中。"①他注意到的是,索绪尔越来越把价值与后一方面联系起来,这意味着在某一确定的系统中,各种术语之间有相关性,当然,价值不局限于此,它也在术语与术语指称的东西之间存在,这意味着能指与所指的关系。鲍德里亚进一步解释说:"第一个方面相应于语言的结构维度,第二个方面相应于其功能维度。这两个维度是有区别的,但却是连接在一起的,我们要说,它们一起起作用,它们是一致的。"②他认为结构价值与参照价值的这种一致性构成了语言符号"古典"形态的特征。无疑,这与福柯关于古典时期的话语的描述是一致的,而整个结构主义运动大体上也是这样来理解语言的能指与所指关系的。问题在于后结构主义者巴特、德里达等人并不满意于能指与所指的静态的、简单的对应关系。

鲍德里亚为我们描述了针对这种保守姿态的革命:"一场革命终结了价值的这种'古典'经济学……这一革命就在于,从前人们可能认为是一致的、而且似乎被一种自然法则永恒地连接在一起的价值的两个方面解除连接了,参照价值为了价值的单一的结构运作而被摧毁了。"③索绪尔关注静态结构,同时也考虑历时因素,而在结构主义那里,结构维度自动地排除了参照维度,它把自己建立在后者的死亡之上,于是,对生产、含义、情感、实体、历史等的各种参照都终结了。④既不参照外部实在,也不参照主观状态,语言完全向自身回归。

---

① Baudrillard, *L'échange symbolique et la mort*, p. 17.
② ibid.
③ Baudrillard, *L'échange symbolique et la mort*, p. 18.
④ ibid.

因此需要考虑的是价值的整体相关性,需要考虑普遍的、组合的交换,考虑仿真问题。仿真意味着,"从此以后,所有的符号在相互之间进行交换,但根本不和实在交换(而且只有以不再和实在相互交换为条件,它们之间才能顺利地交换、完美地交换)。符号的解放:摆脱了这种指称某物的'古老的'义务,它为了一种结构的或组合的游戏而最终成为自由的。"①

仿真、符号的解放、结构或组合游戏,其实就是德里达所说的能指游戏。福柯同样要求回到话语本身,也因此关注话语的能指游戏。当然,他在话语内部关系、话语与话语关系的基础上,还要求重新确立话语与非话语的关系。这乃是话语描述的工作。在这一描述中,他尝试着不参照说话主体的或模糊或明确的意识,不把各种话语事实与它们的作者或许自愿的意志关联起来;不援引这一相对于被说出的东西总是大大地超出的说话意图;不尝试接受一种不会有文本的言语的出奇的轻便。② 精神史分析最终诉诸于主体或意识,而话语史描述关注的是陈述或陈述群,不需要诉诸任何主体,或者说主体只是系统或结构中的一个要素,根本不具有决定性的作用。福柯考问涉及精神疾病的话语,不是依据它们沉默地想要说的东西,而是依据它们的明显呈现的事实和条件;不是依据它们能够揭示的事实,而是依据它们已经实现的转换;不是依据在它们那里作为一种永恒的源泉而维持下来的意义,而是依据它们在那里共存、保持和消失的场域;涉及的是在它们的外在性维度中对它们进行一种分析。③ 话语不是工具,它们充分展示自身,从而只有外在性维度。

福柯式的描述有三个重要后果:首先,把过去的话语不是作为一

---

① Baudrillard, *L'échange symbolique et la mort*, p. 18.
② Foucault, *Dits et écrits I* (1954~1975), p. 709.
③ Foucault, *Dits et écrits I* (1954~1975), p. 710.

个评注的主题，而是作为有待于在它自己的排列中加以描述的遗迹；其次，在话语中不像各种结构方法那样寻找它的构造法则，而是寻找它的各种实存条件；第三，不是让话语参照可以给予它以诞生的思想、精神或主体，而是让它参照它在那里得以展开的实践场。① 这一切就是档案一词想要表达的东西，涉及某一话语（比如精神病学话语）的各种陈述之间、它们与其他话语（比如临床医学话语之类）的各种陈述之间、它们与非陈述的东西（比如社会生产力水平）之间的复杂关系。更明确地说，涉及的是话语的各种内部关系、话语与话语之间的关系、话语与非话语的关系。在福柯那里，话语是某种既不依赖于外部事物也不服从内在精神的自主存在，正是其自主性或自足性为生物学、经济学、临床医学、精神病学、语言学提供了虽然历经时间却超越各种主观单位的统一性。

福柯的工作是一种批判性的运作，是把各个系统的多样性和各种不连续性的运作引入到话语史中的一种尝试。② 首先，它旨在确立种种限度，而停留在传统形式中的思想史却要给出一个无限的空间；其次，它旨在消除各种几乎未经反思的对立：在生动的创新与持重的传统之间的、在各种寻常的知识与各种派生的知识之间的、在稳定期间与动荡时刻之间的对立；第三，它旨在扬弃针对处在其实存中的话语的否定，针对从来都只把话语视为无关紧要的因素、在话语中只承认以心理学模式进行的分割、承认全部运作都是在话语之前或之外进行的这三种否定形式，它认定话语并非什么都不是或几乎什么都不是；最后，它要求摆脱观念史等学科的不确定性，针对难以划定各领域的界限、难以界定对象的本性、难以指定在这些思想或认识事实

---

① Foucault, *Dits et écrits I*（1954~1975），pp. 710~711.

② Foucault, *Dits et écrits I*（1954~1975），p. 711.

与历史分析的其他领域之间的关系三种不确定性,它用关于话语本身的分析取而代之。①

无论如何,在话语描述中,我们不是与一种关于经济、社会和政治的历史打交道,也不是与一种将参照某些外部条件的观念史打交道,而是与一种关于各种话语实践的历史打交道。② 真正说来,我们要处理的是所谓的档案。福柯表示,我们应该阅读一切,研究一切,应该把一个给定时刻的某一时代的一般档案交由我们来处理,而在严格的意义上,考古学就是关于这一档案的科学。③ 他说自己在文字游戏的意义上使用了考古学这个词,旨在对档案进行描述,而不是发现开端或让过去的骸骨重见天日。④ 他不是把档案一词理解为在某一给定的时代能够汇集起来的、或者这一时代透过各种消失的灾难而保留下来的那些文本的堆集,而是把它理解为一些规则的集合:这些规则在一个给定的时代,对于一个确定的社会来说界定了话语的表述性、保存、记忆、反作用和占用等等的限度和形式。⑤

福柯之所以使用考古学一词,原因之一就在于,它是一个适合于语言游戏的词:在希腊语中,arche 意指开端,在法语中,archive 指的是各种话语事件已经被登记的而且可以被取出的方式,因此,考古学研究致力于就像它们被登记在一份档案中那样抽取那些话语事件。⑥ 在半游戏性的使用中,考古学一词大体上指的是对档案的描述,它把档案理解为一些实际地宣布出来的话语的集合;而话语的这一集合并不仅仅被构想成事件(它们应该是一劳永逸地产生的而且它们在

---

① Foucault, *Dits et écrits I* (1954~1975), pp. 711~714.
② Foucault, *Dits et écrits I* (1954~1975), pp. 714~715.
③ Foucault, *Dits et écrits I* (1954~1975), p. 527.
④ Foucault, *Dits et écrits I* (1954~1975), p. 814.
⑤ Foucault, *Dits et écrits I* (1954~1975), pp. 709~710.
⑥ Foucault, *Dits et écrits II* (1976~1988), pp. 468~469.

历史的模糊状态和炼狱中保持处于悬置状态)的一个集合,而且也被构成为连续地起作用、连续地透过历史自我转换、连续地给出向其他话语呈现的可能性的一个集合。① 档案在福柯那里并不指某一文化汇集的所有文本,并不代表该文化的同一性,它是可以被说出来的那些东西的规则,是支配着作为特殊事件的陈述出现的系统,是陈述形成和转换的一般系统。

档案是由多样性和差异性组成的一个系统,它确认我们就是差异,我们的理性就是话语差异,我们的历史就是时间差异,我们的自我就是面具差异。② 这意味着我们完全摆脱了连续性和主体性的约束,并因此始终处于开放的空间中。这一概念表明,根本就没有什么作为表象工具的静态话语,我们与之打交道的是动态的话语实践,我们不能把话语实践等同于表述观念和欲望的表达活动、进行逻辑运算的理性活动,或者形成符合句法规则的句子的能力。无论如何,需要对话语现象进行描述,这是一种不同于分析和解释的工作。福柯不打算在话语下面去寻找构成为人们的思想的东西,他试图在话语显示出来的实存中把话语理解为遵循某些规则的实践,即遵循构成、实存、共存规则的、遵循功能系统的实践,他认为自己描述的是处于其坚实中,差不多是其物质性中的这种实践。③ 一切精神性、观念性的东西都被排斥在外了。

在《词与物》一开始,福柯就表示,让他感到震惊并引发他思考的中国式动物分类是在话语空间中展示出来的,而该书的整个内容也不外乎是文艺复兴时期、早期现代时期和后期现代时期的词与物关系在话语空间中的展示。真正说来,确定动物之间的同一与差异的

---

① Foucault, *Dits et écrits I* (1954~1975), p. 800.
② Foucault, *L'archéologie du savoir*, p. 172.
③ Foucault, *Dits et écrits I* (1954~1975), p. 800.

只不过是把其中每一类关联起来的字母系列。[1] 在某种意义上说,福柯的整个工作都围绕着话语描述展开,而这一描述对表象式微的揭示最终表明了话语的多元性及其越来越明显的霸权地位。话语概念在他那里始终扮演着极为重要的角色,在考古学时期,这一点尤其以明显的方式呈现出来,在后来的进展中,它依然具有举足轻重的地位,尽管往往不是以非常明确的、专题论述的方式呈现出来。相对简单地说,福柯要么描述话语理论,要么描述话语实践,要么进行集中描述,要么使其处于散布之中,既进行德里达式的语言游戏,也在游戏中让他者的命运展现无遗。

有学者认为,福柯抑制了自己对社会制度的兴趣,几乎完全专注于话语、以及其自足和其非连续转换。[2] 无论如何,在其学术生涯中,话语考古始终是非常重要的工作。当然,应该注意到,在他那里存在着从最初的不自觉实践到后来自觉实践的变化,而且最后出现了更注重话语的谱系清理的新情况。即便如此,也不存在谱系学简单地取代考古学的问题,它们两者只不过从不同的维度或静态或动态地为我们展示了话语世界。还需要注意的是,话语概念在他那里并不具有统一的含义,尤其需要区分他要批评的话语分析和他进行的话语描述引出的不同的话语现象。《知识考古学》是他对自己此前在《疯癫史》、《诊所的诞生》、《词与物》三部著作中进行的自觉的或不自觉的话语考古的总结。他在这些著作中已经勾勒了其方法和理论的大致框架,尽管在许多方面都还有待于进一步加以完善。

福柯承认自己是在一种幸运的半意识中写成《疯癫史》和《诊所

---

[1] Foucault, *Les mots et les choses*, p. 8.

[2] Dreyfus and Rabinow, *M. Foucault: Beyond structuralism and hermeneutics*, The University of Chicago Press, 1983, p. 17.

的诞生》的,因此书中不免带有很多的天真和那么一点无知。然后,在写《词与物》的时候,他开始有意识地阐述这个系列的各个研究之间的相互关联,同时注意到它们引起的诸多难题或困难。因此,甚至在完成《词与物》之前,他就感觉到有必要写另一本书来阐明前面那些书的统一并且尝试着解决已经引起的难题。因此《知识考古学》这本书既是他已经尝试过的那些东西的一种重复,是修订前面那些书中内容的一些不精确、一些不谨慎的意愿,又是预先勾画今后的工作道路的尝试。① 全书共分五个部分,第一部分是导论,第二、三、四部分的标题分别是"话语规则"、"陈述与档案"、"考古学描述",第五部分则是简单的结论。它们大体上以融贯的方式呈现了已经在某种无序中被勾勒出来的、其一般表述还没有获得清晰界定的考古学事业。

　　第一部分只在个别地方提到话语概念,涉及所谓的历史话语或历史学家话语,这里的话语似乎是在通常意义上使用的;第二部分探讨话语单位和话语构成,可以说是在集中探讨话语问题,其中包含有对话语与陈述之间关系的简单分析,但没有对话语和陈述做出明确的界定;第三部分在详尽地分析陈述和档案概念的基础上,对话语进行了某种界定或分类,可以说最终是依据陈述概念来定义话语概念的。陈述概念的引入显然导致了问题的复杂化。福柯通过让不连续性、断裂、阈限、限度、系列和转换等概念运作起来,向通常的历史学或历史分析不仅提出了一些程序问题,而且提出了一些理论难题。② 他试图研究这些概念在一个特殊的领域中,也即在观念史、思想史、科学史、认识史之类边界不确定,内容不明确的学科中被考虑的理论难题。归根结底他关注的是话语或陈述的物性问题。

---

① Foucault, *Dits et écrits I* (1954~1975), p. 814.
② Foucault, *L'archéologie du savoir*, p. 31.

福柯在《词与物》中偶尔用了与语言分析概念比较接近的话语分析这一概念。这里的语言分析接近于英美哲学中的日常语言分析而不是人工语言分析。我们只有通过陈述的汇总和话语事实的汇集，才能够形成一个语言系统，如此的话，问题就在于以这个具有样品价值的集合或系统为基础，来界定某些使我们或许能够构造这些陈述之外的其他陈述的规则。任何语言，即使它已经长久失传，即使已经没有人在说它，即使它是根据一些稀少的断简残篇恢复出来的，对各种可能的陈述来说，它也始终是一个系统，即它是由各种规则构成的、使无数语言行为得以进行的一个有限集合。反过来说，话语事件的领域是已经表达出来的各种独一无二的语言序列的始终有限的集合。这些语言序列可能是无数的，它们确实以其总量超过了任何记录、记忆或者阅读的能力，尽管如此，它们构成的也只是一个有限的集合。

面对上述两种情形，语言分析就无论什么样的一个话语事实提出的问题始终都是：这样一个陈述是根据哪些规则被构造出来的，而其他相似的陈述又可以根据哪些规则被构造出来？关于一个话语事件的描述则提出了完全不同的问题：怎么会出现如此一个陈述已经出现了而不是任何其他陈述处在其位置上这样的事情？[1] 很显然，语言分析或话语分析旨在表明陈述之间的连续性，而话语描述则突出了陈述之间的断裂。福柯的描述姿态与语言学的以及英美语言哲学的语言分析或话语分析显然是不同的。话语分析或语言分析往往围绕话语或语言的表象功能而展开，以话语或语言的工具地位为前提。福柯不满意于这种分析，他要做的是话语描述，并且认为这一描述是与思想史相对立的。

---

[1] Foucault, *L'archéologie du savoir*, p. 39.

在思想史中,我们总是把这些陈述与主体相关联,不管是意识主体还是无意识主体。这其实意味着,我们想要重建另一种话语,与主体更直接关联的话语。即,我们不是就话语本身进行描述,而是对话语进行分析和解释,要寻找话语中或公开或隐含的思想或观念。这就表明,在思想分析中,它所使用的话语始终是有寓意的。话语不外乎是表达思想观念的工具,任何话语都旨在表象被说出来的东西,而这种被说出的东西始终与主体采取的要么认知、要么实存的姿态联系在一起。然而,话语描述被指引到完全不同的方向。真正说来,问题在于在陈述事件的严格而独特中抓住陈述,确定它的实存的各种条件,最准确地确定它的各种界限,建立它与其他可能跟它相关联的陈述的各种对应,指出哪些是它要排斥的其他陈述形式。[1]

我们用不着在明显的话语下面寻找另一话语的半似沉默的喋喋不休,我们应该指出它为什么不可能是它所不是的另一话语,我们应该关注和描述的恰恰是这一在被说出的东西中而不在任何别的地方产生出来的独特实存。质疑通常的话语单位,其实是换个角度来考虑我们通常熟悉的领域。福柯谈到了这一工作的三个方面的好处或用处。首先,对所有这些既定单位的系统排除使陈述能够恢复其作为事件的独特性,从而表明不连续性不仅仅在历史地质学中,而且在陈述的简单事实中也是构成为断层的这些重大事件之一:人们使它在它的历史介入中涌现出来;我们试图纳入眼帘的东西,乃是它构成的这一切割,这一难以消除的,而且往往极其细小的涌现。[2] 任何一个陈述,它或许是很寻常的,其后果或许是微不足道的,它可能一出现就消失,我们假定它很少获得理解和识别,尽管如此,它始终是无

---

[1] Foucault, *L'archéologie du savoir*, p. 40.
[2] ibid.

论语言还是意义都无法穷尽的一个事件。①

其次,我们之所以相对于语言和思想隔离出陈述事件的机制,并不是为了播撒事实的"尘埃",而是为了确保不把这一机制与综合的一些纯粹心理的操作者(作者的意图、他的精神的形式、他的思想的严格性、萦绕他的各种主题、贯穿他的实存并赋予它以含义的计划)关联起来,是为了能够抓住规则性的其他形式、关系的其他类型。②福柯的目的并不仅仅是为了确保外部事实以散布的方式实存,而是为了确保陈述本身的独立实存。陈述以档案的方式实存:它一方面具有摆脱主体或一切主观因素的自主性、自足性,另一方面又与其他陈述,甚至非陈述处于这样或那样的关系之中。很明显的是,这引出的是陈述的自身物质性。也就是说,陈述既不属于通常意义上的主体,也不属于通常意义上的客体,它作为话语事件而展示其独特的实存。

福柯表示,在描述话语时,我们会涉及话语运作的三种情形,或者说三种话语关系:第一,各个陈述之间的关系,即使这些关系不为作者所意识,即使涉及的是不从属于同一作者的陈述,即使这些作者之间互不相识;第二,被如此建立起来的陈述群之间的关系,即使这些陈述群既不涉及一些相同的领域也不涉及一些相邻的领域,即使它们并不具有相同的形式层次,即使它们并不是可以确定的一些交换的所在;第三,各种陈述或各种陈述群与属于完全不同秩序的一些(技术的、经济的、社会的、政治的)事件之间的关系。③ 无论如何,这意味着让各种话语事件在那里展开的空间以其纯粹性呈现出来,当

---

① Foucault, *L'archéologie du savoir*, p. 40.
② Foucault, *L'archéologie du savoir*, p. 41.
③ ibid.

然,这并不是着手在任何东西都无法克服的孤立中重建这一空间,不是让它向着它自己封闭起来,而是让它不受束缚地在它那里和在它之外描述诸关系的各种运作。陈述作为事件在话语空间充分地展示其独特的实存。

对这些话语事实进行如此描述的第三个好处就在于,通过把它们从呈现为自然的、直接的和普遍的单位的全部群集中解放出来,我们就被给予了描述其他单位的可能性,但这一次要借助于各种受支配的决定的集合。① 真正说来,通过话语描述,我们可以掌握陈述的组合规则或话语的构成规则,知道话语单位构成需要哪些条件,从而可以合法地从某些正确地获得描述的关系开始构成并非任意但却保持不可见的各种话语集合。这些关系并不在任何方式上构成一种从内部赋予那些公开的话语以生命的秘密话语,因此,并不是对各种陈述事实的解释,而是对它们的并存、它们的相继、它们的相互作用、它们的相互规定和它们的或独立或对应的转换的分析,使这些话语出现在光明之中。② 话语描述不是话语分析,不需要把话语与主体或客体关联起来,话语描述只需要回到话语本身,只需要让话语如其所是地呈现出来。

然而,福柯要我们排除无需标记就能够描述可以如此呈现的全部关系这样的想法,应该依据最初的近似接受一种暂时的分割,即划出一个如果需要的话,分析将会打乱并重组的最初区域。③ 我们不接受既有的单位划分,但也不可能不做任何区分就对陈述的全部关系进行描述。福柯事实上赋予了某些话语以优势地位,概括地说,它们界定的是各门人学或人文科学。非常明显的是,语言分析以消除不

---

① Foucault, *L'archéologie du savoir*, p. 41.
② Foucault, *L'archéologie du savoir*, p. 42.
③ ibid.

确定性为其目标,但话语描述并不追求确定性,我们也不能指望在话语中确定一切,我们关注的是话语事件的散布。换言之,话语描述不仅没有带来确定性,而且增加了不确定性。这是因为,从话语的角度进行描述,承认的只是一个起点上的优势,但是,对各种话语事件的分析并不在任何方式上被限定在一个相同的领域中,另一方面,对这个领域本身的分割既不能够被视为确定的,也不能够被视为绝对有价值的。①

福柯着手描述陈述之间的关系,并因此进入关于话语构成这一话题的探讨中。为此他先行注意到了如下两点:第一,他已经小心地不承认那些建议给他的、他习惯上处置的那些单位,为的是不忽视不连续性、断裂、阈限或限度的任何形式;第二,他决定在话语领域中描述各种陈述以及它们可能有的那些关系。② 第一点涉及破旧,是为了避免回到旧的习惯的提示;第二点涉及立新,旨在表明其工作的独特关怀。然而,他立刻就会面临两个系列的问题:第一个系列涉及他对陈述、事件、话语三个术语的原始使用;第二个系列涉及可以在人们已经将它们留在其暂时的、可见的群集中的那些陈述之间获得合法描述的各种关系。他举的例子是:有一些在政治经济学、生物学或者精神病理学范围内呈现的陈述(很容易确定它们开始呈现的时期),也有一些隶属于我们称为语法或医学的这些千年连续性的陈述(几乎无从知道其诞生)。

福柯要问:这些单位是什么? 我们怎么能说威利斯进行的头部疾病分析和夏尔科诊所进行的头部疾病分析属于相同的话语秩序呢? 怎么能说配第的那些发明和冯·诺依曼的经济计量学处于连续

---

① Foucault, *L'archéologie du savoir*, p. 43 ; Foucault, *Dits et écrits I*(1954~1975), p. 737.

② Foucault, *L'archéologie du savoir*, p. 44.

性中呢？怎么能说由波尔-罗瓦雅尔语法学家进行的判断分析与对印欧语言中的元音更迭的测定是属于同一领域的呢？那么，医学、语法和政治经济学又是什么呢？难道它们不外乎只是各门当代科学借以形成关于它们自己的过去的幻想的一种回顾性重组吗？它们难道是一些一劳永逸地建立起来的、穿越时代而最终发展起来的形式吗？它们包含着其他单位吗？在依据一种既熟悉又顽强的方式形成一种谜一般的总体的所有这些陈述之间，可以有效地辨识出何种类型的一些关联呢？① 这些问题事关后期现代知识与早期现代知识在话语秩序中的断裂与连续。

在致力于话语内部关系的描述时，福柯是不考虑话语的历史条件的，比如他在《诊所的诞生》中曾经表示："一劳永逸地，这本书不是为赞成一种医学、反对另一种医学而写的，或者是为了反对医学、赞成医学的退场而写的。在本书中就如同在别处一样，涉及的是一种尝试把话语的历史的各种条件从其厚度中清理出去的研究。"② 在这一工作中，他只看到了陈述或话语的厚度，并因此排除了非陈述或非话语的东西。档案于是成了一个非常重要的概念。他的说法是："我们在各类话语实践的厚度中看到一些把各种陈述确立为事件（具有它们自己的出现条件和领域）和事物（包含着它们的可能性和它们的使用场）的系统。它们就是我打算称为档案的全部那些陈述系统（一些是事件，另一些是事物）。"③ 这里的陈述具有独特的含义，它与语法意义上的句子和逻辑意义上的命题不是一回事。

语法学家所说的句子是由一些语言规则联系起来的各个要素的一种语法单位，存在着一个句子的正确与错误之分；逻辑学家称为一

---

① Foucault, *L'archéologie du savoir*, pp. 44~45.
② Foucault, *Naissance de la clinique*, p. 18.
③ Foucault, *L'archéologie du savoir*, p. 169.

个命题的东西是有规则地构成的一组符号,存在着一个命题的真与假之别;而所谓的陈述,则是一组记号,它可能是一个句子、一个命题,但这是在其实存的层次上来考虑的。① 我们不说一个陈述正确还是错误、是真的还是假的。各种陈述被集合为档案,或者说它们以档案的形式实存。福柯不是把被一个文明保留下来的那些文本的整体,也不是把我们能够从其灾难中拯救出来的那些痕迹的集合,而是把那些在一种文化中决定了各种陈述的出现和消失、它们的残存和取消、它们作为事件和事物的悖谬实存的规则的运作称为档案。② 他的工作就是描述和整理各种类型的档案,在档案的一般要素中描述各种话语事实,依据词源学的各种有趣的权利,从事可以称为考古学的某种事情。

必须注意到档案概念在福柯那里的独特性。他表示:"我把档案首先理解为在一种文化中被说出的、被保留的、被再加工的、被重新利用的、被重复的、被转换的一些东西的总和。"③换言之,档案是由人们制造的、被倾注到他们的各种技巧和各种制度中的,与他们的实存和他们的历史编织在一起的言语总和。福柯表示自己不是从语言或语言系统方面来说的,而是从给予它以诞生的一些操作的方面来说的,这似乎有别于索绪尔。他这样说道:"我的问题可以这样宣布:怎么会出现在一个给定的时代,人们可以谈论这个而那个从来都没有被谈及?一句话,如果你愿意的话,这乃是分析一些说明我们所说的东西或者我们所拒绝的东西,或者我们在被说出的那些东西的集合中所转换的东西的一些历史条件。"④这里涉及的显然是话语的内

---

① Foucault, *Dits et écrits I*(1954~1975), p. 806.
② Foucault, *Dits et écrits I*(1954~1975), p. 736.
③ Foucault, *Dits et écrits I*(1954~1975), p. 814.
④ Foucault, *Dits et écrits I*(1954~1975), p. 815.

部条件,而不是其外部条件,也就是说一系列由话语形成规则构成的话语条件。

话语条件是内部条件,但它必定与外部条件相互作用,它既需要外部条件的支撑,也会产生外部效果。档案作为一种巨大的话语实践,一种有自己的规则、条件、功能和效果的实践出现,而通过分析这种实践会提出如下问题:"人们在一个给定的时代能够找到的不同的特殊类型的话语实践是什么?""人们在这些不同的实践之间能够建立的关系是什么?""它们与那些非话语的,比如各种政治的、经济的实践的关系是什么?""这些实践有可能的各种转换是什么?"①话语描述不是一种静态的结构分析,因为它关心的是话语实践。既不是选择词也不是选择物为分析的起点,因为《词与物》这一标题被认为完全是反讽性的,②它是一个问题的严肃的标题,是一项改变问题的形式、转移其材料,最终揭示另一项任务的工作的反讽的标题。③

问题是,福柯认为没有人看出这一标题完全是反讽的。他写道:"在这里有一个问题:如何会造成一些真实的、被知觉的物能够通过一些词在一种话语内部被连接起来?是那些词向我们强加了物中的划分还是那些物通过主体的某种运作将要被记载在词的表面?这根本不是我想要在《词与物》中处理的问题。我想要移动这一问题:分析那些话语本身,即这些作为词与物的中间项的话语实践,这些我们以之为起点可以界定物是什么并且定位话语的使用的话语实践。"④他想要证明的是,在任何话语中,都存在着对象形成的规则、概念形

---

① Foucault, *Dits et écrits I* (1954~1975) , p. 815.
② Foucault, *Dits et écrits I* (1954~1975) , p. 804.
③ Foucault, *L'archéologie du savoir*, p. 66.
④ Foucault, *Dits et écrits I* (1954~1975) , p. 804.

成的规则、理论形成的规则。正因为如此,相对于话语实践分析所是的第一位的分析,以物为起点的分析和以词为起点的分析看起来是第二位的。① 福柯明确表示,那些迟钝的人说在名为《词与物》的书中没有物是一个丑闻,那些敏锐的人则说书中没有语义分析,而他本人既不从事前者也不从事后者。

在关于早期现代时期的话语考古中,福柯要考问的是,在我们确立一种考虑周全的分类时,在我们说猫狗之间不如两条猎犬之间那么相似时,我们以之为起点完全确信地确立这一分类的土壤究竟是什么。也就是说,我们在何种表格中,习惯于依据何种同一性、相似性、类似性的空间来分布众多不同的或相似的事物;这显然是一种对融贯性的追求。但在福柯看来,这种融贯性既不是由一种先天必然的链条决定的,也不是由直接可感的内容规定的。② 换言之,单纯从唯理论或经验论出发都是有问题的。关键不在于把一些结果关联起来,而是要对照并且隔离、分析、调整和嵌合一些具体内容,这显然是一个复杂的过程。但是,可以确定的是,正是探讨知识的一般空间、它的各种构形、呈现在那里的那些物的存在方式的考古学,界定了各种同时性系统,界定了对划定一种新的实证性的界线必需的和充分的一系列变动。③

在早期现代文化中,在表象理论和那些关于语言、关于各种自然秩序、关于财富和价值的理论之间实存着一种融贯性,考古学分析的目标就是要展示它。然而,在后期现代文化中,这一构形却完全改变了:作为所有可能的秩序的一般基础的表象理论消失了,作为事物的自发表格和原初网格的、作为表象与各种存在之间的不可或缺的中

---

① Foucault, *Dits et écrits I* (1954~1975), pp. 804~805.
② Foucault, *Les mots et les choses*, p. 11.
③ Foucault, *Les mots et les choses*, p. 14.

继站的语言也随即被抹去了;一种深层的历史性渗透到事物的核心之中,在它们自己的融贯性中把它们隔离出来并加以界定,强加给它们一些由时间的连续性所蕴涵的秩序形式;关于各种交换以及货币的分析让位于生产的研究,有机体的研究超出了各种分类学特性的探寻;尤其是,语言丧失了它的优势地位,随即成了一种与自己的过去的深度相一致的历史形象。① 早期现代性强调普遍的秩序,后期现代性则指向个体的历史性。真正说来,各种小写的秩序出现了,或者说事物都有自己的秩序。

话语考古学赋予人文科学话语以优先性,但它并不局限于各门人文科学,而且它们的范围或界限并不是完全确定的、真正自明的。这其实表明,福柯的工作有非凡的独创性。在结构语言学模式的大背景下,他从话语描述的角度展开自己的探索,既表明它与结构主义有密切的关系,又表明它有别出心裁的地方。他强调自己的研究对象不是语言而是档案,也就是话语的堆积起来的实存,而他所理解的考古学既不与地质学(作为对各个下层土壤的分析),也不与谱系学(作为对开端和后续的描述)有亲缘关系,它是对处在其档案形态中的话语的分析。② 话语考古学的确与旨在描述话语的起源及其后续演变的通常意义上的谱系学没有亲缘关系,但显然与尼采式的谱系学密切关联;前一种谱系学其实是一种线性的历史学,而后一种谱系学关注的是话语关系的复杂网络。

话语描述完全拒绝心理学,我们应该对话语的转换进行一种历史的分析,而不诉诸于人们的思想、人们的知觉模式、人们的习惯、人们接受的各种影响,等等。③ 无论如何,话语考古意味着观念史领域

---

① Foucault, *Les mots et les choses*, p. 14.
② Foucault, *Dits et écrits I* (1954~1975), p. 623.
③ Foucault, *Dits et écrits I* (1954~1975), p. 801.

已经发生的变革的进一步突破。按照福柯的说法，在人们称为观念史的东西中，人们通过为自己提供的两种便利来一般地描写变化：第一，人们利用了一些在他看来有点神奇的概念，诸如影响、危机、觉醒、针对某一问题的兴趣，等等，它们全都是实用的，但在他看来并不具有操作性；第二，当人们遇到一种困难时，人们从一种就是陈述本身的层次的分析层次过渡到另一层次、外在于它的层次；由此，在一种变化、一种矛盾、一种不连续面前，人们诉诸于一种借助于社会条件、心理、世界观等等的说明。① 观念史无疑注意到了变化、断裂、不连续，但它与一般历史或历史哲学一样，求助于或心理或意识的说明，最终维护主体中心论。

福柯试图摆脱或忽视各种与主体相关的说明，努力地描述一些陈述、一些陈述的群集，使能够把它们连接起来的各种蕴含、对立和排斥的关系呈现出来。② 也就是说，就如同结构主义者一样，他要求摆脱主观或心理的因素，并因此回到话语的内部关系。他针对文学分析说道："为此当然还应该补充从此以后作为一个单位出现的文学分析：它并不是一个时代的心灵或感受性，不是一些'团体'、一些'学派'、一些'世代'或者一些'运动'，甚至不是作家在把他的生平与其'创造'密切联系起来的交流活动中的人物，而是一部作品、一本书、一个文本所固有的结构。"③ 从一个时代到另一个时代、从一个领域到另一个领域会出现话语的转换，不可能通过意识或主体来维护话语的连续性。福柯从各个角度考察发生在18世纪末和19世纪初之间的巨大变化，让一切都在话语实践的内部关系或话语实践之间的关系中获得描述。

---

① Foucault, *Dits et écrits I* (1954~1975), p. 616.
② ibid.
③ Foucault, *L'archéologie du savoir*, p. 12.

福柯表示，如果我们仔细瞧瞧 18 世纪末的科学话语，就会在最专注的目光中察看到一种非常快速、真正说来完全谜一般的变化，我们应该准确地描述这一变化，也就是从科学话语的 18 世纪形式向其 19 世纪形式过渡的必要而充分的全部转换。① 这里的科学话语并不构成一个整体，而是存在着比如经济学话语、语言学话语和生物学话语之间的纵横关系。问题的关键也不在于承认不连续性，而是要看到哪些要素在转换中被保留下来了，哪些要素被剔除了，既要看到一些旧要素的消失，又要看到一些新要素的出现，并因此展示从一种状态向另一种状态过渡的形式本身。变化或转换无疑属于历史的范畴，但它同时预设了此前或此后的相对的静态结构。结构当然是内在结构，但内在结构的形成以一系列条件为前提，需要参照其他相关的或不相关的话语，从而又导致了内外关系的复杂性，并引出话语实践与话语实践、与非话语实践的关系。

福柯关于陈述本身的严格描述体现的正是这些复杂的关系。在他看来，陈述领域完全应该服从一些形式规则，我们应该可以比如说为一些不同的认识论领域找到一种唯一的理论式样，我们在这一意义上应该能够推论出话语的自主性，然而，只是在能够将它置于与其他层次（各种实践、各种建制、各种社会政治关系等等的层次）的关系中的范围内，人们才有兴趣去描述话语的这一自主层次。② 正是在描述和定义陈述时，话语概念的含混性就呈现出来了。话语既可能是充分自主的，也可能是完全顺从的。这里的话语概念显然包含歧义：首先，它曾经指称一组言语施行，它事实上是从一组符号中产生出来的东西；其次，它是一组表述行为、一系列句子或命题；最后，它是由

---

① Foucault, *Dits et écrits I* (1954~1975) , p. 616.
② Foucault, *Dits et écrits I* (1954~1975) , p. 618.

一组作为陈述的、有其特殊的实存方式的符号序列构成的。①

福柯从多个维度描述各种话语构成,认为它们无关于各种表述、句子和命题,它们乃是各种陈述的散布原则或分布原则。很显然,在关于话语的上述三个界定中,第三个最终被赋予了优先地位。这样一来,话语这个术语将可以被确定为隶属于同一个构成系统的一组陈述,正因为这样,我们才能够谈论临床医学话语、经济学话语、自然史话语、精神病学话语。② 福柯谈论的主要是一些与人文学科相关的话语,几乎没有涉及纯粹的自然科学话语。他围绕话语构成及其规则进行探讨的话语概念区别于通常的话语概念。至少依据《词与物》的看法,人们通常把话语与语言的表达观念或再现实在/现实的功能联系在一起,也因此意味着语言仅仅是表象思想的工具。就早期现代时期而言,语言分析其实就是话语分析,而这里的话语是大写的话语,意味着语言丧失了自己的独立实存,被纳入到了观念化的表象秩序中。

换言之,这种大写的话语的形成,与语言在早期现代时期扮演的既有别于文艺复兴时期也不同于后期现代时期的角色有关。按照福柯的看法,在 17 和 18 世纪,语言的特有的实存、其属于世界的古老的事物的坚固,已经消融在表象的功能中了:整个语言都只是作为话语而有价值,可是,在整个 19 世纪直至他所在的时代——从荷尔德林到马拉美、到阿尔托,只是通过形成一种反话语,并因此通过从语言的表象功能或含义功能回溯到自 16 世纪以来已经被遗忘的这一原始的存在,文学才在其自主性中实存,它才通过一种深层的割裂使

---

① Foucault, *L'archéologie du savoir*, p. 141.
② ibid.

自己与任何其他语言脱离开来。① 在文艺复兴时期,语言有其物性,因为词与物不分,词处于物的无边秩序中,在19世纪,语言的分化导致词部分地、甚至完全地恢复其自身的物性(至少在文学中)。显然,在处于两者之间的早期现代时期,语言却完全丧失了物性,成为大写的话语的主要构成部分。

福柯要求突破早期现代意义上的话语,也因此从断裂或不连续性的角度来看待语言在不同时代的不同角色和特性,最终恢复其自身的实存或物质性。考古学主要关注的正是话语的自主性、自足性或自身物质性。然而,谱系学引出了话语与建制、与社会、与政治之类的关系问题。考古学更多地关注话语的封闭性,重点关注话语内部关系、话语与话语之间的关系,而谱系学在此基础上还关注话语与非话语之间的关系。其实,话语与非话语的关系在福柯的诸多著作中都是关注的对象,甚至一开始就是如此,只是那时还没有明确地使用话语和非话语之类的表述。哈贝马斯曾经表示:"在《疯癫史》中,福柯研究话语与实践之间的现存关系。"②福柯关于监狱史的研究与其关于疯癫史和疾病史的研究事实上具有连续性,《词与物》没有能够阻断它们之间的直接关联,而维系这种关联的正是对话语与非话语关系的始终关注。

在《词与物》中,福柯展开的是关于人的劳动、生活和说话等正常经验的探讨,这种探讨与他在其他著作中关于疯癫、疾病、犯罪以及性错乱之类反常经验的探讨保持着某些共同性,尽管前者似乎没有直接涉及权力机制的作用,而后者明显涉及了权力机制的运作。《疯癫史》和《诊所的诞生》在处理理性与非理性关系时突出了前者针对

---

① Foucault, *Les mots et les choses*, pp. 58~59.
② Habermas, *Le discours philosophique de la modernité*, p. 286.

后者的强制姿态,明显涉及却没有直接提出知识与权力的关系问题;《监视与惩罚》尤其突出了理性针对非理性实施的狡计,并且明显是在知识与权力的关系框架中展开论述的。这部著作涉及知识或话语的内部关系,同时也涉及一种知识与另一种知识或一种话语与另一种话语的外部关系,而且这种外部关系看起来是非常明显的。然而,《词与物》主要关心的是三种知识或三种话语之间的复杂关系,不像上述三本著作那样关心知识与非知、话语与非话语的关系问题。

《疯癫史》、《诊所的诞生》、《词与物》关注的主导性话语各不相同,也就是说它们都有其局部的或区域的关怀,但它们之间也是相通的。福柯探讨一个时代的知识型,其实就是在同一与差异的背景中来考虑特定时代的提问法,既考虑每一种话语的独特性,又考虑它与其他话语的可能关联:"在每一次涉及的都是关于一个有限区域的非常局部的探索的范围内,这些文本没有哪一个就其自己是自足的或充分的,它们相互依靠。它们应该作为那些描述性的实验还难以勾勒的一个集合来阅读。与此同时,如果说没有必要证明它们也是局部的、有缺陷的,那么就应该说明它们所服从的选择。"① 档案意味着对各种话语进行整理和布局,依据的不是它们所表象的东西,而是它们中的每一话语的内部关系以及它们之间的相互关系。正因为如此,福柯的考古学研究或档案分析与整个时代的一般文化语境是密不可分的。

尽管我们认为福柯没有抛开历史,但我们还是要说,他在《疯癫史》和《诊所的诞生》中关注的是不同话语之间的同构性,因此不排斥从静态的角度进行结构分析。但在《监视和惩罚》和《性史》第一卷中,问题在于动态地解释权力是如何实施的。正像他自己所说的,

---

① Foucault, *Dits et écrits I* (1954~1975), pp. 736~737.

始终纠缠着他的乃是不同领域之间的关系。比如他着手研究有关医学的认识论领域,同时不得不考虑有关压制、收容、失业救济、公共卫生管理控制等等的建制的认识论领域。显然,事情远比他在头两部著作中相信的要复杂,"那些话语领域并不总是和那些与它们相结合的实践的、建制的领域一道服从一些对于它们来说共同的结构,它们相反地服从一些共同于其他认识论领域的结构,似乎在一个给定的时代的话语之间有一种同构性";所以,"我们处在垂直描述的两条轴线面前:共同于许多话语的那些理论式样的轴线,话语领域与非话语领域的关系的轴线"。①

福柯在《词与物》中重点关注的是横向轴线,在《疯癫史》和《诊所的诞生》中则主要关注纵向轴线。值得注意的恰恰是这种横向轴线和纵向轴线之间的差异,前者相应于话语事件/话语实践与其他话语事件/话语实践的关系,后者相应于话语事件/话语实践与非话语事件/非话语实践的关系。这三本书之间的关系表明,在福柯那里并不存在考古学时期和谱系学时期的截然区分。有人说,在《疯癫史》和《诊所的诞生》中,话语容易受到在它们那里占据一个非常重要位置的各种社会实践或超话语实践的影响,在《词与物》中,这些实践差不多完全消失了,而在《知识考古学》中,它们以一种反思的模式重新诞生,但被重新界定为前话语的实践。② 那么如何处理话语实践和社会实践(超话语实践或前话语实践)的关系呢? 福柯思想的轨迹被归结为三条道路必择其一。

第一条是从话语走向社会实践以及倒过来的自由循环的道路;第二条是把这些实践放在括号中,以便集中描述话语的排他平面的

---

① Foucault, *Dits et écrits I* (1954~1975), p. 618.

② Foucault, *Dits et écrits I* (1954~1975), p. 1026.

道路;第三条是依据一种严格的方法把这些实践并入到分析中,但它们被置于不在场且被还原为前话语的、因此仍然在话语层次上运作的道路。① 福柯回应说,第一条道路与马克思主义或现象学实存主义相联系,突出了话语实践与非话语实践的直接关联,尽管起点是不同的:前者强调社会实践对话语实践的决定作用,后者突出话语实践对非话语实践的反作用;前者强调集体的作用,后者突出个体的作用;前者强调经济基础,后者突出先验意识或身体意识,等等。第二条道路显然接近于结构主义的思路,突出了语言或话语的内部结构或内部关系,不考虑人及其社会的、历史的、心理的因素对于话语描述的意义。福柯走的其实是第三条道路,主张历史与结构相结合,但一切结合在话语中,而不是在话语之外。

福柯具体说明了他的相关著作是如何处理话语问题的。他说自己在《疯癫史》和《诊所的诞生》中面对的是一种非常独特的材料。这涉及其理论构造和机制都相当弱的一些科学话语。比如精神病理学就是如此:它在17、18世纪是由一定数量的没有怎么获得阐述的概念构成的,在19世纪也只是以间接的形式并且依据严格意义上的医学式样获得阐述的,我们甚至不能说弗洛伊德的欧洲精神病理学话语已经包含了非常高的一个科学层次。反过来说,这一话语的全部建制的、社会的和经济的背景都是非常重要的。很显然的是,禁闭疯子、诊断他们、照料他们、排斥他们于社会之外或把他们封闭在一个禁闭场所的方式有赖于一些社会结构,涉及诸如失业、劳动力需要等等经济条件,在封闭的学科话语内部探讨是无法显示事情的真相的。无论如何,福柯的话语描述针对的是其科学性并不充分的高、而其实践性却非常强的一些学科。

---

① Foucault, *Dits et écrits I* (1954~1975), pp. 1026~1027.

福柯自己觉得印象深刻的是，由于受到马克思主义的影响，一些科学史家试图定位17世纪的几何学或概率运算的社会发生。他认为这是一份不讨人喜欢的工作，需要一些非常苛求的材料。正因为如此，从这种类型的问题出发来着手分析知识和社会的关系是非常困难的。反过来说，在像精神病理学话语这样一种有科学奢望的话语中，存在着一种相当大的、而且非常明显的建制情结。在与社会实践的关系中，几何学和精神病理学显然形成了非常强烈的反差。福柯尝试着描述的是比几何学话语更吸引人的精神病理学话语，进而在科学机制强于精神病理学的一般医学领域展开其研究。针对最终成了真正科学的解剖病理学以及生理病理学，福柯尝试着识别建制系统和一组经济的、社会的实践，认为它们在一个像我们社会这样的社会中使得一种医学有了可能，不管我们对之有多少可能的保留，它无论如何是一种科学的医学。①

尽管都有比较强的社会、历史参照或关怀，《诊所的诞生》在科学机制方面强于《疯癫史》，它更为全面地表达了话语实践与非话语实践的关系，这既涉及同时性，也涉及历时性。福柯表示，人种学家完全知道，医学可以在其社会机制中被分析，而且这一分析不仅仅指向医学人物连同他的能力、他的各种秘密、他的各种危险和他的各种处方，连同他掌握的不安的力量，而且更广泛地指向他的实践的各种形式和有待获得医疗的那些对象。显然，医学话语研究涉及面极为广泛。首先，从静态的角度或者说同时性来看，每一种文化以一种属于它的特殊方式来界定各种痛苦、各种失范、各种不正常、各种功能紊乱和各种行为障碍，因此，不存在有充分理由地、普遍地属于医学的

---

① Foucault, *Dits et écrits I* (1954~1975), pp.1027~1028.

领域。① 如此的话,在医学话语的构成中就涉及各种要素之间的复杂关系,这显然主要是从横向轴线来考虑的。

其次,我们也可以从动态的角度或者说根据其历史进程来考虑医学话语的构成,如此的话,情况又会有很大的不同。19 世纪的医学已经相信建立了我们所谓的病理学的各种规范:它已经认识到了在任何地方和任何时刻都应当被视为疾病的东西,它已经相信能够回顾性地诊断人们应该能够识别为病理的、但由于各种无知的理由给予它以其他地位的东西,最终说来,疾病在一个给定的时代和一个给定的社会是那种实践上和理论上获得治疗的东西。② 纵向轴线的考虑无疑使问题变得更加复杂了,这其实也是福柯始终宣称自己与结构主义者有别的原因,他显然不愿意受制于围绕二元对立展开的静态结构分析。无论如何,在《诊所的诞生》中,他典型地表现出了其既不是只考虑历史,也不是只考虑结构,而是把两者结合起来的姿态。该书的突出特点正在于很好地实现了科学机制和社会机制、话语实践与非话语实践的结合。

福柯关于疾病史的描述表明,历史并不等于编年史,我们应该在一切历史都是当代史的意义上考虑历史批判与现实诊断的关系:"对于这种新的医学意识,是使它渗透到历史分析中的时候了。很长时期以来,医学史都是关于发现的一种编年学,人们在那里讲述理性或观察如何战胜了各种偏见,如何摆脱了各种障碍,如何阐明了被掩盖起来的真理。实际上,如果我们希望科学史或观念史能够更加严格地进入像社会学或经济史之类其他学科并且能够依据它们而获得表

---

① Foucault, *Dits et écrits I* (1954~1975), p. 781.
② ibid.

达的话,无疑应该移动它的传统的领域和它的各种方法。"①福柯转向的是话语历史,认识到话语既有其形成的内在条件,也有其形成的外在条件。正是在这里,话语的内部关系和外部关系、历史和结构汇合了:"一门科学的历史将不再是它过去的各种错误或它的各种半真半假的简单记忆,而是对它的各种实存条件、运作法则和转换规则的分析。"②

无论如何,在医学话语与社会实践话语之间存在着复杂的关系,要理解一个时代的医学状况,仅仅局限于医学本身是不可能的:"医学实证主义的诞生,它承担的各种怀疑价值只能在政治和宗教冲突的这一集合中获得意义,它并不是为了它自己而在一种对于各种'迷信'的简单对立中发展起来的;从一开始,它就被纳入到了一个复杂的网状结构中:各种医学分析不加区别地在一个方向和另一个方向上屈从了。"③借助刻画了自19世纪初直至他自己所在时代的临床医学之特征的医学话语构成,福柯为我们明确地描述了话语实践与非话语实践的关系。他之所以选择临床医学话语,是基于如下几个原因:因为它涉及一种历史地非常确定的事实,因为人们不再会回溯到更原初的创立,因为要把它宣布为一种伪科学是非常轻而易举的事情,尤其是因为很容易直观地抓住在这一科学变动与一定数量的精确政治事件之间的关系。

这样一种姿态与福柯关注边缘现象、关注不确定性和不连续性紧密相关。他告诉我们,这一问题通常包含有两个假设:第一,正是人们的意识在各种政治变化、社会变化和政治变化的影响下被改变

---

① Foucault, *Dits et écrits I* (1954~1975), p.781.
② Foucault, *Dits et écrits I* (1954~1975), p.782.
③ Foucault, *Dits et écrits I* (1954~1975), p.794.

了,而他们对病人的知觉由于这一事实本身被改变了,他们从中看到了各种政治后果;第二,临床医学的那些基本概念通过移位派生自一种政治实践或至少是一些它在它们那里获得反映的理论形式。① 福柯要让我们懂得,如何在一种科学话语与一种政治实践之间描述可以依循其细节并抓住其隶属关系的一组关系,如何相对于一种科学话语指定政治实践的特有角色,如此等等。《诊所的诞生》是一本重要的著作,是福柯解决话语实践与非话语实践关系问题的重要环节。他抱怨说,马克思主义者针对《词与物》,尤其针对其所谓的反历史特征进行了各种各样的批评,但没有一种批评提过他针对精神病理学或医学进行过的各种尝试。

福柯表示,既然他在前面两本书中已经充分关注了社会实践或非话语实践的问题,《词与物》也就没有特别关注这一维度。尽管如此,这并不代表他完全忽视了它,他只不过更多地考虑了研究对象的特殊性而已,并因此以某种特别的方式进行了处理。按照他的说法,《词与物》回应的是以《诊所的诞生》的提问法为起点而出现的两个特殊问题。一个问题是:我们可以在某些彼此完全不相干的、没有任何直接交流的科学实践中观察到一些依据相同的一般形式、在相同的方向上同时产生的转换。② 福柯想要知道的是,在认识的秩序中相距非常遥远的两个事件如何能够同时产生,并且如此临近地对我们来说出现在一般认识论构形的秩序中。比如说,差不多是在相同的时刻并且在一些非常相似的条件下,化学和解剖生理学出现了,但只是在 1820 年左右,它们才相遇了。这涉及不同话语实践之间的关系,在它们之间存在着无意识的同构。

---

① Foucault, *Dits et écrits I* (1954~1975), p. 717.
② Foucault, *Dits et écrits I* (1954~1975), p. 1028.

另一个问题是：充当一门科学的出现、发展和运转的背景的各种经济条件和社会条件，在科学中没有像一种欲望、一种需求或一种冲动可以在某一个体的话语中或在其行为中被表达出来那样以科学话语的形式被表达出来，各个科学概念并没有表达它们在其中涌现的那些经济条件。① 比如很明显的是，组织的概念、机体损伤的概念与18世纪末的法国失业情况没有任何关系。可是，同样明显的是，正是像失业之类经济条件引起了某种类型的收容所的出现，最后，作为诊所历史之基础的组织损伤的观念涌现出来了。因此，在各种前话语的经济社会构成与在诸话语构成内部出现的东西之间的关联，比大多数马克思主义历史学家一般地唯一接受的单纯表达的关联要远为复杂。也就是说，话语与非话语的关系是非常复杂的，在一些科学话语中，不必考虑或不必过多考虑社会实践，在另一些科学话语中则完全相反。

前两本著作应该说较多地考虑了社会实践或前话语实践方面，《词与物》则明显弱化了这一方面，但并不因此就对之视而不见；相反，它只是换了一个方式来处置这一问题，那就是进入到话语内部，从话语规则的角度讨论话语实践与非话语实践的关系。特别之处在于，该书突出强调了不同的话语实践之间的关系，即某一时代的不同知识之间的同时性或同构性问题。汇合前述相关工作，《知识考古学》关于话语构成的探讨也就是水到渠成了。福柯表示："在各种前话语的构成中，使一门科学得以可能的，乃是一定数量的可以成为科学对象的对象之涌现，乃是科学话语的主体借以能够定位自己的方式，乃是概念构成的式样。总之，正是界定各种可能对象的全部规则、主体相对于客体的各种姿态、形成各种概念的方式，从各种前话

---

① Foucault, *Dits et écrits I* (1954~1975), p. 1029.

语构成中诞生出来并且被它们所规定。"①话语需要外在条件才得以构成,但话语并不因此就表达它们。

关于不同的科学话语实践之间的关系问题,也就是它们在认识论层次上的关系问题,福柯在《词与物》中选择的是三个非常不同的,而且在它们相互之间从来都没有一种直接交流的领域:古典语法、自然史和政治经济学。这三个学科没有任何直接的关联,但它们毕竟属于同一个时代,也因此无意识地接受了共同的话语构成规则,并且是相同的知识型的体现。按照他的说法,这三个领域在 17 世纪中叶和 18 世纪中叶两个精确的时刻已经承受了一组相似的转换。这里的精确时刻显然不精确,因为就前一个时刻而言,他很多时候提到的是 17 世纪初,而就后一个时刻而言,他会有 18 世纪末、19 世纪初、18 世纪末 19 世纪初等说法。但毫无疑问的是,福柯试图辨识这些转换,尽管还没有能够解决精确地定位它们的根基这一问题。他认为唯一确定的一件事情是:这些转换实存着,而发现它们的起源的尝试并不是幻想。②

虽然没有直接探讨科学话语实践与非话语实践之间的关系问题,福柯并不因此就在一贯的理论和论题的层次上探讨语法、自然史和政治经济学之类学科的转换,他在它们构成它们的对象的方式、它们的概念借以被构成的方式、认识主体相对于客体领域而定位自己的方式的层次上,也就是考古学的层次上把握它们的转换。③ 在认识论层次上,问题在于发现一个科学系统在一个给定的时刻的理论融贯性;考古学分析是甚至在认识论结构出现之前,而且在这些结构下

---

① Foucault, *Dits et écrits I* (1954~1975), p. 1029.
② Foucault, *Dits et écrits I* (1954~1975), p. 1030.
③ ibid.

面对对象被构成的方式、主体被设定的方式和概念得以形成的方式的分析。① 当然,还要涉及理论或策略选择的分析。福柯承认,在他没有使那些前话语的实践本身出现的范围内,《词与物》是一本悬而未决的书。除了前面已经提到的那些辩护外,他表示,他还会写其他著作,因此有机会回到这一维度上来,况且应该也可以把研究的机会留给其他有兴趣于斯的人。

福柯的如下说明至为重要:"我置身于各种科学实践的内部,以便描述各种对象的构造、各种概念和各种主体姿态的构成的诸规则。另一方面,我进行的比较没有引向一种说明。但这些东西中没有任何一种是我不关心的。我没有把一本书当作是最后一本来写;我写一本书,为的是其他的并非必定为我所写的书是可能的。"② 尽管他探讨的领域事实上是非常广泛的,他还是坚持某种谨慎的姿态,因为考古学为自己确定的是一些微小的任务,它并不奢望这种或那种宏大目标。福柯承认,在完成《词与物》之后,自己的困惑并没有因此减少。尽管他受益于法国科学哲学和科学史传统,但在遇到某种难以说明的现象时,他往往采取与这一传统不同的处置态度。他表示自己愿意承认自己不懂某个问题,但会努力去弄懂它,而不是要么求助于时代精神要么对它视而不见。

正是在《词与物》中着手进行的那些分析,使福柯后来看清楚了如何以更准确的方式调整关于话语实践和超话语实践的分析。③ 在《疯癫史》中仍然存在一定数量的表达主义的主题。简单地说,他在那里仍然受到如下观念的诱惑:构想疯癫的方式似乎表达了对疯癫的一种直接的社会排斥。这暗含了从理论到实践的连续性。在《监

---

① Foucault, *Dits et écrits I* (1954~1975), p. 1030.
② ibid.
③ Foucault, *Dits et écrits I* (1954~1975), p. 1031.

视与惩罚》中,他不再相信这种连续性,他在犯罪学这样一个科学含量非常弱的领域中更严格地重新审视这些事情,他从关于犯罪的司法界定和犯罪被隔离出来以及受到惩罚的方式出发,尝试着看看各种真正的刑法实践,同样,他审视某些概念(有几个明显是道德的,另外几个,比如退化则带着一些科学意愿)是如何形成的,这些概念如何在我们的刑法实践的某些层次上起作用并且继续起作用。[1] 不应该简单地看待话语实践与非话语实践的关系,它们之间的关系并不是决定和被决定关系。

无论如何,既然《词与物》没有考虑非话语实践,其后的作品就应该予以重新引入,并因此在一定程度上向此前的《疯癫史》和《诊所的诞生》回归。当然,需要以某种新的方式处置这一问题,要保持《词与物》对于话语本身的关注,尽管不需要局限于严格科学性的领域。事实上,如果在不那么科学的领域中展开这一工作,可以取得更好的效果。福柯于是选取了犯罪领域,探讨监狱史,把临床医学对病人及其身体的注视,推广到对犯人及其身体的注视和监视。这就从相对较强的科学性转向了相对较弱的科学性。他这样表示:"这是向一个知识在那里不那么系统化,或者具有一种非常弱的认识论融贯性程度的领域的回归,而这受益于一种关于话语层次和超话语层次的关系的更系统化的看法。"[2]显然,这里的超话语层次就是后来所说的非话语实践层次,福柯因此在谱系学的意义上探讨话语实践与非话语实践之间的关系。

福柯在法兰西学院的就职演讲的主题是对他在《知识考古学》中已经提出的一些观念的理论制定,即他此前已经尝试确定了分析的

---

[1] Foucault, *Dits et écrits I* (1954~1975), p. 1031.
[2] ibid.

一个层次,可能对象的一个场域,但他还没有能够制定这些分析的理论,而他现在打算开始的恰恰是制定出这一理论。① 很显然,《话语的秩序》这一名称更加明确了他关于话语实践及其与非话语实践相关关系的论述。在这一演讲中,他第一次把求知意志作为最主要的一种排斥规则提出来。他在第一学年(1970~1971)开设的课程则直接被冠以"求知意志"的名称。照福柯本人表示:"这一年的课程着手一系列分析,它们一个片断接一个片断地寻求逐步构造一种'求知意志的形态学'。有时这一求知意志的主题将在一些确定的历史研究中被赋予,有时它将为了它自己并且在它的各种理论蕴含中被探讨。"②这无疑表明,他的相关探讨既是理论分析,也是历史勾勒,并因此是两者的结合。

求知意志也是《性史》第一卷的名称,它和《监视与惩罚》一道,构成为福柯在不那么严格的科学领域中探讨话语实践与非话语实践关系的主要尝试。他最初认为求知意志以排斥性为特征,但在后来的工作中,则更为关心其生产性维度,至少认为它表现为排斥性和生产性的结合。《话语的秩序》延续《知识考古学》的倾向,在考古学层次上分析人类知识。然而,就像尼采一样,他不是从静态的真理/真相的角度看待知识,而是审视它是如何体现人的求知意志、求真意志的。权力谱系的清理日益明显,由此进入到谱系学阶段也就顺理成章了。在新的阶段,福柯依然围绕人文科学话语展开研究,但逐步突破了话语内部关系描述的限度,更多地探讨了话语实践的权力的、社会的和制度的机制,更加突出了非话语实践的地位。

福柯非常关注人文科学是如何与控制技术密切关联在一起的:

---

① Foucault, *Dits et écrits I* (1954~1975), p. 1041.
② Foucault, *Dits et écrits I* (1954~1975), p. 1108.

知识的构成(真相/真理的揭示)与权力的实施是无法分开的。其实,他在此前的工作已经包含了这方面的内容,但没有能够充分地予以展开。在《监视与惩罚》以及《性史》的最初目标中,他想要集中展示或展开这方面的内容。单就前者而言,他在书中表明,犯罪学出自于19世纪监狱的发展,其他学科则分别依赖于精神病院、医院、学校、军营、工厂之类控制机构的发展。福柯对于权力机制的关注当然是一以贯之的,但他在不同时期对权力概念有不同的理解。他在前期主要强调了权力的消极的、否定的、甚至破坏性的方面,在后期则认为,权力也有其积极的、肯定的、建设的方面。像葛兰西一样,福柯已经表明,当我们认识到像文化之类的霸权系统对作家和思想家的内在强制是生产性的而不是片面抑制性的时,我们就可以更好地理解它们的持续性和持久性了。[1] 真正说来,权力是真理、知识、话语之类的创造性源泉,也是它们延续的源泉。

换言之,对象的构成、知识的形成、真理的揭示是建立在权力施加于自己或他人的基础之上的。谱系学的卓越之处就在于,它在解释话语史的演变的同时,为我们呈现了权力的无所不在,或者说,正是通过对无所不在的权力的展示,它为我们解释了话语的功能转换。谱系学方法显然推动了考古学方法同时描述话语实践和非话语实践;话语实践当然有其自足的构成规律和自身历史,但它也处在与非话语实践或外部历史的复杂关系之中。话语在具有和其他外部因素同样的自主地位、能够施加其作用和影响、会产生某些特定效果的同时,也需要通过一些外部因素而获得解释与说明。换言之,谱系学方法要求把描述和解释结合起来。这表明,在话语实践与非话语实践之间存在着一种张力,一种物质性的张力,不可能通过一种精神性的

---

[1] Said, *Orientalisme*, p. 14.

力量来实现其辩证的统一。考古学已经为我们揭示了话语的无意识层次,摆脱了精神性的支配,而谱系学通过明确地告别由主体维护的起源,积极地以物质性取代了精神性。

进入谱系学阶段,福柯最初打算在一种思想系统史中定位求知意志的位置并且界定其角色,至少以暂时的名义确定一种最初的分析模式。他告诉我们,他先前进行的那些研究使我们已经有可能在所有让我们能够分析各个思想系统的那些层次中认识到一个独特的层次:话语实践的层次。这里涉及一种既非逻辑类型也非语言类型的系统性。各种话语实践是通过分割出对象场、通过为认识主体界定合法的视角、通过为一些概念和理论的制定确定规范而获得刻画的,因此,它们中的每一种都假定了一些支配着排斥和选择的规定。①《知识考古学》关于话语构成的各种规则的论述,为我们"客观地"展示了在真理或科学名义下的排斥机制。然而,如果我们只是消极地看待这个问题,恐怕就会错失掉福柯想要表达的丰富思想。因为正是分化和排斥导致了对象化,导致了权力的施加、知识的形成或真相/真理的产生以及主体的诞生。

一组话语规则并不与一些个体作品相一致,即使它们是透过后者而得以显示的;那些话语实践并不完全属于话语的构造模式,它们在既规定它们又维持它们的一组技巧中、一些建制中、一些行为图式中、一些传输和传播类型中、一些教育形式中体现出来;最终说来,它们具有一些特殊的转换模式,我们不能够把这些转换归因为一种个体的、精确的发现,与此同时,我们不能够满足于把它们刻画为心理的、集体态度的或精神状态的全面改变;一种话语实践的转换是与一些要么在它之外,要么在它那里产生的常常很复杂的一组变动联系

---

① Foucault, *Dits et écrits I* (1954~1975), p. 1108.

在一起的。这意味着存在着各种排斥和选择原则,它们并不诉诸一个连续地发明它们或在一个原初层次上奠基它们的历史的或先验的认识主体,它们毋宁说指称一种匿名的、多形的、易于接受各种有规则的转换并且陷入到一种可标明的从属运作中的求知意志。[1]

福柯认为,正是指向精神病理学、临床医学、自然史、语法学、政治经济学等的一些经验研究使我们能够分离出话语实践的层次。这些实践的各种一般特性和专门分析它们的那些方法已经在考古学的名义下面获得清点。针对求知意志而着手的各种研究现在应该能够为这一组话语实践提供进一步的理论辩护,而该辩护将把我们引导到知识与认识的区分、求知意志与求真意志的差异、主体相对于这一意志的立场。[2] 前面已经谈到过福柯的独特知识概念,现在更应该关注认识与意志的关系。他认为兴趣/利益从根本上说是在它的充当其简单工具的认识之前被设定的,而脱离了愉悦和幸运的认识与斗争、仇恨、恶意联系在一起;这样一来,认识与真理的源初联系被解除了,因为真理在这种联系中只不过是一个结果,而且是一种指定了真与假的对立的伪造的结果。[3]

认识要么受制于兴趣/利益,要么受制于斗争、仇恨与恶意,中立的认识是没有的。正因为如此,认识是否导致真理是有疑问的。其实,真理往往以真假的设定为前提,而这一设定本身又是受制于兴趣/利益的。福柯认定,在他那个时代,用于分析求知意志的概念工具几乎还没有被制定出来,人们在大部分时间所使用的概念都是非常粗糙的。它们是一些或人类学的或心理学的概念,比如好奇、通过认识而支配或占有的需要、在未知面前的焦虑、在威胁和未分化的东

---

[1] Foucault, *Dits et écrits I* (1954~1975), p. 1109.
[2] Foucault, *Dits et écrits I* (1954~1975), pp. 1109~1110.
[3] Foucault, *Dits et écrits I* (1954~1976), p. 1111.

西面前的反应;各种历史一般性,比如一个时代的精神、其感受性、其兴趣/利益类型、其世界观、其价值体系、其主要需要;各种哲学主题,比如透过时间而获得说明的一种合理性视域的主题。① 谈到这些涉及人和历史的概念、论题或主题,福柯让我们想到的是哲学家柏拉图、斯宾诺莎、叔本华、亚里士多德和尼采等人,而求知意志概念尤其从亚里士多德和尼采那里获得了灵感。

在前考古学时期,福柯大体上强调的是话语或语言对于或实在或观念的依赖性;在考古学时期,他把一切都纳入到话语内部,在考虑话语内部关系的同时考虑话语与话语之间的关系;在谱系学时期,他强调话语实践与非话语实践的相互作用;至于晚期,话语实践及其物质性问题让位于自身技术,也可以说人本身的物质性成为重要的话题。从总体上看,福柯对形式思维或形式主义思维的关注意味着,他不仅在语言或文化内部考察它们各自的自身物质性,而且同时还考虑了作为话语事件或话语实践的它们与非话语事件或非话语实践的相互作用;也就是说,话语历史(内部史)和话语之外的历史(外部史)获得了同等的关注。福柯既接受过现象学和黑格尔式的马克思主义联姻的影响,又受到过索绪尔结构语言学的启迪。在前考古学时期,前者的影响非常明显,自考古学时期以来,前者的影响几乎淡出了,后者的影响则越来越明显。

在前考古学阶段,尽管福柯已经听过梅洛-庞蒂关于索绪尔有关结构语言学的讲课,尽管话语问题在这些写作中已经扮演了一定的角色,但他并没有特别注意到话语的自主性或自足地位。话语不是在其内部系统或内在结构中,而是在社会的、政治的、制度的外部秩序中体现其作用或地位的,从而表现出相对于它们而言的依赖性、从

---

① Foucault, *Dits et écrits I* (1954~1975), p.1110.

属性或受动性。就算在《诊所的诞生》中,尽管相对明显地接受了结构主义的影响,此前思想的痕迹依然存在。他在其序言中表示:他在该书中从事的研究就其涉及就像在现代时期认识到的那样确定医学经验的可能性的诸条件的范围内,包含了既历史的又批判的有意识计划。① 随着他更多地接受结构主义或形式主义的影响,他在《词与物》等作品中以知识考古学和话语考古学的名义克服了话语的完全从属性,转而关注语言或话语本身,即重点描述话语的内部关系或内在结构。

正是在考古学时期,福柯开始形成自己关于话语霸权的理论并且开始产生自己的话语霸权。确实,他先前的著作产生的影响并不大,只是在后来被纳入考古学的整体框架中之后,才真正体现出其重要性。一般认为,《疯癫史》主要关注的是对象构成,这只是话语构成的内容之一;《诊所的诞生》主要关注的是说话方式的构成,同样只是围绕话语构成的一个方面展开;《词与物》重点关注的是概念的构成和理论策略的构成,可以说更全面地描述了话语构成。只是在《知识考古学》中,他才全面地为我们描述了话语构成。无论如何,话语问题一步一步地成了福柯关注的首要主题,他也由此真正地融入了哲学和人文科学领域的语言学转向大潮之中。无论如何应该强调的是《词与物》的极端重要性。确实,只是凭借它,他才作为他那个时代最具原创和最有影响的思想家之一引起广泛的注意。② 福柯在这一著作中非常明确地调整了前考古学阶段的外部指向,从而把一切关系都纳入到了话语自身的秩序中。

在这种颠覆性的努力中,各种外部力量被视为构成话语系统的

---

① Foucault, *Naissance de la clinique*, p. xv.

② Duignan (ed.), *The 100 Most Influential Philosopher in All Time*, Britannica Educational Publishing, 2010, p. 310.

要素,而话语本身则成为一种积极的有其自身性的力量。鲍德里亚表示,语言不应该局限于其精神使用,因为这受制于沟通之类的有限目标,但语言有其自身性;这意味着,如果语言想谈论幻象,它应该让自己成为幻象,如果它想谈论诱惑,它应该使自己成为诱惑;至于谈论实在,它严格地说不会使自己成为实在,因为语言从来都不是实在,当它似乎指称各种事物时,它依据一些非实在的、省略的、反讽的路径来达到。[1] 福柯无疑认可这种看法,但不会深陷语言的牢笼,[2]这是因为,语言当然有其自身性,它是一种实在,有其实存,但它又与其他实在处于复杂的关系中,从而突破了单纯的内在性,并因此与其他实在处于明显的、甚至绝对的外在关系之中。鉴于此,在其思想发展的第三阶段,他开始突出能够全面考查话语实践与非话语实践的复杂关系的谱系学方法。

在其前考古学阶段,福柯试图探寻语言和文化现象的外部物质基础,没有突出话语的自主性、自足性和自身性;在考古学阶段,他主要在语言内部探讨各种知识要素之间的关系,带有过于强调话语的这种性质的倾向;在谱系学阶段,他同等地关注语言的内部关系和外部关系,形成了关于话语问题的更片断化同时更有包容性的思考倾向。谱系学不再突出语言和文化现象对物质基础的依赖性,相反,它强调它们具有与任何事物的物质性没有实质性不同的物质性,它们与事物之间的关系一如事物与事物之间的关系。鲍德里亚表示:"绝对的规则,象征交换的规则就是还回被给予你们的东西。"[3]他想表达的正是话语或语言的脱离主体的自主运作。话语实践一如任何社

---

[1] Baudrillard, *La pénsee radicale*, pp. 33~34.

[2] 借用詹明信的说法,参 Jameson, *The Prison-House of Language: A critical account of structuralism and Russian formalism*, Princeton University Press, 1972.

[3] Baudrillard, *La pénsee radicale*, p. 36.

会实践、话语事件一如任何社会事件,它们都遵循物质运动的基本规律。福柯的这种看法在不同程度上接受了来自形式主义的启发,反过来又影响了后来的文化唯物主义、新历史主义、后殖民主义等思潮,也因此在形式主义的整个历程中具有独特的地位。

第三节 物语与知识

当代性的突出特征是话语的扩张或语言的通胀。我们通常视"话""语"/"言""词"/"书""写"为表达观念(关于事物的先天的或后天的观念)的工具。殊不知,词有可能并不指向物,即便在它们指向物时,它们也有可能相互指涉,从而在它们之间形成如同物与物之间一样的相互作用关系。福柯这样写道:"在词向它们所说的物没有歧义、没有剩余地开放的同时,它们也有朝向它们依据难以穷尽的组合而连接或分离、承载和摧毁其他词的一个不可见的,多种形式的出口。"[1]语言与人之间的张力关系为我们从话语角度把握当代性问题提供了基本的背景。当代哲学不仅要摆脱早期现代哲学的观念论倾向,后期现代哲学的处境论在它那里也被抛弃了。也即,早期现代性关于理性主体的大叙事和后期现代性关于实存主体的英雄传奇让位于话语关于它自身的冒险历程。这其实就是语言对它自身的英雄化。

在俄国形式主义者看来,一般语言节奏作为产生自动化的因素是重要的,但诗的节奏与此不同,因此艺术的节奏存在于对一般语言

---

[1] Foucault, *Dits et écrits I* (1954~1975), p.239.

节奏的破坏之中。① 自 20 世纪初以来,文学艺术越来越摆脱观念性,越来越强调物质性。这种一般倾向在小说、诗歌、绘画、建筑等领域各有其具体呈现。福柯承认自己对绘画工作比文学工作更敏感,因为在绘画中存在着使他着迷的物质性。② 尽管他的话语研究在最初阶段不是围绕话语的物质性展开的,在最后阶段似乎也不是,但至少在考古学时期和谱系学时期,这一问题成了他集中探讨的话题。在他看来,话语并不是生命,话语的时间并不是作家的时间,在话语那里,作家并不能与死亡和解,在他说出的一切的分量下面,他的确可以杀死神,但他并不因为自己说出的一切而使自己活得比神还长久,在他说出的每一个句子中,都是无名的法则、空白的淡漠在主宰着。

福柯由此引出的说法是,谁在说话是无关紧要的。③ 他在这里借用了贝克特的表述:"管他谁在说,有人说过管他谁在说。"④ 其实,当代哲学不仅不管谁在说话,而且根本就不再让人出来说话,或者说当代哲学话语不再是关于人的话语,它们不仅不是心语,甚至根本就不是人话。主体死了意味着不再有完全向往神圣性或观念性的大我,甚至不再有要求物质性与观念性相统一的小我。后期现代哲学承认我就是我的身体,但这一身体代表的是身与心、物性与心性、物性与无性的统一体,是本己的身体;在当代哲学中,依然可以说我就是我的身体,但呈现出来的是无心之身,或者说这里的身体是完全排斥神圣、崇高、理想、精神、思想、观念、心灵、心性、无性、知性、情感的物性之身。当代哲学不再承认神话,现代哲学的人话或心语被当代哲学的物语取代了。

---

① 什克洛夫斯基:《散文理论》,第 22 页。
② Foucault, *Dits et écrits I* (1954~1975), p. 1575.
③ Foucault, *Dits et écrits I* (1954~1975), p. 723.
④ Foucault, *Dits et écrits I* (1954~1975), p. 820.

在当代哲学中,既不是我们说,也不是我说,而是它说,其实就是无人称的、匿名状态的说。我们完全可以漫不经心地表示:"管他谁在说"、"管他说什么"、"管他怎么说"。我被它代替表明,前现代哲学和现代哲学所针对的一切对象、所包含的一切因素都被纳入物质或事物/事情/事件之列,进入到海德格尔式的天、地、神、人大游戏之中。雅尼科所说的法国现象学的神学转向[1]并没有重塑神的地位,神反而被现象学家置于平面的、庸常的物质链条之中,其神圣性在游戏进程中丧失了。人的地位尤其遭遇了空前的危机:他丧失了心性,既不以纯粹意识为自然立法,也不以处境意识为历史奠基,他属于自然历史进程的一部分;他不再是主体而是受体,不再是施动者而是被动者,他接受物质的秩序而不是代表观念/精神的秩序;不是他在说话,而是语言借助他说话。

人向之回归的自然既不是古代哲学意义上的神圣的自然(在笛卡尔和斯宾诺莎那里还有其残余),也不是康德意义上的人化的自然,而是梅洛-庞蒂所说的蛮荒的自然(尽管还需要进一步消除人性的残余)。自然返魅了,它具有充分的自身物质性,天、地、神、人都属于这一活的自然。语言不再受制于神或人,它也有其自身的物质性,它不再是讲述神话故事或英雄传奇的工具,它透过诸神和英雄,但尤其透过寻常的人和平凡的物来讲述自己的冒险历程。真正说来,当代性意味着天、地、神、人都在喋喋不休地讲述各自的故事,不存在等阶或隶属,它们彼此之间只存在能量的交换或力量的互动。在当代哲学中,神圣性、观念性和精神性全都让位于物质性,神性和心性(知性和感性)都让位于物性,物质主义/唯物主义因此成为主导性的哲

---

[1] Janicaud, *Le tournant théologique de la phénoménologie française*, Éditions de l'Éclat, 1991.

学形态。存在着三种形态的物质主义/唯物主义,它们都是物语的体现。

第一种形态是由尼采、柏格森、梅洛-庞蒂等后期现代哲学家引发的,在福柯、亨利和德勒兹等当代哲学家那里得以拓展的生命唯物主义。它突出了人的自身生命、自身目的、自身物性,比如德勒兹的生命主义认定欲望归根到底属于基础建筑,其中没有意识形态,[①]亨利则既把自己的哲学称为生命现象学,又把它称为物质现象学。这一形态同时认为自然是有机的,它有其自身生命、有其自身目的,比如梅洛-庞蒂在其晚期哲学中承认自然是野性的或蛮荒的,认为野性的或蛮荒的存在无处不在,以至于超越了经典存在论问题(机械论,目的论,总而言之,人工主义),[②]在他之后的哲学家那里,由于完全否定早期现代哲学的因果决定论和人为自然立法学说,更明确地承认了自然的自身生命,比如在后期亨利那里,物质自然的东西被认为属于一个活的宇宙。[③]

第二种形态是由法国结构主义和后结构主义以及美国后现代主义引发的文化唯物主义,突出的是语言和文化现象的去观念化和去精神化的自身物质性,这是对文化领域或文化世界中的观念主义和精神主义的彻底否定:比如福柯通过所谓的不及物文学来表明文学本身对语言自身或写作技巧的强调;[④]又比如德勒兹认为文学是一种装配,所以不需要借助于意识形态来看待它;[⑤]詹明信的下述说法无疑也是这种倾向的典型体现:"伴随神圣的东西和'精神的'东西的

---

① 德勒兹:《哲学与权力的对话》,商务印书馆,2000,第22页。
② Merleau-Ponty, *Le visible et l' invisible*, p. 264.
③ Henry, *Phénoménologie matérielle*, Presses Universitaires de France, 1990, p. 11.
④ Foucault, *Les mots et les choses*, pp. 312~313.
⑤ Deleuze & Guattari, *Mille plateaux*, Éditions de Minuit, 2001, p. 10.

消亡,资本主义以及现代时期成了一切事物的深层基础物质性以滴入和抽搐的方式上升到日光中的一个时代;非常清楚的是,文化本身是那些其根本的物质性现在对于我们来说不仅仅是明显的,而且是完全不可避免的事物之一。"[1]以一种当代的方式来思考,我们必定视一切文化为物质的或物质主义的,因为它们作为媒体产品必定接受机器的干预,是机器化的产物。

第三种形态是由英美心智哲学引发的各种各样的科学唯物主义或物理主义,其核心是把心理现象还原为物理现象,其极端形式甚至根本否定有任何的心理现象存在:比如按照英美心智哲学中流行的信念,意识可以被客观的、科学的描述完全地解释。[2] 从前,意识被认为具有神秘性,而在心智哲学或最新的认知科学看来,意识完全可以获得科学的说明。科学唯物主义有各种各样的版本,从总体上看都是要排除心理和意识的优势地位,从功能主义之类弱化的形式直至取消主义的极端形式,导致的都是心灵和心性的彻底消失。我们其实也可以把科学唯物主义归入文化唯物主义,因为科学本来就是一种文化形式。至少对于许多大陆哲学家来说,科学是从人文母胎中孕育出来的,但它越来越强势,并因此不断侵占人文的地盘,形成了一种科学沙文主义。科学唯物主义显然是对与人文主义对抗的科学主义和技术主义的极度推进。

在物质主义/唯物主义的时代,究竟是谁在说呢? 作者死了、人死了或主体死了描绘出的是一幅非人的图景。正因为如此,这里的"谁"不再是与精神相关的某种不确定的力量,而是无论什么样的一种物质性的力量。真正说来,人性概念在当代获得了重新界定。古

---

[1] Jameson, *Postmodernism, or, Cultural Logic of Late Capitalism*, p. 67.

[2] Wider, *The Bodily Nature of Consciousness: Sartre and contemporary philosophy of mind*, Cornell University Press, 1997, p. 3.

代哲学的灵魂概念表明,人的本性是神性或无限理性,但这几乎是难以企及的绝对超越性。早期现代哲学的心灵概念表明,人的本性是心性或有限理性,以理想性/观念性的方式呈现,这表明人性与作为绝对超越性的至上神明有某种藕断丝连,人的知性试图筹划一种人间天堂,这是一种崇高的理想或深度的意识,意味着绝对内在性。后期现代哲学的身体概念表明,人完全放弃了天堂迷梦,承认自己是一种在世存在(此在),尽管有其内在性,但那是一种必定外显的相对内在性,心性因此处境化了。精神性意味着适当的高度或深度,实现了观念性与物质性在张力中的统一。当代哲学不再突出具有观念性或精神性的人,神圣性更是成了远去的叙事。

当代性只承认具有物质性的非人。换言之,人不再追求超越、崇高和深度,并因此通向了完全的平面性或平庸性。很显然,在天、地、神、人游戏中,一切都直接显现出来,不再有中心,不再有起源,一切有说者和被说者的区分,一切都在说,都在自说自话,即它们全都不受限制地、不相对于他物地充分显现自身或自身显现。主体死了或人死了直接引出的是管他谁说。事实上,根据福柯对于作者死了的理解,根本的问题不是证明作者永远地消失了,而是要测定他发挥其功能的场所。① 萨义德表示,与他大大地受益于其著作的福柯不同,他相信个体作家对于匿名集体文本汇集留下了决定性印迹,至少就东方主义的例子而言。② 其实,这与福柯的看法并没有根本的冲突,这是因为,福柯并没有完全抛开人或作家,而是说他只不过扮演着这种或那种功能,他占据了某个他随时都有可能离开的讲坛。不管福柯的话语描述,德里达的能指游戏,还是巴特的符号理论,指向的都

---

① Foucault, *Dits et écrits I* (1954~1975), p. 817.
② Said, *Orientalisme*, p. 23.

是文本,而文本与书或作品的区分就在于,它不受制于主体,因为主体只是编织文本的工具。

在当代哲学中,文本成了各种因素都在其中扮演自己的角色的一个开放的空间,而不是一个受制于作者权威的主观单位。福柯表示:"不应该把话语推回到起源的遥远在场;应该在其正进行的游戏中对待它。"①这就突破了主体对意义的支配,导致了德里达所说的意义的播撒,导致了无边的能指游戏。写作行为表明,我们不可能是意识主体而只能是无意识主体,并因此根本就不是主体,或者说不存在所谓的主体。在文本的开放中,作者并没有占据中心位置,他不过是一个写手。他无意识地让自己完全成为了话语的功能,成为语言讲述其自身故事的载体。于是,一切都指向文本的运作,指向字词的游戏。文本不是出自某一作者的独创,它是引文的编织,所谓的"作"者也因此不过是"编"者。与此同时,他无法真正驾驭他笔下的那些人物,他们都有自己的声音,文本中出现的是百家争鸣或多音齐鸣。

当然,这并不是说作者什么都没有说,而是说不管他说什么,最终服从的都是语言规则而不是主体意图。正是这种主体离心化倾向导致了文本的自足性。鲍德里亚认为,福柯的写作在这方面是绝好的例子:福柯的写作非常完美,因为文本运动本身令人满意地说明了它提出的东西,这种东西可以在他的话语(它也是一种权力话语)中被直接地读出来,它流动、渗透、溢出它开启的整个空间,而一种巧妙的去中心技巧,使得开辟立刻就被其写作的精微流露所覆盖的各种新空间(各种权力空间、各种话语空间)有了可能;没有空无,没有幻想,没有火苗复燃,只有一种流动的客观性,一种非线性的、有轨迹的、无缺陷的写作;简言之,他的话语就是它描述的各种权力的一面

---

① Foucault, *L'archéologie du savoir*, p. 37.

镜子,它的力量和它的诱惑就在那里,根本就不是出自其"真理标志"。①

在这种意义上,作者对于文本并不拥有唯一发言权,因为它正如巴赫金所说是复调的。作者成为语言游戏链条中的一个环节,意识主体于是在文本的运作中让位于游戏主体。当人们谈论身体写作的时候,突出的其实是身体作为一种物质性的力量与作为物质性力量的语言或文化之间的相互作用。看起来有人在那里喋喋不休地说话。但他是谁?——管他是谁!他在说什么?——管他在说什么!他怎么说的?——管他怎么说的!说就是一切。对于德里达而言,或许应该说,写就是一切。一般地说,福柯并没有严格区分说与写,德里达对声音中心论的批判似乎没有能够影响到他。在逻各斯中心论批判中,德里达把声音中心论批判放在首位,理性中心论和西方中心论批判是其关联形式;对于福柯而言,优先关注的应该是理性中心论批判,由此实现的是从心语到物语的转换。当然,心语毕竟预设了声音,而物语很自然地让人想到文字。

心语意味着天、地、神、人都借助心灵之镜来显现自己,而物语表明它们都绝对地自身显现,不再相对于意识(纯粹意识或身体意识)而显现。日常语言哲学家奥斯汀探讨人如何以言行事,但当代哲学走得更远,关注的是言如何藉人行事。更严格地说,人和言都是事(物),或者说人和言都进入物的秩序之中。这无疑为我们打破了词、物、思的界线。哲学以其独特的说话方式关注人的命运。哲学话语经历了从神话到心语再到物语的变迁,而人的追求则经历了从超越的神性到内在的心性再到平面的物性的演变。在古代哲学中,话语在歌颂中显现人的神性;在早期现代哲学中,话语在表象中显现人的

---

① Baudrillard, *Oublier Foucault*, pp. 9~11.

理想性,在后期现代哲学中,话语在解释中显现人的现实性;而在当代哲学中,天、地、神、人都是话语,它们都绝对地自身显现,一切都进入到物质性的秩序中。

我们无法时时处处都断然地区分词与物,不能简单地把词看作是表象者,把物看作是被表象者,应该突破表象主义来重新审视它们之间的关系。在西方文化历程的不同知识型中,或者说在西方知识的不同形态中,两者之间的关系一直呈现为异常复杂的情形。事实上,不管词还是物都有其物质性,或者说它们都是具有物质性的存在。然而,在纯粹表象关系中,它们两者都丧失了自身的物质性。表象者因为成为单纯的工具而丧失了自身的物质性,被表象者因为被纳入观念的或思想的秩序中而丧失了自身的物质性。早期现代性的纯粹观念性或理想性指向必定导致两者都丧失其物质性;后期现代性的处境化意识在一定程度上避免了完全观念化,但只能部分地恢复它们各自的物质性;只是在当代性的排斥观念化和否定意识哲学的倾向中,无论词还是物的物质性才会真正不受约束地涌现,才会真正受到关注和重视。

《词与物》英文译本为了避免与他人著作重名而采用了《物的秩序》这一标题,这尤其点明了词与物是难以断然区分的,或者说词是物的一部分,而任何物都可以扮演词的角色。任何的经验或体验首先都具有私人性,要获得普遍而持久的意义,就必然上升为知识,这意味着把它说出来,把它纳入话语的秩序中,这涉及它如何被述说的问题。福柯的知识考古学尤其针对的是人文科学话语。各门人文科学是特定时期的产物,它们并不具有完全的独立性,往往以某些自然科学或社会科学为其模式,尽管它们始终想要摆脱这些模式的约束。不同时代的一般知识状况之间、同一时代的不同知识形态之间、同一种知识形态的内在要素之间的关系是复杂的,但彼此之间的对照既是必要的,也是可能的。无论如何,人文科学的自然科学与社会科学前提也需要清理,不同知识形态之间的参照也很有必要。这就涉及了众多话语之间的复杂关系。

前面已经就屈从的知识谈到福柯的知识概念的独特性。在《疯癫史》中,他想要确定我们能够从一个给定的时代的心理疾病中认识到什么,也就是获得一种什么样的知识。他认为这是一种既显示在命名和分类不同的病理类型并且尝试着说明它们的那些医学理论中,又出现在诸如疯子引起的古老的担心、围绕他们的那些轻信的游戏和人们在舞台上或在文学中表象他们的方式之类意见现象中的知识。他承认,要么在这里要么在那里,由其他历史学家进行的一些分析可以充当该书的向导,但有一个维度尚未被他们探索过,即应该探索疯子是如何被认识、被单独安置、被排除在社会之外、被拘禁和被治疗的;哪些机构被指定接纳和拘禁他们,有时照料他们;哪些机关决定他们的疯癫、依据哪些标准;为了约束、处置或治愈他们,要启用哪些方法;简言之,在何种建制和实践的网络中,疯子既被收容了又获得了界定。①

福柯表示,当我们审查其功能以及人们在那个时代为它提供的那些辩护时,这一建制和实践网络显得非常融贯、非常适宜。于是,一个对象被勾勒出来了,这就是被投入到建制的复杂系统中的知识;一种方法被强加了:不是像我们自愿所做的那样浏览单单科学书籍的图书馆,而是应该访问包含一些政令、一些规则、一些医院或监狱登记簿、一些司法文件在内的一组档案。正是在各个国家档案馆中,福柯着手分析了一种知识,其可见的形体既不是理论的或科学的话

---

① Foucault, *Dits et écrits I* (1954~1975), p. 870.

语,也不是文学,而是一种日常的、有规律的实践。① 然而,他认为疯癫史尚未充分地在科学的背景中获得展开,也因此还没有很好地体现出知识与科学之间的区分。他的相关探究主要针对早期现代时期,而精神病学或精神病理学在当时还处于萌芽状态,精神分析学还没有影子,因此不可能在精神病理学话语与其他科学话语的关联中展开疯癫史的研究、把握关于疯癫的知识。

《诊所的诞生》有所不同,它把重心转向了19世纪,因此是在各门实证科学诞生的背景中来探讨疾病或医学话语的。关于疯癫史和疾病史的研究都主要围绕经验、知识和制度之间的关系而展开,但在前一种研究中,知识扮演的角色看起来不是那么明显,或者说,起作用的似乎主要是常识或意见;而在后者那里,知识则体现在各门实证科学或经验科学中,相关机构在知识形成中的作用也更加明显。按照福柯的描述,在17和18世纪,精神病理学还过于初步,不足以让我们能够把它与那些传统意见的简单运作区别开来;但是,19世纪初诞生的临床医学在其开端就以更严格的方式提出了问题,它实际上与一些已经构成的或正在构成的科学,比如生物学、生理学、生理解剖学联系在一起,它另一方面也与一组像医院、救济机构、教学诊所之类的建制、与一些像各种管理考察之类的实践联系在一起。

现在的问题是,在既关注科学性又依赖于建制与实践的临床医学中,一种知识以何种方式能够获得诞生,能够自我转换和自我发展,能够向科学理论提出一些新的观察领域、一些前所未有的问题、一些到那时为止没有被注意到的对象;反过来,一些科学认识在那里如何被引进了,如何获得了处方和伦理规范的价值。② 在福柯看来,

① Foucault, *Dits et écrits I* (1954~1975), p. 870.
② Foucault, *Dits et écrits I* (1954~1975), p. 871.

医学的训练并不局限于以一种不稳定的混合构成一门严格的科学和一种不确定的传统,它作为一个有其自己的平衡和融贯的知识系统被设计出来。很显然,他所说的知识介于意见与科学之间,而相关的社会机制在其形成中扮演着重要的角色。关于疾病史的研究表明,临床医学以实证科学为参照,也因此克服了对心理习惯或日常经验的简单诉求,但它显然不像实证科学那样具有完全的科学性,也因此在一定程度上维护了知识针对科学的首要性。这种首要性类似于梅洛-庞蒂关心的知觉对于科学而言的首要性。

《词与物》描述的是三门经验科学各自内部的关系以及它们相互之间的关系,几乎不涉及科学话语与非话语或社会机制的关系。然而,既然这些科学都是经验科学,因此不会完全偏离非科学话语或日常经验话语,也因此并没有真正远离非话语实践或社会机制。只不过,非话语的东西被纳入到了话语系统中,因此被转换了。在这些复杂的关系中,出现的是某种既非意见也非科学的知识。福柯写道:"因此,我们可以承认一些不能够精确地被等同于科学却并不出于一些简单的心理习惯的知识领域。我那时已经在《词与物》中尝试一种相反的经验:中性化却不放弃有朝一日重新回到整个实践的和建制的方面的计划;构想在一个给定时代的这些知识领域中的多个领域(17、18世纪的自然分类、普遍语法和财富分析);并轮流考察它们的角色以便界定它们提出的那些问题的类型,它们灵活地运转的那些概念,它们进行检验的那些理论。"①

福柯把这样的研究称为内部考古学,它致力于描述某一话语的内部关系,比如自然分类话语、普遍语法话语、精神病学话语各自的内部结构,但同时也致力于描述这些话语之间的关系。我们当然可

---

① Foucault, *Dits et écrits I* (1954~1975), p. 871.

以任意选择其他一些话语来进行描述,并因此会勾勒出一番新的面貌。正是在这样的描述中,福柯的知识概念呈现出其独特性。他进行的相关研究注意到的是知识的两个不同的维度:一方面,他确认了那些被倾注的知识的特殊的、相对自主的实存,另一方面,他从它们每一个所固有的建筑术中注意到了一些系统的关系。[1] 也就是说,他既注意到了他所关心的每一种知识的特殊的、相对自主的实存,又注意到了它们在话语中的相互关联、协调一致,因为它们毕竟共同隶属于特定时代的知识型,它们之间存在着家族相似。当然,这一切都体现在无意识层面上而不是意识层面上,这恰恰就是知识概念所意指的东西。

在《知识考古学》中,福柯修正和完善了自己的看法:"在意见和科学认识之间,我们可以认识到一个特殊层次的实存,我们打算称为知识的实存。这种知识并不仅仅在各种理论文本中或一些经验工具中,而且在整个一组实践和建制中成形;尽管如此,它并不是它们的单纯结论、半意识的表达,它实际上包含了一些严格属于它的、并因此刻画其实存、其功能和其历史的规则;这些规则中的一些是某一单独领域特有的,另一些是共同于多个领域的;有可能还有一些对于一个时代是普遍的;这一知识的最终发展以及它的各种转换使一些复杂的因果关系运作起来了。"[2]很显然,福柯更明确地把知识定位在意见与科学认识之间,认为它不仅在一些理论文本或一些经验工具中,而且在整个一组实践和建制中得以具体化。更关键的是,存在着制约其实存、其功能和其历史的一系列规则,而这些规则各自适用于从特殊到普遍的不同范围。

---

[1] Foucault, *Dits et écrits I* (1954~1975), p. 871.

[2] Foucault, *Dits et écrits I* (1954~1975), pp. 871~872.

福柯在其为入选法兰西学院而提交的工作计划中表示，自己未来的工作服从两个迫切要求：一是视野里永远不能漏掉对于可以用来分析经验场地的具体例子的参照，二是构思他最终会交错的或者他有机会遇到的各种理论问题。① 简单地说，他既要延续《疯癫史》、《诊所的诞生》《词与物》对各个经验领域的关注，又要像《知识考古学》那样注重理论总结和方法论的更新。从他的具体说法中，可以看出，福柯延续了他在考古学中的基本倾向，尽管谱系学的重要性逐步显露出来。换言之，在福柯独特的知识关怀中，话语实践与非话语实践之间的关系以非常明确的方式重新提了出来。他随后关注的经验领域主要是犯罪和性欲，而这两个领域以不同的方式把疯癫、疾病、说话、生产、生活等经验容纳在内了。这一切都意味着知识概念在意见和科学之间的游移特征。

福柯以关于遗传性的知识为例来说明第一个要求，涉及该知识在整个 19 世纪的发展：从各种饲养技术、各种为了改善物种而做出的试验、各种集中栽培的尝试、各种抵御动植物流行病的努力直至一种其诞生日期或许被定在 20 世纪初的遗传学的建立。一方面，这种知识响应了一些经济学的要求、一些非常特殊的历史条件；另一方面，它易于接受可以通过一些像化学或动植物生理学之类的科学所获得认识；但这种双重依赖没有夺走它的各种特征和内在规则形式，它也产生了一些适应的技术。② 它既与更接近于社会的各学科，也与更接近自然的各学科相关联，无论如何与人要么跟社会要么跟自然打交道的经验层面密切相关，它并且始终维持其内在规则。任何知识都与其他知识、进而与各种非知识的东西处于各种关系之中，与此

---

① Foucault, *Dits et écrits I* (1954~1975), p. 872.
② Foucault, *Dits et écrits I* (1954~1975), p. 872.

同时，它依然维护其内在关系。这里显然存在着话语内部、不同话语之间、话语与非话语之间的复杂关系。

第二个要求可以集中为三组难题。首先，应该寻求给予这一关于遗传性的知识以地位，即在哪里、在哪些界限之内定位它，选择哪些工具来描述它；同时应该寻找其传播的工具和渠道是哪些，它是否以同质的方式在所有社会群体和区域中进行扩展；最后还应该确定如此知识的各种不同层次，它的各种意识程度，它的调整和修正的各种可能性会是什么；我们在这里面对的是不会以个体的、有意识的认识为模式或基础的一种社会的、匿名的知识的难题。[1] 第二组难题是在科学话语中对这一知识的阐述，这些过渡、这些转换和这些门槛在某种意义上构成一门科学的发生，但是，不是像人们在现象学类型的某些计划中所做的那样研究一门科学的最初起源、它的基本计划和它的各种根本的可能性条件，我们尝试着目击到一门科学的隐伏的、多样的开端，这涉及在我们不是根据先验而是根据历史来分析时，一门科学的构成的理论问题。[2]

第三组难题涉及知识秩序中的因果性，我们长期以来在一些事件与一些发现之间，或一些经济必然性与各种认识的某一领域的发展之间建立起了一些全面的相关性（比如说 19 世纪的那些严重的植物流行病在关于一些变种以及它们的适应能力和它们的稳定性的研究中是非常重要的），但是，应该以远为准确的方式确定知识如何（通过哪些渠道并依据哪些法则）并非没有选择或改变地记载一些直至那时对它保持为外在的现象，它如何变得易于接受一些对于它来说外来的方法，最终说来在它的一个区域中或它的一个层次上产生的

---

[1] Foucault, *Dits et écrits I* (1954~1975), p. 873.
[2] ibid.

一种改变如何能够传播到别处并且在那里产生其后果。① 福柯总结说:"分析这三组难题无疑将使知识以三个角度呈现出来:它刻画、重组和协调一组实践和建制;它是不停地促动各门科学的构建的场所;它是科学史被纳入其中的一种复杂的因果性的要素。"② 三类难题其实都表明了知识在话语空间中的物质性存在。

正是以关于疯癫,关于疾病和精神病人,关于18和19世纪的医学以及他在《词与物》中探讨的一组学科(自然史、普遍语法和货币交换)的经验考察为起点,福柯才构建了《知识考古学》的整个理论机制。③ 他之所以要写这本书,是因为要正视纯粹理论科学与经验科学之间的差异。在从事科学史的时候,我们以优先的、几乎排他的方式探讨像数学和理论物理学之类的非常正式的优质科学;但是,当我们着手研究像各门经验科学那样的学科时,我们就非常受约束,我们最经常地满足于对那些发现的某种清点,我们说这些学科从总体上看只不过是真理和错误的混合;这些科学的历史最终说来只不过是巨大的、大量的错误与真理的几块块金的混合的历史,而问题在于知道为什么某一天某人发现了某块块金。④ 然而,如果我们以更基础的东西为起点来进行探讨,我们就不再纠结,因为纯粹理论科学和经验科学都只是知识的某种形态。

福柯为什么更愿意从经验科学着手呢? 他主要有两个方面的考虑。一方面,在人们的真实历史生活中,历史学家或认识论专家所忽视的这些有名的经验科学具有一种巨大的重要性,比如医学的进步对于人的生命、对于人种、对于各个社会的经济、对于社会组织确实

---

① Foucault, *Dits et écrits I* (1954~1975) , pp. 873~874.
② Foucault, *Dits et écrits I* (1954~1975) , p. 874.
③ Foucault, *Dits et écrits I* (1954~1975) , p. 805.
④ ibid.

具有理论物理学的那些发现所具有的同样巨大的一些后果,但非常遗憾的是,这些经验科学没有获得很好的研究;另一方面,在它们比那些理论科学更加与社会实践联系在一起的范围内,研究这些经验科学是有趣的,比如,医学或政治经济学这样的学科,如果我们把它们与各门数学相比较,它们可能不具有一种非常高的科学性,但它们大量地与社会实践相联系,而这一点恰恰让人感兴趣。[1] 真正说来,福柯的著作包含两个环节,《诊所的诞生》《疯癫史》《词与物》的经验描述环节和《知识考古学》的方法论反思环节,前者更为重要,尽管断然区分是有问题的。

在《知识考古学》之后,福柯交替进行各种描述研究和理论分析。[2] 真正说来,他主要对犯罪经验和性欲经验进行了描述,同时比较全面地分析了知识与权力之间的复杂关系。他认为自己不得不写的《知识考古学》的缺陷就在于,它既不完全是一种理论,也不完全是一种方法论。[3] 该书不是理论的,因为他在书中没有系统化马克思主义以一种无可争辩的方式确立其重要性的话语构成与社会和经济构成之间的关系,而为了建构一种理论,有必要阐述这些被他放在阴影中的关系;他同时把纯粹方法论问题放到了一边,没有追问诸如"如何用这些工具来工作?""对这些话语构成进行分析是可能的吗?""语义学有何种用处?""像历史学家所实践的那样的各种数量分析对什么事件有帮助?"之类问题。[4] 无论如何,《知识考古学》尝试着辨识他应该在那里定位自己的那个层次,为的是让自己探讨的对象能够从那里涌现出来。

---

[1] Foucault, *Dits et écrits I* (1954~1975), pp. 805~806.
[2] Foucault, *Dits et écrits I* (1954~1975), p. 1025.
[3] ibid.
[4] ibid.

在写作《疯癫史》或《诊所的诞生》时,福柯认为自己实际上正在从事科学史研究:尽管面对的是像心理学这样的一些不完善的科学,一些像医学或临床科学这样的不稳定的科学,但它们无论如何是科学史的研究对象。在《词与物》中,福柯开始有了新的看法:"摆脱关于各门科学的传统历史,另一种方法是可能的,它是一种与其考虑科学的内容毋宁考虑其自身的实存的方式;作为一种考问那些事实的方式,它已经让我们看到,在一种像西方文化这样的文化中,科学实践有一种历史涌现,包含着一种历史实存和历史发展,并且已经遵循一定数量的转换线索,直至在某个点上独立于其内容。应该把科学的内容和形式构造放在一边,研究科学借以已经实存或者一门确定的科学借以在一个给定的时刻已经开始实存、已经开始在我们社会中担负一定数量的功能的各种原由。在《知识考古学》中我尝试界定的正是这一视点。"[1]

福柯认为自己的《词与物》已经处于一种反思的层次,在《疯癫史》和《诊所的诞生》中,他对自己所做的事情仍然是盲目的,而在《词与物》中,一只眼睛睁着,另一只眼睛闭着,由此有了该书的稍微不平稳的特性:在某种意义上过于理论,在另一种意义上不够理论,最后,在《知识考古学》中,他尝试明确表达他在那里说话的精确场合。[2] 不管反思的也好,盲目的也罢,他考虑的始终是知识这一层次。他就此解释说:"实际上,我始终对这一并不完全隶属于人们习惯上称为科学的东西的领域感兴趣,如果说我使用了知识这个词,那是为了理解在历史学家所谓的一个时代的心理与严格地所说的科学之间获得表述的这些现象。存在着我感兴趣的,我打算有朝一日重新回

---

[1] Foucault, *Dits et écrits I*（1954~1975）, p. 1025~1026.

[2] Foucault, *Dits et écrits I*（1954~1975）, p. 1026.

到的这一类型的一种现象:巫术。"①福柯把巫术和知识放在同一个层次,这使我们很容易想到他关于文艺复兴时期知识状况的描述。

福柯认为,文艺复兴时期的知识同时而且在同一层面上接受巫术和博学,更明确地说,它是由理性知识、从巫术实践中产生出来的各种观念和整个一个文化传统(各种古代文本的重新发现增强了其权威力量)的一种不稳定的混合构成的。② 这里的理性知识意味着逻辑方法和观察实验两个方面的结合,巫术实践既包含迷信也包含民间智慧之类,整个文化传统则主要指古希腊文明的复兴,其中还附带有东方文明的传入。在福柯看来,这一时期的科学具有一种脆弱的结构,它只不过是在对古人的效忠、对奇迹的喜爱和对这种主导的合理性(我们在这一合理性范围内认识我们自己)的一种已经觉醒的注意之间的一种对抗的自由场所。③ 在当时的每一作品中、每一有智慧者那里,都会以某种方式反映出这三者之间的并立。换言之,文化传统、民间智慧、观察实验都是知识的来源,从而导致了当时的知识的多样性和包容性。

我们应该在话语构成中来考虑知识问题。话语构成是不受制于科学与非科学的区分的中性单位:"因此,话语构成既不是一些处在孕育期的现时科学,也不是一些以前被承认为如此、然后落入废弃并且依据我们的标准的新要求而被抛弃的科学。它们是与我们今天称为(或以前能够称为)一门科学的东西具有不同的本性和层次的单位。为了刻画它们的特征,科学的与非科学之间的区分是不合适的:它们在认识论上是中性的。"④话语构成也不受制于理性与非理性的

---

① Foucault, *Dits et écrits I* (1954~1975), p. 1040.
② Foucault, *Les mots et les choses*, p. 47.
③ ibid.
④ Foucault, *Dits et écrits I* (1954~1975), p. 750.

区分,它既不是一种理性结构,也不屈从于非理性,"至于确保它们的统一分类的那些实证性系统,它们绝不是一些理性结构,它们绝不是在各种合理性形式之间的一些运作、平衡、对立和辩证法,以及一些非理性的限制;在合理的东西与其对立面之间的区分对于描述它们是不合适的。"①在科学与非科学、理性与非理性之外来谈论科学,显然表明了知识与经验的原初关系。

我们也可以把知识看作是一个更普遍的概念,而科学知识只是其中的一部分,而且并非是其最主要的部分。我们尤其不应该认为科学是知识的高级层次或阶段。无论如何,福柯把我们从实证性系统出发,依据话语构成规则形成的一组话语称为知识,而这种知识有别于认识或科学:"这样从实证性系统出发而形成的,在一种话语构成的单位中显示出来的集合,就是我们可以称为知识的东西。知识不是各种认识的一种总和,因为关于这些认识我们应该总是能够说它们是真的还是假的,精确的还是不精确的,接近的还是确定的,矛盾的还是一致的,这些区分中的没有哪一种对于描述知识是合适的,它是从在一个统一的话语构成的场中的唯一而相同的实证性出发形成的诸要素(诸对象、各种表述风格、各种概念和各种理论选择)的集合。"②认识和科学有其量化的标准,它们是符合规范的,可以被纳入学院体制,但知识却并非如此。

然而,关注知识维度并不意味着否定科学。真正说来,福柯试图为科学史研究提供一个不受制于狭义的科学概念的更大空间。他表示:"在知识的要素中对各种话语构成及其实证性系统的分析涉及的只不过是诸话语事件的某些规定性。问题不在于构建一门可以替换

---

① Foucault, *Dits et écrits I* (1954~1975), pp. 750~751.

② Foucault, *Dits et écrits I* (1954~1975), p. 751.

关于话语的全部这些其他描述并且使它们全都归于无效的统一学科。问题无疑在于在这些话语的位置上提供长期以来已经知道和实践的一些不同类型的分析,在于确定它们的功能和效用的层次,界定它们的应用点,并且最终避开它们可能产生的各种幻觉。使知识的维度作为特殊维度涌现出来,并不是要否定关于科学的多样的分析,而是最大可能地展开这些分析能够进入的空间。"[1]有必要清理经验、意见、知识、认识、科学等概念之间的关系,为此应该中止两种外推法:认识论外推法和发生的外推法。

认识论外推法不能被混同于针对可以刻画某一科学话语之特征的(总是合法而且可能的)形式结构的分析,但它让我们假定这些形式结构足以为一门科学界定其出现和展开的历史法则;发生的外推法不能被混同于有关一门科学在其中出现的(总是合法而且可能的)不管话语的还是技术的、经济的、制度的上下文描述,但它让我们假定一门科学的内在构造和它的各种形式规范可以从它的各种外在条件出发获得描述。在前一种情形中,我们让科学担负说明自己的历史性的责任,在后一种情形中,我们让一些历史规定性负责说明一门科学。[2] 很显然,前一种形式意味着只考虑一门科学的内在形式结构,后一种形式只考虑该科学的外在历史条件。然而,重要的是在话语描述的层次上将两者统一起来;的确,数学史总是即将越过认识论描述的限度,关于各门科学,比如心理学或社会学的认识论总是处在一种发生的描述的限度处。[3]

数学和心理学(或社会学)这两个例子表明,两种外推法现在都被突破了。也就是说,数学通常被视为注重形式结构分析的认识论

---

[1] Foucault, *Dits et écrits I* (1954~1975), p. 753.
[2] Foucault, *Dits et écrits I* (1954~1975), p. 754.
[3] Foucault, *Dits et écrits I* (1954~1975), p. 755.

外推法的典型,心理学或社会学往往代表着注重外在条件的发生的外推法,但它们现在都越界了,也因此走向了自己的反面。福柯把它们视为两个极端,认为它们不能够成为对所有其他科学领域进行分析的优先例子,相反,它们有着引入错误的危险。最好把一些中间科学,比如生物学、生理学、政治经济学、语言学、语文学、病理学作为模子。它们一开始就处于中间状态,也因此很容易包容两种类型的外推法,实现从一个向另一个的过渡或转换。借助它们,就既不会在一种虚假的统一中把知识的要求混同于科学的形式,也不会忽视知识的各个环节。总之,福柯让我们一方面要避开形式化的错觉,另一方面要避开经验的错觉。[1]

前一错觉想象科学的各种构造法则同时是、充分合法地是科学的实存的条件;后一错觉则相信存在着一些事物区域或领域,它们自发地被提供给一种理想化的活动和科学语言的运作,而任何的科学构想都只不过是对在自然经验或文化经验中提供的东西的某种阅读、辨认、抽象、分解和重组。无论如何,必须克服要么倒向形式化要么倒向经验这种两极倾向,并因此把结构与历史统一起来,把形式化与经验结合起来。福柯总结性地表示:"在科学和经验之间,存在着知识:绝不是以在两段既非常难以调和又非常难以分清的距离间的不可见的媒介,即秘密的、共谋的居间的名义。事实上,知识规定了科学和经验能够在那里一个相对于另一个相互分离和相互定位的空间。"[2]这样一来,他在自己进行的知识考古或话语考古中要排除在外的并不是科学话语可以引起的多种多样的描述的可能性,而毋宁说是关于认识的一般主题。

---

[1] Foucault, *Dits et écrits I* (1954~1975), pp. 756~757.

[2] Foucault, *Dits et écrits I* (1954~1975), p. 758.

通常的认识概念强调规范,代表了从经验到科学的自然的、连续的进程,但这意味着对知识概念的贬抑。按福柯的说法,认识是科学与经验的连续性,是它们的不可分离的混杂,是它们的不定的可逆性;它是一些预期了全部内容的形式(在它们已经使这些内容得以可能的范围内)的某种运作;它是那些原初内容(它们沉默地勾勒了我们透过之能够读出它们的那些形式)的一个场;它是在一个就是心理的或历史的发生的秩序的相继秩序中对形式的东西的奇特确立;它是通过一种形式对经验的东西的整理(形式把其目的论强加给它)。① 如此说来,认识赋予经验以说明科学的实际实存的责任,而且它赋予科学性以说明它所服从的一些形式和系统的历史涌现的责任,于是,认识的主题等值于对知识的一种否认。② 认识意味着从经验上升为科学,或者说从科学还原到经验;知识无疑可以还原到经验,但并不一定通向科学。

福柯在这里似乎借用了康德关于自然科学如何可能的论述,也就是说,科学既有其先天根据,又有其后天的源泉,由此,需要建立先天综合判断。然而,知识概念恰恰是对认识概念的突破,因为它既不同于科学,也不同于经验,虽然它并不因此绕开它们。它不像认识那样代表从经验到科学的连续性,而代表的是两者之间的断裂。福柯认为知识作为各门科学在那里呈现的历史性的场,摆脱了整个的构造活动,放弃了对于一种起源或一种历史-先验目的论的任何参照,摆脱了对于一种奠基的主体性的依赖;也就是说,以知识而不是认识为依照,我们不再想要统一话语的那些非连续的事件,不再关心关于一种连续历史的主题,但通常的看法是,为了主体的主宰性能够被维

---

① Foucault, *Dits et écrits I* (1954~1975), p. 758.
② ibid.

护,需要历史是连续的;而为了历史能够在其统一性中获得思考,相应地需要一种构造的主体性和一种先验目的论贯穿历史。①

从另一个角度说,知识不是科学,而是科学的效果历史的场域。②科学处在自己的各种内在结构的相继移动之中,但它保持着连续性。从事知识考古学,就是要透过认识或科学的表面的连续性、复杂多样性,发掘其无意识的、不言明的深层结构,而这就是知识之所在:"在一个社会中,各种认识,各种哲学观念,各种日常意见,而且还有各种建制、各种商业和治安实践、各种风俗,全都参照这一社会特有的某种不言明的知识。这一知识深层次地不同于我们可以在各种科学书籍中、在各种哲学理论中、在各种宗教辩护中找到的那些认识,正是它在一个给定的时刻使一种理论、一种意见、一种实践的出现得以可能。"③正是在知识的层次上,福柯重新梳理了理论与实践、话语实践与非话语实践的关系,和结构主义者一道实现了实践哲学转向,并拓展了实践哲学的范围。

真正重要的始终是内在结构或内在关系,而考古学主要考察的是话语内部的各种力量之间的相互作用。也就是说,它首先针对的不是外部的各种物质力量之间的关系,而是指向知识的内在结构,主要是知识的话语构成,这是一种话语描述,呈现的是话语本身的物质性力量。话语的内在指向显然冲淡了非话语因素,或者说必定把非话语实践(事件)或社会、政治、制度之类的东西纳入到话语领域中。任何具体知识都服从于一个时代的知识型,它是否真实地表象了外部实在,是否只不过是某种意识形态神话,这是无法孤立地获得认定的,必须在话语构成的一系列规则中来加以考量。很显然,福柯承认

---

① Foucault, *Dits et écrits I* (1954~1975), p. 759.
② Foucault, *Dits et écrits I* (1954~1975), p. 753.
③ Foucault, *Dits et écrits I* (1954~1975), p. 526.

话语的物质性,但并不是在还原论意义上探讨话语的物质性,换言之,不是在经济基础与上层建筑的关系框架中来进行话语描述的。无论经济基础还是上层建筑都被纳入到了话语空间中,由此避免了单向度的思维。

话语问题不再属于意识范畴,不再与理性相关;话语并非一定要处于活动状态,它完全可以沉默无言。换言之,针对一个时代的话语构成,我们不应该刻意地关注当时的人们是否有意识地使用语言,是否清楚分明地用词来再现、代表或表象物,相反,我们应该揭示出人们在其话语实践或各种话语事件中体现出来的集体无意识:考古学方法把目标定位在知识的无意识层次。福柯写道:"我打算揭示知识的某种实证的无意识:这是一个避开了研究者的意识却构成为科学话语的一部分,并且不会质疑科学话语的有效性、不会寻求削弱其科学性质的层次。"①不同时代的学者确实会以不同的方式来处置词与物的关系,但他们并不是有意为之,而是无意识地造成了如此状况;在同一个时代,学者则无意识地运用了一些相同的规则来处理分散领域的词与物的关系。

为了分析后期现代知识型,福柯以自然史、财富分析和语法学为例对早期现代知识型进行了别具特色的分析,这尤其表现出他对凝结在这一时期知识中的集体无意识的关注。在他看来,各种古典知识共同拥有的东西确实没有呈现在学者的意识中,换言之,"意识方面是表面的、有局限的,而且几乎是纯粹的幻觉,但是,在没有意识到的情况下,博物学家、经济学家和语法学家运用了一些相同的规则去界定自己研究领域的对象,去形成自己的概念,去构造自己的理

---

① Foucault, *Dits et écrits I* (1954~1975), p.877.

论。"①有人会问:一个真实的物如何能够通过话语内部的某些词被表述出来?福柯却不打算提出或解决如此问题,因为任务不在于、不再在于把话语当作一些符号集合,而在于把它们看作是系统地形成它们所谈论的对象的实践;话语固然是由符号构成的,但它们要做的不止于用这些符号去指称事物。②应该描述造成词与物的复杂关系的、具有物质性的话语实践本身。

问题的实质是确立关于词与物之间关系的规则,而不是要么以物要么以词为探讨的起点。无论词还是物都进入到了话语的网络中,形成了某种文本间性,并因此突出了不同知识门类之间的密切关联。某些看似毫无关联的知识在它们的考古学层次上有着让人"意""想"不到的共同性;不同知识门类的学者在其常规的研究中往往无意识地使用了某些共同的构成规则去确定自己的研究对象、去表达自己立场、去形成自己的概念和发展自己的理论,即他们运用共同的话语构成规则去处理词与物之间的关系。确定研究对象,就是把某种经验对象化,也因此让它进入认知的结构中,从而让它进入话语实践或话语事件之中,这里存在着如何确定对象的问题。这一切都取决于某些无意识的话语规则,或者说知识的形成首先要求的是遵循话语构成的无意识规则。我们触及的是经验在话语实践中的形态,对它可以进行话语描述,可以考虑其在话语实践中的运作,毋须关注它要么与主体要么与客体的关联。

如果从纯粹物质性的角度来考虑,任何传统意义上的单位都是由陈述构成的。陈述概念非常重要,它打破了主观单位的因人而异的性质(尽管承认心理因素,承认个体差异,这些单位最终追求的却

---

① Foucault, *Dits et écrits I* (1954~1975), pp. 877~878.
② Foucault, *L'archéologie du savoir*, pp. 66~67.

是统一,并因此不可能承认绝对他性),同时也突破了客观和在己的诱惑(不是说陈述或语言具有客观或在己的本性,而是说语言作为透明的工具能够如实地反映客观的或在己的东西)。它不是一个静态的单位或统一体,而是某种事件。事件具有不以人的意志为转移的特征,它突如其来,既可能持续下去,也可能消逝无踪。在谈论陈述的地位时,我们无法把它与外部事件区分开来。话语或陈述不是对于外部事件、外部世界或外部实践的被动记录,不是对它们进行的内在表象,我们也不能在话语之外恢复主体的意图,他的有意识活动,他打算说的东西。①

话语描述的实质和关键是密切关注词与词之间的相互指涉,而不是它对外部因素的参照。陈述是不透明的,它并不是简单的工具,它当然具有表象功能,但它同时也维护其自身维度、自身存在、自身生命和自身历史。正因为如此,我们不能指望一个词或一句话如实地、被动地充当事物/事情/事件的镜子。词处在话语网络之中,在各种话语王国中经历其冒险的历程,而通常认为它所反映的那些事物(事情、事件、世界、实践)不过是它展示自身或进行表演所需要的道具。天、地、神、人都只是话语的工具/用具/道具。正因为如此,话语或陈述最终展示的是语言的物质性,其背后没有起支撑作用的精神性的或观念性的力量。这无疑体现为一种物质主义语言观。无论如何,陈述是一种事件,它始终是不管语言还是意义都不可能完全穷尽的一个事件。②

福柯始终强调自己的历史关怀,同时自认不属于严格意义上的历史学家。然而,他和他们有一个重要的共同之处,那就是对事件感

---

① Foucault, *L'archéologie du savoir*, p. 39.
② Foucault, *L'archéologie du savoir*, p. 40.

兴趣。事件这一概念是非常重要的,它对他来说既是摆脱了人类学约束的一种标志,也是断裂或不连续性得以体现的地方。他认为事件是研究的首要对象,认为不管意义的逻辑还是结构的逻辑对于这类研究都是不适宜的,因为为了研究事件,我们既不需要意义理论和逻辑,也不需要结构的逻辑和方法,我们需要其他的东西。[1] 事件这一概念当然不受制于静态的结构,但它也不归属于通常所说的历史,与此同时,它把两者以某种方式很好地结合起来了。说到事件,我们当然会想到海德格尔的 Ereignis(有事件、大道等译法)概念,尤其值得注意的则是马里翁以及巴迪乌对事件的相关论述,我们甚至可以想到维特根斯坦哲学强调的是事态而不是事实。当然,福柯毕竟强调的是话语事件,因此有其独特之处。

我们往往把话语的物质性与话语的物质基础联系在一起,即它一方面或与文字姿势或与言语发音相关联,另一方面在记忆的领域或在手稿、书籍以及不论什么样的其他记录形式的物质性中为自己开辟了一种暂留的实存。[2] 索绪尔认为构成符号的能指和所指都是心理的东西,物质性的东西只具有派生的地位。福柯对话语的物质基础的承认显然突破了这种观念化或心理化倾向。话语物质性的更重要的层面则是,就像任何事件一样,它是独一无二的,然而它可以在重复、转换和恢复中出现。[3] 话语的流通就如同任何事物的流通一样,存在着或是丰盈或是匮乏的问题,但最终取决于自身,而不是外在的力量,尤其不是外在的精神力量,交换价值有其价值基础。话语物质性的最后、也是最重要的一个层面是,它不仅与引起它的处境、与它产生的后果联系在一起,与此同时并且根据不同的形式,与先于

---

[1] Foucault, *Dits et écrits II* (1976~1988), p. 468.

[2] Foucault, *L'archéologie du savoir*, pp. 40~41.

[3] Foucault, *L'archéologie du savoir*, p. 41.

或后于它的陈述关联在一起。①

陈述可以在话语世界中与其他陈述相互作用,而不是依附于其他陈述或外在力量,因为它具有自身的物质性。显然,话语不是单纯的上层建筑,它也隶属于基础结构。在福柯看来,多个语言要素之所以能够组成一个陈述,是因为它们有一种物质性实存。② 陈述当然有通常意义上的物质性,因为它始终透过一种物质厚度被给出,它以物质地位为其特征。③ 当陈述通过发音活动或书写动作而得以实现时,其物质性就已经获得了实现。但是,福柯并不停留在这一层面,他关注的是一种特殊的物质性,是由其作为物或对象的地位确定的物质性;它具有某种从来不确定的、可以改变的、相对的、总是容易受到质疑的地位。④ 它按其本性是能够被重复的,⑤可以被循环利用、被反复编排、被不断重组。这其实意味着语言的组合和分解游戏。

按照德勒兹的解读,一定存在着同样的分布空间、同样的独特分类、同样的地点和位置秩序、同样的与制度环境的关系,而这一切对于陈述来说构成为一种它得以重复的物质性;进而言之,陈述的重复性不依据于外在条件,而是依据于内在的物质性,它使重复本身成为陈述的固有力量。⑥ 不管话语或陈述有何种独特性,其生产和交换都大体上类似于其他物质性的东西。陈述是一种特殊的、荒谬的物品/客体/对象,但它仍然是人类生产、操纵、利用、改造、交换、组合、分解、重组、甚或摧毁的物品/客体/对象,于是它流通,被使用,躲避,允

---

① Foucault, *L'archéologie du savoir*, p. 41.
② Foucault, *L'archéologie du savoir*, p. 131.
③ Foucault, *L'archéologie du savoir*, p. 132.
④ Foucault, *L'archéologie du savoir*, pp. 134~135.
⑤ Foucault, *L'archéologie du savoir*, p. 138.
⑥ Deleuze, *Foucault*, Presses Universitaires de France, 1986, pp. 20~21.

许或阻止实现一个欲望,服从或抵制各种利益,参与到各种挑战与斗争之中,成为利用或竞争的一个主题。① 言之有物是没有任何问题的,因为言就是物。当然,词与物并非属于实体,而是属于实存、实践、事件。它们既具有相同的性质,又彼此相互作用,甚至可以产生或造成相同的效果。

马里翁的给出现象学在很大程度上延续并强化了福柯的事件概念,而他们的灵感显然都源自海德格尔晚期思想。他集中思考的是所谓的给出或给出现象,在他那里,"给出"和"现象"可以画等号,意味着绝对地、充分地、没有任何依凭地显现。任何现象都绝对地显现自己,不依赖于任何的意向性结构。话语作为事件则意味着,语言绝对地给出自己并展示自己,不依赖于任何心理的或精神的力量。事件是马里翁所说的四种饱和现象中的第一种。这意味着,没有了主体的维护作用,事件可以充分展现其自身的物质性。事件是饱和现象的最寻常、最简单的描述,是从量的角度进行的,其中已经体现出绝对复杂性。从量的角度看,作为饱和现象的事件是不可见的,是无法被瞄准的。马里翁本人表示,这种不可能性就在于它实质上的不可预见的特征,它的给出的直观确实确保了它有数量,但按照它不能够被预见的方式。②

哪怕是一个最简单的物品/客体/对象,它也可以向我们的看给出难以想象的、在量上难以穷尽的东西。这种饱和现象首先在历史现象或其卓越形象中获得证实。如果涌现的事件不把自己限定在某一瞬间、某一地点,也不限定在一个经验个体那里,而是溢出于这些独特性以便在时间中形成时代,就像任何目光都不能一下子容纳它

---

① Foucault, *L'archéologie du savoir*, p. 138.
② Marion, *Étant Donné: Essai d'une phénoménologie de la donation*, Presses Universitaires de France, 1998, p. 280.

那样覆盖一个物理空间,而且包含人口,那么,它就变成了一个历史事件。从时间、地点和人群等各个维度来说,它都展现出无限的可能性。这一切意味着,没有谁可以为自己要求某种最低程度的此地或此时,使自己可以穷尽地将这一涌现的事件描述和构造为一个客体。① 通过描述事件或突然发生的现象来考察那展现自己者和那给出自己者的关系,我们会注意到,事件类型的现象是不依赖于先验意识或此在的绝对给出。

马里翁表示,事件确实就像其他现象一样显现,但它区别于那些客观现象,就在于它本身不是一种生产的结果,相反地,通过突然发生,它证实了一种无法预见的起源,这种起源从常常没有被认识到的、甚至不在场的、至少无法确定的(我们因此无法再产生之,因为其构造没有任何意义)原因中涌现。② 由于在量上的无限扩张,事件特别显著地表现出偶然性和不可预见性。就像在谱系学中一样,针对各种各样的事件,我们不打算寻找它们的起源,但我们会尽可能充分地描述它的各种各样的起点或出处。在马里翁看来,不管在集体现象还是个别现象中,意识及其中心地位都让位于被给出者的自己给出自己。很显然,海德格尔意义上的事件或降临、福柯式的话语事件或话语实践都可以纳入到这种意义的饱和现象之中。马里翁所说的其他三种饱和现象以事件为起点,或者说量的不确定性始终是最基础或最基本的要求。

比如,偶像主要以质的难以承受为其特征,但它以量的不可见为其基础。我们可以反复看某幅特定的画,可以在不同时间、不同地点、不同氛围中看它,每一次其实都是与它的不可重复的、不可替代

---

① Marion, *Étant Donné: Essai d'une phénoménologie de la donation*, p. 318.
② Marion, *De surcroît: Études sur les phénomènes saturés*, pp. 36~37.

的一次新相遇。它以不同的强度刺激我、刺激不同的观众,而且完全是以出乎意料的方式,并因此形成为一个事件,从而存在着绘画的事件性。① 绘画事件并不是由画家来主导或导演的,相反,画家不过是这一事件的一个构成因素,他在其中扮演某种角色,鉴赏者也一样,绘画事件是由绘画导演或讲述的它自己的故事,画家和鉴赏者只是其道具。马里翁写道:画布自己肯定自己、自己定位自身,因为它已经取消了应该可以从外面来构造它的全部的对立面和干预,画家本人重新变成一个无用的玩家,绘画活动是我的劳动精神的反题,于是作品必定裁决一切,因此重要的是画布自己的生命,它的呼吸和它的颤动。②

马里翁的这一姿态显然与梅洛-庞蒂和利科在一定程度上已经承认的、而德里达和福柯尤其关注的文本的物质性是契合的。不管自然物还是文化物都有其自主的生命,既不受制于创造神,也不受制于主体。事实上,福柯所说的话语事件或话语实践摆脱了主观单位,离开了观念领域,因此有其自主性或自足性,从而与马里翁所说的饱和现象无缝对接了。当然,福柯所说的"作者死了"在马里翁那里成了"画家死了"。需要指出的是,马里翁在福柯关于不确定性的论述的基础上,还特别突出地强调了事件的突如其来、偶然性、意外性,等等。不管德里达、马里翁还是福柯,他们有关话语事件的论述显然都参照了后期海德格尔,归根结底都意味着语言在自说自话。

在当代文化的各个领域,话语不再囿于心性,不再服从于观念,不再受制于理想,完全成了一种物质性的力量,所谓的话语霸权恰恰是这种赤裸裸的物质性力量的展现。正是依据语言的这种物质性,

---

① Marion, *De surcroît*: *Études sur les phénomènes saturés*, p. 87.
② Marion, *De surcroît*: *Études sur les phénomènes saturés*, pp. 89~90.

福柯清理了词与物之间关系在文艺复兴时期(从古代向现代转换的时期)、早期现代时期和后期现代时期的不同体现。非常遗憾和可惜的是,他在著作中对这一关系的当代情形没有能够予以展开,只是偶尔有一些分散的描述。应该说,关于文艺复兴时期、早期现代时期和后期现代时期,他的相关描述是非常充分而集中的,这些描述无疑有助于我们理解这一关系的当代体现。在文艺复兴时期,词与物交汇在物中,不存在非物的东西,没有物外的东西,两个彼此联系在一起的物相互吸引,存在着某种亲和性和交感性,而不存在独立的标记。①词没有独立于物的本性,或者说不管词还是物,其本性都是物性。

相对于文艺复兴时期,早期现代时期的词与物关系出现了根本的断裂。唐·吉诃德这一形象很好地表达了这一断裂。福柯在《词与物》中经常涉及文学主题。他以不同方式、在不同层次上对马拉美和《唐·吉诃德》的谈论尤其具有重要意义。他之所以谈论马拉美,是因为机缘巧合使他对17、18世纪产生了兴趣,并且看到,在同一个时代,一些完全独立的、没有直接交流的领域以同样的方式产生了转换。在这位大诗人所处的时代,财富分析、普遍语法和自然史已经被经济学、语文学和生物学取代,从而在认识论上实现了从17、18世纪向19世纪的彻底改变。问题在于,马拉美在后期现代时期似乎是以反现代性的形式出现的。真正说来,他和索绪尔都在现代性的上升时期预示了当代性。福柯写道:"语言的提问法是在19世纪末在索绪尔那里出现的,在差不多同一时刻,马拉美奠基了一种仍然统治着我们时代的纯粹语言的文学。"②

《唐·吉诃德》的情形有点不同。福柯承认自己没有认识到这部

---

① Foucault, *Les mots et les choses*, p. 43.
② Foucault, *Dits et écrits I* (*1954~1975*), p. 1039.

作品得以确立的西班牙文明背景,其实,他本来就没有打算考虑这一背景。况且,依据其"作者死了"的主张,根本就没有必要考虑。他说自己关于《唐·吉诃德》的评述就像一个小剧场,他首先要在那里导演自己随后将讲述的东西。他让人物和特定的文本自己说话,他由此可以在某种意义上表象他想要叙述的,已经在17、18世纪展开的一些符号和一些事物的小喜剧。一方面,他毫无困难地同意,在他对《唐·吉诃德》的解释中存在着一些错误,另一方面却又表示,他根本就不同意任何东西,因为这并不涉及一种解释:这是一个游戏剧场,正是唐·吉诃德本人在当场叙述历史而不是他自己后来在叙述。[1] 福柯显然不是对该作品展开传统阅读,而是进行一番解构阅读,不是从中发现真理/真相,而是引出游戏。这就给《词与物》的看似严肃的主题带来了某种戏剧性效果。

福柯表示,关于书的主题在唐·吉诃德那里是非常重要的,而这一主题正是《词与物》的主题。他这样表示:"标题本身乃是对17世纪初英格兰的道德的、政治的、科学的、甚至宗教的宏大口号'Words and Things'的翻译。在同一时代的法国、德国、意大利,这也是并非宗教,但无论如何科学的宏大口号。我相信'Words and Things'是《唐·吉诃德》的宏大问题之一。正是为了这个,我在《词与物》中让唐·吉诃德的小喜剧向唐·吉诃德表象出来。"[2] 福柯显然视唐·吉诃德为时代变迁引发的张力的一个标记。这位先生好古,但其行为戏剧性地表明了新时代的无法抗拒的来临。《圣经》被视为众书之书,笛卡尔却主张放弃教条,读自然这本大书。当然,自然在笛卡尔那里是包罗万象的,神、心、身和心身统一都被包括在内。显然,笛卡

---

[1] Foucault, *Dits et écrits I* (1954~1975), p. 1039.
[2] Foucault, *Dits et écrits I* (1954~1975), pp. 1039~1340.

尔疑古却没有完全远离传统,这与唐·吉诃德好古却不得不接受现代形成了强烈的对照。

通过分析唐·吉诃德这一文学形象,福柯试图发现早期现代知识型与文艺复兴知识型之间的根本差异。他在《唐·吉诃德》那里"看到了关于同一与差异的严格理性无限地玩弄各种符号和相似,因为语言在它那里中断了自己与物的旧的关系,以便进入只有变成文学才会以其陡然的存在从中重新出现的这一孤独的主权中,因为相似在那里进入了一个对相似而言的非理性和想象的时代。"[①]词在文艺复兴时期词有其物性,因为它就是物,但在早期现代时期,它完全成了观念的工具。不过,在后期现代时期,它在一定程度上向其物性回归了。作品涉及骑士制度的反思。在该制度绝迹一个多世纪之后,故事的主人公像古代骑士那样用破甲驽马装扮自己,用邻居做仆人,进行了三次全国性的冒险之旅。由于时过境迁,他四处碰壁,笑话百出。显然,文学作品更直观和生动地表象了唐·吉诃德在早期现代的哲学反思中已经表现出来的命运。

按照福柯的描述,唐·吉诃德的各种历险以其曲折往返勾勒出了限度:在这些历险中,相似以及各种符号的旧的运作结束了,一些新的关系已经形成。唐·吉诃德要履行书本上的诺言,他要重写史诗,但他处在相反的方向上:史诗叙述了或试图叙述一些真实的英雄行为,以便能够被记忆,而唐·吉诃德应该给叙事的那些没有内容的符号填满实在,他的历险将是对世界的一种辨识:是为了在整个地面上恢复那些将证明书本所说为真的形状而进行的一次细心之旅,每一冒失的行动都应该是一个证明,它并不在于真的取得了胜利,而在于把现实转变成了符号,转变成各种语言符号的确符合事物本身意

---

① Foucault, *Les mots et les choses*, p. 62.

义上的符号,他阅读世界,以便证明书本;除了各种各样的相似的闪烁外,他没有给出其他证据。① 唐·吉河德到处寻找相似和联系,但一切都不过是幻觉。无论如何,《唐·吉河德》被认为意味着针对文艺复兴世界的否定。

真正说来,早期现代性最为突出的特征是,语言或符号从万物的链条中挣脱出来,作为表象的工具出现。依据福柯对普遍唯理语法的解读,词由其物质性存在转变为观念性存在,也可以说由其一元的存在转变成了二元的存在:"符号包括两个观念,一是表象事物的观念,一是关于被表象事物的观念,符号的本性就在于由第二种观念唤起第一种观念。"②索绪尔关于符号由能指和所指两个心理因素构成、而且它们是同一张纸的两面的说法无疑与此大同小异。这其实意味着,词之所以在这一时期被观念化,根本的原因在于物已经被观念化了。换言之,词与物都被纳入到了观念的秩序中,并因此丧失了它们的物质性。如此说来,词和物在早期现代时期就像它们在文艺复兴时期一样是共命运的,只不过它们现在都处于自己的异化状态中,而没有能够维持它们的自身存在。正因为如此,没有能够完成观念转变的唐·吉河德就只能四处碰壁了。

福柯认为,17、18 世纪的词与物关系问题归根结底属于符号理论问题和经验秩序问题。按照他的看法,我们习惯于把这一时代看作是自然的彻底机械化和生物的数学化的时代,但实际情况完全是另一回事,因为存在着一个可以把普遍语法、自然史和财富分析都包括在内的非常重要的领域,这是一个经验的领域,它依赖于一种赋予事物以秩序的计划,但这并不是借助于数学和几何学,而是借助于一种

---

① Foucault, *Les mots et les choses*, pp. 60~61.
② I Foucault, *Les mots et les choses*, p. 78.

关于符号的系统分类学、一种关于事物的普遍而系统的分类学。① 很显然,福柯想要表达的是,经验的秩序服从符号的秩序,但符号的秩序在这一时期属于表象的秩序,因此是观念的秩序。在他眼里,表象的秩序有别于机械的秩序和数学的秩序,他因此不认可把早期现代时期的普遍秩序说成数学化或机械化。福柯进而认为,自19世纪开端以来,不管词还是物都逐步摆脱了表象的秩序,从而开始部分地从观念性向自身物质性回归。

福柯把这一重大的转换描述为表象的式微。按照他的分析,为了普遍语法在19世纪初能够消失,并且把位置留给一种历史语言学,除了各种经验的发现的标记外,还需要别的东西,显然的是,需要质疑整个符号理论、表象理论,最后还有给予思想中的被表象的对象的地位。② 也就是说,词摆脱了仅仅充当表象观念的工具的地位,开始逐步偏离观念的秩序,从而重新恢复它自身的物质性。尽管如此,这依然表明词与物是共命运的。大体情形是,词部分地获得了其物质性,物同样如此。正像我们在前面从不同角度已经表明的,从法国哲学来说,后期现代哲学以精神主义取代了早期现代哲学中的观念主义。精神主义主张身体与心灵、物质与精神的统一,承认语言的半透明性。这一切都表明,后期现代视野中的身体、自然和语言都在自身中包含着观念性和物质性的张力,或者说,它们的观念性都在逐步被淡化、它们的物质性都在被强化。

自20世纪中期,尤其是后期以来,词与物的关系再次出现重大变化,伴随语言的空前扩张和自然的强势返魅,文艺复兴时期的词与物不分的情形似乎又出现了。当然,此一时、彼一时,虽然很难在它

---

① Foucault, *Dits et écrits I* (1954~1975), p. 528.
② Foucault, *Dits et écrits I* (1954~1975), p. 780.

们之间进行严格区分,但两者的关系还是出现了许多新的特征。最突出之处就在于,与文艺复兴时期由物占据主导地位,并因此择物为词不同,现在是词占据了中心地位,从而从根本上改变了物和物性的界定;也就是说,任何具有自身性的东西都是具有物性的东西,无的无性本身就意味着物性。词、画、符号之类的东西本身成了一种物性的东西,并因此挤压着通常所说的物的空间。物通常遵循物质不灭和能量守恒定律,而文化唯物主义表明,词的物性意味着物的无限增生。关注词的物性主要在当代哲学中表现出来,但在后期现代哲学已经有这样的苗头。也就是说,词的物性的部分回归其实意味着无与物的张力,同时也意味着无向物的转换。

无性向物性转换中的语言是半透明的,但当代哲学对物性的极度强调几乎完全排除了透明的和半透明的语言。在针对不透明的语言的当代描述中,福柯关心各种各样的发挥其自身功能的陈述,关心它们是如何让我们通常所说的语言单位呈现出来的。陈述事实上是支撑句子或命题之类的一种功能,或者说它仅仅作为一种功能而实存。在心智哲学关于意识问题的探讨中,有些学者把意识或心理现象归结为某种功能,一如物理现象一样,由此导致一种弱的物理主义或唯物主义形式。当福柯把话语视为一种功能时,他显然把功能与物质性而不是观念性关联起来。福柯展开陈述分析,但这不是话语分析,而是话语描述。他主张,在我们分析陈述的功能时应该遵循三条原则,而这三条原则都突出了语言的物质性或自身实存。

首先,陈述分析应该考虑一种稀有效果,而话语分析在多数时候都处于整体和过剩的双重标记下面。[①] 话语分析追求话语本身的统一性,它要求克服分化、孤立与多样性,任何话语要素都是作为它所

[①] Foucault, *L'archéologie du savoir*, p. 155.

隶属的、超出其限度的一个整体的表达而被接纳的；与此同时，话语分析注意到了话语相对于意义或意义相对于话语的丰富性：各种能指要素相对于单一的所指的过剩，或者各种所指相对于一个单一的能指的过剩。然而，陈述分析或话语描述开启的是另一个方向，它寻求确立一种稀有性原则。陈述不是单纯的工具：它不是一个可以从中不断取出新的、预料不到的财富的宝库，相反，它是稀有的东西，它作为有限、限定、可欲、有用的财富出现，这一财富有它自己的出场规则，也有它自己的占有和运作条件，它按其本性是斗争、政治斗争的对象。① 萨特认为人与人之间的冲突缘于匮乏，福柯似乎认为话语的稀有导致了话语霸权的争夺。

其次，陈述分析不是由外而内地进行分析，它要求在外在性的系统形式中探讨各种陈述。② 针对语言，人们通常从内在与外在对立的角度来考虑其地位，倾向于把陈述看作是客观事件或主体姿态的外壳和反映，这就要求从外在性，即从只不过是偶然性或纯粹物质必然性的语言回到内在的核心。无论如何，重要的不是语言的外在性而是其内在性，因此应该由外而内、由表及里。事实上，索绪尔关于语言的外在与内在、表层与深层、能指与所指的区分，依然没有注意到语言、话语或陈述的外在性。对于福柯来说，任何陈述都是一种独特的事件，是一个自主的实践领域，它与其他事件一样是自足的，它可以在自己的独特运作中被把握，因此陈述分析只面对陈述自身，它如其所是地显现自身，也因此可以在不被意识内化的外在性中获得探讨，从而否定了语言的观念性。无论如何，陈述分析试图摆脱先验历史主题，恢复陈述的纯粹散布。

---

① Foucault, *L'archéologie du savoir*, p. 158.
② ibid.

第三，陈述分析指向一些既不能等同于记忆形式中的内在化，也不能等同于文献的无差别的整体化的特殊归并形式。① 我们通常通过阅读、追踪、译解、记忆去唤醒沉睡的陈述，从而让它们道出某种真相或秘密。类似于通常的考古学让文献说话一样，话语分析通过让各种因素对话而追求思想的融贯和统一。但是，陈述分析只关注陈述本身，这意味着在专属于它们的存留中考虑它们，在它们特有的增补形式中探讨它们，要考虑到重复现象。我们要充分考虑陈述之间多样性关系，不能用某种单一的方式来归并它们，尤其不能把它们归并在记忆的统一性中。这显然否定了精神具有的维系话语统一的作用，从而启用了一种客观的而非主观的逻辑。当然，这里的主观和客观不是在现代性意义上理解的，因为主观和客观在早期现代的认识论和后期现代的实存论中都是两个相对的概念。真正说来，福柯关心的是对话语的实证性或自身性的描述。

无论如何，话语描述或陈述分析指向的是话语或语言的物质性，并因此否定了语言的观念化。就彻底批判理性而言，福柯接受了巴塔耶的影响，这种影响也表现在发现话语的物质性。他尤其敬佩的是，巴塔耶为了摆脱征服的主体性的语言而把各种文本（虚构的、分析的、小说的和反思的文本）并置在一起，丰富了关于浪费、放纵和越界的姿势语言。② 梅洛-庞蒂已经有了对语言自主性或自足性的关怀，他至少认可结构主义在这方面的某些姿态。他的如下说法对于福柯来说应该是可以接受的："那些生活在某个社会中的主体没有必要认识支配着他们的交换原则，说话者为了说话也不必经由对其语言的语言学分析。结构毋宁说似乎不言而喻地被他们所实践。如果

---

① Foucault, *L'archéologie du savoir*, p. 159.
② Habermas, *Le discours philosophique de la modernité*, p. 281.

我们可以说的话,不是他们拥有它而是它'拥有他们'。假定我们将它比作语言,不管就言语的活的用法还是其诗意的用法,词在这里似乎都在说它们自己,在成为存在。"①

福柯当然走得比梅洛-庞蒂要远,而且他的相关思考对随后的一些思潮产生了重大影响,或者说那些思潮的代表人物至少成了他的同路人。最明显的是,英美的左派改变了对待文学和文化的姿态,诸如英国的文化唯物主义和美国的新历史主义取得了极大的成功,它们构成了新的学院秩序。② 不管文化唯物主义还是新历史主义都意味着对历史进行新的解释,这是一种立足今日或现在的解释,它们否定文学和文化的被动性,关注文学或文化的自身物质性。其实,我们在利科关于历史叙事与虚构叙事的论述上也可以看出这种苗头来。当然,由于他是在时间与叙事的思维框架中展开的,叙事者的角色依然是非常重要的,所以还不可能进展到文化唯物主义的程度;如果在空间与叙事的思维框架中展开,叙事者的地位就会成为微不足道的,而摆脱了观念化或心理化的文化就会突出地展示其自身物质性。

通过读解克利的绘画,福柯告诉我们,符号有其物质性的存在或自身的存在:"克利是那个在世界的表面已经提取整个一系列形象的人,这些形象作为一些符号而有价值,它们通过把自己留给符号的形式和结构,简言之,通过维持自己的符号存在模式,通过使其与此同时以不再具有含义的方式起作用,从图画空间内部组织这些符号。在我这里存在着的非结构主义者的、非语言学家的东西使我着迷于如此一种符号使用:即处于其符号的存在模式中的而不是处在其能

---

① 梅洛-庞蒂:《哲学赞词》,第 99 页。
② Wilson, *Cultural Materialism: Theory and practice*, Blackwell Publishers, 1995, p. viii.

够使意义呈现的能力中的符号。"①梅洛-庞蒂经常借助文学艺术的资源,他主要借助塞尚的绘画来探讨知觉问题或身心关系问题。他当然关注绘画的自身物质性,但他不可能只是围绕绘画的物质性展开论述,因为精神性才是他重点关注的东西。在福柯借助克利来展开其描述的时候,由于其去观念化的倾向,绘画的物质性显然成了集中关注的东西。

福柯表示,正因为语言指向语言本身而不是语言之外的东西,所以就有了疯癫与文学的一种奇特的邻近,而这种邻近并不需要借助于最终获得揭示的心理学亲缘关系。疯癫作为一种在它与它自己的重叠中保持沉默的语言被发现,它既没有显示也没有讲述一部作品的诞生,它指称了这部作品所出自的空的形式,也就是它不停地在那里不在场的、人们永远不能在那里找到它的那个场所,正是在这一苍白的区域中,正是在这一最重要的藏匿处,作品与疯癫的双生性被揭示出来了,而这乃是对于它们中的每一个来说的它们的可能性以及它们的相互排斥的盲点。②鲁塞尔和阿尔托的写作表明,文学语言的确接近于疯癫。文学语言不是通过自己所说的东西,也不是通过那些使其成为能指的结构而获得界定的,它有一种存在,我们应该针对这一存在进行考问,因为自马拉美以来就表现出来的、而且一直来到我们时代的文学存在赢得了自弗洛伊德以来疯癫经验所形成的领域。

尼采在众多方面都是当代性的预言家,但他毕竟也是一个后期现代作家、后期现代哲学家,所以他往往还关心谁在说话的问题,但马拉美根本不关心这个"谁",并因此转换了尼采的问题。福柯写道:

---

① Foucault, *Dits et écrits I* (1954~1975), p. 642.
② Foucault, *Dits et écrits I* (1954~1975), p. 447.

"通过指出,在其孤独中、在其脆弱的颤动中、在其虚无中,说话的正是词本身(不是词的意义,而是它的谜一般的、不稳定的存在),马拉美回答尼采的问题'谁在说话?'并且不停地重复其答案。"①尼采维护说话者,而马拉美却描述了说话者的消失:"尼采一直到最后都坚持考问那个说话者,哪怕最终使他自己进入了那个提问内部,以便依据他本身——说话者和考问者:《瞧这个人》——来确立提问;马拉美本人则不停地从他自己的语言那儿消失,以至除了作为大书(话语在这里由它自己构成)的纯粹仪式的执行者以外,他不想出现在语言中。"②我们在尼采的话语中毕竟可以找到谁在说话,但在马拉美那里只有词的不断重复。

关于语言问题的这种"问"和"答"代表了现代性的黄昏,也预示了当代性的黎明,正因为如此,福柯认为任何语言问题在今天很可能都是在尼采的问题和马拉美做出的答复之间的从未被填补的距离之内提出来的。在 19 世纪初,话语挣脱了表象,语言存在本身似乎变得破碎了。然而,在尼采和马拉美那里,思想被带回到、被粗暴地带回到了语言本身、语言的唯一而难弄的存在,当此之时,语言问题再度出现,正像在同一时期出现了与生命和劳动相关的问题一样。这一切都意味着语言的物质性在不断提升。但问题在于,语言和人是不可能共存的。有学者表示,在西方文化的各个方面,都存在着语言的存在和个体意识的实存之间的一种难以调和的不相容,而这一不相容在写作活动中、在形式化语言的尝试中、在关于神话和精神分析的研究中、在对可以作为西方理性主义整体的基础的逻各斯的寻求中清楚地呈现出来。③

---

① Foucault, *Les mots et les choses*, pp. 316~317.
② Foucault, *Les mots et les choses*, p. 317.
③ Chiari, *Twentieth-Century French Thought: From Bergson to Lévi-Strauss*, p. 178.

福柯的许多工作都有助力于我们理解人和话语的关系从早期现代到后期现代再到当代的演变。在他看来，只是因为话语不再有针对经验世界的法则的力量，人自 19 世纪开端以来才得以实存，也就是说，人已经在话语不再说话的地方实存着。但是，随着索绪尔、弗洛伊德和胡塞尔，意义和符号问题在关于人的知识的更基础的核心中重新出现了。福柯于是要问："关于符号和意义、关于符号的秩序的这一宏大问题的回归，是不是构成了已经构成古典时期的东西和现代性在我们的文化中的一种重叠，或者是不是涉及人将走向消失的信号标记，因为到目前为此，人的秩序和符号的秩序在我们的文化中已经是不相容的。人会杀死在他那里诞生的符号，这乃是尼采第一个想要说的东西。"① 在当代文化中，无论如何出现了语言的空前扩张，我们要么服从于语言规则，这意味着"自杀"或"杀人"；要么制定语言规则，从而再度成为语言的主人。

---

① Foucault, *Dits et écrits I* (1954~1975), pp. 529~530.

第五章　心性与物性

当代性意味着语言/话语/符号具有不以神圣意志或人的意愿为转移的自主性、自足性。话语既不间接传达神的旨意,也不直接表象人的观念,作为事件或实践,它突如其来地向马里翁所说的一个不是主体但继主体而来的被给出的接受给出者涌现。这意味着话语的物性强制意识主体甚至身体主体逊位,从而排除了人的神性和人的心性(知性乃至感性),人的物性则得以充分展示,与此相伴的还有自然或事物的物性。尼采在宣布神之死的同时预示了人之死,这是海德格尔针对一位现代哲学家的当代性解读,福柯和许多同辈思想家都认可这一解读,并且在不同程度上做出了进一步的发挥。无论如何,当代性意味着,我们从人道主义和人类学昏睡的精神主义时代进入了非人的物质主义时代,一切都回归自身存在,都有其自身物性。

第一节　神性与人性

尼采在《快乐的知识》中宣布:"神死了! 神真的死了! 是我们杀死了他!"[1]真正说来,他宣告的是最高价值的自行贬值。[2] 但这一

---

[1] 尼采:《快乐的科学》,中国和平出版社,1986年,第139页。
[2] 尼采:《强力意志:重估一切价值的尝试》,第280页。

宣告也意味着人丧失了价值根据，并因此无家可归。依据福柯的解读，尼采在其语言的内部同时杀死了人和神。[①] 这就引出了我们前面已经提到的奥斯汀所说的以言行事这一论题。有人认为，德里达在《书写与差异》《声音与现象》《论文字学》这三本高度原创性的著作带有受到奥斯汀《以言行事》的影响的明显标记。[②] 鉴于德里达也算是福柯的学生，虽然彼此间有重大分歧和争论，但都主要接受了3M的影响，而且与3H的关系也都非常密切。我们大体上可以断定，当代法国哲学的3M时代和英美哲学的相应时代的确出现了以言行事的普遍认同，也因此共同见证了话语霸权时代的来临。回到福柯关于尼采的解读。不管是在口头上，还是在行动中，人既然杀死了神，他也就不得不自杀。这倒不是出于罪感和忏悔，而是失去了存在的理由。

话语的扩张导致的是主体的弱化或矮化，甚至是终结。然而，这显然不是一个现代性论题，而是一个当代性话题。福柯关于19世纪以来的现代性探讨围绕人的有限性展开，而当代性用终结问题取代了有限性分析。在《词与物》中，他非常明确地把尼采视为当代哲学的开端，从而围绕神性与人性的关系引出了主体终结问题："可能应该在尼采的经验中看到当代思想或许致力于的破除人类学根基的第一次努力：透过一种语文学批判，透过某种生物主义形式，尼采重新发现了那个点：人与神在那里相互隶属，后者的死与前者的消失在那里是同义的，超人的希望在那里首先意味着人之死的临近。在这方面，向我们提出了既作为期限又作为任务的未来的尼采标志着入口处，以之为起点，当代哲学可以重新开始思考；他或许将继续长期突

[①] Foucault, *Les mots et les choses*, p. 317.
[②] Kennney, *A New History of Western Philosophy*, Vol. 4, Clarendon Press, 2004, p. 91.

出在当代哲学的进展中。"①福柯几乎能够从任何经验描述中都引出主体问题。涉及从人的无限性到人的有限性再到人的终结的转换，而尼采在这一转换中扮演的角色不言自明。

按照福柯的说法，我们今天只有在人消失后的空无中才能进行思考。他对人的命运转换进行了详尽的分析，突出了人性与神性的复杂关联。他这样表示："在今天，尼采依然在远处指明转折点，但被他断言的并不是神的不在场或死亡，而是人的终结（导致人的有限性变成人的终结的这一在同一性形式中的细微的、难以觉察的移动，这一退隐）。"②真正说来，神的死亡与末人的命运关联在一起；正是末人宣布自己杀死了神，由此把自己的语言、思想和笑安置到了已经死亡的神的空间中，而且也把自己呈现为是那个杀死了神的、其实存包含了这一谋杀的自由和决定的人。在这样的视域中，末人既古老于又年轻于神之死；既然他已经杀死了神，就应该由他本身对自己的有限性负责任；但正因为他在神之死中说话，在神之死中思考和实存，所以他的谋杀本身注定是要死亡的，所以人将消失，即神的谋杀者的终结。③ 神的死亡意味着告别无限性，迎接有限性，问题在于，人的终结把有限与无限的问题抛到了一边。

非常明显的是，后期现代时期只是一个非常短暂的过渡时期，人也因此不可能长期占据历史舞台。不同的哲学赋予神死了不同的意义。在黑格尔、费尔巴哈和尼采那里，这一观念就不具有相同的意义：在黑格尔看来，理性取代了神的位置，正是人的精神一步一步地获得了实现；对费尔巴哈来说，神是使人异化的幻觉，一旦扫除了这

---

① Foucault, *Les mots et les choses*, p. 353.
② Foucault, *Les mots et les choses*, p. 396.
③ ibid.

一幻觉,人将意识到他的自由;就尼采而言,神的死意味着形而上学的终结,但位置保持为空的,而且绝不是人取代了神的位置。① 福柯显然不会接受前两种看法,他充分利用的是尼采关于末人和超人的概念,认为我们是尼采使用的术语意义上的末人,而超人将是在同一个超越的运动中战胜神的不在场和人的不在场的人。② 福柯显然受到了马克思的影响,不再依据自己关于神的观念来塑造自己,并且要把人们从幻想、观念、教条和想象的存在物中解放出来,使他们不再在这些东西的枷锁下呻吟喘息。③

非常有意思的是,福柯认为人的观念在 19 世纪扮演着从前由神的观念扮演的角色,或者至少人们试图让它如此:"人的观念在 19 世纪有点起着像神的观念在以前那些世纪的进程中起着的作用。人们曾经相信、人们在上个世纪仍然相信,人实际上不可能支持神不存在的观念(人们重复说,'如果神不存在,一切都是可能的')。人们已经受到了关于一种能够无神地起作用的人性的观念的惊吓,由此有了这样的信念:应该维持神的观念,以便人性能够继续起作用。"④我们知道,在尼采宣告神的死亡之前,神似乎一直主宰着西方人的道德观念和精神生活,因为正是神性确保了人性,或者说人性以神性为指针。在海德格尔的解读中,神的死亡同时意味着弑神者的死亡,这其实表明,人们始终关注的是人与神在哲学中的相关性,或者说人们关注人的心性与人的神性的关联。

福柯并没有简单地在神的死亡和人的死亡之间建立关联,而是进行了很有见地的分析:"人在我们从其根基处寻找他的那个时刻本

---

① Foucault, *Dits et écrits I* (1954~1975), p. 581.
② ibid.
③ 马克思、恩格斯:《马克思恩格斯全集》,第 3 卷,人民出版社,1960,第 15 页。
④ Foucault, *Dits et écrits I* (1954~1975), p. 647.

身的消失并不会造成各门人文科学将要消失,我从来没有说这一点,而是会造成人文科学现在将在一个不再由这种人道主义来封闭和界定的视域中展开。人将在哲学中不是作为知识的对象,而是作为自由和实存的主体消失。"①我们为人寻找根基,但其根基被瓦解了,他也因此归于消失。笛卡尔把神视为人的全部存在的根据,康德只把神视为人的道德存在的根据,而在尼采那里,神不再是人的任何根据。人既然丧失了其根据,失去了其辩护和保障,也就死了或消失了。但有必要搞清楚死的是何种人。由于神之死而走向消失的是作为主体的人,而作为主体的人,关于他自己的意识和他自己的自由的作为主体的人,从根本上说是一种与神相关的形象。②

传统的人道主义在很大程度上是一种设定或暗含了人的神性的人道主义。但是,人文科学完全可以不受制于这种人道主义,因为作为主客统一体的、被观察的注视者的、有限性的人并不伴随神之死而死,他相反地伴随神之死而生。福柯显然区分了两种人。一是早期现代人,对于他来说,人性即心性,心性即知性,知性本来是有限理性,但它与神性或无限理性还有牵连;一是后期现代人,对于他而言,人性即心性,心性即感性,感性完全告别了神性和无限理性,它是严格意义上的有限理性,甚至正通向非理性。神死了导致前一种人的死,同时导致后一种人的生。福柯认为,19世纪的人本身在某种程度上已经被神学化了,所以尼采通过宣告神之死来宣告神圣化了的人之死;但是,当尼采宣布超人来临时,他所宣告的是不再与人继续带有其形象的神有任何关系的人的来临。③

无论如何,尼采既宣布了人的死,也宣布了人的生。福柯在康德

---

① Foucault, *Dits et écrits I* (1954~1975), p. 692.
② ibid.
③ ibid.

调和经验论与唯理论的努力的基础上描述人的先验-经验双重性,显然是对尼采关于人的生死双重性的进一步阐发。当然,福柯比康德和尼采走得都要远,因为他不仅宣告追求无限理性的人的死亡,而且认为维持有限理性的人也正在消失。古代性主要围绕人的神性(无限理性)展开。在福柯看来,苏格拉底是哲学意义上的说真话或直言的典范,而这种说真话的最初时刻,我们可以在与诸神的关系中、在与阿波罗神的关系以及与预言的关系中找到。① 早期现代性围绕人的心性的知性或有限理性维度展开,由于人在理性范围内还设定神,福柯干脆就认定人在这一时期还是受制于神性,既作为主体也作为客体的人也因此没有能够出现。后期现代性围绕人的心性的感性或有限理性维度展开,人因此以其摆脱了神性的、真正有限理性的面目出现了。

福柯认为19世纪才出现了人的神学化,这从总体上看是有问题的。事实上,这个时候已经进入人的神学化的残余时代。正因为不断摆脱自己与神的关联,作为有限理性的人真正诞生了,尽管他还需要从心理上断乳。尼采极大地推动了这一进程。对于福柯来说,尽管19世纪以后的现代性强调处境化、肉身化,但它依然延续了此前的现代性的理想追求、甚至神性追求。福柯显然没有断然宣布人已经死了,因为在他谈到人这个近来发明物的终结时,他说了"也许";他还就此表示:"对这一切,我并不能肯定。就涉及要做的(因为对我来说涉及要做的)而言,在某种程度上就类似于对目前做出诊断。"② 海德格尔通过其此在概念宣布了主体形而上学的终结,他把尼采的"神死了"解读为"人死了"也就顺理成章了。但是,从我们前面的分

---

① Foucault, *Le courage de la vérité*, p. 75.
② Foucault, *Dits et écrits I (1954~1975)*, pp. 692~693.

析可以看出,这种解读也许有失简单化。

无论如何,我们还是注意到,关于人之死的确是一个重要的主题。在现象学实存主义传统中,马塞尔也提到了人的死亡问题。他在上世纪 50 年代注意到,时代哲学危机的核心是人的终结。他同样明确把人之死与尼采所说的神之死关联起来。他这样指出,在尼采宣称神死了这个断言差不多四分之三个世纪之后,与其说宣布毋宁说在焦虑中嘟囔的另一个断言如今刚刚引起了反响:人处于濒死状态,并且表示,这两个断言之间的关系是具体的或实存性的,而不是逻辑的。① 当然,他的基本倾向是有违时代精神的,因为他最终期待的是神的复活,并因此是人的复活。然而,从总体上看,萨特及其同时代的人仍然想要发现人,他们极力维护主体的地位。问题在于人已经消失不见,主体已经走下神坛。换言之,人是特定时代的产物,而他并不能够长期占据文化舞台。

按照福柯的看法,19 世纪是人们发明了一定数量的非常重要的东西(比如微生物学和电磁学之类)的一个世纪,它同时也是发明人文科学的世纪;看起来,发明人文科学就是要使人成为一种可能的知识的对象,而事实上,它的确也把人构造成了认识的对象。然而,人们在这同一时期还期望和梦想一种巨大的末世学神话,也就是说使这种关于人的认识是如此这般的,以致人可以通过它而摆脱他的各种异化,摆脱他不是其主人的各种规定性,使得他能够由于他具有的对他自己的这种认识而重新成为或第一次成为他自己的主人和拥有者,换言之,人们使人成为认识的对象,以便人能够成为他自己的自由和他自己的实存的主体。② 可是,我们并没有找到作为这种本质

---

① Marcel, *Les hommes contre L'humain*, Éditions du Vieux Colombier, 1953, pp. 17~18.
② Foucault, *Dits et écrits I* (1954~1975), p. 691.

的、这种特性的人性。真正说来，问题不在于维护主体的地位，而在于通过诊断现在而关注人的当下命运。正因为如此，那些促使人出场的学科，同时也宣布了人的死亡。

福柯似乎不认同海德格尔关于自笛卡尔至尼采的现代哲学是主体形而上学的说法。他认为始于笛卡尔但先于康德的早期现代哲学的目标并不是主体，而是普遍秩序。这一秩序只不过是神圣秩序在大地上的直接体现，也因此是莱布尼茨意义上的某种前定和谐，而人只是这一秩序的某种受动的元素，根本没有能力赋予万物以意义和秩序。笛卡尔打算从理性的角度论证神的实存，强调心灵和身体的截然二分，这一切都表明，他延续了古老的哲学传统，同时又在推陈出新。在为神的无限理性作辩护的同时，他试图以人的有限理性取代这种无限理性。换一个角度说，他其实还抱有人具有无限理性的幻想或奢望。当然，他最终不得不承认，神是无限存在，"我"不理解无限，因为我的本性是有限的，而不能理解无限是由于无限的本性的缘故。[①]

其实，人之所以在许多事情上犯错误，就是由于人的有限性，不理解无穷无尽的事物，这是有限的理智的本性，是一个天生就是有限的本性。[②] 笛卡尔以来的西方哲学的演进，正是人的无限维度不断退场，人的有限维度逐渐出场，直至人的终结最终出现的进程。康德通过理性批判或启蒙反思尤其表明，人是一种有限的理性存在，与此同时，神的角色也不再是无处不在，他至少丧失了自然的创造或发明权，也因此丧失了无限性。然而，尼采更为决绝，他甚至撕掉了神的道德伪善的面孔，从根本上置神于死地。福柯的一个非常重要的工

[①] 笛卡尔:《第一哲学沉思集》,第 50 页; Descartes, *Méditation métaphysiques*, pp. 117~119.

[②] 笛卡尔:《第一哲学沉思集》,第 66 页; Descartes, *Méditation métaphysiques*, p. 143.

作,就是在有限性分析的名下探讨人在康德之后的现代世界中的命运,既包括他是如何出场的,也包括他在几个重要方面的表现。但接下来的问题是,后期现代知识型也有其退出历史舞台之时,而人也就不得不黯然退场。

要退出的这个场其实就是理性的世界、理性的领域。这意味着另一个世界,一个非彼岸的、当下的非理性世界的来临。福柯这样表示:"尼采的疯癫、梵高的疯癫或阿尔托的疯癫可能或多或少深刻地属于它们的作品,但关涉的是完全另外一个世界。"[1]福柯在《疯癫史》呼吁让这些疯子说话,而在他们的话语中呈现出了有别于后期现代世界的另一个世界:它显然不是早期现代世界,更不是古代世界,而是当今世界。虽然当代世界中既没有古代意义上的神,也没有后期现代意义上的人,但其居主至少与精神的后裔有着关联,诸如德勒兹和伽达里所说的精神分裂症患者充斥其中。这指的其实是在神和人相继死后出现的、利奥塔所说的非人,他与尼采所说的超人是根本不同的。

超人是超善恶的,这意味着人超出于现代道德或现代精神,但这同时意味着别一种精神。超人具有强大的意志,他要求身心统一,身体是意志的直接体现。非人与非人类、非人道是一回事,意味着对道德、精神、心理、意志等等的全盘放弃,至少意味着为丧失这一切而产生焦虑。在后现代状况下,利奥塔产生了一方面,人道主义意义上的人/人类/人道是否正在被迫走向非人/非人类/非人道,另一方面,人的"本性"是否就是他为非人/非人类/非人道所萦绕这双重疑虑或推测。[2] 在他看来,出现了应该分别开来的、不应该相混淆的两种非人/

---

[1] Foucault, *Histoire de la folie à l'âge classique*, p. 557.
[2] Lyotard, *L'inhumain*, Klincksick, 2014, p. 14.

非人类/非人道情形，一方面是处于强化中的制度在发展（及其他）的名义下的非人性，另一方面是非常秘密的、心灵为其抵押品的非人性，由此，不安随着这一文明而增长，权利随着信息的增多而丧失。① 这一切都表明，人被纳入了物质或信息的网络之中，并因此成了非人。

借用利奥塔的说法，在当代性背景中，现代性意义上的主体（不管意识主体还是身体主体）都已经被置于信息经过的一些位置上，他处在或是发送者，或是接受者，或是指称对象的位置上。② 网络其实就是一部先锋派机器，它牵引着人类，使人类非人化。③ 无论如何，当代哲学更关注的是人的物性，而不是其神性或心性。然而，有必要清理从神性到心性进而到物性的演进，实际上意味着探讨现代性是如何向当代性过渡的。在这一回溯性清理中，古代性不可能不被引出，而现代性的早期现代与后期现代区分尤其显得重要。不管尼采所说的快乐的知识还是利奥塔分析的后现代知识，无疑都应该进入各自时代的知识型中，而话语在不同时代的知识型中扮演的不同角色显然值得关注，因为正是话语让人处于不在场的境地，或者说陷入了非人的境地。

任何知识都体现出词与物的关系。借助知识型的概念，福柯就像分析语言的内在结构那样从话语内部来分析某一特定时代的知识状况，从而更好地把握词与物之间的复杂关系，呈现人在其中或隐或显的命运。早期现代知识型探讨的是大写的秩序，这既不是事物本身的秩序，也不是由人规定的秩序（人为自然立法），即早期现代性中的大写的秩序不是万物的被观察到的可见的和谐性、协调性、规整

---

① Lyotard, *L'inhumain*, p. 14.
② Lyotard, *La condition postmoderne*, p. 31.
③ Lyotard, *La condition postmoderne*, pp. 101~102.

性、对称性。① 很明显的原因就在于，人和万物都是神的造物，都服从各自秩序之上的更高的秩序，某种不言明的神圣的秩序。世界有意义还是无意义，世界是必然的还是偶然的，诸如此类的问题既不是由人提出的，也无法由人给出最后的答案。那个时代的哲学还不得不把神预设为最高的真理，不管培根关于双重真理的论述，还是笛卡尔对神的实存的理性论证，都表明了这一点。无论如何，一切都带有神性的印迹。

唯理论传统尤其赋予了神以其崇高地位。斯宾诺莎、马勒伯朗士和莱布尼茨都承认神或前定和谐。从福柯的解读可以看出，早期现代形而上学恰恰寓于从小写的秩序到大写的秩序、从各种分类到大写的同一、从各种自然存在到大写的自然的间距中；简言之，寓于从人类的知觉（或想象）到神的知性和意志的间距中。② 人类的知觉是有限理性，神的知性和意志显然属于无限理性。福柯之所以否定早期现代时期是主体形而上学起支配作用的时期，是因为他从这一时期中主要看到的是无限理性的作用。大写的秩序、同一和自然完全服从神的理性和意志，正因为如此，我们关于这一时期的词与物关系的探讨不应该从人和人性（人的心性）的意义上展开，主要应该关注神和神性（人的神性）扮演的角色。这当然可以表述为神性与人性、或者人的神性与人的心性在话语中的张力。更严格地说，早期现代知识型中根本就没有人或人性的地位。

当福柯说人在早期现代时期还不存在的时候，指的是既作为认识主体又作为认识客体的人还没有出场。人文科学不存在，因为作为其对象的人还不存在。除了抽象的、试图比肩神性的知性外，人的

---

① Foucault, *Les mots et les choses*, p. 231.
② ibid.

独特经验或感受没有获得任何承认。一切都隶属于无边的普遍秩序："大写的自然(La Nature)、人的自然/人性(la nature humaine)以及它们之间的关系乃是一些确定的、预料到的功能性环节,而作为有厚度且第一位的存在、作为全部可能知识的难弄的客体和主宰的主体的人没有占据任何位置。"[1]诸多哲学都预设了神或无限性,这表明人的心思还没有真正从天上回到人间。福柯表示:"在我们稍微仔细瞧瞧16、17、18世纪文化的时候,我们就会觉察到,人在此期间完全没有任何位置。文化在那个时候被神、世界、事物的相似、各种空间法则,当然也被身体、情感和想象所占据。但是,人本身完全没有出现在文化中。"[2]我们处在只有神及其造物的大写的自然中,神是原生自然,造物属于顺生自然,独立的人根本不可能出现。

这里所谓的大写的自然显然是在斯宾诺莎把唯一的实体既说成神又说成自然的意义上而言的,同时也与笛卡尔把神视为最高的自然相关。在斯宾诺莎那里,原生自然指在自身内并通过自身而被认识的东西,或者指表示实体的永恒无限的本质的属性,换言之,就是指作为自由因的神而言;[3]而顺生自然则指出于神或神的任何属性的必然性的一切事物,换言之,就是指神的属性的全部样式,这是就样式被看作在神之内,没有神就不能存在,也不能被理解的东西而言的。[4]显然,原生自然突出的是神本身,顺生自然涉及的则是造物。在笛卡尔和斯宾诺莎等人那里,神、万物以及人都被包括在自然之内。按斯宾诺莎的说法,神是万物的内因,而不是它们的外因,因为

---

[1] Foucault, *Les mots et les choses*, p. 321.
[2] Foucault, *Dits et écrits I* (1954~1975), p. 568.
[3] 斯宾诺莎:《伦理学》,商务印书馆,1991,第29~30页。
[4] 斯宾诺莎:《伦理学》,第30页。

凡是存在的事物,都是存在于神以内。① 这一思想在笛卡尔那里有其源泉,尽管这种自然/神一元论姿态与笛卡尔式的心物二元论还是具有重大区别的。笛卡尔似乎弱化了神的地位,但无论如何呈现了神与造物之间、各种造物之间的复杂关系。

笛卡尔特别注意自然之光和自然倾向的区分,②前者与人的理性,后者与人的本能或感官之类联系一起。他同时提醒我们,这两种自然都隶属于第二序列,第一序列的自然乃是神本身:"因为自然,一般来说,我指的不是别的,而是神本身,或者在各造物里所建立的秩序和安排来说的。至于个别自然,我不是指别的东西,而是指神给我的一切东西的总和说的。"③显然,神是大写的自然,属于精神和物质系列的一切都作为第二位的自然被包括在内,自然之光和自然倾向则典型地代表了这种第二位的自然。原生自然代表神的本性,顺生自然则引出了人的自然/人性与外部自然的关系问题。正是基于神的这种不言而喻的地位,福柯在关于早期现代知识或早期现代文化的理解中,始终把相关的论题与神性关联在一起,自然、秩序、话语的概念在他那里都是大写的,而小写的自然、秩序、话语几乎不用被提及,或者说只不过是其例证,因为小宇宙与大宇宙并没有自然/本性的不同。换言之,人性消融在神性的秩序中了。

福柯表示,人在早期现代知识的内部并不存在,在我们今天在其中发现人的那个地方,存在着的乃是话语特有的、表象事物秩序的语言秩序特有的力量,对于研究语法或财富系统来说,没有必要经由一

---

① 斯宾诺莎:《伦理学》,第 22~23 页。
② 笛卡尔:《第一哲学沉思集》,第 41~44 页;Descartes, *Méditation métaphysiques*, pp. 103~109.
③ 笛卡尔:《第一哲学沉思集》,第 88 页;Descartes, *Méditation métaphysiques*, p. 179.

门人学,但需要经由话语。① 在早期现代知识中存在的东西乃是在某一话语中的一些有序的表象,在这一范围内,对于我们关于人的观念而言具有根本性的全部概念,比如生命、劳动和语言之类概念,在这一时代没有存在的理由,没有任何的位置。② 自18世纪末以来,话语不再扮演组织的角色。在事物的秩序和我们对它具有的表象的秩序之间不再有透明性,事物在某种方式上向着它们自己的厚度、向着一种外在于表象的要求合拢,并由此出现了各种语言连同它们的历史,生命连同它的构造和它的自主,劳动连同它的生产能力。面对这一切,在话语留下的缝隙中,人被构造出来了:这是一个既生活、说话和劳动,又认识生命、语言和劳动,最后在他生活、说话和劳动的范畴内还能够被认识的人。③

基于他关于人的神性和心性在现代性进程中的命运的如此理解,福柯对人道主义的历史和当代命运形成了自己独特的见解。至少从17世纪以来,人道主义一直都不得不依据从宗教、科学和政治中借鉴来的关于人的某些相互矛盾的概念,但它反过来被用作美化和证明它不得不求助的那些关于人的概念。这样的悖谬表明,这种灵活、多样、不一贯的人道主义概念不适合于作为反思的轴线。当代哲学宣称主体死了,这意味着对人道主义的清理或清算。人道主义的形态复杂多样:既有一种表现为对基督教或一般宗教进行批判的人道主义,又有一种与苦修的、更加以神为中心的人道主义相对立的基督教人道主义;既有一种怀疑、敌视和批判科学的人道主义,又有一种相反地把其希望寄托在这同样的科学之上的人道主义;进而言

---

① Foucault, *Dits et écrits I* (1954~1975), p. 529.
② ibid.
③ ibid.

之,马克思主义已经成为一种人道主义,实存主义、人格主义也已经成为人道主义;人们一度维护由国家社会主义所代表的人道主义价值,而斯大林主义者也说自己是人道主义者。[1]

法国新哲学家列维同样注意到了人道主义概念的复杂性,他通过读解萨特作品而进行的人道主义归类有助于我们更好地理解这一问题。这涉及萨特就人道主义或人道主义的形而上学说了些什么,这一被卡瓦耶斯、阿尔都塞、德里达抱怨为最后壁垒的关于人的哲学就此说了什么。[2] 这里没有提到福柯,但他无疑应该归属于这些抱怨者之列。萨特以文学方式描述出了人道主义的多样性,这其实表明,我们不能泛泛地谈论人道主义,而是要具体分析人道主义的形式,清理人道主义的谱系,并因此才能够理解人道主义怎么会演变成了反人道主义。按照列维的解读,对于《存在与虚无》和《辩证理性批判》之前的萨特来说,人道主义者的确呈现出多幅面孔,其小说《恶心》为我们描述了如下各种类型的人道主义者。值得注意的是,在无神论者萨特笔下,他们似乎都摆脱了神性,更多地体现了人的在世存在的实存性。

激进的人道主义者,公务员之友;所谓的左派的人道主义者,他一般地说是一个在周年纪念日哭泣的鳏夫;作为生命、因此畜生之友的人道主义者,其爱通达猫、狗、全部高级哺乳动物;共产主义的人道主义者,他自第二个五年计划起开始爱人;最后来到的天主教人道主义者,他写作一些经常获得费米娜奖的忧伤而优美的长篇小说;人道主义哲学家,他作为一个被爱的兄弟关心他的那些兄弟;喜欢像他们那样的人们的人道主义者,喜欢像他们应该是的那样的人们的人道

---

[1] Foucault, *Dits et écrits II* (1976~1988), p. 1391.
[2] Lévy, *Le siècle de Sartre*, Bernard Grasset, 2000, p. 236.

主义者；不顾人们的意愿拯救他们的人道主义者，想根据人们的意愿拯救他们的人道主义者；想创造一些新神话的人道主义者，满足于那些旧神话的人道主义者；喜欢人的死亡的人道主义者，喜欢人的生命的人道主义者；快乐的人道主义者，他总是说笑话，忧伤的人道主义者，我们尤其在各种葬礼守夜时碰到他；爱人们的人道主义者和厌恶人类的人道主义者。[1] 较之于福柯的描述，萨特意义上的人道主义者显然更加接地气。

福柯认为，西方人总是相信人道主义是一个可以回溯到蒙田甚至更远的古老的观念，由于经常受制于这种回顾性的幻觉，他自发地想象人道主义始终是西方文化的巨大常量；因此，他很自然地认为把西方文化与其他文化分开来的东西是人道主义；当他在其他地方认出了人道主义的一些印迹时，就会非常激动，就会有与人类的普遍性打交道的印象；他从高中哲学教育中就已经知道，16 世纪是人道主义的世纪，古典主义已经展开了关于人性的各种宏大主题，18 世纪创立了各种实证科学，而且人们借助生物学、心理学和社会学以实证、科学、理性的方式最终认识了人；人们想象人道主义既是激发我们的历史发展的伟大力量又最终是这一发展的补偿。[2] 其实，法国最早的利特雷词典中找不到人道主义一词；不仅在其他文化中不存在人道主义，人道主义在西方文化中或许也属于海市蜃楼之类。概言之，上述关于人道主义的说法都属于幻相之列。

福柯自己的看法是，人道主义运动定时在 19 世纪末期，而人在 16、17、18 世纪的文化中严格说来没有占据任何位置，因为当时的文化是由神、世界、事物的相似、空间的法则，以及身体、激情和想象所

---

[1] Lévy, *Le siècle de Sartre*, p. 238.
[2] Foucault, *Dits et écrits I* (1954~1975), p. 568.

占据的,而人本身在其中是完全不在场的。① 这一说法表明了两点:第一,他把人道主义定时在19世纪末与他关于三个时代的划分有不少出入,应该定位在19世纪初才与人的出现时期合拍;第二,他所说的人显然是身心统一体,排斥神性,也不同于完全的物性,而且只存在于后期现代时期。法国3H时代显然是人道主义的黄金时代,同时也是辩证思维占据支配地位的时代,人道主义、人类学和辩证思维在萨特那里是相关联的;3M时代则是反人道主义的时代,也是分析思维被引进并占据主导地位的时代,这种伴随罗素而诞生的、以忽视人为特征的当代分析理性,主要出现在列维-斯特劳斯和语言学家那里;非常明显的是,辩证法本身附带地召唤人道主义,而分析理性是与人道主义不相容的。②

列维别出心裁地表示,萨特不是一个过分关注意识、主体性和人的精神主义者,而是20世纪的伟大的唯物主义哲学家,③他甚至认为实存主义当然不是一种人道主义,它是当代反人道主义的第一次表露。④ 萨特哲学以及整个实存主义哲学的确包含着诸多矛盾,这一切足以表明福柯面对的问题是何等的复杂。他对这一复杂性当然心知肚明,但他显然绕开了实存主义的矛盾姿态。他把法国哲学中的人道主义和主体中心论问题回溯到后期现代性的开端,强调黑格尔和马克思应该对当代人道主义负最大的责任,而萨特则是最后的黑格尔主义者,甚至是最后的马克思主义者。⑤ 既然主体是在19世纪初的知识型转换中出现的,人也就成了后期现代性关注的核心课题。

---

① Foucault, *Dits et écrits I* (1954~1975), p. 568.
② Foucault, *Dits et écrits I* (1954~1975), p. 569.
③ Lévy, *Le siècle de Sartre*, p. 228.
④ Lévy, *Le siècle de Sartre*, p. 239.
⑤ Foucault, *Dits et écrits I* (1954~1975), pp. 569~570.

显然,福柯批判思考的目标很自然地从 3H 之一的黑格尔的精神哲学推进到萨特的主体哲学,并因此引出了关于主体的提问法,即认为哲学是思考世界、历史、生物为一方面,主体、实存、自由为另一方面之间的关系的方式。①

无论如何,萨特被认为在法国哲学的 3H 时代突出地推进了现代人道主义。他的相关思想直接受益于胡塞尔和海德格尔的哲学。3H 之一的胡塞尔谈论一切,尤其谈论的是科学问题,但他同样尝试着回答关于主体的提问法。对于他来说,问题就在于知道,由于一个主体的纯粹而绝然的直观,一种科学如何扎根在明证性的层次上。② 尽管批判主体形而上学,用此在取代主体或人,3H 之一的海德格尔仍然回应的是关于主体的提问法。萨特和梅洛-庞蒂等法国 3H 一代哲学家关注的不是抽象的人,而是人的在世存在。这意味着对胡塞尔哲学的海德格尔化,对德国哲学的法国化。在他们看来,世上的一切都因为人的实存而有意义,也即,意义是由人赋予的。然而,是人的亲历而非其认知扮演着赋义的角色。福柯这样表示:"现象学向'亲历'要求任何认识行为的原初意义。但是,我们不能够或不应该在'有生命者'本身边上寻找它吗?"③这种亲历或实际经验意味着身体主体的中心地位。

尽管 3H 时代的人道主义以黑格尔和马克思的思想为其源头,但越来越远离纯粹意识主体,逐步确立了梅洛-庞蒂意义上的身体主体。这里的身体主体是一种经验主体。当然,这里的经验既不同于经验主义意义上的感性经验,也有别于康德意义上的知性经验,因为它不属于认识论的范畴,它与人的在世存在、与人的人生经历联系在

---

① Foucault, *Dits et écrits I* (1954~1975), p. 1032.
② ibid.
③ Foucault, *Dits et écrits II* (1976~1988), p. 440.

一起。尽管梅洛-庞蒂在《知觉现象学》中经常谈及各种反常经验,但他主要关注的还是正常经验,即正常的知觉经验,这是一种在世存在的体验。尽管福柯在《词与物》中集中探讨了生活、劳动和说话等正常经验,但他在其他著作中描述的都是疯癫、疾病、犯罪、性错乱之类反常经验。梅洛-庞蒂所说的身体经验体现为观念性和物质性的结合,但福柯越来越强调身体的去心理化和去观念化,其经验概念也因此紧靠无意识,更多地与物质性联系在一起。换言之,这是一种既与认识论范畴的经验、也与实存论范畴的经验有别的经验,它是福柯所说的知识与实存之间的某种独特状态。

福柯始终强调经验,在其晚期思想中依然如此,这表明了一个关注不连续性的思想家是如何维护自身思想的基本融贯性的。他在1982~1983学年的讲课中表示,他要探讨的问题与观念史家从事的事情稍微有点不同,这要求他摆脱两种方法的标记,尽管它们两者都是合法的。一方面,他要求摆脱心理史,另一方面,他要求摆脱表象或表象系统史,或简单地说表象史;前一历史把自己定位在一个从各种实际行为走向伴随它们的各种表达(要么领先它们要么紧随它们,要么表现它们要么掩饰它们,要么规定它们要么证明它们)的轴线上,后一历史既不关心被表象的客体,也不关心表象的主体,它不做意识形态/观念学的分析。[①] 福柯最终摆脱的是心理化和观念化。他认为自己从事的是思想史而非观念史的研究。他在这里把所谓的思想说成是对我们可以称之为经验的各种发源地的东西的分析。[②]

福柯尝试着从思想史的视角来分析像疯癫之类的经验。他不是把疯癫视为不变的,属于可变的表象功能和表象价值的一定数量的

[①] Foucault, *Le gouvernement de soi et des autres*, p. 4.
[②] ibid.

表象系统会对它起作用的客体,他也不把疯癫史看作是一种研究人们贯穿数个世纪或一个给定时刻能够拥有的针对疯癫的态度,而是在我们的文化内部尝试着研究作为经验的疯癫。① 疯癫首先是一个点,一系列或多或少异质的知识以它为起点而得以被构成,它因此是包括医学的、精神病学的、心理学的和社会学的认识在内的认识的模式;其次,在它是知识的形式的范围之内,疯癫也是一组规范:这些规范把作为异常现象的疯癫从一个社会中分割出来,与此同时同样把个体的行为(正常个体和医生以及精神病病学职员的行为)的规范相对于这一疯癫现象、相对于疯癫分割出来;第三,这一疯癫经验界定了面对或相对于疯子的正常主体的某种存在模式的构成。② 无论如何,福柯从疯癫经验中看到的是主体的知识形式、行为模式和存在方式三个构成维度的或多或少成功而有效的结合。

疯癫史围绕疯癫经验而展开。福柯表示,《疯癫史》绝不是一种认识论史,而是关于一种经验的基本运动的历史,它不是精神病学的历史,而是在被知识完全捕获之前处在其鲜活状态中的疯癫本身的历史。③ 他要让沉默的疯癫经验说话,也就是让它讲自己的故事,并因此自己给出自己,自己显示自己,根本不用考虑把自己显示给谁,它只是绝对地给出自己,绝对地显示自己。经验要上升为知识,必定经由对象化,而且伴随着权力的施加。然而,福柯的许多工作都把科学或一般认识还原为知识,进而找寻其经验基础,换言之,它希望描述人对自己的切身体验。每个人都依赖于各种正常经验,也避免不了这种或那种反常经验,甚至是极限体验。这一切都涉及当代性视域中的经验、知识、权力之间的关系,涉及主体的建构与重构。换言

---

① Foucault, *Le gouvernement de soi et des autres*, p. 5.
② ibid.
③ Foucault, *Dits et écrits I* (1954~1975), p. 192.

之,单是在疯癫经验中就已经体现了知识的形式、行为的模式和存在的方式三个维度的统一。然而,福柯并不满足于此,他认为自己的工作轮番围绕这三条轴线展开,各部著作的侧重点也因此各不相同。

福柯首先研究的是知识构成的轴线,而18世纪的一些经验科学,比如自然史、普遍语法和政治经济学(财富分析)等等,对于他来说只不过是关于知识构成的分析的一些例子。非常重要的是,在他看来,如果我们想要实际地研究对于知识构成而言的作为模式的经验,我们应该尝试的就不是分析各种认识的发展或进步,而是区分哪些是可以构成各种可能的认识之模式的话语实践,在这些话语实践中研究各种规则、真假的游戏或粗略地说各种说真话的形式。总之,问题就在于从认识史的轴线转换到各种知识、各种组织和构成这些知识的模式要素的话语实践,就在于研究这些作为有规则的说真话形式的话语实践;而福柯在某些时间内研究的正是从认识到知识、从知识到各种话语实践和各种说真话的规则的这些转换。① 在最后时期的工作中,福柯特别突出了说真话或直言的问题,这提升了他始终关心的知识问题。

其次是分析行为的各种规范模式。福柯表示,这里涉及的转换不在于分析大写的权力,甚至不是分析各种权力建制,或者控制的各种一般的或建制性的形式,而是研究我们借以着手引导他人的行为的各种技巧和程序。也就是说他首先依据权力、依据我们实施的权力尝试着提出了行为的规范问题,并且分析我们实施的作为治理的程序领域的这一权力。这里的转换就在于,从规范分析过渡到权力实施的分析,并且从权力的实施的分析过渡到各种所谓的治理性的

---

① Foucault, *Le gouvernement de soi et des autres*, pp. 5~6.

程序。① 福柯在这方面主要以犯罪和各种规训为例。究其实,疯癫和性欲也是很好的例子。知识与权力的关系问题始终是福柯关心的主题。权力始终针对的是个体及其行为,它试图矫正或规训任何的越轨或跨界行为。权力施加于个体,使其经验上升为知识,而伴随的还有主体的诞生。

第三是分析主体的存在方式的构成的轴线。这里的转换就在于,福柯不是参照一种主体理论,而是尝试着分析个体借以被导向把他自己构成为主体的各种不同形式,分析借助的是性行为和性道德史的例子。换言之,关键在于从主体问题到主体化形式的分析的转换,在于透过与自身关系的各种技巧/技术或毋宁说透过人们所谓的自身语用学而分析这些主体化形式。② 把认识史替换成说真话的诸形式的历史,把控制史替换成治理性的诸程序的历史分析,把主体理论或主体化历史替换为关于自身语用学及其获得的各种形式的历史分析,乃是福柯借以尝试着稍微确定我们可以称为经验的东西之历史的可能性的一些不同通道,是疯癫的经验、疾病的经验、犯罪的经验和性欲的经验,以及在我们的文化中非常重要的同样多的经验的发源地。③

福柯上述三方面的关注是对经验概念的别具一格的理解,由此导致的是对认识论和实存论的抛弃,从而是对它们各自涉及的主体问题的抛弃,由此进入到主体的诞生问题,也就是主体化问题。必须先行解决主体的生和死,从而看到主体属于功能领域,而不是实体领域,不管心灵实体(心灵主体)还是物质实体(身体主体)都如此。从

---

① Foucault, *Le gouvernement de soi et des autres*, p. 6.
② Foucault, *Le gouvernement de soi et des autres*, pp. 6~7.
③ Foucault, *Le gouvernement de soi et des autres*, p. 7.

其就序言问题发表的见解中,我们可以体会到福柯是如何定位作者或主体的。在《疯癫史》于 1961 年首次出版时,他写了一篇 8 页多的序言,但在于 1972 年再版时,他用一篇不到其四分之一篇幅的新序取而代之。他表示,虽然对写序这种事情感到厌恶,但自己还是不得不为这本已经陈旧的著作写一篇新序。他认为写序实为徒劳之举,作为作者的他免不了想要为此书的曾经所是作辩护,并且在力所能及的范围内把它重新记录在如今正在发生的事情中去。然而,不管可能与否,不管巧妙与否,这种做法都不可能是诚实的,作者根本不应该也不可能维持一本书的统一与完整。

按照福柯的说法,一本书作为一个不重要的事件、作为一个上手的物品产生了,从那时起,它就被纳入到了重复的没有停息的游戏之中,它的各种复本开始麇集在它周围和非常远离它的地方;每一次阅读都临时给予它一个触摸不到的、独一无二的躯体;一些与它相关联的片断流传着,它们被认为甚至把它整个地包含在内了,而且它最终正是在它们那里找到了自己的避难所;各种评注将它分拆成其他一些话语,而它自己最终应该在它们那里呈现出来,在它们那里招认它曾经拒绝说出的东西,摆脱它曾经大肆渲染地伪装成的东西;而在另一时间、另一地点的再版仍然是这些复本中的一个,它既不完全是原本的仿造品,也不完全与之等同。① 这一切都表明,任何一本书都不是一个受制于作者意愿的封闭单位。作者之所以写序,往往是为了给一本书的各种可能的复本立下法则、为它们规定一种形式、使它们具有一种同一性、强加一种可以保持它们的稳定的标记,这是一种巨大的诱惑,但这也是一种注定破灭的幻想。

作者无疑想要确保自己的权威,他会宣称其著作带有他的面孔

---

① Foucault, *Histoire de la folie à l' âge classique*, p. 9.

或侧影,所有那些在他名下流通的复本形象都应该与之相像,否则就将一文不值。换言之,作者是所有这些复本的名称、法则、心灵、秘密和天平。① 如此序言似乎成了确立作者的君主政体的第一证书,成了专制的宣言,因为它宣称作者的意图应该是读者的箴言,读者应该使他们的阅读、分析、批评服从于作者已经打算做的,最终说来,作者是他说过的那些东西的君主,他对它们保有最高的统治权:他赋予给它们以他的意图、意义的统治权。② 一本书只不过就是它得以被构成的那些句子,作为处在众多物品-事件中间的几乎难以察觉到的物品-事件,它将自我复制、自我碎片化、自我重复、自我仿造、自我分化,最终走向消失,而产生它的那个人却不能够要求恢复作为其主人的权利。

无论如何,福柯希望一本书不要表现为教育学或批评将完全把它还原成的那种文本身份,而是希望它自然大方地作为话语呈现出来:既是战斗又是武器,既是策略又是冲突,既是斗争又是战利品或伤口,既是时势又是遗迹,既是无规律的遇见又是可重复的场景。③ 既然作者死了,一本书的命运就掌握在它自己手里,并因此在话语事件中经历自己的冒险旅程。写序只不过构成为话语事件的一部分,作者的地位不会因此而获得维持或提升,他的任何努力都不能够避免他在写作中作为一种功能的地位。福柯这样告诉我们:"从《伊纪杜尔》开始,与尼采同时代的马拉美的经验就很好地表明了语言自己的、自主的运作是如何准确定位到人刚刚消亡的那个地方的。自此以后,我们可以说文学就是人因为语言而不停地在那里消亡的那个场所。在'它说话'的地方,人就不再存在。对于人的这种因为语言

---

① Foucault, *Histoire de la folie à l' âge classique*, p. 9.
② Foucault, *Histoire de la folie à l' âge classique*, p. 10.
③ ibid.

而消失,罗伯-格里耶、劳瑞、博尔赫斯、布朗肖等人的非常不同的一些作品都是其见证。"①

无论如何,作者应该闭嘴,应该让作品自己说话。然而,西方文化传统一向维护作者和主体的地位。真正说来,主体是被构造出来的,人们甚至要把疯子也改造成这样的主体。在一次讲座的一开始,福柯提到了一部致力于疯癫的道德治疗、出版于 1840 年的著作,涉及法国精神病学专家洛雷治疗并且治愈一个病人的方式。一个早上,这位专家让病人 A 先生进入沐浴室,并且让他详细讲述其谵狂,以冷水淋头的方式让他说出自己疯了。其实,福柯早在 1963 年发表的"水与疯癫"一文中就已经描述过这种治疗,在《疯癫史》中也分析过水与净化的问题。他特别注意的是洛雷的独特之处。按照他的说法,获得某个承受心理疾病之苦的人招认自己是疯子乃是传统疗法中的一种非常古老的程序。在 17 和 18 世纪的各种著作中,我们可以找到大量关于所谓真相/真理疗法的例子。但是,洛雷使用的技术是完全不同的。

洛雷并不试图说服自己的病人其想法是错误的或非理智的。他完全不在意在 A 先生脑子里发生的事情。他作为医生想要获得的乃是一个精确的行为,明确肯定"我是疯子"。福柯这样说道:"洛雷只是在其病人宣称'我是疯子'或'这一切都只不过是疯癫'时才会满意。他根据的是这种假设:在病人认识到真相/真理并宣称他是疯子的范围内,疯癫作为实在消失了。"②承认自己是疯子,显然就有了疯与不疯、非理性与理性的对照,也就有了笛卡尔意义上的反思或萨特意义上的后思。于是,疯癫就在理性面前消失了,而这恰恰意味着主

---

① Foucault, *Dits et écrits I* (1954~1975), pp. 571~572.
② Foucault, *Dits et écrits II* (1976~1988), p. 988.

体的诞生或主体性的确立。的确,萨特关于数香烟的例子①虽然涉及的不是反常经验,但其结构是一样的,同样意味着自我或主体的确立。在洛雷的例子中,我们拥有的实际上是施行的言语行为的反面,因为肯定在说话主体那里摧毁了提供这同一个真实肯定的实在。②福柯要分析这一独特的、却如此流行的实践是建立在何种关于话语和主体性的真相/真理观念基础之上的。

很显然,主体归根结底是意识主体,能够把对象意识和自我意识统一起来意味着疯癫的克服。正是以此为背景,福柯分析了主体哲学在法国的盛衰的原因。在二战之前以及在二战之后的一些岁月里,法国哲学界完全接受了主体哲学的支配,哲学的特殊使命被认为是依据含义主体确立关于整个含义的知识和原则。主体问题之所以重要,主要与胡塞尔现象学在法国哲学中的传播有关。对于这位现象学奠基人来说,主体是意义的赋予者,而这种意义是概念意义或含义,代表的是符号的能指与所指的统一。很显然,在他那里,主体就是意识主体,就是含义主体。无疑,这样的主体是抽象的,因为它没有处境,不包含身体。除接受外来的现象学资源外,主体在法国哲学中的中心地位的确立也与一种制度环境联系在一起。这是因为,在法国大学中,自其伴随笛卡尔而诞生以来,哲学从来都只能以笛卡尔式的方式进展。这其实表明,笛卡尔哲学及其衍生形式和胡塞尔哲学共同导致了法国的主体哲学。

上述两个方面都归属于学术领域。在福柯看来,我们同时还应该考虑政治的局势。在战争的荒谬面前,在大屠杀和专制面前,有必要阐明这样一种观念:毫无疑问应该由个体主体来给予他的各种实

---

① Sartre, *L'être et le néant*, p. 19.
② Foucault, *Dits et écrits II* (1976~1988), p. 988.

存选择以意义。也就是说,如果按照笛卡尔的路子走下去,法国哲学关注的应该是超然的普遍理性主体,但处境意识引出的却是个体实存主体,法国现象学对胡塞尔哲学进行海德格尔式的解读也就顺理成章了。然而,伴随着战后局势的缓和、伴随着人们向后退缩,一直到那时赋予给主体哲学的重要性不再以非常明显的方式呈现出来;直到那时一直被掩盖着的某些理论悖谬开始大白于天下,哲学家不再有可能绕开它们;意识哲学悖谬地没有能够成功地确立一种关于知识,尤其是关于科学知识的哲学;此外,作为意义哲学,它在说明含义的形成机制和意义系统的结构方面遭到了失败。[1] 主体哲学在法国的确立是由于关注处境意识和实存,主体哲学的退场则是因为需要关注知识和结构。

按照福柯的描述,有两条道路可以把我们引导到主体哲学之外:第一条是被理解为含义系统分析和符号学的客观知识理论,即逻辑实证主义道路;第二条是由集结在结构主义标题下的语言学、精神分析学和人类学三个学科组成的某一学派开启的道路。[2] 他说自己没有借用过这两条道路,因为他既不是一个结构主义者,也不是一个分析哲学家。其实,不管他承认与否,这两条道路都意味着分析思维对辩证思维的取代,因此与他自己的基本路径是相近的。他说自己尝试探索的是一条小路,试图借助主体谱系学来走出主体哲学。他认为我们可以把主体视为一种历史的和文化的实在,即某种易于被改造的东西。以这个一般计划为起点,我们有两种可能的探讨方式:第一种方式着手考察各种现代理论构造,比如分析关于作为说话的、生活的、劳动的存在的主体的各种理论;第二种方式以研究像精神病

---

[1] Foucault, *Dits et écrits II* (1976~1988), pp. 988~989.
[2] Foucault, *Dits et écrits II* (1976~1988), p. 989.

院、监狱等等制度(它们从知识对象和控制对象中造就了某些主体)为起点,通过一种更实际的方式来领会主体理论。①

很显然,这是要么从正常经验要么从反常经验的角度来看待后期现代主体问题,前者似乎更偏重理论,后者则更偏重实践。然而,在福柯、阿尔都塞以及德勒兹那里,根本就不存在这样的截然二分。他表示自己愿意研究主体创造的针对它自己的各种领会形式。也就是说,两种方式都是重要的。但是,他显然是通过第二种方式着手开始的。尽管《词与物》及其代表的第一种方式是非常重要的,该书甚至是为他带来盛誉的最主要著作,我们还是要说,对于其毕生的工作来说,第二种方式真正体现出了他作为一个当代哲学家进行现代性反思的重大贡献。第二种方式有其考古学阶段和谱系学阶段,关于疯癫史和疾病史的考古学研究突出了反常与正常、非理性与理性的尖锐对立或者严格二分;但关于监狱史和性史的谱系学考察充分展示了反常与正常、理性与非理性之间的更复杂多样的关系,虽然在两个阶段之间并不存在根本的断裂。

从《性史》第二卷开始,福柯在许多论题上都改变了见解。在更新的阶段,他尤其实现了考古学与谱系学的结合,真正超越了结构主义和解释学的对立。突出之处就在于,在不否定其他技术的同时,他特别强调所谓的自身技术。福柯表示:"如果我们依据哈贝马斯的某些命题,我们可以区分出三大类技术:各种使生产、改造和操作事物得以可能的技术,各种使利用符号系统得以可能的技术,最后是使规定个体的行为、强加某些目的或某些目标得以可能的技术。"②它们分别是各种生产技术、各种含义或交流技术和各种控制技术。他进

---

① Foucault, *Dits et écrits II* (1976~1988), p. 989.
② ibid.

而表示,在所有社会中都还存在着另一类技术,那些使个体由他们自己对其身体、心灵、思想、行为实施一定数量的运作得以可能的技术,个体凭借这一技术在自己那里获得一种改造、修正,达到某种完善、幸福、纯洁、超自然的状态,这些技术就是所谓的自身技术。①

福柯认为这四种技术并不仅仅是理性的技术、并不仅仅是理性时代的技术,它们有更悠远的历史,分别处于完全不同的结构之中。在 20 世纪 80 年代之前,他主要关心的是前三种技术,而在此之后,他尤其关心的是各种自身技术,重点考察了古希腊和罗马时期有关自身技术的文献,旨在分析人是如何成为这些自身技术的客体和主体的。他后期在法兰西学院的讲课、他在《性史》第二至四卷中的论述、他的相关讲座和论文主要都是在探讨自身技术,围绕他人治理和自身治理之间的关系展开。不管涉及正常经验还是反常经验,也不管关系到他人治理还是自身治理,福柯的核心关注始终是如何摆脱观念化和心理化,其早期心理学研究在某种意义上说已经指明了路线图。他为我们分析了从 1850 年到 1950 年的心理学,显然指向的是他所说的 19 世纪以来的现代性范畴内的实验心理学或经验心理学,完全有别于此前的笛卡尔式的理性心理学。

19 世纪是心理学的世纪,这与我们前面提到的精神主义密切相关,更重要的则是因为普遍科学理想让位于实证科学的迅猛发展。如果说理性心理学理想地、超然地涉及人的命运、甚至把人予以神化的话,实验心理学则是具体地、密切地关乎人的具体处境。人的现实处境充满矛盾和反常,心理学则试图予以说明和解释。后期现代心理学借助自然科学在其发展和发生中发现的方法,它显然谋求成为作为实证知识的心理学,但它同时也是作为人学的心理学。心理学

---

① Foucault, *Dits et écrits II* (1976~1988), pp. 989~990.

旨在应对人的实践遇到的自己的矛盾：发展心理学作为针对发展的停滞之反思而诞生，适应心理学作为对不适应现象的分析而诞生，关于记忆、意识和情感的心理学首先作为一种关于遗忘、无意识和情感紊乱的心理学出现；不严格地说，心理学在其起点上是一种关于反常的东西、关于病理学、关于引起冲突的东西的分析，是一种针对人与他自己的各种矛盾的反思，只是为了支配这些矛盾，它才被转化为一种关于正常、适应和有序的心理学。①

反常经验越来越成为现代人关注的焦点，而探讨反常经验必定涉及哈贝马斯所说的三种技术，尤其是各种控制技术，最终引出福柯本人所说的自身技术，而这一切都事关主体的命运。从现代性视角看，疯子不能生产、也丧失了沟通的能力，并因此只能处于被控制的状态。但从当代性视角看，事情就完全不一样了。问题的关键在于如何理解生产和沟通。为了分析西方文明中的主体谱系学，我们不仅应该考虑各种控制技术，而且要考虑各种自身技术，应该表明在两类技术之间产生的相互作用。在研究疯癫史和犯罪史等等的时候，福柯过多地强调了各种控制技术。的确，在应对这些反常经验的时候，所谓的规训是有实实在在的重要性的各种东西。然而，如果换个角度来看，它们代表的只是我们的社会借以治理人的技术的一个方面，而这类技术既涉及他人治理，也涉及自身治理，换言之，既涉及针对他人的技术，也涉及针对自身的技术。一切最终都要回归自身治理或自身技术。

在通过把各种控制技术作为起点对权力领域进行研究之后，福柯开始研究各种自身技术。在他看来，在每一文化中，自身技术都暗含了一系列真相/真理义务，应该发现真相/真理，应该被真相/真理

---

① Foucault, *Dits et écrits I* (1954~1975), pp. 148~150.

澄明,应该说出真相/真理,而被认为很重要的大量强制,都要么是为了构造自身,要么是为了改造自身。① 真相/真理的义务其实是真相/真理的游戏,人被纳入到了真相/真理游戏的网络中,主体的形成与真相/真理的揭示相伴而生。在福柯看来,探讨主体与真相/真理的关系应该以自身关怀这一观念为出发点。② 但在西方文化的历史进程中,出现了自身认识与自身关怀的分离,从而形成了主体与真相/真理问题的复杂性。在古代性中,个体的伦理和审美旨趣突出了关心自身(关心你自己)对于认识自身(认识你自己)的优先地位,但在西方文明的演进中,认识自身或真相/真理的义务越来越重要,从而让人在认识中迷失了自身。

在福柯看来,基督教属于那些非常特殊的宗教类型,它们把一些有关真相/真理的义务强加给实践它们的人。基督教尤其为人们规定了大量的义务。例如,教徒有把构成真相/真理的全部命题都视为真实的之义务,有把某些书看作是真相/真理的永恒源泉的义务,有在真相/真理方面接受某些权威的决定的义务,等等。但它还要求另一种形式的真相/真理义务:每一个基督徒都应该试探自己是谁、在他自己内心发生的事情、他可能犯的错误、他面临的各种诱惑。③ 具体而言,这种义务包含了两类:那些涉及信仰、书、教义的义务和那些涉及自身、心灵和内心的义务。如果一个基督徒要试探自己是谁,他就需要信仰之光。而反过来,如果他的心灵没有被纯化,那就难以设想他可以获取真相/真理。福柯表示,真相/真理的问题化和对实在的放弃这一螺旋处在基督教所实践的自身技术的核心:我们越是发现关于我们自己的真相/真理,我们越是应该放弃我们自己;我们越

---

① Foucault, *Dits et écrits II* (1976~1988), p. 990.
② Foucault, *L'herméneutique du sujet*, p. 4.
③ Foucault, *Dits et écrits II* (1976~1988), p. 990.

是愿意放弃自己,我们越是必须澄清自己的实在。①

福柯认为,在性欲、主体性和真相/真理义务之间有一种基本的关联。认识自身或真相/真理的揭示在中世纪基督教中以忏悔的形式出现。在现代性的进程中,人的求知意志使得认识自身越来越优先于关心自身。为了认识自身,个体及其经验被置于对象领域,被认识的认识者即认识主体因此得以构成;与此同时,权力主体也随之而生。原因很简单,为了认识自身,个体必须或者被自己或者被他人区别对待。这种分化的权力策略针对的尤其是19世纪以来的现代性意义上的个体实存主体,而不是19世纪之前的现代性意义上的普遍理性主体。尼采在这一进程中扮演了重要的角色。福柯写道:"无论如何,尼采的出现构成了西方思想史上的一个顿挫。哲学话语的模式伴随他已经发生了改变。以前,这一话语是一个匿名的我。因此,《形而上学沉思集》带有一种主观的特征。然而,读者可以替换笛卡尔。代替尼采说'我'则是不可能的。由于这一事实,他突出于整个当代西方思想之上。"②

匿名的我也就是大我,因此可以指任何一个我。笛卡尔意义上的我可以代替人类进行思维,看似在孤独地进行沉思,实际上却肩负着人类使命。但尼采所说的我不可能是大我,而只能是小我,他只对自己负责,而不再承载人类重负。当尼采说"我为什么这么聪明"时,他显然不是在颂扬人类或其他人,而只能是在夸耀一个无限膨胀的孤独的小我。当然,虽然小我始终地维持其独特性,却并不因此就真正摆脱了人类。无论如何,从大我到小我的演变正是由于越来越突出个体的独特性所致。福柯这样表示:"尼采已经在哲学语言中撕开了一

---

① Foucault, *Dits et écrits II* (1976~1988), pp. 990~991.
② Foucault, *Dits et écrits I* (1954~1975), p. 579.

道裂口。尽管专家们做出了许多的努力,这一裂口还是没有能够被合上。你们瞧瞧在其长期思考中越来越被尼采所困扰的海德格尔,同样还有雅斯贝尔斯。萨特之所以是一个例外,或许是因为他早就停止从事哲学研究了。"[1]很显然的是,后期现代哲学强调的都是个体,而不再是人类。尼采固然重要,叔本华、克尔凯郭尔、柏格森同样如此。

在后期现代哲学中,自身认识似乎退场了,自身关怀越来越占据首要地位,两者的张力在人文科学中非常明显地体现出来。实存主义显然抛弃了理性认识的姿态,为推进自身关怀开辟了某种道路。问题是它从根本上说延续了意识哲学传统,也因此不可能摆脱自身认识的优先性。无论列维纳斯、亨利还是马里翁都认为,整个现代哲学维持的都是主体形而上学,实存论没有真正突破认识论的局限。问题的关键在于去观念化、去心理化,在于恢复生活的无意识和非意向性维度。比如在性生活方面,问题的关键不在于性科学而在于性艺术。后期现代性深陷人类学沉睡中,不可能实现如此目标。《疯癫史》关于疯癫、《诊所的诞生》关于疾病、《监视与惩罚》关于犯罪、《性史》第一卷关于性欲等反常经验,《词与物》关于劳动、说话和生活等正常经验的描述都旨在揭示,在现代性进程中,认识主体、权力主体和道德主体是如何诞生的,并由此表明了自身技术意义上的审美主体还没有能够出现。

在现代性进程中诞生的不管正常主体还是反常主体都是认识主体,也都是权力主体,因为经验、知识和权力三者之间关系的基本结构在任何地方都是大体一致的。在《性史》第二至第四卷中,福柯主要关注的是快感体验,试图描述自身技术意义上的审美主体或伦理主体是如何诞生的。他明确承认自己对各种自身技术或这一序列的

---

[1] Foucault, *Dits et écrits I* (1954~1975), p. 579.

事情提出的那些问题的兴趣远远大于由性欲提出的问题。① 真正说来,性欲和其他任何经验一样,进入了词与物的复杂游戏之中:知识的形成、权力的实施和主体的诞生是三位一体的。应该注意的是,自身技术意义上的权力是由自己而非别人施加的,针对的也是自己而不是别人。如此说来,它意味着个体的某种自主或自足,并因此突破了现代性意义的抽象的自由概念。当然,否定自身认识的首要地位并不意味着否定认识,认识只不过被纳入到了自身关怀的结构中;这更不意味着否定知识,因为知识是认识和科学的无意识层次,它更靠近经验,与人的实践密切关联。

要揭示主体之生,就必须先行揭示主体之死,这其实是一种方法论上的步骤。在主体终结论的喧嚣中,福柯这样表示:"没有必要特别地为人的终结而激动:它只不过是一个特例,或者如果您愿意说的话,只不过是一种更一般的死亡的诸可见形式中的一种。我不是把这理解为神的死亡,而是理解为主体,大写的主体,作为大写的知识、自由、语言、历史的起源和奠基的主体的死亡。"②语言的实存往往会取代主体的实存,从而宣告人的死亡。就数学而言,从19世纪末开始,人们已经知道数学在它自己那里有一种不仅仅是真实的心理过程的再现或沉淀的结构之结构,而在胡塞尔的时代,这涉及一种相对于意识经验的数学理想性的超越性。也就是说,19世纪是心理学的世纪,就连数学也在寻找心理学的支撑,但在世纪转折时期,出现了反心理主义思潮,胡塞尔也加入了这一大潮。问题在于,胡塞尔强调数学理想性,停留在客观观念领域,后来还走向了先验主观性。福柯否定心理主义,更不认可胡塞尔的先验观念主义。

---

① Foucault, *Dits et écrits II* (1976~1988), p. 1202.
② Foucault, *Dits et écrits I* (1954~1975), p. 816.

数学的实存,一般地说各门科学的实存本身只不过是语言的实存或话语的实存,它与科学的一定数量的转换的奠基者(以及他们的发现、他们的天才、他们构想事物的方式)没有任何关系;正因为如此,应该剥夺人类意识不仅对于保障真相/真理的那些客体性形式的,而且还有我们的变化被囚禁于其中的那些历史性形式的所有权。① 简单地说,一切数理学科都克服了或力求克服心理的或主观的色彩,否定人类意识的构造性角色。就文学而言,布朗肖的那些作品是去心理化的典型。它们旨在沉思文学的、文学语言的、文学话语的实存,独立于这种话语在其中被倾注的主体。布朗肖的整个批评实质上就在于表明,每一个作者都被安置在他自己的作品之内,这出于一种非常彻底的方式,以致作品应该摧毁他,也就是说,作家在其作品中有其避难所和场所,他寓于作品中,作品构成为他的故乡,没有作品,他就没有实存,但作家在其作品中拥有的这一实存是如此这般的,以致它最终导致他通向死亡。②

福柯关于主体终结的看法深受来自文学和文学批评方面的影响,巴塔耶和布朗肖尤其扮演了重要的角色,他们的作品为我们充分展示了主体深陷其中的死亡网络。他这样写道:"这乃是我们在巴塔耶那里、在布朗肖那里、在一些严格文学的作品中能够找到的整个这一思想网络,在这里,自文艺复兴以来的西方文化所肯定的主体的巨大优先地位遭到了怀疑。"③福柯承认,在自己的思路中,布朗肖、巴塔耶是一方面,杜梅泽尔和列维-斯特劳斯是另一方面,两者之间长期以来有一种没有解决好的冲突,但两方面的共同之处就在于把他

---

① Foucault, *Dits et écrits I* (1954~1975), p.1034.
② ibid.
③ ibid.

引向了主体消失的主题。① 正如前面提到的,福柯的任务是诊断现在,而关于现在的诊断既可以是一种积极的描述,也可以是一种消极的批判。他表示,通过尝试诊断我们在其中生活的现在,我们可以把仍被视为当代的某些趋势作为已经归属于过去的隔离出来,而正是因为这一点,我们已经赋予某些分析一种论战的价值,比如关于人道主义的诊断。②

第二节 心性的命运

许多人都认为人道主义仍然是一种当下的叙事,它有从文艺复兴一直延续至今的历程。但在福柯看来,它或许构成了一个支配和引导从康德直至我们的哲学思想的基本布局。③ 人道主义只属于后期现代时期,而在现代性急速退出历史舞台的今天,它也应该趋于消失。在他的分析中,人的问题主要出现在认识领域中:人作为可能的对象隶属于认识领域,另一方面他被以激进的方式置于整个认识类型的起源处。④ 人是认识的主体,自然是认识的客体,但人在认识自然的同时认识到自身,把自身对象化为客体,并因此既是主体又是客体。对于康德的认识论来说,主客体关系问题预设了自我意识对于对象意识的优先性,换言之,早期现代哲学归根结底是反思哲学,逻辑起点是反思。然而,萨特试图突出的是对象意识对于自我意识的

---

① Foucault, *Dits et écrits I* (1954~1975), p. 642.
② Foucault, *Dits et écrits I* (1954~1975), pp. 647~648.
③ Foucault, *Les mots et les choses*, p. 353.
④ Foucault, *Dits et écrits I* (1954~1975), p. 636.

优先地位,即优先强调的是反思前的我思,并因此出现了所谓的自我的超越性问题。福柯显然是以萨特而不是康德为起点来分析主体与客体在后期现代哲学中的统一的。

我们可以明确地说:"就像他在现代思想中被构建的那样的人的存在方式使得他能够扮演两个角色:他既处在所有实证性的基础之中,又以一种甚至不能说优先的方式出现在各种经验事物的要素之中。"① 这种情形是在 19 世纪出现的,整个认识类型的主体和一种可认识的客体,这样一种含混的特征刻画了我们可以称为 19 世纪思想的人类学–人道主义结构的东西的特征。② 这一思想一直延续到 20 世纪 60 年代初,主要由于结构主义的发展,它在我们眼里才开始瓦解和分化。③ 福柯本人的工作显然极大地推动了这一瓦解和分化的进程。在他的后期思想中,他想要描述的是主体的反思性与关于真相/真理的话语是如何关联起来的,也可以说这一问题就在于知道主体如何能够就他自己说真话(de dire vrai)。这一思路在很大程度上改变了他此前的权力关系理论,因为他在这一阶段用治理之类概念代替控制和支配概念,把他人治理和自身治理有效地结合在自身技术中了。

福柯以疯癫为例表明,正是透过某些人对其他人施加的某种统治模式,主体才能够着手对自己的以他者形式呈现的疯癫说真话;即如果"我"就像我所做的那样就我自己说真话,我就透过被施加于我的和我施加于他人的一定数量的权力关系把自己构成为了主体;无论如何,福柯表示自己不研究权力理论,而研究的是在某一给定时期自身对自身的反思性以及与此相联系的真相/真理话语的被建构起

---

① Foucault, *Les mots et les choses*, p. 355.
② Foucault, *Dits et écrits I* (1954~1975), p. 636.
③ ibid.

来的方式的历史。① 然而,他显然没有避开权力问题,针对他人的治理最终也针对自己,因为把自己的某些经验对象化和把他人经验对象化其实是一致的,都意味着分化的实践、权力的施加和主体的形成,同时也意味着知识的形成或真相/真相/真理的揭示。真相/真理问题、主体问题和权力问题其实是同一个问题。从 1980~1981 学年的《主体性与真理/真相》课程开始,福柯在其希腊罗马文化之旅中,涉及的基本上都是关于人的真相/真理游戏,生活艺术或自身技术是其核心关怀。

福柯在《主体解释学》课程中致力于探讨自身解释学主题的形成,涉及的不仅是在其各种理论表述中研究它,而且相关于一组在古代具有巨大重要性的实践来分析它,这些实践属于我们经常所说的自身关怀(epimeleia heautou)。② 他认为自身关怀常常被自身认识(gnôthi heautou)的光芒所掩饰。福柯在课程中多次提到心性概念,这是他借以说明自身技术从自身关怀向自身认识演变的一个重要概念。他明确认定《主体解释学》讲授的相关内容归属于主体性与真相/真理的一般提问法,以自身关怀为新的理论起点。③ 他谈论心性的地方比谈论主体性的地方还要多,主要涉及从苏格拉底开始的古代文化,重点分析了古希腊时期、希腊化罗马时期和早期基督教时期(公元 4~5 世纪)的心性概念,④然后谈到了笛卡尔的姿态,也就是心性概念在他那里出现了重大变化,因为《沉思集》把认识你自己置为哲学姿态的起源和出发点。⑤

---

① Foucault, *Dits et écrits II* (1976~1988), p. 1270.
② Foucault, *L'herméneutique du sujet*, p. 473.
③ Foucault, *L'herméneutique du sujet*, p. 3.
④ Foucault, *L'herméneutique du sujet*, pp. 11, 13.
⑤ Foucault, *L'herméneutique du sujet*, p. 16.

福柯试图为我们展示哲学与心性的关系:他把哲学称为那种考问能够让主体通达真相/真理的东西的思想形式,那种试图确定主体通达真相/真理的条件和限度的思想形式,如此的话,我们可以把心性称为主体借以向他自己实施各种必要的改造以便通达真相/真理的研究、实践、经验;于是,我们可以把心性称为各种净化、各种禁欲、各种弃世、各种目光转变、各种实存改变等等(它们不是对于认识而是对于主体、对于主体的存在本身而言构成的为了通达真相/真理要付出的代价)所是的研究、实践和经验的集合。[1] 越是突出心性,就越是把自身技术导向自身认识。尽管如此,直至基督教早期,心性的概念还在很大程度上与自身关怀联系在一起,但在基督教的后来发展中,尤其是在笛卡尔哲学中,心性完全与自身认识关联起来了。在原始基督教的各种精神技术中,欲望仍然是基本的要素,但在这些技术的后来发展中,越来越要付出代价,以行为和愉悦、身体和愉悦的偏离或相对中性化为代价。[2] 基督教毕竟是关于人的治理的一种精神技巧,[3]也因此不可避免地要偏离最初的自身技术。

人的心性在古代还与人的神性紧密相关,即人分有神性、追求绝对超越性,把自己的有限理性与无限理性关联起来。福柯在晚期思想中关注古代性,但其目标显然是要瓦解无论以知性还是以感性形式呈现的心性,但并不因此就回归神性;相反,古代哲学之旅是为回归当代性做准备的,也因此物性才是他真正关注的东西。换言之,自身技术的目标不是心性或神性,而是回归人的自身性或者说物性。福柯在人性或主体问题上有其非同一般的姿态,远比通常认为的要复杂。正是这种姿态表明当代性的现时/现实导向完全有别于现代

---

[1] Foucault, *L'herméneutique du sujet*, p. 16.
[2] Foucault, *Subjectivité et vérité*, Éditions Gallimard/Seuil, 2004, p. 292.
[3] Foucault, *Qu'est-ce que la critique?* suivi de *La culture de soi*, p. 37.

性的未来和理想追求(早期现代性追求崇高的理想,而后期现代性要求实现理想性与现实性在张力中的结合),更有别于古代性的过去迷恋和神圣关怀。福柯晚期竭力描述自身技术,致力于探讨自身治理,在排斥了神性和心性维度之后,他长期关心的知识和权力关系问题在伦理和审美的视域中获得了新的表达。也正是在其晚期思想中,他真正与结构主义者分道扬镳了。

事实上,正是通过其关于自身技术的探讨,福柯哲学不仅与实存哲学,而且与它自己所属的概念哲学(更一般地说,它自己所属的法国科学哲学和科学史传统)形成了强烈的反差。他表示:"法国科学史学家主要感兴趣的是某个科学对象的构造问题,而我提出的却是如下问题:人类主体如何把自己作为可能知识的一个对象给予自己,透过哪些合理性形式,透过哪些历史条件且最后以什么为代价?我的问题如下:主体以什么为代价可以说出关于他自己的真相/真理?主体以什么为代价可以说出作为疯子的他自己的真相/真理?以把疯子构造为绝对他者为代价,不仅付出这一理论的代价,而且付出一种制度的乃至经济的代价。"[1]按照福柯的看法,人们建立精神病学以确定疯子,而我们在其中可以看出的是阶级关系、职业冲突、知识模式、最后整个一种历史以及主体和理性都被卷入其中的制度游戏。[2] 福柯尝试恢复这一游戏的方方面面,但这显然非常复杂,也因此只能描述其中的某些时期和某些方面。

主体谱系学要求从控制技术和自身技术相结合的角度来展示主体,充分体现主体的自身性或自身物质性。严格地说,控制技术和自身技术都致力于自身的建构,但存在着明显的差异:前者要么专断要

---

[1] Foucault, *Dits et écrits II* (1976~1988), p.1261.
[2] ibid.

么温和地对待他者,着眼于从普遍或类的角度进行建构,塑造人的共性,对于个人来说是一种间接的建构;后者从独特性或独一无二性着手塑造,是对个人的一种直接建构。无论从何种角度看,主体都是被建构而成的、被塑造而立的,他从来都不是一种主动的、积极的构造力量。这种姿态明显有别于萨特,后者在分析裁纸刀的本质的基础上,通过批判神圣的创造,通过分析伏尔泰、狄德罗和康德等人的立场,认为事物意味着本质先于实存,人则意味着实存先于本质或自由先天本质,并得出人应该对自己负责的结论。① 萨特所说的自由或实存失于空泛,也因此保留了心性的观念化、至少是心理化或情感化的残余,而福柯要做的恰恰是无情地摆脱观念化,抛弃心性并迎接物性时代的来临。

福柯认为在 18 世纪末出现了"我们在这个自己所属于的时代是什么?"②这一问题。我们可以在康德关于"何谓启蒙?"的回应中找到这一重要问题的表述。传统哲学关心世界是什么、人是什么、它们的真相/真理是什么、它们的认识是什么、知识是如何可能的之类问题,它们属于真相/真理的形式本体论问题,而康德针对启蒙的反思关注今天的我们是谁这一问题。与泛泛而谈我是谁不同,康德的问题涉及一系列复杂关系,哲学在其早期现代、后期现代和当代时期会给出不同的答案。福柯重点关注后期现代时期的答案,并试图由此通达当代的答案。在他看来,康德、费希特、黑格尔、尼采、韦伯、胡塞尔、海德格尔、法兰克福学派都尝试着给出自己的答案。这里的传统哲学指早期现代哲学,康德、费希特和黑格尔哲学或许介于早期现代和后期现代之间。它们为了维护现代性而展开反思,福柯哲学展开

---

① Sartre, *L'existentialisme est un humanisme*, Éditions Gallimard, 1996, pp. 28~31.
② Foucault, *Dits et écrits II* (1976~1988), p. 1632.

的反思却代表了一种当代性姿态。

通过解析西方思想体系史,福柯在历史的脉络中清理我们的自身反思与我们的实践之间的关系,不断地追问和回答现在的"我(们)"是谁这一问题。如果说早期现代哲学抽象地谈论我(们),后期现代哲学试图具体地谈论我的话,在福柯看来,它们都没有看到,无论抽象的人还是具体的人都不是自然的,而是构造的产物。正因为如此,需要考察人的各种类型,它们的本质是什么,人类历史的本质又是什么。就像在德里达那里一样,福柯的目标是解构,但前提是,承认主体以及一切社会文化现象都出于建构,他试图像同时代的利奥塔和德里达以及稍后的德勒兹那样,为如上问题找到有别于早期现代哲学家和后期现代哲学家已经给出的答案。更确切地说,福柯并不打算像传统哲学那样直来直去地给出答案,而是批判性地考察这一问题及其引发的各种答案。他明确质疑19世纪以来出现在西方文化中的包括种族、理性的统一性、心理、进步、解放之类老生常谈。

福柯认为,上述答案预示了黑格尔的辩证法和马克思的唯物主义,也预示了同一时期的演化生物学、身体人类学、临床医学、心理学、社会学和犯罪学,后三门学科在法国是所谓的人文科学的一部分。[1] 康德在三大批判中的提问及其给出的答案,他关于人是目的的总回答已经宣布了人类学时代的来临。福柯写道:"当他在自己的传统三部曲上添加了最后一个考问后,康德就已经在《逻辑学》中表述了这一点:三个批判问题(我能知道什么? 我应该做什么? 我可以期望什么?)在那时与第四个问题联系在一起了,并且为它之故提出了

---

[1] Duignan (ed.), *The 100 Most Influential Philosopher in All Time*, p. 311.

这一问题:人是什么?"①康德的提问和回答导致了人类学昏睡,深刻地影响了直至福柯时代的哲学景观:"这一问题历经了自19世纪开端起的思想;因为它秘密地并且事先就引起了康德已经证明了其分离的经验和先验的混杂。"②这里的先验和经验混杂无疑表明,西方哲学文化对于心性的理解处于从先验到经验、从理想到现实、从我思到我能等一系列转换之中。

现代性反思由此真正关涉到人的命运,关涉到人的心性内涵的改变。福柯在《词与物》中关于有限性分析的思考确实是由康德式的提问和回答而来的。人具有经验的和先验的双重存在,这意味着康德对早期现代文化中的经验论和唯理论的调和,引出了人在后期现代文化中的出场及其独特性。后期现代文化一方面维持经验与先验的分离,另一方面又使同时指向两者有了可能;它使我们可以把人分析为主体,也就是各种经验认识的场所,同时又把它分析为直接向这些内容呈现的纯粹形式;换言之,后期现代思维所关注的经验既是一切经验内容被给予经验的空间,又是一般地使这些经验得以可能的原初形式。③巴迪乌在为梅亚苏著作所写的序言中表示,经验的接受和先验的构造之间的区分明显是整个现代思想的必要的框架,而德勒兹或福柯仍然在依据它进行思考。④福柯确实考虑到了经验与先验之争,但显然要摆脱其束缚。

康德在认识论问题上调和经验论和唯理论,但不可避免地涉及人的存在这一本体论问题。笛卡尔的心灵实体在变革的同时部分地延续了古代的灵魂实体,而康德通过把先验的观念性与经验的实在

---

① Foucault, *Les mots et les choses*, p. 352.
② ibid.
③ Foucault, *Les mots et les choses*, pp. 331~332.
④ Badiou,«Préface», in Meillassoux, *Après la finitude*, p. 10.

性调和起来,已经完全否定了心灵实体,后期现代哲学家在他把"我"等同于"思"的基础上,实现了从我"思"到我"能"的转换,并因此改写了心性的定义:心不仅能知,尤其能行,而且"行"明显优先于"知"。福柯部分地接受来自康德、黑格尔和马克思的影响,但他要求改变提问的方式,而且给出了自己的答案。康德认识到了现实或有限的力量,但始终强调的是应当或理想,对于黑格尔和马克思来说,理想在很大程度上得服从于现实,尽管与后来的哲学家相比,他们的理想或应当情结依然是很明显的。然而,在他们的影响下,后期现代哲学家的处境意识或现实意识越来越强烈,越来越贴合时代的扎根要求。为了走向当代性,更后来的哲学家完全放弃了这种所谓的理想和应当。

福柯要为"何为启蒙?"给出一种当代性的答案。他表示:"透过研究疯癫和精神病学、犯罪和惩罚,我已经证明我们自己如何是通过排斥某些他者——犯人,疯子,等等——被间接地构建出来的。我从今往后的工作处理如下问题:我们如何通过某些自古希腊罗马一直发展到我们时代的自身伦理技术来直接构建我们的身份?"[1]把人纳入某种类型,就是预先给予人某种界定。在古代性中,人是由神创造出来的,或者说它只能是客体,不可能具有独立的主体地位,他有一种恒常的本质,并且在本质优先的意义上说本质就是实存。在整个现代性进程中,人都是由人自己构造出来的,在这一范围内,人是一种所谓的创造物,他有一种恒常的本质,一种双重的本质:一方面,人是一个客体,就像任何在自然界中的任何其他客体一样,顺从于自然法则的任性的支配;另一方面,人是一个主体,一个能够独特地理解

---

[1] Foucault, *Dits et écrits II* (1976~1988), p.1633.

和改变他的世界条件以便更充实地、更本质地成为他自己的行为者。①

然而,究竟是本质在先呢,还是实存在先?在早期现代哲学家那里,本质和实存是相互依存的,但本质归根结底先于实存。这种被人自己创造的人真的永久地、持续地存在着吗?真正说来,不管建构者还是被建构者都在依时空而变化着。对于福柯来说,这意味着知识型决定了人在某一时代的命运。在早期现代哲学中,人被纳入到普遍的观念秩序中,他与自然还是不可分割的,作为被观察的注视者、被认识的认识者的人还没有诞生。福柯这样表示:"在17和18世纪,没有任何哲学,任何政治或道德选择,不管什么样的任何经验科学,任何对人体的观察,任何对感觉、想象或激情的分析,曾经碰到过作为人的某种东西;因为人并不实存,生命、语言和劳动也是如此。"②更明确地说,早期现代哲学强调的是无边的大写秩序,一切都被纳入观念的领域,即便有人,他也只是一个抽象的概念,还不带有生活、说话和劳动之类的具体特性。

在谈论早期现代知识型时,福柯并非没有提到人或人性,但把它和自然放在一块来谈。比如他提到:"在知识型的一般构形之内,自然和人的自然/人性使相似和想象的适配有了可能,正是这一适配奠基了关于秩序的全部经验科学并使它们成为可能的。"③柏拉图意义上的"分有"还没有让人从神或自然中"分离"出来。只是伴随着康德的提问和回答、伴随着黑格尔关于精神成长或意识现象的思考、伴随着马克思关于人是社会关系的总和的界定等等,在后期现代哲学

---

① Duignan (ed.), *The 100 Most Influential Philosopher in All Time*, p. 312.
② Foucault, *Les mots et les choses*, p. 355.
③ Foucault, *Les mots et les choses*, p. 85.

中,人才诞生了。他不仅从自然中分化出来了,而且与生活、说话和劳动等具体经验关联在一起,而这一切都受制于时间,并因此意味着有限性。按照福柯的说法,人在 19 世纪第一次成为了科学的对象,这乃是在知识秩序中的一个事件,这一事件在知识型的一种一般的重新分布中产生出来:在离开表象空间,生物被安置在生命的特殊深度之中、财富被安置在生产形式的逐渐推进之中、词被安置在语言的变异之中的时候。①

后期现代性意味着人性或人的自然从自然中分化出来,意味着具有双重本质的人的出现。也就是说,在 18 世纪末和 19 世纪初的知识型变迁中,人以其作为知识的对象和进行认识的主体——服从的君主,被注视的观察者——的含混地位出现了。② 对于福柯来说,不管观察者还是被注视者(被观察者)在不同的具体知识领域中都有不同的表现。为此,需要进行某种谱系学清理。比如,需要清理西方人对自己作为欲望主体的认识,也就是说,需要清理西方人作为欲望人的历史。③ 在欲望问题上,他不认同拉康,也不认同弗洛伊德,更不认同整个柏拉图主义传统。巴迪乌有这样一个说法:至少直到尼采,同时被弗洛伊德、拉康以及胡塞尔加以拓展和深化的东西就是主体问题,而这个问题在海德格尔以及其后继者的著作中遭到了彻底的解构。④ 这一说法关系到拉康的哲学定位。福柯在很大程度上把拉康和其师弗洛伊德视为法国现象学家的同路人,问题是,弗洛伊德在法国 3H 时代几乎没有扮演任何重要角色。

通常认为弗洛伊德是影响法国结构主义和后结构主义、后现代

---

① Foucault, *Les mots et les choses*, p. 356.
② Foucault, *Les mots et les choses*, p. 323.
③ Foucault, *Histoire de la sexualité II: L'usage des plaisirs*, pp. 12~13.
④ 巴迪乌:《哲学宣言》,南京大学出版社,2014,第 022 页。

主义的 3M 之一,拉康、福柯、列维-斯特劳斯和巴特则被称为所谓的结构主义四个火枪手。按理说,弗洛伊德和拉康师徒两人都应该主张主体死了,也因此是对主体进行解构的典型代表。然而,不管是否有意曲解,福柯反正始终都在批判他们,认为他们在维护主体的地位。巴迪乌的上述说法也因此道出了这一批判姿态的原因。细究起来,这是不难理解的:福柯要求摆脱作为欠缺或匮乏的欲望概念,而欲望即欠缺的观念从柏拉图一直延续到拉康。在他看来,弗洛伊德使想象的世界被欲望栖居,就像早期现代形而上学让物理世界被神圣的意愿和知性栖居一样。[1] 非常明显,欲望始终要消融物性,弗洛伊德对无意识的强调并没有改变他对无性、意识和理性的投降姿态。福柯表示:"《逻辑研究》奇怪地与《释梦》的解释学同时代。"[2]这意味着弗洛伊德与现象学运动的密切关联,因为弗洛伊德看似革命的倾向并没有改变他对古老的欲望观的延续。

不管胡塞尔还是弗洛伊德,最终都服从理性,针对想象和欲望的观念化姿态是不可避免的。确实,理性主体与欲望主体是难解难分的。然而,就像他非常欣赏的德勒兹一样,福柯倡导的是一种物质主义欲望观,而不像拉康那样延续观念主义欲望观。这种突出物性而不是心性的欲望观发展了尼采的生命主义,在一定程度上受到了柏格森和梅洛-庞蒂的生命观或身体观的影响,但显然挤干了情绪、情感的水分。这种当代性姿态可以在古希腊和罗马(甚至包括早期基督教)的一些姿态中找寻到其参照。福柯这样说道:"辨识在这个世界中的自身的真相/真理,在针对自身和世界的不信任中、在针对神的畏惧和颤抖中辨识自己,正是这且只有这能够为我们提供通达真

---

[1] Foucault, *Dits et écrits I* (1954~1975), p. 98.
[2] Foucault, *Dits et écrits I* (1954~1975), p. 102.

实生活的入口。先于真实生活的生活真相/真理,正是在这一倒转中,基督教的苦行已经根本地改变了古代的苦行,后者总是向往同时支配真实生活和真相/真理生活,它至少在犬儒主义中肯定了驾驭这种真实的真相/真理生活的可能性。"①

福柯在其最后课程中展开了一个完全新颖的真相/真理概念,认为自己在古代哲学中找到了那一重要的、被知识和话语的现代体制大大地遮蔽了的铭文。② 无论如何,他最后时期的写作和课程讲授都旨在表明,古代哲学推崇的关心你自己被现代哲学更注重的认识你自己取代了,由此导致了自身技术的变质和单向度展开。事实上,在我们如今的解读中,的确几乎只用认识你自己来说明苏格拉底哲学的核心关怀。然而,我们不能说福柯在生前不到半年的时间内展开了一个完全新颖的真相/真理概念。其实,从《性史》第二卷开始,他已经在围绕关于关心你自己的铭文而展开,而且坚持去蔽意义上的真相/真理概念是他一以贯之的姿态。他在关于自身技术的讲座中明确表示:"如果说我对古代感兴趣的话,这是因为,由于整个一系列的原因,作为对法则规范的服从的道德观念现在正趋消失,甚至已经消失。对一种实存美学的道德的寻求回应、应该回应这种道德的缺失。"③

福柯工作的挑战既可以消解也可以更新人道主义,然而,正像文艺复兴所见证的,复兴的东西从来都不是相同的。④ 确实,在回顾和批判的基础上,一种围绕身体和生命而展开的唯物主义确立起来了,更新的人道主义因为心性向物性的转化而有了根本的不同,换言之,

---

① Foucault, *Le courage de la vérité*, p. 308.
② Gros, «Situation du cours», in Foucault, *Le courage de la vérité*, p. 315.
③ Foucault, *Dits et écrits II* (1976~1988), p. 1549.
④ Said, "Michel Foucault, 1926~1984", in Arac (ed.), *After Foucault*, p. 5.

人的物性成为当代哲学或当代文化思考的重心。在福柯对古代生命伦理的参照中,他往往选择一些并非主流的文本或一些主流思想家的非主导性的思想倾向,这与德里达在读解柏拉图、卢梭、黑格尔、尼采、胡塞尔、海德格尔、列维-斯特劳斯等人时采取的策略是相同的。现代哲学归根结底是主体哲学或主体形而上学,始终围绕人是目的展开其陈述和论证。在早期现代哲学中,人是目的的更完整表达意味着人是目的和手段的结合。康德这样表示:"在这个目的的秩序中,人(与他一起每一个有理性的存在者)就是自在的目的本身,亦即他永远不能被某个人(甚至不能被神)单纯用作手段而不是在此同时自身又是目的。"①

然而,在后期现代哲学中,由于个人取代了人类,因此存在着以自己为目的和以他人为手段之间的张力。既然每个人都是如此,在目的和手段之间的断然分开是不可能的。然而,在当代哲学中,不管抽象的人类或人性,还是具体的个人和个性都不再具有中心地位。人不再是目的或目标,相反,在他身上被烙上了终结或死亡的标志。当然,从目的到终结的转换并不是断然的,就像在康德的人是目的和萨特的人是目的之间存在着既有联系也有差异的关系一样。正是针对这种情形,德里达在其著名长文"La fins d'homme"中对 fin(目的、终结)一词的双重含义做出了游戏性的展开。如果我们围绕目的来探讨,人扮演的是创造者、建构者的角色。在早期现代哲学中,人不仅根据理想的蓝图建构人间天堂,而且是自然的立法者;在后期现代哲学中,个体不再受制于普遍性,在自由先于本质或实存先于本质、实存就是本质的意义上是自身命运的决定者:人筹划自己的未来。

如果说早期现代哲学建立在纯粹心性(纯粹理想或内在观念)的

---

① 康德:《实践理性批判》,商务印书馆,1999,第180页。

基础上，后期现代哲学则要求将心性和物性、理想与现实、内在观念与外在处境结合起来。但无论如何，现代哲学在探讨主体或人时，始终强调的是意识及其意向性。从纯粹意识意向性到处境意识意向性或者说身体意识意向性的演进，看起来已经产生了革命性的转变；然而，只是在当代哲学中，这一革命才得以真正完成，因为不仅意识主体，而且身体主体都死了，人的心性让位于人的物性，以至亨利强调非意向性并认为自己的哲学是非意向性现象学。① 问题不在于在目的和终结两者之间择一，而是要明白我们根本不知道何种意义在先，在两种意义之间存在着相互转化的无限可能性。德里达视康德和萨特为人是目的的主要代表、福柯为人的终结的主要代表。萨义德表示，福柯最大的批评贡献在于消除了处在人文和社会科学研究根基中的关于同一性和主体性的各种人类学模式。② 这一评价当然有道理，但实际情形远为复杂。

福柯既考虑主体（认识主体、权力主体、道德主体，等等）的诞生，也考虑主体的终结，尤其关注主体（伦理主体）的再生。他关于主体问题的复杂姿态向我们提出了挑战，不管赞成还是反对他的看法，关于主体的当代理解都已经被他的工作提出的各种挑战所改变；这是因为，甚至对抗他而捍卫主体也要求重新界定主体。③ 比如列维纳斯对主体的捍卫，显然是在被动性意义上展开的，而这明显与福柯的看法有共同之处。事实上，他们都非常关注他人作为绝对他者的命运。最值得注意的地方就在于，笛卡尔、康德等人代表的早期现代哲学坚持心身二分，并且主张心尊身卑，而在自叔本华、尼采以来的后期现

---

① Henry, *De la phénomènologie*, Tome I: *Phénomènologie de la vie*, Presses Universitaires de France, 2003, p. 105.
② Said, "Michel Foucault, 1926~1984", in Arac (ed.), *After Foucault*, p. 10.
③ Arac (ed.), *After Foucault*, p. vi.

代哲学中,身体的地位急剧跃升,以致在梅洛-庞蒂等人那里,似乎颠倒了两者之间的优先秩序,实现了身体对心灵的造反。严格地来说,心灵并没有逊位,虽然它明显容忍了身体地位的提升。在很大程度上可以说,身体和心灵获得了对等或平等的地位,由此实现了身心统一。

既然早期现代哲学主张心身二分,就必定强调清楚分明,如此一来,哲学家关心的是心灵,而心灵的唯一功能是纯粹思维,实为刻板的逻辑思维;与此形成对照的是,物质或身体的首要属性是纯粹广延,即观念中的物质或处于理想状态的事物。不管思维还是事物在严谨的逻辑中都丧失了生命和活力,完全接受的是机械的秩序,即必然的逻辑秩序或必然的机械秩序,无论如何是观念中的秩序。除胡塞尔之外,其他后期现代哲学家都在努力地克服观念主义,尤其是先验观念主义。但在福柯看来,19世纪以来的现代哲学恰恰对应的是人类学的时代,这意味着不论人心还是人身都在某种程度上受制于观念化。换一个角度看,后期现代哲学强调的是处境化的心性。尽管有限性分析不再用无限理性来界定人,但它至少认可有限理性,所谓的非理性或无意识往往最终被理性或意识收编。福柯表示:"各种新人道主义的全部幻想、一种被理解为对人所作的半实证、半哲学的一般反思的'人类学'的全部机遇就产生了。"①

然而,福柯认可的却是主体或人向其物性的回归,身体不再被观念化,无意识将占据意识的空间。无论如何,无论纯粹意识主体还是处境意识主体都将退出历史舞台。他对此充满信心:"然而,想到人只是一种最近的发明、一个还不到200年的形象,只是我们的知识中的一个单纯的褶皱,想到只要我们的知识找到一种新的形式他就会

① Foucault, *Les mots et les choses*, p. 15.

消失,就会受到鼓舞,就会深深地感到满足。"①在现代哲学中,研究人就是研究人的心灵或人的思维,也因此关注的是人的心性。问题在于,心灵是纯粹的吗? 思维是纯粹的吗? 早期现代哲学无疑强调心灵或思维的纯粹性,但后期现代哲学注意到的恰恰是心灵与身体的混合,注意的恰恰是逻辑之思与诗意之思的张力。很显然,从知性意义上的心性过渡到了感性意义上的心性。这引出了心理学与哲学的关系。在19世纪之前,这一关系比较单纯,因为理性心理学构成为哲学的主干部分,但随后的实验心理学以及与之密切相关的各门人文科学同哲学却处于一种错综复杂的关系之中。

通常认为,在心理学的引导下,作为哲学后继者的人文科学可以通过实证的方式探究哲学圈定的一个领域,那就是心灵或思维的领域。福柯这样说道:"我们可以对自己说,在西方世界中,哲学已经盲目地、某种意义上说徒劳地在黑暗中,在它自己的意识和方法的黑夜中圈定一个领地——那个它称为心灵或思维的,如今充当各门人文科学不得不以某种明晰的、明白的、实证的方式进行探索的遗产的领地。因此,人文科学有充分的权利占据这一由哲学已经指示出来又让其荒芜的有点模糊的领地。"②在人文科学的支持者看来,伴随希腊思想而在西方产生的哲学的古老任务,在今天需要借助人文科学的工具而重新恢复。这是一种认为哲学可以被人文科学取代的哲学终结论姿态。然而,在福柯看来,这种实证倾向,或者说这种推动理性心理学向实验心理学转换,进而在人文科学中就像在自然科学中那样借助实证和实验的努力并没有准确地圈定问题,也没有抛开哲学。它实际上采取了一种实证主义的哲学视角。

---

① Foucault, *Les mots et les choses*, p. 15.
② Foucault, *Dits et écrits I* (1954~1975), p. 467.

福柯要谈论另一种构成西方哲学命运一部分的哲学视角。在他看来,自 19 世纪以来,某种作为人类学的东西有了可能。德里达认为萨特的现象学-实存主义是一种哲学人类学,是黑格尔-胡塞尔-海德格尔式的人类学。① 这里的人类学显然指的不是一门具体科学,而是一种哲学或哲学形态。在当代性语境下,由于哲学往往让位于文化研究,作为人类学的哲学也就成了一种文化形式,而各门人文科学则成了这一文化形式的具体样态或者相关部门。就此而言,人文科学及其当代命运重新回归到西方哲学的宏大命运之中。更明确地说,心理学并不是真正的实证科学,或者说没有必要尝试把它界定为科学。我们应该把它界定为文化形式,它已经是西方文化长期以来认识到的,像我们可以在中世纪的某些环境中掌握的忏悔、决疑、对话、谈话、推理之类东西在其中得以产生出来的整个一系列现象的组成部分。②

心理学不应该成为真正的实证科学,尽管它可以借助科学的模式来探讨人的命运。19 世纪用实证科学取代 17、18 世纪的普遍科学理想,代表了科学理性的极度膨胀;但在福柯看来,所谓的科学不过是一种文化形式,不应该把一切都纳入科学理性的秩序中,相反,我们应该承认非理性的地位。福柯为我们分析心理学、人文科学和哲学的关系,但问题过于复杂,这涉及从早期现代哲学到后期现代哲学,尤其是从 18 世纪哲学到 19 世纪哲学的演变,当然也涉及心理学和人文科学本身的演变。按照他的说法,在各门人文科学实际上从一种哲学(大体上应该是 18 世纪哲学)中接受它们的提问法、它们的领地、它们的概念的时代,心理学或许可以被定义为是关于所谓的心

---

① Derrida, *Marges de la philosophie*, p. 137.
② Foucault, *Dits et écrits I* (1954~1975), p. 466.

灵的科学,或者关于意识的科学,甚或关于个体的科学。① 显然,从18世纪的角度看,心理学属于哲学,而各门人文科学从哲学、并因此从心理学中借用资源。如果是这样的话,我们可以清晰地分割心理学与那时存在的、有可能存在的其他人文科学。

简言之,在19世纪之前,人文科学与心理学关系密切,但界限分明。在这样的背景中,我们可以把心理学与生理学系列的科学相对立,就像我们可以把心与身相对立一样,我们可以把心理学与社会学相对立,就像我们可以把个体与集体或团体相对立一样。问题在于,如果我们把心理学定义为关于意识的科学,那么我们将把它与什么相对立呢?福柯表示,对于一个大体上将从叔本华走向尼采的时代来说,人们会说心理学对立于哲学,就像意识对立于无意识。也就是说,自19世纪以来,哲学(至少大陆哲学)越来越关注无意识,如果说心理学是关于意识的科学,那它无疑对立于关注无意识的哲学。很显然,心理学遇上了无意识问题,并因此需要做出改变。实际上,人文科学已经做出改变:"恰恰是围绕着阐明什么是无意识,即主要是围绕着弗洛伊德,各门人文科学的重新组织和重新分割才得以形成,既然弗洛伊德已经存在,心理学是关于意识和个体的这一从18世纪继承来的实证的定义不再有价值。"②

弗洛伊德的精神分析号称是关心无意识的,如此就对心理学的传统界定构成了挑战,也意味着哲学改变了形态。17、18世纪的理性心理学是关于意识的科学,但在普遍科学理想中,它其实就是关于意识的哲学。当要求对意识进行实证研究的时候,或者说由理性心理学向实验心理学演变的时候,无意识开始扮演重要角色。如此一来,

---

① Foucault, *Dits et écrits I* (1954~1975), p. 468.
② ibid.

情况变得复杂起来,由此触发了福柯对心理学以及人文科学的独特的分析批判。既然无意识的提问法推动了他所说的人文科学的重组,那么当他视人文科学为西方哲学命运的一个部分时,无意识究竟扮演了什么角色呢? 福柯表示,无意识问题实际上是一个难题。人们一般认为精神分析学是一种心理学形式,是心理学的一种补充,为它补充了无意识的层次。然而,人们很快就觉察到了,在发现无意识的同时引出了一大堆问题。这些问题不再要么涉及个体,要么涉及与身体相反的心灵,相反,人们把那种到目前为止受到排斥的东西重新带回到了严格心理学的提问法内部。

也就是说,要么以生理学的名义,我们由此重新引入了关于身体的问题;要么以社会学的名义,我们由此重新引入了关于个体及其周围环境、他属于的团体、他进入的社会、他和他的先辈从未在其中停止思考的文化的问题。[①] 引入身体问题,引入个体与社会的关系,这一切表明,无意识的发现不是说心理学扩大了自己的领地,不是说心理学延伸了自己的地盘,这实实在在地意味着心理学对人文科学覆盖的大部分领地的收编,以至于我们可以说从弗洛伊德出发,所有的人文科学以一种或另一种方式变成了关于心理的科学。[②] 这样一来,19 世纪的心理学不仅继承了理性心理学遗留给它的地盘,而且逐渐扩大了其范围,也因此突破了心理学与人文科学之间的界限。换言之,从前在心理学和人文科学之间是有边界的,因为前者是哲学,后者是一些具体科学。而现在的问题是,两者之间的边界没有了,所有的人文科学都成了心理科学。如此一来,尽管观念化倾向减弱了,却出现了泛心理化的倾向。

[①] Foucault, *Dits et écrits I* (1954~1975), p. 469.
[②] ibid.

福柯告诉我们，在涂尔干的旧实在论中，社会是一种实体，对立于本身也是一种整合在社会内部的实体的个体，而现在的问题是，精神分析学使社会带上了个体的色彩，而个体既然是心理的，集体无意识也就意味着社会被心理化了。在福柯看来，在精神分析学那里，身体构成为我们的心理的一部分，或者说构成为心理学面向的这一既有意识又无意识的经验的一部分，以至于今天实际上只存在心理学，于是对于19世纪的心理生理学仍然有价值的旧的心身区分或对立也就不再存在了。很明显的是，与精神主义的主流传统认为后期现代性越来越突出身体的物性、社会的物性不同，福柯认为受心理学，尤其是精神分析的影响，后期现代性虽然不再像早期现代性那样强调观念化，却因为受制于心理化而影响着物性的回归。简单地说，心理学或精神分析学对于无意识的理性解读始终没有放弃对于物性的抑制。

的确，福柯把无意识纳入到物化以及对物化的抵制的进程中来考虑。在他看来，无意识已经完全作为一种事物由弗洛伊德发现，后者已经觉察到它是既在一般人那里也在非常特殊的人那里存在的一定数量的机制。现在的问题是，弗洛伊德由此是不是已经把心理学奉献给了直至梅洛-庞蒂、直至各位当代思想家的整个心理学史都没有停止抵制的一种彻底的物化。福柯认为这种情况完全是可能的，但他同时表示，或许恰恰是在关于各种事物的这一绝对视域中，心理学已经被恢复了可能，虽然这只不过是以批判的名义。① 他显然更愿意围绕无意识谈论物性和物化。也就是说，无意识不可避免地涉及事物，或者说无意识就是事物的一种，无意识的发现也因此推动了物化的进程。问题是，这一进程受到了梅洛-庞蒂以及其他同时代的哲

---

① Foucault, *Dits et écrits I* (1954~1975), p. 469.

学家的抵制。弗洛伊德本人以及其他心理学家可能注意到了无意识的物性,但正像同时代的哲学家一样,他们也抵制这一物化的进程。

从福柯的角度看,心理学与无意识的物化进程联系在一起,但它扮演的却是拖后腿的角色,从而只会在批判的名义下提及这一进程。后期现代性体现为心性与物性的统一,无意识的发现代表的正是削弱观念性、增强物质性这一趋势。如果说后期现代哲学家尽管批判先验观念性并且在一定程度上承认物质性,但还是在精神性的名义下维护观念性的话,福柯显然要求摆脱观念性的最后残余,并因此不可能认同后期现代哲学家的身体意识或身体意向性概念;他要求我们完全转向非理性和无意识,从而不像后期现代哲学家那样视非理性为扩大的理性并且围绕意识的优先性承认无意识。无论如何,心理学不仅占有了18世纪哲学为它圈定的由心灵、心性的知性维度和纯粹意识构成的地盘,而且还要收编身体、心性的感性维度和无意识构成的地盘。这既影响了从心理学中借用资源的人文科学,也被一些重要的哲学家视为维护意识或心性的地位的重要手段。心理学显然悖谬地针对其他人文科学发出了绝对命令。

很显然的是,这是在一种严格的弗洛伊德主义视角中谈论的心理学,仿佛任何心理学都只能是弗洛伊德主义的。尽管如此,心理学毕竟有其统一性,也就是,虽然有不同的心理学,但它们最终却在维护心性的意义上具有统一性。虽然说一个心理学家研究的是一只老鼠在一个迷宫中的行为,他寻求界定的却是既对老鼠也对人有效的一般行为形式,它总是涉及我们就人知道的东西。[①] 这意味着关注各种层次的心理状态。更简单地说,心理学的目标是认识人,不同的心理学只是这种认识的同等手段。在福柯看来,在19世纪开端才出现

[①] Foucault, *Dits et écrits I* (1954~1975), p. 473.

了这一非常奇怪的认识人的计划。他试图表明,在康德的《纯粹理性批判》之前,尽管也出现了像《论人》或《人性论》这样一些人学著作,但它们显然不像心理学那样研究人,这是因为,直至18世纪末,即直至康德,任何关于人的反思都是一种相对于思维的第二位的反思,思维是第一位的,它可以说是关于无限的思维的。① 早期现代性所说的心性还与神性有着剪不断的牵连。

早期现代哲学的第一位关注对象是思维,而思维接受无限理性的引导,从天国回到人间的大趋势并没有消除人对无限性和神性的向往。福柯说这一时期还没有出现后期现代性意义上的人,原因就在于人仍然以神或天使为模子,甚至以神的造物自居,神及其无限理性因此是优先关注的对象,人及其有限理性只是附带地获得探讨。然而,以康德为起点,出现了倒转,即人们将不再是从无限或真相/真理出发把人的问题作为一种带阴影的问题提出来,从康德起,无限不再是给定的,只存在有限性,正是在这一意义上,康德式的批判在自身中带有一种人类学的可能性或危险。② 换言之,正是康德的理性批判真正使人与无限理性脱钩,并因此认同有限理性,从而导致了哲学的人类学指向,同时也导致了人文科学或人学的诞生。然而,福柯并不满意于停留在有限理性上面,因为这会导向狭义的理性,也就是科学理性,并因此以科学排斥知识、以理性排斥非理性、以意识排斥无意识。

我们应该在知识与实存的张力中来看待主体的生与死。问题是,毕竟存在着人文科学与自然科学的区分,在此基础上还得承认知识与科学的不同。福柯表示,他虽然不敢肯定,但似乎正是由于狄尔

---

① Foucault, *Dits et écrits I* (1954-1975), p. 474.
② ibid.

泰,说明和理解才第一次作为根本的、绝对的、彼此不相容的认识论形式被区分开来、被提出来。解释学被认为代表了一种独一无二的反思模式,但其意义和价值有可能被一些或多或少借自自然科学的认识模式所遮掩,自然科学的认识论样式作为合理性的规范被强加给人文科学。对于狄尔泰来说,自然科学注重说明,人文科学强调理解和解释。把自然科学的模式引入人文科学,就意味着用说明取代理解。就人文科学而言,说明被认为是坏的认识论样式,理解则是一门人学的被归结为其根本的注释意义的神秘形象。① 福柯显然不愿意停留在理解及其神秘上面,他认为这是受心理学以及心理主义影响的结果。他强调当代分析思维的独特性:既不认同解释学,又不完全接受自然科学模式。

福柯表示,在弗洛伊德的分析之后,某种像拉康的分析的东西是可能的;在涂尔干之后,某种像列维-斯特劳斯的分析的东西是可能的;这一切实际上都很好地证明了,人文科学在它们自身中并且为了它们自身正在确立某种批评关系,对语言学来说也一样。② 弗洛伊德和涂尔干在很大程度上接受的是语文学和解释,拉康和列维-斯特劳斯接受的则是语言学和说明。福柯更认同后者,因为它们导致的是主体的终结,而不像前者那样强调主体的中心地位。当然,还必须注意到知识与科学的不同。他承认,如果他教心理学,也始终不可避免地面临作为19世纪西方思想已经陷入其中的这种绝对不可避免的、绝对命定的死胡同的心理学的危险,但是,当他这样说的时候,他不会批评它作为科学,他不会说这是一门不那么实证的科学,他不会说这是某种应该成为更哲学或更不哲学的东西,他仅仅要说的是,存在

---

① Foucault, *Dits et écrits I* (1954~1975), pp. 474~475.

② Foucault, *Dits et écrits I* (1954~1975), p. 475.

着哲学和各门人文科学在其中以某种方式彼此迷惑和相互催眠的一种人类学昏睡,应该从人类学昏睡中醒来。[1]

科学当然可以消除人类学昏睡,但它非常远离经验。对于福柯来说,他更关注的是与经验靠近的知识,而不是完全远离经验的科学。19世纪初以来,包括心理学在内的人文科学和哲学都陷入了人类学昏睡之中,而当代性意味着从昏睡中醒来。这就要求我们摆脱心理化和主观倾向,最终说来要在主体死后的空间中重新处理一切。那么主体的终结究竟意味着什么呢?简单地说,我们关注话语、文本、语言或者陈述,而人只是在它们那里扮演某种角色、充当某种功能。福柯这样说道:"我的书是一种完全的虚构:它是一部小说,但并不是我,而是我们的时代以及小说的认识论构形与整个这一堆陈述的关系创造了它。因此主体实际上在书的整体中呈现,但他是今天在任何在说话的人中说话的匿名的'有人'。"[2]主体的终结并非意味着什么人都没有了,的确有人,但有的是无论什么样的人,所以不妨说"管他是谁!"。人只是结构中的无论谁都可以替代的某种功能,因此没有任何的独特性或支配性地位可言。

正是在从早期现代的观念主义到后期现代的精神主义的转换中,被称为人的这一外来的知识形象才第一次呈现出现了,它已经打开了专属于人文科学的一个空间;进而言之,通过尽力揭示西方文化的这一深层的起伏不平,我们把它的各种断裂、它的不稳定性、它的各种裂缝还给的正是我们的沉寂的、天然不动的土壤,正是它再次在我们脚下显现出不安。[3] 如果说第一次不安是因为人的出现,那么现在的不安则意味着人的消失。在福柯的解读中,列维-斯特劳斯、拉

---

[1] Foucault, *Dits et écrits I* (1954~1975), p. 476.
[2] Foucault, *Dits et écrits I* (1954~1975), p. 619.
[3] Foucault, *Les mots et les choses*, pp. 15~16.

康、杜梅泽尔等人的发现隶属于习惯上称为各门人文科学的东西,但具有特色的是,所有这些研究不仅抹去了人们已经就人形成的传统形象,而且它们全都尝试着在研究中、在思想中使关于人的观念本身成为无用的。① 非常明显的是,虽然这些当代大师活跃在人文科学的地盘上,虽然他们关注各种社会文化现象,但他们并没有因此就维护人及其地位,相反,他们的唯一目标是动摇人类的基础、人性的根基。

结构主义给予福柯的启示是:"我们的出自19世纪的最难以承受的遗产是人道主义,现在是我们摆脱它的最好的时代……人道主义是一种以道德、价值以及和解等术语来解决我们根本无法解决的一些问题的方式。"②他告诉我们,马克思认定人只提出一些他能够解决的问题,而他本人认为人道主义却假装在解决它不会向自己提出的一些问题。③ 他愿意把自己的哲学判定为一种相对主义,拒绝考虑他实际上从中受益的关于解放的各种人道主义理想。④ 在谈到经验-先验的双重存在时,他把现象学和马克思主义断定为必然导向要么是实证主义要么是末世学的这一钟摆运动的两个变量,而阿尔都塞的思想则被列入常常处在他自己著作边上的结构主义之中。现在要问的是:阿尔都塞的马克思主义是对实证主义和末世学这一构形的超越,还是位于它的内部。⑤ 福柯认为是前者,并且自我批评说,当他在《词与物》中谈论马克思主义的时候,没有充分详细地说明自己想要说的。他打算参照作为马克思的历史的、社会的分析的一种意识形态附属物的马克思主义哲学及其革命实践,谈论的是一种马克

---

① Foucault, *Dits et écrits I* (1954~1975), p. 544.
② ibid.
③ ibid.
④ Potte-Bonneville, *Michel Foucault, l'inquiétude de l'histoire*, p. 7.
⑤ Foucault, *Dits et écrits I* (1954~1975), pp. 1037~1038.

思主义的人道主义：一种意识形态伴随物，一种哲学的背景音乐。①

福柯在《词与物》中把马克思主义看作是人道主义意识形态的一部分，也因此予以批判，从而把它和其他人类学沉睡放在了相同的类别中，没有特别关注马克思对于资本主义社会的分析及其作为革命纲领的重要性。他后来承认这是一种欠缺，甚至是一种失败。他表示，通过运用马克思主义的人道主义这一表达，他的批评自动地记入了一个排除阿尔都塞的理论领域，即这一批评针对像加罗蒂这样的作者有价值，但它不能够应用到像阿尔都塞这样的知识分子那里。②加罗蒂维护马克思主义的人道主义，理应受到批判，至于阿尔都塞，由于其对马克思主义的科学主义的解释，则可以被排除在批判的目标之外。福柯承认，在当时的情况下，人们的任务是让自己确定地摆脱人道主义，而在这一意义上，人们的工作是一种政治工作；既然人道主义调和比如说马克思和德日进，既然全部西方或东方体制都在人道主义旗帜下让它们的劣质商品流通，那么，人们应该抛弃全部这些蒙蔽。③

福柯注意到，这种走出人道主义的姿态强烈地渗透到了某些难以界定的法国知识分子团体中，而抵制这种姿态的力量则主要来自人文科学领域的大批学生和一些不算老的教师。有人会说，这种反人道主义倾向导致新的思想形式看起来很冷淡、非常抽象，福柯则以"抽象的是人道主义！"来予以回应。按照他的说法，所有那些关于心灵的喧哗，所有那些对人、对实存的要求都是抽象的，因为它们脱离了就是我们的现实世界的科学和技术的世界；他不满意于在人道主

---

① Foucault, *Dits et écrits I* (1954~1975), p. 1038.
② ibid.
③ Foucault, *Dits et écrits I* (1954~1975), p. 544.

义背后掩盖着的一些古怪的、难以想象的同盟,尤其是人们试图以人的名义把萨特和德日进联合起来;最终说来,抽象的是人的心灵,而我们的想把人与他的科学、与他的各种发现、与他的世界关联起来的研究是具体的。① 无论如何,抽象的是人的心性及其对神性的向往,真正的处境化、甚至物化才意味着人是具体的。福柯看起来并没有把人抛在一边,而是在知识经济的背景中重新审视人之为人。

福柯的反人道主义既不是列维-斯特劳斯的反人道主义也不是阿尔都塞的反人道主义,尽管非常接近于它们。② 有各种形式的反人道主义,它们之间只有某种家族相似。在福柯看来,由于接受心理学影响,19 世纪以来的现代哲学并没有真正地考虑到人在当前世界中的处境,因此需要更加强化去观念化和去心理化的努力,并因此从人的心性回归人的物性。人文科学的目标被认为是要揭示人,但当代的情形表明,这种努力注定是失败的。列维-斯特劳斯认为人文科学的最终目标是消解人而不是构成人,③福柯则更详尽地指出:"我相信人文科学根本没有导向某种就是'人类'的东西的发现:人的真相/真理、他的本性、他的诞生、他的命运;实际上占据各种各样的人文科学的东西乃是某种完全不同于人的东西,它们是系统、结构、组合、形式,等等。因此,如果我们愿意严肃地从事人文科学,就应该首先摧毁这些让人迷糊的幻觉。"④

人文科学并没有为我们揭示人,而是为我们揭示了人的终结。按照福柯的说法,"我们的时代在某种意义上是这样一个时期:人文科学在该时期在理论上和实践上都获得了一种它们从前从来没有获

---

① Foucault, *Dits et écrits I* (1954~1975) , pp. 545~546.
② Chiari, *Twentieth-Century French Thought: From Bergson to Lévi-Strauss*, p. 177.
③ Lévi-Strauss, *La pensée sauvage*, Les Éditions Plon, 1962, p. 326.
④ Foucault, *Dits et écrits I* (1954~1975) , p. 644.

得的重要性,但这些科学从来都没能成功地说出人本身实际上是什么。"①在他看来,在我们对人的语言进行分析时,我们发现的不是人的本性、本质或者自由,相反,我们会发现一些起支配作用的、我们没有注意到或未曾有所期望的无意识结构;在一个精神分析学家分析一个被试的行为或意识时,他见到的并不是一个人,而是像一种驱动、一种本能、一种冲动之类的东西。② 无论如何,获得揭示的乃是机制、语义学、句法,它们都是无意识的。因此,人并没有能够有意识地创造自己的知识史,相反,知识史要服从于某些把人撇在了一边的限定性条件。在这一意义上,人不再拥有任何东西,没有自己的语言,没有自己的意识,甚至也没有自己的知识,而正是这一剥夺实际上成了当代研究的最有意义的主题之一。③

神在早期现代时期还扮演着象征性的角色,即使在后期现代时期,他也没有真正退出历史舞台,因为19世纪的人是肉身化在人性中的神。④ 由此,各门人文科学都带有神人同形同性观。⑤ 它们都是不纯粹的、不确定的、分化的,它们成了时间、相对主义、各种意见、各种利益和各种意识形态的牺牲品;与此同时,永远都存在着通过把心理学作为一种一般的知识而把它们的全部分支心理学化的尝试。在既带有神性残余,也受制于心理化的情况下,就出现了我们如何会拥有一些客观的人文科学的问题。人文科学始终围绕人及其心性展开,但它们同时也受制于主观,于是心理学追求成为一门以客观性为目标的科学的努力就容易受到质疑。后期现代性从人出发考虑问

---

① Foucault, *Dits et écrits I* (1954~1975), p. 687.
② ibid.
③ ibid.
④ Foucault, *Dits et écrits I* (1954~1975), p. 692.
⑤ Foucault, *Dits et écrits I* (1954~1975), p. 687.

题,福柯要求我们在人死后留下的空的空间中来考虑,这显然意味着从现代性向当代性的转换,要求我们摆脱意识哲学,实现从关心意识向关心无意识的转换。

心理学处于一种相对悖谬的处境中。一方面,它作为一门关于行为的科学出现,分析一些机制、一些规定性、一些规则性、一些统计,而这种知识形式、这些观察和这些形式化显然是非常有价值的;但在另一方面,它是与所有其他以人为对象的分析相混杂的一个机构,比如语言学长期以来就依赖于一种不言明的心理学,人们相信,当他们说话时,它构建了关于人的普遍意识、他们的需要和他们的表达形式。① 一方面,心理学是一门实证科学,它可以在某种客观的方式中获得研究;另一方面,它成为其他学科依赖的力量,并因此导致其他学科被心理化。显然,人文科学很难达到客观化,因为带有主观色彩的心理学的影响无处不在。福柯表示,只有当人们已经忘记这一人类意识,只有当人们已经理解了对语言学去心理化的必要性后,语言学才能够成为一门科学,并且认为这一点对所有把人视为对象的科学都是正确的,也就是说,只有以不再服从于心理学为前提条件,它们才能够成为科学。②

但是,自19世纪以来,任何文学分析都是由作品研究构成的,为的是透过它发现作者的面孔、他的心理和情感生活所呈现的那些形式、他的具体的和历史的个体性。在这种后期现代性视野中,读《包法利夫人》与理解福楼拜是谁是一回事,这无疑维护了作者的权威,承认了主观因素的重要性。当然,革命性的视野终究还是会出现的。福柯说道:"甚至在结构主义之前,使杰出作家布朗肖有其价值的东

---

① Foucault, *Dits et écrits I* (1954~1975), pp. 687~688.

② Foucault, *Dits et écrits I* (1954~1975), p. 688.

西，乃是这一真实；实际上，一部作品绝不是一个特殊个体的表达形式。作品可以说总是包含了作者本人的死亡。人们只是为了与此同时消失才写作。作品在某种方式上作为语言的赤裸裸的、匿名的流动，通过它自己而实存，而现在应该关心的正是语言的这种匿名的、中性的实存。"①这种说法显然为我们展示了一种当代性姿态：作者只在语言与语言之间的关系中扮演某种角色，并因此呼应了对文学的文学性或文学的自身性的强调。

虽然福柯不像德里达那样沉溺于对各种文本进行游戏性的解构阅读，但他对一些文本的分析事实上认可了解构的策略。他往往把一些为反常经验所困的作家作为分析的对象，既然他们的作品处在后期现代性中，也就不可避免地受到心理学和精神分析学的影响，而他们关于身体、性和无意识之类的描述往往体现出观念性与物质性之间的张力；问题是，福柯更强调的是物质性一极，而不是观念性一极。这事实上是要把他们视为当代性的预示者、甚至实践者。就萨德的作品而言，鉴于作者的生命有30年是在监狱中度过的，鉴于他在文学上被监禁他的社会建制所窒息，他在某种意义上并不存在，如此一来我们面对的是没有作家的一部作品；事实上，这对于洛特雷阿蒙的作品来说同样是真实的，我们不可能从《朱斯蒂娜》和《马尔多罗之歌》出发来猜测或重构萨德或洛特雷阿蒙是谁，它们是涉及在其后面没有人的一部作品、一种语言和一种话语的实验例子。②

《朱斯蒂娜》和《马尔多罗之歌》消除了作者的影响，成了无意识自说自话的经典案例。作者作为意义赋予者的地位于是被动摇了。但在精神病理学关于意义问题的探究中，雅内和雅斯贝尔斯都仍然

---

① Foucault, *Dits et écrits I* (1954~1975), p. 688.
② Foucault, *Dits et écrits I* (1954~1975), pp. 688~689.

把意义与意识关联起来,而弗洛伊德比他们走得还要远:"通过把意义分析推进到其极度边界,弗洛伊德给予了现代心理学以方向;他之所以走得比雅内和雅斯贝尔斯要远,是因为他已经赋予含义一种客观地位;他已经在表达符号的层次寻求在行为的'质料'本身中重新抓牢它。他已经把一种真正的历史作为内容赋予它:在其一系列体验到的经验中的个体的历史和在它借以把自己强加给个体的那些结构中的社会的历史。在这一范围内,人们可能超越主观与客观的对立、个体与社会的对立。对含义的一种客观研究成为可能的。"① 他们三个人都关注无意识问题,但最终要求回到意识层面,弗洛伊德尤其如此。事实上,拉康也没有能够真正实现突破。

　　对于福柯以及其他一些当代思想家而言,正是意义问题的出现导致了主体的退场,即,正因为消除了作者的主观影响和心理化倾向,作品才具有客观的意义,或者说认识论意义。如此说来,意义是由作品、语言、话语本身产生的,而不是由主体赋予的。非理性和无意识的出场挤占了理性和意识的中心地位,从而让意义与主体及其意识(纯粹意识和身体意识)不再被绑在一起。然而,只是在德勒兹那里,其精神分裂分析学才完全承认了无意识的地位。当问及在《词与物》中就如同在《疯癫史》中一样,是什么决定了历史时期的选择以及这一选择与考古学视角的关系时,福柯表示,这种研究只有作为对我们自己的底层土壤的分析才有可能,这当然涉及理性与非理性的关系,而无疑只有从尼采和阿尔托从发,理性与非理性之间的分化才有可能;与此同时,自弗洛伊德、索绪尔和胡塞尔以来,如果意义问题以及意义与符号之间的关系问题没有出现在欧洲文化中,就不会

---

① Foucault, *Dits et écrits I* (1954~1975), p. 157.

要求我们去研究意义意识的底层土壤。①

19世纪作家萨德对于当代文化而言究竟意味着什么呢？福柯这样说道："萨德检视了性活动的全部可能性、全部维度，并且小心谨慎地、逐个要素地分析它们。这乃是全部性欲可能性的一个拼板游戏，那些人物本身从来都不外乎是在这些组合和这些计算中的一些要素。不只是萨德作为经验的人并不存在。但是，在萨德的作品中既不存在一些真正的人物也不存在作家的任何分裂。人物被纳入到了一种与所有性欲可能性的穷尽描述共外延的必然性的内部。人并不参与其中。就其自身进行展示和表达的乃是语言和性欲，一种没有人说它的语言，一种没有一个享受它的主体的匿名性欲。"②非常明显，在萨德式的作品中只存在着语言的运作，这充分体现的是语言的物性，另一方面，只存在着性欲，只有性欲的无遮蔽的展示、充分的展示，这表明欲望克服了观念化和心理化，它体现出了充分的物性。无论如何，作为现代性鼎盛时期的一位作家，萨德却悖谬性地为我们展示了语言和欲望的当代性。

在《词与物》中，通过分析自16世纪以来的欧洲文化，通过探讨文艺复兴时期、早期现代时期和后期现代时期的不同知识型及其转化，福柯的结论性的看法是："人不是向人类知识提出来的最古老的或最持久的问题"，"人是一个发明，关于我们的思想的考古学很容易表明其最近的日期，或许还有其临近的终结"，"人将被抹去，如同大海边的沙滩面孔一样"。③无论如何，人占据知识的中心舞台的时间非常短暂。如此一来，福柯似乎预示了一种新的知识型，也因此表

---

① Foucault, *Dits et écrits I* (1954~1975), p. 528.
② Foucault, *Dits et écrits I* (1954~1975), p. 689.
③ Foucault, *Les mots et les choses*, p. 398.

明,我们可以通过一种新的方式产生出一种关于结构化的知识观,并因此预示某种新的东西。虽然他表示这有点困难,但同时相信:"我们可以立刻就说,我们第一次愿意不是知道一切,不是以笛卡尔的方式让自己成为宇宙的主人,不是达到一种19世纪意义上的绝对知识,而是说出一切。"① 人的一切都被标记出来了,包括他的无意识,他的性欲,他的日常生活,他的梦想,他的期望和驱动,等等。说出一切意味着真理/真相、去蔽、直言。

早期现代性强调认识,后期现代哲学关注实存,包括以说话的方式实存,而当代性更关心说话。换言之,当代哲学真正实现了语言学转向。从词源上说,直言是说出一切的活动,而直言者是说出一切的人。② 直言、说真话和说出一切等说法表明,福柯哲学极大地推动了语言学转向。直言一词在《主体解释学》中第一次出现在重要概念索引之列,在随后几期课程中则是名副其实的重要概念。在该课程中,福柯尤其把直言理解为两个对话者之间敞开心扉:"直言就是敞开心扉,就是两个对话者有必要彼此不向对方掩饰他们所思考的东西并且开诚布公地说出来。"③显然,这里还存在着相互性问题,而且还维持着心理和精神的维度。而在《对自身和他人的治理》中,直言概念首先且从根本上说是一个政治概念,分析作为政治观念、政治概念的直言明显有点偏离福柯的直接计划:就自身说真话的各种实践的古代史。④ 虽说如此,说真话具有去观念化和去蔽的意味,也因此意味着个体如其所是地展示自身。

福柯偏好的是从苏格拉底哲学中引出伦理意义上的说真话或者

---

① Foucault, *Dits et écrits I* (1954~1975), p. 689.
② Foucault, *Le courage de la vérité*, p. 11.
③ Foucault, *L'herméneutique du sujet*, p. 132.
④ Foucault, *Le courage de la vérité*, p. 9.

直言,这乃是《真理/真相的勇气》想要表达的主题。他认为直言概念发端于政治(政治实践和民主问题),而最终偏向伦理(个人伦理和道德主体的建构),他把它与他想要探讨的主体与真理/真相问题关联起来,最终与自身技术关联起来;简言之,在研究这一概念时,牵扯到一系列的东西,说真话的各种模式的分析、对治理性的各种技巧的研究和对自身实践的各种方式的测定,而他尝试着要做的就是说真话的各种模式、治理性的各种技巧和各种自身实践的连接,最终说来是不用还原地研究真相/真理、权力和主体的关系。① 他一如既往地否定观念化或心理化。在他看来,"尽管直言这一概念在良心引导、精神指导和灵魂建议的领域非常重要,尽管它尤其在古希腊和古罗马文献中非常重要,我们却不能不承认其源头是在别处,而且在这一实践中我们看到它并非实质性地、根本性地、首要地以精神指导的形式出现。"②

福柯显然借助了异端资源并通过对西方文化的非正统读解来确认直言对于自身技术的重要性。我们不应该从认识史或意识形态/观念学史的角度来看待直言问题,它被定位在我们可以称为关于真理/真相的话语的本体论或诸本体论的问题中。③ 说真话或直言与自身关怀密切相关,尽管这可能意味着敦促他人要关心他自己:"围绕苏格拉底这个人物,直言的主题与自身关怀的主题形成了连接,哲学事业也被重新界定为这种勇敢地说真话,旨在转变其对话者的存在方式,以便他学会正确地关心自己。"④说真话归根结底针对的是个体自身,涉及自言、言己、自身显示和绝对地自身显示之类,这正是亨

---

① Foucault, *Le courage de la vérité*, p. 10.
② Foucault, *Le courage de la vérité*, p. 9.
③ Foucault, *Le gouvernement de soi et des autres*, p. 285.
④ Foucault, *Le courage de la vérité*, p. 319.

利在物质现象学和马里翁在给出现象学名义下想要表达的东西。这意味着个体的去蔽,或者说处于无蔽状态。苏格拉底不是智者,因为他否定修辞学。如果说能言善辩引起自身遗忘的话,言谈的简单明了、不做作或无修饰的言语、直接真实的言语,因此直言的言语将把我们导向我们自身的真相/真理。①

福柯的工作当然会涉及就直言或说真话进行的认识论结构分析,但更重要的是分析说出真相/真理的主体借以显示自身、把自己表象给自身且被他人承认为在说出真相/真理的行为类型;也就是说,需要分析的根本不是哪些是被承认为真的话语形式,而是在其说真话的行为中,个人通过何种形式把自己建构为,且被他人建构为掌握着真相/真理话语的主体;说真话的人,通过何种方式在自己眼里和他人眼里把自己表现为说出真理/真相的主体的形式。② 无论如何,个体以说话的方式展现自己,话语背后并没有任何东西,说话就代表了一种如其所是的存在方式。当然,他人在这一过程中可以、甚至有必要扮演某种角色,但直言归根结底属于自身技术而不是控制技术,属于自身关怀范畴而不是自身认识范畴。说真话或直言是福柯晚期关于伦理主体之再生的相关思想的集中表现,因为借助于对《申辩篇》和《裴多篇》的解读,他关心伦理领域中的直言的确立,并因此对立于政治的直言。③

然而,问题并不是那么简单。众所周知,在西方基督教社会中,关于做这件事或那件事的禁令往往伴随某些说话的义务,就自身说出真相/真理的义务;就意味着,说出真相/真理具有外在强制性,从而就不再是自身技术,或者说把自身关怀完全转变成了自身认识。

---

① Foucault, *Le courage de la vérité*, p. 69.
② Foucault, *Le courage de la vérité*, p. 4.
③ Foucault, *Le courage de la vérité*, p. 67.

福柯说道:"这种就自身说出真相/真理的义务不仅指向(被允许或禁止)的行动,而且指向一个人会体验到的各种情感、感受和欲望,这一义务甚至推动主体在他那里去寻找可能被掩藏起来的东西、可能以各种幻觉的形式伪装起来的东西。"[1]在希腊罗马哲学中,自身关怀具有优先性,自身认识从属于自身关怀,往往具有工具性的价值。即便在早期基督教那里,自身技术的自身关怀仍然具有优先地位,但逐步演变为围绕自身认识而展开,这在忏悔或告解中尤其表现出来。在早期现代哲学对观念化的我思或反思的强调中,在后期现代哲学对人文科学的心理化处置中,尤其是在弗洛伊德式的精神分析中,这种说出真相/真理的义务都是非常明显的。

无论如何,直言或说真话的自身显示维度逐步消失了,对象化导致了人们从自身技术轨道上的偏离。福柯为我们描述了自身认识在整个现代性进程中的情形。首先,从古代世界向现代世界的过渡,意味着西方社会的道德原则的非常深刻的转换,问题在于尊重规则,自身技术不再能够确立道德,而自身认识在道德确立方面具有优先性;其次,自身认识在理论哲学中获得了越来越大的重要性,从笛卡尔到胡塞尔,认识自身的原则作为一种认识理论的首要原则出现,于是出现了在古代性中结合在一起的自身关怀和自身认识两个原则的前后颠倒,即在古代思想中,后一个原则最经常地作为前一个原则的推论出现,而在现代哲学中,正是自身认识构成了主要的原则;第三,自身认识在各门人文科学中同样构成主要的原则,它们寻求赋予涉及人的存在的一切切以一般的认识形式,于是与自身的关系是而且实质上应该是一种认识关系。[2] 与这种情形不同,福柯像海德格尔一样

---

[1] Foucault, *Dire vrai sur soi-même*, Librairie Philosophique J. Vrin, 2017, p. 27.

[2] Foucault, *Dire vrai sur soi-même*, pp. 38~39.

主张去蔽,让直言从反思或认识的掩饰中走出来。

我们在前面一章中已经谈到物语,这意味着物针对它自己的言说,这同样是直言,因为它排除了任何其他力量的外在干预,或者说它不需要经由神或者人,它完全自说自话。直言的人是一种物性的人,他如其所是地充分展示自己,因此,不管认识论主体还是实存论主体都退出了中心舞台。我们有必要一般地清理物性的历史,进而分析人是如何恢复其物性的。依据结构语言学模式的引领作用,福柯想要为我们表明的是,任何问题都归结为语言问题,正因为如此,受解释学和心理学引导的人文科学开始向受语言学和精神分裂分析学的反人文科学转变,从而出现的是人的终结。在早期现代时期,由于话语具有作为规则的力量,所以人根本就不用出现;而在19世纪以来,随着语言的式微和分化,人开始扮演维持统一的力量;然而,由于索绪尔语言学、弗洛伊德精神分析和胡塞尔哲学重新引出了意义和符号的问题,人不得不再次走向死亡。

福柯把胡塞尔与索绪尔及弗洛伊德放在一起,显然不是一种随意的举动,而是包含着某种深意。这说明,福柯并不受制于现象学与结构主义的区分;当然,就像其他概念哲学家,比如德里达一样,他试图在胡塞尔那里寻找的不是实存和主体的提问法,而是关于符号和意义的提问法。这意味着,谁在说话并不重要,重要的是话语。当然,福柯也表示,我们关于新的断裂以及新知识型出现的预示可能只是一种幻觉。这意味着当代性本来就不像现代性针对古代性、后期现代性针对早期现代性那样具有二元对立的性质。事实上,当代性具有包容性,它完全可以接受古代性与现代性中的许多东西,只不过一切都会被拉平,它不再维护高度或深度。福柯这样说道:"我们关于一种断裂、一种转换的印象或许完全是虚幻的。这可能是一种我们为其囚徒的系统(它涌现出来并且使我们相信我们很快就会在另一个世界中找到自己）的最近的或最新的显示。或许这是一种幻觉？我们总是有太阳第一次升起的印象。"①

无论如何，很明显的是，自笛卡尔以来给予主体以首要性的哲学现在都在自行解体。② 当然，这种解体不是一蹴而就的，它经历了长期的过程。福柯把这种哲学的解体定位在马克思、尼采和弗洛伊德为起点的那一时刻。有人认为，除与福柯持相似立场的结构主义者之外，很少有人意识到了先验主体哲学的终结，而福柯却认为有许多人都意识到了这一点，第一位的则是德勒兹。③ 我们需要澄清人在19世纪之前和之后的现代性阶段的不同表现。康德哲学的地位是不言而喻的。它以人是目的这一现代性标准答案来回答人是什么这一现代性中心问题。然而，无论就其提问还是回答来说，康德哲学都显得过于理论、过于抽象，随后出现的现代性反思则更为实际、更为具体地展示了人在现代性进程中的命运。在古代哲学及其代表的古代性中，人追求的是永恒或无限，他追求不受制于时间的神性；在现代哲学及其体现的现代性中，人就是心性并受制于时间。福柯对心性的早期现代知性维度和后期现代感性维度都持有戒心，他根本就否定围绕心灵及其属性来界定人。

早期现代性在形成断裂的同时延续了古代性，几乎是在理想的状态中理解时间的，即17、18世纪意义上的时间是观念化的时间：人虽然作为有限理性而存在，但他仍然以永恒理性或无限理性作为其最终的依赖或最后的根据。这一时期的哲学是认识论哲学，尽管福柯不承认，它已经开启了主体的提问法。不过，它没有完全远离古代的存在论哲学，它由于在实体意义上理解作为主体的心灵（心灵即实

---

① Foucault, *Dits et écrits I*（1954~1975），p. 690.
② Foucault, *Dits et écrits I*（1954~1975），p. 803.
③ ibid.

体,心性即单纯性、人格性、精神性、不朽性和不死性[①])而延续了灵魂即实体这一核心的古代性观念。以笛卡尔哲学为典型代表的理性心理学与理性神学、理性宇宙论密不可分,它们共同塑造了人的高、大、上和伟、光、正形象。这种虽不处在天堂但毕竟远离尘嚣的人显然只具有抽象的心性,从而与神性相距并不遥远。正是在这个意义上,福柯独出心裁地认定主体或人在早期现代时期根本就没有诞生。

康德哲学的突出之处在于,它确立了人与神的分离而不是分有关系。古代哲学相信或认定神是无论物质还是精神的最后根据,在早期现代哲学中,笛卡尔、斯宾诺莎、莱布尼茨把神假定为不论物质还是精神的最后根据,但康德只假定神是精神或道德的暂时依据,一步一步地剥夺了人与神的关联或者说人的神性,完成了早期现代哲学回到内在确定性的任务。人成为了人自己以及与他相关的一切(自然和社会现象)的根据。当然,只是在尼采那里,才最终宣布神死了,虽然还不得不借助疯子之口。无论如何,康德哲学正式宣布了人的诞生,并且明确了人能够为自然立法、可以为自身立法。这里的人不再是实体,而是意味着功能、角色。笛卡尔的我思是实体和功能的结合,而在康德那里,我已经被虚化,单单剩下思(先验统觉)了;在后期现代哲学家比朗、尼采、柏格森、梅洛-庞蒂等人那里,我思被我能取代,或者说思被能取代了。

早期现代性需要神来维持普遍的、大写的秩序,但后期现代性认定了分化的、多样的秩序,而人具有维持这些小写的秩序的功能。早期现代性关注自然/本性,后期现代时期关注人的自然/人性,而数理模式的作用始终得以延续。这其实意味着时代精神从关注静态的普遍秩序转向关注动态的历史秩序,其间既有延续,又存在巨大的断

---

① 我们借用的是康德对心灵的规定,参康德:《纯粹理性批判》,第290~291页。

裂。最终说来，这种越来越关注历史、时间和具体的倾向导致了人学与科学之间的张力。在早期现代性的普遍科学理想中，关于人性的研究和关于自然的研究分别属于理性心理学和理性宇宙论，看起来是分离的，但最终通过理性神学而获得了协调一致。最为关键的是，理性与人性在当时差不多是同一回事的，而理性的界线就是自然的界线。正是在这个意义上，笛卡尔会说神本身就是自然，而与身体相关的是自然倾向，与心灵相关的是自然之光。无论如何，早期现代知识型突出的是普遍秩序和统一结构，没有为人或其他因素留下独立的位置。

在早期现代文化中，知识型所代表的一般系统是有充分强制性的，似乎各种方法、各个概念、各种分析类型、各种既有的经验、各种精神，最后还有人类本身，全都依据一个界定了知识的未言明的却不可避免的统一性的基本网络而被置换掉了。① 后期现代文化显然与此不同，它能够思考人，因为它从人本身出发来思考有限。其实，早期现代思想以及所有先于它的思想形式都曾经能够谈论精神和身体、人的存在、他在宇宙中的如此狭小的位置、所有那些测度他的认识或他的自由的界限，可是，它们当中没有一个曾经能够认识像在后期现代知识中被给出的那样的人。② 按照福柯的看法，文艺复兴的人道主义和早期现代的理性主义确实都能够在世界秩序中给予人一个优先的位置，但它们都不能够思考人。③ 无论如何，早期现代时期没有形成关于人的认识，因为人在那时只是作为认识主体的出现，他还没有成为认识的客体，他还不是主客统一体。

关于人为什么只是在 19 世纪才出现，福柯还有另外的说法。比

---

① Foucault, *Les mots et les choses*, p. 90.
② Foucault, *Les mots et les choses*, p. 329.
③ ibid.

如他说:"在《词与物》中,我想要表明人在18世纪末19世纪初是由哪些零件和碎片组成的。我尝试刻画这一形象的现代性的特征。在我看来重要的是表明这一点:并不是因为人们对人的存在有一种伦理关怀,人们才有了科学地认识人类的想法,恰恰相反,正是因为人们首先把人构成为一门可能知识的对象,关于当代人道主义的全部道德主题才随后发展起来。"[1]伴随着形而上学的终结,后期现代文化完全围绕人及其有限性来思考人。在关于人的有限性的福柯式分析中,人是由三对双重存在构成的:人是一种奇特的经验和先验的双重存在,人是我思与非思结合的双重存在,人是体现起源的退隐和回归的双重存在。[2]关于这三对双重存在的论述分别与康德、胡塞尔和海德格尔联系在一起。[3]更严格地说,这些论述以这种或那种方式融合了三位重要哲学家。

问题的实质还是在于如何把握人的神性、心性和物性之间的关系。福柯并不关心人的神性,进而言之,心性(不管是其观念性维度还是精神性维度)也不是他关心的对象,一切应该围绕人的物性展开。当尼采宣布神之死,同时宣布人之死的时候,西方文化不再为人的神性和心性作辩护。人类进入到了物性的时代,因为不管人的神性还是或理想或现实的心性都不再有其根据:"谈论'正在发生的事情'的哲学家的角色今天或许就在于证明人性开始发现它或许能够没有神话地起用。各种哲学和各种宗教的消失或许相应于这种类型的某种东西。"[4]无论如何,应该走出人类学的时代。人类学时代或

---

[1] Foucault, *Dits et écrits I* (1954~1975), p. 569.
[2] Foucault, *Les mots et les choses*, pp. 323~346.
[3] Gutting, *French Philosophy in the Twentieth Century*, Cambridge University Press, 2001, p. 273.
[4] Foucault, *Dits et écrits I* (1954~1975), p. 648.

人类学昏睡时代指的是人在知识空间中诞生并且成为核心话题的时代。在漫长的人类历史进程中,人只是在这一时代才真正成为了被自己思考的对象。通过反思或自我对象化,他可以总结自己的过去、展望自己的未来。

然而,福柯认为我们正在跨出、甚至已经跨出人类学的时代。一个重要的表征就是,许多学科都在谈无意识,从而不再关注意识,也因此不再关注人:"当我们比如分析有关疯癫或神经官能症的那些现象时,我们发现的是一种无意识,一种整个渗透着冲动和本能的无意识,一种依据一些力学和依据一种严格地说与我们从人的本质、自由或人类实存中能够期待的东西没有任何关系的拓扑学空间而起作用的无意识,一种如人们近来所说的作为语言起作用的无意识。因此,随着我们在他的各种深度中围捕他,人挥发掉了。我们走得越远,就越难找到人。"[1]人其实是身心统一体、主客统一体,他追求自主性,却要接受约束,他想摆脱异化,却不断面对着新的异化。人自以为是主动的、创造的力量,他在现代性进程中却成了自觉服从的主体。

在法国,甚至整个欧洲大陆,都存在着从早期现代哲学的观念主义到后期现代哲学的精神主义再到当代哲学的物质主义的演变。后期现代性既在一定程度上延续了早期现代性,又是对它的重要突破;我们既可以说当代性是极度的现代性(过度),也可以说它是对现代性的超越(过渡),与此同时,这种超越在某种意义上是对前现代性的向往和回归。现代性的进程及其向当代性的转换也是从神性向心性进而向物性演变的进程。早期现代哲人狄德罗通过"拉摩的侄子"这一形象预示了后期现代疯子;福柯则把后期现代人尼采、梵高和阿尔托当成了当代疯子,他们其实就是德勒兹所说的不需要治疗的精神

---

[1] Foucault, *Dits et écrits I* (1954~1975), pp. 691~692.

分裂症患者。他们的确属于当代人,因为精神分裂症患者的头脑中只有纯粹的、孤立的现在,过去和未来的时间观念已经失踪了,只剩下永久的现在或纯粹的现在和纯指符的连续。[①] 没有精神的人自然不会有精神病,而精神分裂症患者其实是不能被后期现代人,尤其是后期现代末人所容忍的新人,尽管不是超人。

第三节 物性的旅程

　　福柯对于词与物关系的描述表明,早期现代性意味着物性的完全丧失,而从后期现代性开始,物性的缓慢回归历程开启了。这种物性之旅不仅适用于词和物,而且适用于人。物性的提升意味着主客二分或心身二分的流产,不管现代意义上的主体还是客体都逐步恢复了自身的物性,而语言或话语的物性则伴随着这整个历程。法国实存论现象学是后期现代哲学的集中体现,它是德国现象学与法国19世纪中后期以来强调身心统一的我能哲学相结合的产物。且不说实存关怀的强调或身体主体的确立已经在一定程度上指向了物性,单是现象学最响亮的口号"面向事物本身!"就引出了事物及其物性问题。福柯哲学试图超越现象学,但它却是现象学的物性关怀的自然结果,因此有必要、也有可能把它放在现象学的物性历程中来予以审视。事情显然要复杂得多,但有一点是肯定的:只有摆脱形式与质料的二分,才能充分展示物性或物质性。

　　从胡塞尔哲学到海德格尔早期哲学再到海德格尔后期哲学,德国现象学逐步把关注的重心从无和无性转向了物和物性,逐步表明

[①] 詹明信:《晚期资本主义的文化逻辑》,第292页。

现象性的实质是物在物着(Das Ding dingt；the thing things)，[1]而不是无在无着(Das Nichts selbst nichtet；Das Nichts nichtet；le néant se néantise；nothing nothings)。[2] 法国现象学更为复杂，在这场与实存主义难以区分的哲学运动中，存在着从萨特的意识现象学到梅洛-庞蒂的身体现象学再到亨利和马里翁的物质现象学的推进，更多样化地演示了现象性在无与物之间、无在无着与物在物着之间的展现。从人的神性到人的理想的心性、再到人的现实的心性、最后到人的物性的演变，与自然从其神性到其理想的心性、再到其现实的心性、最后到其物性的演变是完全一致的。这一切很好地展示了从脱胎于古代性的早期现代性到后期现代性再到当代性的转变，这是物性或物质性的一次回归之旅。

在古希腊自然哲学阶段，哲学家从水、火、气、种子、原子、数、存在、努斯等等中确认他们所说的世界的本原或始基。从原则上说，世界要么是由物质性的东西构成的、要么是由精神性的东西构成的；而从总体上看，由于自然哲学家大都认同万物有灵论，加上本原以及它们生成的东西都是活的、有生命的。他们不承认形式与质料的二分，因为这种区分意味着承认质料是死的、惰性的，唯有形式是活的、有生命的，质料显然服从于形式。然而在后来的人本学阶段，苏格拉底对普遍定义的寻求、柏拉图对理念的偏好、亚里士多德对形式的重视，导致了形式与质料的明确区分且形式优先于质料，由此形成了西方文明看待或对待事情或事物的某种基本倾向性，出现了所谓的西方哲学的主导性倾向：观念主义和形式主义。柏拉图的观念主义尤

---

[1] Heidegger, *Poetry, Language, Thought*, Harper & Row Publishers, Inc., 1975, p. 177.

[2] 海德格尔：《路标》，商务印书馆，2000，第132页；Sartre, *L'être et le néant*, p. 52; *Being and Nothingness*, Philosophical Library, Inc., 1993, p. 17 (note 11).

其深刻地影响着西方的主流哲学,以致一部西方哲学史差不多可以被等同于柏拉图主义及其变种。

理念或形式是主动者,质料是受动者。理念或形式可以脱离质料而独立存在,从而出现了所谓形式的形式或理念的理念,即完全精神性的东西以至最高的存在者神;质料却不可能有独立的存在,因为脱离形式就会丧失生命,成为僵死的东西。最好的状态是形式与质料或形式与内容的充分结合,从而出现两者相互依存,但形式优先的情形。亚里士多德对于前苏格拉底自然哲学的消极阐释典型地导致了形式与质料二分。他认为自然有多义,我们既可以从形式方面也可以从质料方面看它。他通过阅读先前的文献发现,前苏格拉底自然哲学家在研究自然时似乎只是同质料发生关系。或者说,在第一批哲学家中间,大多数人认为质料性的本原是所有事物的唯一本原。他本人的态度是,自然哲学的课题应该包括认识形式和质料这两种意义上的自然。在他看来,自然的研究,其实是关于事物的原初原因或第一原因的研究。[①] 通过总结前辈哲人的工作,他分辨出四种原因,最后又把它们归结为形式因和质料因。

亚里士多德的老师柏拉图和祖师苏格拉底关于理念或普遍概念的学说完全把形式与质料对立起来,他本人应该说试图调和两者,但终究突出了形式的优先地位。当他认定个别事物是实体,而且是第一实体时,他显然突出了形式与质料的统一;但是,他同时还承认概念或形式是实体,甚至存在着作为实体的形式之形式。如此一来,形式显然独立于质料,而质料则依赖于形式。亚里士多德这样表示,质料是一种相对的概念,相应于一种形式而有一种质料,而形式在定义

---

① 亚里士多德:《形而上学》,上海世纪出版集团,2005,第21页。

里是可分离的,也就是说,存在着分离的纯形式。① 结合亚里士多德的形式概念和柏拉图的理念概念在词源上的一致,可以说形式质料学说意味着主体或精神扮演着给予质料以形式或意义的角色。

这种围绕形式优先展开的形式与质料二分思路一直延续到早期现代哲学,其间的观念主义,尤其是先验观念主义归根到底承认的是观念性,根本否定事物或身体的物质性,一切都被观念化了。一般(观念、形式)针对特殊(质料、内容)具有优先性,笛卡尔对感觉经验的否认,用心灵看(精神审视)代替眼睛看(经验观察)极好地体现了这种倾向。在康德那里,现象是先验统觉对知性纯形式(范畴)和经感性纯形式(时空)初步整理过的质料进行综合的结果,尤其代表了早期现代哲学中的形式主义倾向。形式主义在这里与观念主义大体上是一致的。康德哲学以及早期现代哲学中所谓的美学徒有"感性学"之名,因为它大体上是形式美学,没有给予质料以任何地位。早期现代哲学也可以说强调形式与质料的统一,但前提是观念化:形式即内容,内容即形式,因为一切都被纳入到了观念或形式之中,而主体(笛卡尔的心灵和康德的先验统觉)是意义的赋予者、形式的给予者。

黑格尔哲学完全承认思维与存在的同一性,这是因为,在绝对精神展开自身、创造自身、认识自身、回归自身的过程中,绝对的内容和绝对的形式是同一的。② 在他那里,这句话完全可以改写为思维的内容与思维的形式是同一的,并因此可以说思维与存在是同一的。绝对或绝对精神其实就是客观思维,它既作为主体又作为客体,既作为思维形式又作为思维内容出现。在康德和前康德哲学中,甚至在黑

---

① 亚里士多德:《物理学》,商务印书馆,1982,第49页。
② 黑格尔:《哲学史讲演录》,第四卷,商务印书馆,1983,第376页。

格尔哲学中,观念主义导致了意识、语言和表象的三位一体。它强调观念秩序与事物秩序的相互一致以及前者的优先地位,语言丧失了自己的自身性或独立实存,它以实现充分的表象功能为己任。在这些哲学形态中,词获得了表象思想的任务和能力,它们是绝对透明的工具,不是思想的外部效果,而是思想本身。[1] 福柯的如此分析意味着观念、本质和形式之间密不可分,文学艺术意义上的形式主义因为语言在当时没有独立地位而不可能出场。

从福柯关于观念学与批判哲学的关系的论述中可以看出,前者维护的是早期现代性对于事物的观念性存在或表格空间中的存在的关注,而后者在某种意义上开辟了事物回归自身的可能性;尽管康德从总体上说还维护的是先验观念性,但经验实在性在他那里也是一个重要的课题。福柯关于生命问题的探讨为我们提供了最有意义的描述,这涉及自然在早期现代认识论和后期现代存在论中的不同命运。在17、18世纪,问题的关键是把各种物种彼此重新关联起来,并由此填满存在的端点之间的间距,那时的自然是死的,因为它服从量化的秩序,或者说它丧失了自己的物质性,完全服从观念化的要求,被放置在连续的表格空间中;19世纪的情形完全相反,在自然是活的之范围内,那时的自然是不连续的。[2] 显然,早期现代时期特别强调观念和形式的优先性,万物都是质料,人的身体和语言也不例外。自19世纪以来,事物、身体和语言都开始有了自身的物质性,从而不再被完全观念化,不再被动地被赋予形式。

在早期现代性中,人的理性能力是世界的本体论的界限。观念的秩序和存在的秩序是完全一致的,而一切最终被纳入了观念的秩

---

[1] Foucault, *Les mots et les choses*, pp. 92~93.

[2] Foucault, *Les mots et les choses*, p. 285.

序中,完全服从于连续的表象法则:"各种自然存在者形成了一个连续的整体,因为它们是存在者,不存在打断它们的展开的理由。要表象把存在者与它自己分离开来的东西是不可能的;因此,(各种符号和特性的)表象的连续性和存在者的连续性(结构的极其接近)是相关的。"① 这是一个强调大写的、普遍的、单一的秩序的时代,任何事物都只有观念性,并因此没有自身生命、没有自身独立存在,完全被纳入到了相对其他事物而言的普遍性链条之中,服从的是机械决定论。自然史最能体现生物在早期现代秩序中的命运。存在被散播在一张巨大的图表中;生命与那些同它们自己绑在一起的形式相分离。存在在始终是可分析的表象空间中被给出;生命隐退到一种就其本质而言难以达到的、只有在它为了表象自己和维持自己而在这里或那里所做出的努力中才可以抓住的力量之谜中。

简言之,贯穿整个早期现代时期,生命与受制于广延、重量和运动的任何事物一样隶属于物质存在的本体论。正是在这一意义上,所有的自然科学,尤其是生物科学都具有一种深层的机械论倾向。② 在笛卡尔关于物质存在的本体论学说中,突出的是广延以及洛克所说的第一性质,至于第二性质则被完全抛到了一边。这一切恰恰意味着事物被观念化,同质化,从而没有了自己的独特性或自身性。在后期现代性中,一些重要的变化出现了。最根本的原因就在于,理性的自我批判、理性与非理性的张力关系表明,普遍秩序变得支离破碎,事物各自向着自身回归,或者相互间形成多样化的关联。福柯写道:"伴随居维叶,正是这个既本体论的又表象的网状结构被确定性地撕裂了:各种生物因为它们活着而不再能够形成由各种渐进的和

---

① Foucault, *Les mots et les choses*, p. 285.
② ibid.

渐增的差异构成的一个组织,它们应该紧缩在彼此完全分别的、作为同等维持生命的不同平面的一些协调一致的核心的周围。"①无论如何,后期现代性看到了事物、尤其是生物的自身维度。

自 19 世纪以来,抽象的广延概念已经不足以描述生命或生物的多样性:"从居维叶开始,至少作为第一个要求,生物避开了广延存在的普遍法则,生物存在局域化了、成为自主的了;在存在的边界之内,生命就是外在于存在但又在存在中被显示出来的东西。就算人们提出了它与非生物的关系的问题,或它的物理-化学规定性的问题,这也根本不是处在那个顽固坚持其古典样式的一种'机械论'的路线上,而是以一种全新的方式把两个自然彼此连接起来。"②无论如何,后期现代性意味着复杂化。这是因为,尤其就生物而言,有机体体现着内在与外在、生命与非生命的张力关系。于是,机械论与有机论(活力论)之间的对立出现了。早期现代性只关心内在,在观念的秩序中,根本就没有什么外在,一切都被简单化了,并因此可以被纳入机械的秩序中。后期现代性让内在外在化,并因此开始让一切都充分展示其生机和活力,从而摆脱了机械的世界秩序。

康德的先验观念主义批判所谓的精神主义,但它却面临着一种全新的精神主义的挑战。这种精神主义在 19 世纪中后期以来的法国哲学中占据了非常重要的地位,其影响从比朗一直延续到梅洛-庞蒂、利科和亨利;即便在德国哲学中,精神主义也有了出场的可能性,至少在法国新黑格尔主义者看来,黑格尔的《精神现象学》以及其更早的作品是可以从法国精神主义角度来解读的。唯理论可以说是一种与唯物主义对立的、强调心灵/精神实体的精神主义,③但法国 19

---

① Foucault, *Les mots et les choses*, p. 285.
② Foucault, *Les mots et les choses*, p. 286.
③ 参康德:《纯粹理性批判》,人民出版社,第 301、537 页,中译为唯灵论。

世纪中后期以来盛行的精神主义却强调身心统一。这种精神主义在美学理论中也有其表现:在观念主义、本质主义、形式主义合一的早期现代美学之后出现了浪漫主义与现实主义的对立。后者要求我们充分考虑作家或艺术家的生平和社会生活对于文学作品分析的重要性,在一定程度上承认了事物或身体的物质性;前者既强调主观理想、抒发强烈的个人内心情感,又崇尚自然风光,带有让自然返魅或恢复其神秘的倾向。两者都开始克服形式和质料的二分。

后期现代法国哲学的主流是精神主义,整个 19 世纪中后期哲学、20 世纪上半叶的新黑格尔主义和实存主义哲学都深受其影响,甚至在 20 世纪后半叶的哲学解释学或文本解释学中依然有其影子。精神主义像观念主义一样承认主体的赋形或赋义功能,但是,既然存在着从普遍理性主体到个体实存主体的演变,这种赋形或赋义色彩就会不断弱化,从而会不断弱化形式与质料的二分。需要注意的是,正是在精神主义和生命主义哲学中、正是在现实主义和浪漫主义美学中,形式概念逐步丧失其古老的含义,不再与主体、精神、本质密不可分。形式逐步接近于语言表达形式,其内容或是情感或是观念,但都有其现实的或实在的源泉。俄国形式主义显然否定观念主义(本质主义)把形式与观念相等同,更不承认有一个能够赋予材料以形式的主体。与此同时,它既拒绝接受现实主义关于形式与内容相统一但形式服从内容的原则,也拒绝精神主义关于形式与内容相统一但依然承认赋形或赋义主体的倾向。

康德的先验形式主义典型地代表了传统的形式与质料二分学说。在他那里,尽管存在着理论理性与实践理性的区分,但两者无疑都围绕表象思维和形式优先原则而展开,并因此否定了现象或事物的自身物质性。不管理性的理论知识还是理性的实践知识,①它们的内容都是先天地被规定的,这就明确地承认了形式对于质料的逻辑优先性。就理论理性而言,现象不过是感觉材料与作为形式的时空、进而与作为形式的范畴的综合。这显然意味着异质因素之间的外在结合,也就是说,康德关注的是把人的知性(智力)形式以及从属于它的质料(材料)结合起来,根本不可能触及具有自主性的物质或事物。康德区分现象与本体,认为我们的认识所及的范围是现象界,而在己之物是我们无法通达的,这正表明了他的现象概念的观念化色彩。按照柏格森的解读,在康德那里被呈示给我们的知性之质料与这一知性本身之间不存在任何的亲缘关系,而两者间的一致来自于知性把它的形式强加给质料。②

柏格森通过批判康德的知性学说开启了形式与质料学说的转向:他承认世界就是物质,同时又承认,世界也是意识,而且不需要从物质中推出意识。这是因为,设定物质世界,我们就已经给出了形象的一个整体,并且此外不再能够给出其他东西。③他显然没有把物质视为意识的对象或产物,因为在无与物的交融中,意识根本就不可能有独立的存在。萨特曾经就此评论说:"如果事物在其实存本身中已经是意识,那就不需要从事物中产生出意识。"④柏格森当然没有承认物质的完全自足,因为它有赖于与身体经验的密切关联。身体属于物质世界整体,是其中的某种独特形象,甚至可以说是其中心形象,所谓如果我的身体是一个能够对围绕它的那些客体产生一种真

---

① Kant, *Critique of Pure Reason*, The Macmillan Press Ltd., 1933, p. 18.
② Bergson, *L'évolution créatrice*, in *Œuvres*, Presses Universitaires de France, 1984, p. 798.
③ Bergson, *Matière et mémoire*, Presses Universitaires de France, 1997, pp. 31~32.
④ Sartre, *L'Imagination*, Presses Universitaires de France, 1948, p. 45.

实的、新的行动的客体,它必定面对它们占据一个优越的处境。① 他并没有放逐意识,但他不再把意识等同于思维或知性,而是视之为本能,即情感意义上的或与身体密不可分的精神。

物质有别于质料,因为它不像后者那样需要知性来赋形或赋义,它具有相当程度的自主性,人的本己身体尤其具有自主性或自身物质性。换言之,身体代表了精神的肉身化,而精神性意味着物质性和观念性的统一。柏格森在谈论意识状态时表示:"实际上,一方面是精神性,另一方面是与知性联系在一起的质料性,因此存在着两个相反方向的进程。"②很显然,支撑着精神性(感性)的物质性与从属于观念性(知性)的质料性判然有别。自然因为本能、情感而五彩缤纷且充满生机,把意识局限于知性却意味着单一和固化,意味着把一切都纳入到同质空间中,所谓意识越是被智力化,物质越是被空间化。③柏格森抵制空间化,因为这会导致绵延的中断和生命的终结。作为一个主张身心统一的后期现代哲学家来说,他显然走得还不够远。对于福柯来说,同质化属于时间思维而不是空间思维的特征。柏格森哲学的情感意识和康德哲学的知性意识一样导致了同质化,都受制于观念性,尽管有程度的差异。

生命哲学家柏格森对康德的批判姿态与实存论现象学家海德格尔对康德的相关读解有很多相似之处,并因此迥然有别于认识论现象学家胡塞尔在这一问题上对康德的忠实。胡塞尔的表象理论和范畴直观学说表明,质料在他那里完全被观念化了:作为意向相关项,它完全摆脱了康德哲学中的任何的感性残余。他明确强调表象的形

---

① Bergson, *Matière et mémoire*, pp. 14~15.
② Bergson, *L'évolution créatrice*, in *Œuvres*, p. 665.
③ Bergson, *L'évolution créatrice*, in *Œuvres*, p. 656.

式与材料(Stoff)之间的绝对区别,并且这样表示:"为了便于区分,我们在范畴对立中不说质料,而说材料;另一方面,在谈及至此为止的意义上的质料时,我们则着重强调意向质料,或者也可以说,立义意义。"①很显然,胡塞尔的相关观点比早期现代哲学家更极端,因为质料不仅丧失了物质的自身维度,甚至摆脱了与物质的感性关联,它完全成了意向活动的构成物。无论如何,他始终受制于传统的形式与质料二分学说。

在胡塞尔那里,客体化行为具有奠基意义,因为只有客体化的行为才具有自己的质料。② 在亨利的解读中,"面向事物本身!"这一口号在胡塞尔那里回到了最古老的偏见,因为它以传统的方式把现象性的起源归诸于意识。③ 由于突出意识的意向性与构造功能,现象性在胡塞尔那里只不过意味着意识的无在无着。但这种无并不纯粹。这是因为,在其《逻辑研究》观察到自我(moi)是意识的综合和超越的产物之后,他在《观念》中又回到了先验之我(Je)的经典论题。④ 其实,尽管存在着自我是被构造者和构造者的差别,萨特的学说就像胡塞尔的学说一样否定了现象性与物质性的关联。换言之,在他们的哲学中,重要的始终是观念性,物质性不可能有任何的地位。后来的法国哲学家不同程度地克服了观念性迷恋,梅洛-庞蒂、列维纳斯、利科等人不同程度地突出了物质性,在亨利、马里翁、德里达和福柯等人那里,则已经从强调观念性与物质性的统一发展到观念性完全让位于物质性。

---

① Husserl, *Recherches logiques*, Tome III: élément d'une elucidation phénoménologique de la connaissance (recherche VI), Presses Universitaires de France, 1963, pp. 168~169.
② 倪梁康:《胡塞尔现象学概念通释》,生活·读书·新知三联书店,1999,第286页。
③ Henry, *De la phénomènologie*, Tome I: Phénomènologie de la vie, pp. 60~61.
④ Sartre, *La transcendance de l'ego*, Librairie Philosophique J. Vrin, 1966, p. 20.

海德格尔批判主体形而上学,要求摆脱意识现象学,理应克服观念化倾向并突出物质性。然而不无悖谬的是,他的核心概念此在却与身体完全无关、与物性根本无涉。尤其让人困惑的是,他看重的是无及其无性。严格说来,在其早期思想中,他突出的是无在无着,而在其后期思想中,物在物着扮演了更重要的角色。不无悖谬的是,无在无着在他那里似乎水到渠成地过渡到了物在物着。按照他的说法,此在从各种可能性出发理解自己,他通过其筹划被抛入不态中,因此有必要追问实存论上的不态之无性的存在论意义。① 不能把不或无简单地等同于欠缺和剥夺,我们不能像科学地谈论雨或山那样谈论它们,无原则上仍然是任何科学都不能够通达的,而任何真正想谈论无的人都有必要成为非科学的。② 有必要谈无,因为无本身在无着。③ 但无终归要回到有,因为那并不是一个存在的无却绝不妨碍它以它自己的方式属于存在。④

在列维纳斯的批判读解中,无在海德格尔哲学中代表的恰恰是充实和实存本身:"我们仍然可以从海德格尔那里找到这种从无向实存的转变。海德格尔式的无仍然有一种活动和存在:无在无着。它并不处于宁静中。在无的这种产生中,无肯定自身。"⑤尽管海德格尔刻意用此在来淡化主体、意识、精神、甚至生命之类概念,法国哲学界仍然把其《存在与时间》视为主体哲学、人道主义哲学的代表作。依据列维纳斯对是书的解读,无在无着在其中意味着主体的自身物性,即主体或个体不可避免地要向自身回归,并因此承担起自身:"实

---

① Heidegger, *Être et temps*, p. 224.
② Heidegger, *Introduction to Metaphysics*, Yale University Press, 2000, p. 27.
③ 海德格尔:《路标》,第132页。
④ Heidegger, *Introduction to Metaphysics*, p. 118.
⑤ Lévinas, *Le temps et l'autre*, p. 28.

存者照管他自身。这种照管他自身的方式——乃是主体的物性。"① 个体始终囿于孤独经验中,而孤独与物性合为一体。② 个体与外部事物以及他人的一切关系都最终服从于从自我到自身的回归。海德格尔认为在世界之中存在的是一种共同此在,这当然意味着此在走出自身;问题在于,此在在良心的感召下最终会从这种绽出中回归自身性,这种自身性是物性而不是无性。

在后期的诗意之思中,海德格尔重点关注天、地、神、人的物性。语言有其物性,它自说自话,与此同时,它与上述四者的绝对显现联系在一起。他表示,语言本身就是语言,而不是它之外的任何东西,语言之为语言意味着语言说,根本不用考虑谁说和说什么,我们把说留给语言,我们既不想语言以某种并非语言本身的东西为根据,也不想用语言来解释其他东西。③ 这既否定了主体(此在)的支配地位又否定了语言的表象功能,简言之,语言摆脱了意识对它的观念化。就像后学福柯一样,他突出语言而贬抑主体,在他那里,人是语言的工具,而不是反过来。不是人在说,而是语言在说。人的确在说,因为他们听,他们听从或回应那寂静之音的命令。④ 语言仅仅关乎自身,它讲述自己的故事。事实上,凡物都有其物性,语言也不例外。告别主体形而上学,既解放了语言,也解放了万物,最终也解放了人。

海德格尔以一只壶为例来谈论物之物性。壶是一个独立的、自己支撑着自己的东西,它有别于客体。我们当然可以在直接的知觉中,或者在回忆的再现中把它置于我们面前,从而使它成为一个客体,但物之物性特征不在于它是被表象的客体,它也绝不在任何方式

---

① Lévinas, *Le temps et l'autre*, p. 36.
② Lévinas, *Le temps et l'autre*, p. 39.
③ Heidegger, *Poetry, Language, Thought*, pp. 190~191.
④ Heidegger, *Poetry, Language, Thought*, pp. 209~210.

上可以根据客体的客体性来加以界定;表象和展示导致客体化,所谓的揭示反而成了遮蔽,以致从客体的客体性、从自己支撑的展示出发,没有一条通向物之物性的道路。① 如此一来,究竟什么是壶之物性呢?海德格尔撇开它相对于主体的客体化、相对于此在的用具性来考虑,认为壶的物性在于它之作为容器;物性当然不排斥泥土之实,但它把空间之虚也包括在内了:所谓虚空、空无乃是使器皿能够容纳的东西,所谓空的空间、壶的这种无乃是壶作为容纳的器皿之所是。② 与柏格森说物质中没有任何的无不同,海德格尔早期思想使此在的无具有物性,在其后期思想中,甚至任何的无都变成为物了。

　　壶之无的物性就在于,这一虚空既容纳天地的赠礼又慷慨赠与。它盛满由天地玉成之果实酝酿的美酒,盛满藉天地元素之联姻孕育的甘泉;无献祭美酒祈神饮,馈赠甘泉解人渴;大地、天空、诸神和终有一死者的人于是逗留在这一受赠和赠与之中。天、地、神、人的聚集否定了或贬抑了神性和心性,而这就是真正意义上的物在物着。海德格尔这样写道:"物在物着;物在聚集,它居有这四方,它聚集四方的逗留和片刻为某个逗留片刻的东西——此物彼物——之中。"③ 他启用古高地德语 Thing(物)的聚集含义来排斥罗马词语 res(物),因为后者指的是以某种方式与人相关涉的东西。④ 显然,在没了中心的天、地、神、人的世界中,神性和心性的地位降低了,甚至根本就不起作用了,而真正的物性突显出来了。

　　古代性把神、现代性把人作为自然之镜,而在海德格尔描述的四方聚集中,任何东西都可以成为镜子,都可以互为镜子,所谓的世界

---

① Heidegger, *Poetry, Language, Thought*, p. 167.
② Heidegger, *Poetry, Language, Thought*, p. 169.
③ Heidegger, *Poetry, Language, Thought*, p. 174.
④ ibid.

只不过是镜子游戏的展开。如果我们借用鲍德里亚的说法,根本就无所谓镜子:"世界没有对等物。这甚至是它的定义或它的非定义。没有对等物,没有复本,没有表象,没有镜子,不管何种镜子都仍然是世界的一部分。不存在既为世界又为其复本准备的位置。"①他认为交换是不可能的,因为没有可交换之物,比如思想既不能交换真理,也不能交换实在,经济系统或任何其他系统也一样。② 他尤其不承认象征交换,认为在各种现代社会构成的层次上不再有象征交换,不再有作为组织形式的象征交换。③ 如果说存在着交换,那也只存在于系统之内,并因此是自身交换。海德格尔所说的世界就处于这种自身交换式的镜子游戏中:"地和天、神和终有一死者四方之纯粹单一的这种居有着的镜子游戏,我们称之为世界。世界通过世界着而呈现。"④

物之为物相应于世界之为世界,物在物着相应于世界在世界着。这个世界显然不是康德所说的现象界,而是梅洛-庞蒂所说的生长意义上的自然。海德格尔表示,如果自然被片面地从外部视为质料,精神就会相应地被看作是无质料的东西。⑤ 其实,鲍德里亚所说的幻象和海德格尔所说的无都作为事件运转着。在天、地、神、人的游戏中,显然不存在人与自然的二分:"物何时以何种方式作为物出现呢?它们并不借助人的制作而出现。但它们也不会在没有终有一死者的留神关注的情况下出现。"⑥物以自己的方式物着,人虽有其独特性,但他们终究和其他东西一样成为世界之物,所谓只是从世界来结合自

---

① Baudrillard, *L'échange impossible*, Éditions Galilée, 1999, p. 11.
② Baudrillard, *L'échange impossible*, pp. 11~12.
③ Baudrillard, *L'échange symbolique et la mort*, p. 7.
④ Heidegger, *Poetry, Language, Thought*, p. 179.
⑤ 海德格尔:《路标》,第 277 页。
⑥ Heidegger, *Poetry, Language, Thought*, p. 181.

身者终成一物。① 列维纳斯批评性地表示,置存在的中性于存在者就是在宣布物质主义,而海德格尔的后期哲学变成为这种可耻的物质主义。②

法国精神主义的主要开创者比朗以及它在19世纪末20世纪初的代言人柏格森,否定观念主义把一切都内在化、观念化,通过关注身体,他们部分地恢复了身体和事物的物性。法国实存论现象学传统延续并不断强化这种倾向,导致了无性和物性之间关系的复杂化,总体倾向是要求现象学的彻底化,并因此越来越把现象性与物性而不是无性联系在一起。萨特主要接受的是胡塞尔《观念》第一卷所代表的意识现象学,正因为如此,虽然他明确否定先验观念主义,其哲学依然可以归属于一般观念主义之列;他在很大程度上还在维护理想,尽管不是人类理想而是个人理想;他虽然不再推崇人类英雄,但他赞赏个体英雄;他虽然否定笛卡尔式的反思,但他至少坚持一种情感之思。他对精神主义的态度比较复杂,围绕焦虑、绝望之类情绪展开的精神在他那里似乎脱离了身体、远离了物质,而这本来是应该引出身体和物质的。

萨特批判笛卡尔式的心身二分,但这种二分以存在论意义上的为己和在己二分形式再次出现。正因为如此,他在实存论上将心和身、为己和在己统一起来的努力没有能够取得成功。他把胡塞尔所说的意识的意向性不是理解为内在性,而是理解为超越性,主张完全掏空意识,显然引出的是意识的无在无着。当然,他尤其突出了无在无着或无的被动形态。他这样表示:"无不存在,它'被存在'",由此

---

① Heidegger, *Poetry, Language, Thought*, p. 182.
② Lévinas, *Totalité et infini*, p. 333.

"无并不无着,无'被无着'"。① 这事实上暗含了意识对意识之外的东西的依赖性,为后来的哲学家突出意识或主体的被动性埋下了伏笔。从笛卡尔的心灵实体到康德的先验统觉再到胡塞尔的先验之我,意识显得越来越纯粹,但其中藏有的私货并没有被完全掏空。萨特表示,现象学并不需要求助于一个进行统一的、个体化的我,所谓意识的现象学观念使我的进行统一和个体化的作用完全没有用处,因此先验之我没有存在的理由,甚至先验之我就是意识的死亡。②

萨特无疑比胡塞尔还要强调无及其无性。利科非常到位地评论了他们两人在这一问题上的关系:"清除了在己、甚至自我,完全外在于自我的萨特式的意识乃是通过一种超级还原而彻底化的胡塞尔式的意识。"③然而,这种无需要有的支撑,萨特因此始终坚持无的无性,而不像海德格尔那样为无在无着主张物性。通过使无无着(néantiser le néant)或通过掏空意识,萨特通达的是反思前的意识而不是反思意识。纯粹意识在指向对象的同时指向作为对象的自我,并因此在形成对象意识的同时形成自我意识。在他那里,现象的观念性或质料性完全对应于意识的无性,从而与物性无涉。在萨特发表《存在与虚无》的时代,现象学意义上的现象对于意识的依赖性是显而易见的,这在偏好胡塞尔学说的人那里自不待言,在接受海德格尔的人那里同样如此,不管纯粹意识还是处境意识都具有意向性。

萨特本人面临着胡塞尔和海德格尔这两位导师之间的张力关系,他同样主张现象依赖于意识,并因此在很大程度上维护的是观念性。当然,在谈论自为的身体、在探讨情感的时候,他在一定程度上

---

① Sartre, *L'être et le néant*, p. 57.
② Sartre, *La transcendance de l'ego*, p. 23.
③ Ricœur, *À l'école de la phénoménologie*, Librairie Philosophique J. Vrin, 2004, p. 166.

注意到了身体的物质性维度。无论如何,作为一个意识现象学家,他没有确立身体主体,也因此不可避免地坚持观念性针对物质性的优先性。萨特式的自为逃避处境,这意味着强调无被无着,但它其实部分地接受了处境化,也因此部分地承认了物在物着。在梅洛-庞蒂那里,具有精神性的身体成为了主体,并因此实现了身体与心灵的统一;与此相应,他否定散文语言与诗歌语言之间的萨特式区分,部分地恢复了语言的物性,或者说承认了语言的物质性和观念性的统一。他的身体哲学接受了来自精神主义者比朗、柏格森和马塞尔等人的影响,明确否定笛卡尔、康德以及新康德主义者的观念主义,在身体、语言、历史和自然等方面都淡化了观念性,为物质性留下了相当大的空间。

梅洛-庞蒂创造性地读解胡塞尔在其未刊稿《观念》第三卷中的看法说:"一种真实的精神从本质上说只能与物质性联系在一起,只能作为某一身体的真实的精神。"① 其早期、中期和后期哲学分别围绕身体现象学、语言现象学和存在现象学展开,虽然最基础的始终是身体问题,但显然越来越淡化观念性、突出物质性。身体现象学强调知觉的首要性,认为在知觉中,事物"亲自"或"有血有肉"地被给予我们。② 它拒绝承认无及其无性,因为身体主体取代了意识主体;它同时也否定身体的客体性,因为身体是身心统一体。最终说来,身体实现了无与物的汇聚、观念性和物质性的统一。人扎根于大地也使世界恢复了物性,它使一种不再是物质,但也不是意识或者精神的东西获得思考。③ 语言现象学认同诗意之思,借助艺术直观使语言回到其知觉基础,提升了身体经验并否定了语言的纯粹表象功能,进而相

---

① 梅洛-庞蒂:《哲学赞词》,第167页。
② Merleau-Ponty, *Phénoménologie de la perception*, p. 369.
③ Merleau-Ponty, *Parcours deux 1951~1961*, p. 16.

应于身体的物性突出了语言的物性,这其实也是对历史和文化的物性的承认。

存在现象学把一切回溯到不是物质,不是精神,不是实体,可以用元素这一古老的术语来界定的世界之肉,①以野性的存在或野性的精神的名义恢复了自然的物性。"面向事物本身!"在梅洛-庞蒂那里绝对区别于观念主义的向意识回归。② 马塞尔哲学、列维纳斯哲学和利科哲学以及亨利早期哲学大体上属于身体现象学,就像在梅洛-庞蒂哲学中一样,通过本己身体或身体主体的概念突出了身心统一、物质性和观念性的统一,他们关于语言、历史和自然的看法也大体如此。在3H时代,法国哲学暗含了心性的重要性,尽管这种心性越来越受到物性的侵蚀。但自3M时代以来,法国式的"面向事物本身!"开始排斥心性,逐步放弃了自然之镜。它关注事物的自身给出、自身显示和相互作用。现象既摆脱了双重依赖(康德的现象同时依赖于意识和物自身),也不再单向求助(3H一代哲学家的现象总是预设了纯粹意识或身体意识),它绝对地给出自己,由此引出了所谓的物质现象学。

物质现象学排除了主体及其意识。德里达表示,现象学家是一个积极的实证论者,他面向事物本身,消失在含义的原初性和原始性面前。③ 意识及其意向性或者说无及其无性不再是现象向之呈现的镜子。率先提出物质现象学这一概念的亨利主张把现象学问题彻底化,要求考问现象性据以原初地自我现象化的模式,考问纯粹现象学物性。④ 这种物性首先指称主体的绝对自身性,它突出生命现象的自

---

① Merleau-Ponty, *Le visible et l'invisible*, p. 184.
② Merleau-Ponty, *Phénoménologie de la perception*, p. iv.
③ Derrida, *L'écriture et la différence*, p. 229.
④ Henry, *Phénoménologie matérielle*, p. 6.

身感动,维护身体的内在性,拒绝任何的反思模式。生命现象否定任何形式的迂回:亨利拒绝梅洛-庞蒂的处境意识,更不接受利科的解释的迂回。他表示,自我与其本己身体的主观关系不外就是这一身体与它自己的原初关系,因此不存在一方面是一个自我,另一方面是一个身体,以及构成它的各种各样的能力,而是这些能力中的每一个都处于自身感动中,藉此这一能力没有任何距离地向它自身呈现;这一作为一种自身感动的感动就是自身性。①

生命的特质不在于外在意向性,而在于内在情感性,它排斥理智假定。为了向我们给出它自身,除了它自身,它不需要任何东西;它乃是自身给出,是"原始事实"。② 显然,"面向事物本身!"要求主体真正地回到自身,而不是在反思中把自己客体化。物质现象学关注生命的现象性,生命就是现象性,生命给出它自身,生命就是这一给出本身。非意向性现象学于是被视为未来现象学的任务。③ 不管纯粹意识还是身体意识都无法逃出意识的意识、认识的认识之类反思的怪圈。亨利认为作为自身物质性的自身感动走出了这一困境。更为重要的是,生命是万物之本,而不是某种局部现象:"生命不是某种东西,比如不是生物学的东西,而是全部事物的本原。"④马里翁推进了亨利的物质现象学。他主要考察现象的不依赖于主体的绝对给出的物性。他既不把现象命名和思考为一个客体,也不把它命名和思考为一个存在者。⑤

现象学的实质是还原,但有三种形式的还原:第一还原是先验

---

① Henry, *De la phénomènologie*, Tome I: *Phénomènologie de la vie*, p. 35.
② Henry, *Philosophie et phénoménologie du corps*, Presses Universitaires de France, 1987, p. vi.
③ Henry, *De la phénomènologie*, Tome I: *Phénomènologie de la vie*, p. 105.
④ Henry, *Phénoménologie matérielle*, p. 7.
⑤ Marion, *Étant donné: Essai d'une phénoménologie de la donation*, p. 439.

的,第二还原是实存的,第三还原是纯粹的,它们分别与胡塞尔、海德格尔和马里翁相关联。① 真正说来,这三种还原涉及马里翁与自笛卡尔以来的现代哲学,尤其是与康德、胡塞尔、海德格尔哲学的关系,当然也包括这些哲学彼此之间的关系。马里翁认为前两种还原是不彻底的,而他自己的建立在第三还原基础上的现象学突出给出在一切现象性中的优先性,②并因此产生了真正的突破。从笛卡尔经由康德到胡塞尔,尽管自我不断从实体转向功能,在海德格尔那里甚至出现了似乎既不是自我、却又与它具有同等功能的此在,但自我或类自我的东西始终具有优先地位。但在马里翁这里,自我消失了,剩下的只有绝对给出,即给出给出且给出自己,因此确证自己(La donation donne et se donne, donc se confirme)。③ 此前的现象学几乎都强调主体的赋义作用或构造功能,而现在的情形是,现象自己给出自己,不依赖于任何构造者或赋义者。

问题的实质在于,所谓的现象如何能够超越于任何视域并且不依赖于任何自我地给出自己。这意味着呼唤一种就其视域而言无条件的、不可还原到一个自我的现象的可能性。④ 马里翁依循由康德定义的知性范畴的引导线索来勾勒对饱和现象的描述,⑤涉及事件、偶像、肉身和圣像四种饱和现象。它们中的每一个都意味着绝对的自身给出,或者说它们都绝对地自己给出自己,这其实就是绝对的物质性。每一种现象都意味着自身性或自身物质性,而由四者的统一构成的神或绝对启示则是这种物质性的终极象征。马里翁的给出现象

---

① Janicaud, *Le tournant théologique de la phénoménologie française*, p. 44.
② Marion, *De surcroît: Études sur les phénomènes saturés*, p. vi.
③ Marion, *Étant donné: Essai d'une phénoménologie de la donation*, p. 88.
④ Marion, *Étant donné: Essai d'une phénoménologie de la donation*, p. 265.
⑤ Marion, *Étant donné: Essai d'une phénoménologie de la donation*, p. 280.

是法国现象学运动的一个非常好的总结。在整个运动中,萨特对虚无或纯粹意识的关注导致物质性的完全丧失,梅洛-庞蒂对存在或身体意识的关注则意味着物质性的逐步回归,列维纳斯和利科在很大程度上认可了梅洛-庞蒂的努力,从不同角度恢复了物质性的地位;真正说来,只是在亨利和马里翁那里,非意向性的现象学才抛弃了观念性的最后残余,从多个维度恢复了物质性。

物性的回归是通过克服观念主义而实现的,在这里涉及从观念主义到精神主义再到物质主义的演进,而在这一进程中需要解决心理主义和自然主义难题。对于观念主义者胡塞尔来说,19世纪的最大问题是心理主义问题,而心理主义与自然主义、相对主义不可分割。福柯像胡塞尔一样否定心理主义,但他因此也否定自然主义吗?胡塞尔通过反自然主义而回归先验的或纯粹的观念,福柯则主张消除一切观念化的残余。那么,福柯在胡塞尔引发的反自然主义(反心理主义)与自然主义(心理主义)之争中何去何从呢?他明确否定现象学方法,因为它预设了先验主体或者说纯粹意识主体。他显然没有在意识主体与身体主体之间进行细分,任何主体都不可避免地意味着观念化。我们应该在当代性和现代性的对比中来理解福柯对于自然主义的姿态。

西方文化业已经历以神学(神话)思维为特征的从泰勒斯到笛卡尔的前现代阶段、以哲学(思辨)思维为特点的自笛卡尔至黑格尔的早期现代阶段和以非科学思维(非思)与科学(实证)思维为特色的从黑格尔之后到梅洛-庞蒂的后期现代阶段,最后则进入了自梅洛-庞蒂晚期以来的以福柯为代表的不仅强调非思而且突出非人的当代阶段。当代性以其非思且非人倾向远离了前现代性意义上的神思、超越了早期现代意义上的我思、推进了后期现代意义上的非思。在前现代性、早期现代性、后期现代性和当代性中,自然主义扮演了非常不同的角色,导致了神性(神圣性)、心性(观念性)和物性(物质性)之间的复杂的关系。我们倾向于认为,在早期现代性与观念主义之间、后期现代性与精神主义之间、当代性与物质主义之间存在着某种相对明显的对应关系。

我们尤其关注现象学针对自然主义的立场,这一立场最终也可以被归结为其内部的观念主义、精神主义和物质主义这三种尽管多有交集但大体上前后相继的形态是如何看待自然和人的自然的。观念主义现象学表现为科学之思与反自然主义的对应关系,精神主义现象学相应于诗意之思与反自然主义的关系,物质主义现象学相应于非人非思与新自然主义的关系。胡塞尔以一种先验观念主义的姿态来否定各种形式的自然主义。他认为自然主义者打着理性的旗号,却把理性和意识自然化了,走向了严格的科学只能是实证科学[①]的立场。胡塞尔批判自然主义或实证主义,不是因为它维护科学,而是因为它维护实证科学或实验科学。胡塞尔认为,只有从具体科学中走出来,才能实现早期现代哲学追求的、他依然维护的普遍科学理想。正因为反自然主义,观念主义现象学维护心性或观念性,不可能承认任何的物性或物质性。

胡塞尔的意识现象学被海德格尔和梅洛-庞蒂等人发展成了要么不言明的、要么明确的身体现象学,这种身体现象学隶属于精神主义传统。法国现象学的主要灵感源泉是海德格尔,而海德格尔大体上说是一位身体现象学家。与身体哲学合拍的法国精神主义贬抑我思并提升我能的努力远离了观念主义、尤其是先验观念主义。它突出反思对未经反思者的依赖,强烈批判科学思维,不仅否定普遍科学

———————
[①] Husserl, *The Crisis of European Sciences and Transcendental Phenomenology*, Northwestern University Press, 1970, p. 5.

理想,尤其否定实证科学模式,并因此带有不同程度的反自然主义倾向。精神主义以其非理性主义甚至反理性主义颠覆了大理性主义(启蒙理性),但它直接针对的则是英美哲学中的小理性主义。正因为如此,它既否定大理性主义和胡塞尔哲学所追求的普遍科学理想,也强烈地否定科学主义和实证主义形式的自然主义。然而,它并不因此否定心理主义、历史主义和相对主义,从而又与自然主义维持着某种非常复杂的关系。正是在这种复杂性中,精神主义强调的是观念性与物质性的统一,而没有走向两极之一。

20 世纪 60 年代以来的当代法国哲学实现了现象学与结构主义、后结构主义、后现代主义的混合,体现出文化和科学之间的充满张力的共谋。极度的诗意之思和极度的科学之思不仅共同确保了神殿的空寂,而且一起推动了心性的终结,展示的是人对物性的分有。然而,诗学和科学毕竟关注的是不同的物性:一个围绕文化的物性,一个指向自然的物性。文化在与自然的对立中渐行渐远,它不仅远离了自然,甚至也不受制于人的自然(心性),因为它越来越具有强大的自身物性;然而,文化也可以说是第二自然,正如结构主义、后结构主义和后现代主义都充分表明的,它有其自然历史进程。无论如何,人文哲学及其影响下的人文科学的主流趋向是文化唯物主义。科学从微观、宏观和宇观层次对自然(包括人的自然)进行穷根究底的研究,试图建立统一场或把宇宙万物归于奇点。一切都表明,科学哲学以及自然科学的主导趋势是自然唯物主义或物理主义。

文化确实有其充分的自主和自足性,有其自身生命,但这是某种类似于癌变的生命,它通过无限的扩张来吞噬自然和生命。然而,文化始于自然,出于人的自然(心性),终究要和心性一道回归自然。事实上,诗意之思一方面承认文化的物质性(物性)以否定纯粹观念性(无性),另一方面其感性指向最容易认可自然的生命、野性和神秘。

科学之思揭秘自然的努力终归徒劳，客观性诉求并不能掩饰其作为一种文化形式的实质，它只是集中体现了心性的智力维度。科学之思以其抽象化否定自然的生命、野性和神秘，但是，除非有神灵之助，人类终究无法科学地把握宇宙的本原或秘密。真正说来，文化和科学的唯物主义都远离了大地，都否定了绵延着的生命，是两种以不同的方式远离自然却声称忠实于自然的自然主义。两者最终应该让位于生命唯物主义。生命唯物主义是一种自然主义，它承认自然以及自然中的一切都有其自身生命。

不管有没有神，也不管人是否是唯一的理性存在者，生命都不受制于神性或心性，因为生命意味着野性而不是驯服。梅洛-庞蒂后期哲学是一种回归自然之野性的生命哲学。它用野性的存在和野性的精神来描述原初的、有自身生命的自然，用可逆性、交织、绽裂等等来描述万物的基质世界之肉，试图借助一种更原始的要素来探讨主体与客体、心灵与身体、人与世界、精神与物质等等的统一。受梅洛-庞蒂的影响，后来的现象学哲学家都不仅弱化了意识主体，而且淡化了身体主体，在一种去主体的氛围中走向了对宇宙生命的关注，不仅人的身体而且人的意识都最终归属于自然，而自然是有生命的。从总体上看，身体现象学或精神主义现象学否定纯粹意识或先验主体性，走向处境化意识，用身体主体取代了意识主体；然而，后来的物质现象学或物质主义现象学追求彻底性，不断弱化主体的地位，最终导致的是主体的逊位或主体的终结。

作为概念论哲学家，福柯把胡塞尔认识论现象学意义上的主体和海德格尔实存论现象学意义上的主体、把意识现象学关注的意识主体和身体现象学强调的身体主体、进而把现象学意义上的先验主体与康德主义意义上的先验主体都归为相同的类型。对于他来说，由于语言或话语上升到中心地位，主体不可避免地退居次席，或者说主体并不是一种起构造作用的力量，相反的，它本身是一个被构造者。正因为如此，他否定以主体为中心的现象学方法。福柯推进概念论传统并借鉴实存论传统来展开一种物质现象学，这与亨利和马里翁主要延续实存论传统、同时借鉴概念论传统来展开物质现象学可以说是殊途同归。在实存现象学那里意识主体走向了身体主体，而在向物质现象学的过渡中，不仅意识主体而且身体主体都被扬弃了，留下的只有赤裸裸的身体、野性的身体。身体不仅摆脱了观念性，甚至不再突出精神性，它代表的是纯粹的物质性。当然，这里的物质性不是质料性，它意味着任何东西的自身性或自主自足性。

福柯晚期的生命主义和亨利的生命现象学无疑都围绕这种非意向性的身体而展开。非意向性意味着，现象给出自己、绝对地给出自己，它不受制于任何外在力量的掌握和支配。既然任何现象都自己给出自己，萨特所说的有限与无限的对立也就被突破了。现象的绝对给出并不考虑向谁给出，因此不受制于纯粹意识或者身体意识。无论如何，福柯的去观念化和去心理化的努力与非意向性现象学的姿态是完全一致的。这无疑表明，主体已经丧失了作为世界之意义核心的地位。身体虽然有其主动性、活力和生命，但它并不因此就是宇宙的中心，而是应该融入到宇宙之中。宇宙万物之间的关系是物性与物性的关系，不再有一个表象中心，不再有主体，也不再有心性。列维-斯特劳斯差不多以完全科学主义（自然主义、物理主义、唯物主义）的姿态告诉我们，人、心性以及人学最终是没有意义的："这个世界开始的时候，人类并不存在，这个世界结束的时候，人类也不会存在。"[①]自然因此有其严格而彻底意义上的物性。

在西方哲学的历史演进中，我们始终看到的是自然的物性与无

[①] 列维-斯特劳斯：《忧郁的热带》，生活·读书·新知三联书店，2000，第543页。

性之间的此消彼长的关系。在从古希腊哲学到现代哲学的转换中,自然的物性维度逐步退隐,其神性维度改变形式且不断被弱化;在现代哲学的演进中,自然的心性维度呈现为早期现代和后期现代两种形式,先是因为逐步摆脱其物性和神性而越来越强化,然后则因为逐步恢复其物性而越来越弱化;在当代哲学中,自然的心性维度的消失导致神性维度在某种意义上的回归,但这种意义上的神性只不过是物性的象征,自然的无性维度最终完全让位于物性维度,并因此在一定程度上实现了向前现代性的回归。在福柯和亨利等人为代表的当代物质现象学中,自然的心性维度完全让位于物性维度,所谓的现象学神学转向则只有象征意义。福柯晚期哲学重点清理古代哲学与文化,在很大程度上注意到了自然和人的自然的物性,神性在他那里没有地位,心性则一直是他批判反思的对象。这一切都是法国哲学从观念主义经由精神主义到物质主义的自然结局。

结　语

福柯在20世纪后半叶以来的世界哲学、历史、艺术、文学等领域产生了持久而深刻的影响。巴黎是时尚之都，不管物质方面还是精神方面均是如此。福柯哲学受益于斯甚多，而回馈自然也是相当可观。本书与其说是关于这一哲学的研究，不如说是以之为起点的一种尝试与探索。说起这一哲学，人们往往纠缠于诸如知识与权力之类的问题。然而，我们更愿意依循作者死后留下的空的空间，把这位著名哲学家的诸多学术话语放在它们与其他思想家的学术话语、与各种非学术话语、与各种非话语的复杂关系中来考察，由此充分展示一个没有精神的时代之时代精神。很显然，我们需要借助西方文化的众多资源，主要是西方哲学资源，尤其是自笛卡尔以来的德法哲学资源。福柯的主要著作大体上都围绕他所说的文艺复兴时期、古典时期和现代时期展开描述和分析，但在其生命的最后几年却实施了希腊罗马文化之旅。在我们看来，福柯哲学优先进行的是现代性反思，然后经由古代性的迂回引出了当代性问题。

在20世纪法国哲学的发展和演进中，现象学家梅洛-庞蒂的英年早逝代表了后期现代性主要声音的戛然中止，进而敲响了整个现代性的丧钟。其实，就算这位哲学家的去世不是现代性终结的标志，福柯哲学的横空出世也表明现代性黄昏早已来临。康德的批判哲学意味着人类跨入了现代性的门槛，梅洛-庞蒂关于结构语言学的评介、对于身体意向性的关注、针对自然自身性的描述,则意味着人类正在跨出现代性的门槛。如果梅洛-庞蒂的哲学正走在从现代性到当代性的途中,那么福柯哲学已经迈步在当代性的大路上了,并因此集中体现了当代性的实质和精髓。这一对思想系统史进行考古学研究和谱系学清理的哲学显然是非常复杂的,它与众多当今哲学文化思潮有着难以厘清的关系。这位始终与结构主义保持距离的著名哲人其实是结构主义者、尤其是后结构主义者的同路人,他与推动现象学彻底化的亨利和马里翁等人也有许多共同之处,我们在其他地方甚至把其哲学归入物质现象学之列。

20世纪西方哲学的语言学转向在从现代性向当代性的跨越中扮演了十分重要的角色。放眼世界,英美的人工语言哲学还属于现代哲学范畴,但日常语言哲学已经属于当代哲学形态。大陆哲学相当复杂,胡塞尔、前期海德格尔、萨特和梅洛-庞蒂在现象学范围内进行的语言学思考大体上属于现代哲学范畴;后期海德格尔的诗意之思、伽达默尔的哲学解释学和利科的文本解释学已经走在当代哲学的途中,甚至可以被视为其基本力量;处于语言扩张浪潮中的结构主义、后结构主义、后现代主义则完全属于当代哲学形态。福柯哲学以自己独特的方式推动了语言学转向,走向了当代性或者说开辟了通向当代性的道路。他的有别于话语分析的话语描述对于考古学和谱系学两种方法的运用,乃是他对语言学转向和当代性走向的最突出的方法论贡献,为我们充分展示了经验经由话语向知识的转换,而这一切都在话语的物质厚度或自身性上体现出来。

福柯关于话语构成的一般描述,关于对象构成、样式构成、概念构成以及理论选择构成的详尽阐述,关于知识型的构成及其转换的充分陈述,都体现了当代性对于不连续性的极度关注。哈贝马斯说现代性是未竟的事业,但他毕竟在后现代氛围中进行现代性反思,不管其工作有何等的独特性,最终也只能属于当代性叙事的一部分。福柯思想与法兰克福学派思想之间既存在着联系,但也有重要的区别。哈贝马斯在许多地方都提到福柯在后主义中扮演的角色。尽管非常不情愿,他还是被哈贝马斯视为后现代主义这一标签的著名代表人物之一。如果换成我们的说法,福柯是一位当代主义者。后现代主义哲学其实指的是一种消除哲学和文学之间、甚至消除一切学科之间的严格界限的文化思潮。然而,它与像结构主义、后结构主义、新殖民主义、新马克思主义、新历史主义和文化唯物主义这些类后现代主义的思潮的关系如何呢?我们无疑可以用当代主义来统合它们,它们从不同侧面为我们展现了当代性的丰富内涵。

虽然福柯在当代性问题上扮演着极为重要的角色,我们还是要承认梅洛-庞蒂、列维纳斯、阿尔都塞、列维-斯特劳斯、拉康、巴特、利科、德里达、亨利、利奥塔、德勒兹、鲍德里亚、布迪厄、马里翁、巴迪乌、南希、朗西埃、梅亚苏等人在这一方面的卓越贡献。在结构主义和后结构主义以及现象学的后来发展的共同推动下,当代法国哲学实现了现代与传统之分的当代转化,或者说实现了现代性与古代性之别的当代性变迁。以这一转换进程为背景,我们可以通过多种多样的方式进入福柯思想的宝库:话语描述、主体学说、知识/权力理论、理性批判、现代性反思,如此等等。然而,我们可以说这些方面都是混杂在一起的,不可能对它们进行断然的区分,它们或许侧重点有所不同,但探讨的都是相近的问题,首先涉及的是关于现代性的批判反思,进而言之,它们探讨的都是当代性问题,试图为我们展示他所处时代的当代性特征。

为了在现象学和实存主义为一方、结构主义与后结构主义为另一方的背景中来探讨福柯哲学的当代性内涵,一个重要的工作就是在历史主义与历史终结论的张力中来展现他的历史姿态。在后期现代大陆哲学中,哲学家往往都接受了某种历史哲学,尽管世界历史意识逐步让位于个体历史意识、世界历史的大叙事逐步让位于个体历史的实践经验。福柯哲学无疑否定实存主义因为接受黑格尔哲学影响还在维护的历史主义倾向,但它也不像结构主义那样宣称历史终结了。相反,它从各种结构主义文本中读出的是结构与历史的张力,并因此为我们展示了别一种历史,一种话语历史。接受法国年鉴学派为代表的新史学影响,福柯的具有当代性特征的历史学说实际上把一切历史都视为当代史,并且主张在观念史、思想史、科学史、文学史、哲学史之类研究中消除同时性与历时性、静态结构与动态转换、虚构与历史、理论与实践之间的二元对立。

既然涉及历史,就不得不提到时间,既然涉及结构,就不得不提到空间。现代哲学主要致力于探索和解决现代性问题,而现代性与时间性紧密关联;当代哲学描述和分析当代性问题,而当代性与空间性不可分离。两种哲学的对比无疑有助于描述当代性的基本内涵。早期现代意义上的时间是理想的,它或者是一种理想的实在,或者是既具有先天的观念性、又具有经验的实在性的先天形式。早期现代时间观显然受制于观念主义,时间因此与纯粹意识联系在一起。后期现代意义上的时间与个体意识,尤其是其身体意识联系在一起,它代表的是个体在世界之中存在的动态特征,这意味着时间受制于精神主义。由于关注身体意识或处境意识,梅洛-庞蒂的精神主义开始引发空间思维转向。福柯哲学以及与之相向而行的结构主义、后结构主义、后现代主义、现象学的后来形态既抛弃纯粹意识也抛开身体意识,真正用空间思维取代了时间思维。当然,这并不意味着当代哲学完全抛弃时间,它只是在时间三维中突出地强调了现在,不再像古代哲学那样强调过去,也不再像现代哲学那样强调未来。

时间维持同质性,空间则容纳异质性。福柯关于他性或异托邦的理论在其哲学中占有十分突出的地位。理性与非理性之间、西方与非西方之间的支配和反叛关系是他重点关注的内容。然而,这一理论显然有其不足:尽管他批判欧洲中心论,他自己却没有能够跳出欧洲中心论。萨义德表示,在福柯著作中表现出了一些弱点,尽管它们并没有严重地玷污其基本论点的质量和分量:"他的各种盲点中最引人注目的比如是他对于自己基本局限于法国的证据与自己卖弄性的普遍结论之间的矛盾一点也不在乎。还有,他对于他的工作与面对排斥、监禁和控制问题的女性主义的或后殖民的作家的关系没有真正的兴趣。的确,他的欧洲中心论几乎是全面的,仿佛历史本身只是在一群法国和德国思想家中发生一样。而且,随着他的后期著作的目标变得越来越私人和隐秘,他的那些一般化显得甚至更加没有限制,似乎言下之意在嘲笑他摆脱了他们的掌握的那些历史学家和理论家所进行的小题大做的工作。"[1]福柯思想被认为不仅带有某些理论偏见,更重要的是包含着某种不言明的殖民主义倾向。

按照萨义德的分析,现代理智史的经典话题之一是关于在主要的科学、社会和文化探索领域中占统治地位的话语和学科传统的发展,而关于这个话题的范式毫无例外地是从被认为排他地西方的资源中引出的,福柯的著作是一个例子,威廉姆斯的著作是另一个领域的例子。萨义德表示自己相当同情这两位伟大学者的谱系学发现,并且大大地受益于他们;但他同时指出,对于他们两者来说,帝国的经验都是毫无相关的,这种疏忽在西方文化和科学学科中是一种常规,只是在人类学史的一些偶然研究中有例外,而他在其著作《东方学》中尝试做的事情背后的部分动力是要表明,看似超然的、非政治

---

[1] Said, "Michel Foucault, 1926~1984", in Arac (ed.), *After Foucault*, pp.9~10.

的文化学科依赖于非常恶劣的帝国主义意识形态和殖民主义实践史。① 福柯毕竟接受的是西方学术训练，他既不是全能的神，也不是超然旁观的精神，他甚至把精神都排斥在了一边，在如此情形中，安于当下或特定处境是不可避免的，他也因此不可能摆脱视域的局限性。

真正说来，当代哲人福柯不再像现代哲人萨特那样扮演普遍知识分子的角色，他承认自己是特殊知识分子。特殊知识分子不再一呼百应，他在某些特定的领域从事理论活动，其影响在一个平面或平庸的时代显然不宜用"深"和"远"来描述。福柯围绕自己的亲身经历和阅读经验展开工作，他并不试图超然地告诉人们其结论，而是让人们自己去感受，让他们参与到批判的进程中去，他的著作归根结底只为人们提供某种参照。既然作者死了，主动权就完全归于读者。像后殖民主义、女性主义和新历史主义之类思潮，显然接受了其重要影响。他或许没有对它们予以特别的关照，却也不至于对它们采取排斥的姿态。完全接受和根本排斥都代表的是现代性姿态。比如，当他在考虑中国式的动物分类时，其思想中并不带有所谓的殖民主义或帝国主义姿态。他至少有摆脱欧洲中心论的意愿。或许是基于如此考虑，他才没有过多地谈论中国，因为对不熟悉的国度的任何谈论都有虚构一个他者并因此受制于乌托邦之嫌。

福柯哲学新颖而坚实，尽管饱受争议，还是充分展示了当代精神处境。这一判断基于三个理由。第一个理由出自于一种重新导向对于绘画的迷恋、重新导向受排斥者的回归的美学。② 委拉斯开兹绘画在福柯关于表象哲学的探讨中扮演了重要角色，意味着整个哲学在

---

① Said, *Culture and Imperialism*, p. 41.
② Kriegel, *Michel Foucault aujourd'hui*, p. 11.

一幅单一的画中,而整个笛卡尔在委拉斯开兹那里,福柯因此是思想的绘画批评家,正像里夏尔和巴特是文学批评家一样,或者说他是思想的批评画家。① 第二个理由与各门人文科学联系在一起:知识的实证性和实证性的知识。② 经济学、人类学、社会学和历史学在福柯时代呈现出繁荣的样子,而精神分析学和语言学两门学科从此开启了先锋派以便超越于它们的前辈并开辟出一块地盘或者干脆重新整理势力范围,这是雅各布逊、列维-斯特劳斯、拉康的时代,能指和所指、作为语言的结构化的无意识和《亲属关系的基本结构》的时代。③ 不断增多的新学科突破了形而上学。

第三个理由与哲学的重建联系在一起。④ 三个理由分别出于美学、认识论和哲学。而这一综合了前两者的哲学是一种被重建的哲学,是一种考古学,它是美的、博学的和新颖的;作为一种福柯主义,它并不是一种人道主义;事实上,人的他者、意识的外部导向人种学和精神分析学在1966年的毫无争议的优势地位;换言之,由于人是海边沙滩上注定要消失的面孔,福柯式的交响乐只能由美学、认识论和逻辑学组成,于是,《词与物》开启了哲学的一个新的时代,它从此以后只能围绕着美学、认识论和逻辑学为其完美环节的这一下降的三位一体建立起来。⑤ 在美学中涉及福柯与文学艺术的关系,在认识论中涉及他与法国科学哲学与科学史传统的关系,在哲学重建中则涉及他与康德主义、黑格尔主义、现象学和实存主义的关系。这一切意味着主体中心论与主体终结论之争,需要探讨主体与言(话语描

---

① Kriegel, *Michel Foucault aujourd'hui*, pp. 11~12.
② Kriegel, *Michel Foucault aujourd'hui*, p. 12.
③ Kriegel, *Michel Foucault aujourd'hui*, pp. 12~13.
④ Kriegel, *Michel Foucault aujourd'hui*, p. 14.
⑤ Kriegel, *Michel Foucault aujourd'hui*, pp. 15~17.

述)、知(自身认识)、行(自身关怀)的关系,需要清理心在哲学史中不断转换的定位。通过心在神那里、心在心那里、心在身那里、心在物那里等描述,可以充分展示主体的命运。

西方哲学始终抱有普遍科学理想,而最初的科学其实是神学。换言之,古代西方哲学归根结底可以被纳入理性神学的范畴。早期现代哲学所维护的理性神学只不过延续了古代哲学的某些姿态,但同时也产生了重大的断裂。古代哲学专注于形而上学的本体论维度,关注人及其存在的外在根据,以人的心与身为起点,要么寻找物质本原,要么寻找精神本原,甚至寻找作为两者之综合统一的神:神在柏拉图那里相当于理念的理念,在亚里士多德那里相当于形式的形式,中世纪哲学家则直接搬出了全能的神。古代哲学家相信万物有灵,主张灵魂不灭。亚里士多德总结前人思想,把灵魂区分为植物灵魂、动物灵魂和理智灵魂三种形态。很显然,心在古代哲学中就是无所不在的灵魂。心存在于充满生机与活力的万物之中,而万物都归属于神。这无疑表示:宇宙万物包括人都追求神性。神性代表了人的超越性之维或无限性之维。无论如何,在古代哲学中,心在神那里。换言之,人在神那里看世界、看自己。

普遍科学理想的早期现代哲学形态是人学。这一形态专注于认识论维度,探讨认识之所以可能的条件,归根结底要揭示认识主体的能力和性质,因此是一种主体形而上学,它关注人及其存在的内在根据。经验论、唯理论、德国古典哲学都从超越回到了内在、从神回到了人、从人的神性回到了人的心性。这里的心性具有普遍性、观念性或理想性。大陆观念主义,尤其是先验观念主义构想了心向它自身的回归。尽管笛卡尔、马勒伯朗士、斯宾诺莎和莱布尼茨都保留了神这一视点,即在一定程度上还在神那里看世界,但他们已经开启了人学,要求人在自己内心中看世界。这些哲学初步实现了心从不朽的实体性灵魂到有限的功能性心灵的转变。笛卡尔通过我是一个心灵和我有一个身体这两个命题断然区分了两者，把由神和灵魂主宰的世界逐步变成了人世界或内心世界，当康德提出人为自然立法和为自身立法时，神和灵魂都退场了。尽管神性没有被彻底否定，但心性占据了绝对主导的地位。

心性主宰着一切，尽管存在着从笛卡尔式的实体性心灵到康德式的功能性心灵、或者说从我思到思的巨大转变。笛卡尔式的心或心灵还带有古代灵魂概念的残余，但主要维护的是现代哲学对思维功能的强调，也就是说关注的是心智维度。这条进路在康德哲学中、进而在20世纪的心智哲学中得以延续。当然，笛卡尔后期思想，尤其是《心灵的激情》表明，人不可能不考虑心身统一问题，因此不得不谈到包含了灵魂、心智和激情甚至精微的物质在内的精神概念。在早期现代哲学中受到抑制的这一思路，在精神主义意义上的黑格尔哲学中以及在3H和精神主义影响下的法国现象学运动中获得了创造性的转化，它尤其关注心的情感或情绪维度。在笛卡尔那里，我能服从于我思，我思因此相当于我是能思维的东西。在康德之后的哲学中，我能虽然包含了我思，但更多的地体现在行动和情感等方面。康德的三大批判及其提问已经预示了后期现代哲学对于意志和情感的关注。无论如何，在早期现代哲学中，心即人心，心因此在人那里或在心自己那里，但这里的人或心具有普遍性和理想性。

普遍科学理想在后期现代哲学中让位于实证学科的扩张，出现了人文与科学或人文哲学与科学哲学之间的巨大张力。科学哲学和人文哲学分别从实证科学和文学艺术中获得其资源。这两大传统都彻底否定了神性，而理想性在它们那里也都让位于现实性，普遍性也都服从于特殊性。尼采借疯子之口宣布神死了，这是一个标志性的事件：后期现代哲学不仅把神抛弃了，而且让普遍人性退场了。在后期现代人文哲学中,心性扮演着非常重要的角色。但是,心不再像它在古代哲学中那样分有永恒和无限,尽管它在一定程度上还维持着早期现代哲学对同的关注,但它尤其强调的是异。普遍理性主体让位于个体实存主体,心不再等同于抽象而纯粹的理性或思维,它已经与身完全交融。换言之,早期现代哲学关注的纯粹的观念性让位于后期现代哲学强调的含混的精神性。精神主义取代了观念主义,我能取代了我思。

精神主义、意志主义、生命主义、实存主义对于身体、生命、情感、意志的关注表明,我就是我的身体这一综合(统一)取代了我是一个心灵和我有一个身体这一分析(分裂)。更明确地说,在大陆哲学中,这个时期的心主要用精神概念来表达,而精神意味着从心身二分走向身心统一。精神彻底告别了灵魂,或者说一个有限的存在者不再与绝对的超越者有任何的关联。精神主要与情感、情绪、实存联系在一起,但它并不完全排斥心智。只不过,心智并不意味着纯粹思维,因为任何的思都必定受制于情。我思让位于我能,大写的我让位于小写的我。相对于人文哲学,同一时期的科学哲学对心智维度有更多的关注。但心无论如何是依赖于身的,物理主义是此一阶段科学哲学的基本形态,尽管还没有出现后来的各种形式的极端物质主义形式。总之,在后期现代哲学中,心与身是密不可分的。心仍然是人心,但人是身体,因此心在身那里。当然,这里的身体是与躯体有别的本己身体。

当代哲学意味着哲学的终结,而哲学的终结是人的终结、历史的终结、艺术的终结等等的集中表达,实证科学在这一终结浪潮中获得了主宰性的地位。这是一个唯物主义的时代,而唯物主义具有三种形态:自然唯物主义、文化唯物主义和生命唯物主义。心智哲学走向的是自然唯物主义,结构主义和后结构主义走向的是文化唯物主义,但现象学传统引出了生命唯物主义。自然唯物主义要么取消心,要么还原心,心无论如何都被物化了。文化唯物主义意味着,精神生活的平庸化或者说针对文化产品的消费主义姿态导致了精神的失落,心完全被物绑架了。我们主要关心大陆哲学传统的当代转型,所以特别突出了文化唯物主义这一倾向,这毋宁说是精神或思想文化领域的一种物化主义倾向。围绕语言或话语问题展开的福柯哲学为我们集中展示了时代精神的物化和碎片化的特征。文学分析尤其有助于我们理解这一离心、远人和祛魅时代的基本文化症候,因为它绝不会将某一时代的心灵或感受性之类,而是会将一部作品、一本书、一个文本的结构作为单位。[①]

当然,我们同时还要展示一种围绕人和自然而展开的生命唯物主义,它甚至是我们尤其应该关注的对象。在柏格森生命冲动理论和梅洛-庞蒂世界之肉学说的影响下,亨利的物质现象学、马里翁的给出现象学和福柯的自身技术论从不同角度拓展了生命唯物主义。它们承认不管人还是自然都有其自身性,并因此向自己的实存回归。从关注意识意向性到关注身体意向性再到强调非意向性,现象学的演进表明,人的心性逐步让位于人的物性,人心逐步被物充塞。这一演进同时也表明,意识现象学延续了现代性祛魅,维护自然的人化;身体现象学弱化现代性祛魅,淡化自然的人化;物质现象学则否定现代性祛魅,力主自然向自身回归。自然重新有了自身的价值和生命,人心也因此散布在整个宇宙中了。如此说来,在当代哲学中,心在物那里,并因此被物化了。当代性完全告别了神性、基本上排除了心性,并因此承认的是物性。

当代哲学主流在大陆传统中表现为各式各样的物质主义,在英

[①] Foucault, *L'archéologie du savoir*, p. 12.

美传统中则尤其表现为五花八门的物理主义。我们得出的一个重要结论就是,当代性意味着唯物主义或物质主义时代的来临。当然,这里所说的唯物主义或者说物质主义是比包括辩证唯物主义和历史唯物主义在内的通常意义上的唯物主义更宽泛的一个概念。在我们看来,马克思的唯物主义与后期现代哲学中的精神主义分有一些共同姿态:它们都要求克服各种形式的观念主义,但又与那些完全否定精神或观念的物质主义截然不同,它们都强调物质与精神、现实与理想、身体与心灵的辩证统一。当然,当代物质主义毕竟是在西方马克思主义基础上开展出来的,也因此与辩证唯物主义或历史唯物主义有着剪不断的复杂关联,而我们也力求依据马克思主义相关原理和方法展开这一原创性研究。这意味着应该突出马克思哲学对于物质基础的强调,并因此与精神主义区别开来;但同时也应该警惕在物质主义或消费主义时代可能出现的物化困境。

马克思说:"必然会出现这样的时代:那时哲学不仅在内部通过自己的内容,而且在外部通过自己的表现,同自己时代的现实世界接触并相互作用。那时,哲学不再是同其他各特定体系相对的特定体系,而变成面对世界的一般哲学,变成当代世界的哲学。"[①]马克思主义既摆脱了那种高高在上、超然旁观的观念主义,也远离了那种甘于沉沦状态的物质主义。说到物质主义,我们想到了麦当娜的一曲《拜金女孩》:我们生活在一个物质世界(material world)里,"我"要做一个物质女孩(material girl,拜金女),有些男孩亲"我",有些男孩抱"我","我"可以来者不拒,但得给"我"合理的价钱,否则"我"扭头走开;他们可以请求"我",他们可以乞求"我",这一切都是没有用的,有钱的是大爷,没钱的滚蛋;有的男孩浪漫,有的男孩舞姿翩翩,

---

[①] 马克思、恩格斯:《马克思恩格斯全集》,第1卷(上),第220页。

这些"我"都很喜欢,但不管他们如何穷追猛打,也看不到任何希望,能赚钱给"我"花的男孩才是最爱。马克思主义显然抵制对金钱的这种赤裸裸的拥抱。

先验观念主义者维护心身二分的"纯情",精神主义者认可身心统一的"色情",物质主义者见"色"忘"情"。后期现代哲学虽然否定反思,但坚持反思前的我思,正因为如此,任何的行为都还保持为有意识的。萨特表示:"任何一种行动,作为自我本身向着一个可能进行的筹划都是可以理解的。"①既然任何行为都出自有意识的筹划,所谓的无意识就只能是一种自欺。他由此认为,自欺的概念应该取代阿德勒所使用的潜意识压抑力、压抑和无意识概念。② 梅洛-庞蒂大体上认同萨特的看法,他把关注无意识理解为扩大理性的范围,并因此把意识引向了情感方向。他这样评说爱情:"一种无意识的爱情什么都不是,因为喜爱就是把某人——一些行动、一些姿态、一张面孔、一个身体——看作是可爱的。"③然而,在物质主义时代,最突出的特征之一是情感的消逝。④ 正因为如此,既不存在着柏拉图式的知性爱情,也不存在梅洛-庞蒂式的感性爱情,一切都归属于纯粹的生理现象。

观念的消逝和情感的消逝都意味着深度的消逝。在早期现代意义上,人及其精神是有深度的、是内在的;在后期现代意义上,深度通过表层、内在通过外在而获得实现;但在当代意义上,深度被平面化取代了,内涵被外在掏空了。这种平面化和外在化在德勒兹那里获得了最明显的表达。他不仅否定意识主体的意向性,也根本拒绝身

---

① Sartre, *L'être et néant*, p. 504.
② Sartre, *L'être et néant*, p. 518.
③ 梅洛-庞蒂:《哲学赞词》,第 149 页。
④ 詹明信:《晚期资本主义的文化逻辑》,第 441 页。

体主体的意向性。原因在于,人其实就是一部机器,无器官的机器,它没有认知、没有情感、没有意志,它与其他人、与世界万物形成咬合与搭配的关系,完全遵循机械的秩序和能量交换的原则。自柏拉图至黑格尔的观念主义传统把欲望界定为一个匮乏而非生产的过程,弗洛伊德、萨特、梅洛-庞蒂、甚至拉康依然在匮乏的意义上谈论欲望。然而,对德勒兹及其合作者而言,欲望意味着满溢和绝对给出。他甚至认为不应该谈论无意识,因为这会为意识留下可乘之机:"谈论无意识是何等的错误。到处都是机器,绝非在隐喻意义上说的:机器的机器,连同它们的搭配和衔接。"①

然而,人不应该放弃精神追求。事实上,这种物质化的欲求同时开启了一种绝对道德主义的可能性。以丰富的物质条件为基础,我们应该敞开家门,迎接他人。这不再是一个空喊崇高口号的时代,也不再是一个无病呻吟的时代,而是一个物质财富极大丰富但过度集中的一个时代,每一个人都面临着如何为他人有所奉献的问题。不应该以理性为裁定一切的标准,也不能以孤独的自我为归宿,应该确定某种超越的目标。道德并不产生自内在的良心,而是来自于外在的力量。在列维纳斯看来,欲求是在一个已经幸福的存在那里的欲求;欲求是幸福的不幸,一种奢华的需要,这种欲求不是与欠缺和需要,而是与奉献和牺牲联系在一起;在欲求中,自我的存在表现得还更高,因为它会为其欲求牺牲它的幸福本身。② 真正的欲求是无法满足的,因为它并不意味着有限,并不意味着自身回归,它面向他人。很显然,哪怕是德性,在这个时代也必须以其物质的面孔呈现。

福柯是法国20世纪60年代以来最有影响、最富争议的当代哲

---

① Deleuze & Guattari, *Anti-œdipe*, Éditions de Minuit, 1995, p. 7.

② Lévinas, *Totalité et infini*, p. 57.

学家之一。我们尽可能全面地参照了他的教学科研工作,尽可能多地参考了其他一些重要哲学家或思想家的相关工作,并因此尽可能多维度地展示了他的当代性思想,进而勾勒出当代法国哲学的当代性特征。当然,他的著述毕竟非常丰富,我们不可能也没有必要涉及他的全部作品或每一作品的全部内容。比如,基于本书的性质,对于他的讲课稿,我们往往只参考了某些课程的前几讲,因为就像他通常做的那样,福柯把前面几次课的部分时间用来对方法进行思考,致力于界定其方法的特殊性。① 的确,我们尤其关注了其方法的具体运用及其当代性意蕴。福柯哲学不再体现为高深的形而上学,他致力于推动哲学的大众化,方法论的多元化和琐细性正是其工作的特色。他借此为我们提供的是有关行动哲学的各种各样的范例。

福柯把哲学家从半空中完全拉回到地上,让他丧失了任何超越的奢望。他表示:"在20世纪,任何一个在发现或发明的人,任何一个在改变世上的某种东西、人们的认识或生活的人,都在某种程度上是一个哲学家。"②早期现代哲人以其理性、后期现代哲人以其激情来担负起历史使命,他们都是英雄,或者说他们的理论活动或实践活动具有英雄效应。但当代性意味着甘于平庸,人们告别了英雄的时代,历史使命在各种终结的喧嚣中被抛在了一边。正因为如此,当代哲学家也丧失了传统意义上的创造性和凝聚力。不管德里达还是福柯都利用或构造了大量的概念,并通过它们在当代文化的复杂网络关系中展示时代的多元性特征。各个当代哲学思潮作为异质力量呈现出来,相互产生作用,很难被归属于一个统一的思想体系,因为它

---

① Gros, «Situation du cours», in Foucault, *Le courage de la vérité*, p. 314.
② Foucault, *Dits et écrits I* (1954~1975) ,p. 608.

们各自有其自身的存在,它们是一些共在或共生的异托邦。对于福柯来说,各种异质因素都有其自身性或自身存在,当代社会中的异质城邦的杂然共存也就毫不奇怪了。

福柯的工作一如康德的工作,后者的消极批判往往掩盖其积极建构,而前者的现代性反思也很容易掩盖其当代性建构。但是,就像批判哲学是科学的形而上学的一部分一样,现代性反思也是当代性建构的不可或缺的因素。破旧与立新是并举的。福柯就康德"何为启蒙?"一文引发的历史批判考察和历史实践考察既是其现代性消极反思的核心内容,也构成其当代性积极描述的重要方面。正是在这样的背景中,他对于古代文化和古代生活方式或者说古代性进行的回溯反思既全面展示了现代性对古代性的偏离,也预示了当代性的真实图景。当代性与现代性纠缠在一起,探讨当代性问题,必定从现代性反思谈起。当代性在现代性反思的基础上既消解人,又予以重构,从而以全新的方式处理物质与精神、身体与心灵、理想与现实、观念与存在的关系。无论如何,现代性反思既应该也能够为当代性描述开路。

在福柯的当代性建构中,他关于知识的界定扮演了独特的角色。梅洛-庞蒂认为科学预设了知觉信念却没有阐明它,[1]在福柯那里,我们完全可以说科学预设了知识却没有阐明它。知识是人在世界之中存在的原初方式,不管自然科学还是人文社会科学,都以之为前提。这种知识介于认识与行动之间,也因此是本领(le savoir-faire),甚至是柏格森所说的本能或海德格尔所说的领会。这尤其让我们想到利奥塔关于后现代知识状况的描述。这位后现代哲学家把知识区分为科学知识和叙事知识两种形态,认为它们在信息社会或后工业

---

[1] Merleau-Ponty, *Le visible et l'invisible*, p. 31.

社会中具有完全不同的命运。前者的势头越来越猛,后者则生存惟艰。知识包含了功能主义和批判主义两个方面,尽管前者越来越占据优势地位,但从总体上看,两者在现代性进程中是共存的。换言之,在现代社会中存在着虽然彼此矛盾,却也能够勉强共存的两种知识:一种是实证主义的知识,它很容易应用到各种相关于人和物的技术中,很适合于成为系统的不可缺少的生产力;另一种是批判的或反思的解释学知识,它直接或间接地考问各种价值和目标。①

知识并不等于科学,或者说科学的知识并不就是全部知识。利奥塔表示,科学作为语言游戏要求的是指示性陈述并且排除其他陈述,但是,在人们使用知识一词的时候,并不局限于全部指示性陈述,因为这个词中还掺杂着做事能力、处世能力、倾听能力等意义;事实上,知识与习俗之间有着很多的相似性。② 简言之,科学以指示事物为目标,叙事则关心价值及其意义;科学力求客观、精确,叙事则意味着主观、非精确。福柯明确否定知识就是科学,但并不停留在科学知识和叙事知识的区分上面,他试图探索两种知识的无意识基础或根基。换言之,不管科学知识还是叙事知识,都是在意识层面展开的,而福柯更关注的是它们的无意识层面。当然,当利奥塔把叙事知识与做事能力、处世能力等联系起来的时候,也意味着对无意识或本能的某种认可,因此与福柯有共同之处。无论如何,当代性并不意味着科学知识的绝对霸权,相反,它承认了知识的多元性,这是通过话语空间中的复杂关系体现出来的。

福柯哲学当然有其实践指向和社会效应。20世纪60年代是欧美大规模群众示威的十年,80年代则是在西方大都会之外的大规模

---

① Lyotard, *La condition postmoderne*, p. 29.

② Lyotard, *La condition postmoderne*, pp. 36~37.

起义的年代,萨义德认为福柯关于他者命运的描述正是这些造反的被统治者的写照:"被统治就意味着人们被统计、被征税、被教育,当然也就要被规定在一些固定的地方(家里、学校、医院、工作场所),它们的最简单、最残酷的最终延伸就是福柯所论证的监狱和精神病院。"[1]问题是,福柯哲学被约束在西方知识和学科体制的中心,它越来越远离严肃地考虑各种社会整体,它聚焦于消失在无望地抵抗的权力的微观物理学的一种不可避免的推进中的个体上面。更明确地说,福柯忽视自己理论的帝国语境,实际上似乎代表了一种不可抗拒的殖民运动,即它悖谬地加强了这个孤独的个体学者和牵制他的体制二者的地位,正因为,或许因为对20世纪60年代的各次起义和伊朗革命两者都产生了幻灭,他完全离开了政治。[2] 自身技术转向似乎不再关注他者的命运、似乎逃避了政治参与。

其实,福柯哲学更多地引发的还是学术反响。在20世纪70年代以来,在历史学著作、绘画、小说和大众文化内外编织起来的东方学、非洲学、美洲学话语出现了,福柯关于话语的那些思想在这里是很恰当的。[3] 这意味着它对后殖民主义以及文化唯物主义或新历史主义的影响。在萨义德看来,一个旨在包含关于某种现实物的知识的文本是不容易被弃置的,因为鉴定被赋予给它,因为学院、建制和政府的权威可以被增加给它,围绕着它的声誉比它的实际成功所确保的还要大,而且最重要的是,这样的文本不仅可以创造知识,还可以创造它们看起来要描述的实在本身,尤其是,如此知识和现实迟早产生一种传统,或福柯所说的一种话语,其物质的在场或分量而不是

---

[1] Said, *Culture and Imperialism*, p. 327.
[2] Said, *Culture and Imperialism*, p. 278.
[3] Said, *Culture and Imperialism*, p. 110.

一个给定的作者的原创性要真正地为那些产生自它的那些文本负责。① 文本和话语有没有指称是不重要的，但任何的文本或话语都有其自身存在，而且会产生新的文本或话语，这一切都意味着物质性，或者说它具有类物质的力量。

---

① Said, *Orientalisme*, p. 94.

中西人名对照表

阿德勒 A. Adler, 1870~1937
阿多 P. Hadot, 1922~2010
阿多诺 T. W. Adorno, 1903~1969
阿尔都塞 L. Althusser, 1918~1990
阿尔托 A. Artaud, 1896~1948
阿隆 R. Aron, 1905~1983
埃庇米尼得斯 Epimenides
奥古斯丁 Augustine, 354~430
奥利耶 C. Ollier, 1922~2014
奥斯汀 J. L. Austin, 1911~1960
巴塔耶 G. Bataille, 1897~1962
巴迪乌 A. Badiou, 1937~
巴雷斯 M. Barrès, 1862~1923
巴什拉 G. Bachelard, 1884~1962
巴特 R. Barthes, 1915~1980
柏格森 H. Bergson, 1859~1941
柏拉图 Plato, 前427~前347
葆朴 F. Bopp, 1791~1867
鲍德里亚 J. Baudrillard, 1929~2007
鲍曼 Z. Bauman, 1925~2017
贝玑 C. Péguy, 1873~1914
贝克莱 G. Berkeley, 1685~1753
贝克特 S. Beckett, 1906~1989
贝利埃弗尔 P. de Bellièvre, 1529

~1607
比朗 M. de Biran, 1766~1824
毕达哥拉斯 Pythagoras, 约前580~约前500
毕加索 P. Picasso, 1881~1973
边沁 J. Bentham, 1748~1832
宾斯万格 L. Binswanger, 1881~1966
波德莱尔 C. P. Baudelaire, 1821~1867
波普 K. Popper, 1902~1994
伯德 T. D. Bordeu, 1722~1776
伯克 J. Berque, 1910~1995
博阿斯 F. Boas 1858~1942
博尔赫斯 J. L. Borges, 1899~1986
布迪厄 P. Bourdieu, 1930~2002
布尔 G. Boole, 1815~1864
布朗肖 M. Blanchot, 1907~1903
布龙代尔 C. Blondel, 1876~1939
布伦茨威格 L. Brunschvicg, 1869~1944
布罗代尔 F. Braudel, 1902~1985
布洛赫 M. Bloch, 1886~1944
布特鲁 É. Boutroux, 1845~1929
达尔文 C. R. Darwin, 1809~1882

但丁 Dante, 1265~1321
德莱 J. Delay, 1907~1987
德勒兹 G. Deleuze, 1925~1995
德里达 Derrida, 1930~2004
德日进 Teilhard de Chardin, 1881~1955
狄德罗 D. Diderot, 1713~1784
狄尔泰 W. Dilthey, 1833~1911
笛卡尔 R. Descartes, 1596~1650
蒂托-李维 Titus Livius, 前59~17
杜梅泽尔 G. Dumézil, 1898~1986
恩培多克勒 Empédocle, 前493或495~前432或435
梵高 V. van Gogh, 1853~1890
费尔巴哈 L. Feuerbach, 1804~1872
费弗尔 L. Febvre, 1878~1956
费希特 J. G. Fichte, 1762~1814
冯·诺依曼 J. von Neumann, 1903~1957
弗雷格 F. L. G. Frege, 1848~1925
弗洛伊德 S. Freud, 1856~1939
伏尔泰 Voltaire, 1694~1778
孚雷 F. Furet, 1842~1919
福歇 L. Faucher, 1803~1854
伽达里 P-F. Guattari, 1930~1992
伽达默尔 H-G. Gadamer, 1900~2002
伽利略 G. Galilée, 1564~1642
盖鲁 M. Gueroult, 1891~1976
哥白尼 N. Copernicus, 1473~1543
葛兰西 A. Gramsci, 1891~1937
哈贝马斯 J. Habermas, 1929~
海德格尔 M. Heidegger, 1898~1976

荷尔德林 J. C. F. Hölderlin, 1770~1843
荷马 Homère, 约前800~前600
贺拉斯 Horace, 前65~8
黑格尔 G. W. F. Hegel, 1770~1831
亨利 M. Henry, 1922~2002
胡塞尔 E. Husserl, 1859~1938
怀特 H. White, 1928~2018
霍克海默 M. M. Horkheimer, 1895~1973
吉登斯 A. Giddens, 1938~
纪德 A. P. G.. Gide, 1869-1951
加罗蒂 R. Garaudy, 1913~2012
居维叶 G. Cuvier, 1769~1832
居依 C. Guys, 1802~1892
卡夫卡 F. Kafka, 1883~1924
卡瓦耶斯 J. Cavaillès, 1903~1944
卡西尔 E. Cassirer, 1874~1945
凯恩斯 J. M. Keynes, 1883~1946
康德 I. Kant, 1724~1804
康吉莱姆 G. Canguilhem, 1904~1995
科瓦雷 A. Koyré, 1892~1964
科耶夫 A. Kojève, 1902~1968
克尔凯戈尔 S. A. Kierkegaard, 1813~1855
克利 P. Klee, 1879~1940
克罗齐 B. Croce, 1866~1952
孔德 A. Comte, 1798~1857
孔狄亚克 E. B. de Condillac, 1715~1780
库恩 T. S. Kuhn, 1922~1996
魁奈 F. Quesney, 1694~1774
拉波特 R. Laporte, 1925~2001

拉康 J. Lacan, 1901~1981
拉摩 J-P. Rameau, 1683~1764
拉辛 J. Racine, 1639~1699
莱布尼茨 G. W. Leibniz, 1646~1716
莱辛 G. E. Lessing, 1729~1781
兰波 J. N. A. Rimbaud, 1854~1891
朗斯洛 C. Lancelot, 1615~1695
朗西埃 J. Rancière, 1940~
劳瑞 M. Lowry, 1909~1957
勒福尔 C. Lefort, 1924~2010
勒克莱齐奥 J. M. G. Le Clézio, 1940~
李嘉图 D. Ricardo, 1772~1823
里夏尔 J-P. Richard 1922~
利奥塔 J-F. Lyotard, 1924~1998
利科 P. Ricoeur, 1913~2005
利特雷 E. Littré, 1801~1881
列菲弗尔 H. Léfebvre, 1901~1999
列维 B-H, Lévy, 1948~
列维纳斯 E. Lévinas, 1906~1995
列维－斯特劳斯 C. Levi-Strauss, 1908~2009
林耐 C. von Linné, 1707~1778
卢卡奇 G. Lukács, 1885~1971
卢梭 J-J. Rousseau, 1712~1778
鲁塞尔 R. Roussel, 1877~1933
路德 M. Luther, 1483~1546
罗蒂 R. Rorty, 1931~2007
罗素 B. A. W. Russell, 1872~1970
洛克 J. Locke, 1632~1704
洛雷 F. Leuret, 1797~1851
洛特雷阿蒙 Lautréamont, 1846~1870
马尔库塞 H. Marcuse, 1898~1979

马尔罗 A. Malraux, 1901~1976
马克思 K. H. Marx, 1818~1883
马拉美 S. Mallarmé, 1842~1898
马勒伯朗士 N. de Malebranche, 1638~1715
马里翁 J-L. Marion, 1946~
马塞尔 G. Marcel, 1889~1973
马耶 B. de Maillet, 1656~1738
曼海姆 K. Mannheim, 1893~1947
梅洛－庞蒂 Merleau-Ponty, 1908~1961
梅亚苏 Q. Meillassoux, 1967~
梅耶 A. Meillet, 1866~1936
门德尔松 M. Mendelssohn, 1729~1786
蒙田 M. de Montaigne, 1533~1592
米什莱 J. Michelet, 1798~1874
莫尔 St. T. More, 1478~1535
莫斯 M. Mauss, 1872~1950
奈瓦尔 G. Nerval, 1808~1855
南希 J-L. Nancy, 1940~
尼采 F. W. Nietzsche, 1844~1900
牛顿 I. Newton, 1643~1727
诺奇克 R. Nozick, 1938~2002
欧几里得 Euclide, 约前330~前275
帕斯卡尔 B. Pascal, 1623~1662
培根 F. Bacon, 1561~1626
配第 W. Petty, 1623~1687
彭加勒 J. H. Poincaré, 1854~1912
皮亚杰 J. Piaget, 1896~1980
普鲁斯特 M. Proust, 1871~1922
乔姆斯基 A. N. Chomsky, 1928~
乔伊斯 J. Joyce, 1882~1941

热朗多 J-M. Degérando, 1772~1842
萨德 D. A. F. de Sade, 1740~1814
萨蒂 É. A. L. Satie, 1866~1925
萨特 J. P. Sartre, 1905~1980
萨义德 E. W. Said, 1935~2003
塞尔 M. Serres, 1930~2019
塞尚 P. Cézanne, 1839~1906
塞万提斯 M. de Cervantes, 1547~1616
莎士比亚 W. Shakespeare, 1564~1616
舍勒 M. F. Scheler, 1874~1928
什克洛夫斯基 V. Shklovsky, 1893~1984
施莱尔马赫 F. D. E. Schleiermacher, 1768~1834
叔本华 A. Schopenhauer, 1788~1860
斯宾诺莎 B. de Spinoza, 1632~1677
索绪尔 F. de Saussure, 1857~1913
塔尔斯基 A. Tarski, 1902~1983
泰勒斯 Thales, 约前624~约前546
特拉西 A. L. C. D. de Tracy, 1754~1836
特鲁别茨科伊 N. S. Troubetskoï, 1890~1938
涂尔干 É. Durkheim, 1858~1917
托多洛夫 T. Todorov, 1939~

陀思妥耶夫斯基 F. Dostoïevski, 1821~1881
瓦尔登菲尔茨 B. Waldenfels, 1934~
瓦莱里 P. Valery, 1871~1945
威利斯 T. Willis, 1621~1675
威廉姆斯 R. H. Williams, 1921~1988
韦伯 M. Weber, 1864~1920
韦伯恩 A. Webern, 1883~1945
维特根斯坦 L. J. J. Wittgenstein, 1889~1951
委拉斯开兹 D. R. de S. Velázquez, 1599~1660
沃尔夫 C. Wolff, 1679~1754
夏尔科 J-M. Charcot, 1825~1893
肖努 P. Chaunu, 1923~2009
休谟 D. Hume, 1711~1776
雅各布逊 R. Jackboson, 1896~1982
雅内 P. Janet, 1859~1947
雅尼科 D. Janicaud, 1937~2002
雅斯贝尔斯 K. Jaspers, 1883~1969
亚里士多德 Aristotle, 前384~前322
伊波利特 J. Hyppolite, 1907~1968
詹明信 F. Jameson, 1934~

中法术语对照表

柏拉图主义 platonisme
饱和现象 phénomène saturé
被倾注的知识 savoir investi
辩证唯物主义 matérialisme dialectique
表现主义 expressionisme
表象 représentation
不连续性 discontinuité
策略构成 formation des stratégies
场所空间 espace de emplacement
超话语实践 pratique extradiscursive
超现实主义 surréalisme
陈述方式构成 formation des modalités énonciatives
陈述分析 analyse énonciative
处境论 situationisme
纯粹理性 raison pure
存在论 ontologie
存在-论/存在-逻辑学 onto-logie
存在-神-逻辑学 onto-theo-logie
达达主义 dadaïsme
大理性主义 grand rationalisme
当代性 contemporainéité
当代哲学 philosophie contemporaine
当代主义 contemporainéisme

档案 archive
定位的乌托邦 utopie localisée
定位空间 espace de la localisation
东方主义 orientalisme
对象构成 formation des objets
俄国形式主义 formalisme russe
发生的外推法 extrapolation génétique
法兰克福学派 école de Francfort
反空间 contre-espace
反托邦 atopie, dystopia
仿真 simulation
非理性主义 irrationalisme
非人/非人类/非人道 inhuman
弗洛伊德主义 freudisme
概念构成 formation des concepts
概念论现象学 phénoménologie conceptualiste
概念现象学 phénoménologie conceptuelle, phénoménologie du concept
概念哲学 philosophie du concept
给出现象学 phénoménologie de la donation
共时(性) synchronie
共时代性 contemporainéité

构成规则 règle de formation
古代性 antiquité
古代哲学 philosophie antique
古典性 classicalité
古典主义 classicisme
观念化 idéation
观念性 idéalité
观念主义 idéalisme
广延空间 espace de l'étendue
规训 discipline
过去本体论 ontologie du passé
含义 signification
含义技术 technique de signification
后弗洛伊德主义 postfreudisme
后结构主义 poststructuralisme
后期现代性 modernité de la période tardive
后期现代哲学 philosophie moderne de la période tardive
后现代性 postmodernité
后现代主义 postmodernisme
后殖民主义 postcolonialisme
话语 discours
话语分析 analyse du discours
话语规则 régularité discursive
话语考古学 archéologie du discours
话语描述 description du discours
话语实践 pratique discursive
话语事件 événement discursif
怀疑主义 scepticisme
交流技术 technique de communication
结构主义 structuralisme
解剖政治 anatomo-politique

解释学 herméneutique
今天本体论 ontologie d'aujourd'hui
经验主义 empiricisme
精神 esprit
精神性 spiritualité
精神主义 spiritualisme
绝对他性 illéité
军事模式 modèle militaire
考古学 archéologie
科学 science
空的空间 espace vide
空间 espace
空间模式 mode spatial
空间性 spatialité
控制技术 technique de domination
酷儿理论 théorie queer
浪漫主义 romanticisme
离心化 décentrement
理论理性 raison théorique
理想性 idéalité
理想主义 idéalisme
理性主义 rationalisme
历时(性) diachronie
历史 histoire
历史的终结 fin de l'histoire
历史唯物主义 matérialisme historique
历史主义 historicisme
立体主义 cubisme
绵延/绵延性 durée
明天本体论 ontologie de demain
命题学 apophantique
内部空间 espace du dedans
内在性 immanence, inhérence, inté

riorité
女性主义 féminisme
谱系学 généalogie
气质 êthos
前话语(的)实践 pratique prédiscursive
前现代性 prémodernité
亲历(的) vécu
情感 affection
情感性 affectivité
屈从的知识 savoir assujetti
权力谱系学 généalogie du pouvoir
犬儒主义 cynisme
人道主义 humanisme
人类学主义 anthropologisme
人体 corps humain
人文科学 sciences humaines
人文科学叙事学 narratologie des sciences humaines
人性 humanité, nature humaine
人学 sciences d'homme
认识 connaissance
认识论外推法 extrapolation épistémologique
社会主义 socialisme
身(体) corps
身体现象学 phénoménologie du corps
神 Dieu
神话 parole de Dieu
神圣性 sainteté
神性 divinité
神学 théologie
神-学/神-逻辑学 theo-logie
生产技术 technique de production

生命权力 biopouvoir
生命唯物主义 materialisme vital
生命政治权力 pouvoir biopolitique
时代精神 esprit d'une époque
时间 temps
时间模式 mode temporel
时间性 temporalité
实存论现象学 phénoménologie existentialiste
实存美学 esthétique de l'existence
实存现象学 phénoménologie de l'existence, phénoménologie existentielle
实存哲学 philosophie de l'existence
实存主义 existentialisme
实践理性 raison pratique
实证主义 positivisme
数理学 mathesis
顺生自然 natura naturata, le naturé
瞬间性 instantané
说真话 véridiction
司法模式 modèle juridique
司法形式 forme juridique
斯多亚主义 stoïcisme
他律 hétéronomie
他人 autrui
他者 autre
提问法 problématique
同时代的 contemporain
同时性 simultanéité
同一 même
同一性 identité
同质空间 espace homogène

外部空间 espace du dehors
外在空间 espace extérieur
外在性 extériorité
为己 pour-soi
唯物主义 matérialisme
未来本体论 ontologie du futur
未来主义 futurisme
文化唯物主义 matérialisme culturel
文化消费主义 consumérisme culturel
文化研究 études culturelles
问题化 problématisation
乌托邦 utopie
无 néant, nothing
无限性 infinitude
无性 néantitité, nothingness
物 chose, thing
物化 chosification
物化主义 chosisme
物理主义 physicalisme
物性 choséité, thingness
物语 mots de chose
物质现象学 phénoménologie matérielle
物质性 materialité
物质主义 matérialisme
系列史 histoire sérielle
先验观念主义 idéalisme transendantal
先验主体性 subjectivité transendantale
现代性 modernité
现代哲学 philosophie moderne
现代主义 modernisme
现时性/现实性 actualité
现实主义/写实主义 réalisme
现象学 phénoménologie

现在本体论 ontologie du présent
现在主义 présentisme
相继性 succession
象征主义 symbolisme
小理性主义 petit rationalisme
心(灵) âme
心性 spiritualité
心语 mots de soul
新黑格尔主义 néo-hégélianisme
新康德主义 néo-kantianisme
新历史主义 néo-historicisme
新马克思主义 néo-marxisme
新实用主义 néo-pragmatisme
新实在论 néo-réalisme
新史学 histoire nouvelle
形式 forme
形式化 formalisation
形式思维 pensée formelle
形式主义 formalisme
学 logie
学以成人 apprennant d'être homme, learning to be human
循环性 récurrence
亚里士多德主义 aristotélisme
一般历史 histoire générale
伊壁鸠鲁主义 épicurisme
异托邦 hérérotopie
异托邦学 hétérotopologie
意识 conscience
意识现象学 phénoménologie de la conscience
意象主义 imagisme
意义 sens

印象主义 impressionisme
永恒性 éternité
永恒主义 éternelisme
有 il y a
有限性 finitude
语言 langue, langage
语言分析 analyse de la langue
原生自然 natura naturans, le naturant
圆形监狱 panoticon
在己 en soi
早期现代性 modernité de la période premiere
早期现代哲学 philosophie moderne de la période premiere
战争形式 forme de la guerre
哲学气质 êthos philosophique
政治形式 forme de la politique
知识 savoir
直言 parrêsia
质料 matière

治理 gouvernement
治理性 gouvernmentalité
主观单位 unité subjetive
主体 sujet
主体化 subjectivation
主体性 subjectivité
自然史/博物学 histoire naturelle
自身 soi
自身感动 affection de soi, auto-affection
自身关怀 souci de soi
自身技术 technique de soi
自身认识 connaissance de soi
自身性 ipséité
自由 liberté
自主(性) autonomie
总体历史 histoire globale
族裔文学批评 littérature ethnique
昨天本体论 ontologie d'hier
做以成人 faisant d'être homme

参考书目

Alliez, *De l'impossibilité de la phénoménologie : Sur la philosophie français contemporaine*. Librairie Philosophique J. Vrin, 1995.

Althusser, *Positions*, Éditions Social, 1976.

Arac (ed.) , *After Foucault : Humanistic knowledge, postmodern challenge*, Rutgers University Press, 1988.

Armstrong, *Modernism*, Polity Press, 2005.

Aron et Foucault, *Dialogue. Analyse de Jean-François Bert*, Nouvelles Éditions Lignes, 2007.

Artières (dir.) , *Michel Foucault, la littérature et les arts*, Éditions Kimé, 2004.

Badiou et Tarby, *La philosophie et l'événement*, Éditions Germina, 2010.

——, *L'être et l'événement*, Éditions du Seuil, 1988.

Baudrillard, *L'échange impossible*, Éditions Galilée, 1999.

——, *L'échange symbolique et la mort*, Éditions Gallimard. 1976.

——, *L'illusion de la fin ou la grève des événement*, Éditions Galilée, 1992.

——, *La pénsee radicale*, Sens & Tonka, 1994.

——, *Oublier Foucault*, Édition Galilée, 1977.

Bauman, *Liquid Modernity*, Polity, 2000.

Bergson, *Essai sur les données immediates de la conscience*, Presses Universitaires de France, 2003.

——, *L'energie spirituelle*, Presses Universitaires de France, 1996.

——, *L'évolution créatrice*, in *Œuvres*, Presses Universitaires de France, 1984.

Bernauer et Carrette, *Michel Foucault and Theology*, Ashgate Publishing Company, 2004.

Boehringer et Lorenzini (dir.), *Foucault, la sexualité, l'antiquité*, Éditions Kimé, 2016.

Brody (ed.), *French Classicism*, Prentice-Hall, INC., 1966.

Caillat, *Foucault contre lui-meme*, Presses Universitaires de France, 2014.

Chalier, *Lévinas: L'utopie de l'humain*, Albin Michel, 1993.

Chevallier, *Michel Foucault et le christianisme*, ENS Éditions, 2011.

Chiari, *Twentieth-Century French Thought: From Bergson to Lévi-Strauss*, Gordian Press, 1975.

Comte, *Discours sur l'esprit positif*, Librairie Schleicher Fréres, 1909.

Dekens, *Michel Foucault*, Armand Colin, 2011.

Deleuze & Guattari, *Anti-œdipe*, Éditions de Minuit, 1995.

——, *Mille plateaux*, Éditions de Minuit, 2001.

Deleuze, *Bergsonisme*, Presses Universitaires de France, 1998.

——, *Foucault*, Presses Universitaires de France, 1986.

Derrida, *L'écriture et la différence*, Éditions du Seuil, 2001.

——, *Marges de la philosophie*, Les Éditions de Minuit, 1972.

Descartes, *Discours de la méthode. Les passions de l'âme*, Bookking International, 1995.

——, *Méditation métaphysiques*, Garnier-Flammarion, 1979.

——, *The Philosophical Writings of Descartes*, Vol. *I*, Cambridge University Press, 1985.

Descombes, *Le même et l'autre: Quarante-cinq ans de philosophie française (1933-1978)*, Les Éditions de Minuit, 1979.

——, *Philosophie par gros temps*, Les Éditions de Minuit, 1989.

Dosse, *La saga des intellectuelles francais 1944-1989*, Éditions Garlimard, 2018.

Dreyfus and Rabinow, M. *Foucault: Beyond structuralism and hermeneutics*, The University Of Chicago Press, 1983.

Duignan (ed.), *The 100 Most Influential Philosopher in All Time*, Britannica Educational Publishing, 2010.

Ellis, *Against Deconstruction*, Princeton University Press, 1989.

Eribon, *Michel Foucault et ses contemporains*, Librairie Arthème Fayard, 1994.

Ferry et Renaut, *La pensée 68*, Gallimard, 1985.

Foucault, «*Il faut défendre la société*», Éditions Gallimard/Seuil, 1997.

——, *Dire vrai sur soi-même*, Librairie Philosophique J. Vrin, 2017.

——, *Dits et écrits I (1954~1975)*, Éditions Garlimard, 2001.

——, *Dits et écrits II (1976~1988)*, Éditions Garlimard, 2001.

——, *Histoire de la folie à l'âge classique*, Éditions Garlimard, 1996.

——, *Histoire de la sexualité I: la volonté de savoir*, Éditions Garlimard, 1997.

——, *Histoire de la sexualité IV: Les aveux de la chair*, Éditions Garlimard, 2018.

——, *Histoire de la Sexualité, II: L'usage des plaisirs*, Éditions Garlimard, 1984.

——, *Histoire de la Sexualité, III: Le souci de soi*, Éditions Garlimard, 1984.

——, *L'archéologie du savoir*, Éditions Garlimard, 1996.

——, *L'herméneutique du sujet*, Éditions Gallimard/Seuil, 2001.

——, *L'ordre du discours*, Éditions Garlimard, 1971.

——, *La grande étrangère: À propos de littérature*, Éditions EHESS, 2013.

——, *La pensée du dehors*, Fata Morgana, 1986.

——, *La sexualité, suivi de Le discours de La sexualité*, Éditions EHESS/Gallimard/Seuil, 2018.

——, *La société punitive*, Éditions Gallimard/Seuil, 2013.

——, *Le corps utopique*, suivi de *Les hétérotopies*, Nouvelles Éditions Lignes, 2009.

——, *Le courage de la vérité*, Éditions Gallimard/Seuil, 2009.

——, *Le gouvernement de soi et des autres*, Éditions Gallimard/Seuil, 2008.

——, *Le pouvoir psychiatrique*, Éditions Gallimard/Seuil, 2003.

——, *Leçon sur la volonté de savoir*, Éditions Gallimard/Seuil, 2011.

——, *Les anormaux*, Éditions Gallimard/Seuil, 1999.

——, *Les mots et les choses*, Éditions Garlimard, 1997.

——, *Naissance de la biopolitique*, Éditions Gallimard/Seuil, 2004.

——, *Naissance de la clinique*, Presses Universitaires de France, 2015.

——, *Œuvres I*, Éditions Gallimard, 2015.

——, *Œuvres II*, Éditions Gallimard, 2015.

——, *Qu'est-ce que la critique?* suivi de *La culture de soi*, Librairie Philosophique J. Vrin, 2015.

——, *Raymond Roussel*, Éditions Gallimard, 2015.

——, *Résumé des cours (1970-1982)*, Julliard, 1989.

——, *Sécurité, territoire, population*, Éditions Gallimard/Seuil, 2004.

——, *Subjectivité et vérité*, Éditions Gallimard/Seuil, 2014

——, *Surveiller et punir*, Éditions Garlimard, 1975.

——, *Théories et institutions pénales*, Éditions Gallimard/Seuil, 2015.

Fuggle, Lanci and Tazzioli, *Foucault and the History of Our Present*, Palgrave Macmillan, 2015.

Garaudy, *Perspectives de l'homme: Existentialisme, pensée catholique, marxisme*, PUF, 1960.

Giard (dir.), *Michel Foucault: Lire l'Œuvre*, Éditions Jérôme Millon, 2012.

Gillot et Lorenzini (dir.), *Foucault/Wittgenstein: Subjectivité, politique, éthique*,

CNRS Éditions, 2016.

Griffiths, *Contemporary French Philosophy*, Cambridge University Press, 1987.

Groce, *Theory and History of Historiography*, George G. Harrap and Co. Ltd, 1921.

Gros (coordonné), *Foucault: Le courage de la vérité*, Presses Universitaires de France, 2002.

——, *Michel Foucault*, Presses Universitaires de France, 2007.

Gutting, *French Philosophy in the Twentieth Century*, Cambridge University Press, 2001.

——, *M. Foucault's Archaeology of Scientific Reason*, Cambridge University Press, 1989.

Habermas, *Le discours philosophique de la modernité*, Éditions Gallimard, 1985.

Hadot, *La philosophie comme maniere de vivre*, Éditions Albin Michel, 2001.

Han, *L'Ontologie manquée de Michel Foucault*, Éditions Jérôme Millon, 1998.

Heidegger, *Être et temps*, Édition Numerique Hors-Commerce, 2005.

——, *Introduction to Metaphysics*, Yale University Press, 2000.

——, *Poetry, Language, Thought*, Harper & Row Publishers, Inc. , 1975.

Henry, *De la phénomènologie, Tome I: Phénomènologie de la vie*, Presses Universitaires de France, 2003.

——, *Phénoménologie matérielle*, Presses Universitaires de France, 1990.

——, *Philosophie et phénoménologie du corps*, Presses Universitaires de France, 1987.

Hintermeyer (dir.), *Foucault post mortem en Europe*, Presses Universitaires de Strasbourg, 2015.

Huisman, *Histoire de la philosophie française*, Éditions Perrin, 2002.

Husserl, *Idées directrices pour une phénoménologie*, Éditions Garlimard, 1985.

——, *La philosophie comme science rigoureuse*, Presses Universitaires de France, 1989.

——, *Recherches logiques*, Tome III: *élément d'une elucidation phénoménologique de la connaissance* (*recherche VI*), Presses Universitaires de France, 1963.

——, *The Crisis of European Sciences and Transcendental Phenomenology*, Northwestern University Press, 1970.

Hyppolite, *Introduction à la Philosophie de l'Histoire de Hegel*, Éditions du Seuil, 1983.

James, *The New French Philosophy*, Polity Press, 2012.

Jameson, *Postmodernism, or, Cultural Logic of Late Capitalism*, Duke University Press, 1991.

——, *The Prison-House of Language: A critical account of structuralism and Russian formalism*, Princeton University Press, 1972.

Janicaud, *Le tournant théologique de la phénoménologie française*, Éditions de l'Éclat, 1991.

Kant, *Critique of Pure Reason*, The Macmillan Press Ltd., 1933.

Kelly, *Modern French Marxism*, The Johns Hopkins University Press, 1982.

Kennney, *A New History of Western Philosophy*, Vol. 4, Clarendon Press, 2004.

Kriegel, *Michel Foucault aujourd'hui*, Les Éditions Plon, 2004.

Langer, *Merleau-Ponty's Phenomenology of Perception*, Hampshire: Macmillan Press, 1989.

Laval, Paltrinieri et Taylan, *Marx & Foucault: Lectures, usages, confrontations*, Éditions La Découverte, 2015.

Le petit larousse, Larousse, 2007.

Lefebvre, *La production de l'espace*, Éditions Anthropos, 1974.

——, *State, Space, World*, University of Minnesota Press, 2009.

Lévinas, *De l'existence à l'existant*, Librairie Philosophique J. Vrin, 1993.

——, *Difficile liberté*, Albin Michel, 2003.

——, *Le temps et l'autre*, Presses Universitaires de France, 1983.

——, *Totalité et infini*, Kluwer Academic, 2006.

Lévi-Strauss, *La pensée sauvage*, Les Éditions Plon, 1962.

Lévy, *Le siècle de Sartre*, Bernard Grasset, 2000.

Lorenzini, Revel et Sforzini (dir.), *Michel Foucault: Éthique et vérité (1980-1984)*, Librairie Philosophique Librairie Philosophique J. Vrin, 2013.

Lyotard, *L'inhumain*, Klincksick, 2014.

——, *La condition postmoderne*, Les Éditions de Minuit, 2002.

Major-Poetzl, *Michel Foucault's Archeology of Western Culture: Toward a new science of history*, The University of Carolina Press, 1983.

Mandosio, *Longévité d'une imposture Michel Foucault*, Éditions de L'Encyclopédie des Nuisances, 2010.

Marcel, *Les hommes contre L'humain*, Éditions du Vieux Colombier, 1953.

Marion, *De surcroît: Études sur les phénomènes saturés*, Presses Universitaires de France, 2001.

——, *Étant donné: Essai d'une phénoménologie de la donation*, Presses Universitaires de France, 1998.

——, *Réduction et donation: Recherches sur Husserl, Herdegger et la phénoménologie*, Presses Universitaires de France, 1989.

McGushin, *Foucault's Askēsis: An introduction to the philosophical life*, Northern University Press, 2007.

Meillassoux, *Après la finitude*, Édition du Seuil, 2006.

Merleau-Ponty, *La nature*, Édition du Seuil, 1995.

——, *Le monde sensible et le monde de l'expression: Cours au collège de France notes 1953*, Mētis Presses, 2011.

——,*Le visible et l'invisible*, Éditions Gallimard, 1997.

——,*Notes de cours 1959~1961*, Éditions Gallimard, 1996.

——,*Parcours deux 1951~1961*, Éditions Verdier, 2001.

——,*Phénoménologie de la perception*, Éditions Gallimard, 1997.

——,*Psychologie et pédagogie de l'enfant: cours de sorbonne 1949~1952*, Éditions Verdier, 2001.

——, *Sens et non-sens*, Éditions Gallimard, 1995.

——,*Signes*, Éditions Garlimard, 1960.

Moser and Trout,*Contemporary Materialism: A reader*, Routledge, 1995.

Moss(ed.),*The Latter Foucault: Politics and philosophy*, Sage Publications, 1998.

Oliveira,*On the Genealogy of Modernity: Foucault's social philosophy*, Nova Science Publishers, Inc., 2003.

Oulc'hen, etc., *Usages de Foucault*, Presses Universitaires de France, 2014.

Poster, *Critical Theory and Poststructuralism: In search of a context*, Cornell Unversity Press, 1989.

Potte-Bonneville, *Michel Foucault, l'inquiétude de l'histoire*, Presses Universitaires de France, 2004.

Privitera, P*roblem of Style: Michel Foucault's epistemology*, State University of New York Press, 1995.

Revel,*Foucault avec Merleau-Ponty : Ontologie politique, présentisme et histoire*, Librairie Philosophique J. Vrin, 2015.

——,*Le vocabulaire de Foucault*, Éditions Ellipses, 2002.

Ricœur,*À l'école de la phénoménologie*, Librairie Philosophique J. Vrin, 2004.

——,*Du texte à action*, Édition du Seuil, 1986.

——,*Philosophie de la volonté l*, Éditions Points, 2009.

——,*Soi-même comme un autre*, Édition du Seuil, 1990.

Said, *Culture and Imperialism*, Vintage Books, 1994.

——,*Orientalisme*, Vintage Books, 1979.

Sardinha,*Ordre et temps dans la philosophie de Foucault*, L'Harmattan, 2010.

Sartre,*Being and Nothingness*, Philosophical Library, Inc. , 1993.

——,*L'être et le néant*, Éditions Gallimard, 1996.

——,*L'existentialisme est un humanisme*, Éditions Gallimard, 1996.

——,*La transcendance de l'ego*, Librairie Philosophique J. Vrin, 1966.

Schrift,*Twentieth-Century French Philosophy*: *Key themes and thinkers*, Blackwell Publishing, 2006.

Sebbag, *Foucault Deleuze*: *Nouvelles impressions du surrélisme*, Hermann Éditeurs, 2015.

Soper,*Humanism and Anti-Humanism*, Huttchinson Press, 1986.

Spiegelberg,*The Movement of Phenomenology*: *A historical introduction*, Martinus Nijhoff / The Hague, 1965.

Taylor and Winquist (ed.), *Encyclopedia of Postmodernism*, London and New York, Routledge, 2001.

Taylor, *Michel Foucault*: *Key concepts*, Acumen Publishing Limited, 2011.

Terrel,*Politiques de Foucault*, Presses Universitaires de France, 2010.

Trotignon, *Les philosophes français d'aujourd'hui*, PUF, 1967.

White, *The Content of the Form*: *Narrative discourse and historical representation*, Johns Hopkins University Press, 1987.

Wider,*The Bodily Nature of Consciousness*: *Sartre and contemporary philosophy of mind*, Cornell University Press, 1997.

Wilson,*Cultural Materialism*: *Theory and practice*, Blackwell Publishers, 1995.

巴迪乌:《哲学宣言》,南京大学出版社,2014。

波普:《猜想与反驳》,上海译文出版社,1987。

——:《历史决定论的贫困》,华夏出版社,1987。

布雷德伯里、麦克法兰(编):《现代主义》,上海外语教育出版社,1992。

达米特:《分析哲学的起源》,上海译文出版社,2005。

德勒兹:《福柯·褶子》,湖南文艺出版社,2001。

——:《哲学与权力的对话》,商务印书馆,2000。

——、伽塔里:《资本主义与精神分裂(卷2):千高原》,上海书店出版社,2010。

德里达:《书写与差异》,生活·读书·新知三联书店,2001。

笛卡尔:《第一哲学沉思集》,商务印书馆,2016。

——:《谈谈方法》,商务印书馆,2000。

——:《探求真理的指导原则》,商务印书馆,1991。

冯俊:《法国近代哲学》,同济大学出版社,2004。

冯俊等:《后现代主义哲学讲演录》,商务印书馆,2003。

福柯:《安全、领土与人口》,上海人民出版社,2018。

——:《必须保卫社会》,上海人民出版社,1999。

——:《不正常的人》,上海人民出版社,2003。

——:《惩罚的社会》,上海人民出版社,2016。

——:《词与物》,上海三联书店,2016。

——:《福柯集》,上海远东出版社,1998。

——:《古典时代的疯狂史》,生活·读书·新知三联书店,2005。

——:《规训与惩罚》,生活·读书·新知三联书店,2012。

——:《精神疾病与心理学》,上海人民出版社,2016。

——:《临床医学的诞生》,译林出版社,2001。

——:《生命政治的诞生》,上海人民出版社,2011。

——:《说真话的勇气》,上海人民出版社,2016。

——:《性经验史》,上海人民出版社,2002。

——:《知识考古学》,生活·读书·新知三联书店,1998。

——:《主体解释学》,上海译文出版社,2005。

——:《主体性与真相》,上海人民出版社,2018。

盖伊:《现代主义:从波德莱尔到贝克特之后》,译林出版社,2017。

高宣扬:《当代法国哲学导论》,上下卷,同济大学出版社,2004。

——:《福柯的生存美学》,中国人民大学出版社,2005。

古廷:《二十世纪法国哲学》,江苏人民出版社,2005。

哈贝马斯:《后形而上学思想》,译林出版社,2001。

海德格尔:《存在与时间》(修订版),生活·读书·新知三联书店,2006。

——:《海德格尔选集》,上海三联书店,1996。

——:《林中路》,上海译文出版社,1997。

——:《路标》,商务印书馆,2000。

——:《面向思的事情》,商务印书馆,1996。

——:《尼采》,上下卷,商务印书馆,2003。

——:《形而上学导论》,商务印书馆,1996。

韩水法:《理性的命运:启蒙的当代理解》,北京大学出版社,2013。

黑格尔:《精神现象学》,上下卷,商务印书馆,1981。

——:《美学》,第二卷,商务印书馆,1996。

——:《小逻辑》,商务印书馆,1986。

——:《哲学史讲演录》,第四卷,商务印书馆,1981。

——:《哲学史讲演录》,第一卷,商务印书馆,1983。

胡塞尔:《胡塞尔选集》,上海三联书店,1997。

——:《逻辑研究》,第二卷第二部分,上海译文出版社,1999。

——:《逻辑研究》,第二卷第一部分,上海译文出版社,1998。

——:《逻辑研究》,第一卷,上海译文出版社,1994。

——:《欧洲科学危机与超验现象学》,上海译文出版社,1988。

——:《现象学的观念》,上海译文出版社,1986。

——:《哲学作为严格的科学》,商务印书馆,1999。

怀特:《元史学:十九世纪欧洲的历史想象》,译林出版社,2004。

黄作:《漂浮的能指:拉康与当代法国哲学》,人民出版社,2019。

吉登斯、皮尔森:《现代性:吉登斯访谈录》,新华出版社,2001。

吉登斯:《现代性的后果》,译林出版社,2000。

加罗蒂:《马克思主义的人道主义》,生活·读书·新知三联书店,1963。

姜宇辉:《德勒兹身体美学研究》,华东师范大学出版社,2007。

卡勒:《结构主义诗学》,中国社会科学出版社,1991。

卡西尔:《启蒙哲学》,山东人民出版社,1988。

康德:《纯粹理性批判》,人民出版社,2004。

——:《历史理性批判文集》,商务印书馆,1996。

——:《实践理性批判》,商务印书馆,1999。

孔德:《论实证精神》,商务印书馆,1999。

库兹韦尔:《结构主义时代:从莱维-斯特劳斯到福科》,上海译文出版社,1988。

拉康:《拉康选集》,上海三联书店,2001。

利奥塔:《非人》,商务印书馆,2000。

——:《后现代状态》,生活·读书·新知三联书店,1997。

列菲弗尔:《马克思主义的当前问题》,生活·读书·新知三联书店,1966。

列维:《萨特的世纪》,商务印书馆,2005。

——:《自由的冒险历程》,中央编译出版社,2000。

列维-斯特劳斯:《结构人类学(1)》,中国人民大学出版社,2006。

——:《结构人类学(2)》,中国人民大学出版社,2006。

——:《野性的思维》,商务印书馆,1987。

——:《忧郁的热带》,生活·读书·新知三联书店,2000。

刘北成:《福柯思想肖像》,中国人民大学出版社,2012。

罗素:《我的哲学的发展》,商务印书馆,1984。

——:《西方哲学史》,下卷,商务印书馆,1981。

马克思和恩格斯:《马克思恩格斯全集》,第1卷(上),人民出版社,2001。

——:《马克思恩格斯全集》,第23卷,人民出版社,1972。

——:《马克思恩格斯全集》,第3卷,人民出版社,1960。

马里翁:《还原与给予》,上海译文出版社,2009。

曼海姆:《意识形态与乌托邦》,商务印书馆,2000。

梅洛-庞蒂:《辩证法的历险》,上海译文出版社,2009。

——:《行为的结构》,商务印书馆,2005。

——:《眼与心·世界的散文》,商务印书馆,2019。

——:《哲学赞词》,商务印书馆,2019。

莫伟民(主编):《法国哲学研究》,第一辑,上海人民出版社,2017。

莫伟民:《莫伟民讲福柯》,北京大学出版社,2005。

——:《主体的命运》,上海三联书店,1996。

尼采:《快乐的科学》,中国和平出版社1986。

——:《强力意志:重估一切价值的尝试》,商务印书馆,1991。

倪梁康:《胡塞尔现象学概念通释》,生活·读书·新知三联书店,1999。

诺奇克:《无政府、国家与乌托邦》,中国社会科学出版社,1991。

欧阳谦:《20世纪西方人学思想导论》,中国人民大学出版社,2002。

培根:《新工具》,商务印书馆,1984。

皮道坚、鲁明军编:《另一种现代性,还是当代性?》,香港特别行政区政府康乐及文化事务署,2013。

皮亚杰:《结构主义》,商务印书馆,1987。

萨特:《存在与虚无》,三联书店,1987。

——:《存在主义是一种人道主义》,上海译文出版社,1988。

——:《自我的超越性》,商务印书馆,2001。

萨义德:《东方学》,生活·读书·新知三联书店,1999。

——:《文化与帝国主义》,生活·读书·新知三联书店,2003。

尚杰:《归隐之路:20世纪法国哲学的踪影》,江苏人民出版社,2002。

佘碧平:《梅罗-庞蒂:历史现象学研究》,复旦大学出版社,2007。

什克洛夫斯基:《散文理论》,百花洲文艺出版社,1994。

施皮格伯格:《现象学运动》,商务印书馆,1995。

斯宾诺莎:《笛卡尔哲学原理》,商务印书馆,1991。

——:《伦理学》,商务印书馆,1991。

孙向晨:《面向他者:莱维纳斯哲学思想研究》,上海三联书店,2008。

索珀:《人道主义与反人道主义》,华夏出版社,1999。

索绪尔:《普通语言学教程》,商务印书馆,1996。

托多洛夫(编选):《俄苏形式主义文论选》,中国社会科学出版社,1989。

汪民安:《福柯的界线》,中国社会科学出版社,2002。

汪民安等(主编):《福柯的面孔》,文化艺术出版社,2001。

王逢振,盛宁,李自修(编):《最新西方文论选》,漓江出版社,1991。

王恒:《时间性:自身与他者——从胡塞尔、海德格尔到列维纳斯》,江苏人民出版社,2008。

韦伯:《新教伦理与资本主义精神》,生活·读书·新知三联书店,1987。

维诺克:《法国知识分子的世纪:巴雷斯的时代》,江苏教育出版社,2006。

——:《法国知识分子的世纪:纪德的时代》,江苏教育出版社,2006。

——:《法国知识分子的世纪:萨特的时代》,江苏教育出版社,2006。

维特根斯坦:《哲学研究》,商务印书馆,1996。

谢里登:《求真意志》,上海人民出版社,1997。

休谟:《人性论》,商务印书馆,1980。

雅各布森:《雅各布森文集》,湖南教育出版社,2001。

亚里士多德:《灵魂论及其他》,商务印书馆,1999。

——:《物理学》,商务印书馆,1982。

——:《形而上学》,上海世纪出版集团,2005。

——:《亚里士多德全集》,第1卷,中国人民大学出版社,1992。

——:《亚里士多德全集》,第7卷,中国人民大学出版社,1992。

于奇智:《凝视之爱:福柯医学历史哲学论稿》,中央编译出版社,2002。

詹明信:《晚期资本主义的文化逻辑》,生活·读书·新知三联书店,1997。

张庭国:《重建经验世界:胡塞尔晚期思想研究》,华中科技大学出版社,2003。

张一兵:《回到福柯:暴力性构序与生命治安的话语构境》,上海人民出版社,2016。

张志伟(主编):《形而上学的历史演变》,中国人民大学出版社,2010。

赵敦华(主编):《西方人学观念史》,北京出版社,2005。

后　　记

《福柯的当代性思想研究》是本人独立完成的 2014 年度国家社科基金重点项目"福柯与当代法国哲学的当代性之维研究"的最终成果。在拙著即将付梓出版之际，我要感谢促成课题立项的各位匿名通讯评审专家和会评专家，感谢结项时提出建设性和批评性意见的各位同行专家，感谢浙江大学人文学院和社会科学研究院、浙江省社科规划办、国家社科规划办相关老师提供的帮助和支持。

感谢国内外国哲学尤其是法国哲学研究领域的各位同仁，拙著很大程度上是与各位交流的结晶，你们的相关著译为完成课题研究和书稿写作提供了无穷灵感和海量帮助。为了风格的统一和行文的方便，书稿在涉及福柯等人的著作时，主要引用的是外文文献，但在一些地方参考过相关的中译文本，却没有一一注明。采取引用中译本，然后注明译文有改动并不是一种好的方式，因为改动可能出于多种原因：翻译有误、理解差异、术语选择、风格不同等。在此要感谢相关译者的重要贡献。

这部书稿是作者近年来进行的某种大胆尝试的结果。尽管围绕福柯哲学展开研究，大量引用的也是他以及其他哲学家的相关材料，但在整个工作中藏有不少私货，这在重要概念的选择、著作框架的搭置、主要材料的使用等方面都有所体现。我的真正动机是针对没有精神的时代精神提出一种当代主义的构想，其核心是当代性，一个继现代性而来的概念。这是我依据观念主义、精神主义和物质主义或意识哲学、身体哲学和物质哲学来理解自笛卡尔以来的西方哲学的演变,依据意识现象学、身体现象学和物质现象学来理解自胡塞尔以来的现象学的推进的符合逻辑的结果。

福柯并没有主动地阐述一种当代主义思想和一个当代性概念,这一切都出自于拙著的解读。在写作过程中,我大量借助于福柯自己的相关论述,且尽可能避免主观解读的倾向,以致有评审专家认为拙著没有自己的思想。众所周知,梅洛-庞蒂哲学是以大量阐述胡塞尔的方式出现的,以致许多人认为其思想在后者那里已经有了,仿佛这位现象学第三人可有可无。殊不知,来自德意志的种子,在法兰西的土壤中结出的是完全异质的果实。真正说来,法国现象学出自于法国学术界对黑格尔、胡塞尔和海德格尔的创造性的误读。拙著或许出自一种没有创造性的误读。当然,为了能够顺利地通过结项评审,我还是力求回到福柯本身。

其实,在提交结项时,我心中也担心评审专家的误读。还好,评审结果不算差,被归入良好等级。我注意到,五位评审专家都提出了不少异议,其中两位甚至提出了比较尖锐的批评。良药苦口,我诚恳地接受各种批评意见,并感谢各位评审专家。在修改时,我对相关陈述和论证尽可能地做了一些完善。然而,限于时间和精力,到目前为止所做的工作还远远不够,尚需今后继续努力。之所以急于刊出,而不考虑等完全满意后再推出,是因为我意识到这一构想的实现不能只靠个人的努力,而应该抛砖引玉,以期引起学界更多的关注和批评,进而在大家的帮助下予以改善和推进。

书稿的部分内容作为阶段性成果发表在《哲学研究》、《哲学动态》、《天津社会科学》、《河北学刊》、《社会科学》、《学术月刊》、《浙江社会科学》、《现代哲学》等刊物上，其中一些被《新华文摘》、《中国人民大学报刊复印资料·外国哲学》、《社会科学文摘》、《高等学校文科学术文摘》、《学术界》转载、转摘或复印，感谢相关编辑的支持和厚爱。非常感谢商务印书馆将本书列入出版计划，特别要感谢陈小文先生和关群德先生一直以来对我以及我的团队的大力帮助和支持。

杨大春
2020 年 6 月 12 日
于杭州三墩镇